知识生产的原创基地
BASE FOR ORIGINAL CREATIVE CONTENT

颉腾商业
JIE TENG BUSINESS

危机

1520-2021

郭勤贵 著

中国广播影视出版社

图书在版编目（CIP）数据

危机：1520-2021 / 郭勤贵著 . -- 北京：中国广播影视出版社，2021.9（2022.10 重印）

ISBN 978-7-5043-8659-5

Ⅰ . ①危… Ⅱ . ①郭… Ⅲ . ①经济危机 – 研究 – 世界 Ⅳ . ① F113.7

中国版本图书馆 CIP 数据核字 (2021) 第 104752 号

危机：1520—2021
郭勤贵　著

策　　划　颉腾文化
责任编辑　毛冬梅
责任校对　龚晨

出版发行　中国广播影视出版社
电　　话　010-86093580　010-86093583
社　　址　北京市西城区真武庙二条 9 号
邮　　编　100045
网　　址　www.crtp.com.cn
电子信箱　crtp8@sina.com

经　　销　全国各地新华书店
印　　刷　北京市荣盛彩色印刷有限公司

开　　本　710 毫米 ×1000 毫米　1/16
字　　数　429.6（千）字
印　　张　31.5
版　　次　2021 年 9 月第 1 版　2022 年 10 月第 4 次印刷

书　　号　ISBN 978-7-5043-8659-5
定　　价　129.00 元

Preface | 序言

1520 年是世界近代史的起点，是全球化的开端，也是世界海权大国崛起、陆权帝国衰落的分界线。这一年，麦哲伦开启了环球探险之旅。麦哲伦的船队成功通过麦哲伦海峡，首次进入太平洋。这一年，葡萄牙与西班牙开始了在亚非拉等落后地区的殖民活动：西班牙攻入美洲新大陆的阿兹特克帝国，并带去了欧洲大陆的瘟疫；而葡萄牙殖民主义者首次登临帝汶岛，以开展紫檀木贸易为名滞留在那里，逐渐建立起殖民统治。这一年，马丁·路德发表了《致德意志的基督教贵族书》等，提出其宗教改革主张。一个崭新的世界政治、经济与历史大周期开始了。

由于大航海及地理大发现，自此后，世界变得紧密、喧嚣、动荡与血雨腥风起来。随着海上通道被打通，世界连在了一起，彼此变得更熟悉，却又更危险。能够走向蔚蓝色海洋的国家，就能够将世界各地的金银财宝带回家。于是，陆权国家那种农耕经济时代下自给自足的供应链发生了变化，逐渐走出国门、跨过大洋，交换的种类多了，范围也广了。不过最初“欧洲两颗大牙”（葡萄牙与西班牙）是吃人的“大牙”，更多的是依靠坚船利炮赤裸裸地占领与掠夺，直到荷兰帝国时代，才更多地进行贸易。

最早一批敢于离开陆地到海神波塞冬领地内探险的国家，就成了海权国家，而它们的冒险也使自己成为世界第一拨供应链转移的最大赢家。源源不断的黄金、象牙和香料，沿着葡萄牙人顺着非洲大陆海岸线开发的新航线，被搬进了他们的国库。沿着他们开辟的新航线，新的世界秩序和国际贸易逐步形成，供应链开始成为世界经济发展的最大原动力。这些新航线成为欧洲控制世界供应链的标志，谁控制了海洋，谁就拥有了世界。

于是海洋成为勇敢者、挑战者驰骋的疆域，围绕着海上航线、贸易及其可以到达的陆地，欧洲海权国家相互拼杀，为宗教而战，为独立而战，为地盘而战，为利益而战，为权力而战。欧洲大陆战火纷飞，列强们踏着失败者的尸体和炮火的硝烟，开始瓜分世界。先后崛起的有葡萄牙、西班牙、荷兰、法国、英国、德国、美国、俄国、日本 9 个世界大国，而荷兰、英国与美国是其中的佼佼者，各自领导了世界 100 多年。

1588 年击败西班牙无敌舰队的英国，在经历了宗教战争及内战之后，光荣地完成了“王在法下”的革命，重新出发。英国在第四次英荷战争中笑到了最后，成为日不落帝国。随着瓦特的蒸汽机带来的第一次工业革命、牛顿的万有引力定律、亚当·斯密的《国富论》等技术、科学与思想的喷发，英国火了。源源不断的工业产品出去，源源不断的黄金回来。全球化 2.0 时代来了，世界第二次供应链又转移了。英国成为最大的赢家，昔日的对手一个个倒在炮火的硝烟里，环顾世界，谁与争锋？无论是身边那些曾经的海权霸主，还是东西方那些睡不醒的古老帝国，都已成了远去的背影。

随着现代金融、公司、工业、市场、法律等在英国粉墨登场，日不落帝国靠“一抢二卖”完成了财富的原始积累。随之而来的是经济危机。这既不是荷兰 1637 年的郁金香泡沫，也不是 1719—1720 年的密西西比泡沫和南海泡沫（使法国开始厌恶纸币，英格兰银行几乎破产），与 1772 年那场导致美国独立战争的英国信贷紧缩也不同，更非当年西班牙国王腓力二世、英国国王查理一世、法国国王路易十六的财政危机，而是生产的东西卖不出去、过剩了的危机。经济危机不断侵袭着英国，使得英国不断要到世界各地开辟新的市场，以东方不亮西方亮的方式来化解过剩的危机，于是有了英国入侵大清王朝的两次鸦片战争。

第一次工业革命后，经济危机就成了周期性发作的顽疾。因为有了贸易，各国之间联系得较为紧密。于是，发生在英国的经济危机也像肆虐欧洲的大瘟疫一样，雄赳赳气昂昂地跨过英吉利海峡，波及当时主要的工业国家，近到法国、荷兰、德国、俄国，远到日本与美国。

最初经济危机的“带头大哥”是英国，后来这个头衔慢慢地交给了美国。19 世纪曾出现过 4 次大的经济恐慌，其中英国恐慌了一次，而美国恐慌了三次。随着当时的发展中国家、新兴经济体——美国开始兴修运河、跑火车等热火朝天的“大基建”，欧洲资本纷纷去美国“淘金”。于是，第一次新兴市场（美国）的大繁荣导致了19世纪三四十年代运河、银行业和铁路股票多次出现泡沫大崩盘，带来一次又一次铁路经济大危机。

最可怕的一次长期大萧条发生在1873—1896年。虽然这段时间出现了断断续续的三次危机，其实是一个连贯的长周期大萧条，中间只不过是短暂地休整一下而已。这次危机不仅是美国经济的大恐慌，更是世界经济的大恐慌。

19世纪是一个英美两国遥相呼应、交替爆发经济危机的时代，是后起之秀美国茁壮成长、不断扩张的大时代，也是东方帝国莫卧儿帝国、大清王朝及其徒弟日本悲摧的时代。既有西方世界的经济危机，也有东方世界的政治危机。19世纪末，股市危机如闰年一样反复上演。

奇怪的是，谁是危机的“带头大哥”，谁就真的可能成为世界的“带头大哥”。慢慢地，世界供应链开始了第三次转移，美国GDP在频发的危机与大恐慌中，悄无声息地在1894年全面超越英国，名列第一，同时取代英国，成为世界上最大的工业国家。而这背后，是美洲新大陆的美国和欧洲旧大陆新统一的德国同时抓住了第二次工业革命的时代大机遇。于是，德国经济超越了英法传统的欧洲两霸，而美国则超过了所有国家。东边的日本在被兵临城下的美国军舰吓醒了之后，立志脱亚入欧，混入西方列强队伍中。就在美国经济超过师父英国成为世界第一的1894年，中国的千年门徒日本，通过甲午战争的胜利，证明自己也超过了师父中国。中国就此滑落到任人宰割的“东亚病夫”的行列中。

德国的强势崛起及其与法国的新仇旧恨，预示着欧洲旧大陆一场剧烈的动荡即将来临。各怀心事的两大军事集团——同盟国与协约国就此成立。联盟虽然旨在缓解地缘政治风险，但也带来了一种传导机制，能将一次小冲突或外交争议升级为一次大规模冲突。盟国的好处是利于地缘政治的稳定及区域经济的合作发展，但是盟国也容易因内部一个成员的局部军事冲突而将整个集团拖入战争的深渊，引发两大集团之间的全面战争，从而扩大化为一场世界大战。17世纪到19世纪，欧洲曾多次上演这样的群殴。不过随着第二次工业革命之后武器装备技术的升级，20世纪接连发生的两次世界大战带来的灾难实在是太大了。

20 世纪初，就在大清王朝的“庚子国难”这一年（1900 年），刚从 1873—1896 年长萧条中走出不久的美国，又爆发了经济危机。7 年之后，1907 年美国再次出现大恐慌，一位法国银行家愤怒地将美国描述为“一个巨大的金融公害”。一个堂堂的世界第一经济大国，不能总靠华尔街传奇大佬摩根个人来三番五次地拯救吧？于是，美国想起了当年汉密尔顿设立美国中央银行的用意，美联储也应运而生。

任何历史事件都不是孤立存在的，要么受制于因果关系，要么被约束于关联关系。无论是经济危机还是战争危机，抑或是政治危机，概莫能外。

受美国 20 世纪之初两大经济危机的波及，德国在欧洲旧大陆崛起的影响，两大同盟的互相防范与敌视，已经为世界危机埋下了种子。谁也没想到，这个导火索就是同盟国一个小兄弟奥匈帝国的皇储斐迪南大公命丧萨拉热窝。原本这个导火索点燃后，双方都在尽力克制，不愿意搞大事情，但没想到局面失控了，第一次世界大战（以下简称“一战”）便在 1914 年 8 月隆隆的炮声中开打了。

战争与经济危机密切相关，但并非经济危机爆发的主要原因。朱格拉周期理论就认为，社会经济运行存在繁荣、危机与萧条三个阶段，反复出现就形成了周期。危机像瘟疫一样，是发达的工商业社会中的一种现象，政治、战争、农业歉收以及气候恶化等因素并非周期波动的主要根源，它们只能加重经济恶化的趋势。周期波动是资本主义经济自动发生的现象，与民众的行为、储蓄习惯以及他们对可利用的资本与信用的运用方式有直接联系，其背后的本质是人性、人心及其行为。

从第一次世界大战与经济的关联来看，第一次世界大战刚爆发时，反而极大地刺激了全球经济增长。冶金技术和自动化取得了进步，被用于制造杀伤力更大的武器。参战国都抛弃了金本位制，开始大肆印刷纸币来支撑战争。随着死亡人数上升，总需求剧增，制造业成为经济增长的新引擎。出口食品和资源的殖民地经济繁荣，而提供战争装备的美国企业也赚得盆满钵满，成了最大的赢家。由于欧洲国家没有财力支撑战争，所以为参战国提供贷款可以赚取丰厚的利润。第一次世界大战期间，欧洲和美国的银行大发其财。在战争后期，美国决定参战，更多的是出于对经济利益的考虑——美国向协约国发放了大量贷款。美国设定了政府债务上限，并发行自由公债来帮助政府履行新的义务。自由公债对美国金融体系的发展产生了持久影响。

当第一次世界大战进行到胶着状态时，大自然好像也看不惯人世间的悲剧与瞎折腾——1918 年，一场大流感随着战争传遍全球，如同 1520 年征服新大陆的那场瘟疫一样横扫战场，非战斗减员严重，战争实在打不下去了。第一次世界大战就这样在瘟疫过后结束了。

但在第一次世界大战之后，欧洲国家贸易逆差严重，债台高筑。殖民地告别了战争期间的繁荣，经济走向萧条。战后几年，物价暴跌，贸易萎缩。

第一次世界大战是英法美合力打败了德国的挑战，战败国德国在法国的报复下陷入深渊。魏玛共和国陷入恶性通货膨胀，德国民众生活陷入困境。但事物都有两面，恶性通货膨胀下的贬值，有助于德国偿还巨额战争赔款。同时在极端的危机下，希特勒和他的纳粹党登上了历史舞台，将国家威权主义与法西斯主义发挥到极致，美国的援助与美德互利的经济模式（德国向美国借债，购买美国的产品），使德国在第二次世界大战（以下简称“二战”）前又再次快速崛起，一支武装到牙齿的德国军队横空出世了。

第一次世界大战中的暴富与第二次工业革命带来的大繁荣，使得美国这个世界上最大的工业国实力越来越强大。美国成为最大的债权国、最大的工业国，以及第一经济强国。在第一次世界大战结束后经历了短暂的经济危机之后，美国迎来了大繁荣时代，此刻的美国人深信繁荣将永远伴随美国。美联储成立后开始有所作为了，它制定的宽松的货币、信贷政策，美国政府发行的自由公债，都刺激了华尔街的繁荣。于是，借钱炒股、抵押房子炒股、用杠杆资金炒股，华尔街上演着金钱永不眠的游戏。危机孕育在繁荣之中，到达顶点意味着下坡路的开始。于是，导致伟大的经济学家费雪破产的 1929 年大萧条开始了。这场由美国华尔街股市大崩盘引发的大萧条波及世界，演变成世界上有史以来最大的一次经济危机，迄今为止，前无古人，后无来者。

回顾这场危机，它绝非孤立的存在。经济的周期规律、人性的贪婪与恐惧、错误的政策等都延长了危机的时间，加大了危机的损害后果。胡佛的火上浇油带来了恶果。罗斯福新政缓解了危机，但真正让世界走出这场大危机的是德国和日本发动的第二次世界大战。

在两次世界大战之间的20年中，发达国家似乎在永无尽头的危机中度日，而始于1929年的美国大萧条则将发达国家推入了更大的经济衰退泥潭之中。

若将1520年至今这500年作为一个超长的历史大周期，那么两次世界大战之间的这个阶段，是世界剧烈动荡的过渡期、重组期与洗牌期。而当下的世界，与这个时期十分相似。

第二次世界大战后，全球化3.0时代来临。世界进入长时间的和平发展期，为经济与技术全球化创造了条件，而全球化红利又创造了一个又一个经济奇迹。德国的魔术，日本的奇迹，亚洲四小龙腾飞，中国经济崛起，越南、印度高速发展等都是这一红利的结果。但危机也如影随形，在此期间，英美于20世纪70年代后先后陷入滞胀的10年；拉美80年代陷入债务危机；1987年华尔街大崩溃，史称“黑色星期一”；1990年日本经济开始走向崩溃，进入了“失去的十年”，25年后仍未恢复元气；1997年亚洲爆发金融危机，导致东亚国家金融格局的重组；1998年俄罗斯爆发债务危机，长期资本管理公司倒闭。进入21世纪后，2000年互联网泡沫破灭，高速增长最终只是超现实幻想。美联储的货币宽松与收缩制造了房地产的泡沫，史上全球第二大危机——2008年次贷危机爆发，欧洲被波及，欧债危机于2010年爆发。为了应对危机，世界主要经济体进入债务型经济模式。美国启动多轮QE，而早已采取负利率的欧洲、日本至今仍未走出次贷危机的泥潭。

2018年之后世界经济陷入衰退。当世界还在忧虑英国脱欧、美国“退群”、逆全球化加速等影响未来的大事件时，谁也没想到，新型冠状病毒肺炎疫情在2020年席卷全球，使得脱欧与“退群”、逆全球化后果得以加速实现。世界大变局来了。

自从2000年之后，世界经济几乎每10年爆发一次大的危机，而瘟疫也频频发难，从非典到禽流感、埃博拉病毒感染，再到新型冠状病毒肺炎，大自然的病毒不断向人类提示它们并未远去。

如果将几个世纪以来世界发生的这些经济危机，从因果关系与关联关系两个维度进行梳理，我们慢慢就会发现危机背后的原因及其规律。

经济危机与市场周期性的波动有关，而市场的周期性波动与需求不足、供给相对过剩有关，战争、瘟疫、自然灾害（地震、海啸等）、房地产泡沫、股市泡沫、错误的调控政策等只不过是危机的导火索或催化剂，并非经济危机爆发的第一因。

为了促进经济增长或拯救经济危机，政府出于各种考虑就会伸出货币与财政等宏观经济调控之手，如此一来，货币政策的宽松或紧缩、财政政策的积极或稳健就与经济的波动周期如影随形，紧密相关。当经济过热，货币与财政政策就收缩，反之则扩张，从而出现逆周期调控的现象。于是，货币、信贷与债务成了世界的“老三样”。而人的行为与经济波动表现正相关。当经济过热时，人变得贪婪，从事经济活动的积极性大大增加；当经济衰退时，人又变得恐惧，甚至引发踩踏，进一步加重危机。究其根本，经济的周期性波动表面上是供需关系变化，实质上是人的预期和行为的改变。而人心始终游走在贪婪与恐惧之间，亘古未变。因此，经济危机不可避免。

《伟大的博弈》一书的作者约翰·S. 戈登认为，经济周期是人性所导致的必然结果。当经济好的时候，人们对未来过于乐观，盲目扩张，该裁减的冗员没有裁减。于是，坏年景很快就来了，人们又变得过于悲观——周而复始，循环往复。当市场崩溃时，每个人都想要现金或黄金，可是，此时市场上恰恰最缺乏流动性。因为没有作为最后贷款人的中央银行，人们就会失去信心。所以，历史上的美国经常面临恐慌，也经常经历比其他国家更为迅猛的繁荣和更为深重的崩溃，其经济周期的振幅也远远大于欧洲。从长期来看，一个完全自由的市场是一定会崩溃的。胡佛曾说过，资本主义的最大问题是资本家本身——他们太贪婪，总是牺牲市场整体利益来服务于他们自己的利益。任何一个市场都需要警察和裁判。你可以想象，在一个没有警察的社会，人们甚至可能在停车场里相互杀戮，而一场没有裁判的橄榄球赛将会是一场灾难。一个自由的市场并不是一个没有监管的市场，市场需要有人仲裁，也需要有人来制定规则。但我们必须要保证裁判的公正性，要特别小心是谁在制定规则，规则是服务于谁的利益。

美国联邦储备委员会（美联储）前主席伯南克认为，人就是人，这就是为什么我们认为用佛教徒看待死亡的方式来看待危机是有意义的，时间和环境具有不确定性，但可以肯定的是，危机最终会发生。一旦明确下一场危机是真正的系统性危机，反应不足会比反应过度危险得多，太晚出手比太早介入造成的问题更多，而半途而废的措施只会火上浇油。在一场载入史册的危机中，当务之急始终是结束危机，尽管这可能会造成一些道德风险，存在鼓励未来无原则冒险的缺陷。事实的确如此，但与眼下允许系统性崩溃的负面影响相比就相形见绌了。当恐慌袭来时，政策制定者需要尽其所能去平息恐慌，而不是在意政治后果，无须顾忌意识形态如何，也不管他们过去说过什么或承诺过什么。在金融救助中操弄政治是可怕的，但放任经济萧条只会更加糟糕。

只要人类还具有人性，世界就将面临金融危机的威胁。灾难总还是有可能发生的。但是反应不足比反应过度的代价更大，其危害性也会更大。不幸的是，金融危机永远无法完全避免，因为它是人类情感和认知的产物，也是人类作为监管者和政策制定者不可避免失误的产物。金融依赖信心，而信心总是脆弱的。尽管试图控制华尔街的过度杠杆和冒险至关重要，但这种杠杆和冒险通常反映出整个社会的过度乐观。监管机构和政策制定者也无法幸免于这些狂热，人类天生容易受到非理性繁荣的影响以及对于非理性的恐惧，市场在上涨时会过度上涨，在下跌时会过度下跌。狂热和恐慌似乎都具有传染性。

伯南克认为，“不断恶化的金融状况正在造成更为糟糕的经济状况，而这反过来又加剧了次贷危机和金融恐慌。最终，如果不稳定经济，我们就无法稳定金融体系，反之亦然。所以要把火扑灭，我们必须同时做这两件事。”

永远膨胀的欲望，永远扩张的债务，永远增加的货币……马克·吐温说：“历史不会重复自己，但会押着同样的韵律。”作为南海泡沫事件的受害者，牛顿说：“我能算准天体的运行，却无法预测人类的贪婪。”

德国哲学家黑格尔曾说：“人类唯一能从历史中吸取的教训就是，人类从来都不会从历史中吸取教训。”而纵观世界人类发展史，可以发现无论朝代更迭、经济发展等活动都在不断地重复过去，充分印证了黑格尔的说法。

杜牧在《阿房宫赋》中说：“秦人不暇自哀，而后人哀之；后人哀之而不鉴之，亦使后人而复哀后人也。”

“以古为鉴，可知兴替；以人为鉴，可明得失。”（《新唐书·魏征传》）因此，从 500 年世界危机中寻找关联性、因果关系与偶发性背后的逻辑，对于指导我们的未来有着重要的意义。因为，未来不过是历史按照既定的剧本进行的推演而已。

为此，本书以 1520—2021 年这 500 年的世界历史为主线，以古今中外纵横坐标为轴点去梳理分析世界 500 年经济危机与金融危机背后的原因及其影响。

同时，本书将从经济危机的导火索与催化剂角度将有关历史事件关联起来，去寻找二者之间的影响。比如，经济危机与战争、瘟疫、地缘政治、全球化、货币、科技、政策之间的关系。

通过分析归纳与梳理，我们会惊奇地发现，500 年的世界经济危机与大国兴衰交替、全球化、全球产业链的转移、世界秩序变局存在着紧密相关性。

从某种程度上说，500 年的世界史，就是一部世界经济危机史，一部世界大国兴衰史，一部全球化史，一部产业链转移变迁史，一部世界秩序变局、重构史，一部工业革命史。

如果从经济增长困局与危机（全球经济体的“高负债率 + 低利率”，将会极大程度地限制全球各大央行刺激经济增长的能力）、内部冲突（各国家内部巨大的贫富差距与相应的政治分歧，带来了不断恶化的内部社会与政治冲突）、外部冲突（大国博弈与地缘政治角力的过程中产生了很多地缘冲突与贸易冲突）三个维度去看待世界，我们就会理解这段波澜壮阔、跌宕起伏的世界历史，就会读懂当下的世界。

从这些历史事件的梳理中，我们会惊讶地发现有趣的历史现象不止一个。比如，荷兰君主威廉三世成了英国的国王，也就是说荷兰为英国带来的不仅仅是先进的工业技术（造船技术）、现代金融制度、商业文明，还有一位让英国完成君主宪政的国王。而历史的宿命就在于，自己往往为自己打造一个掘墓人。荷兰为自己培养了一个强大的敌人：荷兰在 1780 年被英国打败，跌入深渊。大英帝国的时代就此开启——建立在荷兰帝国的尸体之上。

又比如，如果没有西班牙国王腓力二世的财政危机，就不会向荷兰增加税赋，荷兰就不会闹独立；不闹独立，它就不会依靠创新和贸易崛起建立第一个世界领导型大国，西班牙也就不会过早地衰落。如果没有查理一世因财政危机而私自增加税赋，也就没有了英国后来的“光荣革命”和君主立宪。如果英国没有因为与法国和荷兰的争霸战争而陷入财政危机，就不会向北美新大陆征税，就不会有华盛顿领导的美国独立战争，也就不会有后来强大的美国。如果没有路易十六的财政危机，就不会召开三级会议，也就不会有后来的法国大革命。英国国王查理一世与法国国王路易十六先后走上断头台，都缘于财政危机。历史的大剧就是这样一次次地上演，自己成了自己的掘墓人，帝国兴也战争，衰也战争。

从 1520 年大航海及地理大发现至今整整 500 年时间里，推动与影响世界的是货币、科技与全球化三大力量。而这三大力量均是由西方文明引领的。西方引领了第一次、第二次、第三次供应链转移；引领了第一次、第二次、第三次工业革命（或科技革命）；引领了第一次、第二次、第三次全球化；引领了第一次、第二次、第三次全球秩序的建立；引领了全球第一次、第二次、第三次金融秩序的建立。

无论是从事对外殖民、黑奴贸易，还是采取金本位、构建布雷顿森林体系，推行美元霸权主义，西方领衔全球的总体局面在过去 500 年的时间里从未改变，变化只发生在西方文明内部不同国家之间，接力棒式地传递。

这一局面正在悄然发生变化，全球供应链、新的全球化、全球经济中心、全球金融中心、全球科技创新正在向东方迁移，未来世界前五大经济体中可能就有四个来自东方。虽然进程是缓慢的，可能需要未来几十年甚至上百年的过渡，但是 500 年未有之大变局即将来临。

危机是推动崛起的动力，也是走向衰落的原因。是在危机中成功地抓住机遇，还是滑向危机的深渊，决定了一个国家是崛起还是衰落。

危机也是变局、重构与复兴背后的推动力。世界秩序的变局与重构，与危机有着极大的关联性。每一次世界大危机，都孕育着一场大变局。桥水基金创始人瑞·达利欧（Ray Dalio）认为，经济危机是经济与债务、信贷、货币等老三样之间的互动周期，会导致世界政治经济权力的分配与再分配。

从中国向外看世界，从世界向内看中国，我们会发现：中国王朝更迭的历史周期与世界大国兴衰周期之间存在着某种共同逻辑：战争扩张—财政危机—增加税赋与财政赤字—内乱与外患—走向衰落。

西罗马帝国的终极衰落，使古罗马从中心沦为边缘。古罗马如此，古埃及、古巴比伦、古希腊等这些文明古国何尝不是如此呢？那么，当年的文明古国，如今飞速发展的印度与中国能否走上与这些文明古国终极衰落不同的道路，在西方主导的世界里能再次崛起和复兴吗?

接下来，就让我们以1520年为起点，来系统梳理一下至今500年的世界历史中那些影响世界秩序与变革的危机。从危机的原因及引爆危机的导火索中，寻找背后的因果与关联、偶然与必然，从而找出可能的逻辑与规律，从过去世界发生了什么、现在的世界正在发生什么、未来的世界还会发生什么等三个问题中，得到一些有意义的教训、经验与启示。

本书旨在梳理1520年以来的世界危机（主要指经济危机、金融危机、财政危机、货币危机等）简史，并非此阶段的世界简史。因此，各种危机是本书的重点与主线，而与危机有关的历史则为框架。这样的结构决定了本书在写作方法上不同于纯粹的通史或国家简史。

首先，为了深度挖掘危机发生前后的因果关系与关联，就必须选择一定的历史事件作为背景资料，将500年来所发生的几十次全球危机放在与战争、瘟疫、货币、科技、地缘政治、全球化、国际秩序、市场、泡沫（金融泡沫、股市泡沫、楼市泡沫）等事件有关的历史框架下进行拆解和剖析，也使得这些危机不是毫无关联的孤立存在，从而真正认识到，危机是一种周期性爆发的经济现象。

其次，围绕“危机”这条主线展开，探寻危机背后的逻辑，就可能对历史资料背景进行适当地选取，而不完全按照时间顺序来简述。因此，本书每一部分的时间段划分仅仅是参考，有的章节出于结构和逻辑的安排，超越了该时间段，比如第三部分。

最后，这种写作方法避免了将这些危机事件做简单的梳理堆砌，而成为一个个可读性很强的故事与案例。读者可通过这些故事和案例，看到危机真实的面目，从中汲取经验与教训。

郭勤贵

2020年8月18日

Contents | 目录

第一部分

大国的兴衰：帆船、贸易与大航海时代

（1520—1670）

第二部分
日不落之殇：枪炮、市场与工业革命
（1671—1900）

第三部分
伟大的博弈：基建、内战与华尔街帝国
（1901—1913）

第四部分

天灾与人祸：战争、瘟疫与大萧条

（1914—1945）

第五部分

战后三十年：冷战、热战与危机

（1946—1980）

第六部分

繁华与衰退：债务、新政和衰退

（1981—2000）

第七部分

新时代新危机：信贷、债务与全球化

（2001—2021）

第一部分

大国的兴衰

帆船、贸易与大航海时代

（1520—1670）

导 读

14 世纪和 15 世纪，欧洲人保存食物主要依赖盛产于印度的香料，而这些香料由于稀缺而价格高昂。利润丰厚的香料贸易，先是被阿拉伯商人垄断，接着又被突然崛起的奥斯曼帝国阻断了陆上的唯一商路。因此，探索一条海上香料商路就成了欧洲人的急切期盼。

为此，葡萄牙、西班牙开始了海上探险之旅。哥伦布与麦哲伦在西班牙王室的资助下，先后完成了环球航行的壮举。前者发现了美洲新大陆，后者到达地处太平洋的东南亚。葡萄牙与西班牙由此展开瓜分世界、殖民掠夺的历史。之后，西班牙吞并了葡萄牙，独霸世界。但随后穷兵黩武、骄奢淫逸的西班牙便陷入财政危机，游走在国家破产的边缘。眼红了的英国与法国先后挑战西班牙，荷兰则通过独立战争而成功脱离西班牙独立建国，并依靠创新取代了西班牙，成为世界上第一个领导型大国。为了在全世界掠夺财富与贸易，几个臭名昭著的东印度公司由此成立。

16 世纪和 17 世纪的世界，是海权帝国的世界。你方唱罢我登场，第一批海权强国成了世界第一次供应链转移的赢家。同时经济危机频发，既包括最早的威尼斯共和国的经济危机，也包括之后的西班牙财政危机、英国查理一世的财政危机、1637 年荷兰发生的金融危机——郁金香泡沫。西班牙的财政危机后果很严重，直接导致荷兰崛起、西班牙衰落。查理一世的财政危机则导致了英国资产阶级革命。此刻的东方帝国大明王朝则陷入白银危机。瘟疫也未消停，不断侵袭世界，17 世纪的世界陷入普遍危机。

1520 年，大航海与地理大发现拉开了世界大变革开启的序幕。海权帝国粉墨登场，陆权帝国“闭关锁国”，一场新旧交替的世界秩序大变局即将上演。

第一章
版图、战争与金融

“两牙”之争与大航海时代

1500 年是人类历史上一个重要的分界线，在此之前，人类生活在相互隔绝、各自独立的几块陆地上，没有哪一块大陆上的人们能确切地知道，地球究竟是方的还是圆的，而几乎每一块大陆上的人都认为自己生活在世界的中心。

1500 年的中国正处于大明王朝的中期。阿拉伯和印度的商人与欧、亚、非大陆继续着商业往来，活动范围基本上局限在印度洋沿岸。当时欧洲人笔下的世界，是分别由三个信奉基督教的国王统治的已知的三块大陆——欧洲、亚洲和非洲，其他地方都是混沌未开或世界的尽头。

因此，经过《马可·波罗游记》（虽然被众多欧洲史学家严重质疑其真实性）在欧洲的广为流传，当时富饶而强大的东方便成了西方人眼中神秘、富裕的天堂。这个美丽的传说甚至超越了大航海的时空，直到 18 世纪末英国使臣从中国南方沿海北上拜会乾隆皇帝，沿路所见所闻改变了原有的印象，呈现在眼前的中国已经远远衰败与落后于欧洲。但在东方皇帝的心中，清王朝依旧是高高在上的，中国之外皆蛮夷。

历史就是这样，时常富有嘲讽的意味。19 世纪初期，当东方人来到西方后，才猛然发现西方世界的巨变；而长期的闭关锁国，让曾经强大的东方落后的不仅仅是生产力，还有思想和制度。于是，随着魏源《海国图志》对西方的介绍，以及清廷派往英国的使臣郭嵩焘等对西方世界的赞誉，加之19世纪中国一系列对外战争的失败，东西方在彼此的印象中来了个乾坤大反转，西方世界成了东方人眼中的天堂！

但不管怎么说，1500年前后的西方对神秘的东方充满了幻想。根据美国埃默里大学东亚系主任欧阳泰教授的《从丹药到枪炮》一书，[①]西方人改造了经阿拉伯人传入的中国火药与罗盘（指南针），制造了热兵器枪炮与航船的重要装备。当然，中国在对火药及指南针的利用上也并不晚，初期中国在热兵器火炮及航海技术上，丝毫不弱于西方，甚至部分领先，只是后来在改进上慢慢落后了。

总而言之，在中国古代的四大发明中，火药、指南针对西方大航海—地理大发现—殖民掠夺美洲、亚洲等，都起到了十分关键的作用。可以说，帆船、枪炮成为大航海、地理大发现开启的全球化1.0时代最重要的装备。如果没有指南针，葡萄牙与西班牙人的帆船便无法远航，大航海就难以实现，没有大航海就不可能有地理大发现，没有地理大发现，就不可能有军事殖民占领及之后的掠夺及贸易；而如果没有火药，就没有枪炮，没有枪炮，就不可能发生几百人漂洋过海去打败数千万人口、几十万乃至几百万的土著军队。

有了这一切的历史安排，就在1500年以后的100年间，为了绕开奥斯曼帝国，开辟一条海上贸易新通道，加之受《马可·波罗游记》中神秘东方的巨大诱惑，哥伦布与麦哲伦先后在西班牙王室的资助下，进行了航海大冒险。一个发现了美洲新大陆，一个完成了环球航行。正是从那个时候起，割裂的世界开始连在了一起，经由大航海、地理大发现而产生的全球殖民与贸易，开启了人类崭新的历史。全球化自此开启，人类由此进入了飞速的创富时代，也拉开了不同国家间相互联系、相互影响，同时也相互对抗和合作的历史大幕。

历史的跃迁，往往来自边缘者。

如果在1500年前后从太空鸟瞰地球，并根据当时的发展状况预判未来500年的世界谁主沉浮，恐怕连上帝也难以猜出，先后称霸未来世界500年的居然是边缘小国“两颗大牙”、西欧小国荷兰、高卢雄鸡法国、边缘岛国英国、北美新大陆上的年轻美国等。

---

① 参见中信出版社2019年版《从丹药到枪炮》。

开启人类这一历史大幕的，并非当时旧世界的经济和文化中心，而是偏居欧洲南部的“两颗大牙”——葡萄牙和西班牙。

那么，究竟是什么力量推动小小的“两颗大牙”征服海洋，进而主宰世界长达一个多世纪呢？

14 世纪和 15 世纪，因为当时没有冰箱，保存食物主要依赖香料。欧洲人对于香料的需求十分急迫，由于稀缺，香料在欧洲市场的价格也达到了前所未有的高度。

但是，利润丰厚的香料贸易，先是被阿拉伯商人垄断，接着商路又被突然崛起的奥斯曼帝国阻断。奥斯曼帝国的位置极其重要，正好处在欧洲通往亚洲的关键陆路通道上，属于咽喉要地。而且信奉伊斯兰教的奥斯曼帝国与信仰基督教的欧洲存在信仰上的冲突。

处在欧亚大陆咽喉要道的拦路虎奥斯曼帝国的前世今生是这样的。公元 395 年，罗马帝国分裂为两个国家，西罗马帝国 81 年后灭亡，东罗马帝国即拜占庭帝国。1451 年，奥斯曼帝国 19 岁的穆罕默德二世复位，两年后，亲率 8 万大军攻打拜占庭帝国最后的象征——君士坦丁堡。鏖战 53 天，君士坦丁堡破城，穆罕默德二世迁都至此并改名为伊斯坦布尔，土耳其语意为“进城去”，存在了 1058 年的拜占庭帝国灭亡。奥斯曼帝国成为横跨欧亚非大陆、雄踞东西方桥梁的大帝国，也成为东西方商贸往来的最大阻碍。

此前，阿拉伯商人主导了东西方贸易。1252 年，成吉思汗之孙旭烈兀奉其兄蒙哥汗之命发起西征，1258 年摧毁了阿拉伯帝国首都巴格达，1260 年攻占了叙利亚首府大马士革，存在了 600 多年的阿拉伯帝国灭亡。

源自东方的丝绸、瓷器、香料及茶叶的贸易，本来是被阿拉伯商人所垄断，但随着阿拉伯帝国的灭亡和奥斯曼帝国的崛起，东西方贸易往来的商路再次被阻断。

急于摆脱困境的欧洲，不论是神圣的宗教，还是世俗的商业，都希望能找到强有力的措施来扭转这种局面。在陆地上的军事突围失败之后，焦躁不安的欧洲人开始另辟蹊径。于是，欧洲人将东西方贸易的希望，投向了深邃的海洋。

从某种程度上来说，正是奥斯曼帝国对东方的垄断促使了欧洲大航海时代的到来。假如没有奥斯曼帝国的吃独食及霸气，就不会有探寻东方香料的海上探险之路，也就不会有大航海；没有大航海，也就没有了将地球连在一起的地理大发现。

率先从漫长中世纪中苏醒的是葡萄牙，经过 20 多年航海理论和实践的探索，葡萄牙人终于向南出发了。

一个有趣的历史问题是：为何在海神波塞冬主宰下的茫茫大海上，最早能够完成这一伟大创举并获取巨大利益的是葡萄牙？我们需要从当时的时代背景中去寻找答案。

首先看葡萄牙的航海探索。提起葡萄牙的大航海计划，不能不提葡萄牙的亨利王子。在亨利王子的主持下，一场国家级航海行动开始了。他在 12 岁那年看到了古希腊天文学家托勒密的《地理学指南》。书中所描绘的世界，除了欧洲、亚洲、非洲以外，都是漫无边际的海洋。亨利王子对此充满好奇，梦想着自己有一天能够去探寻海洋的秘密。

1415 年，亨利王子创办了世界上第一所航海学校，并建立了一座天文台，开始为远洋航行培养人才。1415 年，亨利王子亲任统帅出征紧邻摩洛哥的休达，当地的摩尔人对此毫不知情，结果仅一天时间，休达就被攻陷。这场战争使葡萄牙控制了地中海与大西洋的交通要道，后人把这看作葡萄牙人（也是欧洲人）向外扩张的开端。1420 年，葡萄牙在马德拉群岛开始了最早的殖民活动。

1443 年，在亨利王子的指挥下，从罗卡角出发的葡萄牙航海家穿越了西非海岸的博哈多尔角。随着葡萄牙人沿着非洲西海岸一路向南，源源不断的黄金、象牙以及非洲胡椒涌入里斯本，填满了葡萄牙的国库。到 1460 年，被葡萄牙绘在地图上的非洲西海岸已经达到了 4000 公里。

就在葡萄牙大张旗鼓地进行海洋探索并从中获利的近一个世纪里，欧洲的其他地区还在中世纪的封闭中明争暗斗。

我们回头再看看当时的欧洲大陆。英法百年战争正在如火如荼地进行，战争从 1337 年一直打到 1453 年，整整跨越两个世纪，根本无暇顾及航海探险，也丝毫未关注到葡萄牙人的航海行动与胜利果实。

而当时世界上最强盛富庶的东方帝国——大明王朝又在干什么呢？大明王朝的永乐皇帝指派郑和下西洋，开启了规模浩大的海上远航活动，首次航行始于永乐三年（1405 年），末次航行结束于宣德八年（1433 年），共计七次。在七次远航中，郑和船队横跨西太平洋和印度洋，拜访了 30 多个国家和地区，其中包括爪哇、苏门答腊、苏禄、彭亨、真腊、古里、暹罗、榜葛剌、阿丹、天方、左法尔、忽鲁谟斯、木骨都束等地，已知最远到达东非、红海。这既是中国古代规模最大、船只和海员最多、时间最久的海上航行，也是 15 世纪末欧洲的地理大发现以前世界历史上规模最大的一系列海上探险。但郑和下西洋并不是探险，而更像是一场场受官方指派的“皇恩浩荡”的宣传活动，以展示天朝恩威，没有任何商业目的与利益诉求。这样的航海，国家从中获利很小，也无个人利益及理想诉求，注定不可持续，注定无法改变世界。不同的动机与目的，产生了不同的结果。

更令人惋惜的是，就在哥伦布即将开启环球航海之时，玩够了航海的大明王朝却开始了海禁。1500 年，是世界历史真正的开端，也是古代帝国衰落与现代帝国崛起的分界线，更是从农耕文明、游牧文明进入海洋文明、商业文明的分界线。也就是说，1500 年开启了世界 500 年未有之大变局。大航海时代之后，西方世界主导了全球化的方向与动力。

大航海的机遇更不属于当时世界的帝国——奥斯曼帝国、莫卧儿帝国、神圣罗马帝国。这些帝国如同蠢笨的企鹅，将肥胖的身子躲在悬崖底下，对即将发生的变革浑然不觉。

所以，机会留给了有准备、有目的、有利益、有理想、敢于冒险的葡萄牙人。1487 年 7 月，葡萄牙航海事业的继承者国王若昂二世，派迪亚士率三艘帆船继续沿大西洋南下，他们在九死一生的海上风暴中意外发现了非洲最南端——好望角。只要再努一把力，葡萄牙人就能到达梦寐以求的东方。商路即将打通，意味着财富的香料贸易很快就要掌握在葡萄牙的手中了。然而，也许是傲慢与偏见，也许是缺乏西班牙女王那种独有的风险投资眼光，总之，葡萄牙人错过了独霸世界的机会。就在这个时候，葡萄牙遭遇了一个强大的对手——刚刚统一的邻国西班牙。那么，西班牙人将凭借什么和葡萄牙竞争呢？

1492 年 1 月 2 日，西班牙女王召见了一位等候多时的热那亚人，他就是后来名动天下的伟大的航海家克里斯托弗·哥伦布。

在此前的六年中，哥伦布在葡萄牙一直遭受冷遇。怀揣梦想的他来到西班牙，寻求与伊莎贝拉一世合作。经过一番讨价还价，双方终于在 1492 年 4 月 17 日签署了一份合作协议，国家的意志同航海家的愿望最终结合在一起。哥伦布被任命为发现地的统帅，可以获得发现地所得的一切财富和商品的 1/10 并一概免税；对于以后驶往这一属地的船只，哥伦布可以收取其利润的 1/8。由此看来，女王代表西班牙对哥伦布的航海计划做了一笔风险投资，且谈了一个十分有利的条件。《1492：世界的开端》这本书就将哥伦布出发这年定义为全球化的元年。

1492 年 8 月 3 日，带着女王授予的海军大元帅的任命状，哥伦布登上甲板，对女王资助给他的三艘帆船下达了出航的命令。1492 年 10 月 12 日，他们来到了北美洲的巴哈马群岛，从那一天起，割裂的世界开始连接在一起。虽然哥伦布至死都认为他到达了印度，但事实上，他到达的既不是中国，也不是印度，而是一块欧洲人从来都不知晓的新大陆。

错过了哥伦布的葡萄牙懊悔不已，与发现了新大陆的西班牙，对谁将拥有未来世界的发现权产生了争执。经过近一年的谈判，1494 年 6 月 7 日，在罗马教皇的主持下，葡萄牙和西班牙在里斯本郊外的一个小镇上签署了《托尔德西里亚斯条约》。在地球上画一条线，然后像切西瓜一样把地球一分两半。葡萄牙拿走了东方，西班牙把美洲抱在了怀里。

这个条约为葡萄牙与西班牙制定了瓜分世界的游戏规则，这个规则也成为后来列强瓜分世界的基本规则，促进了西方列强的全球冒险与扩张。此条约树立了西方世界海洋文明时代的第一个国际规则。

在这个条约制定好的游戏规则下，“两颗大牙”迅速行动起来。毕竟，神秘的东方及香料巨额利润的诱惑是无法抗拒的。

1498 年 5 月，经过四年的生死考验，葡萄牙航海家达·伽马率领的船队终于抵达印度的卡利卡特港。葡萄牙人终于得到了梦寐以求的香料。

面对葡萄牙在东方的成功，西班牙再次出发。1519 年 9 月 20 日，又一个被葡萄牙冷落的航海家麦哲伦在西班牙国王的鼎力支持下，带着 5 艘船和 265 名船员，开始了人类历史上第一次环绕地球的航行。1521 年 9 月，船队到达菲律宾，但麦哲伦却在和当地土著居民的一次战斗中被杀。

在坚船利炮的猛烈攻击下，一个个海上交通战略要点相继成为葡萄牙的囊中之物。正是利用从大西洋到印度洋的50多个据点，葡萄牙垄断了半个地球的商船航线。在16世纪初的前五年中，葡萄牙的香料交易额从22万英镑迅速上升到230万英镑，成为当时的海上贸易第一强国。

与葡萄牙在东方的收获相比，西班牙对美洲大陆的掠夺更加直接。据统计，1502年至1660年，西班牙从美洲大陆总共得到大约18 600吨白银和200吨黄金。16世纪末，世界金银总产量中的83%被西班牙占有。

欧洲“两颗大牙”凭借最早从中世纪苏醒和冒险精神，占得了瓜分世界的先机。葡萄牙瓜分掠夺东半球的香料，西班牙则瓜分西半球的黄金与白银。

如果将“两颗大牙”占领的地盘连起来，二者的版图几乎涵盖了整个世界。因此，西班牙也被称作第一个“日不落帝国”。当然，其逊色于100多年后的后来者英国，大英帝国凭借一国之力就称霸了整个世界，虽然是第二个“日不落帝国”，却是名副其实的“日不落”！

在欧洲，西班牙统治着近一半的天主教世界；在亚洲，其征服了菲律宾；而除巴西以外的美洲也归西班牙所有。葡萄牙的殖民地遍布非洲、巴西，以及环大西洋、印度洋航线的岛屿。在“两颗大牙”忙于抢先圈地之时，顾不上与对方争霸，反正世界这么大，你占你的，我抢我的，大家比赛谁行动迅速、占领的地盘大。

在当时的情况下，谁占有的地盘大，尤其是资源丰富的殖民地多，谁就拥有更多的原料、黄金、白银、人口与市场。但是，当世界被瓜分完毕后，“两颗大牙”就开始了彼此之间的争霸。一山不容二虎。卧榻之侧，岂容他人鼾睡？

从16世纪中期开始，葡萄牙屡遭奥斯曼帝国和其他信奉伊斯兰教国家的联合攻击，帝国开始走下坡路，大量香料通过葡萄牙人无力控制的陆上贸易路线被运往欧洲。在1578年的马哈赞河之战（又称三王之战）中，葡萄牙败给摩洛哥，国王被涨潮的河水淹死，军队伤亡惨重。为赎回被俘的数百名贵族，葡萄牙付出了沉重的经济代价。

当葡萄牙在1578年再度出现继承者危机的时候，选择保持独立还是同西班牙联合，成为葡萄牙上层需要重新面对的问题。此时的西班牙是欧洲最强大的王国，拥有一支强大的军队，并坐拥美洲巨大的财富；而葡萄牙的海外殖民事业正遭遇困境，法国人在威胁巴西，英国海盗出现在西非，葡萄牙本土缺乏金属铸币，商贸也需要更大的市场。在这种情况下，同西班牙联合似乎是一个不错的出路。葡萄牙可以在西属美洲扩展贸易，获得急需的白银，并且得到西班牙舰队的保护。

因此，当腓力二世趁葡萄牙国力衰落和继承者危机于 1580 年下令入侵葡萄牙的时候，葡萄牙上层事实上已经决定把王位让出去了。阿尔瓦公爵带领的军队征服葡萄牙仅仅用了三个月，许多重要的堡垒几乎是不战而降。一些有地位的贵族早就和西班牙国王达成了协议，不少大商人满心期待即将到来的商机。新君主承诺西葡之间只是共主邦联，在事务上互不干涉。在当时的很多人看来，伊比利亚半岛的统一已经水到渠成地完成了。

本土被征服后，葡萄牙海外的亚速尔群岛仍然负隅顽抗三年，最终在 1583 年被西班牙完全占领。西班牙除在欧洲拥有庞大领地，还占据除巴西之外的全部中南美洲以及原属葡萄牙的菲律宾群岛等地，是英国之前的“日不落帝国”。

在西葡联合的 60 年当中，危机逐步凸显出来。到 17 世纪上半叶，矛盾尤其明显。一连串的麻烦把葡萄牙推向了 1640 年的复国战争。英国人在复国战争中选择帮助葡萄牙人。在 1668 年终于取得独立后，葡萄牙与英国缔结了同盟，之后便彻底沦落为英国的跟班伙计。

综观葡萄牙，虽丧失了霸主地位，但衰落过程是缓慢长期的。17 世纪葡萄牙遭到后起的荷兰和英国攻击，亚洲重要殖民地与港口全数易主。不过凭借在巴西发现的金矿，葡萄牙仍然是欧洲最富裕的国家之一，直到 1755 年的里斯本大地震。

客观来讲，葡萄牙的衰落实在是因为国力有所不及，当时全国人口不过百万，却要看守非洲和亚洲的大片人口稠密的土地，还要不断向前开拓探索新的领土。虽然其成功建立了多个商站，如阿尔金岛和中国澳门地区，但终究是后继乏力，在经历本土被西班牙占领、海外商业殖民对手竞争加剧、殖民地人民激烈反抗等众多事件后终于衰落。其实后来荷兰的衰落与葡萄牙有几分相像。小国大雄心难以持久！

纵观那段历史，大航海时代开启了全球化，世界从此连在了一起。而最先冒险的葡萄牙从一个边缘小国迅速崛起为当时世界上最强大、最先进、最富裕的国家。当然，其依靠殖民掠夺来的财富带有血腥与杀戮的印迹。地理大发现给“两颗大牙”及之后的欧洲列强带来巨大财富的同时，也给美洲新大陆、亚洲、非洲等地文明、国家与居民带来了巨大的灾难。在殖民者的枪炮杀戮以及携带的瘟疫传染下，数以亿计的人口被消灭、文明被摧残。但是，这段血腥的历史却改变了世界，让世界由此成为一个整体。从此，人类打破了地理上千山万水的阻隔，进入了飞速发展的新世界史时代。

而葡萄牙人的冷落与轻视，使得两位伟大的航海家哥伦布、麦哲伦先后来到西班牙，从而为后来者带来了与葡萄牙瓜分世界的机会，也使得西班牙成为近代史上第二个崛起的大国。西班牙国王卡洛斯一世（他同时也是神圣罗马帝国的皇帝，称为“查理五世”）说出了那句举世闻名的豪言：“在我的领土上，太阳永不落下。”因此，西班牙哈布斯堡王朝被誉为“第一日不落帝国”。葡萄牙却逐渐沦落为西班牙的附庸。如果葡萄牙当初和西班牙一样善于风险投资，那么，历史还会给西班牙机会吗？“两牙”争霸的历史，既有规则，也有冒险与行动，上演的是守成国与崛起国之间的修昔底德陷阱的故事。

“两颗大牙”联合起来瓜分世界，靠冒险获得了成功，联合称霸世界近一个世纪。它们的崛起在于拥有强大的王权和狂热的宗教信仰，对财富的渴望以及冒险精神。而正是这种敢于冒险的探索精神，使得边缘小国一跃成为世界大国。

由此可见，国家的崛起与兴衰，如同企业创新与变革，成功属于创新者，而创新来自边缘者。

大航海与地理大发现是紧密相关的，没有大航海就没有地理大发现，而没有地理大发现就不可能有后来的全球化。这个关键的时间节点是 1500 年，因此，1500 年被认为是世界史真正的开端。一切都不是空穴来风，为了这个伟大的时刻，葡萄牙人准备了 85 年，而西班牙王室的风险投资意识与利益安排，成就了两位伟大的航海家——哥伦布和麦哲伦，也成就了西班牙的崛起。这真应了中国民间那句俗语“来得早不如来得巧”，西班牙就是赶巧的那个人。

回望大航海那段历史，我们可以发现，海权国家成为第一波供应链转移的最大赢家。源源不断的黄金、象牙和香料，沿着葡萄牙人与西班牙人开辟的新航线，流进了他们的国库。新的世界秩序和国际贸易逐步形成，供应链开始成为社会发展的最大原动力，这些新航线成为欧洲控制世界供应链的标志。

葡西两国利用改进后的造纸术、指南针和火药，制造了无数的新地图、航海仪和火炮，开始了对全世界的殖民，成为全球贸易的最终受益者。

征服新大陆的是瘟疫

在西班牙王室的资助下，两位伟大的航海家哥伦布与麦哲伦完成了环球航行的壮举。之后，在教皇主导的瓜分规则下，明确了利益划分的西班牙开始了疯狂的冒险、占领与掠夺。

首先就是派兵越过大洋占领新大陆。而在占领新大陆的过程中，西班牙先后遭遇并击败了美洲的三大原住文明及两大强敌，即北面的阿兹特克帝国（今墨西哥的周边区域）与南面的印加帝国（统治南美洲大部分区域，涵盖今天的秘鲁、厄瓜多尔、哥伦比亚南部、玻利维亚西部和智利北部等），此后，欧洲人才能轻松地在新大陆展开殖民、掠夺与贸易。

虽然西班牙的枪炮碾压美洲原住民的大刀长矛，但是漂洋过海的西班牙士兵人数毕竟太少，真实的战争绝非技术对比那么简单。因此，西班牙征服美洲的历史有诸多谬种流传。比如西班牙对美洲的征服就是科尔特斯利用西班牙先进的技术、操控容易受骗的印第安人和迷信的阿兹特克帝国的皇帝，最后竟以区区数百人征服了百万之众的帝国。

寻找历史的真相就需要从不同信源的比较中获取。这正是美国宾夕法尼亚大学拉美研究系主任、拉美殖民史和人类学教授马修·雷斯塔尔毕生的研究任务之一。在其 2003 年出版的 *Seven Myths of the Spanish Conquest* 一书中采用并比较了来自西班牙人、土著印第安人、有过征服经历的西非人的文献来源，对西班牙人如何在拉丁美洲实现军事和文化霸权的主流观点提出了严重质疑，揭露了有关西班牙殖民美洲的七大谬论。[①]

雷斯塔尔认为，西班牙征服的成功背后有一个常常被低估的因素，就是欧洲疾病的传入带来的毁灭性影响，因为印第安人对这些疾病没有任何抵抗力。此外，还有其他重要的因素，比如西班牙人鄙视印第安人的战斗规则，虐杀平民和非战斗人员。更重要的是，印第安人在本土作战，需要照顾家人和土地，这种后顾之忧导致他们很快妥协。

贾雷德·戴蒙德在《枪炮、病菌与钢铁》一书中谈及：1532 年，西班牙征服者皮萨罗在秘鲁高原城市卡哈马卡第一次遇到了印加帝国的皇帝阿塔瓦尔帕，经过短暂的战斗，他率领仅仅 168 名西班牙士兵便轻易地俘虏了身处 8 万印第安军队中的皇帝。这正是近代以来欧洲殖民过程的缩影，文明之间的巨大差异使征服变得简单。欧洲人的军事优势是明显的，西班牙人拥有钢刀、盔甲、枪炮和马匹，而印第安人最初并没有骑兵，武器也仅限于狼牙棒、斧头和弹弓。除此之外，欧洲人带来的传染病（天花、麻疹、流行性感冒等）在对美洲的征服中也起了决定性的作用。据估计，这些病毒在当时杀死了 95% 的美洲原住民。欧洲人远渡重洋来到美洲，依赖航海技术和孕育这种技术的国家行政组织。印加帝国虽然也有统一的行政组织，但过于集中的权力以及文字系统的缺失使其在技术和情报方面落后太多。[②]

而在中国中央电视台的专题片《大国崛起》第一集中也给出了一个惊人的事实：与欧洲人的扩张相伴随的，却是美洲两大文明中心的悲歌。到 1570 年，由于战争屠杀和欧洲传来的传染病，当时的阿兹特克帝国（今天的墨西哥周边地区）的人口从 2500 万减少到 265 万，秘鲁的人口由 900 万减少到 130 万。美洲大陆的原住民印第安人由此急剧减少了 90%。

据有关资料：1520 年，由 630 名西班牙人组成的探险队踏上了阿兹特克帝国的国土，精明的入侵者充分利用各城邦间的敌对关系，大肆攻城略地。

不过，他们在阿兹特克战士的打击下日子并不好过。当第二次准备攻打阿兹特克重镇特诺奇提特兰（今墨西哥城）时，他们的准备并不充分，对于打下这座湖中

---

① 参见马修·雷斯塔尔的著作 *Seven Myths of the Spanish Conquest*。

② 参见贾雷德·戴蒙德的《枪炮、病菌与钢铁》。

大城并无多少把握。可病毒此刻帮了入侵者大忙，西班牙人携带的天花病毒感染了阿兹特克原住民。很快整座城市便爆发天花。不仅平民、战士和贵族，就连阿兹特克皇帝也染病而亡。整个地区超过 50% 的人口死去，这些对旧大陆病毒完全没有抵抗力的美洲人惨遭横祸。但他们依然推举出新皇帝继续抵抗，战斗了 80 天之后，原住民的抵抗和增援无以为继。他们的战士大多患病死去，连一些妇女都投入守卫，最终被西班牙人笼络的 10 万盟军攻破城池。

没用多久，阿兹特克帝国中部地区的印第安人减少了 25%—50%，各省份要么失去活力自顾不暇，要么原本便暗中反对阿兹特克的统治。一个长期独立发展的国家顿时被瘟疫化为尘埃。

此后几十年，阿兹特克帝国原住民里陆续爆发了其他大型传染病，如被称为 Cocoliztli 的结肠炎，不断变种的病毒威力巨大，四处散播，对原住民的杀伤力远远高于西班牙殖民者。南美洲的印加帝国不久也爆发了传染病，各地印第安人不要说反抗外来侵略，就连活命对他们也成了难事。中南美地区的人口和社会结构就这样被一步步彻底改变。

美国著名历史学家威廉·麦克尼尔在《瘟疫与人》中写道："这场只杀死印第安人，对西班牙人却毫发无伤的疫病，对于当时人们的心理造成了影响。对这种明显的偏袒，当时只能从超自然的角度去加以理解，很明显在这场战争中哪一方得到了神明护佑似乎已经不再是问题了。在西班牙人的神祇展现了'超自然'的能力之后，那些以古老的印第安神祇为中心构筑的宗教和生活方式也就很难维持下去了。难怪印第安人会如此温顺地接受基督教，并且向西班牙人俯首称臣，显然上帝是站在了西班牙人这一边，而且以后每一场来自欧洲的传染病造访都在重复这一经验。"

《瘟疫与人》中第一个重要的论点是：在人类历史进程的某些关键节点上，瘟疫是人类历史发生转折的非常重要的因素。所以除了政治制度、经济因素、宗教思想和信仰、文化艺术，瘟疫的这种影响也必须考虑进去。

欧洲传染病的蔓延速度完全超过了西方殖民者向美洲大陆进军的速度。因此，当殖民者在 16 世纪 20 年代抵达智利时，这里的印加文明已经受到天花病毒的大规模侵略，而印加王室也几乎全被这场瘟疫夺去了生命。最后，王位之争将整个国家一分为二，这才给了西班牙殖民者入侵的机会。

三个边缘小国的挑战

如前文所述，正是奥斯曼帝国崛起后卡住欧亚陆路通道的咽喉，断了欧洲商人前往亚洲的印度与中国贸易的财路。大航海是另辟蹊径的产物。而率先启动大航海的西欧成为新的世界中心，海洋文明取代农耕文明、游牧文明成为主导文明，造就了一批又一批世界大国，而它们都是敢于海上冒险的海权国家。于是，海权国家就成为第一拨供应链转移的最大赢家。源源不断的黄金、象牙和香料，沿着新航线，被搬进了它们的国库。哥伦布发现新大陆、迪亚士绕过非洲南端的好望角、达·伽马到达印度次大陆以及麦哲伦完成环球航行，使割裂的世界逐渐连成一体。

紧随葡萄牙之后的西班牙，热情接纳了被葡萄牙冷落的两位伟大航海家，从而瓜分了一半天下。

在强大的王权和狂热的宗教信仰的支撑下，伊比利亚半岛的“两颗大牙”征服了海洋，获得了世界。但是，像潮水一样涌入的财富，几乎都用来支撑为宗教信仰、为殖民扩张而进行的战争，而没有用来发展真正能够让国家富强起来的工商业。势力强大的王公贵族不愿意看到工商业的发展导致新兴势力的崛起，他们甚至荒唐地把数以万计从事工商业的外国人从自己的国土赶走了。

通过殖民掠夺轻易得来的财富，让葡萄牙人与西班牙人沉浸在奢靡的生活之中，逐渐失去了往日的激情、理想与冒险。他们逐渐习惯了舒适区的生活，不去投资本国的工业，转而购买国外昂贵的商品。久而久之，国内的工业极度萎缩，而货币又急剧贬值，人们却还沉迷于高端消费。

这正应了中国孟子的那句名言：生于忧患，死于安乐。危机往往孕育于繁荣之中。

这既是人性的弱点，也是历史更替的规律，更是国家兴衰的周期。西方如此，中国数千年的王朝兴衰更替也如此，世界沉浮亦复如是。

守成国作为利益既得者，丧失利益的忧惧使其陷入创新者的窘境；而光脚不怕穿鞋的、无所顾忌且唯有冒险方有机会的边缘小国，才会以冒险与创新实现颠覆与崛起。潮起潮落是大海的规律，斗转星移是宇宙的铁律，生老病死是人生，盛极而衰是大国兴衰的周期。

“两颗大牙”的沉沦与套利，不再冒险、创新与进取，无疑给了西欧三个边缘小国绝佳的机会，又一个历史轮回开始了。

轮番挑战“两颗大牙”的正是这三个国家。这三个后来者交替、穿插，甚至运用车轮战法与西班牙展开了海上霸主擂台挑战赛。

首先登台挑战西班牙的是法国。法国与英国隔海相望，与荷兰相邻。

西班牙哈布斯堡王朝初期，西班牙、法国两国因为领土纠纷并争夺欧洲霸权，持续发生战争，双方征战的主战场是亚平宁半岛。1525 年 2 月，意大利战争的帕维亚战役是双方第一次较量的决定性战役，法王弗朗索瓦一世兵败被俘。1526 年 1 月 14 日，法国被迫签署《马德里和约》，同意把勃艮第公爵的领地交给西班牙，法国从米兰撤军，并放弃那不勒斯。

1526 年 6 月，西班牙与法国的第二次较量开始。战场上，双方互有胜负。1529 年 6 月，两国休战，签订了相互妥协的《康布雷条约》，规定卡洛斯一世放弃勃艮第，弗朗索瓦一世放弃米兰。1530 年，西班牙国王卡洛斯一世在博洛尼亚加冕意大利王，随后又从教皇克莱门特七世手中接过了罗马帝国王冠。

意大利米兰公爵佛萨死后，两国为米兰公爵的继承问题再动干戈，西班牙与法国的第三次较量拉开帷幕。西班牙虽然在战场上处于主动地位，但因国内财政问题难以继续战争。1538 年两国在教皇保罗三世调停下休战和谈，签订了《尼扎和约》，规定两国休战 10 年，但双方敌意深重，和解妥协只是暂时的。

于是，双方的第四次较量很快又开始了。法国与奥斯曼帝国结盟，西班牙与英国结盟，双方捉对厮杀，西班牙和英国的同盟稳占上风。但这时德国宗教改革风暴蔓延，西班牙国王卡洛斯一世害怕动摇自己的统治，决定与法国和谈。1544 年 9 月，双方签订和约，决定暂时休战。

1547 年，亨利二世继承法国王位，通过经济和司法改革使法国实力有所恢复，遂于 1551 年再次发动战争争夺亚平宁半岛的领土，双方进入第五次较量。1557 年 8 月 10 日的圣金廷战役是这次战争的转折点，西班牙新任国王腓力二世亲自指挥作战，大败法军。

1559 年，西班牙与法国签订《布托—康布雷齐和约》，法国最终放弃了对意大利的领土要求，并把在佛兰德所占领土归还西班牙。和约的签订结束了法国对意大利的扩张，巩固了西班牙在米兰公国、那不勒斯王国、西西里岛和撒丁岛的统治地位。对法国的屡战屡胜，巩固了西班牙在欧洲的霸主地位。

经过五次较量，挑战者法国败下擂台，挑战失败。

第二个登台挑战西班牙的是荷兰。

荷兰在欧洲的地理环境与西方文明的源头古希腊极其相似，是一块贫瘠的土地，生存环境恶劣。直到今天，荷兰仍有 1/3 的国土位于海平面以下。如果没有一系列复杂的水利设施阻挡，荷兰人口最稠密的地区每天将被潮汐淹没两次。14 世纪，荷兰的人口不到 100 万。

我们常说，一方水土养一方人。上帝是公平的，给了你贫瘠的土地，同时也会给你另一种生机。16 世纪中期，荷兰约有 20 万人从事捕鱼业，小小的鲱鱼为 1/5 的荷兰人提供了生计。也正是因为这个生计，荷兰和东北欧、英格兰、南欧、非洲逐渐形成了海上的贸易关系。荷兰面朝大海，内有运河，形成了当时欧洲最发达的水上交通网，具备了走向蔚蓝海洋并成为海洋文明时代全球贸易大国的基础。

发达的水上交通网络和鲱鱼为这块贫瘠土地上的荷兰人提供了另外一种机会。当大航海时代来临时，荷兰人迅速抓住了这个机会，成为葡萄牙、西班牙与欧洲各国海上贸易的枢纽。面对另外一个强大竞争者英国，荷兰人的方式是创新，依靠其设计的一种造价更低廉的船只胜出，从而赢得了“海上马车夫”的美誉。而荷兰水手的勇敢与诚信，创造了流传后世的经商法则，也赢得了海运贸易的世界市场。所以，荷兰成为现代国际法、海商法的摇篮。荷兰人格劳秀斯成为现代国际法的奠基人。而当今的国际法庭就设立于荷兰的海牙。

1500 年之前的荷兰还没有形成真正的国家，只是由一个个建立在贵族领地上的城市组成，而一个个贵族自然成了这些城市的主人。贵族依靠自己的小型武装来维护治安及收税。之后，日渐富裕的市民们开始拥有了城市自治权。但由谁来领导一半人口生活在城市里的荷兰成为一个问题。1543 年，西班牙国王通过政治联姻的方式取得了荷兰的统治权。当时欧洲很多国家的君主或国王存在亲戚关系，如果算上间接关系，他们几乎是“一家人”。

接下来，西班牙国王通过宣布荷兰是西班牙的一部分、划分行政区域并派来新总督等措施，将荷兰收入囊中。毕竟“海上马车夫”的海上贸易枢纽地位及物流体系是非常有价值的，取得了荷兰，也就加强了西班牙对葡萄牙的竞争优势。对于从来只有城市自治概念而没有国家整体概念的荷兰人来说，有个国家管着也挺好，他们只管做生意，对政治毫不关心。

但是，深陷财政危机的西班牙欲壑难填，需要很多金钱与挑战者法国打仗，于是，就向荷兰不断伸手要钱。本来只管赚钱的荷兰人对谁管理荷兰漠不关心，但是压榨他们辛苦赚来的钱可不行。于是，荷兰的独立战争爆发了。一开始，西班牙的军队轻而易举地粉碎了荷兰人一盘散沙似的抵抗。在不到六年的时间里，就有15万荷兰人死于非命。严峻的现实，让各自为政的荷兰各省份不得不团结起来。1579年，来自荷兰北方七个省的代表签署协议，组成军事同盟共同对敌。

此后，战争开始向有利于荷兰人的方向转化，一方面是由于荷兰人的联合，另一方面也是由于腓力二世在欧洲四面树敌，连年的争霸战争耗尽了西班牙的国力。

1581年7月26日，来自荷兰各起义城市的代表在海牙郑重宣布：废除西班牙国王对荷兰各省的统治权，宣布成立尼德兰联省共和国①。1607年，荷兰又袭击了西班牙的直布罗陀港，使得西班牙无力继续开战，被迫和荷兰签订停战协定。

挑战完西班牙之后，荷兰接着挑战的是另外一个霸主葡萄牙。此时的葡萄牙已经走向衰败，附属于西班牙。1595年，荷兰人首次绕过好望角，到达印度、爪哇。不久，荷兰舰队在爪哇和马六甲海峡两次打败葡萄牙舰队，将葡萄牙在东方的势力范围收入囊中，从而垄断了东方贸易。

第三个登台挑战西班牙的是法国对岸的英国，两个国家隔着一条不太宽的英吉利海峡。

1558年，伊丽莎白一世继承王位，而不断传来的西班牙和葡萄牙航海探险成功并大发其财的各种惊人消息刺激着英国女王的神经。作为四面环海的岛国，英国拥

① 尼德兰联省共和国又称荷兰共和国。

有海上探险并发展海上贸易的所有条件。加入竞争、挑战西班牙是必然且冒险的选择。但在得海洋者得天下的时代里，敢于出手，敢于挑战，是后来者不得不做的事。尤其对于一个边缘岛国而言，没有什么不可以冒险的，只有冒险才可能惊险一跃。

出于策略考虑，英国女王避开直接与西班牙对抗，而是鼓励私掠船、海盗去扩大英国贸易，开拓殖民地（如弗吉尼亚），甚至袭击西班牙的贸易航线。这样做的好处是进可攻，退可守。如果他们和西班牙发生冲突，英国女王可以否认他们和她有关，并且说他们是违反政府的官方政策的，把自己撇得干干净净，从而避免直接冲突。英国以这种方式试探西班牙，并等待时机。英国人显然与无法忍受压榨的荷兰人不同，他们更像是来回游走中偶尔打出一记记刺拳的小个子拳击手。

1580 年，英国女王投资的德雷克的船队经过三年的环球航行，不仅掠夺了南美的西班牙殖民地，还袭击了西班牙在欧洲的港口。满载而归的德雷克给投资者带来了 4700 倍的高额回报。对于当时的岛国英国而言，这简直是一笔数目巨大的横财。德雷克干的就是黑吃黑的勾当。同胞的成功和女王的鼓励，撑起了英国人远涉重洋的信心，越来越多的人前赴后继地加入海外掠夺和贸易的行列中。这显然是虎口拔牙，赤裸裸地打劫当时世界上最大的帝国——西班牙的利益。

在英国海盗式的一次次的打劫之后，西班牙国王腓力二世被彻底激怒。1588 年的夏天，他派出了自己强大的无敌舰队，一路北上，以遮天蔽日的骇人威势，横渡英吉利海峡，进攻英国。

力量对比是悬殊的，谁都替英国担忧，英国无疑是以卵击石，国破家亡是一定的！然而结果竟然大出所料，一支由商船和海盗组成的小型英国舰队，经过几天的激战之后，将西班牙的无敌舰队打得屁滚尿流，一半沉入海底，一半奔逃回家。

1588 年的这场英西大海战，是一次以弱胜强的经典海战，影响了历史走向，足以载入史册。一个边缘小国，犹如一个貌不惊人的新手，乱拳将西班牙“拳王”打得遍地找牙。敢于挑战和冒险的英国大胜即将病入膏肓的西班牙。

此次胜利也极大地振奋了英国人的士气。而西班牙无敌舰队惨败后 50 年间，西班牙虽保持着大国地位，很显然其根基已经动摇。第一日不落帝国的“太阳”即将落下山岗。但是，打败了西班牙的英国，却陷入了长达百年的内耗与宗教战争之中。

接下来，英国挑战的第二个擂主是葡萄牙。1650 年夏，英国借口鲁珀特亲王所指挥的英国王党船只进入里斯本，派海军封锁里斯本，要求葡萄牙交出英国船只，遭拒绝后英国遂向葡萄牙开战。战争持续到 1654 年，最终以英国胜利而告终。根据英葡和约，葡萄牙向英国赔偿损失费及军费，英国获得西印度和葡属殖民地巴西的自由贸易以及进口商品优惠关税的权利。

在英、法、荷轮番挑战世界第一强国西班牙的过程中，法国挑战失败；荷兰获得了独立，并建立了自己的国家；而英国通过海盗战略及打败西班牙无敌舰队，重创了西班牙的锐气，为西班牙的衰落埋下了伏笔。接下来，英国开始了与大陆对岸的荷兰、法国争雄称霸。

第一日不落帝国的陨落

在 16 世纪后期，能够站在世界顶峰俯瞰全球的，只有西班牙。在英国登上历史舞台之前，西班牙有着“日不落帝国”的美誉。其在竞争中完胜葡萄牙，并将其收入麾下。由“两颗大牙”瓜分世界到独霸全球，西班牙可谓世界历史上第一个具备世界霸主雏形的大国。但是到了 17 世纪，人们便只能在美洲感受西班牙“落日”的余晖了。是什么原因让西班牙在短暂的辉煌之后就走向了衰落？

如前文所述，在西班牙对美洲殖民扩张后，美洲很快成为西班牙的金库。据统计，在殖民统治的 300 年间，西班牙从拉丁美洲掠夺了约 2500 吨黄金和 10 万吨白银。在 16 世纪，西班牙垄断了世界金银总量的 80% 左右，成为名副其实的“黄金帝国”。

由于金银的大规模流入，西班牙的王室变成了世界上最富裕的享受者。他们任意挥霍财富，到欧洲各国和东方大规模购买奢侈品。这样的结果就是金银如流水一样从美洲流入西班牙，又如流水一样匆匆流到了欧洲各国，西班牙没有将这些财富转化为持续造福国家的工业或商业。

在挥霍的同时，西班牙又耗费巨资打造了无敌舰队，东征西伐，联合哈布斯堡王朝[1]一同称霸西欧。1580年，西班牙腓力二世武力吞并了当时第二号殖民强国——葡萄牙王国，这一年是西班牙霸业的顶峰。物极必反，月满则亏。之后，西班牙就走上了衰落之路。1581年，荷兰不堪忍受西班牙的继续压榨，宣布从西班牙的控制中独立出去。1588年，西班牙派去讨伐英国的无敌舰队惨败于英吉利海峡……一系列军事失败，使西班牙的霸主地位摇摇欲坠。

好战必亡，狂热的宗教热情和好战，使西班牙深陷战争泥潭，腓力二世在1585年派军参加法国第八次宗教战争，但最终失败。

不过西班牙并不打算就此放弃。为了保持其在哈布斯堡王朝的霸主地位，1618年，西班牙卷入"三十年战争"。

这场战争以德意志新教诸侯和瑞典、丹麦、法国为一方，并得到荷兰、英国、俄罗斯的支持；神圣罗马帝国皇帝、德意志天主教诸侯和西班牙为另一方，并得到波兰的支持。双方从1618年一直打到1648年，演变成大规模的国际战争，又称"宗教战争"。

战争持续到1648年后，最终双方都无力再战，只好妥协签署了《威斯特伐利亚和约》。该和约承认了新教的合法地位，也宣布哈布斯堡王朝称霸欧洲的失败。该和约是西方世界重要的规则，也成为后来世界重要的秩序框架，一直到几个世纪之后的维也纳体系的出现。

"三十年战争"对于西班牙来说是一个充满陷阱的战争泥潭。在这三十年间，葡萄牙宣布独立；荷兰趁机占领了印度尼西亚群岛，垄断了东方的贸易；在美洲，英国和法国相继建立殖民地，打破了西班牙独霸美洲的局面。更不利的是，法国在三十年战争中打败西班牙，崛起成为欧洲陆上霸主。1659年，西班牙和法国签订《比利牛斯和约》，向法国割让了鲁西永、富瓦、阿图瓦和洛林，西班牙已经无力和法国竞争。

1665年，西班牙哈布斯堡王朝的最后一位国王卡洛斯二世上台，他患有多种遗传病及智障和癫痫。由于无法处理政务，所以实际权力掌握在其母亲玛利亚·安娜

---

① 哈布斯堡王朝（House of Habsburg，公元6世纪—1918年），欧洲历史上最强大的、统治领域最广的王室，曾统治神圣罗马帝国、西班牙王国、奥地利大公国、奥地利帝国、奥匈帝国。哈布斯堡家族亦称奥地利家族。

手中。卡洛斯二世在位期间，西班牙经济停滞，国力迅速衰落，国际威望下降。而法国正是路易十四时代，他在法国建立了强大的王权，组建了45万人常规军，成为欧洲的“太阳王”。1700年，卡洛斯二世去世，西班牙哈布斯堡王朝宣告结束。1701年，法国和奥地利为了争夺西班牙的王位继承权发生了“西班牙王位继承战争”，这时的西班牙已经完全不能主宰自己的命运了。

1500—1600年，西班牙帝国是“西方”世界中最杰出的经济帝国，而明朝统治下的中国是“东方”世界中最强大的帝国。西班牙人凭借其强大的军事力量在世界各地掠夺财富，夺取了大片地区的控制权（占地球陆地面积的13%），并夺取了贵重的物品，其中最重要的就是金银（金银是当时的货币）。①

回顾西班牙的兴衰，可以将这个昔日的第一日不落帝国衰落的核心原因简单归结为以下三点：

其一，美洲金银危机。西班牙的经济模式不可持续，经济循环出现了问题。其核心经济模式为从美洲等殖民地掠夺财富，尤其是金银，然后以金银（当时的世界公认的金属货币）从欧洲、亚洲等地区购买生活用品及奢侈品，这样金银就流入其他地区，西班牙成为过路财神。而这种模式会导致两个结果：一是帮助西欧等国家积累了财富，并依靠财富培育了商业，建立了工业体系；二是金银流失导致西班牙出现货币危机，危及经济。

此外，随着殖民地掠夺的财富逐渐减少（被各个殖民地的西班牙贵族、军官们及代理人截留，被英国、荷兰打劫，金银开采量减少等），西班牙的收入大幅减少。

其二，财政危机。维护殖民地秩序及利益引发的战争和宗教战争，以及奢靡腐化的消费，加之收入持续减少，导致西班牙陷入严重的财政危机，或称债务危机。西班牙在腓力二世执政时期连续出现债务违约，三次宣布国家破产。

其三，财富流失，造血能力不足。在西班牙的经济循环体系中，西班牙等于坐吃山空。未能将掠夺来的金银财富进行积累，并转化为商业及工业体系的投资，导致其不具备新的造血能力。

---

① 见瑞·达利欧于2020年5月22日发布在LinkedIn的文章《过去500年的大周期》（*The Big Cycles Over The Last 500 years*）。

其实，以上三大原因都可以归结为西班牙的货币与债务问题。当国库已不能支付帝国庞大的开支，也无力偿还外债而出现连续违约时，国内危机四起，殖民地纷纷脱离。而西班牙也没有财力去重新打造无敌舰队，面对荷兰、法国、英国三国的商业、贸易、军事、金融等全方位冲击，帝国终于走向末路。

此外，还有一些其他原因，比如西班牙人口减少，遭遇法国的称霸野心与虎狼之师。

与国家太小且实力远逊的葡萄牙的衰落相比，大国西班牙是故步自封的典型。在赢得美洲大片土地和如山的金银后，西班牙王室过起了奢靡的生活，挥霍着所拥有的巨额财富，只用于消耗不用于生产，而这些用于挥霍的金银源源不断地又从西班牙流向西欧，为西欧诸国发展制造业提供了经济基础。英、法、荷三国通过货币改革和实行重商主义成功地发展了本国经济。而西班牙采取的措施竟然是禁止本国商品出口到殖民地，直接扼杀了本国的制造业。此消彼长，西班牙的衰落与英、法、荷的崛起只是时间问题。

总而言之，葡萄牙与西班牙这两个先后为他人做嫁衣的国家衰落的根源在于其自身。“两颗大牙”的衰落成就了荷兰与英国两个具有世界领导力的崛起大国。

这如同中国历史上的王朝更迭一样（王朝初建时休养生息、发奋图强——通过几十年的发展与积累，王朝拥有了雄厚的财力，于是开始奢靡腐化、大兴土木、开疆拓土——王朝财力不足以支持庞大开支，陷入债务危机，于是横征暴敛、加重苛捐杂税与徭役——官逼民反、天下大乱、外敌环伺——王朝走向灭亡，朝代更替）。每一个帝国都将无奈地陷入这样的周期，即依靠不断拼搏和坚持，帝国走向强大，强大后不断扩张，债务随之扩大，当财力不足以支撑且出现严重的债务违约时，国内外危机来临，帝国走向衰亡。帝国的兴衰周期与经济周期如出一辙。

创新与荷兰崛起

荷兰的崛起源于其创新。荷兰的创新表现在两大方面：其一是以造船技术为代表的制造业创新；其二是以资本市场为核心的金融制度创新。

14世纪至16世纪中期，通过中世纪的王朝婚姻关系和王位继承，尼德兰（荷兰前身）成为西班牙的一部分。当尼德兰人在1581年变得足够强大时，他们推翻了西班牙人，建立了自己的国家——荷兰共和国。独立之初的荷兰困难重重。然而经过短短几十年的发展，荷兰迅速崛起，在1650年左右达到巅峰，被称为荷兰的黄金时代。从1625年到1780年这100多年时间里，荷兰超过西班牙和中国，成为世界上最富有的帝国。一个土地贫瘠的低地之国，何以创造如此辉煌的历史？

荷兰在独立之前，与西班牙的贸易是其最主要的经济来源之一。但在独立之后，西班牙国王封锁了本国的所有港口，禁止荷兰商船驶入。经济的生命线被扼断了，荷兰的出路在哪里呢？

荷兰凭借着自己的商业直觉，很快找到了突出重围的方法。方法就是立足荷兰的水上交通网及发达的贸易，在此基础上进行一系列金融创新。荷兰凭借发达的水上交通网、贸易网络及金融创新，一跃成为有别于之前短暂繁荣的两个大国——葡萄牙与西班牙的后起之秀。荷兰人的这些金融创新方法成为现代金融制度的基石与源泉，他们建立起的贸易规则则构成当今世界海商法的基石。也就是说，如果葡萄牙与西班牙凭借的是船坚炮利与殖民掠夺崛起，荷兰则是依靠商业与制度创新崛起，且为现代世界贡献了三大金融制度及海商法规则。

正是这些金融创新使荷兰成为第一个真正的全球性大国，17世纪因此也被称为“荷兰的世纪”。与西班牙和葡萄牙带有血腥味的崛起不同，荷兰不仅是一个贸易大国、海洋大国，更是一个金融大国。荷兰的崛起更具现代意义，更有含金量。其崛起过程中的遗产至今仍在流传和继承。

在荷兰之前，各种形式的现代金融元素已经在佛罗伦萨、威尼斯、热那亚等城市有所萌芽，但还未形成一个高效的体系。而随着荷兰海外贸易的扩展，客观上要求建立更加高效的金融体系，为荷兰经济的快速扩张提供支持。在这种背景下，荷兰建立了高效和健全的金融体系，阿姆斯特丹银行和阿姆斯特丹证券交易所分别是近代银行的典范与世界上第一家证券交易所，阿姆斯特丹迅即成为国际金融中心，荷兰货币荷兰盾也初步具备了国际货币的特征和影响力，被视为人类历史上第一个国际储备货币。可以说，高效和健全的金融体系为17世纪荷兰的崛起并称霸世界奠定了重要基础，成为荷兰确立世界经济霸权进程中极为重要的一环。

根据聂庆平先生的《现代银行制度支撑荷兰霸权》一文，荷兰的三大金融创新第一个是汇兑银行。阿姆斯特丹银行成立于1609年，是一家公有银行、存款银行和汇兑银行。阿姆斯特丹银行一经开办，即受到了市场的热烈欢迎，其他地方纷纷效仿，如1619年成立的汉堡银行、1621年成立的纽伦堡银行以及1635年成立的鹿特丹公有银行等。据估计，截至1697年，欧洲已有25家公有银行，但没有一家银行具有阿姆斯特丹银行这样的信用和实力。正如金德尔伯格在《西欧金融史》一书中所说，阿姆斯特丹银行是17世纪西欧金融发展的一个重要方面，其对荷兰经济崛起的特殊意义突出体现在两个方面。

一方面，在当时混乱的硬币流通中，它提供了一种少有的安全和便利。这种安全和便利使得阿姆斯特丹迅速成长为欧洲储蓄和兑换中心，为荷兰的对外贸易扩张提供了极大的便利。

为了解决当时欧洲的货币混乱问题，阿姆斯特丹银行的创新之处在于它发行了一种有价值保证的“银行票据”，即阿姆斯特丹银行在吸收不同成色的金属货币存款时，先对其进行称量和检验，然后给存款人以它自身所定的一种等同于荷兰货币的信用货币登记于账簿之上，存款人可以凭此信用与人交易。与之前出现的银行相比，阿姆斯特丹银行能够提供高质量的银行货币，其银行账户持有者可以随时处置自己在银行账户的结余，故阿姆斯特丹银行提供的银行货币和票据具有高度的安全性与便利性。安全性和便利性使得阿姆斯特丹银行成为地区商业首要的清算银行。随着对荷兰货币日益增加的信心和阿姆斯特丹世界贸易惊人的扩张，阿姆斯特丹银行开始具有国际性质。通过国际支付的集中，阿姆斯特丹银行在17世纪发展成为世界性的重要票据交换中心，“最晚到1660年，阿姆斯特丹无可争辩地成了一个多边支付体系的核心角色，并且一直保持到1710年”。[①]

另一方面，阿姆斯特丹银行为17世纪荷兰成为世界贵金属贸易中心做出了重大贡献，而掌握充足的贵金属储备是中心国家相互竞争的一个关键因素。

---

① 伊曼纽尔·沃勒斯坦，1998。

阿姆斯特丹银行参与贵金属贸易的优势在于它总是备有各种各样的贸易货币，因而能比金属货币厂提供更快捷的服务。1640 年后，阿姆斯特丹成为世界贵金属贸易中心，而阿姆斯特丹银行正是这一贸易的主要参与者。繁荣的贵金属贸易，极大地便利了荷兰对外贸易的扩张。工业革命前，在东西方国际交易中，东方只对西方的白银感兴趣，白银成为西方打开东方贸易的敲门砖。而 17 世纪的荷兰是“欧洲贵金属仓库”，其商人手中控制着大量白银，这是荷兰在东方商业贸易中所具有的比较优势。因此，荷兰运用雄厚的白银存储优势，在东方打败了葡萄牙，进而排挤英国商业资本。在 17 世纪的大半时间里，荷兰独占着欧洲与东方之间的香料贸易，并用白银优势控制着亚洲殖民地。

此外，繁荣的贵金属贸易使得阿姆斯特丹银行的国际汇兑交易获得了特殊的优势——阿姆斯特丹银行的汇率非常稳定，而汇率的稳定又进一步巩固了它在国际贸易中的主导地位。同时，能够立即获得大量的贵金属货币对于开展票据贴现和其他信贷业务来说都是一个优势，繁荣的贵金属贸易保证了 17 世纪荷兰货币和信贷的活力。

第二个金融创新就是股份制公司制度的创设，并由此衍生出股票交易制度。

荷兰孕育了世界上第一家股份制公司和第一家证券交易所，阿姆斯特丹也因此被誉为“17 世纪的华尔街”。之后，荷兰人打造了纽约，使得华尔街成为世界的金融中心。无论是地理上的纽约华尔街，还是金融制度上的华尔街，都与荷兰人息息相关。

荷兰在 1602 年成立了世界上第一家可上市交易的联合股份公司——荷兰东印度公司。为了增强荷兰东印度公司发行股票的融资能力，荷兰政府将一些只有国家才能拥有的权力，折合为 2.5 万荷兰盾，入股荷兰东印度公司，大大增加了荷兰东印度公司的权限和信誉。这些权力包括：授权荷兰东印度公司在东起非洲南端好望角，西至南美洲南端麦哲伦海峡的海域具有贸易垄断权；具有开战、议和、建立殖民地、夺取海上外国船只、建立城堡及铸造货币等权力。由此可见，荷兰东印度公司是一家特殊的、具有准军事性质的国家与私人合营公司。公司制度的创设，为股票交易创造了条件。

第三个创新就是证券交易所。随着荷兰东印度公司这样的股份公司的诞生，股票的发行上市和自由交易成为股份制经济进一步发展的需求，客观上催生了进行股票买卖的公共服务组织的出现。顺应这种要求，荷兰在1609年首创了阿姆斯特丹证券交易所。荷兰东印度公司在1612年首先规定，要兑现公司的股票只有拿到交易所去公开出售，英国的公司随后效仿，阿姆斯特丹证券交易所进一步扩大。到17世纪中叶，阿姆斯特丹已成长为欧洲的股票交易中心，其证券交易所已经类似于现代证券交易所，不仅存在买方与卖方之间的直接股票转让，而且也存在通过证券经纪人进行的间接股票转让。当时已产生了期货交易，产生了“多头”与“空头”，他们发明了一种新的贸易方式，每年买卖大量的白兰地，但从来不发生货物的移交，买方与卖方的盈利或亏损都取决于在约定的交货日期白兰地的价格。

阿姆斯特丹银行和阿姆斯特丹证券交易所的设立，加速了荷兰的货币流通，而阿姆斯特丹随之拥有的国际清算中心、国际贵金属贸易中心和欧洲股票交易中心的地位更是极大地促进了荷兰货币的流通。货币资本流动性的加速使得荷兰的利率比其他欧洲国家都要低得多，有效地支持了荷兰贸易和经济的高速扩张，这是17世纪荷兰迅速崛起的一个重要原因。整个17世纪，荷兰的利率降低了一半多，而在欧洲其他金融市场如英国和法国的金融市场上，尽管利率的变动趋势也是下降的，但这些国家从来没有把利率降到足以与荷兰进行有效竞争的程度。

与此同时，国际清算中心、国际贵金属贸易中心和欧洲股票交易中心的地位，使得阿姆斯特丹迅速成长为国际金融中心，荷兰货币也逐渐成为世界贸易中广受人们信赖的货币。荷兰开始在欧洲范围内发行货币，享有铸造货币所带来的巨大收益。

这种强大的金融控制能力，保证了荷兰在崛起进程中与其他强国进行竞争时拥有巨大的优势。在17世纪，法国和英国是荷兰面对的两个最有力的竞争对手，但这两个最有实力和荷兰进行贸易竞争的国家却都被置于荷兰的控制之下，其中一个非常关键的原因就在于荷兰强大的信贷能力。阿姆斯特丹的国际金融中心地位，使得阿姆斯特丹成为当时欧洲最著名的短期和长期信贷供应者。在17世纪下半叶，北欧与西北欧的贸易，包括英国与波罗的海国家之间的贸易所需要的大部分资金都是由阿姆斯特丹提供的。在同法国、英国的贸易竞争中，荷兰这种强大的资金供给能力立即转化为强大的控制能力。整个 17 世纪，荷兰商人一直充当法国和英国进出口贸易的中间商，荷兰商人通过信贷手段能够随意改变贸易政策；而英国和法国商人却无法摆脱荷兰商人的控制，只能长期作为荷兰仓储贸易的一个组成部分。

荷兰是近 500 年世界史中崛起的第一个真正意义上的全球型大国。纵观荷兰崛起的历程可以看出，其崛起与之前的葡萄牙、西班牙以及之后短暂崛起的法国都不相同，依靠的是创新。这个创新表现在制造业与金融业两大方面。

除了三大金融创新之外，荷兰人在技术上同样进行了大胆的创新。在那个海上为王的海权时代，谁拥有了最先进的造船技术，谁就拥有了广阔的大海，谁的触角就能伸得更远。

因为靠海的原因，荷兰的造船业久负盛名，俄国的彼得大帝就曾两次到荷兰学习造船技术。荷兰人造的船又大又结实，航速还很快，被卖给欧洲很多国家，到 17 世纪末仅英国船只中就有 1/4 是荷兰建造的。荷兰的船厂高度机械化，造船技术更新迅速，这造就了一个强大的海上商业民族，“海上马车夫”实至名归。

荷兰能成为新一代的海上霸主，与其超强的造船业实力是分不开的。当时荷兰能够生产出世界上最大的商船，从而进行长距离的海上航行和运输。这种船叫作“福禄特帆船”（fluyt），长度约为 24 米，重达 200—300 吨。

荷兰人发明的最先进舰船，依靠造价低、速度快迅速取得了海上贸易竞争优势以及海上争霸的领先能力。荷兰构建起了自己的工业体系，其工业产值占比很高。有了雄厚的工业基础，再加之强大的海外贸易，以及三大金融创新，阿姆斯特丹成为世界的金融中心。这一切有利因素使得荷兰持续了一个多世纪的辉煌，直到来自英吉利海峡对岸的英国崛起，并从其手中抢走老大的宝座。而英国之所以取代荷兰，原因同样在于创新，其继承与发扬了荷兰的工业技术、金融创新、海外贸易，并进一步推动了金融创新、制度创新。同时，它依靠技术进步推动了工业大革命，构建了市场经济体系。

综上可知，荷兰发明了可以全球航行的舰船，成为强大的海权国家，拥有了全球掠夺和调动资源的能力。荷兰东印度公司是世界上第一个发行股票募资的股份公司，并由此使荷兰阿姆斯特丹产生了世界上第一个股票交易所，以此来整合资本市场，给业务提供资金。

除了发明先进的造船技术、现代公司与金融制度，荷兰还发明了很多东西。在17 世纪，世界上 25% 的发明都来自荷兰。凭借制度创新与技术发明，小国荷兰有了全球竞争力，有能力发展强大的军事力量，可以在全球范围内活动。依靠发达的国际贸易，荷兰人把世界上的财富都聚拢到了荷兰，这使荷兰的产出进一步增加，产生财富，使得阿姆斯特丹成为第一个世界金融中心。①

荷兰之后的英国、美国等真正的世界领导型大国，都沿着同一个逻辑。工业发展、金融创新，先后成为工业大国、金融中心，这是大国兴衰交替的轨迹。美国的金融中心纽约深深地打上了荷兰人的商业、金融与英国人的冒险、市场等烙印。甚至可以说，华尔街就是荷兰人的金融中心阿姆斯特丹和英国人的金融中心伦敦的结合体。

掠富时代与公司传奇

在葡萄牙与西班牙瓜分世界财富之时，后来者的加入无疑是“虎口拔牙”，风险是巨大的。此时以殖民地贸易为基础的外贸利润是最高的，但是远洋贸易时间长、距离远，不但面临海洋、天气的威胁，还有殖民地土著人带来的危险，这是单个资本所承担不了的，同时还要从政府那里谋取贸易的特权，也需要众多资本共同操作完成。在高额利润的强烈驱使下，也为了筹集资金与分担风险，人们很快想到了股份公司这种结构形式。

在当时西欧各国成立的众多公司中，有四家带着“印度”名字的公司最为特殊且大名鼎鼎。这四家公司之所以特殊，就在于其不同于一般意义上的公司，具有国家部分职能。根据贸易需要，它们可以组建军事力量并实施军事行动。这四家公司分别是英国东印度公司、荷兰东印度公司、荷兰西印度公司、法国西印度公司。其中，荷兰拥有了东、西两家“印度”公司，可见荷兰在 17 世纪时的超强实力。

首先来看看成立最早的英国东印度公司的有关情况。1555 年，英国第一家特许

① 详见达利欧于2020年6月8日在中国发展高层论坛CDF TALK’s Week首期节目中的发言。

商业公司——莫斯科公司组建完成，此后按照这种模式，新的公司纷纷成立。1600年，一群商人在英国政府的支持下成立了英国东印度公司，刚成立的时候，就获得了英国女王伊丽莎白一世颁发的特许状。公司成立之初，共募集资本3万英镑，有101个股东，每人认购的股份从100英镑到3000英镑不等。到了1657年，资本从最初的3万英镑增至73万英镑，并且产生了1名总裁、24名董事管理公司的日常业务。

股份制的相对优势是可以无限期经营，如果某个投资人不想再做这笔生意，可以把自己的那一份股份转手卖给别人。所以，无论谁离开，这个公司的生意都能长期做下去。

英国东印度公司主要负责英国与南亚、东南亚之间的贸易往来，英国东地公司主要负责英国与波罗的海国家的贸易往来，英国利凡特公司负责地中海东部的贸易。

根据当时英国王室的规定，英国东印度公司所获得的特权包括：自好望角以东一直到麦哲伦海峡整个东方地区的贸易，属于英国东印度公司所独占，如果有侵犯公司贸易专营权的，可以没收货物，并且上缴国库一半，另一半归公司所有；对英国东印度公司每次航行所需费用约3万英镑免于征税，而且前4次航行，所有商船上的商品也能够免税。这项特权有效期是15年，但是如果发现它不能给国家带来任何好处，可以在颁发之日起，2年后任何时间取消；如果发现对国家有利，在15年之后可以提出再延长15年。

从1600年英国东印度公司成立，到1657年这段时间，英国东印度公司与可以发行股票募资的荷兰东印度公司不同，其每次航行，投资者都是不同的，每航行一次，募集一次资本，航行结束，资本便退还给投资者，获利也是按照资本大小进行分配。

紧随其后的是成立于1602年的荷兰东印度公司，它是世界上第一家可以发行股票募资的股份公司。

1595年4月至1602年，荷兰陆续成立了14家以东印度贸易为重心的公司。为了避免过度的商业竞争，这14家公司合并成为一家联合公司，即荷兰东印度公司。

荷兰东印度公司是一家具有国家职能、向东方进行殖民掠夺和垄断东方贸易的商业公司，是第一家可以自组佣兵、发行货币的公司，也是第一家可以发行股票募资的股份公司，并被授予与其他国家订立正式条约，并对该地实行殖民与统治的权力。

在荷兰东印度公司成立将近200年间，它总共向海外派出1772艘船，约有100万人次的欧洲人搭乘4789航次的船班前往亚洲地区。平均每个海外据点有25 000名员工，12 000名船员。荷兰给予公司在亚洲进行殖民活动21年期限的垄断权。荷兰东印度公司是世界上第一家跨国公司，第一家发行股票的公司，也是世界上第一家特大公司，政府持有其股份。该公司有为战争支付薪水、与外国签订条约、铸造货币、建立殖民地等权力。在近200年的时间里，该公司在世界贸易中具有重要影响力，每年给政府分红18%，直到1800年公司正式解散。公司的财产和债务由巴达维亚共和国承担，公司的殖民地成为荷属东印度，在19世纪又扩展到了整个印度尼西亚群岛，形成了现代意义上的印度尼西亚。

除了设立东印度公司之外，荷兰在1621年还成立了西印度公司。其主要的目标是占领葡萄牙、西班牙在美洲的地盘，垄断当地的贸易。该公司经过多年的奋斗在美洲站稳了脚跟，并建立了新阿姆斯特丹，也就是现在的纽约；后来在南美洲巴西又占领了很大一块地方。1623年，该公司占领南美洲的圭亚那。1630—1640年，它从西班牙人手中夺得加勒比海上的小安的列斯群岛中的阿鲁巴岛、库腊索岛、博内尔岛、萨巴岛、圣尤斯特歇斯岛，和法国人共占圣马丁岛。

不过由于非洲和美洲远远没有东方富有，所以荷兰西印度公司的贸易产品也都不是很值钱。奴隶贸易占了很大的一部分，最高时奴隶贸易占了总收入的一半以上，其他的是皮毛贸易和金属贸易等。不过即使这样，荷兰还是凭借着西印度公司控制着美洲和非洲。西印度公司虽然没有东印度公司强大，但是也为荷兰称霸世界做出了巨大贡献。和荷兰东印度公司一样，该公司在荷兰霸业失败的时候解散了。

接下来是法国西印度公司。法国西印度公司是一家成立于1664年的特许公司。特许状授予该公司北美地区的路易斯安那地区和魁北克地区（新法兰西）、墨西哥地区、中美洲、尤卡坦半岛、瓜德罗普岛、马提尼克岛及南美洲的法属圭那亚的所有权和领主权。

当然这些公司与现代的公司还有一定的差异，之后，法国、英国与美国先后进行了公司立法，尤其是美国大幅简化了公司的设立程序与门槛，为现代公司制度奠定了基础。

西方日出东方雨

在 1500 年前后 200 多年间，在葡萄牙、西班牙通过全球殖民掠夺获取源源不断的财富的吸引下，英国、荷兰、法国等先后加入海外殖民扩张行列，列强们前赴后继、游走在世界大洋与各大洲之间，争先恐后去发现新的领地。当世界被瓜分完毕后，列强们之间展开了长达百年的战争。有的在战争中崛起，有的在战争中衰落。通过贸易与战争，它们重新划分了势力范围与调整利益。在大航海开启的全球化时代初期，谁占领的地盘越大，谁获取的财富就越多。而海外贸易是变现利益的方式。

就在西方世界以海洋为中心展开掠富、进行疯狂的原始资本积累之时，曾经在农耕时代领先西方的东方却被海洋时代悄然抛弃。当西方列强在世界各大洋如火如荼地进行探险、冒险、贸易及战争之时，东方世界却自我封闭了通往海洋的大门，将自己孤立在大陆深处。

也许人们会说，海洋时代是由葡萄牙、西班牙、法国、荷兰、英国这些大西洋沿岸国家或岛国开启的，因为这些国家所处的地理环境与自然资源，有向海洋深处讨生活的习惯，在航海条件成熟时，自然走向了海洋深处。此外，也因为它们的枪炮与航海技术超越东方，而使西方列强具备了殖民扩张的野心与能力。

但客观事实是，东方的中国也有漫长的海岸线，面朝大海；日本则四面环海，犹如东方的英吉利；而朝鲜半岛则三面环海。因此，东亚三国都属于地理上的海洋国家。在火炮等热兵器的使用上，中国也与欧洲同步，只是在之后的改进与利用上落后了。而在航海技术上，早在葡萄牙与西班牙大航海之前，郑和已经率庞大的船队 7 次下西洋。而且郑和船队的装备水平远超哥伦布与麦哲伦。郑和 7 次下西洋的时间分别是：第一次下西洋，1405 年 7 月；第二次下西洋，1407 年 10 月 13 日；第三次下西洋，1409 年 10 月；第四次下西洋，1413 年 11 月；第五次下西洋，1417 年 6 月；第六次下西洋，1421 年 3 月 3 日；第七次下西洋 1430 年 6 月。时间均远早于欧洲。

应该说，从地理环境、航海技术、火炮技术、国家财力等几方面来看，大航海时代的开启者都应当属于东方，至少东方不会缺席太久。但历史就是这样，就在西方冒险家向未知海洋深处出发之时，东方却关上了出海的大门，当然之后的隆庆开关也在一定程度上促进了明朝与西欧国家、日本等之间的贸易，但时而开、时而关，明清基本都如此。

真实的历史情况既非一些专家所说的完全的闭关锁国，也非一些专家所说的明清根本没有闭关锁国，国力反而通过海外贸易壮大了。事实是：明朝采取了极其谨慎的保守型开关政策，即从海禁转变为有限的开关，中央王朝设定与周边国家的朝贡贸易体系和欧洲的海外贸易体系等。也就是说，明朝的海禁政策是杜绝所有海外自由贸易，由朝廷控制，外面的进来和里面的出去都要朝廷批准才可以。与欧洲海权列强相比，明朝前期采取政治性出海（比如郑和七下西洋），中后期则采取保守型开关出海（隆庆开关），与西欧的扩张性、侵略性、积极海外贸易型的海洋政策是不同的。

永乐皇帝时期，大明海军的实力一时间居世界之首，海禁政策开始渐渐松动，到了隆庆皇帝这一代已经名存实亡了。

万历皇帝通过葡萄牙人的大帆船贸易，将一船又一船白银和黄金经好望角运至印度阿果港，再运入澳门地区填充自己的国库。据葡萄牙的官方资料，万历皇帝和葡萄牙进行的白银贸易超过 2000 吨。

而到了清朝，采取的不仅仅是明朝的海禁政策或有限开关政策了，清朝乾隆时期采取了闭关锁国政策，完全是以稳固边境线为最终目的。因此，清朝的闭关锁国政策性质与明朝海禁政策不同，并非简单的衍生或加强版。明朝还是会允许一些底子干净的海商出入国境，所以在一定程度上还是允许国有贸易存在的。只不过普通商人想和外界通商就显得有些困难了，一些偷偷和外国做生意的也都会有牢狱之灾，这为明朝中后期的海盗泛滥提供了温床。

明朝的海禁政策，以及清朝的闭关锁国政策，不仅使东方缺席了这个重大的时代，而且使东方对外面世界发生的一切浑然不知。这一错就错了几百年，当英国、美国等列强先后用坚船利炮冲开东方大门之时，东方才缓慢地清醒过来。

那我们看一看，在葡萄牙、西班牙通过海洋航道瓜分殖民世界时，当时的东方究竟是什么情况。

先看当时的中国。早在秦汉之际，当遥远的驼铃声响起时，就有大批商贾将我们的丝绸和瓷器，经由丝绸之路远销到了欧洲。

唐宋时期，海上贸易逐渐兴起，朝廷亦开始设置“市舶司”。据《宋会要辑稿·职官四四》的记载，宋高宗赵构就曾扬扬得意地说：“市舶之利最厚，若措置合宜，所得动以百万计，岂不胜取之于民？朕所以留意于此，庶几可以少宽民力耳。”可见当时的海上贸易所带来的利润，于国家财政的意义已经不容小觑了。

然而在大明建国后的洪武四年（1371 年），明太祖朱元璋开始颁布一系列诏令，实行海禁政策。洪武十四年（1381 年），朱元璋以倭寇来犯为由“又下令禁濒海民私通海外诸国”，后来，朱元璋还将“寸板不许下海”定为祖训延续下去。

但是，朱元璋的海禁政策最初并没有得到很好的执行。明成祖朱棣对民间海外贸易也是采取严厉封闭的政策，但是永乐、宣德年间郑和下西洋的航海活动，虽然主要目的是追求政治利益，但是客观上加强了明朝与海外国家的交流，促进了海外贸易，也使得海禁政策有所松弛。

然而，由于葡萄牙殖民势力向东扩张，以及日本倭寇日益猖獗，所以在嘉靖年间重新实行严格的海禁政策。直至隆庆年间，倭患平息，海禁政策才得以取消，民间出海贸易也恢复正常。

明穆宗朱载垕登基后就下诏求直言，福建巡抚都御史涂泽民上疏：“请开市舶，易私贩为公贩。”朱载垕当即批准这项政策，史称“隆庆开关”，不久后又开放福建漳州府月港，并以月港为治设置海澄县，设立督饷馆负责贸易管理和征税。史载隆庆初，仅月港一地，“所贸金钱，岁无虑数十万，公私并赖”。不过其手续烦琐也给贸易带来不利影响。后来甚至连船只数量和规格都有所限制：“东西二洋各限船四十四只。”而且在隆庆开关时，对日本的贸易也是禁止的，如有违反者以“通倭”罪处置。

如果从洪武四年（1371 年）海禁令开始起算至隆庆开关之年（1567 年），其间已有近 200 年。究其原因，主要有三个方面。

其一，出于军事安全考虑。张士诚、方国珍的残余势力并未彻底铲除，而是流亡海上，他们时常与日本浪人勾结在一起，聚成一股颇具军事实力的倭寇，频繁侵扰内地，成为东南沿海地区的倭患。据《明史》和《明实录》中的记载，1368—1374 年的 7 年间，规模较大的倭寇对大明沿海的侵扰，就有十二三次之多。

面对来自东部海洋方向的军事压力，为了避免倭寇借着大明与流窜到北方草原的北元对峙之机趁火打劫，或者北元在大明御倭之际南下，“禁海”就颇为重要了。

其二，出于宗藩秩序的政治需要。据《文献通考·卷三十一·市籴考》，当时朝廷有明令，“今贡舶与市舶一事也，凡外夷贡者，皆设市舶司以领之，许带他物，官设牙行，与民贸易，谓之互市，是有贡舶即有互市，非入贡即不许其互市矣”。也就是说，要想与大明进行贸易，首先要先向大明进贡，承认其宗主国的地位。

所以，明朝前期的外交活动非常频繁。据史书记载，明廷先后三十余次，派出使臣到东亚、东南亚各国，举行册封典礼，招徕海外诸国来明朝贡。我们所熟知的郑和下西洋，便是在这种背景条件下发生的。可见明廷的“海禁”政策是颇有政治意义的。

其三，为了巩固朝贡贸易，获得巨额的财政收入。明朝的“海禁”另有更深层次的动因，即希望通过“海禁”来打击民间贸易，将与他国的海外贸易权收归政府，实行垄断，将高额的利润直接收归中央财政，进而缓解中央财政的窘境。

再看当时东亚的日本。1632 年，德川秀忠去世，其次子德川家光继任幕府将军，自此日本的“锁国时代”正式到来。1633 年至 1639 年，德川家光先后五次发布“禁海令”。在此之前，英、西、葡等国已经在长崎等港口城市设立的商馆全部被取缔关闭。而这之后，所有身处海外的日本人被禁止归国，中、荷两国以外的船只再不允许进入日本港口停泊，而中、荷两国的船只也只能停泊长崎一港。到 1641 年，荷兰商馆迁往出岛①，标志着日本锁国制度的完成。

天正七年（1579 年）来日的教廷巡察使亚历山德罗·瓦利格纳诺，在日逗留的两年半时间里认真考察了各地的传教情况，最终于天正十年在长崎港搭乘葡萄牙船返回欧洲。同时，为了向兼任西班牙、葡萄牙国王的腓力二世和罗马教皇展示传教成果，1582 年，日本九州地区的三位大名在耶稣会远东视察员范礼安的策划之下，派遣伊东祐益、千千石、原氏和中浦 4 位贵族少年在耶稣会士的陪同之下前往欧洲，这就是赫赫有名的天正遣欧少年使团。他们横渡印度洋经好望角抵欧，谒见罗马教

① 出岛是日本江户时代幕府为执行锁国政策所建造的人工岛。

皇并前往各宗教都市巡礼，前后历经 8 年时间。天正使团的少年们从欧洲带回了大量的绘画与图书，这为日本上层人士带来了一个十分全面且崭新的世界图景，为启发他们进一步探索世界提供了宝贵的原始推力。

另一个遣欧使团——庆长使团在庆长十八年（1613 年）出发前往欧洲，先后拜见了西班牙国王与罗马教皇，前后历经 7 年时间。

天正使团和庆长使团虽然尝试打开对外交流的大门，但由于派遣使团的并非日本幕府，而仅仅是地方大名，[①] 因而并未受到上位者的待见，甚至令德川秀忠怀疑大名是否想借助欧洲人的力量对抗自己。

虽然两次游历带回了令人新奇的见闻和西方科学产物，但对于丰臣秀吉也好，对于德川幕府也好，这只是一些毫无用处的"奇技淫巧"类的产品，对于治国和稳定社会没有丝毫帮助。

生产力的发展相对于统治稳定而言并非要事，且生产力的发展要伴随着欧洲国家的宗教渗透和殖民主义渗透，这对于幕府而言是更无法接受的事情。

日本闭关锁国一直进行了 200 多年，直到嘉永六年（1853 年），美国海军准将马休·佩里率领舰队驶入江户湾的浦贺港，打算以"炮舰外交"的方式打开日本的国门。次年，美日双方签订了日本近代史上第一个不平等条约——《日美亲善条约》。这是有名的"黑船来航"事件。

① 大名是日本古时封建领主的称呼。一般是指日本室町幕府时期、安土桃山时代、江户幕府时代占据一国或数国的封建武装领土。这里的"国"是指古时日本在律令制下所设置的地方行政区划，自奈良时代开始实施，直到明治初期废藩置县为止。"国"相当于中国古代的地方单位中的州或道。

第二章

泡沫、瘟疫与危机

威尼斯商人与经济危机

在15世纪末、16世纪初，地中海沿岸的罗马帝国后裔亚平宁半岛的商业、文化均处于早熟阶段，城市商业兴起，众多的城市共和国星罗棋布，依靠贸易繁荣昌盛。而威尼斯共和国是其中最耀眼的明星，被认为是欧洲漫长的中世纪商业和城市复兴之后出现的第一个世界经济中心。它在中世纪晚期建立起众多的海外贸易领地，并构建起强大的本土商业帝国等，使其成为亚平宁半岛乃至欧洲的经济中心。莎士比亚笔下的戏剧《威尼斯商人》就间接描述了当时的商业气息，而剧中的高利贷与利息的是与非、罪与恶曾经在欧洲讨论了数百年。

16世纪新航路的开辟以及葡萄牙、西班牙等海权国家的兴起，使得西欧的城市普遍面临衰落与危机，威尼斯共和国作为之前的世界经济中心首当其冲。首先是其作为地中海地区东西方贸易枢纽及中心的地位先后受到葡萄牙与西班牙两大新兴海权国家的挑战。

当时地中海地区及西欧等海外贸易最主要的利润来自印度的胡椒，而威尼斯共和国作为贸易枢纽及中心，胡椒对其的意义不言而喻。

但葡萄牙人开辟的直达印度的新航线，直接中断了威尼斯共和国对西欧的胡椒贸易，垄断了香料贸易。也就是说，葡萄牙的加入打破了威尼斯共和国垄断式的高利润海外贸易，使其市场份额及利润直线下降，从而直接威胁其经济与贸易。

此外，对威尼斯共和国打击更大的是军事压力。南下的土耳其人使威尼斯共和国引以为傲的强大舰队损失惨重，也直接损害了其工业基础——造船业。土耳其人随即占领了威尼斯共和国很多地盘，威尼斯共和国被迫签订条约，将几个重要的周边城市及商业据点割让给土耳其人。

雪上加霜的是，1503 年，威尼斯共和国再次面对西班牙与神圣罗马帝国的联合攻击，遭遇惨败，自此威尼斯共和国几乎丧失了所有的大陆土地，被迫退守。

来自葡萄牙的贸易冲击、军事上的接连失利，使得威尼斯共和国不仅失去了作为欧洲的海外贸易枢纽、中心及霸主地位，更失去了在大航海时代一流大国舞台上演出的机会。

威尼斯共和国作为贸易立国、商业为本的曾经的世界经济中心，面对经济和军事的全面压力，直接产生了严重的经济危机。由于连年战争经费支出的增加以及海外贸易收入的减少，贵族政府陷入财政危机，不得不采取增加税费及发行债券的方式充实国库，弥补财政亏空，解决债务危机。

但海外贸易收入大幅减少，仅靠征税增加收入较难，而发行公债也遭遇无人认购的难题。国家财政压力难以得到缓解，衰落危机导致大量流民无家可归，社会治安越发混乱。

但更多的问题还是由经济危机引起的。如何拯救危机？贵族政府采取两大主要措施：一方面，采取贸易保护措施，大力开展其他商业活动来对冲海外贸易失利造成的冲击与风险；另一方面，利用行政手段，保障生活必需品的供应，稳定物价。贵族政府组织力量到周边区域采购与募集粮食，重视食品供应，保障居民生活，以缓解粮食危机引发的物价飞涨和心理恐慌。

通过贵族政府的积极作为和努力，威尼斯共和国虽然丧失了印度香料的海外贸易利润，但是开辟了新的海外贸易地区。通过转型，威尼斯共和国从过去单一的海外贸易经济体系转型为工业与商业并举的经济体系，成功走出了经济危机，渡过了社会危机。此后，威尼斯共和国的经济继续保持了一定的繁荣与发展。

威尼斯共和国曾是欧洲中世纪末期与大航海时代来临前欧洲的商业贸易中心，

以及当时世界经济的中心，拥有发达的海外贸易与军事实力。但是随着大航海时代的开启，威尼斯共和国原有的依靠垄断海外贸易而发展经济的模式遭遇重大危机，且接连遭遇军事打击，国内也陷入严重的财政危机、粮食危机、失业危机、通货膨胀危机。面对这些危机，贵族政府积极行动，有针对性地采取拯救措施，使得威尼斯共和国成功摆脱严重经济危机及社会危机，迎来复苏。

“威尼斯商人”的故事是人类开始迈入大航海引领的全球化时代，第一个世界经济中心在大转折时遭遇严重经济危机，并在贵族政府的积极干预与努力下，成功走出危机，走向复苏的案例。这给我们认识危机、应对危机提供了宝贵的经验。

其实，面对经济危机或国家财政危机，政府积极进行干预和救济，是自古以来最为有效的办法。中国古代历史上就曾经出现过这样的经济思想及治世能臣，春秋战国时代齐国的国相管仲、赵国的荀况，汉武帝时期的桑弘羊、唐代的刘晏、北宋的王安石等，都提出过经济危机时，国家应当积极采取措施，以国家工程或消费来挽救经济。面对灾荒，国家要积极赈灾，平时则要做好筹备，以国家收购粮食进行储备来平稳粮食价格，在灾荒时开仓放粮救济灾民。

腓力二世的财政危机

16世纪，西班牙哈布斯堡王朝迅速崛起，但又突然衰落。它在地理大发现中拔得头筹，但又在工业革命前夜踏入歧途；它本该是海上的霸主，却在海权争霸中轰然倒地。

究其原因可能有很多，在前文中我们已谈到：其一，财富来得容易造成的奢靡腐化，不思进取，没有将这些原始积累投资于工业及商业。其二，不断卷入各种战争，好战必亡。1581年，荷兰独立，帝国丧失了最重要的经济来源和军事支持。1588年，西班牙无敌舰队征英失败。1598年，西班牙兵败法国，《韦尔万条约》签订。

以上种种可能都是西班牙轰然倒地的原因。但有一个深层次的不可忽视的问题：其背后的核心原因是什么？

为何属地荷兰要独立？为何不能持续掠夺南美的金银以维持奢靡的生活？为何

先后被英法打败？为何战败后就失去元气？第一步我们要寻找西班牙帝国危机背后的财政密码。

16世纪之前，欧洲城市国家面临的不仅仅是奥斯曼帝国带来的生存危机和信仰危机，还有欧洲的经济衰退。伊比利亚半岛大力发展羊毛业，率先走出了经济危机。1450年以后，西班牙跟随葡萄牙人的脚步，加入大航海队伍，逐渐崛起为强大的海权帝国。

1519年，卡洛斯一世加冕为神圣罗马帝国皇帝（称“查理五世”），西班牙哈布斯堡王朝的疆域得到极大的拓展，其范围包括西班牙、荷兰、南德意志、奥地利、波西米亚、匈牙利、弗朗什孔泰、米兰，以及那不勒斯、西西里岛、撒丁岛、巴利阿里克群岛等地。帝国境内，伊比利亚半岛的羊毛业、荷兰的商业和造船业、北意大利的工商业以及南德意志的金融业蓬勃发展，各行各业生机勃勃。

1530年以后，西班牙、南德意志、北意大利的商人汇集安特卫普，大西洋贸易日益增长，帝国的商业一片繁荣。

伴随着对财富的无比渴望，西班牙王室资助的海外冒险也取得了巨大的成功。1510—1550年，跨大西洋贸易增长了8倍，贸易的主要内容是黄金和白银。跨洋贸易为塞维利亚所垄断，美洲的金银源源不断地涌入西班牙。

伴随跨洋贸易和海外利益的增长，为了保障海上交通线的畅通和安全，西班牙组建了当时最为庞大的舰队——无敌舰队。无敌舰队鼎盛时期拥有1000多艘舰船，其配备的大炮威力强大。无敌舰队游弋于地中海和大西洋，确保帝国经济命脉的安全。

西班牙的羊毛业、北意大利的工商业、南德意志的借贷业务、安特卫普的商业和贸易以及美洲的黄金白银，给西班牙哈布斯堡王朝带来了巨大的财政支持，帝国在卡洛斯一世时期达到了顶峰，成为世界上最为强大的海权国家。

那为何如此强大的海权国家仅仅强盛了短短几十年就突然衰落了呢？为何不能像后来的英国持续辉煌两个多世纪呢？我们从西班牙的财政密码来解读西班牙究竟发生了什么。

首先，我们来解构一下西班牙的“资产负债表”、经济命脉与来源。

西班牙殖民者在美洲进行殖民掠夺，带回大量的黄金和白银，这是其核心收入来源。这个核心收入来源取决于美洲金银的开采量与储量，以及运回西班牙的数量；同时，也取决于西班牙的金银支出方向及数量。

然后，看来自美洲的金银收入是否持续健康。在国王、贵族、教士这个特殊的三位一体的作用下，西班牙完成了建国和探险开拓的第一步，但这份中世纪的遗产带来的难得历史机遇却因三者的缠斗而被白白浪费。这一点在美洲殖民地最为明显：以科尔特斯和皮萨罗为首的早期征服者原本来自西班牙的社会下层，这批人征服美洲的确是一场灾难，但同时也为美洲提供了第一批本土贵族——监护委托制下的领地在本质上与中世纪的贵族领地别无二致。贵族化的征服者的横征暴敛引起了教会的严重不满，教士们可以宽恕为传播信仰所进行的杀戮，但不能容忍这种杀戮成为皈依的阻碍。这场教士与贵族间的争斗一直延续到16世纪中叶，当王室的西印度事务院终于掌控局面时，来自西班牙的贵族官僚已遍布整个西属美洲。当时殖民地有一句俗话：“我服从，但我不执行。”指的就是王室在殖民地的无力，这种局面因腓力二世不断从美洲抽取财富而愈演愈烈，美洲本土的西班牙人、混血的梅斯蒂索人甚至印第安人得以掌握权力，最终导致殖民地截留财富，西班牙最大的财富来源崩溃。

一系列崩溃的根源就在于这个殖民地的政治模式从根本上看仍是中世纪的。西属殖民地在官僚制度上或许已经非常先进，但执行者却是根基深厚的贵族，伊比利亚的王权由于距离问题根本无法根除贵族的权力，更无法剥夺他们的财富，事实上王室唯一想要的只有定期定额的资金。这种王权弱小而贵族权力膨胀的体系在美洲巨大的财富流冲击下难以维持，当矿山的金银枯竭而宗主国的需求仍然无限制地扩大时，王权与贵族间的平衡就会被打破，西班牙这个畸形的王国顷刻土崩瓦解。

最后，看西班牙金银收入的支出方向。西班牙国家控制整个国民经济的支柱产业——银的开采，私人基本被禁止参与经济活动。这直接导致西班牙白银大量流入，却没有提高普通民众的生活水平，反而导致了物价上涨，形成典型的国富民穷局面。王室贵族大量购入欧洲生产的奢侈品和各种物产，间接哄抬了物价。民间没有资本，也就扼杀了西班牙凭借原始积累进行工业化的民间力量。

在国家层面，腓力二世没有把巨额资本投入西班牙的基础设施和发展工业上，这导致号称欧洲最富的西班牙，竟然几乎没有拿得出手的民族工业和军事工业。对于巨额的白银资本，除了供王室贵族享受外，腓力二世最主要就是将其用在了多场宗教和争霸战争中，还大量用于支援天主教在各地对新教和伊斯兰教的镇压。为此，腓力二世在财政危机时甚至采取大规模借贷维持对外战争。而在西班牙国内，基础设施和民族工业几乎没有任何发展，西班牙的工业技术没有得到升级，连腓力二世发动战争的军火都要从意大利和法国等地购买。西班牙为了发动战争消耗大量人力、物力和财力，并以银矿未来收益做抵押大规模借贷，在腓力二世去世时，西班牙背负巨额债务，几乎破产。

黎凡特[①]贸易量的增长促使地中海的经济规模扩大，包买商制度作为一种先进的生产模式加速了这一过程。财富的扩张一方面促成了人口爆炸，大量北部人口流向地中海的城市，另一方面也促成了货币的观念化，金融业得以发展。与此同时，灾难性的通货膨胀也开始出现，而这一过程早在美洲白银到达之前就已经开始了。巨量的白银到来之后，一部分流向黎凡特乃至亚洲，另一部分则作用于银根紧缩的意大利，甚至一度造成了银根宽松的现象。商人们因此得以更大胆地对外借贷，这也大大加速了通货膨胀的进程。通货膨胀使西班牙的金融市场陷入了恶性循环——越是对外借贷，就越是加速通货膨胀，而为了弥补通货膨胀带来的损失，就越是需要借出观念货币。整个经济体系因此受害，国家也没能幸免于难，政府的借贷额明显增长，这无异于加重了赋税。在西班牙，这一问题更加严重，作为腓力二世的帝国唯一的财源，整个西班牙几乎被榨干以填补帝国的无底洞，这就使西班牙没有从中得到任何实际利益。

热那亚（位于意大利西北海岸利古里亚地区的独立城邦）的金融家们占有了最大份额的白银，西班牙方面声称一次 40 万埃居[②]的契约借款就使国王付出了 35% 的

① 黎凡特是中世纪东西方贸易的传统路线，是阿拉伯商人通过陆路将印度洋的香料等货物运到地中海沿岸的黎凡特地区，威尼斯和热那亚的商人再从黎凡特将货物运往欧洲各地。黎凡特源于拉丁语Levare（升起），“升起”指日出之地，指的是中东托鲁斯山脉以南、地中海东岸、阿拉伯沙漠以北和美索不达米亚以西的一大片地区。

② 埃居原本是贵重金属的称量单位，17世纪后，由金币（大埃居/Gros Ecu）变为银币（小埃居/Petit Ecu），此后由于国际银价的变化，埃居也一直变化，总体在贬值。1795年时，1埃居＝6法郎。

费用。但流入热那亚的只是白银，单纯的白银只会毒化本就严重的通货膨胀。白银使热那亚人的证券系统得到了空前的发展，也使实体经济备受打击，意大利的经济在某种程度上畸形发展。北欧国家从中拿到了不少贵金属货币，同时也接受了西印度的各种经济作物，西班牙部署在北欧、只收金币的军事力量恰恰形成了对需求的刺激。良好的经济环境使北欧的实体经济迅速发展，甚至超越了传统的地中海工业，新的“复合资本主义”在尼德兰诞生，并在1627年的西班牙破产中成功击败了热那亚人。北欧的商人不仅前往地中海，也在西印度跃跃欲试，这背后不仅有国家的政治支持，也恰恰证明了商人已有足够能力对国家施加影响。美洲的财富不仅流入了北欧，也为北欧促生了一个合格的近代商人群体，这个群体的思想是陈旧的，但他们所依靠的制度却是全新的，这一优势也是他们称霸地中海地区的决定性因素。

西班牙的经济结构及收入支出模式，实际上使其自身仅仅成为过路财神，通过信贷偿付本息及购买北欧的奢侈品、工业品及消费品，最终送给了北欧的几个国家，帮助这些后来者积累了原始财富，也使它们有能力成为西班牙的挑战者与掘墓人。

从这个角度来看，在地理大发现时代崛起是西班牙自身历史留下的德荫，也是它衰落的诅咒，美洲的金银，不过是加速这一过程的毒药。

西班牙上述经济模式，引起了欧洲“价格革命”和“商业源革命”，出现了货币贬值、通货膨胀等现象，而其本身却没有享受到更大的溢价与收益。

此外，强大之后的西班牙不断卷入捍卫天主教的宗教战争，军事行动不再紧紧围绕殖民掠夺及经济命脉护卫。卡洛斯一世认为，新教徒和土耳其一样，都是邪恶的，一个妄图从内部瓦解基督教，另一个妄图在外部破坏基督教。腓力二世也是如此，他甚至将国家看作教产，把帝国对土耳其人的战争、讨伐尼德兰新教的战争以及格拉纳达莫里斯科人的战争，都看作十字军之战。

持续不断的战争，使得帝国财政捉襟见肘。帝国被迫通过信贷来维持运营，但是维持美洲业务、治理西班牙、应对德意志危机和统辖欧洲其他部分的庞大开支，使帝国不堪重负，与尼德兰（荷兰）开战最终压垮了信贷链条，福格尔家族在与哈布斯堡王朝的借贷业务上损失800万莱茵盾。1557年，腓力二世第一次宣布国家破产。

西班牙对外债首次连续违约发生在腓力二世时期（1556—1598年），分别发生于1557年、1560年、1575年以及1596年，它们与后续1607年、1627年及1647年等发生于腓力二世继任者时期更丑陋的违约一样，都被经济史广泛地研究与讨论。[①]

战争固然消耗财富，如果帝国财政是持续的，也不会导致国家破产，但是西班牙哈布斯堡王朝并没有建立起能够长期获得财富的良性机制。西班牙的经济分为几个重要的组成部分——西班牙的农牧业、美洲的黄金和白银、尼德兰的工商业、北意大利的工商业以及南德意志的金融业。但是这些区域在经济上都依赖于西北欧国家，特别是西班牙赖以起家的羊毛业，严重依赖英国的市场。西班牙本土缺乏帝国所需的航运业和制造业，无法形成与欧洲其他国家和殖民地之间的内在经济联系。

绝对王权的兴起，对西班牙经济崛起也是各有利弊。绝对王权固然使西班牙能够动员一切力量发动对奥斯曼帝国的战争，但也使国内独裁的力量更为强大。这导致权力无法相互制衡形成分权机制，并进一步限制了经济上的社会分工，而分权和分工恰恰是形成市场经济的必要条件。

巨额美洲金银的源源流入，引发了国内资产价格迅速上涨，土地价格飙升，拥有土地比发展商业和工业更可靠，西班牙贵族和教士们于是认为发展工业是不必要之事。因此，人们看不起商业和工业，竞相购买土地，占西班牙人口2%的贵族和高级教士垄断了95%—97%的土地。

土地和资本的锁定，让西班牙丧失了从羊毛业向纺织制造业发展的良机。西班牙海外事业的最终结果，是进一步刺激了西北欧迅速发展的资本主义经济，工业中心逐步向西北欧转移。这从事实上导致西班牙从美洲掠夺来的财富不仅流入了北欧，也为北欧促生了一个合格的近代商人群体。

荷兰独立后，西班牙失去了这棵摇钱树，其不可一世的无敌舰队又被英国打败，此刻的西班牙已经深陷财政危机泥潭。在荷兰独立战争期间，西班牙不仅要镇压尼德兰的独立运动，还和奥斯曼帝国、法国、英国等屡屡发生战争。频繁的争霸战争耗尽了西班牙的国库，西班牙多次出现财政破产的局面。到16世纪后期，美洲的黄金和白银已经无法支撑西班牙四处开战的消耗。西班牙打造无敌舰队就花了

① 见卡门·M·莱因哈特（Carmen M. Reinhart）、肯尼斯·S·罗格夫（Kenneth S. Rogoff）《这次不一样：800年金融危机史》第63页。

1000 万金币[①]。荷兰的独立更是对西班牙的经济造成了致命的打击。1598 年，腓力二世去世，留给西班牙的是 1 亿金币的债务。

第一日不落帝国衰落的根源在于经济危机，经济危机的根源为财政危机，而财政危机的根源在于其收入与支出结构严重失衡，难以持续。

从西班牙的兴衰沉浮可以看到，兴也王权，衰也王权。当欧洲还处于战乱年代、城市割据年代，西班牙便率先建立了强大的中央王权国家，国家能力超过既往及欧洲各国。在强大王权的组织及推动下，西班牙资助航海探险家环球航行探险，并取得了巨大的成功。航路探明之后，西班牙随后以武力占领方式殖民美洲等地，从美洲等地源源不断运回开采的金银，获取了巨大的财富。但积累了一定财富之后，王权与贵族及神职人员之间的矛盾显现，王权的集权反过来又成为西班牙经济转型与创新的阻碍，使得西班牙没能发展出工业与贸易，反而助力北欧边缘小国发展了贸易及工业，客观上培养了掘墓人。

此外，西班牙经济发展模式存在严重问题，本地没有发达的工业及其他经济，产出有限，当白银流入西班牙之后，带来货币多（白银为支付货币）而产品少的严重通货膨胀问题。

同时，军事开支及奢靡消费支出庞大，而殖民掠夺收入却不断减少，当入不敷出之时，西班牙只有靠对殖民地附属国增加税收以及信贷来支撑，其结果是导致荷兰的反抗与独立，而信贷举债又导致财务恶化，使得西班牙陷入巨大的财政危机。失去了财政支持，西班牙殖民扩张、军事力量难以维持，帝国坍塌成了必然的结局。

西班牙走向衰落的根源，早已在中国两千年的王朝更迭历史中一幕又一幕上演，一次又一次循环。王朝初期休养生息，节约开支，官僚队伍小，王（皇）室节俭，国家财政支出少，税负徭役轻——随着国库充盈，王（皇）室开始奢靡腐化，扩大官员队伍，大兴土木，军事征战开疆拓土，国家财政入不敷出，增加税收徭役，国家专营铁盐茶，甚至开始发行劣币——社会矛盾激化，农民起义，推翻王朝，建立新王朝。一个新的循环开始了。

---

① 西班牙金币最早于1535年开始发行，其面额有8、4、2、1、0.5埃斯库多，面额8埃斯库多重量26.7克，约等于1盎司。

西班牙的兴衰，之后在法国、英国、德国等国家继续上演，概莫能外。

究其根本，西班牙的衰落在于其殖民经济的不可持续性，无法将血腥的掠夺财富转化为人才教育、科技创新，无法通过经济的转型将财富留在西班牙并持续创造财富。所以，当战争的花费与国王的奢侈消费越来越多而经济收入来源越来越少时，西班牙的财政危机终于爆发了，最终将帝国拖垮。

而恶性循环一旦启动，就不断加速恶化与衰落。无论从人类社会还是大自然界，我们会发现一个规律；良性循环会加速良性（强者恒强，富者愈富），恶性循环加速恶性，一旦趋势扭转，就会加速前进。当进入恶性循环时，如果不能及时扭转趋势，那么，衰落甚至败亡的结果就成定局。

西班牙的财政危机直接导致的后果是，向殖民地荷兰增加税费及摊派，其结果是造成荷兰的独立，更加速了西班牙的衰落。荷兰崛起，成了西班牙的掘墓人。

数百年后，这一规律还在不断重现。法国财政危机导致法国大革命，国王路易十六命丧断头台。英国财政危机导致美国独立战争，强大的美国接过英国手中的权杖。

白银帝国的货币危机

1644 年，大明王朝灭亡。灭亡时国库里“止银二千三百余两，又钱作八百”，经济的崩溃早就注定了这个王朝的末日，而导火索则是白银流入的骤减。

自张居正推行“一条鞭法”之后，中国事实上采取了白银本位制，田赋、徭役都换算为白银。虽然政府没有规定白银作为货币的法律地位，但在经济交往活动中白银作为本位货币的地位却被承认了。可怕的是，中国虽然号称地大物博，却不是白银的主产地，严重依赖进口！如此一来，当大明王朝以白银作为国家货币时，货币发行数量就完全取决于白银的进口了。

美国学者魏斐德在他的著作中写道：在 17 世纪的前三十多年中，每年流入中国的白银总量约达 25 万至 26.5 万千克。美国学者艾维四长期从事明清之际白银流入中国问题的研究。他认为 1560 年到 1600 年日本白银的年输出平均数在 33 750—48 750 千克，大多数最后还是到了中国。16 世纪末到 17 世纪初经过菲律宾流入中国的南美洲白银达到 57 500—86 250 千克。而且马尼拉不是南美洲白银进入中国的唯一门户，还有一部分从中国澳门和台湾地区及东南亚其他城市进入中国。

从阿卡普尔科运到马尼拉的白银平均每年 143 吨，仅 1597 年一年就有 345 吨。由此可见，明朝的白银完全不能自给自足，严重依赖进口。一个银矿匮乏的国家，竟然去选择别的国家所富藏的贵金属白银作为自己的货币，将金融命脉交于他国，这就等于将国家发行货币的权力拱手相让，由此埋下了巨大隐患。因此，白银的骤然减少必然导致明朝货币供应量显著减少（相当于通货紧缩），从而对明朝经济发展造成巨大冲击。

这个隐患还是发生了。魏斐德在《洪业：清朝开国史》中谈道：1620 年至 1660 年间，欧洲市场爆发了贸易危机，以西班牙的塞维利亚为中心的世界贸易体系遭到沉重打击。中国尽管与欧洲相距遥远，但也不可避免地受到严重影响。欧洲贸易衰退之前，停泊于马尼拉的中国商船每年多达 41 艘，到 1629 年减少为 6 艘，加之当时与中亚贸易的萎缩，新大陆输入中国的白银大大减少。由于作为货币的白银大量短缺，大明王朝出现了严重的通货紧缩，其后果是严重的、可怕的！

根据黄仁宇提供的资料，17 世纪 40 年代，苏州地区每斤大米的价格升到了 100 个铜钱，大批的人饿死，许多豪宅低价出售而无人问津。白银大量流入中国，使明朝东南地区的经济得到了很大的发展，出现了资本主义萌芽，同时也使得原来作为天下粮仓的地方要靠跨省调粮。这使明朝始终面临粮荒的风险。崇祯年间的天灾使粮食危机成了现实。与此同时，白银进口骤然减少，东南地区的经济遭受重大打击。

明朝西北地区长时间没有白银的输入，却需要用白银缴税，这导致西北地区农民的负担大大增加，最后由天灾为导火索，爆发了大规模的农民起义。

东南地区和西北地区同时出现了极为严峻的问题，再加上东北后金（清）的军事压力，大明王朝最终走向了崩溃。大量的白银流入给明朝带来了前所未有的机遇，同时也带来了挑战。而明朝面对白银提出的挑战只是消极被动地接受，忽视了货币安全和粮食安全，资本主义萌芽没有很好地发展起来，最后反而走向了崩溃。

作为历史上的白银帝国，在隆庆开关后，明朝通过贸易加强了与世界的联系。当白银大规模流入时，明朝虽赚了银子，实质上却流失了财富。大量白银涌入导致通货膨胀，这一点与当时的西班牙恶性通货膨胀何其相似。而当白银骤然减少时，却又造成严重的货币供应不足，引发严重的通货紧缩问题。更为严重的是，白银的稀缺导致粮食危机及农民起义爆发，进而引发社会危机。

这个故事说明了货币在经济体系中的极端重要性。货币是经济的重要调控手段和工具。国家必须把货币发行权牢牢掌握在自己手中，根据经济发展需要发行货币，否则将导致严重的货币危机，而货币危机将对经济发展构成严重损害，同时也引发社会危机。

东方皇城里的鼠疫

明朝末年，旱灾十分频繁，仅在万历一朝就发生过三次大旱灾，而每一次旱灾都伴随着鼠疫的发生，尤其在1637—1643年间爆发了一场千年不遇的大旱灾。这场旱灾持续了近七年时间，地里长不出庄稼，百姓们为了讨口吃的，只能四处逃荒，而更可怕的是鼠疫爆发。

1633年，一场奇灾——鼠疫在山西开始暴发，随后这场灾难波及华北数省，之后更是传到了全国。1641年，这场大灾难传到了明朝都城北京。瘟疫不仅严重破坏了经济，使明王朝财政越发困难，也使得百姓生活更苦，加剧了社会危机。据有关专家分析，明朝的崩溃很大程度上是因为鼠疫。[①]

崇祯十六年（1643年），疫情进一步加剧，北京及其周边地区的疫情同时大爆发，北京城中每天因鼠疫而死的人数过万，运送棺材出城的人甚至将城门堵住了。在这些死亡的人中，不仅有小贩、雇工，还有大量的士兵，甚至连叫花子都死得一个不剩。当时的户部给事中左懋第，曾在给朝廷的上书中提到，当时的百姓饿死的有三成，因瘟疫而死的有三成，剩下的四成则落草为寇。

面对如此严峻的疫情，朝廷非但没有采取有效的措施来防治，反而变本加厉地增加各种税赋，于是各地的民变就不可避免地爆发了。

---

① 见约翰·S.戈登所著《伟大的博弈》一书的第1章。

郁金香泡沫 1637

作为人类历史上有记载的最早的著名投机活动，荷兰的“郁金香泡沫”昭示了此后人类社会的一切投机活动，尤其是金融投机活动中的各种主要要素和环节：资产价格的迅速上涨引发了公众对财富的狂热追求，资产价格被进一步推高，使得更多的人更加疯狂地投入，直至理性的完全丧失和泡沫的最终破灭，千百万人倾家荡产、流离失所。此后的人类历史不断上演金融危机的大戏，循环往复，无休无止。可以说，一部金融的历史，也是一部投机的历史和金融危机的历史。[①]

1637 年荷兰的郁金香投机是有据可查的人类历史上最早的泡沫经济案例。

1630 年前后，荷兰人培育出了一些新奇的郁金香品种，其颜色和花型都深受人们的欢迎。王室贵族以及达官富豪们趋之如鹜，争相购买最稀有的郁金香品种，特别是在法国盛行的奢侈之风把郁金香的价格逐渐抬高。在 1635 年秋季，名贵品种郁金香的价格节节攀升。在巴黎，一枝最好的郁金香花茎的价格相当于 110 盎司[②]的黄金。

从 1634 年开始，郁金香的市场需求量逐渐上升。到 1636 年 10 月，不仅名贵品种的郁金香的价格被抬高，几乎所有的郁金香的价格都飞涨不已。在短短的时间里，花价被抬高了十几倍，甚至几十倍，郁金香达到了空前绝后的辉煌。

但好景不长，郁金香泡沫只维持了一个冬天，在开春之前就崩溃了。郁金香市场一片混乱，价格急剧下降。1639 年的数据显示，有些品种的郁金香的价格狂跌到最高价位的 0.005%。

西方流行的花卉品种很多，例如玫瑰、菊花等，为什么唯独郁金香会引起这样大的金融风暴呢？主要原因有二：一是郁金香供给量的制约；二是特殊的交易方式——期货交易的雏形。郁金香市场借鉴了当时的金融制度，采取了期货交易的模式，无疑放大了风险。

1636 年 10 月至 1637 年 1 月，所有品种的郁金香价格全线上升。以稀有品种 Gouda 为例，其价格在 1634 年年底仅为每盎司 1.5 荷兰盾，到 1635 年的年底也不过上升到 2

① 见约翰·S.戈登所著《伟大的博弈》一书的第1章。

② 1盎司=28.3495克。

荷兰盾。随着郁金香投机市场的形成，Gouda 的价格大起大落。在 1636 年 11 月价格猛升到 7 荷兰盾，随后回跌到 1.5 荷兰盾。在 12 月 12 日其价格再度强烈反弹，直上 11 荷兰盾。过了新年之后，再猛跌到 5.5 荷兰盾。由于新投机者的加入，价格再次急剧上升，到 1 月 29 日已经突破了 14 荷兰盾大关。这三次大起大落，每一次的振荡幅度都超大。12 月 9 日最低点（1.5 荷兰盾）与 12 月 12 日最高点（11 荷兰盾）相比，3 天之内价格上升 6 倍。超额利润吸引了来自四面八方的投机客。也许有人早就怀疑郁金香的价格已经完全背离了作为一种花卉的常规，但是倒买倒卖所获取的暴利使得许多投机客丧失了理智。到 1637 年 1 月，连普通品种的郁金香价格也被抬高了约 25 倍多。例如，Switsers（一种普通品种的郁金香）的价格在 1637 年 1 月上旬尚且低于 1 荷兰盾，到月底就被炒到 14 荷兰盾，到 2 月 5 日上涨为 30 荷兰盾，在 30 天内涨幅超过了 29 倍。在这段时间内几乎每一个投机者都沉浸在突然发了一笔横财的美梦之中。

1637 年新年前后，郁金香的期货合同在荷兰小酒店中被炒得热火朝天。到了 1637 年 2 月，倒买倒卖的人逐渐意识到郁金香交货的时间就要到了。一旦把郁金香的球茎种到地里，就很难再转手买卖了。人们开始怀疑，花这么大的价钱买来的郁金香球茎，开出花来到底能值多少钱？前不久还奇货可居的郁金香合同一下子就变成了烫手的山芋。持有郁金香合同的人宁可少要点价钱也要抛给别人。在人们信心动摇之后，郁金香价格立刻开始下降。价格下降导致人们进一步丧失对郁金香市场的信心。持有郁金香合同的人迫不及待地想要脱手，可是在这个关头很难找到“傻瓜”来接手。恶性循环的结果导致郁金香市场全线崩溃。

郁金香泡沫的高峰期仅仅持续了一个多月。由于许多郁金香合同在短时间内已经多次转手买卖且尚未交割完毕，所以最后一个持有郁金香合同的人开始向前面一个卖主追讨货款，而前面这个卖主又向他前面的卖主索债。荷兰的郁金香市场从昔日的景气场面顿时变成了凄风苦雨和逼债逃债的地狱。

1637 年 2 月 24 日，花商们在荷兰首都阿姆斯特丹开会决定，1636 年 12 月以前签订的郁金香合同必须交货，而在此之后签订的合同，其买主有权少付 10% 的货款。这个决定不仅没有解决问题，反而加剧了郁金香市场的混乱，买主和卖主的关系纠缠不清。

荷兰政府不得不出面干预，拒绝批准这个提议。1637 年 4 月 27 日，荷兰政府决定终止所有的合同。一年之后，荷兰政府通过一项规定，允许郁金香的最终买主在支付合同价格的 3.5% 之后中止合同。按照这一规定，如果郁金香的最终持有者已经付清了货款，那么他的损失可能要超过当初投资的 96.5%。如果没有支付货款，那么他只需支付合同货款的 3.5%，而卖给他这个合同的人就要遭受非常严重的损失。

在此打击之下，荷兰的郁金香投机市场一蹶不振，再未恢复元气。不过郁金香的一度辉煌刺激了花农的积极性，他们不断改进郁金香的种植技术，增加产量，开发新品种。郁金香的栽培技术逐渐被广大民众所掌握，产量大幅提高，价格也稳定在一个合理的范围之内。美丽的郁金香终于从充满铜臭的投机市场又回到百花园内，成为荷兰的国花。荷兰的“郁金香泡沫”是欧洲早期三大危机之一，也是三大危机中最早的一个。这次危机发生在荷兰，与荷兰当时为世界的经济、金融与贸易中心这一地位是分不开的。荷兰的商业氛围、金融创新、财富聚集为这一泡沫创造了条件。

关于荷兰的“郁金香泡沫”有多个不同的版本，有的版本甚至认为这个故事纯属虚构，是为了警示人们不要参与金融投机风险而编造的故事。但无论真假，郁金香的泡沫告诉我们：泡沫源于人性对财富追求的贪婪及对风险的侥幸心理，而泡沫崩溃源于梦幻破灭后的恐惧，恐惧传染导致非理性抛售，导致踩踏，引发价格崩盘。泡沫投机是金融风险的根源。政府应当对金融进行监管，避免泡沫越吹越大，导致泡沫崩盘而引发巨大的危机。

亚姆村 1666

1665 年，英国爆发了历史上最大规模的一次瘟疫。这次瘟疫，造成大约 7.5 万到 10 万人丧生，超过当时伦敦总人口的 1/5，这就是著名的伦敦大瘟疫。在历史上被确定为流行性淋巴腺鼠疫（bubonic plague）引起的大面积“黑死病”，由人通过跳蚤感染了鼠疫杆菌。

瘟疫袭击的第一个地区是伦敦的圣吉尔斯教区。1664 年年底至 1665 年年初的冬天，就已经有病例在此出现，但直到 1665 年开春，由于人口的大量增加和卫生条件的急剧恶化，疾病才大规模地迅速传播开来。到了1665年7月，瘟疫已经遍布伦敦城。当时的国王查理二世及其家人都被迫离开伦敦前往牛津郡，但市长和参事仍在坚守岗位，而一部分神职人员、医生和药剂师因此忙碌了整个夏天。满大街都是负责瘟疫的医生，虽然他们当中很多人都没有执照。

由于这场瘟疫蔓延得非常快，人们不得不将患者所住的房子封死，在紧闭的大门外漆上红十字，上面写上“上帝保佑”的字样，严禁任何人出入。每天只是在限定的时间，由专人从窗口送进食物和水。成千上万的患者在这种恶劣的情况下凄惨地死去，最多时一周死去的就不下万人。时至9月上旬，原来熙熙攘攘的伦敦城完全变成了一座寂静的死城。所有的店铺关了门，街上几乎看不到行人，路旁长满了茂盛的杂草。城内唯一能够不时打破沉寂的便是运送尸体的车辆。每到夜晚，运尸车的车轮声和哀婉的车铃声，让人听了毛骨悚然。最初，这项掩埋工作只是在深夜进行，后来死者人数太多了，不得已也在白天进行。死者的尸体被横七竖八地装到运尸车上，运到各处的埋尸坑。在那里，负责埋尸的工人们往往蒙面捂嘴，摇着铃，口中念着“安息吧”，匆匆把尸体倒入坑内，掩上薄土，便匆忙离开。

记录显示，伦敦的死亡人数从每周1000—2000人持续上升，到1665年9月，平均每周有7000人死亡。到深秋时，状况得到了一定程度的控制。1666年2月，城市被认为安全到可以迎接国王了。而同时，由于与欧洲大陆的商贸交流，瘟疫传到了法国。此后直到1666年9月，瘟疫仍在温和地流行。9月2日和3日，伦敦城遭遇了一场大火，烧毁了大部分遭到感染的房屋，这是状况好转的开端。另一个可能的原因是，大部分被感染的人群都已经死亡了。此后伦敦城在大火的基础上重建，在这场瘟疫过后获得了新生。

在这场伦敦大瘟疫传染过程中，发生了一个悲壮动人的故事。

英国中部德比郡有一个小村庄，名叫亚姆村（Eyam），经济以农业和矿业为主，是英国南北交通的一个枢纽。

1665年9月，一名亚姆村村民从伦敦订购了一包布料。他是亚姆村的裁缝，名叫乔治·维卡斯。布料送达后，他发现面料有些潮湿，便用火把布料烘干。这本身是一个很正常的做法，但他不知道，这些布料里携带有鼠疫杆菌的跳蚤。维卡斯的身体很快出现了症状：高热、头痛、呕吐、皮肤水疱等。一周后，维卡斯在痛苦中死去。两个月内，鼠疫夺去了村子里 23 个人的生命。

亚姆村村民意识到，瘟疫来了，来自伦敦。出于求生的本能，村民纷纷决定外逃躲避。这时，一个人站了出来，他是亚姆村的牧师威廉·莫泊桑，他认为自己有义务阻止瘟疫的扩散。而村民的外逃，无疑会把瘟疫带到所有村民到达的地方。

所以，他的任务是说服村民不要外逃。这几乎是一个不可能完成的任务，因为在这个时候，留在村里相当于等死。

他对村民说：如果外逃，就可能把疫情传播到北方，[①] 为其扩散推波助澜；如果留在村中，或许可以阻止瘟疫的蔓延。

说服的过程是艰难的，但最后村民还是取得了共识："走的话未必能活，谁也不知道自己有没有感染瘟疫；不走的话就会死，哪怕没感染的人也很容易被感染。但我们愿意试试，因为善良需要传递下去，后人们要记住善良。"

这样的决定是惊人的，因为与自杀无异。最后牧师制定了三条规则：第一，教堂礼拜要在室外举行，以免人群互相传染；第二，不允许任何人埋葬进教堂，因为尸体可能传染瘟疫；第三，不允许任何人进入或离开亚姆村。

村民在村子北边修筑了围墙，派人在村口把守，不许人员出入。村民会把钱放在村口，送食物及日用品的人留下东西取走钱，避免人员的接触。

一旦出现感染症状，感染者要到酒窖或地下室中进行隔离。令人感到悲伤的是，这些进入酒窖或地下室的村民都失去了生命，无一幸免……病患越来越多，死去的村民也越来越多，去世的人被统一深埋于地下。而立于地上的墓碑下却不一定有因瘟疫而去世的人的尸体。

一直到 1666 年 8 月，在亚姆村村民自我隔离了 300 多天之后，随着感染者的死亡，瘟疫结束了。全村 344 人只有 70 人幸存，而这 70 人当中有 33 人在 16 岁以下。

在这场大瘟疫中，英国中南部有无数人死去，仅伦敦市就有 7.5 万到 10 万人死亡。但在英国北部，鼠疫却并没有发生。这样的结果与亚姆村村民像"钉子户"一样在

① 伦敦是英国东南部的城市，亚姆村在英国中部的德比郡，在英国南部已爆发疫情的情况下，亚姆村的村民只能往北部逃。

英国中部的自我牺牲密切相关。亚姆村村民为阻止瘟疫的传播付出了生命的代价。

最为关键的是，亚姆村村民的这一行动是在威廉牧师带领下的自发行为。而更为不易的是，这不是一个人的行为，而是所有亚姆村村民的集体行为。

直到 10 年之后，国王查理二世才从一个女仆的口中听说这个故事并深受感动，决定永久免除亚姆村的税赋，但被亚姆村村民拒绝了。他们做这样一件惊天动地的事并不是为了利益，而是出于人的善良。一直到 1950 年，英国的教科书才记录了这件事。

这个故事说明：瘟疫对人类造成的损害以及对经济的破坏是巨大的，而通过隔离阻断瘟疫传染源是疫情发生时最重要的举措。

原本局限于一个国家或地区的瘟疫，伴随着大航海、地理大发现、海外贸易、频繁的战争、殖民掠夺等扩大了传播范围，而应对瘟疫的医学却姗姗来迟，导致大航海及地理大发现开启的全球化早期，瘟疫跨出国界、跨出大陆及洲界肆虐全球，给人类造成的损害越来越大，对经济的破坏越来越严重，常常冲击经济发展，与战争一起成为两大危及世界的人类灾难。战争为人祸，瘟疫则为天灾。随着医学的发展，人类才在数百年一次次与瘟疫的抗争中逐步消灭了细菌、病毒，如霍乱、天花、鼠疫。但道高一尺、魔高一丈，细菌演变为更加厉害的病毒，不断变换身姿侵袭人类。

17 世纪的普遍危机

当世界进入 17 世纪之后，无论西方还是东方，似乎一下子进入了普遍危机时代，这个时期世界处于多事之秋。除了我们前文谈到的伦敦大瘟疫、大明王朝紫禁城中的鼠疫等肆虐的瘟疫，还有欧洲的三十年战争，英国与荷兰的数次战争、荷兰与法国的数次战争，战火连绵不断，而东方的大明王朝因陷入严重的货币危机及遭遇瘟疫而走向衰亡，最终被大清王朝取代。

针对这一历史现象，17 世纪普遍危机（又称为 17 世纪全球危机、17 世纪总危机）曾经成为中外学界热议及争论的话题，出版了很多的著作。“17 世纪全球危机”一词最早出自英国学者霍姆斯鲍姆（1954 年在《过去与现在》（*Past and Present*）第 5、

6 期上发表的题为“17 世纪危机”的长篇论文中首先提到）。后来在美国学者杰弗里·帕克的《全球危机：17 世纪的战争、气候变化与大灾难》一书中得到充分的阐述，他在书里讲道，17 世纪特别是前半期，世界很多国家发生了政治动荡，而且全球性比过去或者随后任何时代都多。同一时期，暴动、危机在很多地方都有出现。

李伯重《明清易代与17 世纪总危机》一文称，英国内战不是偶然的。安休斯指出：英国内战是 17 世纪中期欧洲各国统治者和人民的众多斗争的一部分。这些斗争包括法国人民一连串的抗争导致王室在 17 世纪 40 年代后期崩溃。在西班牙帝国统治下的加泰罗尼亚、葡萄牙、那不勒斯和西西里，都出现了严重叛乱。在瑞典、荷兰和德国，也出现了统治者和被统治者之间的紧张对抗。

在 17 世纪中期的 20 年中，西欧出现了 6 次反对君主的革命，这些革命包括英国克伦威尔领导的清教徒革命，加泰罗尼亚、葡萄牙和那不勒斯反对西班牙国王的斗争，法国的投石党运动，荷兰的宪法危机和推翻奥兰治家族统治的起义。在法国普罗旺斯，1596—1634 年发生了 108 次民众起义，1635—1660 年更多达 156 次，1661—1715 年则达 110 次。在这样一个仅有 60 万人的地区，一个多世纪的时间里发生多达 374 次起义，令人震惊，以致史学大师马克·布洛赫指出，近代早期欧洲的农民起义就像工业时代的罢工一样普遍。波兰立陶宛联邦解体崩溃，建立了第一个世界帝国的西班牙王室垮台了，英国出现了叛乱，苏格兰、爱尔兰、英格兰都在动荡。俄罗斯当时才刚刚建国不久，是欧洲领土最大的国家，暴动也此起彼伏。奥斯曼帝国出现了反对苏丹的叛乱，而且把苏丹绞死了。瑞典、丹麦、荷兰也都出现大规模的叛乱。从西欧、东欧，到西亚、南亚、东亚，都发生了一系列的叛乱。

在东亚地区，除了中国，李氏朝鲜在 16 世纪末和 17 世纪前半期连年遭遇水旱灾，经济凋敝，1592—1598 年的日本入侵导致的严重破坏尚未恢复，1624 年年初又发生内战。日本在 17 世纪前半期也出现了严重的经济衰退。17 世纪 40 年代，出现了“宽永大饥荒”（1642—1643 年），食物价格上涨到空前的水平，多数人生活在绝望之中。经济衰退导致了社会动荡，日本爆发了有史以来最重要的一次起义，即岛原起义（亦称“天草起义”）。1650 年前后十几年间，社会动荡出现在世界许多地方，遍及欧、亚、美几大洲。非洲也出现了，但是因为历史记载不多，所以我们不是很清楚。按照帕克所做的不完全统计，在1635—1666年间，世界各地共发生大规模叛乱与革命49次，其中欧洲27次，美洲7次，亚洲和非洲共15次（其中包括明末的李自成起义）。

在这个时间段，和平是少数，战乱是多数。整个17世纪最不安定的就是中期。从1618年到1678年，波兰只有27年是和平的，其他时间天天打仗或者暴动，荷兰只有14年，法国只有11年，西班牙只有3年是和平的。在欧洲之外，中国、印度都不断发生战争，奥斯曼帝国只有7年是和平的。明朝后期确实内乱不断，但我们也要看到当时几乎所有的国家都在发生内乱，所以明朝的危机不能只用明朝内部的原因来解释。若说明朝灭亡是因为阶级斗争和满清入关，但当时欧洲暴动那么多，很多国家也都处于动荡之中，这些原因并非明朝独有的。一定存在共同的原因，才会导致这些现象普遍存在，而这些共同原因只有在全球史的范围内才能发现。

17世纪总危机还有一个表现，就是国与国之间的战争频仍。不仅是各国国内动荡，国家之间的冲突也大大增加。据不完全统计，在15世纪至20世纪这6个世纪中，17世纪发生的战争最多。欧洲出现了“三十年战争”，战争规模大，持续时间长。整个欧洲分为新教和天主教两大阵营，打得不可开交。战争的主战场在德意志地区，当时德国还没有统一。战争期间该地区饱受摧残，人口锐减。战前人口有1600万—1700万，战后减少到1000万—1100万，人口损失近600万，比例高达近37%。其中波美拉尼亚被消灭了65%的人口，绝大多数是平民，德国男性减少近半。之后德意志地区又发生了一系列战争，如奥地利王室继承战争、七年战争、普法战争甚至第一次世界大战，德国遭受了惨痛的人口灾难。

由此可见，在17世纪整个世界确实变得非常不安宁。帕克、史密斯对这个全球性危机进行了综合性的研究。他们使用世界各地民众回忆记述的有关1618—1680年经济社会危机的第一手资料，同时运用科学方法来证明当时的气候变化状况，指出革命、旱灾、饥荒、侵略、战争等一系列事件与灾难发生于17世纪中期的世界各地。危机由英国到日本，由俄国到撒哈拉以南的非洲，蔓延全球，美洲大陆甚至也受到波及。在1640—1650年，自然环境的变化导致饥荒、营养水平下降以及疾病的增加。

据估计，该时间段世界人口死亡了1/3，而中国的明清易代也发生在这个时期。

李伯重《明清易代与17世纪总危机》一文称，“1600年是明朝灭亡的倒数第44

年”。史景迁说：“1600 年的中国，是当时世界上所有统一国家中疆域最为广袤、统治经验最为丰富的国家，其版图之辽阔无与伦比。当时的俄国刚开始其在扩张中不断拼合壮大的历程，印度则被蒙古人和印度人分解得支离破碎，在瘟疫和西班牙征服者的双重蹂躏下，一度昌明的墨西哥和秘鲁帝国被彻底击垮。中国一亿二千万的人口远远超过所有欧洲国家人口的总和……16 世纪晚期，明朝似乎进入了辉煌的顶峰。其文化艺术成就引人注目，城市与商业的繁荣别开生面，中国的印刷技术、制瓷和丝织业发展水平更使同时期的欧洲难以望其项背。”但是，史景迁笔锋一转，接着说：“但谁也没想到，不到五十年就将自己的王朝断送于暴力。将混乱的国家重新带入有序轨道的，既非反叛的农民，也不是与朝廷离异的士大夫，而是越过明朝北部边境的自称‘满洲’的女真人。”满洲八旗兵力总共不到 20 万人，加上家属不到 60 万人。明朝有 1.2 亿人（现在也有人估计达 1.5 亿—1.8 亿），20 万八旗兵征服这么大的国家是不是奇迹？而且满清在入关后不到 20 年的时间内就把全国安定下来，这确实是世界历史的大奇迹。在明朝灭亡前夕，李自成的军队逼近北京城，还没有人相信满洲人可以建立一个强大、持久的新朝代，所以说是不可能的事发生了。

英国著名史学家霍布斯鲍姆在《过去与现在》（*Past and Present*）第 5 期和第 6 期上发表了题为《17 世纪危机》的长篇论文，指出此时期欧洲发生了由中世纪社会向近代社会的关键性转折，经历了经济衰退、谷物生产萧条甚至下降、人口死亡率上升、资产阶级革命、社会叛乱等众多现象。

1962 年，R. 罗马诺在《16 世纪和 17 世纪之间：1619—1922 年的经济危机》一文中试图通过对价格、信贷、金融、国际贸易、工农业生产等全面的考察，揭示当时发生的促使整个经济走向萧条的决定性变革。他指出，1619—1922 年的危机不仅代表这两个世纪之间的断裂，而且决定着新世纪的特征。而法国学者莫斯尼尔则坚持其一贯主张，认为 17 世纪是一个影响到人类的一切活动领域——经济、社会、政治、宗教、科学、艺术活动的全面危机时期。

但从整体来看，世界各地、各国也存在一定的差异。17 世纪是荷兰的黄金世纪，英国进入白银时代。如奇波拉就认为，17 世纪对于西班牙、意大利和德国来说是一个黑暗的世纪，对于法国来说至少也是一个灰暗的世纪（法国 1558—1788 年间连续 8 次债务违约）。然而，对于荷兰，它却不失为一个黄金时代；对于英国，如果算不上黄金时代，起码也算是白银时代。

《新编剑桥世界近代史》第4卷《西班牙的衰落和三十年战争：1609—1648 / 1659》主编J.P.库珀认为，欧洲的17世纪是一个充满冲突的多事之秋。在解说“17世纪普遍危机”问题产生的背景时，他认为是欧洲权势的失落、地位的改变导致了欧洲中心论的不合时宜；亚非国家出于政治或道德教化的需要而创造自身历史，更重要的是，一些史家觉得将数倍于欧洲人的亚洲人排除在外并不恰当等导致了历史学家对于历史的新展望。但就17世纪而言，欧洲国家在此时期成为具有决定性优势的国家并由此导致了后来对亚洲的征服。

小　结

这段历史告诉我们，危机是大国崛起的动力，也是大国衰落的主要原因。为化解香料贸易陆上通道受阻危机，葡萄牙在大航海中率先崛起，却在内忧外患中被西班牙吞并。西班牙王室成功资助被葡萄牙冷落的哥伦布、麦哲伦完成环球航海计划，后来居上，却因财政危机走向衰落。荷兰在生存危机中依靠创新崛起。

第一代海权霸主葡萄牙与西班牙的衰落告诫我们：不能将血腥的原始积累转化为持续发展的动力，迟早会陷入财政危机。荷兰的崛起告诉我们，面对生存危机需要有突出重围的勇气，更需要创新。

同时，这段历史也给我们一个启示：国家兴衰有周期，只有以开放心态融入世界，吸纳世界最先进的文化、思想与技术，才能顺应时代发展，把握时代变迁，在每一个大时代的转折与变局中崛起，即便衰落也不至于完全被时代抛弃，依然能够保留复兴的机会。

附 注

1520—1670年的东西方世界

1520年 马丁·路德发表了《致德意志的基督教贵族书》等，提出其改革主张。

麦哲伦的船队成功通过麦哲伦海峡，首次进入太平洋。

西班牙攻入美洲新大陆的阿兹特克帝国，并带去了欧洲大陆的瘟疫。同年，葡萄牙殖民主义者首次登临帝汶岛，以开展紫檀木贸易为名滞留在那里，逐渐建立起殖民统治。

1522年 麦哲伦剩余船队返回西班牙，完成航行世界一周的壮举。

1525年 巴布尔建立莫卧儿帝国，首都德里。

1533年 西班牙人灭印加帝国。

1536年 加尔文发表基督教原理。

1543年 波兰神父哥白尼发表天体运行论。

1557年 腓力二世第一次宣布国家破产。

1562—1598年 法国宗教战争。

1563年 英国国会通过三十九款教规，确定英国国教派。

1567年 大明王朝隆庆开关。

1572年 大明王朝首辅张居正执政，推行改革。

1575年 腓力二世第二次宣布国家破产。

1580年 西班牙与葡萄牙合并。

1581年 荷兰独立。荷兰共和国成立。

1588年 英西海战，西班牙无敌舰队惨败，从此西班牙势力大减。

1589年 法国国王亨利四世即位，为法国波旁王朝之始。

1592年 日本丰臣秀吉侵略李氏朝鲜。李氏朝鲜向明求援，明派军至李氏朝鲜对抗日本，史称万历援朝之役。

1598年 法国国王亨利四世颁南特诏令，行宗教宽容，法国宗教战争结束。

腓力二世第三次宣布国家破产。

1600年 英国创立东印度公司。

1602年 荷兰创立东印度公司。

1603年 伊丽莎白一世去世，英格兰王位由苏格兰国王詹姆士一世兼任，为英国斯图亚特王朝之始。从此英格兰与苏格兰共戴一君。

1604年 法国创东印度公司。

1609年 西班牙与尼德兰（荷兰）订立十二年休战条约，承认尼德兰独立。

1613年 米哈伊尔·罗曼诺夫被选为俄国沙皇，为罗曼诺夫王朝之始，结束了俄国长达15年的混乱时代。

1614年 法国大革命前最后一次三级会议召开。

1618年 发生掷出窗外事件，三十年战争爆发。

1620年　“五月花号”出航，欧洲人自此大批移居美洲。

1624年　英国国人在北美建立第一个殖民地——维吉尼亚自治领（即今日的弗吉尼亚州）。

1628年　英国议会向查理一世上《权利请愿书》。

1629年　英王查理一世解散国会。

1637年　荷兰发生“郁金香泡沫”事件。

1641年　大明京师发生鼠疫。

1642年　英国内战爆发。

崇祯要求户部发行5000万贯纸钞，每贯兑换白银0.97两。明朝陷入白银危机。

1643—1715年　法国国王路易十四在位。

1644年　李自成攻入北京，崇祯吊死煤山，明朝灭亡。满清入关。

1648年　签订《威斯特伐利亚和约》，三十年战争结束。

1649年　查理一世被议会判决处死，英国成立共和国，克伦威尔任护国主。克伦威尔远征爱尔兰。

1659年　法国和西班牙签定《比利牛斯和约》。

1660年　英国改回君主制，斯图亚特王朝复辟。

1664年　法国西印度公司成立。

1666年　伦敦出现大瘟疫。

第二部分

日不落之殇

枪炮、市场与工业革命
（1671—1900）

导 读

英国崛起的过程是漫长的，其衰落的过程也同样漫长。迄今为止，经历数百年风雨的英国依然是世界上最具影响力的国家之一。一个值得寻味的问题是：工业革命、市场经济为何诞生在英国呢？为何实行君主专制的法国、德国、西班牙、俄国的崛起昙花一现，而完成君主立宪的英国却影响世界数百年？

英国一战功成，先后取代西班牙专营“非洲公司”，通过贩卖黑奴完成资本原始积累；又成立“东印度公司”，取代葡萄牙，成为东西方贸易的主角。打败了西班牙的英国，陷入了长达百年的内耗与宗教战争之中。1688 年，也就是打败无敌舰队整整 100 年之后，光荣革命爆发，詹姆士二世被推翻，次年《权利法案》颁布，奠定了国王“统而不治”的宪政基础，君主立宪制逐步确立，百年动荡随之缓和。

而此时的中国正处在康雍乾盛世的早期，海洋政策反复变易，清朝依旧还是那个“天朝上国”。

与葡萄牙、西班牙对于殖民地的单纯掠夺不同，英国的致命扩张，伴随的是《航海法》对贸易对手的限制、发展殖民地市场和强大的国际贸易体系的建立。庞大的本土产品需求，动员起整个英国，传统的手工工场似乎无法满足日益增长的需求，新的生产方式正在萌芽。这个萌芽，就是推动英国第一次工业革命的蒸汽机。

而此时的大清帝国，乾隆皇帝刚平定了历时 27 年的大小金川叛乱，成就了他的“十全武功”之一，并稳定了清王朝对川西的统治。然而与工业革命背道而驰的是，乾隆皇帝下令衙署删销书籍，前后焚毁的禁书共有 70 万卷。折笔焚书、闭关锁国，加上“天朝上国”的幻想，“康雍乾盛世”一步步走向衰弱，也在鼎盛之际放弃了对海洋的探索。

1851 年 5 月 1 日，“万国工业大博览会”在伦敦“水晶宫”开幕，这场世界上最早的工业博览会，被认为是英国成为世界工厂的标志，同时，也是英国工业革命取得成功的标志。此时的中国，爆发了由洪秀全领导的太平天国运动，之后 15 年的内外交困，加剧了“天朝上国”的陷落。

伴随着英国崛起为世界头号大国的是英国强大的军事力量与经济能力。为何英国可以进行长达百年的霸主争夺战，原因就在于英国拥有强大的金融创新能力，而这个金融创新是建立在稳定的君主立宪政体之上的，英国可以凭借持续不断发行低利率的长期国债来筹集军费，而法国却无能为力。

与西方世界爆发的经济危机、金融危机不同的是，东方世界因为封闭而错过了大航海、全球化及工业化，遭遇的危机是落后西方几百年时间的存亡危机。被历史抛弃的东方在西方列强的隆隆炮声中，才发现自己早已不是过去的那个自己，蛮夷已将自己远远甩在身后。沦为殖民地或半殖民地的东方大国才如梦初醒，开始了向西方学习的之路。

第三章

第二日不落帝国崛起

光荣革命与《权利法案》

罗马帝国灭亡后，欧洲进入了漫长的中世纪。最先从中世纪走出的是亚平宁半岛的威尼斯共和国，凭借发达的造船技术、航运及海外贸易，成为当时欧洲的海外贸易枢纽、世界经济的中心。大航海及地理大发现后，葡萄牙与西班牙先后崛起为最强大的海权国家，而西班牙哈布斯堡王朝则有“第一日不落帝国”的美誉。

孤悬欧洲大陆之外的岛国英国，迎来女王伊丽莎白一世时代。这个有着雄才大略的女王，环顾四周，前面有强大的葡萄牙与西班牙，身边有法国与荷兰，如何才能在海洋时代崛起，成为她思考的首要问题。

但历史的安排就是：天将降大任于斯人也，必先苦其心志，劳其筋骨。英国虽然敢于挑战王者，并在 1588 年第一次英西大战中大败霸主西班牙，但是挡住去路的不仅仅有西班牙，还有荷兰与法国，等英国真正走上历史舞台迎来自己的大时代还需要等上百年。但正是在这上百年时间里，英国完成了最最重要的革命和转变，完成“王在法下”，从而成为世界上第一个实行君主立宪制的国家。磨刀不误砍柴工，正是这次伟大的变革，为英国随后走上世界历史的舞台中央奠定了坚实的基础。

我们从英国历史的深处看一看：为何“王在法下”率先发生在英国？

13 世纪初，英格兰出现了一位好战却又屡战屡败的国王约翰一世。在连年的对外战争中，他失去了英格兰在欧洲大陆几乎全部的领地。为了维持战事，约翰加紧了对市民和贵族的盘剥，以获取庞大的军费。他把贵族们的继承税上涨了100倍，兵役免除税提高了16倍；与此同时，牛、羊、小麦的价格也都出现了成倍上涨。

约翰一世越来越无所顾忌，他不断地开征新税和加税，破坏了贵族和国王之间那个不成文却流传已久的惯例（国王的义务与权力要对等）。到了1215年春天，愤怒的贵族们集结起来，武装讨伐国王，并取得了节节胜利。

1215年6月15日，面临绝境的约翰一世，不得不同意与25位贵族代表举行谈判。刀光剑影下，贵族代表与国王进行了整整四天的艰难谈判，在一次次交锋和妥协后，双方终于签署了《大宪章》。

《大宪章》里有两条最著名的条款：第一条是国王要宣誓“向任何人施以公正，不能剥夺他人的权利”；第二条是如果法庭没有判决，国王也不能逮捕和剥夺他人的财产。这两个条款表明，臣民的权利是独立的，不是国王恩赐的，所以国王也不能剥夺它。

《大宪章》一共63款，短短几千字，却第一次把国王和贵族之间一直以来既约定俗成但又模糊不清的权利关系转化为明确的法律文字。从此以后，英国国王的权力不再是至高无上的，他只能在法律的限制之下行使权力。

在约翰一世被迫签订《大宪章》之后，英国的历代君主不断地将《大宪章》稍加修正后继续颁布。几个世纪下来，《大宪章》前前后后总共颁布超过了40次。尽管在很多时候，《大宪章》并不被大多数英国人明确感知，君主们反反复复，并非甘愿限制自己的权力。但是，这种长期的重申和普及，却积累起深厚的传统力量，将契约和法制的基本精神注入英国人的思想根基里。

就在《大宪章》签订21年之后，英国的官方文件中出现了“议会”这个词。这个由贵族和国王的议事会转变而来的机构，逐渐成为依靠《大宪章》的法制原则来限制君主权力的重要力量。

自1215年《大宪章》签署后数个世纪里，君主的权力依旧十分强大。1558年，伊丽莎白一世继承王位。这位雄才大略的女王，指挥英国在1588年迎战当时世界第一强国西班牙，并取得了绝对胜利。

但这一次大胜还不足以改变历史。英国的强大最终还是要通过商业和殖民地的经济扩张，而西班牙阻碍了它的发展，荷兰和后来的法国都挡住了它的去路。因此，英国必须利用它的海军，挑战这些国家的权威和力量，争夺它们的殖民地和贸易，而伊丽莎白一世是第一个真正成功做到这一点的人。

在欧洲社会由中世纪向现代社会转变的过程中，强有力的君主制是关键的一环。强大的君主对于这些国家是有益的，因为他们是爱国主义的核心，能给予国家明确的领导。第一个强大起来的葡萄牙、第二个强大起来的西班牙，都是如此。强有力的君主制给英国带来了早期的辉煌，使英国走出了成为大国的重要一步。

伊丽莎白一世去世后的 22 年，查理一世继任，很快就遭遇了财政危机。那些由他个人主导的，英国与西班牙、与法国之间错综复杂的宗教战争，使得国库空虚，财政紧张，为了维持战事，查理一世想到的最主要的手段就是增加税收。

英国在此刻遭遇的问题，犹如几十年前西班牙国王腓力二世遭遇财政危机，后者因增加税收而导致荷兰独立。

国王要想征收新税必须得到议会的批准，但议会驳回了国王因为战争要求增税的提议。不仅如此，议会还规定国王只能征收一年的关税，不得终身享有征收关税的权利。

查理一世恼怒了，开始不经过议会自行向商人征收新税，向乡绅强制性贷款。于是，国王和议会之间的激烈较量开始了。

1629 年，查理一世派军队强行解散已经存世 3 个多世纪的议会。但是，在长达 11 年的无议会时期里，英国人并没有忘记几个世纪以来形成的规则。

在英国的历史上形成了两大原则：一是王在议会，也就是说国王必须通过议会来进行统治；二是王在法下，也就是说法律高于国王，国王必须服从法律。而查理一世把两个原则全给破坏了。议会和国王之间的矛盾越来越大，对立也越来越尖锐，最终导致 1642 年的内战爆发。这是一场争夺谁拥有国家最高权力的战争。在战争中，一位叫奥利弗·克伦威尔的议会军将领脱颖而出，在他的带领下，国王的军队被彻底击败，英吉利共和国成立，查理一世被俘。1649 年 1 月 30 日，这位 49 岁、已经临朝 24 年的君主查理一世走上了断头台。

查理一世死后，议会把行政权力交给了以克伦威尔为首的国务会议。但是，英国人期盼的新生活却没有来临。很快，克伦威尔开始实施军事独裁。英国内战推翻专制王朝的成果，就像附在玻璃板上的水彩画，被克伦威尔的独裁和社会动乱冲刷得了无痕迹。革命从反抗一个人的专制开始，却以另一个人的专制结束，克伦威尔成为一个没有国王名号的“国王”。1653 年，议会再次被解散。

英国的这段历史在未来的世纪里不断重演，18 世纪的法国大革命就是加强版，唯独成立于新大陆的年轻美国例外。

1642 年英国革命后，出现独裁的克伦威尔。法国大革命后出现拿破仑独裁。他们基本沿着“革命—混乱—独裁—秩序—更好的文明秩序”之路在进化与演绎。1824 年，法国历史学家米涅在其著作《法国革命史》中解析了这个路径。

正所谓物极必反。克伦威尔去世后，已经倒下的王朝又被用盛大的仪式请了回来。1685 年，在经过一系列纷繁复杂的政权轮替后，查理一世的儿子詹姆士二世继承王位。对父王的悲剧铭刻于心的詹姆士二世，不想重蹈覆辙，他准备扩充军队，试图让英国重新回到查理一世统治的时代。由此可见，限制国王的权力何其艰难与曲折。让老虎自己钻进笼子里，简直像与虎谋皮一样艰难。

人民不想冒可能发生内战的风险，而且他们希望詹姆士二世做一个可敬的、理智的国王。但事实证明他是个很差劲的国王，他一意孤行，脱离议会统治，威胁到伦敦城和许多其他城镇的利益，表现得像一个专制独裁君主。他让英国多数有产精英觉得必须推翻他。

面对詹姆士二世的专制，这一次处于十字路口的英国人没有像对待查理一世那样采取暴力革命的方式，也没有呼唤克伦威尔，因为克伦威尔式的革命并没有给国家带来真正的进步和发展。于是，1688 年的英国人，采取了一种被后人称为“光荣革命”的方式，来结束王权的专制。

议会一些主要成员给詹姆士二世的女婿——荷兰的一位新教君主威廉写了一封信，邀请他来英国当国王。对于一个被邀请来的外国国王，议会提出了君主立宪主张，顺理成章成功了。从 1688 年起，英国正式确立了议会高于王权的政治原则，并在以后的几十年里逐步建立起君主立宪制。这标志着一个人统治一个国家的时代在这个岛国永远结束了。

詹姆士二世被他的女婿威廉三世赶走。这场建立君主立宪制的革命，没有流血，这是它被历史学家称为“光荣革命”的一个根本原因。光荣革命创造了一种适合英国历史和政治传统的新的社会进步模式，那就是用和平变革的方式实现社会进步。这种模式，成为它给后世留下的最独特的遗产。

中国最后一个王朝——大清王朝在1912年的辛亥革命为其敲响丧钟之后，新的共和国建立。清帝退位，将政权及“天下”以和平的方式移交给新建立的共和国，君主专政就此结束，共和国由此建立。这在中国2000多年王朝更迭的历史上还是第一次，这是一次伟大的妥协。这段短暂的历史也曾无限接近英国的这场不流血的光荣革命，但随后袁世凯在1915年12月12日复辟帝制，将这起伟大的变革化为了泡影。二次革命随之爆发。

光荣革命使英国摆脱了专制的统治，英国是世界上第一个成功做到的国家。但掐指算一下，从1215年《大宪章》到1688年光荣革命，时光已过去了整整473年，近5个世纪。而在大功告成之日前数十年，面临查理一世与议会的内战、克伦威尔的独裁、詹姆士二世的复辟等艰难曲折，英国才最终以创造性的智慧迎来一个外国君主，利用其势单力薄、立足未稳、不熟悉情况且没有强大的地方实力，趁机完成了王在法下，最终确定下来。

由此可见，在一个古老的、传统的国家，完成大的转型与变革是一件极其艰难的事情，中间会有反复曲折，绝非一蹴而就、一帆风顺。英国如此，法国亦如此，即便是大航海时代第一代霸主葡萄牙、西班牙，也是直到20世纪的二战之后，才逐渐完成英国君主立宪制式的变革。

从1588年战胜西班牙的大海战，到1688年的光荣革命，在整整一个世纪的时间里，英国一方面调整内部制度，另一方面积极对外扩张。百年时间的积蓄之后，英国人开始释放自己的能量。光荣革命前后的英国，人口大量增长，商业和手工业迅猛发展，对外贸易成为越来越重要的国计民生。

法国思想家伏尔泰曾经有过这样的评价：“使英格兰变得强大的是下述事实：从伊丽莎白时代开始，各方面已经就重商的必要性达成一致。把国王送上断头台的同一个议会，同时在忙于分配海外贸易的职位，仿佛任何事情也没有发生。查理一世的鲜血还在流淌着，这个议会却通过了《航海法》。”

环顾当时的世界，法国正处在君主专制的鼎盛时期；俄国的彼得大帝还在南征北战，建立专制帝国；德国和意大利则四分五裂，人民正期待着强有力的王者出现；日本还在被封建幕府制度束缚；此时的中国，大清王朝268年的江山才刚刚坐了44年，正处在康雍乾盛世的早期。但是英国，这个地处大陆边缘的小国，却在历史性的转变中抢占了先机，率先到达现代文明的入口处，即将一步步稳健地走向世界的中心。在下两个世纪里，它将傲视全球。

修昔底德陷阱

在英国正式迎来自己的世纪之前，葡萄牙、西班牙、荷兰、法国一个个先后阻挡了英国前进的步伐，同时又一个个在后来者的挑战中倒下，不断地跳进守成国与崛起国之间的修昔底德陷阱。

在荷兰依靠金融创新与发达的海外贸易接过西班牙霸主权杖的17世纪，世界进入普遍危机时代。欧洲大陆不断进行着各种各样的战争与斗争，国家间的战争、宗教战争及国内战争互相交织，走过中世纪的欧洲又进入一个混战的年代。

经过一番战争与厮杀，近水楼台先得月，将强大的荷兰先行赶下舞台的是邻国法国。但法国在欧洲霸主宝座上屁股还未坐热，就迅速坠落。

法国国王亨利四世死后，枢机主教黎塞留独揽大权，致力于专制王权的强化。在他执政期间，继续推行亨利四世的重商政策，奖励资本主义工商业，扩大海外殖民活动，支持与荷兰的海外贸易竞争，以此来削弱荷兰的经济扩张。

尽管法国以天主教派为主，但是黎塞留为了法国的霸主地位，接纳了新教派，以此得到英国、荷兰和德国新教派的支持，并集中力量反对德国和西班牙哈布斯堡王朝。1632年法国终于等到了机会，公开参加三十年战争，最后以哈布斯堡王朝失败告终，签订了《威斯特伐利亚和约》。而作为反哈布斯堡王朝集团的首领，法国顺理成章地成为新秩序的领头羊。法国通过三十年战争为称霸欧洲打下了基础。

在一系列战争中，法国提高了在欧洲的地位，这助长了它争夺欧洲霸权的野心，开始了真正的争夺霸主的征程。

随后路易十四发动“遗产战争”使荷兰大为震惊，荷兰联合英国、瑞典等国家阻止其侵略西班牙。法国妄图取代西班牙帝国，使欧洲唯其马首是瞻，日渐显露的野心和地位不断提高自然让其他新教国家震惊，但是法国却竭力瓦解联盟，使英国倒戈相向，从而引发了1672—1674年的第三次英荷战争，坐收渔利的法国一跃成为当时海上头号强国。路易十四统治下的法国拥有2倍于英国、10倍于荷兰的人口，这为其征税和招募海员提供了极为有利的条件。1678—1679年，法国一举打败荷兰，从此真正坐上了欧洲霸主的宝座。

但是，扩张心切的路易十四过早暴露了他的野心。1686年7月9日，奥地利国王、神圣罗马帝国皇帝、西班牙国王、瑞典国王和一些德意志诸邦的君主组成了对抗法国的“奥格斯堡同盟”，两年之后爆发的长达9年的席卷欧洲的大战由此同盟得名而被称为“奥格斯堡同盟战争”。

在该场战争中，法国逐渐难以支撑，1693年爆发的大饥荒和财政危机更加深了这一悲剧，法国放弃了进攻英国本土的战略目标，大批军舰被拆毁，海军的地位一落千丈。1697年《里斯维克和约》的签署结束了长达9年的奥格斯堡同盟战争。法国海军的黄金时代就这样一去不复返了……

因此，法国的霸主地位并没有延续太长时间（不到20年），在奥格斯堡同盟战争失败后，又迅速走向了衰落。这场战争是拖垮法国使其衰落的最后一根稻草，之后争夺西班牙王室继承权更使其得不偿失，法国直接从一流大国沦落到二、三线的国家，成为“昙花一现”的欧洲霸主。

在葡萄牙、西班牙先后崛起并瓜分完世界之后，后来者只能通过挑战才能重新划分利益。而英国、法国与荷兰同属于当时挑战西班牙强权的第一梯队成员。但不同的战略选择，导致了不同的结果。

16世纪的法国曾5次挑战西班牙，但被如日中天的西班牙连续击败。荷兰则在西班牙加大盘剥与压榨下进行独立战争，经历数次失败后终获成功。而英国则胆大包天地打劫西班牙，招致西班牙无敌舰队的讨伐，结果弱小的英国海军击败当时最强大的西班牙海军无敌舰队。从这个结果来看，下一个替代西班牙的应当是英国，但事实并非如此。先是独立后的小国荷兰崛起，之后是渔翁得利的法国迅速崛起又迅速坠落，轮到英国已经是一个世纪之后的事情了。

何以如此？原因就在于英国的国策以及英国内战。

首先，我们看一下英西海战中胜利的英国之后的走向。在 1588 年英西海战一役中大败当时世界上最强大的海权国家——西班牙之后，英国并未由此崛起，却陷入了长达百年的内耗与宗教战争之中。直到 1688 年通过光荣革命完成君主立宪制之后，英国国内动荡才宣告结束，此时英国才将精力转向对外争霸。

其次，我们看看英国早期的争霸策略。伊丽莎白一世为与强大的西班牙争霸，采取了避其锋芒的可进可退的海盗游击战策略，即暗中支持英国海盗在海洋上对西班牙商船进行打劫，而这种战略实际上减缓了英国趁势建立强大海军参与争霸的脚步。

当时以伊丽莎白一世的重臣伯利男爵为代表的商人集团主张通过贸易实现海外扩张，而不是去劫掠别人的财富，可惜这些有识之士的声音淹没在英国上下急功近利的喧嚣之中。这一耽误就是 100 年。

在这 100 年里，西班牙、葡萄牙继续它们的海外扩张，而独立不久的荷兰后来居上，超过西、葡、英等国成为世界贸易大国，并在 17 世纪中后期同英国发生三次争霸战争。荷兰虽然是小国，却依靠强大的财力和英国打了一个平手，几乎将英国拖垮，这才迫使英国深刻反思自己的战略失误。

1688 年英国爆发“光荣革命”，来自荷兰的奥兰治亲王威廉登上英国王位，英、荷合流，英国才重新回到帝国事业的正轨上来，而此时距离英国击败无敌舰队已经整整 100 年。

但是，我们也要看到英国的另外一面，正是在这 100 年的时间内，英国不仅成功完成了“王在法下”，而且趁着欧洲的战乱静悄悄地侵占了大量的殖民地与重要的海上航线，同时也积累了财力。

17 世纪的欧洲陷入混战之中，其中最重要的战争是新教联盟与天主教联盟之间的三十年战争。这场战争起因于著名的掷出窗外事件，改变了整个欧洲的局面。虽然英国没有直接参与这场战争，却间接支持了这场战争。正因为查理一世支持这场战争，并在国内擅自增加税收，结果引发了英国议会与国王之间的内战，因此缺席了三十年战争。在三十年战争期间，英国加紧了海外扩张，北美和印度殖民地大部分是在这一时期侵占的。

从表面上来看，在三十年战争中最大的获胜者是法国和瑞典。双方成功瓜分了欧洲老牌强国——西班牙的资源。但是从长远角度来看，英国才是最大的获利者。一方面，英国并未直接参与三十年战争，其实力得到了最大程度的保存。并且在战争期间，英国掌控了新航路的绝大多数航线，在欧洲大陆战争打得水深火热的时候，英国加快了资本积累的速度。另一方面，由于英国的资本积累加快，国内率先爆发了资产阶级革命。而三十年战争恰好为英国的革命提供了一个良好的外部环境。外部势力尤其是百年之敌——法国，难以分出精力来干扰英国国内的资产阶级革命。

标志着这场战争结束的《威斯特伐利亚和约》成为第一个重要的国际规则，众多欧洲国家独立，参与到平等竞争中来。欧洲原有的格局被打破，从此欧洲进入了多个强国并存、平等竞争、争夺利益的“多极时代”。

而三十年战争造成的人员伤亡及经济损失是巨大的，是人类的第一次世界大战。

葡萄牙、西班牙、荷兰、法国，一个又一个强国阻挡了英国称霸的道路。后来者英国只能通过战争获得重新洗牌的机会。于是自打败西班牙之后，英国就是在不断与头号大国的战争中逐渐崛起的。英国的崛起之路就是一部与头号大国的战争史。打败西班牙无敌舰队之后，下一个目标就是紧随西班牙之后的世界头号强国荷兰。

为了打败日益发展的商业竞争对手荷兰，保住开始建立的海上优势和争夺殖民地，英国与荷兰之间展开了长达数十年的四次战争。前三次英荷战争分别爆发于 1652 年、1665 年、1672 年。这三次英荷战争的结果是法国渔翁得利，获得了大片土地与商贸利益，国力直线上升而超越荷兰，成为欧洲最强的霸权。但好景不长，法国仅仅称霸不到 20 年就快速跌落。

经过三次英荷战争，英国最终迫使荷兰接受了《航海法》。《航海法》规定：输入英国及其属国的货物，必须使用英国的船只或者是输出国的船只。从此，荷兰船只逐渐退出驰骋了近一个世纪的茫茫海域。在打败了西班牙、葡萄牙之后，英国人将海上马车夫荷兰也赶下了海上霸主的位置。

现在，轮到英国人来制定海洋竞争和大国竞争的规则了。此时，在英国人眼里，除了陆地霸主法国，其他国家已不是对手。在建立帝国的道路上，英国已显示出不可阻挡的强劲力量：在连续的征战中，英国建立起一支欧洲最强大的海军，它的商业触角已经伸向全世界。

从 1720 年开始，荷兰的经济彻底停滞不前。与此同时，荷兰商人开始将伦敦作为转运港口，这样的情形标志着荷兰彻底走向衰落，阿姆斯特丹再也不是世界金融贸易的中心。经济的衰落反映在军事上，曾经能与大英帝国抗衡的荷兰舰队，此时只有 20 多艘舰艇。不论是从数量上，还是从战斗力上，荷兰都无法与英国抗衡。

18 世纪初，在荷兰与法国先后衰落后，当时的英国事实上已经成为最强大的国家。但要拥有绝对的无与伦比的实力，还需要更大的胜利来证明和巩固。于是，英国在 18 世纪又先后与法国、荷兰两个没落的霸主进行了两场战争。与法国打了七年战争（1756—1763 年），与荷兰打了四年的第四次英荷战争（1780—1784 年），英国均获得了大胜。

在英国从偏居欧洲一隅的蕞尔小国崛起为傲视全球的“日不落帝国”的道路上，血雨腥风是少不了的。18 世纪是英国崛起历程中最重要的一个世纪，也是英国对外战争最频繁与激烈的一个世纪。我们梳理一下英国在 18 世纪的争霸战争。

1701 年，西班牙王位继承战争爆发，英国、荷兰、汉诺威等组成反法大联盟，与法国、西班牙、葡萄牙以及若干德意志邦国组成的同盟开战，为 18 世纪的到来拉开了血腥的帷幕。随后不久，英国又卷入了以瑞典和俄国为主要交战国的大北方战争（1717—1721 年）。18 世纪中叶，英国再次参与由法国、普鲁士、西班牙、瑞典、俄国、哈布斯堡君主国、尼德兰联省共和国等各大欧洲列强参与的奥地利王位继承战争（1740—1748 年）。几年后，英国又联合普鲁士，掀起与法国、奥地利、俄罗斯、瑞典、西班牙等欧陆强国作战的七年战争（1756—1763 年）。在七年战争中，普鲁士与欧洲列强鏖战于欧陆，而英国则凭借强大的海军与法国在全球范围内展开斗争，战火燃遍西非海岸、北美、中美、印度、菲律宾等多个殖民地，无怪乎丘吉尔认为七年战争堪称“真正的第一次世界大战”。英国凭借七年战争夺取了大量海外殖民地，从而切实奠定了其“日不落帝国”的霸主地位。十余年后，北美独立战争爆发，英美自此分道扬镳。而到了 18 世纪末，科西嘉小个子拿破仑在整个欧洲大陆掀起了滔天巨浪，英国也随时有可能被其吞没，然而历经万难，其最终仍然获得了对拿破仑战争的最后胜利。此时，世界历史已经迈入 19 世纪，环顾四周，欧陆已无对手，在一个世纪血与火的洗礼后，英国终究成为当之无愧的超级强权。

18 世纪的英国不仅替代荷兰获取了世界金融霸权，而且夺取了西班牙、葡萄牙、法国、荷兰等众多国家的海外殖民地，自此，英国所占的领地（殖民地）超越历史上任何一个国家，既前无古人，也后无来者。英国继西班牙成为第二个“日不落帝国”，也成为第一个真正的“日不落帝国”。

综观英国的崛起与强大，可以概括为几个关键词：持续挑战世界头号大国、不断的战争、金融创新、法律制度、工业革命、市场经济。

在与荷兰的三次战争中获得胜利之后，英格兰进一步颁发《航海法》，特别规定：“输入英国的货物，必须由英国船只或者出口国的船只运输，不得经由其他国家船只运输。”这极大地限制了其他国家与英国的贸易。自此，“自由主义”主导的资本主义制度，在重商的英国被建立起来。

与葡萄牙、西班牙对于殖民地的单纯掠夺不同，英国的殖民扩张，伴随的是《航海法》对贸易对手的限制、发展殖民地市场和强大的国际贸易体系的建立。而与荷兰相比，英国学习和继承了荷兰的金融创新与造船技术，并在此基础上进行再创新。蒸汽机带来了一场人类历史上重大的革命——第一次工业革命，与此同时，亚当·斯密的《国富论》为英国市场经济建立指明了方向。因此，英国的强大依靠的不仅仅是枪炮，还有科技、法律与思想。

战争天平与胜负之源

1500 年前后的大航海时代开启，世界进入海权时代。得海洋者得天下。欧洲主要海洋大国轮番登场，捉对厮杀，争夺海上霸权。地理大发现时代是葡萄牙与西班牙两强争锋，其后葡萄牙衰落，荷兰崛起，成功挑战西班牙的霸主地位。17 世纪中叶开始，英国海军实力猛增，三次英荷战争之后，荷兰的黄金时代终结。

光荣革命（1688—1689 年）之后，英国走上了问鼎世界海洋霸权之路，这次的主要对手换成了法国。

英法是一对冤家，在大航海时代争霸之前就已兵戎相见，如 1066 年的诺曼征服，14—15 世纪的英法百年战争等。其中，最为有名的当属英法百年战争。英法曾于 1337—1453 年断断续续进行了一场长达 116 年的战争，这是迄今为止世界上最长的战争，史称“英法百年战争”，也是第一次百年战争。在这次百年战争中，发展出不少新战术和新武器。战争胜利使法国完成民族统一，为日后在欧洲大陆扩张打下基础；英格兰几乎丧失所有的法国领地，也使英格兰的民族主义兴起。

大航海时代之后，尤其在 17 世纪后期，首个“日不落帝国”西班牙已是日薄西山，与此同时，两个新兴强国的比拼正式拉开序幕。这次是隔海对望的两个国家，英国和法国。这场比拼在很大程度上采取了战争方式，而且一打就断断续续 100 多年，史称“第二次百年战争”。1689—1815 年，英法进行或卷入了多次战争，主要有：1688—1697 年的九年战争、1701—1714 年的西班牙王位继承战争、1740—1748 年的奥地利王位继承战争、1756—1763 年的七年战争、1775—1783 年的美国独立战争（法国参与其中对英作战）、1792—1815 年的法国大革命和拿破仑时期的反法同盟。

在前三次战争中，英法都非大赢或大输，七年战争则以英国大胜收场，美国独立战争则是法国小胜的复仇之战。但是，英国赢得了这一系列战争的“总决赛”即拿破仑战争，这是英国真正成为世界头号强国的加冕礼。

当然，英法两国也有联合作战的时候，英国支持法国的三十年战争、第三次英荷战争（1672—1674 年）则成为荷法战争（1672—1678 年）的一个组成部分、克里米亚战争（1853—1856）、第一次世界大战（1914—1918 年）、第二次世界大战（1939—1945 年）。

英国与西班牙、荷兰之间也发生过数次战争。1588 年，英国与当时世界头号强国西班牙发生了著名的英西海战。之后英国又与崛起为头号大国的荷兰海上争霸，先后发生第一次英荷战争（1652—1654 年）、第二次英荷战争（1665—1667 年）、第三次英荷战争（1672—1674 年）、第四次英荷战争（1780—1784 年）。

除此之外，英国还对已经日落西山的葡萄牙的海外殖民地展开抢夺，由此发生了英葡战争。1612—1614 年，英国东印度公司船只在印度苏拉特以西海域同葡萄牙人作战，并获得在该地的贸易权。

如前文所述，英国要想成为世界头号强国，在当时除了要拥有打遍天下无敌手的强大军事力量，还必须通过商业和殖民地的经济扩张，以获取最大的经济利益，成为头号经济强国，而海外贸易是最重要的方式。如果要在海外贸易中尽可能获得最大的份额，就必须控制海上以及拥有更多的殖民地。军事与经济必须互相支持，合而为一。而在那个刚刚开始的海洋时代，英国面前出现了一个个强大对手。

西班牙、荷兰和后来的法国都挡了它的路。因此，英国必须利用它的海军，挑战所有这些国家的权威和力量，争夺它们的殖民地和贸易。英国正是在不断与一个个头号强国（当时的头号强国都是最强大的海权强国）的战争中逐渐上位的。这个过程从 1588 年英西海战开始，经过了 100 多年，跨越了 16 世纪、17 世纪、18 世纪三个世纪才得以完成。由此看来，大英帝国的世界地位就是在一次次战火的硝烟中锻造出来的。

决定战争胜负的因素有很多，按照中国最有名的一句古语就是天时、地利、人和。但打仗就是打钱，漫长的战争最终比拼的是财力，有无强大的兵力、供需、武器弹药等后勤保障支持，而这些强大的后勤保障需要源源不断的军费支撑。

我们可以对比一下光荣革命前后英国筹集军费开支的方式。一般而言，国家筹集资金有三种主要方式：收税、发行国债、印钞。为了支持三十年战争，查理一世筹集军费的方式是增加税收，在议会反对下，查理一世擅自加税，招致议会与国王之间的内战，查理一世被推上断头台（这与 100 多年后法国国王路易十六的遭遇何其相似）。而在英国光荣革命之后，“王在法下”“王在议会”被确定，君主立宪政府成立，英国政体的稳定与信誉得到了空前保证，伴随着金融创新，彻底改变了英国的军费募集方式，发行国债（或称公债）增加国库财政经费成为新的方式。正是这种全新的方式，使得英国在强大的财力支持下，赢得第二次百年战争。

百年战争之后，英国不断利用其强大的公共信用扩充公共债务，外国投资者将英国国债视为最佳投资品；债务融资帮助英国建立了强大的皇家海军，并支持其在全球范围内发动殖民战争。一个问题是：法国也运用此办法进行债务融资，为何效果不佳呢？原因就在于我们之前所谈的：英国通过光荣革命与确立了王在法下的《权利法案》，保障了政府的稳定性、持续性及信誉。同时，英国建立了中央银行（可以兜底买国债）。而路易十六专制统治下的法国难以获得同等信誉。因此，英国国债可以低利息持续大量发行，法国国债以高利率发行却鲜有购买者。

英法争霸之初，法国综合国力远胜英国。当时法国在“太阳王”路易十四统治之下，经济总量为 1.2 亿英镑，是英国的两倍以上；法国人口 1930 万，也比英国的两倍还多；法国在 18 世纪的 GDP 增长速度比英国高（至少也与之相当）。英国陆军人数少，长期不超过 10 万人，根本不能与法国（太阳王最多时有 40 万人）相提并论；英国皇家海军因为与荷兰的三场战争，损失较多，主力舰仅存 104 艘，法国在科尔伯主政时期大力发展海军，他去世时法国主力舰已达到 120 艘。在支撑战争的财政实力上，法国看起来也比英国强。1688 年后的 100 年中，法国每年的国库总收入始终比英国多出 50%。

光荣革命后，英国逐渐确立了君主立宪制度，议会掌握了原来由国王控制的主要权力，尤其是主要用于战争支出的财政税收和国家借债，中世纪到近代早期那种国王绕开议会征税、任意违约和损害债权人的做法，在英国议会时代基本消失。

16 世纪一场战争的费用是几百万英镑，17 世纪末上升到数千万英镑。连绵不绝的高消耗战争，对英法两国的财政来说都是严峻的考验，仅靠国内税收远远不能满足战争开销。1688 年英国军事开销在 300 万英镑左右，略超当年的财政收入，此后在战争时期英国军事支出一般都远超国家税收。没有大规模举债，根本打不起近代战争。

1695 年，英国债务总额为 840 万英镑，是政府收入的 2 倍，到 1790 年国债总额攀升至 2.44 亿英镑，是当年政府收入的 15 倍！英国债务不但庞大得惊人，而且比政府收入增长快得多，却能在没有损害经济发展的情况下支撑战争，奥秘在哪里？一个重要的财政制度原因是从短期债务向长期债务转变。

17 世纪四五十年代，英国已经用短期债务筹集海军军费，这种借债一般以固定税种为担保，也有很多无担保的短期贷款。后来英国政府融资也主要是短期贷款，但是短贷利率较高，可达 10%，甚至更高，而且期限短，本息偿付的压力巨大，英国政府不得不拍卖土地、向伦敦金融家借钱还债，或者干脆拒付债务（光荣革命之前），这又进一步伤害了政府信用。英国政府虽然明白长期贷款能将战争中的巨额花费转化成未来一系列较小的支出，大大降低利息偿付压力，但政府还不具备足够的信用获得长期贷款。1694 年英格兰银行建立，对英国国债制度发展和完善的意义重大。英格兰银行给英国政府第一笔 120 万英镑的永久贷款，利率只有 8%，此举大幅提升了政府信用，也打击了高利贷金融家。

在英格兰银行的示范引领下，有垄断贸易特权的英国大公司，比如联合东印度公司和南海公司，也积极向政府提供长期或永久贷款，长期国债的比重持续提高，利率则逐渐走低。1696 年，英国长期国债为 120 万英镑，占国债总额的 10.3%；1748 年，长期国债增至 6870 万英镑，占国债总额的 90.2%；到七年战争结束后的 1764 年，英国国债已经彻底长期化了，短期国债仅占总额的 3.7%，利率也下降至 3%—4%。这个利率远低于欧洲其他国家，只有法国国债利息的一半。

长期国债解决了英国的战争费用问题，保障了对法国及其盟国战争的胜利，获得更多殖民地和海外贸易上的好处，英国经济因之更加繁荣，从而进一步拓宽了未来战争的国债融资规模。此外，巨大的财政支出，尤其是“英国海军部的合同对铁、木材、布匹和其他物品的长期大量需求，也形成了一种反馈回路，有助于英国发展工业和促进技术上的一系列突破（战争刺激经济发展）”。1786 年，英国首相皮特在下议院宣布：“这个民族的生机乃至独立建立在国债基础之上。”可谓一语中的！

反观法国，税收之外，法国筹集战争经费的主要途径也是举债。历史上法国王室的借债信用一直很差，这种状况到路易十四时代基本没有改变。法国政府通常只能以较高利率向金融家和其他中介机构短期借款，正常税收收入不足以偿付高额利息，结果法国财政赤字逐年攀升，政府信用则进一步降低。法国与英国几次战争失败的部分原因就是政府信用崩溃引发财政危机甚至是破产。

《这次不一样：八百年金融危机史》中讲到：由于中央政府在集中税收收入方面存在的困难，西班牙王位继承战争（1701—1714 年）导致的债务大爆发尤其削弱了法国。18 世纪最后的违约发生于 1770 年和 1788 年，1770 年的违约发生在七年战争之后（1756—1773 年），在该战争中金融更发达的英国轻易战胜了金融欠发达的法国。

法国政府信用和借债能力不如英国，财政金融制度建设更是全面滞后。从中央银行、普通银行、发展纸币、银行票据、清算中心、保险机构和所得税征收等方面，法国都比英国晚一个世纪。法国早于英国引进长期国债，但在 18 世纪没能像英国那样发展出一个有效的、持续的大规模、低利率国债体系，正是因为上述金融机构和手段的缺失。

1701 年西班牙王位继承战争爆发，这次是以法国与西班牙的联盟对抗以英国、荷兰和奥地利为核心的反法大联盟。由于法国政府信用和赤字问题，1709 年法国已经很难为战争融资，到 1714 年战争结束时，法国赤字 24 亿里弗尔①，政府债务总额骤然增长 7 倍，法国实际上已财政破产。英国国债也增长至 2940 万英镑，但英国政府却能从容应对。

路易十四死后，法国债台高筑，经济萧条。在苏格兰金融冒险家约翰·劳主导下，法国通过发行纸币和股票等金融手段来恢复经济活力，短期效果确实不错。但 1720 年“密西西比泡沫”破灭，金融危机爆发，法国再度陷入萧条。为此，法国人一直对纸币、银行、债券和股票等戒心重重，失去了在 18 世纪追赶英国的机会。

根据聂庆平先生的《大英帝国与国际金本位制》一文，17 世纪后半期，荷兰人的霸权受到了英国人和法国人的有力挑战。面对逐渐衰落的荷兰霸权，从 1689 年开始，英法两国为争夺政治经济优势地位和殖民地而进行了长达一个世纪的斗争，直到 1763 年英国取得胜利而告终。在 17 世纪末英法争霸初期，法国其实处于优势地位。1689 年，相比英国，法国显得更为强大，因为法国拥有 4 倍于英国的人口和更为强大的军队，还拥有丰富的自然资源、优良的港口和海军基地。更为重要的是，法国的工业生产在持续增长，而英国的增长速度却减缓了，所以从 1689 年开始，英国面临着一个远比以前的西班牙或荷兰更为可怕的强敌法国。但英国最终取得了这场号称“第二次百年战争”的胜利，正如许多学者如伊曼纽尔·沃勒斯坦（1980）、查尔斯·金德尔伯格（1993）、费尔南·布罗代尔（1979）和保罗·肯尼迪（1988）

① 里弗尔是法国古代货币单位之一。1795年，法国将法郎定为标准货币，停止里弗尔的使用。

等认为的那样，始于17世纪90年代的英国“金融革命”是英国取得第二次英法百年战争胜利的一个决定性因素。

钱是战争的支柱，在战争时期，国家不仅需要更多的钱，而且需要立刻将钱筹集起来。因此，一国的财力和筹集资金的能力成为决定一国战时成败的关键因素。相比于英国，法国更早开始其公共金融领域的改革，但是最终却没有取得成功。1659年，法国通过采取大幅度削减开支、发行新年金、建立借贷银行等措施，重建了国家信誉，使得在爆发战争的17世纪70年代，外国资本仍源源不断地流入法国。但好景不长，1683年，借贷银行被迫关闭，这一套财政体系没有运行下去。1689年，当英法“第二次百年战争”开始后，法国只能通过增加税收和借高利贷来筹集战争所需要的庞大开支，法国政府的债务在1715年达到了空前的规模，财政部已拿不出任何钱来偿还债务。1716年，面对公共金融领域的混乱，法国采取了严厉的措施，对财政部及金融机构进行了彻底的整肃与改组，但国家还是未能恢复其在金融市场上的信誉。在整个18世纪，与英国相比较，法国在这方面一直大大处于劣势。

英国虽然更晚才开始其公共金融领域的改革，却取得了巨大的成功。在17世纪90年代之前，英国的财政体制改革一直停滞不前。然而，1689年爆发的对法战争使得政府必须筹集大笔的资金以便支付战争开支，英国政府同法国政府一样面临着巨大的财政问题。英国政府开始采取一系列措施，致力于建立一个稳固的财政制度。而英格兰银行、南海公司与英国东印度公司等的建立，是创立这一稳固财政制度的三个关键方面。1694年，基于政府融资的需要，英国政府以8%的利率发行了120万英镑的公债，建立了英格兰银行，英格兰银行在筹集长期贷款中所发挥的作用帮助威廉三世的大臣们度过了难关，使他们得以在1697年9月签订《里斯维和约》。随后，英国政府重新组建了英国东印度公司，并成立了南海公司，这两家同英格兰银行一样都被授予特权，条件是给国家长期贷款。由此，政府公债和英格兰银行、英国东印度公司、南海公司的股票创造了一个能为政府大规模筹集资金的资本市场，它可以有效地筹措长期贷款，并同时安排定期偿还应收债务利息和本息。这种稳固的财政制度安排，使得英国1713年签订《乌得勒支条约》时在金融市场上仍保持着良好的信誉，尽管当时它已背上了庞大的公债包袱，而此时缺乏真正的公众信誉是法国财政体系中“最严重的缺陷”。

1716年以后，为了恢复与英国竞争的优势地位，法国再次进行了财政制度改革，试图消除英国在公共金融领域所具有的优势。但这场改革彻底失败了，英国人巩固了自己的政府信誉，而法国人却丧失了政府信誉，财政制度的差别进一步扩大了英法两国的差距。到1763年法国被迫与英国签订《巴黎和约》、英国取得英法百年战争的胜利时，法国仍没有建立起稳固的财政制度。

可以看出，英法两国都努力将其国家财政置于较坚固的基础之上，但自1689年开始的战争却使两国的公共财政体系形成了鲜明对比，法国公共金融一片混乱，而英国经过一系列的改革却成功地建立起一套稳健的公共财政体系，其国家财政的融资和偿付能力大幅度提高。这一制度的成功，加强了英国战时的力量，也保证了英国在和平时期的政治稳定与经济增长。法国在英法争霸初期所具有的优势逐渐消弭，而英国则利用这种国家金融力量上的优势实现了更快的发展，从而取得英法百年战争的胜利，并在18世纪后半期最终继承了荷兰的霸权。

英国取得英法百年战争的胜利，还离不开伦敦发达的金融市场的支持。伦敦的金融市场是随着英法战争早期政府的庞大融资需求而蓬勃发展起来的，1695年，皇家交易所就已买卖公债券以及英国东印度公司和英格兰银行的股票。随后，阿姆斯特丹资本市场的各种交易方法都在伦敦再现。到18世纪后半期，伦敦的资本市场开始超越阿姆斯特丹的资本市场，确立其支配地位。伦敦金融市场的繁荣，扩大和深化了政府债务市场，英国政府发行的债券越来越受外国投资者的欢迎，其融资成本也大大降低。与法国相比，英国可以较低的利息筹集到更多的资金，“1752年到1832年期间，法国政府支付的公债利息基本都是英国政府公债利息的两倍以上”（详见陈志武《金融的逻辑》），较低的利息负担使得英国可以筹集到更多的钱用于建设庞大的海军和国力的发展。

由此可见，英国之所以能赢得上百年的各种争霸战争，与其可以依靠强大的国家债务体系进行长期低成本融资是分不开的。

那么，具体来讲，英国是怎样依靠公共信贷来筹措军费的呢？英国建立起了公共信贷制度或国债制度，就是政府以发行债券、从民间获得贷款等方式向老百姓融资。英国不是该做法的发明者，却是第一个大规模和长期这样做并做得风生水起的。对此，君主立宪制扮演了关键角色：议会握有大权尤其是财税大权，所以，国债是得到议会同意和担保的，不像早先国王借钱时往往只是用个人的“小金库”或“私房钱”做担保，甚至根本没有担保。很多议员和官员也买国债，这也等于给国债做广告。这样，老百姓对国债就有信心，购买也比较踊跃，即便利息不那么高，还款期比较长。

于是，英国便拥有了世界上最强大的财政动员力，能源源不断地从民间汲取资金。这样做的好处是，不仅能源源不断地凭借国家信用（实质是议会信用）进行债务融资，而且等于英国公民甘愿将自己绑在国家的战车上，一荣俱荣，一损俱损，会更积极地支持国家赢得战争。

荷兰盾衰落，英镑崛起

如果说大航海时代的第一代霸主葡萄牙与西班牙，在强大的君主专制王权的领导和支持下，凭借富有冒险精神的大航海与地理大发现、船坚炮利、殖民掠夺与贸易，而率先崛起为世界大国的话，那么，荷兰则是在被逼无奈之下通过独立战争才建立了自己的共和国，并依靠发达的海上交通、海外贸易及金融制度创新，创造了属于荷兰的17世纪辉煌。

荷兰人不仅在资源配置上遵循资本主义的方法，他们还发明了资本主义制度，尤其创建了现代公共债务和股票市场制度。荷兰人1602年创造了第一家上市公司（荷兰东印度公司）和第一家股票交易所，之后建立了第一个运转良好的贷款系统，这个系统可以更容易地创造债务，他们便创造了资本主义。他们还创造了世界上第一种储备货币。荷兰盾是除金银以外的第一个“国际储备货币”（第一个纸质的世界货币，金银是金属硬货币），因为荷兰是第一个扩张到世界大部分地区并使其货币被广泛接受的帝国。在这些特质和优势的推动下，荷兰帝国相对地位持续上升，直到 1700 年左右，英国人开始强劲发展。①

荷兰的众多投资市场创新及其在创造利润方面的成功吸引了投资者，使阿姆斯特丹成为世界领先的金融中心。荷兰政府将资金引导到各种企业的债务和一些股权投资中，其中最重要的就是荷兰东印度公司。在这个繁荣时期，其他国家实力也在攀升。随着其他国家变得更具竞争力，荷兰帝国变得成本更高，更不具竞争力——它发现维持其帝国的利润更低，更具挑战性。最重要的是，英国人在经济上和军事上变得更加强大。经过三次英荷战争，英国在军事上逐渐超过荷兰。

但荷兰仍有强大的经济能力，直到 1750 年左右，英国人拥有比荷兰人更强大的力量，特别是在经济和军事上。英国人通过损害荷兰与其他国家的航运业务来损害荷兰的经济。英国人攻击荷兰人。在第四次英荷战争后，荷兰人战败破产，导致荷兰债务和股票、荷兰盾和荷兰帝国崩溃。

英国打败荷兰后，在拿破仑战争中继续与拿破仑领导的法国人作战。经过大约 1/4 个世纪的频繁战斗之后，英国及其盟友在 1815 年获胜。

拿破仑战争结束后，战胜国（尤其是英国、俄罗斯、奥地利和普鲁士）会聚一堂，就新的世界秩序达成一致。这次会议被称为维也纳会议（这是 1648 年《威斯特伐利亚和约》之后第二个最重要的会议）。在《巴黎和约》中，战胜国重新设计了债务、货币和地缘政治体系，创造了一个新的开端。这为英国长达 100 年的“帝国世纪”奠定了基础。在这一世纪，英国成为无与伦比的世界强国，早已破产的荷兰曾主导世界的货币——荷兰盾已经退出历史舞台，英镑成为新的世界主导货币，世界繁荣昌盛。在战后有一段很长的和平与繁荣期——在这里是 100 年，因为没有哪个国家想要挑战具有主导地位的世界大国，并颠覆运转得如此良好的世界秩序。虽然 19 世纪以英国为中心也曾爆发十数次经济危机，但这些还不足以挑战英国的实力。②

荷兰的衰落造就了英国的崛起。英国兴于战争，荷兰则被战争拖垮。与英国四次英荷大战中，荷兰输在了财政危机，频繁的战争加剧了财政危机，荷兰在财政危机中跌落。1675 年荷兰海军又与西班牙海军联合镇压西西里岛起义。此后，一直到 1714 年西班牙王位继承战争结束，荷兰一直处于四处作战中，频繁作战耗尽了荷兰

①② 见达利欧2020年5月22日发布在LinkedIn的文章*The Big Cycles Over The Last 500 years*。

的财富，英法的竞争又使财富来源减少。1785 年，荷兰的处境已经很糟糕了，公共债务增加到几乎付不出利息的地步，国家一片混乱。1795 年 1 月初，法国革命军又攻入荷兰，荷兰最后一位执政威廉五世逃亡英国。几个星期后，尼德兰联省共和国就不存在了，代之而起的是作为法国附庸的巴达维亚共和国。

英国则在与西班牙、荷兰及法国等当时的世界一个个头号强国的海战中洒尽热血，除了越打越强的英国海军，在学习荷兰、法国等金融创新的基础上进一步创新，以及工业革命、市场经济制度等则是英国崛起的内在核心动力。尤其是金融创新，不仅保证了百年战争中的英国有充足的军费，而且对英国工业革命、市场经济制度、科技革命都起到了至关重要的作用。

综观大国荷兰、英国及美国等人类历史上崛起的三个全球型大国，金融的力量都成为其众多助推力量中最为核心的力量。那么，英国是如何继承荷兰的金融创新并进一步创新，利用金融创新拥有 17 世纪和 18 世纪将近两个世纪的辉煌呢？

就现代文明发展史来讲，大国崛起必然伴随着金融业由小到大、由弱到强的发展历程。16 世纪末，英国完成宗教改革后，经过百余年的较量，逐步成为世界霸主的最有力争夺者。1688 年的光荣革命中，英国贵族和商人迎接荷兰亲王威廉成为自己的新国王，并与荷兰结成了同盟。这一事件最深刻的影响可以归纳为两点：一是荷兰在印度建立的东印度公司，可供两国共同经营；二是荷兰在过去近百年积累的金融经验（荷兰被认为是世界上“第一个资本主义国家”，荷兰人是现代市场经济制度和金融制度的奠基者），可供英国借鉴和参考，这为英国的跨越发展创造了后发优势。英国最大的收获就在于它学习、移植和优化了荷兰的金融体制和金融创新。

到 18 世纪中叶，英国政府每年可支配的经费超过 1 亿英镑，而法国只有区区几百万英镑。到 18 世纪末，英国不仅成为新的海上霸主，还成为全球 1/4 人口的统治者，总人口 2.5 亿，是英国本土人口的 20 倍；“管理”面积 3367 万平方千米，约占世界陆地总面积的 1/4，是本土面积的 140 倍，成为有史以来领土面积最大的国家和最大的环球殖民帝国。正是依靠这些基础，英国在此后主宰了世界的科技、文化和经济贸易，称霸全球长达一个多世纪。以金融为主线，参与并深度融入商品市场全球化、劳动力市场全球化、文化全球化、政体全球化、资本市场全球化，这是大国崛起的基本规律，也是必然走过的发展道路，更是面向未来必须认准的路径选择。

如前文所述，独立后的荷兰为了应对西班牙的海上封锁，进行了金融创新，并取得了巨大成功。荷兰的三大金融创新使得荷兰成为“金融 + 贸易”型的第一个现代型世界强国，并使阿姆斯特丹成为世界金融中心，而荷兰货币——荷兰盾则成为人类史上第一个国际储备货币。

而英国在不断与强劲的海战中壮大自己海军的同时，不断学习荷兰的金融创新制度，并在荷兰的金融创新基础上又进行了三大创新：世界第一家中央银行——英格兰银行（为英国发行国债提供了支撑）、国债发行（公债）、第一家跨国（国际）商业银行——罗斯柴尔德银行。尤其是，英镑取代荷兰盾，成为第一个真正的世界货币，而金本位制下的英镑为英国的强大奠定了坚实的金融基础。

1694 年，伦敦 1268 位商人出资合股，正式成立了英格兰银行，这家股份制银行为现代金融业的发展确立了最基本的组织形式。此后，该银行持续创新和发展，对加速资本积聚和生产集中，起到了巨大的推动作用。在高度的信用保障下，通过借贷的方式，英国政府从英格兰银行筹集了 1/3 以上的战争经费，确保了军费开支的充裕。战争的需要也刺激了英国工业体系的建设（英国首开战争刺激经济发展之先河）。而在此后的工业革命中，纺织、冶金、矿业、铁路、机械、通信等各行业的爆炸性扩张过程中，英格兰银行均能够敏锐地把握住历史性的重大机遇，通过金融的力量，迅速为各新兴工业的扩张筹集大笔资金，在获得巨大而惊人财富的同时，也对历史进程产生了重大的影响力。

根据聂庆平先生的《大英帝国与国际金本位制》一文，英镑的稳定与国际金本位制的建立是英国强盛的一个关键因素。从 1717 年英镑按黄金固定了价格，这个价格就一直延续到 1931 年，其中只有 1797 年至 1819 年和 1914 年至 1925 年有过波动。

英镑的稳定与两个因素有关。一个因素是金本位制的确立。英国在世界上首先实行了金本位制。1696 年，科学家牛顿进入英格兰皇家造币厂，成为造币厂的监督，1699 年他又被任命为造币厂厂长。牛顿在 1717 年 9 月的货币报告中建议将黄金价格定为每盎司（纯度为 0.9）合 3 英镑 17 先令 10 便士。牛顿的改革为金本位制的形成奠定了基础。1816 年，英国通过了《金本位制度法案》，以法律的形式承认了黄金作为货币的本位来发行纸币。1821 年，英国正式启用金本位制，英镑成为英国的标准货币单位，每英镑含 7.322 38 克纯金。

另一个因素是前述英国“金融革命”中成立的英格兰银行。英格兰银行对英国崛起的重要意义不仅在于其早期政府债务业务使得英格兰能够在整个 18 世纪的战争中一次又一次地打败法国，还在于英格兰银行是现代中央银行的“鼻祖”，它为英国崛起过程中金融和经济的稳定做出了重要贡献。1844 年通过的《英格兰银行条例》赋予了英格兰银行基本垄断货币发行的权利，是其成为中央银行的决定性一步。1872 年，英格兰银行开始对其他银行负起在困难时提供资金支持即“最后贷款人”的责任，确立了“银行的银行”地位。自此，英格兰银行转变为“发行的银行、银行的银行、政府的银行”，成为世界上第一个真正意义上的中央银行，对世界其他国家中央银行制度的建立产生了重大影响。由此，现代银行体系在英国首先确立，英国政府通过英格兰银行能够在发生金融危机或恐慌时迅速向困难金融机构提供清偿手段，维护英国金融和经济体系的稳定；此外，英国政府通过英格兰银行还可以有效地调节国内货币流通与信用活动，并对国内金融体系和金融活动进行管理和监督，支持经济的高速发展。

凭借一个高效的公共信用和货币体系，一个相当规模的金融市场，一个旨在稳定汇率的金本位制度，再加上英国是世界政治经济大国，英镑逐渐成为全世界普遍接受的国际货币，伦敦成为国际金融中心。到 19 世纪中叶，英国已经成为世界生产中心和世界贸易中心，但这时世界各国不同的货币制度阻碍了英国的对外投资和国际贸易的扩张，金本位还只是英国的货币金融制度。“在 1760 年至 1830 年期间，联合王国约占欧洲工业生产增长的 2/3，而且它在世界工业生产中的份额从 1.9% 猛增至 19.5%；以后 30 年中，英国工业发展使这一数字上升到 19.9%。1860 年前后，英国的生铁产量占世界的 53%，煤和褐煤的产量占世界的 50%，消费的原料占世界产量的 50%。”[①] 此外，随着 19 世纪中叶以后海外新市场的开拓和欧美大陆各国工业革命的积极推进，英国对外贸易迅猛增长。1870 年，英国在世界贸易总额中的比重上升为 25%（1850 年为 22%），几乎相当于法、德、美三国的总和。英国世界工

① 阿萨·勃里格斯，《英国社会史》，1992。

厂及其在世界贸易中的垄断地位，对全球金融体系提出了更高要求，英国在全球生产和贸易中的地位迫切需要建立一个以英国为核心的国际金融体系。因此，英国凭借其经济、军事优势，在国际经济交往中对许多国家的货币制度施加影响，促成了国际金本位体系在 19 世纪 70 年代的最终形成。

国际金本位制度的建立，确立了英国世界金融霸主的地位，英国支配了世界金融体系，直到该体系在 1914 年崩溃为止。在国际金本位制下，英镑成为当时唯一与黄金拥有同等地位的纸质货币，国际金本位演变为“黄金—英镑”本位。一方面国际金本位制为英国在世界各地的经济扩张提供了非常便利的条件，英国开始赚取大量无形信用收益——商业佣金、海外汇款和来自投资等方面的收益。1914 年，英国境外投资总值居各国之首，约占西方国家对外投资总值的 41.8%，英国从海外投资中获得了高额利润。另一方面，英国通过英格兰银行管理着世界金融体系，维护其金融霸权，“各国货币系统与伦敦金融市场结合在一起，使得英国能够在很大程度上控制世界货币的供应。通过降低或提高贴现率，英格兰银行操纵了世界上的黄金流通，并且实质上在管理着国际货币政策”。①

从荷兰衰落到英国崛起，时间跨度从 1600 年前后到 1780 年，英国并非一蹴而就。英国学习了荷兰的技术，在同样的技术领域变得更加强大，比如造船业等，然后在军事上越来越强大，1780 年英国打败了荷兰，然后创造了类似的资本体系，英国东印度公司取代了荷兰东印度贸易公司。之后，蒸汽机的发明，使得英国成为工业革命的引领者。这使得英国崛起势不可当，直到一战和二战英国才逐渐衰落。两次世界大战使英国负债累累。周期就是以这样的方式进行的。②

工业革命与国富论

中国中央电视台《大国崛起》为我们描述了英国工业革命前夕的景象：不断的殖民扩张和海外市场拓展，使各种商品的需求量越来越大，以手工工场为支撑的生

① 罗伯特·吉尔平，1989。

② 参见达利欧2020年6月8日在中国发展高层论坛CDF TALK’s Week首期节目中的发言。

产能力变得捉襟见肘。为了能经受住这种考验，几乎整个英国都被动员了起来。市场上如黑洞般的迫切需求，首先出现在纺织业，因为这个行业的产品与普通人的生活最密切相关。为了以更快的速度生产，工匠们的聪明才智被充分调动起来，新的发明一个接着一个，英国开始一步步接近“工业革命”的起跑线。

英国早已准备好了将聪明才智纳入实用轨道的各种机制。这些机制，如同一张巨大而细密的网，将世界上最优秀的人才和技术都搜罗到了英国。其中，专利保护就是重要的一种措施。英国1624年制定的《垄断法规》是现代专利法的开始，对以后各国的专利法影响很大，德国法学家Josef Kohler曾称之为“发明人权利的大宪章”。

专利最早产生于16世纪，但在16世纪和17世纪申请专利并不常见。自18世纪以来专利申请才普遍起来且变得越来越重要。申请专利的目的很简单，即保护一项发明，使它保持新颖。专利给予发明者约15年的保护期，在此期间，他的发明受到保护，其他任何人不得仿冒。

对技术创新的激励机制对英国发展的影响深远。这个制定了世界上第一部专利法的国家，至今依然将科技创新战略作为国家发展战略，并在全球高新产品生产国中位列第四。

而大约250年前，英国对知识产权的保护和奖励，使几乎所有的人都陷入了一种对新技术、新发明的狂热崇拜之中。一本英国刊物称，“工程技术的贡献大于战争和外交；它的贡献大于教堂和大学；它的贡献大于抽象的哲学和文学；在改变社会方面，它的贡献大于我们法律所做的贡献……”（详见中央电视台专题片《大国崛起》第4集）

1687年，牛顿出版了自己最著名的著作《自然哲学的数学原理》。在这本深奥难懂的书中，牛顿用数学方法证明了万有引力定律和三大运动定律，这四大定律被认为是“人类智慧史上最伟大的一个成就”。运用这些定律，牛顿把星星、地球和自然界所有的力量都放在了他的天平上。牛顿体系的本质在于，地球和其他天体都按照相同规律运动，并且可以量化计算。牛顿通过自己的伟大著作宣告了科学时代的来临，他告诉世人：自然界存在着规律，而且规律是能够被认识的。

以牛顿为代表的近代科学诞生以后，人类社会飞速发展。就像马克思所说的那样，在资产阶级统治的不到一百年间，所创造的生产力超过了以往历史的总和。

在近代科学诞生前的几千年当中，人类的活动基本上遵循“生产—技术—科学”的模式，也就是说，凭经验进行生产，在漫长的生产过程当中提炼出技术，然后在改进技术的过程当中产生科学。这是一个凭经验办事的过程，所以走了不少的弯路和错路。

瓦特没有重走人类几千年走过的弯路。为了对旧式蒸汽机进行脱胎换骨的改造，瓦特曾钻研过力学、数学、化学，做过系统的实验并仔细计算过气缸的热效能。为什么瓦特会使用这样一种以前的工匠们根本不会想到的方式来进行发明创造？他对于生产、技术、科学三者关系的认知从何而来？在瓦特研制蒸汽机之前的一个世纪里，正是欧洲历史上一个科学鼎盛的时期。从 17 世纪中期开始，近代科学在一批巨人的推动下产生。在这批科学巨人当中排在最中心位置的是艾萨克·牛顿。许多历史学家认为，如果从近代科学的角度看，正是牛顿开启了工业革命的大门。

1765 年，牛顿去世 30 多年后，一种全新的蒸汽机在瓦特的手中诞生了。瓦特发明的蒸汽机不仅比原来的蒸汽机节省大量的煤，而且使人类从此拥有自己创造的动力，而不再受制于大自然。后来人们把解决了工业化核心问题的瓦特蒸汽机作为工业革命的标志，瓦特也被称为“工业革命之父”。

发明了蒸汽机的瓦特，晚年生活非常富庶。但是瓦特财富的主要来源，不是制造蒸汽机的工厂，而是被广泛转让的高效能蒸汽机的发明专利。

当蒸汽时代和工业革命到来的时候，它推动着业已领先的英国继续前行，让这个小小的岛屿在后来的几百年中进一步地超越了其他各国。工业革命推动的不仅是工业革命本身，更重要的是促进了现代科学技术的飞跃。正是工业革命与科技革命这两大革命，使得英国成为工业文明的领航者。

1776 年，亚当·斯密《国富论》发表。这本书是一台思想的发动机，它为人类财富的增长提供源源不断的动力。正是它使得工业化不再停留于发明机器和制造产品的阶段，而真正对社会发展产生了革命性的意义。

亚当·斯密认为：人类经济活动主要的动机，就是谋求个人的利益，谋求私利使自己的需要得到满足。他用了这么一句话：“屠夫、酿酒商、面包师给我们提供食品，他不是出于仁慈，而是为了从我们这里得到回报。”每个人在经济生活中，通常并不会考虑他对社会利益起了多少促进作用，他盘算的是自己的好处，但是在这种情况下，每个人追求个人利益的努力，会被一只看不见的手牵着，去实现一种他原本无意要实现的目的，最终会促进社会利益。“自由竞争”这个今天已经为人所熟知的概念，成为贯穿亚当·斯密经济学说的基石。

他认为在市场经济中，个体间的自然交易将会创造出高效的资源分配模式，并有利于促进市场经济，创造出更高水平的收入。

《国富论》提出的控制经济生活的那只看不见的手，简单地说，就是今天经济学家常常讲的市场供求规律。根据这个理论，亚当·斯密提出了一个影响深远的对外贸易战略。亚当·斯密认为，我们国家当然可以通过贸易保护主义、军事征服以及保持独有的垄断地位来赚取金钱，但是如果选择了自由贸易，则可以挣到更多的钱。而且，如果让其他国家有钱了，它们就能向我们国家购买更多的产品。

如果说，牛顿为工业革命创造了一把科学的钥匙，瓦特拿着这把钥匙开启了工业革命的大门，那么，亚当·斯密则是挥动一只看不见的手，为工业革命的推进缔造了一个新的经济秩序，为此后资本主义的市场经济制度提供了思想理论基础。

英国著名历史学家汤恩比认为，工业革命的实质既不是发生在煤炭、钢铁、纺织工业中引人注目的变革，也不是蒸汽机的发展，而是“以竞争代替了先前主宰着财富的生产与分配的中世纪规章条例”。

比技术革新影响更深刻的，是经济社会运行规则的变化。亚当·斯密所说的“看不见的手”，后来被瓦特和博尔顿所代表的新兴阶层推崇到了神圣的地位，他们是从亚当·斯密的理论中获得最大利益的人。当他们在西方各国的议会中占有多数席位时，亚当·斯密的理论开始对这些国家的政策产生深刻的影响，由此形成了自由主义经济模式。

这种经济的自由化是在英国早已取得了在工业领域绝对的领先地位后才得以实现的。英国成为世界工厂之后，世界才进入了自由贸易的时代。

工业革命之后，英国于1856年又颁布了世界上第一部单行公司法，即《合众公司法》，使得公司这种现代商业的组织形式深入市场与民间，开办公司变得简单容易，极大地推进了英国资本主义发展。

为了实施自由贸易政策，英国用武力迫使一个又一个国家打开了大门，迅速扩张成为一个“日不落帝国”。在这个帝国里，一个以英国为核心的商业贸易圈逐渐形成。英国经济学家杰文斯1865年曾这样描述：

“北美和俄国的平原是我们的玉米地；加拿大和波罗的海是我们的林区；澳大利亚有我们的牧羊场；秘鲁送来白银，南非和澳大利亚的黄金流向伦敦；印度人和中国人为我们种植茶叶，我们的咖啡、甘蔗和香料种植园遍布东印度群岛。我们的棉花长期以来栽培在美国南部，现已扩展到地球每个温暖地区。”

居高临下的海外贸易和殖民地的扩张，反过来又极大地推动了英国工业化的进程。到19世纪中期，英国往昔那种田园般的风情不见了，代之而起的是一个忙忙碌碌的世界。乡村建起了灰暗的厂房，城镇竖起了高耸的烟囱，工厂里回荡着机器的轰响，高炉前迸射着铁水的光亮。1850年，英国的城市人口已经超过了60%；铁产量超过了世界上所有国家铁产量的总和；煤占世界总产量的2/3，棉布占全球生产量的一半以上。

工业化进程也改变了英国人对于时间和空间的观念。时间第一次被精确到以秒为单位，而火车和汽船则开始代替马车和帆船。1814年，世界上第一个蒸汽火车头在英国诞生；1830年，蒸汽机车开始在世界上第一条投入运营的铁路上奔跑；到1851年，英国已经拥有22个铁路网络，铁路总长度约为13 000公里，相当于今天中国6条京广铁路。

北京大学历史系教授钱乘旦说：“没有工业革命，就没有我们现在这个世界。工业革命使英国成为世界上最强大的国家，它的强大的工业生产能力，在当时就使英国一个国家能够对抗整个世界。工业革命呢，还使英国走进了现代化的大门，使英国成为第一个现代化国家。这也就迫使整个世界追随着英国向现代化的方向前进，因此，我们从这个意义上，可以说是英国引领了当时世界的潮流，打开了现代世界的大门。工业革命促进了生产效率的跃迁，而市场经济则推动了工业革命的跃迁。”

东西方大分流

1500年是新旧世界的分界线，之前的世界是彼此孤立的世界，而大航海及地理大发现将世界连为一体，海外殖民地及海外贸易成为海权国家崛起的路径，欧洲成为世界新的经济中心，人类开启了全球化及世界历史新时代。但当时的全球化是西方列强凭借船坚炮利进行的全球殖民掠夺，是单方的强权与赤裸裸的掠夺，而不是双边的、多边的、平等的、公平的贸易。

因此，我们可以说大航海与地理大发现开启了全球化的1.0时代，但这个1.0时代全球化还是有限的，主要体现为几个海权国家的全球殖民与贸易。

在英国工业大革命推动下，全球化又进入一个新的阶段。1800年之后，各国之间开始了贸易与投资，可以称之为全球化的2.0时代。相比于1.0时代，它的范围已经扩大了很多，也主要以贸易为主。当然，这个时代的贸易还是主要发生在列强之间，发生在最初实现工业化的这一批国家之间。而亚非拉大批尚处于农业经济时代的后知后觉国家，与列强之间很少有这种公平的贸易，更多的是不平等的压榨与掠夺。这一次全球化（2.0时代）一直持续到第二次世界大战之后，美国重新构建了新的国际秩序，即雅尔塔体系。其核心是国际组织、国际条约、国际治理规则，由此开启了全球相对平等的、多边的、多元的国际贸易，人类由此进入第二次全球化时期，这个全球化直到现在尚未完全结束。而在这一次全球化初期，世界主要大陆，尤其是东方国家与西方大陆国家尚未出现明显的差距，大家基本处在同一条起跑线上。但在此之后，东西方出现了大分流，西方凭借工业化及市场经济制度超越东方，成为引领世界经济、科技发展的中心，这个趋势持续了200多年，迄今尚未完全改变。究竟是什么原因造成的东西方大分流呢？

美国芝加哥大学历史系教授彭慕兰，在其著作《大分流》中就描述了这一现象，并给出如下的解释：

1800年以前的世界是多元的，没有一个经济中心，西方并没有任何明显的、完全为西方自己独有的内生优势；只是19世纪欧洲工业化充分发展以后，一个占支配地位的西欧中心才具有了实际意义。在1750—1800年这一阶段，中国最为发达的江

南地区与欧洲最为发达的英国在经济发展上没有明显差异，若非一系列偶然因素的作用使西欧分流了出去，西欧经济也将走入与江南经济相似的“内卷化”道路。

为什么英格兰没有成为中国的江南？如果没有新大陆这个欧洲之外的因素，西欧很可能在19世纪以后走上一条与中国同样的“内卷化”道路。新大陆提供的丰富的土地集约产品——首先是棉花，其次是木材和谷物等——解除了西欧受到的生态制约，从而使工业革命能够迅猛发展，使西欧与世界其他部分发生了巨大的分流。西欧为什么在19世纪成为新的世界经济中心，市场以外的力量和欧洲以外的关联应占据了重要地位。

从19世纪起，西欧和中国走上不同的道路，开始了“大分流”的过程。在这个过程中，最重要的因素有两个，一是英国煤矿的地理位置和地质状况，二是美洲的殖民地，后一个因素比前一个更为重要。美洲大陆的发现和煤炭资源的开采被认为是英国走向工业革命的决定性力量。可以说，技术变化的力量造就了欧洲的突飞猛进。

除此之外，制度因素也成为重要的原因。拿大英帝国政府与大清王朝政府来比较，就可以看出明显的差别。清朝的经济政策从来不是为了发展经济，而是出于稳固政权和避免阶层矛盾的目的。而在欧洲，各国的政权不是能靠稳定维持的，必须依赖于竞争和扩张。18世纪之后新大陆的发现，就是其竞争和扩张的结果，也是“大分流”出现的根本性原因之一。

我们来细数一下近代500年先后崛起的这些世界型大国，西班牙、葡萄牙、荷兰、法国、英国、德国、俄国、美国等，无不显露出竞争与扩张的态势。

第四章

英帝国时代的全球危机

英法投机泡沫

在大航海及地理大发现之前，世界各国在经济上基本处于孤立状态，经济局限于国土范围内，以自给自足的农耕经济为主，鲜有国家间的贸易。在自给自足的农耕经济时代，一个国家的经济危机，主要表现为国家财政危机或债务危机（起因在于统治集团奢靡、大兴土木工程、官僚集团开支庞大、战争军费等增加），以及瘟疫、自然灾害（水灾、火灾、地震、干旱、蝗虫等）等引发的农业减产带来的饥饿问题。

但这些危机不会对国土之外的其他国家产生连带影响（传染），危机也缺乏周期性规律，与金融关系不大，与消费需求不足无关，与生产相对过剩无关，基本也与投机泡沫无关。

但在大航海及地理大发现开启全球化贸易，金融创新、国家间战争频发、生产力提高（尤其是技术推动的工业革命）、市场经济等逐步出现之后，经济危机就呈现出新的规律：一个国家的经济危机会传染影响其他国家，危机与需求有关、与生产相对过剩有关，危机呈现出周期性爆发的规律，金融危机频发，经济危机与金融危机越来越密切等。

大航海时代前后，第一个受外部环境变化影响的经济危机是威尼斯共和国发生的经济危机，第二个是西班牙腓力二世的债务危机，第三个当属荷兰的郁金香泡沫，第四个是英国查理一世的财政危机，第五个是英国的南海泡沫危机，第六个是法国的密西西比泡沫危机。在这六个危机中，有一个经济危机，两个财政危机或债务危机，三个金融投机过度引发的泡沫危机。

其中三个金融泡沫危机被称为欧洲早期的三大泡沫危机。这三大泡沫危机都发生在荷兰金融创新制度出现之后，金融机制的加入吹大了泡沫。而在荷兰郁金香泡沫发生 80 多年之后发生的英国与法国两大泡沫危机，皆与国家财政危机有关，这两大泡沫对经济造成的影响与损害远远超过荷兰郁金香泡沫危机。因此，有必要介绍一下英法这两大金融泡沫危机。

我们按时间顺序先来看看法国的密西西比泡沫危机。从这个几乎令法国破产的泡沫产生及破灭过程，探究金融危机的发生机理。

密西西比泡沫

密西西比泡沫和郁金香泡沫的不同之处在于：荷兰郁金香泡沫基本上是民间的投机炒作，法国密西西比泡沫却有着明显的官方背景。郁金香泡沫所炒作的只不过是一种商品，牵涉到的人数有限，而法国密西西比泡沫却发生在股票和债券市场，把法国广大的中下阶层老百姓都卷了进去。

18 世纪初，法国连年发动战争，庞大的军费使得法国陷入严重的财政危机（或债务危机），国民经济陷入极度困难之中，经济萧条，通货紧缩。当时法国的税制极不健全，不仅对法国王室贵族豁免税收，其他地方的漏洞也很多。尽管法国政府不断提高税率，依然入不敷出，国库空虚，债台高筑，国家危机重重。

1715 年，法国摄政王奥尔良公爵腓力二世正在为法国的财政窘态犯愁的时候，苏格兰人约翰·劳为法国提供了拯救危机的良方。根据他提出的独特金融理论：在就业不足的情况下，增加货币供给可以在不提高物价水平的前提下增加就业机会和国民产出。一旦产出增加，对货币的需求也会相应增加。在实现了充分就业之后，货币扩张能够吸引外部资源，进一步增加产出。他认为纸币本位制要比贵金属本位制更好，纸币本位制具有更大的灵活性，给发行货币的银行更多的运转空间和控制宏观经济的能力。

纸币本位制的这个特点就像一把双刃剑，在增强了金融货币政策影响力的同时，也带来了通货膨胀的危险。约翰·劳认为拥有货币发行权的银行应当提供生产信贷和足够的通货来保证经济繁荣。他所说的货币供给中包括了政府法定货币、银行发行的纸币、股票和各种有价证券。不难看出，在约翰·劳的理论中已经蕴含了当代供给学派和货币学派的一些基本观点。著名的经济学家熊彼特曾经高度赞扬说，约翰·劳的金融理论使他在任何时候都可以跻身于一流货币理论家的行列。

约翰·劳的理论好像是向法国抛出了一个救生圈，似乎法国只要建立一个能够充分供给货币的银行就可以摆脱困境，解决国债的资金融通问题。对于手握大权的奥尔良公爵来说，只要能够筹到钱，就是建立10个银行也不成问题。于是，在法国政府的特许下，1716年约翰·劳在巴黎建立了一家私人银行——通用银行（Bangue Genarale）。

通用银行拥有发行货币的特权，其货币可以用来兑换硬币和付税。通用银行建立后经营得非常成功，资产总额迅速增加。约翰·劳在1717年8月取得了在路易斯安那的贸易特许权和在加拿大的皮货贸易垄断权。当时，北美的路易斯安那属于法国的领地。由于路易斯安那位于密西西比河流域，人们便把由约翰·劳一手导演的泡沫经济称为密西西比泡沫。随后，约翰·劳建立了西方公司，它就是大名鼎鼎的密西西比公司。该公司在1718年取得了烟草专卖权。1718年11月他又成立了塞内加尔公司负责对非洲贸易。1719年，他合并了法国东印度公司和法国中国公司，改名为印度公司，垄断了法国所有的欧洲以外的贸易。约翰·劳所主持的垄断性的海外贸易为他的公司源源不断地带来超额利润。

1718年12月4日，通用银行被国有化，更名为皇家银行，约翰·劳仍然担任该银行的主管。皇家银行在1719年开始发行以里弗尔为单位的纸币。约翰·劳在贸易和金融两条战线上同时出击，节节取胜，声名鹊起。他希望能够通过货币发行来刺激经济，解除法国沉重的国债负担。实践他的金融理论的时刻终于到来。

1719年7月25日，约翰·劳向法国政府支付了5000万里弗尔，取得了皇家造币厂的承包权。为了取得铸造新币的权力，印度公司发行了5万股股票，每股面值1000里弗尔。约翰·劳的股票在市场上非常受欢迎，股票价格很快就上升到1800

里弗尔。

1719年8月，约翰·劳取得农田间接税的征收权。他认为法国的税收体制弊病很严重，征税成本太高，漏洞太多，直接影响了法国政府的财政收入。于是向政府建议，由他来承包法国的农田间接税，实行大包干，每年向政府支付5300万里弗尔。如果征的税赋收入多于这个数字，则归印度公司所有。这个数字大大高于法国政府的税收岁入总额，奥尔良公爵何乐而不为呢？在约翰·劳的主持下，印度公司简化征税机构，降低征税成本，尽力扩大税基，取消了对王室贵族的免税待遇。当然，为此约翰·劳得罪了不少贵族豪强。印度公司在法国声名大噪，促使其股票价格连连上涨。1719年10月，约翰·劳的印度公司又接管了法国的直接税征税事务，其股票价格突破了3000里弗尔。

1719年，约翰·劳决定通过印度公司发行股票来偿还15亿里弗尔的国债。为此，印度公司连续三次大规模增发股票。1719年9月12日，印度公司增发10万股，每股面值5000里弗尔。股票一上市就被抢购一空。股票价格直线上升。1719年9月28日，印度公司再增发10万股，每股面值也是5000里弗尔。1719年10月2日，再增发10万股，股票价格持续上升。印度公司的股票面值在1719年4月只不过500里弗尔，半年之内被炒作到18 000里弗尔。

1720年1月，约翰·劳被任命为法国的主计长和监督长。他一手掌管政府财政和皇家银行的货币发行，另一手控制法国海外贸易与殖民地发展。他和他的印度公司负责替法国征收税赋，持有大量的国债。随后，印度公司干脆接管皇家银行的经营权。在人类历史上还从来没有任何一个经济学家有如此好的机会来实践自己的理论。印度公司的股票价格猛涨不落，吸引了欧洲各国的大量资金流入法国。约翰·劳为了抬高印度公司股市行情，宣布其股票的红利与公司的真实前景无关。他这种深奥莫测的说法进一步鼓励了民间的投机活动。空前盛行的投机活动必然极大地刺激对货币的需求。于是，只要印度公司发行股票，皇家银行就跟着发行货币。每次增发股票都伴随着增发货币。约翰·劳坚信存在这样的可能性：增发银行纸币—换成股票—最终可以抵销国债。1719年7月25日，皇家银行发行了2.4亿里弗尔货币，用以支付印度公司以前发行的1.59亿里弗尔的股票。1719年9月—10月，皇家银行又发行了共 2.4 亿里弗尔货币。

正如米尔顿·弗里德曼所指出的那样，通货膨胀说到底是一个货币现象。在大量增发货币之后，经过了一个很短的滞后期，通货膨胀终于“光临”法国。1719 年，法国的通货膨胀率为 4%，到 1720 年 1 月上升为 23%。如果说在 1720 年之前只是一些经济学者对约翰·劳的政策表示怀疑，通货膨胀则直接给广大民众敲响了警钟。随着民众信心的动摇，1720 年 1 月印度公司的股票价格开始暴跌。再加之美洲和印第安人的战争没有带来任何收益，预期的收益没有兑现，有人开始离场，股价“跌跌不休”。

为了维持印度公司的股票价位，约翰·劳动用了手中所掌握的财经大权。他把股票价格强行固定在 9000 里弗尔，并且维持在这个价位两个多月。约翰·劳的政策使得股票货币化，进而迅速推动了通货膨胀。1720 年 3 月 25 日，货币发行扩张 3 亿里弗尔；1720 年 4 月 5 日，扩张 3.9 亿里弗尔；1720 年 5 月 1 日，扩张 4.38 亿里弗尔。在一个多月的时间内货币流通量增加了一倍。

到了 1720 年 5 月，约翰·劳实在无法继续维持下去。他发布了股票贬值令，计划分 7 个阶段将股票的价格从 9000 里弗尔降到 5000 里弗尔，同时也降低纸币的面值。约翰·劳和他的印度公司制造经济奇迹的神话突然破灭了。约翰·劳的指令马上导致民众的恐慌，他们为了保住自己的资产，争先恐后地抛售股票。股价在 1720 年 9 月跌到 2000 里弗尔，12 月 2 日跌到 1000 里弗尔，1721 年 9 月跌到 500 里弗尔，重新回到了 1719 年 4 月的股价水平。

约翰·劳使出了浑身解数希望能够恢复民众的信心，但是，他的声音很快就淹没在民众的怒吼中。在股票崩盘中倾家荡产的法国人认定约翰·劳是头号骗子。1720 年，约翰·劳犹如过街老鼠，人人喊打。在四面楚歌中他重施当年逃亡故技，连夜出走比利时。法国的支付方法又恢复到以硬币为基础的旧体制。9 年之后，约翰·劳在无穷追悔之中客死他乡。

尽管约翰·劳的大胆实践彻底失败了，但不能以人废言。约翰·劳的经济理论中包含着不少合理的因素，他在金融理论上所做出的贡献是不可磨灭的。在约翰·劳的时代，他不可能对泡沫经济以及相关的理性预期学说有所了解。在扩大货币供给的时候，没有料到会导致金融投机的热潮。他非但没有能够及时制止这种金融投机，反而在相当程度上推波助澜，终于使得大局败坏，以致不可收拾。

之后的一个世纪里，在法国一谈起“银行”，人们脸上就不免流露出怀疑的神色。密西西比泡沫的破产导致银行在民众中失去信用，这一结果导致了法国银行业发展的放慢，减缓了工业的扩张，降低了经济恢复和增长的速度。这几乎让法国一贫如洗，直接导致了法国之后在一系列对外战争中败北，也间接引发了路易十六试图召开三级会议加税，进而导致法国大革命的爆发。

经济运行中产生泡沫的原因千差万别，但解决泡沫的路径是相似的。不过，如果依靠没有经济基础、建立在幻想之上的资产价格上升，这条道路几乎注定难以成功。

英国南海泡沫

伟大的物理学家及当时的英国皇家铸币厂厂长牛顿对南海泡沫发出了这样的感慨与无奈：“我可以计算天体运行的轨道，却无法计算人性的疯狂。”

金融危机发生的根源在于泡沫，泡沫的本质在于投机，投机的本质在于过度自信以及侥幸心理下的贪婪，而货币、信贷等刺激经济发展、逆周期调控经济的政策，又被率先利用到金融投机中，增加和放大了贪婪的杠杆与倍数。一旦预期落空或恶性通胀、货币、信贷政策转向，债务违约或者令人心惊胆战的任何风吹草动，紧绷的神经加上市场传言，立刻如同瘟疫一样进行恐慌传染，导致挤兑、抛售与踩踏、错杀，进一步放大危机，引发更大的巨浪，进入危机螺旋，加大了危机的损害。

只要人性不改变，金融危机就如影随形，周而复始。而人之所以为人，就是因为人性存在自身无法改变的弱点，乐观时极度乐观，悲观时极度悲观，丧失理性。

贪欲横流是历史上每一次经济过热的基本特征。

这场让牛顿近乎赔光全部身家的金融泡沫（恰似数百年后的经济学家费雪在1929年美国大萧条中倾家荡产），同样发生在1720年，与隔海峡相望的法国密西西比泡沫的故事情节如出一辙，不过更换了男主角、公司和故事发生地而已。

1689—1714年，因连年争霸战争导致的巨额债务，让英国政府苦恼不已。这时一位名叫哈利·耶尔的著名商人站了出来，联合一些商人朋友共同成立了“南海公司”

（最初是一家专营英国与南美洲等地贸易的特许公司）。

1720年，南海公司推出以南海公司股票换取国债的计划，决定承担3.1亿英镑的全部英国政府债务，希望以此增加自己的信誉。这个计划使每股股价从130英镑迅速涨至300英镑，而支持这项交易的贵族们，都获得了一定数量的股票。

此后有国家背书的南海公司，新股发行一茬接一茬，发行价从300英镑、400英镑、800英镑逐步提升，申购股份的付款方式也是越来越宽松，从分期付到最低首付只要10%。投资者趋之若鹜，其中包括半数以上的参众议员，就连国王也禁不住诱惑，认购了价值10万英镑的股票。

由于购买踊跃，股票供不应求，南海公司的股票价格狂飙，每股股价从当年年初的128英镑飙升到年中的1000英镑，半年内涨幅高达700%。

自南海公司开始股票换国债的行动后，全民疯狂追捧南海公司的股票，“政治家忘记政治，律师放弃打官司，医生丢弃病人，店主关闭铺子，牧师离开圣坛，就连贵妇也放下了高傲和虚荣”。为了促销股票，南海公司又向有意购买股票的人士大举借贷，让他们有能力购买股票，再分期摊还贷款。

在南海公司股票示范效应的带动下，全英所有股份公司的股票都成了投机对象。社会各界人士，包括军人和家庭妇女完全丧失了理智，他们不在乎这些公司的经营范围、经营状况和发展前景，只相信发起人说他们的公司如何能获取巨额利润，人们唯恐错过大捞一把的机会。

除此之外，市场上还出现过热的投机活动，数以百计的股份公司随之涌现，当然少数公司如皇家交易所保险公司（Royal Exchange Assurance Corporation）仍从事正当生意，但大部分公司是浑水摸鱼，旨在骗取公众金钱。这些后来被称为“泡沫公司”的股份公司，大多模仿南海公司的宣传手法，在市场上发布虚假消息，声称正在进行大宗生意，从而吸引市民购买股票。其中一些公司更荒诞不经地声称正研发“可以永久转动的车轮”，有些甚至只表示“正进行有潜力的生意”，但市民仍然盲目地追捧，使这些公司的股价同南海公司股价一同上涨。据悉，这些“泡沫公司”在市场上计划吸纳的资金高达3亿英镑。

为了规管市场乱局，保护南海公司免受“泡沫公司”打扰，议会在1720年6月

9日通过了《1719年皇家交易所及伦敦保险公司法案》（又称《泡沫法案》），规定股份公司必须取得皇家特许状才能继续经营。南海公司促使法院在7月颁令86家“泡沫公司”为非法经营，予以取缔。

自大量“泡沫公司”被取缔后，社会大众才如梦初醒，对股份公司怀有戒心，连带南海公司也受到牵连。自7月以后，随着热潮减退，南海公司的股价由原本1000英镑以上的价位急速下滑，情况不受控制。到8月25日已跌至900英镑，这时不少知情的内幕人士及时脱身，免却了血本无归的下场，但普通大众却在9月损失惨重。在9月9日，南海公司股价已暴跌至540英镑，为了挽救跌势，南海公司董事与英格兰银行董事在9月12日商讨解决办法。会后误传英格兰银行决定注资600万英镑，一度令南海股价涨至670英镑。同日下午，市场证实消息乃子虚乌有，南海股价随即跌至580英镑，翌日570英镑，收市时更急挫至400英镑。此后，市场上人心虚怯，人人大举设法抛售南海公司股票。到9月28日，南海公司股价已暴跌到190英镑，12月更跌至124英镑。而在同时期，英国其他股票也受到拖累，英格兰银行的股价亦由8月的263英镑跌到12月的145英镑，但情况要比南海公司好。

南海公司的股价暴跌，使数以千计的股民血本无归，其中不乏上流人士，另外，部分人更因为负债累累而出逃国外。自经济泡沫发生后，社会舆论随即强烈要求向有关官员及南海公司的董事展开调查，以追究事件责任。

1720年12月8日，议会决定就南海泡沫事件展开调查，其中下议院成立一个秘密委员会专责调查。为了阻止局势恶化，下议院的罗伯特·沃波尔曾建议英格兰银行及英国东印度公司各购入900万英镑南海公司股票。虽然这个建议得到议会支持，但最后没有落实。到1721年1月，议会通过法案禁止南海公司董事离开英国，并着令他们如实交代拥有的资产价值。下议院的秘密委员会随后在1721年2月发表调查报告，称南海公司在进行非常严重的诈骗及贪污活动，另外又伪造公司账目；此外，部分董事又与官员私相授受，其中更有董事通过不法投机活动赚取可观利润。

在下议院的报告中，受牵连的官员包括曾受贿的财政大臣约翰·艾思拉比、邮政总局局长老詹姆士·克拉格斯、南方大臣小詹姆士·克拉格斯甚至内阁掌权人斯坦厄普勋爵及巽得兰勋爵等。其中，艾思拉比在1721年1月被迫辞任财政大臣，其后更被起诉犯下“最声名狼藉、危险和罪大恶极的贪污罪”，至3月被下议院裁定罪名成立，除了被逐出下议院外，更被判监禁在伦敦塔内；至于克拉格斯父子两人在举国痛骂下分别在3月和2月去世。此外，在沃波尔的维护下，斯坦厄普勋爵、巽得兰勋爵及部分人士最终被判无罪，但值得注意的是，下议院认为斯坦厄普勋爵无罪的票数仅仅比有罪的票数多3票。

随后议会通过法案，南海公司董事们的财产被充公，总值2 014 123英镑，其中354 600英镑退还给南海公司董事，作为他们基本营生所用。以主席约翰·布伦特爵士为例，原本拥有18.3万英镑身家的他充公后只剩下5000英镑；余款则用于救助南海泡沫事件中的受害人。经调查，委员会得出南海公司的股本在1720年年末时共值3700万英镑，其中只有2400万镑英镑股本分配给持股人，其余诈骗得来的1300万英镑股本仍由公司持有。在这笔款项中，最后有800万英镑被瓜分为股息，每股派息作价33镑6先令8便士，以作为对南海公司股票持有人的补偿。

另外，南海公司曾经通过其股票利润借出贷款共1100万英镑，借款人士来自社会各阶层，其中包括138位下议院议员。在沃波尔的协助下，这批曾向南海公司贷款的人士只要还清贷款的10%，便已算清还整笔贷款，而这个10%的限制在后来进一步下调至5%。此外，南海公司原先承诺向政府额外缴付的最多760万英镑，亦获豁免。至此，南海泡沫事件大致上得以解决。

历经泡沫后，南海公司没有因此倒闭，还拥有4000万英镑的资产。不过，该公司此后也没有在南美贸易业务上发展起来，仍然是一家协助政府处理债务的公司。1750年，西班牙政府向南海公司提供10万英镑以撤销该公司在南美的部分贸易优惠，自此南海公司退出其贸易业务，但其享有的剩余贸易优惠则一直迟至1807年才告撤销。南海公司所剩余的股票于1853年获赎回或变换成国债，南海公司遂正式成为历史。

当我们一次又一次对著名的“金融泡沫”感慨万千之时，其实在20世纪20年代，美国人也曾亲手导演了一场人类文明史上最为壮观的投机热潮和最惨重的崩盘：佛罗里达的地产热最终让很多投资者割肉离场，随后美国经济繁荣泡沫破裂、美股崩盘，导致史上最大一次大萧条的爆发……

此后，20 世纪 80 年代“伪繁荣”又传到了日本，同样引发了极其严重的股市和楼市泡沫。2001 年的互联网泡沫、2008 年的次贷危机，人类好像总是处于“好了伤疤忘了疼的历史性选择失忆”之中。金融危机史，其实就是一部人性欲望的贪婪史。

我们对比法国与英国这两场泡沫，同样发生在1720年，同样的故事，同样的泡沫，同样的“银行 + 公司”股票组合，同样的股票泡沫崩盘，同样的国家信用背书，但结果却不尽相同。由于善后处理措施得力以及英国政府业已建立起的良好财务信用，南海泡沫只是长期推迟了英国股市的发展，对英国国债和金融体系其他方面的影响并不持久，也不是特别严重。而法国则不然，国家信用彻底沦落，尤其是对君主专制政府当政者的极大不信任，直接导致了之后一系列后果。

另一个发人深思的问题必须引起注意：政府出于解决财政危机的考虑而给予特权及强大的国家信用背书，加大了泡沫投机。英国政府在助推泡沫后，又为了防范风险出台泡沫法案，客观上又刺破了泡沫。类似的事件之后多次上演。政府的货币、信贷及财政在经济萧条时实施扩张政策，在过度繁荣（过热）时又进行政策收缩，有时力度过大过猛、过于简单粗暴，导致泡沫不能温和消化（经济软着陆），直接刺破泡沫，导致经济迅速转向，结束繁荣进入衰退，致使经济大冷大热，大起大落。

两场泡沫的后记：1719 年约翰 · 劳的密西西比泡沫使法国一贫如洗，1720 年英国南海泡沫差点使英格兰银行破产。从此英法两国走上不同的发展道路。

法国的金融危机影响了几乎所有法国人，给社会带来了深远的影响。尤其是底层的平民，他们不仅在危机中遭到沉重的打击，还要承担危机后经济衰退带来的后果。另外，法国政府在危机后依然不能管理好自己的债务，为后来的法国大革命埋下了伏笔。

英国的情况要比法国好很多。首先，因为危机持续的时间较短，国人的参与度远不及法国。其次，英国政府的危机后处理措施更加果断，及时制止了事态继续恶化。因此，英国更加快速地恢复了自身的经济。

断头台与财政危机

1302 年，法国国王腓力四世为了能向教会增加税收而召开了第一届正式的“三级会议”。而在三级会议的支持下，腓力四世也成功地加强了王权而削弱了教权。三级会议此后便成为决定法国最高财政税收的权力机构，并逐渐开始限制王权。

英法百年战争时期，法国王室岌岌可危，三级会议的权力迅速扩大。在英法百年战争后，法国国王的权力逐渐加强，三级会议的影响逐渐减弱。1439 年，三级会议通过决议，允许国王在未经三级会议的同意下征收新税。

此后，三级会议逐渐成为名义上的机构，从 1614 年开始再也没有召开。不过，三级会议在名义上依然拥有改革财政、增加税种和税额的最后决定权，如果国王增加税收遭遇阻碍，三级会议还是他最后的加税途径，不过几乎不会用到而已。

但到了路易十六时期，连年战争的巨大开支、王室的奢靡腐化再加上密西西比泡沫造成的一贫如洗后遗症等，使法国深陷严重财政危机，法国社会阶级矛盾空前激化。路易十六连续换了几任财政大臣，推行了数套财政改革方案，但都因遭到各种反对阻挠而失败。此时三级会议已经成为路易十六解决财政危机的最后一根“救命稻草”。

路易十六最终认识到，所有直属政府机关都在按部就班地牵制他，贵族与巴黎高等法院将对他的求助坐视不理。1788 年 8 月 2 日，他决定越过贵族与巴黎高等法院举行三级会议，并认为只要在三级会议上把困难告诉给民众，民众就会支持他扩大税收。他希望通过在凡尔赛召开的会议帮助自己渡过财务与政治危机。

于是，1789 年 5 月 5 日，法国国王路易十六召开了由教士、贵族和资本家以及市民三个等级的代表参加中断了 175 年的三级会议。

当时法国社会被分为三个等级：贵族、教士和平民。矛盾在这三个等级之间是不可避免的。前两个等级有优越的条件，不需要纳税，却享受税金和其他的特权，第三等级只有工作的权利，而且还要纳税。特权阶层和第三等级的矛盾显而易见。在路易十四时代，因战争而不断增加的税收，让这一矛盾愈演愈烈。

因此，在本次三级会议中，第三等级市民的代表提出改革税制以及取消前两个等级——教士与贵族的特权的要求。由于要求迟迟没得到满足，最后全部落空，第三等级自行组成国民议会，但被国王下令关闭。7 月 9 日，国民议会改名为制宪议会。路易十六试图通过调动军队来压制议会，但 7 月 14 日巴士底狱被攻占，法国大革命爆发。

1789 年 8 月 26 日制宪议会通过《人权宣言》，宣布“人们生来而且始终是自由平等的”。10 月国王再次筹划利用雇佣军推翻制宪议会失败后，王室被迫从凡尔赛宫迁到巴黎，制宪议会也随之迁来。

1790 年 6 月，制宪议会废除了亲王、世袭贵族、封爵头衔，并且重新划分政区。制宪议会成立大理院、最高法院、建立陪审制度。制宪议会还没收教会财产，宣布法国教会脱离罗马教皇统治而归国家管理，实现政教分离。

1792 年 8 月 10 日巴黎人民起义后，吉伦特派取得政权。9 月 20 日，法国军队在瓦尔密战役中打败外国干涉军。由普选产生的国民公会于 9 月 21 日开幕，9 月 22 日成立了法兰西第一共和国。吉伦特派执政期间颁布法令，强迫贵族退还非法占有的公有土地，将没收的教会土地分成小块出租或出售给农民，严厉打击拒绝对宪法宣誓的教士和逃亡贵族。

1793 年 1 月 21 日，国民公会经过审判以叛国罪处死路易十六。随后，凡是涉嫌叛变共和国的人都被送上断头台。一项最高的纪录是：38 分钟内，断头台上砍下了 21 个头颅。全国大约有 4 万人被处决。

1804 年 12 月 2 日，拿破仑·波拿巴成为法兰西第一帝国的皇帝。这位皇帝是民众选举产生的。法国成年男子中，有 357 万人投了赞成票，反对的只有 2569 人。

在经历了长达十多年的革命、恐怖和动荡之后，人们开始强烈地渴望社会的安定，期盼着强有力的人物出现，结束国家的混乱和危机。在战场上节节胜利的拿破仑，让法国人看到了恢复秩序和权威的希望。更重要的是，拿破仑颁布《民法典》，宣誓效忠法律的行动，让已经饱受启蒙思想熏陶的法国人看到了延续理想的希望。

从俄国冰冻的荒原开始，最后经由滑铁卢的惨败，当了 11 年皇帝的拿破仑在大西洋的一个孤岛上终结了自己短暂的辉煌。

拿破仑留给法国一个虚幻的荣光和再次来临的动荡。巴黎的街道成为一次次起义、革命、政变的见证。法兰西的土地成了一个政治哲学的大实验场。1789 年之后不到一百年的时间里，法国经历了四次大规模的革命，两个帝国，两个王朝，还有两个共和国。

历史给出了一个意味深长的答案。在反复的革命和复辟过程中形成的共和派与保皇党，在相持了半个多世纪后，终于不再选择激烈的对抗。在双方的相互妥协下，1875 年，法兰西第三共和国诞生了。此时的法国也刚刚完成了国家的工业化。

通过法国大革命的历程，我们会发现，这与一个世纪之前的英国查理一世何其相似。查理一世同样为了解决连年战争形成的严重财政问题，召开议会要求增加税收，遭拒绝后，抛开议会擅自征税，结果招致议会与国王之间的内战爆发。之后，查理一世被送上断头台，而克伦威尔执政后却沦为新的独裁者，紧接着新的国王上台执政，继续复辟君主专制，继而引发光荣革命，才最终建立起君主立宪制。

对于英国革命与法国大革命这两场革命，米涅认为，都有类似的经历“革命—混乱—独裁—秩序—更好”的文明秩序。起因都为解决财政危机而加税，从而引发革命，经过一系列曲折与反复之后，才最终完成了现代国家转型。

财政之痛与独立战争

美国独立战争的起因是英国增加关税。而英国对北美殖民地增加关税起因有二：一是英国害怕殖民地发展壮大后与其分庭抗礼而采取压制措施；二是为了解决长达百年的争霸战争造成的财政危机。

首先，在美国独立前夕，英国在北美的殖民地已发展成为当时世界上的富裕地区之一，其富裕程度恐怕现在不少国家和地区也未必能及。英国对北美这块殖民地已发展到与母国分庭抗礼的地步心存忌惮，于是，英国颁布了一系列法律限制殖民地制造业的发展。英国要求殖民地必须从英国进口工业制成品，通过关税抑制殖民地人民的购买力，为英国增加财政收入。

在英国不公平的贸易制度下，为避开关税，走私盛行。走私让英国减少了关税收入，这必然会加重守法商人的税负，以弥补走私带来的税收损失。同时，英国也在殖民地增加驻军和海关税务人员，而英国派往殖民地包括总督在内的所有公职人员的薪水均由殖民地支付，这更加重了殖民地居民的税赋负担。

其次，英荷三次战争以及第二次百年战争，尤其是七年战争让英国支付了巨额军费，导致英国居民税负加重，使英国成为世界上税负最高的国家；相比之下，殖民地居民的税负只是英国本土居民税负的1/5—1/4。

到1764年，英国外债高达1.4亿英镑。为偿还巨额外债，英国出台了《税收法案》，对殖民地增加进口关税，征收关税的商品包括食糖、纺织品、咖啡等生活用品。

七年战争之后，英国又向殖民地增派1万名驻军，每年驻军军费增加35万英镑，英国已无力筹措这些经费。在1765年3月22日通过的《印花税法案》中，英国明确要求殖民地支付这笔军费开支。

《印花税法案》要求殖民地居民在购买印刷品的时候缴纳印花税，印刷品包括书籍、报纸、杂志、各种公文、合同、海关文件和结婚证书，只要纸张上印有文字，就要缴这个税，连扑克牌也不能幸免。印花税章上注明“所有税款用于殖民地防御”字样，税额为半便士到几英镑不等。

1765年6月，殖民地代表在纽约集会，联合抵制关税和印花税，并向英王请愿，要求撤销对殖民地的征税法案。《请愿书》中有一条提道：“未经本人或其代表同意，政府不得征税。”当时，殖民地在英国下议院并没有代表席位，于是，“没有代表权不纳税”成为美国大革命时期的一个响亮口号。

为抵制《印花税法案》，殖民地成立了“不进口协会”，组织协调殖民地抵制英国货物，从码头到仓库，甚至商店，到处积压着卖不出去的英国货物。在殖民地人民的抗议浪潮中，英国不得不撤销《印花税法案》。

而英国在1767年5月又出台了《唐森德税法》以替代《印花税法案》，对殖民地征收的进口关税扩大到茶叶、玻璃、油漆、纸张、铅等日用品和工业用品。殖民地人民再次掀起了抵制英国货的浪潮，并伴随着集体暴力。英国在殖民地声势浩大的抗税运动面前退缩了，除保留茶叶关税，其他关税一律废除。

但1773年英国却又通过了《茶叶法案》，允许陷入财务危机的英国东印度公司直接把茶叶运往殖民地销售，而其他商人则必须经过英国港口转运。这就意味着，英国东印度公司只在殖民地缴一次关税，殖民地商人则要缴两次关税，一次在英国缴，一次在殖民地缴。缴两次关税的茶叶价格必然比缴一次关税的茶叶价格高，这无疑是要把殖民地商人从茶叶贸易中赶出去。

同时，殖民地商人也意识到，如果《茶叶法案》得以实施，那其他货物类似的法案必然相继出台，如此这般，殖民地人民就失去了所有货物的贸易机会。于是，殖民地又发起了抵制英国东印度公司茶叶的运动，禁止英国东印度公司茶船进港卸货，已经卸货的封存起来不得销售。

1773 年 12 月 16 日，波士顿的几十名抗议者登上了停靠在港口的英国东印度公司茶船“达特茅斯号”，把满船的茶叶全部倒入大海，这就是载入史册的“波士顿倾茶事件”。

英国随即通过了四个法案并修改了一个法案，加强对殖民地的控制，结束殖民地的自治权。由于这五个法案剥夺了殖民地人民的自由，殖民地人民把这五个法案叫“不可容忍法案”。

1774 年 9 月 5 日至 10 月 26 日，殖民地代表在费城举行第一届大陆会议（45 名代表中有 24 名律师），会议上发布了约翰·亚当斯（1735—1826）起草的《权利宣言》，重申未经殖民地人民同意不得征税，停止进口和消费英国货物，并要求殖民地人民获得完全自治权，让英国从殖民地撤走驻军。革命浪潮已势不可当。

起初北美殖民地的人民只是反抗英国擅自加税，并没有打算与英国抗争。然而，托马斯·潘恩的《常识》一书唤醒了美国的独立战争。《常识》的核心内容是号召美洲人民为独立自由而战斗，书中用平白朴素的语言解释了为什么要战斗，以及为什么要走向独立，用极富感染力的语言打动群众，殖民地人民深受这本书的感染。

1775 年 4 月 18 日深夜，750 名英国士兵在弗朗西斯·史密斯中校的指挥下，离开波士顿的营房，到 18 公里外的康科德收缴抗议者私藏的武器，“一声枪响”拉开了美国独立战争的序幕。

1775 年 6 月 15 日，第二届大陆会议在费城召开（56 名代表中有 26 名律师），与英国驻军作战成为会议主要议题。会议决定组建大陆军，任命乔治·华盛顿（1732—1799）为大陆军总司令，并于 8 月 23 日宣布 13 块殖民地“公开叛乱”，美国独立战争全面打响。

1776 年 7 月 4 日，第二届大陆会议通过了主要由托马斯·杰斐逊（1743—1826）起草的《独立宣言》，一个崭新的共和国在新大陆诞生了！

11 次经济危机的震中

大航海及地理大发现将世界连在了一起，帆船与枪炮带来的是殖民，殖民掠夺果实通过海外贸易转化为财富和消费。海上争霸就成了 16—18 世纪西方海权大国的主旋律。这同时改变了自给自足的农耕经济时代的经济危机运行机理，经济危机的全球化就此开启，兴也全球，衰也全球，世界由此逐渐成为命运共同体。

而荷兰与英国的金融创新、公司制度、工业革命、市场经济制度、国际货币体系、国际贸易等又进一步影响了经济的运行机理，使得经济运行出现周期化、跨国化、金融化等新的特征。自此，经济危机越来越频繁，影响越来越大，不仅影响本土，且通过贸易、货币、金融及科技走出国门，影响到其他国家。而金融危机则如影随形，与经济危机彼此影响与联系。

一个显而易见的规律就是，经济越强大的国家，发生危机越频繁，危机危害越大，且头号强国往往成为经济危机发生地、中心地。

英国是世界上第一个工业国家，第一个市场经济国家，也是金融创新最多的国家，自从第一次工业革命在英国发生后，经济危机便开始具有了全球性影响。

下面，我们就来简要梳理一下工业革命之后，以英国为震中经历过的那些经济危机的大致情况。

第一次经济危机（1788 年）：本次危机的原因在于蒸汽机用于纺织行业提高了生产效率，导致生产过剩。

第二次经济危机（1793 年）：本次危机的原因在于纺织工业的投资和生产能力的增长又一次超过了其他部门的吸纳能力。企业的破产传导给银行，导致银行破产。

第三次经济危机（1797 年）：本次危机的原因在于英国黄金大量外流，黄金短缺造成银根紧缩，冲击实体经济，导致银行破产倒闭。

第四次经济危机（1810—1814 年）：第三次经济危机之后，英国经济又恢复了繁荣，这次繁荣持续的时间很长，而第四次危机的严重程度也超过以往各次。由于英国纺织产品严重依赖美洲市场，战争爆发失去美洲市场，导致危机爆发。在市场经济模式下，繁荣时间越长，积累的危机越大，危机的爆发影响越大，消化危机的影响时间越长。

第五次经济危机（1816 年）：第四次危机刚刚结束，紧接着第五次危机就来临了。由于英国产能严重过剩，严重依赖出口，而外需市场饱和后无法消化过多产能，进而引发了本次危机。

第六次经济危机（1819—1822 年）：本次危机根源仍在于英国过于庞大的生产能力无法得到释放，而依靠销售外国国债以刺激出口模式导致黄金外流，加重危机。同时，1819 年美国也出现了大恐慌，这是美国首次在和平年代经历金融危机。

第七次经济危机（1825 年）：本次危机又被称为 1825 年英国大恐慌。本次危机是依靠销售外国国债以刺激出口模式导致黄金外流，加重危机。而巨额的外国公债投资导致的债券投机屡屡失败，不仅造成了本次危机，而且为英国衰落埋下了隐患。①

第八次经济危机（1837—1843 年）：本次危机又被称作 1837 年美国大恐慌。本次危机原因是：英国向美国输出资本和商品，大量黄金从英国流向美国，而铁路建设投机过度，建设成本大幅上升，收益转为亏损；英格兰银行控制黄金外流，美国信贷紧缩，导致英国对美国出口大幅萎缩。这种政策是一把双刃剑，依靠出口信贷或投资拉动出口，则可能引发危机。

第九次经济危机（1847—1850 年）：本次危机原因是英国为了扩大出口导致对美国铁路建设投机过度，建设成本大幅上升，收益转为亏损；英格兰银行控制黄金外流，美国信贷紧缩，导致需求大幅萎缩，从而引发危机。

第十次经济危机（1857—1858 年）：1857 年爆发的这场危机超出英国本土，迅速向主要的经济发达国家蔓延，演变成世界性经济危机。这一场危机也是世界上第

① 在经济危机史上，19世纪曾经发生过4次大恐慌式的经济危机，分别是1819年美国“恐慌”、1825年英国“恐慌”、1837年和1873年美国“恐慌”。美国经常闹恐慌，20世纪也曾出现过2次，1907年的恐慌程度比较大。

一次经济危机。本次危机暴露出的问题充分说明，从 1854 年到 1857 年的繁荣是靠金融投机支撑的。一旦金融系统崩溃，实业必将以更大规模破产。

第十一次经济危机（1867—1868 年）：本次经济危机中，投资收益下降，引发股票市场大幅下跌；股票市场下跌，又引发银行破产与挤兑，导致金融危机；而金融危机又刺破了实业泡沫，导致经济危机发生。这也是第一次出现的全球性的金融危机，其与经济危机彼此联系、相互影响。

通过上述以英国为中心发生的 11 次经济危机，我们可以看到一个现象：每逢农业歉收、出现粮食危机时，就会加剧经济危机。此外，生产能力远超国内需求而严重依赖出口的经济模式，容易因海外市场出现问题（战争或贸易制裁）而引发生产过剩危机。如果用类似于出口信贷模式（公债发行、境外投资等）扩大需求，在金本位货币体系下，则容易在黄金外流危机发生后，导致国内出现通缩，引发经济危机。

自 1870 年后，美国取代英国成为世界资本的中心，纽约华尔街逐渐取代伦敦金融城成为世界金融中心，世界经济中心也随之逐渐离开欧洲来到美国，美国的时代即将来临。其实在美国建国数十年后，也开始出现经济危机，在 19 世纪连续爆发十多次危机，尤其是在中央银行缺位状态下，美国经济出现大起大落，增长高速衰退亦高速。从 1870 年以后，全球性经济危机基本是由美国主导或引发，美国也因此成为全球经济危机的震中。

历史的解决之道

在金融创新、海外贸易、工业革命及市场经济制度等确立之后，以英国为中心频繁发生的经济危机，经济学在不断观察与思考，试图解释危机发生的原因并给出危机的最佳解药。在 19 世纪，一位又一位经济学家针对英国式的经济危机，给出了他们的解决之道。

在 19 世纪初期，很多西方经济学家根本否认经济出现全面危机的可能性，也不承认经济体会出现全面生产过剩的可能性，只承认个别行业有可能存在生产过剩的可能。这个理论的代表人物主要是李嘉图和萨伊，他们的看法几乎一致。他们都认为，供给会自行创造需求，货币只是实现产品交换的媒介，交易的实质还是产品的相互交换，生产者在市场上出售产品换取货币的原因，还是在于用这些货币再去换取自己需要的产品。李嘉图认为：“产品终究还是要用产品来购买的，货币只是实现交换的媒介。某一种产品可能生产过多，但就全部产品来看，这种情形是不可能的。”

萨伊定律——供给创造其自身需求理论

1817年，法国经济学家萨伊出版了《政治经济学概论》，提出了“供给创造其自身需求”的说法，被称为萨伊定律。

萨伊定律的核心思想是“供给创造其自身的需求”。这一结论隐含的假定是，循环流程可以自动地处于充分就业的均衡状态。它包含如下三个要点。

（1）产品生产本身能创造自己的需求。

（2）由于市场的自我调节作用，不可能产生遍及国民经济所有部门的普遍性生产过剩，而只能在国民经济的个别部门出现供求失衡的现象，即使这样也是暂时的。

（3）货币仅仅是流通的媒介，商品的买和卖不会脱节。

根据萨伊定律，在一个完全自由的市场经济中，由于供给会创造自己的需求，因而社会的总需求始终等于总供给。

但是实际经济现象显然与这种理论大相径庭，19世纪频繁发生的经济危机使得不少西方经济学家开始深入思考经济周期问题，1857年爆发的第一次世界性经济危机更是彰显了市场经济无全面危机论的局限性。不少西方经济学家在解释经济周期时总是强调：经济周期的中心是国民收入的波动，由于这种波动引起了失业率、物价水平、利率、企业利润等的变化，因此，研究经济周期的关键是研究国民收入与波动的规律和根源。在对经济周期现象的探索过程中，西方经济学家提出过很多重要的论述，并且形成了多达几十种经济周期理论。

马尔萨斯经济危机理论——普遍供应过剩理论

马尔萨斯曾经与李嘉图就经济危机进行过一次著名的辩论，这次辩论为经济学界五次大辩论中的第一次大辩论。李嘉图秉承着对萨伊定律的坚定信念，而马尔萨斯则提出了普遍供应过剩理论，也称为有效需求不足理论。

马尔萨斯和李嘉图争论的时间点，正值“拿破仑战后的萧条”（post-Napoleonic depression）。1815—1820 年的萧条有如下几项特征。

（1）资金不足难以积累投资，用现代的话来说就是 *K/L* 比值太低（工人可分配到的生产性资金太少），因为有许多资产在战争期间被摧毁了。

（2）资金不足就无法雇用足够的工人，造成严重失业。

（3）1815—1816 年农业大丰收，价格下跌，农户收入降低；工业部门的需求不足，造成购买力不足。

马尔萨斯给当时的症状开出诊断书：关键在于“需求不足”（a failure of demand）所造成的“过剩”（glut）。

马尔萨斯的有效需求不足理论的因果逻辑是：从个人的过度储蓄，推论到景气低迷不振。简单地说，1815 年因为景气不佳，失业率高，民间所得低，自然就会节约支出（提高储蓄率），市场上的可用资金就会不足，无法筹集到足够资金投入生产设备与聘雇工人。要打破这个恶性循环的有效方法，就是鼓励消费，创造有效需求。最有消费能力的是谁？地主和政府。为什么？因为通过《谷物法》的关税保障，在高粮价政策下才会有高地租收入，才能把资金投入生产，创造就业。另外，地主家庭的贵妇开销、聘用仆人与园丁，也是在增加就业机会，这就是创造有效需求。政府能做的事，是积极从事公共工程，造桥修路兴建学校，目的也是创造就业与有效需求。

李嘉图对此持相反见解。他认为“有效需求不足理论”是马尔萨斯在其《政治经济学原理》（1820）一书中，最重要但也最难以接受的论点。

西斯蒙第危机理论——消费不足理论

法国经济学家西斯蒙第在 1819 年论证了资本主义经济危机的必然性。他认为消费不足是经济危机的前提，其根源在于资本主义经济制度。生产和消费是相互决定的。保持生产和消费之间的平衡，既是社会经济顺利发展的必要条件，又是政治经济学的基本问题。而资本主义制度破坏了生产和消费的平衡，造成了生产和消费的尖锐矛盾，这是爆发经济危机的根源。

西斯蒙第指出，资本主义制度无法保持生产和消费的平衡，这是因为存在生产无限盲目扩大而消费却在不断缩小的矛盾。与此同时，由于资本主义的分配制度的不公平，使财富集中在少数人手中，而大多数劳动者收入不足，使国内市场越来越狭小。因而生产和消费的平衡遭到破坏，产品不能实现，最终导致生产过剩的经济危机。

西斯蒙第作为经济史上系统论述经济危机问题的第一人，他的分析方法及所阐述的内容对马克思产生了重要影响。马克思批判地继承了西斯蒙第的有关论述，将经济危机理论推进到一个新的发展阶段。

萨伊、李嘉图、马尔萨斯及西斯蒙第关于经济危机的理论可以总结归纳为图 4-1。

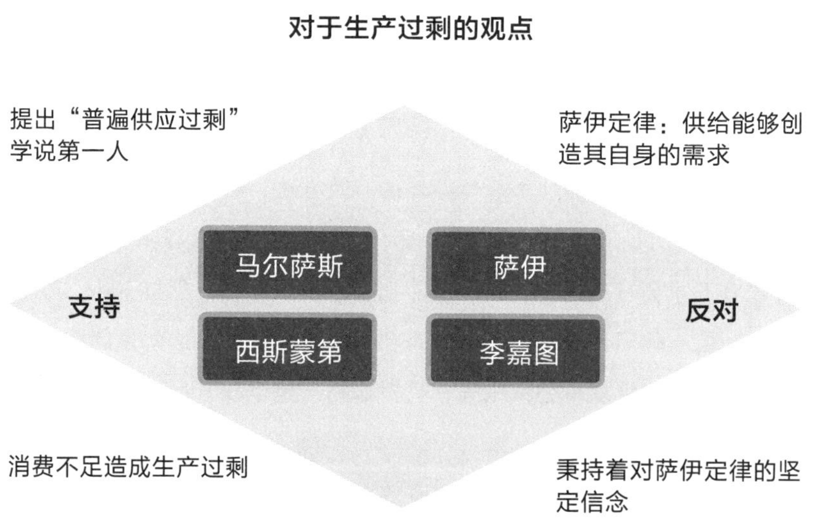

图4-1　萨伊、李嘉图、马尔萨斯及西蒙斯第的经济危机理论对比图

马克思的经济危机理论——生产相对过剩理论

马克思在《资本论》中对经济危机的成因进行了系统、全面的分析。他认为，资本主义生产社会化和生产资料私人占有的矛盾在生产方面表现为：个别企业生产的有组织性和整个社会生产的无政府状态的对立；生产无限扩大的趋势和劳动群众有支付能力的社会购买力相对缩小的对立。随着这些情况的发展与恶化，势必引起

资本主义经济危机。资本主义经济危机表明“资产阶级的关系已经太狭窄了，再容纳不了它本身所造成的财富了”[①]。马克思的《资本论》与亚当·斯密的《国富论》被视为如何解决工业革命生产关系与生产方式的两本杰作，马克思的方法是计划，斯密的方法是市场。之后，伴随着自由市场的失灵造成的经济危机，凯恩斯《通论》提倡政府运用财政手段进行干预。马克思《资本论》中关于危机的具体观点可以概括为以下几点。

第一，资本主义经济危机产生的根源在于资本主义基本矛盾，生产与消费的矛盾只不过是这一基本矛盾的具体表现。

第二，资本主义经济危机是周期性爆发的，其原因是资本主义基本矛盾运动的阶段性，其物质基础是固定资本更新。

第三，解决经济危机的方法是推翻资本主义制度，用生产资料公有制代替私有制，由社会中心统一安排社会生产。

马克思把生产过剩的经济危机看作资本主义的特有现象，市场经济的特性如盲目性、自发性、趋利性、竞争性也最充分地暴露出来，而代替资本主义的未来社会不存在商品货币关系，生产过剩的经济危机当然就不会发生。

随着资本主义世界经济危机的不断爆发，研究经济危机这一课题也成为西方马克思主义者研究中非常重要的一个内容，主要包括以下几个方面的理论。

一是非均衡理论。非均衡理论产生于20世纪60年代，巴罗和格罗斯曼综合了前人的研究成果，于1971年提出了第一个一般非均衡模型。20世纪70年代以来，西方非均衡理论发展很快，形成了一个学派，其主要代表人物有贝纳西和波茨等人。

非均衡理论的核心观点是：生产的无政府状态造成了不同工业部门之间商品生产的比例失调，是经济危机产生的原因。因此，治理经济危机的关键是避免生产的比例失调，只有经济体系各部门之间保持平衡才能避免经济危机的产生。然而在现实中，生产的无政府状态导致这种平衡随时都有可能被打破，所以由于比例失调而导致的经济危机无时不在。

---

① 详见《马克思恩格斯选集》第1卷，第278页。

二是消费不足论。消费不足论认为资本主义经济危机的本质是消费不足所引起的危机，其中比例失调是不重要的，关键原因是人们的消费不足导致总供给和总需求失衡。所以，资本主义存在这种固有的趋势，即消费品生产能力的扩大快于消费品需求的增长。这一理论是对法国经济学家西斯蒙第的消费不足论的发展。

三是国家财政危机理论。国家财政危机理论是西方马克思主义经济危机理论的一个重要流派，是西方马克思主义学者对20世纪五六十年代西方国家干预经济进行反思和批判的理论成果。美国激进政治经济学（美国“新马克思主义”）的代表人物之一詹姆斯·奥康纳，1973年在《国家的财政危机》一书中提出这一理论。国家财政危机理论分析了在国家经济职能日益突出的背景下，发达资本主义社会在生产、交换、分配、消费各领域的新变化，提出了国家财政危机这一经济危机新的表现形式。

奥康纳提出了国家在资本主义再生产过程中的决定作用，国家预算的构成能够左右经济发展的兴衰。在他的理论下，危机在经济上的必然性转化成为围绕政府预算各方面博弈的结果。

四是经济成长理论。1978年，比利时经济学家欧内斯特·曼德尔在《晚期资本主义》中提出了对长波理论的分析，80年代初他出版了《资本主义发展的长波》。

曼德尔认为，国际资本主义经济一般要经历一次大约50年的繁荣和停滞周期，从资本主义经济发展的历次长时间的周期繁荣来看，经济的繁荣和发展都是由技术创新所带动和引发的。

五是资本有机构成提高理论。该理论认为世界范围的经济危机实质上是获利能力所产生的危机，而这种危机是由资本有机构成的提高所引起利润率下降的必然结果。

朱格拉周期理论

经济发展过程中的繁荣与萧条存在着周期性规律，生产力水平反映了制造业企业的核心竞争力，而生产力的提升是一个持续的过程，需要企业不断对设备进行更新和再投资。1862年，法国经济学家朱格拉提出市场经济存在着8—10年的中周期波动，这种周期波动以设备更替和资本投资为主要驱动因素。设备更替与投资高峰期，经济随之快速增长，设备投资完成后，经济也随之衰退。朱格拉周期可以表示为如

图 4–2 所示微观过程的循环。

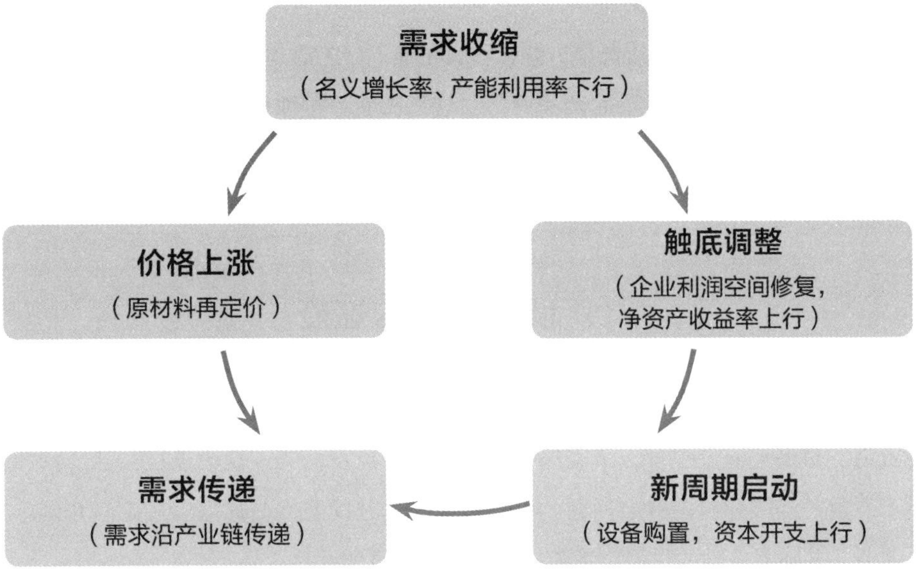

图4-2　朱格拉周期循环图

拯救银行危机的白芝浩原则

如前所述的 11 次大危机，大都引发银行挤兑、倒闭。而银行倒闭引发更大的恐慌，导致银行挤兑潮，并基于市场忧虑而抛售与此有关的资产、股票，导致市场出现踩踏式的大恐慌，从而引发更大的经济危机。因此，面对银行出现的危机问题，必须及时采取措施进行挽救，避免恐慌感染与传导。

《经济学人》杂志的总编白芝浩指出，在金融危机时，因为信贷紧缩，市场面临流动性困境，各家商业银行尤其是小型银行都缺乏现金。这时，中央银行必须对商业银行放贷。等金融危机过去，商业银行再慢慢归还中央银行的贷款。只有这样，才能避免从一场流动性紧缩发展为普遍的金融危机。这就是著名的白芝浩原则。根据该原则，中央银行在金融危机发生时扮演了最后贷款人的角色。

英国人白芝浩可以说是当时最睿智的观察家。他研究了英国处理几次金融危机的教训，把观察的结果写成了一本叫《伦巴第街》的小册子（首次出版于 1873 年），在这个小册子里提到了上述方案。这个原则成为后来中央银行的重要职能，也成为金融危机的重要处理原则之一。

美国哥伦比亚大学教授佩里·梅林发展完善了白芝浩理论。中央银行开始进化，从“最后贷款人”变身“最后交易商”。这意味着，美联储不仅提供贷款，而且主动进行资产交易。梅林为此还写了一本《新伦巴底街》（2011 年出版），向白芝浩致敬。

19 世纪欧洲的瘟疫

19 世纪在欧洲流行的霍乱与瘟疫，也给人类造成了巨大的灾难。由于欧洲的海外贸易、殖民地遍及全球，争霸战争持续不断，瘟疫的每一次大流行，都给欧洲带来了严重的经济危机与社会问题。但经过几个世纪的悲惨遭遇之后，人们开始思考传染源，并随着医学的发展，逐渐发现了战胜瘟疫的武器。

霍乱横扫英国

1854 年，一场突如其来的霍乱横扫伦敦，把这个当时欧洲最大的城市变成了地狱。

霍乱是让当时的人们闻风丧胆的急性传染病，它和天花、鼠疫并列为人类三大烈性传染病，被称为“19 世纪的世界病”。病菌在人体内每 12 分钟就会增加一倍，得了霍乱的人会在短时间内一直腹泻，数小时内就会迅速脱水死亡！

霍乱最早发源于印度的恒河流域，大航海之后频繁的贸易把它带到了欧洲。在欧洲，霍乱有着更高的死亡率。英国第一波大规模爆发在 1831 年，造成数千人死亡，1849 年再次爆发，两次爆发超过 14 000 人死亡。

这次霍乱光顾伦敦已是第三次大爆发了。这次大爆发仅在俄国就造成了超过 100 万人死亡。因此，富人们争先恐后逃离伦敦，赶往乡下的庄园，试图躲过这场天灾。穷人们无处可去，有人绝望地在家等死，有人冒着被感染的风险去教堂祈祷赎罪。

19 世纪，伦敦遭受霍乱的袭扰可不止这一次，当时几乎所有人都认为，霍乱来自下水道冒出的瘴气。上自维多利亚女王，下至平民百姓甚至是护理事业创始人南丁格尔，都一致认为：霍乱是由空气传播的。

但一名来自约克贫苦家庭的医生，约翰·斯诺，却在这危急时刻，不顾一切，力挽狂澜。他认为，霍乱是通过水来传播的，而不是空气。可是没人相信他的说法。他想找到一种直观的方式，让所有人相信这一切。灵光乍现，他想到了“地图”。他要绘制一幅地图，让所有人直观地感受到霍乱是通过水传播，而不是空气。

斯诺寻思，如果伦敦大街上水泵周围死亡的人数比其他地方多出很多，那不就能证明这个水泵就是传染源了吗？斯诺用粗黑线代表感染霍乱死亡的人，这样在地图上，粗黑线越密集的地方，就说明这个地方的住户因为霍乱而死的越多。

于是，斯诺冒着生命危险潜入霍乱感染现场，进行实地步行勘察，借助数学上的制图方法，把伦敦苏豪区的感染情况按水泵的分布划分了出来。经过不断完善与修正，这幅地图从视觉的角度证明了斯诺的水传播理论，到这里取过水的家庭死亡人数最多，这个水泵的水源就是霍乱爆发的源头。

1854 年 9 月 7 日，斯诺向苏豪区当局报告了自己的研究，当局采纳了他的意见，在第二天取下了那个水泵的把手并将其关闭。奇迹发生了——此后伦敦地区的霍乱疫情便迅速消失。从 8 月 31 日第一例霍乱病例爆发到 9 月 7 日递交详细的调查报告，疫情仅仅持续了 8 天时间。1856 年，当布罗姆利的新霍乱爆发时，人们运用斯诺的理论进行了迅速的管控，有效阻止了疫情的大规模爆发，至此，斯诺的理论开始深入人心。斯诺通过实地观察绘制信息地图来说服人们的这起案例，被后来医学界或防疫史称为信息图的经典之作。

欧洲上空的天花

天花，是由天花病毒引起的一种烈性传染病，通过空气中的飞沫传播，经上呼吸道进入人体，感染率高达 90%。没有患过天花或没有接种过天花疫苗的人，均能被感染，染病后死亡率高。天花病毒外观呈砖形，约 200 微米 ×300 微米，抵抗力较强，能对抗干燥和低温，在痂皮、尘土和被服上，可生存数月至一年半之久。

天花肆虐的历史非常悠久，人们谈之色变，每次面临天花威胁时都束手无策。

天花被称为“人类史上最大的种族屠杀元凶”。18 世纪天花病毒在欧洲肆虐，随后 300 年间多次在欧洲爆发疫情。19 世纪末天花在欧洲大爆发，当时每年死于天花的人数约为 50 万人，而整个世纪欧洲死于天花的总数则在 1.5 亿人以上。

东方的千年危机

如本书第一章中“西方日出东方雨”所述，东方基本缺席了世界史重要转折的大航海、地理大发现、海外殖民、海外贸易、工业革命、资本主义市场经济等，在最关键的 15 世纪前后颁布禁海令，堵上了走向蔚蓝色海洋的通道，从而错过了向现代转型的海洋时代。

其实，大航海及地理大发现所带来的全球化贸易等巨大历史转折与机遇，曾不止一次眷顾当时世界上 GDP 第一的神秘东方大国。

1500 年前后，在葡萄牙、西班牙人开始环球航行探险之前，郑和已经 7 次率领庞大而先进的船队下西洋，走向了蔚蓝色的海洋。但不同的目的，使大明王朝错过了发现新大陆的机会，也未转化为海上贸易之路。在隆庆开关之后，机遇第二次眷顾明朝，明朝通过与日本、东南亚等近邻的朝贡贸易，与西欧海权列强的海上贸易，一时间成为当时的贸易大国，因为产品优势还取得了巨大的贸易顺差。在造船技术、航海技术及早期的火炮技术上，明朝基本不落后于当时最先进的西方国家。

但是限制性的海关政策（朝贡体系及限制民间出海）使得中国海上贸易受限，海外扩张及走出去动力缺失。而替代大明的大清王朝出于自身安全考虑——以稳固边境线为最终目的，实行闭关锁国政策，彻底阻断了中国与外部世界的联系，从而使中国在航海技术、造船技术、火炮升级迭代技术、工业革命等方面从此大幅度落后于西方。直到英国因贸易而发动鸦片战争，以坚船利炮撬开了中国的大门。

当时中国的徒弟——日本同样采取了闭关锁国政策，直到美国海军兵临城下，才被迫开放大门。

19 世纪中期，对于东方的中国和日本而言，都面临数千年历史上从未遭遇过的重大危机。中国之前遭遇的危机是王朝更替，主要是中原王朝面临西北游牧民族的侵袭，安全问题重点在边疆地区。而此次的对手是从未遭遇过的、来自遥远的西方的蛮夷，这些蛮夷船坚炮利，已经是不同文明、不同文化、不同种族、不同语言、不同代际的武器之间的战争。因此，这一危机不同以往，是千年未有之危机，是整个民族、整个国家的重大危机。该危机对于日本而言亦是如此。

19 世纪的中国从辉煌的中央之国跌入谷底，从此开始了漫长的学习与变革之路。虽然与日本站在同一条起跑线上，但是中国的命运更令人唏嘘，遭遇的是大英帝国的两次鸦片战争，一次庚子国难，甚至还遭到快速转型并强大起来的徒弟日本在海上痛击，彻底打断了正在向西方全面学习的中国的转型之路。而日本则审时度势，避免了被西方列强殖民侵占的危机，且通过快速学习，加入列强行列，回头痛击摇摇欲坠的师父。

如果看一下当时的欧洲及世界状况，19 世纪世界几个主要经济大国（英国、法国、德国、美国等）面临的经济危机、战争及金融危机，尤其是头号大国英国连续遭受的经济危机，就会理解为何英国会改变既往策略（主要占领殖民印度，与中国进行贸易），用武力强迫中国开放通商口岸，让英国商人自由进入中国市场，能够畅通无阻地做生意。在要求被无情拒绝之后，已经摸清了中国真实底细的英国（沿海北上面见清廷的英国使臣沿路观察海防及民间状况），开始用武力撬开中国大门（第一次鸦片战争），逼迫中国开放市场。之后，英国又连续两次发动对清政府的战争（第二次鸦片战争及庚子国难）。而被迫开放的中国市场，给英国提供了新的庞大的海外市场，大大缓解了英国的经济危机，使英国迅速从危机中复苏，走向新的繁荣周期。因此，从英国海外贸易及经济危机的背景下，去了解 19 世纪中国的千年危机，可能会有一个更高、更宽广的视野。

日出之国被敲开门

1853 年 7 月，美国海军准将马休·佩里率领的军舰从日本的横须贺登陆，打开了日本封锁了 200 多年的国门。佩里率领的 4 艘大船的船体都抹了黑色的柏油，远远望去，就像是 4 座小山从海上漂过来。当时的日本人从未见过这样的庞然大物，他们惊呼这些“小山”为“黑船”。因此，这个事件被称为黑船事件。

佩里舰队合计有63门大炮，而当时日本在江户湾的海防炮射程及火力可与这四艘军舰相比的大约只有20门。在不开国就开火的威吓下，幕府不敢拒绝开国的要求，但又恐怕接受佩里带来的国书后受到全国的抨击。于是当时幕府的首席老中阿部正弘借口要得到天皇的批准方可接受条约，并约定佩里下一年春天给予答复。

1854年2月13日，佩里再次率领舰队来到日本，这次一共有7艘军舰，而且舰队一直深入江户湾内，到达横滨附近才停船。面对佩里的强硬姿势，幕府只好接受开国的要求。双方在横滨签订了《日美亲善条约》，这也是日本与西方列强签订的第一个不平等条约。其他西方列强跟随着美国，纷纷向日本提出通商的要求，于是英国、俄国、荷兰等西方列强都与日本签订了亲善条约。日本被迫结束锁国时代，幕藩体制也随之瓦解。

这段被外国强行打开国门的历史本该是屈辱的，却被日本人反复纪念。他们不仅在横须贺建了一座佩里公园，还在当年黑船登陆的地方竖了一座纪念碑。对一个侵略者怀有如此真诚的感恩之心，看起来有些不可思议。但在日本人看来，黑船事件恰恰是日本近代史的起点，正是黑船事件直接导致了江户幕府的垮台并深刻影响了后来的明治维新，直接导致了中日两国打开国门的不同途径与不同结果。

在佩里的黑船到来之前，日本处于江户时期，已经实行了200多年的闭关锁国政策。在这200多年的时间里，西方世界先后经历了工业革命、资产阶级革命、美洲大移民、美国建国等一系列大事件。强大了的西方就开始在全世界寻找市场、原料及殖民地。所以欧洲的船只至少在黑船到来之前50年就试图撬开日本的国门。俄国的舰船在1792年就开始进入日本的北海道，对北海道很感兴趣；在中国下了很大血本的英国，也在1818年向日本浦贺湾派出舰船，半真半假地要求与日本建立贸易关系，不过它们这些示好的行为都被日本幕府断然回绝。

从1760年到1854年将近100年的时间里，西方势力跟日本不断发生摩擦，多达50余次。1853年，东印度群岛分舰队司令詹姆斯·格林中校率领炮舰“普雷布尔号”去长崎援救遇难的美国捕鲸船时，遭到日本当局粗暴对待。格林中校立即采取了毫不妥协的态度，扬言如不交出捕鲸船，就要炮轰长崎，这才迫使日本交出了美国船只，得以胜利返航。

日本一直以中国为师，而中国是个农业大国，所以日本缺乏一个更大的参照系，它不了解自身的发展跟西方文明之间的差距。到了1840年，鸦片战争爆发。日本对第一次鸦片战争异常关注。中国的惨败给了日本当头一棒。如果泱泱大国都不是英国的对手，像日本这个弹丸小国一旦面临西方强敌，又能如何呢？这就让日本产生了强烈的危机感。

以日本当时最大的城市江户为例，为了支持江户这座巨大城市的运转，日本沿海都用舶船来运输各种物资。处于闭关锁国状态下的日本没有海军，仅有的防御措施也就是在重要的位置安置几座炮台，当时日本整个东京湾地区射程稍微远一点的岸炮只有20门。一旦爆发战争，像江户湾这么狭窄的地带如果被封锁，通往江户的粮食等物资就会断绝，整个城市立刻就会陷入生存危机。正是基于这样一种危机感，在1842年《南京条约》签署的前一天，日本颁布了一条新的命令，把从前看到外国船就打改成了对外国船只提供必要的物资请它们走。由此可以看出，日本对外国船只的态度显然已经温和了许多。总之，黑船到来之前，日本闭关锁国，世界迅速发展。面对世界大格局的变化，日本对待外国的态度也在悄然改变。但是，即便是清朝在第一次鸦片战争中惨败，毕竟还没有轮到自己头上，所以要让日本真正打开国门，还需要一个契机，这个契机就是“黑船事件”。

因此，1853年美国人的闯入，尤其是军舰的到来，使日本人认识到他们的国家已经走到了很危险的境地，何况他们的近邻中国的现状更是让他们明白了什么是真正的入侵。平静的生活就此被打破，而日本自身也即将面临新的变革，那就是怎样避免走中国的路。此时，图存成为日本关键的话题。空前严重的危机，使这个东亚的岛国从此不再太平。

美国黑船叩开日本国门之后，迫使日本签订了历史上第一份不平等条约。此后不久，荷兰、俄国、英国和法国蜂拥而至，纷纷效仿，开始在这个岛国争夺各自的利益。开国之后的日本迅速成为西方商品的倾销市场和廉价原料的供应地，开国仅仅半年，日本黄金就外流了100万两，国内经济萧条，民怨四起。1868年4月15日，明治天皇颁布了《五条誓文》，这是一个推动国家变革、开启变法图强大幕的总纲领。从此，日本进入明治维新时代。

1871年，一支近百人的政府使节团（岩仓使团）从横滨港出发，前往欧美各国。使节团中包括49名明治高官，这个数字几乎是当时政府官员总数的一半。为了支撑这次庞大的出行，成立刚刚三年的明治政府拿出了当年财政收入的2%。在一年零十个月的时间里，使节团考察了欧美12个国家，写下了长达百卷的考察实录。鉴于政府投入之大、官员级别之高、出访时间之长，在日本乃至亚洲国家与西方世界交往的历史上，岩仓使团的出访都可称得上是一次前所未有的行动。巨大的差异让日本下定决心学习西方的一系列制度。

明治维新时期，日本众多国立大学的许多学科和诸多领域，短时间内全部实行了西化。这里积极的一面是效率很高，为了尽快达到国际先进水平，一切从零开始完全实行西化。迅速向工业化迈进的日本，在学习先进技术的同时，也开始模仿西方的生活方式。

通过短短几十年脱胎换骨的学习，日本迅速崛起，成为亚洲最强大的国家，并成为世界列强队伍中的一员。其后，日本在与老师父中国的甲午海战中获得大胜。

紫禁城的黄昏

第一次鸦片战争前，西方资本主义正处于迅速发展时期。西方主要大国经过第一次工业革命，生产力大幅度提高，创造了过去任何时代都无法比拟的巨大的物质财富和先进的科学技术。但是，随着经济的发展和生产社会化程度的不断提高，庞大的过剩产能频频引发经济危机。为了摆脱经济危机，它们对外不断大规模地掠夺殖民地，开辟新的原料产地和商品销售市场成为掠夺的主要方式。

西方列强在争夺殖民地的过程中，经历百年战争洗礼，建立了强大的海军力量，并随着工业的发展，不断改进军队的组织编制和武器装备。而作为18、19两个世纪的世界头号强国，英国无论在经济、军事上，还是殖民地数量与面积上，都一骑绝尘。

由于率先进行工业革命及采取自由竞争的市场经济制度，所以英国成为世界经济的头号强国，称霸100多年。庞大的生产能力与狭小的国内市场之间的矛盾，使得英国周期性出现生产过剩的经济危机。于是，它通过殖民地扩张、海外投资、销售外国公债等方式扩大本国产品的海外贸易，以消化庞大的产能、解决工人就业问题。在先后遭遇美洲市场饱和或受阻、欧洲国家出现经济危机导致出口受阻的情况下，拥有辽阔的疆域、庞大人口的中国就成为英国的第一选择。

1793 年，即乾隆五十八年，英国使者马戛尔尼曾拜见乾隆皇帝，请求开放市场，加强双方贸易。乾隆皇帝表示大清国什么都不缺，完全可以自给自足。到了 1833 年，英国对清朝的贸易逆差是 1793 年的 7.5 倍。

在与闭关锁国的清政府进行有限的贸易且出现逆差的情况下，以印度为基地向中国输送鸦片成为英国扭转贸易逆差的阴险毒辣的选择。果然，此举立竿见影，逆差扭转，但虎门销烟让英国的新贸易梦碎。因此，1840 年的第一次鸦片战争就成为历史的必然选择。这里不再赘述这段历史。接下来我们看看这场战争对英国经济的影响。

1843 年至 1847 年，英国经济迎来了新一轮繁荣。这一轮繁荣的主要成因是冶金和机械制造技术的飞速进步。由此，铁路建设和运营成本大大降低，新一轮铁路建设热潮兴起。而纺织机械制造技术的进步使纺织业成本进一步降低，如此一来，纺织品通过快捷、低廉的铁路运输源源不断运向全国各地，从而扩大了需求，增加了利润。此外，英国拼命开拓国外市场。为进一步打开主要贸易对象的市场，英国提倡“自由贸易”。其主要举动是废除本国征收农产品进口关税的《谷物法》，从而一方面降低粮价，扩大国内市场需求，另一方面要求其他各国开放市场。除此之外，英国还寻找新的出口对象，特别是扩大对亚洲和非洲的出口。1840 年英国用炮舰打开中国大门，1842 年强迫中国开放 5 个通商口岸，并对英国商品豁免关税。英国对中国的出口额，1840 年为 50 万英镑，1845 年即增加了 4 倍。19 世纪 40 年代，英国棉布出口增加了 56 700 万码，其中欧洲 2200 万码，美国 7200 万码，亚洲和非洲占了 36 200 万码，为增加额的 64%。这样，从 1842 年起，英国经济渐渐转入繁荣。

1854 年，英国在第一次鸦片战争中胜利的果实——《南京条约》届满 12 年。英国曲解中美《望厦条约》关于 12 年后可以修约的规定，援引最惠国待遇，向清政府提出全面修改《南京条约》的要求。主要内容为：中国全境开放通商，鸦片贸易合法化，进出口货物免缴子口税，外国公使常驻北京等。此后，法、美两国也分别要求修改条约。清政府表示拒绝，交涉无果。

1856 年，《望厦条约》届满 12 年。美国在英、法的支持下，提出全面修改条约的要求，被清政府拒绝。于是，西方列强决心对中国发动一场新的战争。以武力逼迫清政府同意其全部要求。1856 年，历经 4 年的第二次鸦片战争终于爆发。

第二次鸦片战争的过程分为“第一次英法联军之役”与“第二次英法联军之役”两个阶段。第一次英法联军之役是从 1856 年战争爆发到 1858 年联军抵达天津附近海域为止，逼迫清政府签订《天津条约》。第二次英法联军之役是从 1858 年爆发第一次大沽口战役到 1860 年逼迫清政府签订《北京条约》为止。

我们再来看一看第二次鸦片战争对英国经济产生的影响。

由于英国技术和设备先进，竞争力强，有能力利用危机向外低价倾销，所以英国工业最先从之前的经济危机（1847—1850 年英国爆发了工业革命后第 9 次经济危机）中恢复过来。到 1858 年下半年，英国出口额显著增长。

考虑到危机的深度，在短短一年之后能克服世界市场的萧条而走出危机是很困难的。但是，印度和中国市场再次帮了英国的大忙。1858 年中，印度士兵的起义被镇压，英国委派了第一任印度总督，印度完全成为英国的殖民地。同期，侵略中国的第二次鸦片战争结束，《天津条约》签订，中国的大门进一步向英国商品打开。1857—1859 年，英国棉纺织品的输出额从 3900 万英镑增至 4800 万英镑。在增长额中，印度占了将近 90%。1860 年，英国输往印度的棉布，几乎比输往欧洲大陆和美国的棉布总数多一倍。对中国、日本、爪哇等地的输出额也很大，超过对欧洲大陆输出额的 60%。

也许中国历史过于悠久、文明过于灿烂，历史上强大的时间过于长久，中国光辉的历史包袱显得过于沉重，其近代史悲惨的程度与周期远远大于千年徒弟日本，以及喜马拉雅山南侧的印度。

中国在 19 世纪遭受两次鸦片战争，并且被先觉醒且发达起来的徒弟日本在甲午海战中打败，之后又在 19 世纪与 20 世纪交替之年被八国联军攻入紫禁城，这就是有名的“庚子国难”。

而中国在近代史上的灾难还远未结束，在一次次变革前夕，中国总是一次次被外来入侵者阻挡。20 世纪三四十年代，中国又面临日本长达 14 年的侵华战争。

比日本黑船事件更早的第一次鸦片战争，就已经使中国早于日本被英国的坚船利炮打醒，但是，中日此后却走上了不同的命运轨道。面对这场千年危机，不同的选择，导致了不同的结果。

莫卧儿帝国被殖民

1600 年英国入侵印度，为独占印度贸易市场专门建立英国东印度公司。1757 年，印度开始沦为英国殖民地。但英国在印度的殖民地位并不巩固，它所控制的地方仍然很小，大片土地保留在大大小小的土邦王公手中。

1773 年英国颁布《调整法》，把孟加拉（如今的孟加拉国）、马德拉斯（如今的印度金奈）、加尔各答（如今的印度加尔各答市）三块公司直辖地合为一体，以加尔各答总督为主管官，总督的任命由英国议会决定。1784 年议会再颁布《印度法》，规定统治印度的最高权力属于政府而不是英国东印度公司，从而把印度的治理置于政府管辖之下。这两项法律奠定了英国统治整个印度的基础。在理查德·韦尔斯利任总督期间（1798—1805 年），英国在印度迅速扩张。韦尔斯利在土邦王公中打一派拉一派，利用矛盾从中渔利，在 3 年时间里印度南方已全部落入英国之手，在北方则得到了莫卧儿帝国首都德里，对印度中部则采取分化政策以各个击破。到 1805 年韦尔斯利奉调离任时，大部分印度已在英国控制之下了。

随后英国用武力取得对印度西北部的统治。1849 年，印度全境被英国占领。1857 年，印度爆发反英大起义。次年，英国政府直接统治印度。1876 年，维多利亚女王正式加冕为“印度女皇”，标志着英国对印度的全面统治。

小 结

从英国的崛起历程看，强大的军事与经济是最重要的两大支柱。没有强大的军事力量，就不可能占领或抢夺更多的殖民地及重要航线；没有更多的殖民地及航线，哪里来的黄金、白银与重要贸易产品？而强大的军事力量是靠投入和战争建立起来的，没有强大的经济力量，如何支撑起强大的军事力量？二者必须相互支撑，才能支撑起大国的雄心。

大国纷纷崛起，瓜分世界与独占殖民地的掠富时代已经过去，持久的强大必须依靠自己持续的造血能力，而工业与贸易就是新鲜血液的来源。在依靠工业与贸易创富的时代，市场成了重要的资源。因此，占领殖民地掠夺黄金、白银及其他，变成了占领殖民地独占市场，或依靠坚船利炮强迫他国开放市场。葡萄牙、西班牙与法国的殖民掠夺模式，被荷兰、英国的金融创新与贸易模式所取代。

我们从英国的崛起历程中，可以看到为何人类第一个“王在法下”的君主立宪制国家是英国；工业革命何以发生在英国；市场经济制度为何诞生于英国；现代科学为何兴起于英国；英国何以从一个边缘小国崛起为人类历史上第一个、也是唯一一个真正的日不落帝国；英国为何在被美国超越后依然领导了世界近50年，直到现在依然是世界上具有重要影响力的大国？英国借鉴了葡萄牙与西班牙哪些崛起经验，又向荷兰学习了什么创新？

附 注

1671—1900年的东西方世界

1672年 牛顿发现万有引力定律。

1685年 法国取消南特诏令，使大批胡格诺派教徒逃往外国。

1687年 牛顿《自然哲学的数学原理》出版。

1688年 英国国王詹姆士二世逃亡法国，其女玛利与夫婿威廉受议会之邀入主英国，被尊为共主，史称“光荣革命”。

1689年 英国通过《权利法案》。
俄国沙皇彼得一世亲政。
清朝与俄国签订《尼布楚条约》。

1694年 世界第一家中央银行——英格兰银行设立。

1700年 俄国和丹麦、波兰组成反瑞典的联盟，发动大北方战争。
西班牙国王卡洛斯二世卒，西班牙哈布斯堡王朝亡。
法国王子腓力五世继位西班牙国王，建立西班牙波旁王朝。

1701年 英国发明播种机。
勃兰登堡选帝侯腓特烈三世改称普鲁士国王，称腓特烈一世，将勃兰登堡并归普鲁士，史称勃兰登堡——普鲁士。
西班牙王位继承战争爆发。

1707年 英格兰与苏格兰正式合并为大不列颠联合王国。

1713年 《英西条约》将直布罗陀割让给英国。

1721年 瑞典与俄国签订《尼斯塔特和约》，自此瑞典昔日在北欧的霸权为俄国取代。

1748年 孟德斯鸠出版《论法的精神》。

1756—1763年 七年战争。

1762年 卢梭出版《社会契约论》。

1765年 英国向北美十三州征收印花税。
哈格里夫斯发明珍妮纺织机。

1769年 瓦特改良蒸汽机成功。
理查德·阿克莱特发明水力纺纱机。

1770年 英国将澳大利亚、新西兰收为殖民地。

1772年 俄国、奥地利和普鲁士第一次瓜分波兰。

1773年 波士顿倾茶事件。

1774年 北美十三州代表召开第一次大陆会议。

1775年 美国独立战争爆发。
第二次大陆会议召开。

1776年 《独立宣言》发表，美利坚合众国成立。
亚当·斯密发表《国富论》。

1783年 巴黎和会，英国承认美国独立，美国独立战争结束。

英人柯特发明以煤炼铁的方法。

1787年 费城的制宪会议制定美国宪法。

1789年 5月5日，法国召开三级会议。

6月17日，第三等级自行宣布成立国民议会。

6月20日，路易十六下令解散国民议会。国民议会代表发表《网球场誓言》，表示决不解散。

7月9日，国民议会改称制宪议会。

7月14日，巴黎人民起事，攻陷巴士底监狱，法国大革命爆发。

8月27日，制宪议会通过《人权宣言》。美国第一届国会召开，选华盛顿为美国第一任总统。

1793年 俄国和普鲁士第二次瓜分波兰，俄国得西乌克兰和立陶宛大部分，普鲁士取得大波兰。

1794年 法国发生热月政变，罗伯斯庇尔被处死，法国的恐怖政治结束。

1796年 拿破仑任法国征意大利军总司令，击败第一次反法同盟联军。

1798年 拿破仑征埃及，其舰队被英国海军上将纳尔逊摧毁。

琴纳发明牛痘接种术。

1799年 拿破仑返国，发动雾月政变，推翻督政府，成立执政府，自任第一执政。

1804年 5月18日，拿破仑称帝，改共和国为法兰西第一帝国。公布《民法典》。

1806年 拿破仑撤销神圣罗马帝国，将德意志地区改组为莱茵邦联。并公布柏林诏令，以大陆体系封锁英国。

1807年 拿破仑在意大利由教宗加冕为意大利国王。

1808年 西班牙爆发内部动乱，拿破仑乘机入侵西班牙，半岛战争开始。

1812年 拿破仑率60万大军征俄，攻入莫斯科，因补给不足大败而归。

1812—1815年 美国欲夺取英国的加拿大殖民地，发动美英战争。

1813年 英国、俄国、普鲁士和奥地利组成了第六次反法同盟，于莱比锡大败法军。

1814年 盟军攻入巴黎，4月13日，拿破仑被迫退位，并被放逐于地中海上的小岛厄尔巴岛，仍保有皇帝称号。路易十八回到法国，成为法国国王，波旁王朝复辟。

维也纳会议召开。

巴拉圭独立。

1815年 拿破仑从厄尔巴岛返回法国，路易十八逃亡。但拿破仑旋即又被第七次反法同盟击败，史称百日王朝。拿破仑被放逐于大西洋的圣赫勒拿岛。

波兰再度被瓜分，由俄国沙皇兼任波兰国王。

1818年 召开亚琛会议，联军撤出法国。

1821年 3月，希腊独立战争爆发。

6月，巴拿马脱离西班牙统治，并入哥伦比亚。

5月，拿破仑死于圣赫勒拿岛。

7月，秘鲁独立。

9月，西班牙中美洲殖民地危地马拉加因萨宣布独立。此后中美洲各个西班牙殖民地，包括圣萨尔瓦多、科马亚瓜、特古西加尔巴、哥斯达黎加相继独立，并与墨西哥合并。

1822年 9月，葡萄牙王子佩德罗宣布巴西脱离葡萄牙独立，佩德罗任护国主。

10月，佩德罗改称皇帝（称佩德罗一世），建立巴西帝国。

1823年 7月，危地马拉和萨尔瓦多脱离墨西哥独立。

12月，美国总统门罗在国情咨文中发表《门罗宣言》，史称门罗主义。

墨西哥皇帝阿古斯丁退位，建立共和政府。

1824年 英国开始侵略缅甸。欧文创办新和谐公社。

1825年 8月，玻利维亚脱离西班牙独立，至此美洲各重要殖民地均已独立，拉丁美洲独立战争结束。

1829年 英人乔治·史蒂芬森发明火箭火车头。

1830年 法国七月革命爆发。

8月2日，波旁王朝被推翻。

8月9日，自由派推举也是波旁家族的路易·菲利普为法国国王。

比利时趁机从荷兰独立。

1831年 马志尼组建青年意大利党，进行革命活动。

比利时建王国，以利奥波德一世为国王，实行君主立宪制。

法拉第发现电磁感应现象。

1832年 6月，英国通过《议会改革法案》，裁撤部分衰退选区，增加新兴城市选区，并扩大选举权，是为第一次英国议会改革。

7月，希腊王国建立。

1834年 德意志关税同盟成立。

1837—1901年 英国女王维多利亚在位，国势趋于鼎盛。

1838—1848年 发生英国宪章运动。

1840年 第一次鸦片战争。

1842年 鸦片战争结束，清廷战败，签订《南京条约》，割香港为其殖民地。

1846—1848年 美墨战争。

1847年 非洲的利比里亚宣布脱离美国独立。

1848年 1月，西西里爆发革命。

2月，美国加利福尼亚州发现金矿，引发淘金热。

2月，马克思和恩格斯共同发表《共产党宣言》。法国二月革命爆发。同月24日，国王路易·菲利普一世被迫退位，成立法兰西第二共和国。

3月，法军进入意大利镇压当地革命，自此驻军罗马。匈牙利及捷克人民起义。梅特涅倒台。

11月，瑞士改行联邦制，各州合并为联邦制国家，称瑞士联邦。

12月，拿破仑之侄路易·拿破仑

任法国总统。

1849年 法兰克福国民议会通过《德意志帝国宪法》。

1851年 中国拜上帝会首领洪秀全起义反清，建立太平天国。

法国总统路易·拿破仑发动政变，实施独裁。

1852年 11月，加富尔任撒丁王国首相。

12月，路易·拿破仑经男性公民普选，变更国体，称帝为拿破仑三世，成立法兰西第二帝国。

中国捻军起义。

美国海军船舰进入日本东京湾，要求开港通商，为西方势力入侵日本之始。

1853—1856年 俄国与奥斯曼帝国起冲突，引英、法介入，是为克里米亚战争。

1854年 日本与美国签订《日美亲善条约》，开放下田与箱馆为通商口岸，并给予美国最惠国待遇。

1856年 签订《巴黎和约》，克里米亚战争结束。

1858年 英法各自以“亚罗号事件”、广西神父被杀为由，组织联军侵略中国。

印度士兵叛变被英国镇压，莫卧儿帝国亡。

英国东印度公司被撤销。

1859年 达尔文出版《物种起源》。

1860年 10月，中国与英、法签订《北京条约》。

11月，俄罗斯亦趁机与清廷签订《北京条约》，中国割乌苏里江以东之地。

林肯当选为美国总统，美国南方各奴隶州相继脱离联邦，另组美利坚邦联，即联盟州。

11月，加里波第将取得的两西西里王国赠予撒丁王国。

1861年 3月，俄国沙皇亚历山大二世宣布解放农奴。

4月，美国南北战争爆发。

12月，英国、法国和西班牙联合入侵墨西哥。

1862年 俾斯麦任普鲁士王国首相。

1863年 1月，美国总统林肯发表解放黑奴宣言。

1863年 红十字国际委员会成立。

1864年 第一个《日内瓦公约》签订。

第一国际在伦敦成立。

普丹战争爆发。

1865年 5月，南北战争结束，美利坚合众国重归统一。

1866年 普奥战争爆发，普鲁士胜，奥地利被剥夺德意志地区的领导权。

1867年 日本末代幕府将军德川庆喜将政权交给明治天皇，史称大政奉还，幕府时代结束。

成立加拿大自治领，为英国自治领之始。

美国自俄国以720万美元购入阿拉斯加。

12月，奥地利和匈牙利协议组成双元帝国，即为奥匈帝国。马克思发表《资本论》第一卷。

第二次英国议会改革，放宽选举人财产限制，有投票权者从100万人增为200万人。

1868年 明治天皇开始明治维新。

1869年 日本实施版籍奉还和废藩置县政策，以建立中央集权。

苏伊士运河开航。

1870年 7月，普法战争爆发。

9月，法国皇帝拿破仑三世于色当被俘。法国内部爆发革命，推翻法兰西第二帝国，成立法兰西第三共和国。

意大利趁普法战争之际进军罗马，并迁都于此。

教皇被迫屈居于梵蒂冈，意大利统一。

1871年 巴黎公社成立。

普法战争结束，法国割让洛林及阿尔萨斯两省。

北德意志邦联各邦与南德意志合并为德意志帝国，终告统一。

普鲁士国王威廉一世于凡尔赛宫的镜厅加冕，改称德意志皇帝。

1873年 西班牙第一共和国建立。

1877年 英国奉维多利亚女王为印度女皇，仍派总督治理。

5月，罗马尼亚独立。

1878年 柏林会议召开，以重新协调巴尔干半岛的秩序。

1879年 爱迪生发明第一盏有实用价值的电灯。

1881年 德国、奥匈帝国、俄国结为同盟，是为三帝同盟。

1883年 德、奥、意三国结为同盟。

1883—1885年 中法战争，法国取得越南为殖民地。

1884年 第三次英国议会改革，除贫穷者外皆获选举权。

1884—1885年 柏林西非会议召开，欧洲列强各自划分在非洲的势力范围。

1889年 光绪皇帝开始亲政。

2月，日本宪法生效。

埃菲尔铁塔落成。

1890年 德意志皇帝威廉二世免去俾斯麦的首相。

1894年 中日因李氏朝鲜的东学党问题爆发甲午战争。

1895年 中日签订《马关条约》，甲午战争结束。

1897年 德国占领胶州湾。

1898年 美国为夺取西班牙的殖民地而发动美西战争，取得了西班牙的古巴、波多黎各、菲律宾、关岛等地。

居里夫妇发现钋和镭。

1899年 美国发表对华门户开放政策通牒。

第一次海牙和平会议召开。

1900年 慈禧太后向万国宣战，引发八国联军侵华。

普朗克提出量子的概念。

第三部分

伟大的博弈

基建、内战与华尔街帝国
（1901—1913）

导 读

美国是众多历史巧合与幸运的产物。如果没有哥伦布的“东辕西辙”（意欲去东方，却漂洋过海意外发现了美洲新大陆），就没有西班牙殖民者凭借枪炮与瘟疫征服新大陆，继而打通欧洲与美洲往来与交流的航道。如果没有乘坐“五月花号”“阿贝拉号”等帆船的清教徒们漂洋过海来到新大陆寻找理想生存之地，就没有美国东部的新英格兰地区的人文与思想基础。如果没有英法的争霸与缠斗，也就可能没有后来独立战争中的友军法国。如果英国不向新英格兰的海外居民征税，很可能就没有后来的莱克星顿的枪声，以及愈演愈烈的独立战争。没有了独立战争，也就没有崭新的美国。

美国是西方文明的集大成者。我们从美国的建国史中可以找出很多西方文明中的内核：希伯来的文明，古希腊文明，罗马的法律规则，荷兰与英国的金融创新，英国的市场经济、宪政体系与保守主义思想、现代科学及工业革命等。

自 1776 年建国，仅仅 118 年，美国就从一个农业大国一跃成为工业大国，经济超越英国 GDP 位列世界第一。之所以这个崭新的国家发展如此迅猛，原因有很多。总结归纳如下：其一，清教徒的信念与文化基因；其二，1620 年《五月花号公约》及 1630 年温斯罗普的“山巅之城”布道；其三，荷兰人与英国人的金融与商业基因；其四，洛克与孟德斯鸠的法治政府理念，《国富论》的市场经济思想，以及英国工业革命影响。而最重要的一点是，建立这个国家的功勋们将其理想根植在这片崭新的土地上，吸收与继承了欧洲的经验与遗产，却没有欧洲大陆沉重的历史包袱与传统观念的羁绊。

我们仅仅从被称为“人性堕落的大阴沟”的华尔街的崛起史及其对美国的重要作用，就可见一斑。荷兰人将世界上第一个金融中心阿姆斯特丹的商业文化、金融制度带进了纽约，而英国人将世界上第二个金融中心伦敦的金融制度与法律融入纽约，从而造就了超越阿姆斯特丹和伦敦的世界上第三个金融中心——纽约。而华尔街则成为纽约的灵魂。华尔街在美国崛起与成长的过程中其作用体现在：建国之初联邦政府债务解决方案、大运河修建、美国蜘蛛网般的铁路、南北战争等。无论是美国的内外战争、基础设施建设、钢铁与铁路企业巨头、领土扩张，还是西部开发、硅谷、美国娱乐与电影等，无一例外都与华尔街的金融支持是分不开的。

经济中心伴随着西方文明一起从欧洲旧大陆漂洋过海传递到大西洋对岸的新大陆，美国在百年国家建设与崛起史中，有过辉煌、战争与罪恶，更有过众多的经济危机。大量的危机均与华尔街有关。在经济上超越英国之后，美国也取代英国成为世界经济危机的中心。缺乏中央银行的美国，经济增长快，危机爆发也多。在美联储成立前美国中央银行缺位的岁月里，摩根三次以一己之力拯救了美国，直到美联储姗姗来迟。

本部分主要介绍 1901—1913 年间的世界经济危机。如果按照这个时间段，第五章“华尔街时代”与第六章“成长中的烦恼”绝大部分内容都超出了这个时间段，之所以还要介绍这部分内容，原因就在于：通过这段历史中的相关事件，让大家充分了解到世界经济中心与危机中心为何会从第一次工业革命的发源地（英国）转移到北美新大陆上崭新的国家（美国）。经济危机与经济发展之间的关系如何？中央银行对于经济危机的重要作用是什么？

第五章
华尔街时代

山巅之城

就在人类历史上一部开创性的系统的经济学研究著作——亚当·斯密的《国富论》出版的 1776 年，美国在新大陆的土地上建国。而在英国 1688 年光荣革命爆发 99 年后、洛克于 1690 年出版《政府论》97 年之后、孟德斯鸠 1748 年出版《论法的精神》39 年之后，1787 年美国制宪会议制订了人类历史上的第一部成文宪法——《美利坚合众国宪法》。

作为一个崭新的国家，美国是幸运的，没有那些欧洲旧大陆古老社会里难以消除的特权对生产力的束缚，也没有那些陈规陋习禁锢，更没有沉重的历史包袱。而亚当·斯密无形的手、洛克有形的手，再加上孟德斯鸠的精神，以及第一次工业革命滚滚车轮，都为这个崭新的国家注入了新鲜的血液与灵魂。

正如工业革命为西方文明的进步提供了经济基础，亚当·斯密的伟大著作也为政府不干预经济的理念提供了哲学基础，从而使得美国经济和华尔街的发展受益于政客们最低程度的干预。①

我们从大航海、地理大发现之后欧洲的移民陆续抵达这块新大陆历史的足迹中，

① 见约翰·S.戈登所著《伟大的博弈》一书的前言。

寻找这个国家的原始基因与密码。从中找出西方文明中的内核：希伯来文明，古希腊文明，罗马的法律规则，荷兰与英国的金融创新，英国的市场经济、宪政体系与保守主义思想、现代科学及工业革命等。

说到这个国家，我们耳畔一定会响起那艘熟悉的闪亮的帆船的名字——五月花号。其实五月花号只是持续几十年抵达新大陆众多船只中的一艘。据有关史料记载，当时离开欧洲前往北美新大陆的超过 7100 个家庭，290 多艘船，绝大部分去了弗吉尼亚，其余部分来到马萨诸塞州。五月花号之所以被世人所铭记，是因为其所发生的足以给这个国家打上深刻烙印的那些事情。

1603 年，英国国王詹姆斯一世继承王位，要求英国的清教徒尊崇国王。于是一批清教徒在 1608 年逃亡荷兰，以为在那里他们会享有信仰自由。可是没多久，他们就发现，荷兰虽然对宗教宽容，但那里同时也自由主义泛滥，对道德的约束相对很低。这让这批有着很高道德标准要求的清教徒十分不安，于是决定离开深受文艺复兴自由主义毒害的欧洲旧大陆，到大洋彼岸的北美新大陆寻求新生活。经英国国王批准，他们前往当时还是英国殖民地的北美 13 个州之一的弗吉尼亚定居。

1620 年 9 月，大约 100 名清教徒搭乘著名的“五月花号”前往北美，两个月后抵达马萨诸塞州的科德角，不过这里离他们本来的目的地弗吉尼亚还很远。于是，他们就在这里订立了著名的《五月花号公约》，申明他们愿意在这块新大陆上建立社区，并服从这里的法律。

这个公约翻译成中文，不过 300 多字。然而，在整个人类文明史上，它的意义几乎可以与英国的《大宪章》、美国的《独立宣言》、法国的《人权宣言》等文献相媲美。而美国几百年的根基就建立在这短短的几百字之上，信仰、自愿、自治、法律、法规……这些关键词几乎涵盖了美国立国的基本原则。

1620 年 12 月，这批清教徒在附近的普利茅斯定居，立即用木材建造教堂。在美国早期发展中，一个村落或者城镇的第一个建筑物一定是教堂，作为整个社区的中心。首批清教徒在美洲站稳脚跟，也给更多的英国清教徒树立了榜样和信心。他们满怀着梦想和信念，一批批地来到北美。到 1640 年，新英格兰地区的英国移民已经达到 2 万人。由于他们大多为清教徒，所以也就不再存在什么宗教派别的问题了。波士顿也开始成为他们信仰和生活的中心。

1630 年，当约翰·温斯罗普以“阿贝拉号”为旗舰，率领十六七艘船只（1000 多名移民，而且多数是家庭）离开英格兰，前往其“应许之地”新英格兰时，他告诉船友们，北美应该是一个“山巅之城”，应当成为一个为世界其他地方树立榜样和示范的纯粹的基督徒社会。为了实现这一目标，作为领袖的应教育所有的清教徒。同英国其他殖民地的移民相比，这些来到美国的清教徒，或是来自牛津大学，或是来自剑桥大学。他们的素质普遍高于当时欧洲的整体水平。正是因为他们当中有不少是剑桥校友，所以他们到达殖民地几年后就创办了哈佛大学，而将大学所在地也命名为“剑桥”。这就是如今大波士顿市的剑桥市。

“山巅之城”一词出自《马太福音》第五章第 14 节：“你们是世上的光，城造在山上是不能隐藏的。”清教徒相信上帝与他们有个契约，并挑选他们领导地球上的其他国家。温斯罗普充满希望地将马萨诸塞湾的宗教领地描绘成“山巅之城”。

值得注意的是，温斯罗普在途中的布道辞后来成为《联邦党人文集》第一篇第一段，并把它转移到立宪这一建国层面。

由此可见，在众多前往新大陆的船中，五月花号与阿贝拉号等两艘船载入史册，为美国后来的模样注入了灵魂。五月花号船上订立的《五月花号公约》为 156 年后诞生的美国奠定了契约、自治与法律精神基础，而阿贝拉号船上温斯罗普则通过布道为 146 年后建立的美国树立了一个坐标和标准，即山巅之城，屹立在高高山巅之上，引领其他地方。这其实与《旧约全书》中为信奉犹太教的犹太人树立的标准——上帝的选民是一样的。

被称为天路客的美国先民来到那里，最初的目的十分单纯，不是征服这块大陆，建立一个强大的殖民地，而是宗教信仰，他们希望住在一起，创立一个小社会。然而，带着牛皮纸上签署的《五月花号公约》上岸的天路客们并不是一帆风顺的。他们经历过饥饿、疾病、寒冷的威胁，面对过原住民印第安人的弓箭、猎枪和陷阱，他们曾一次次在生存和死亡之间挣扎，遭遇了无数难以想象的困难。登上新大陆，并不意味着铺在他们面前的就是金色的蔷薇。换言之，他们按照自己的方式，创建一个属于自己的社会，一样经受了严峻的考验。

纳撒尼尔·菲尔布里克在《五月花号：关于勇气、社群和战争的故事》中叙述了1620年五月花号到150多年后莱克星顿枪声这段陌生历史中究竟发生了什么。

当他们上岸不久冻饿交加，三个月中死亡近半时，印第安人伸出温暖的援手。这就是感恩节的来历。在五月花号靠岸后的40年里，新大陆的原住民也经历了巨大变化，同时不断从传统中汲取力量，力图创造一种新型的、具有良好适应性的文化。他们用的已不是弓箭，而是当时最先进的明火枪，使用英国制造的新产品，其中还有人进入了建立不久的哈佛大学学习。到了17世纪60年代，五月花号乘客的后代，不再觉得自己在那片土地上的生存是依靠原住民的支持，相反将他们看作通往繁荣富裕之路的绊脚石。

于是在1675年，一场历时一年的战争不可抗拒地降临，“英国人决定以牺牲印第安人为代价，来获得自己的经济繁荣，将他们父母曾经努力奋斗、英雄般创造出来的那一切变得岌岌可危。”被逼无奈的印第安人虽然奋起还击，但最终还是失败，菲利普王被杀，他们连祖先的生存方式都未能保住。这场血腥的战争被命名为“菲利普王战争”。（1836年，一位牧师在波士顿公开演讲，提出“菲利普王战争”和独立战争一样伟大，认为菲利普王是为广大印第安人争取自由而斗争的领袖。）

虽然远离英国本土，但这里的居民们依然生活在英国女王的统治之下。由于远离英国，所以这里（北美十三州）对宗主国英国的殖民统治感受不太明显。就这样相安无事地过了上百年，之后的剧情发展就是大家熟悉的剧本了。距离1620年156年后的1776年，由于英国常年争霸战争陷入财务危机，所以要提高税收，遭到了新移民们的抵制。他们提出了“没有代表权不纳税”的口号。意思是说：在英国议会里没有我们的代表，我们也没有参与讨论税率应该多少、这些钱多少是用在我们身上的，所以我们必须选出代表参加英国的议会，或者自己成立议会，决定纳多少税。但是英国不允许。他们就开始拒绝缴税，英国派人镇压，文斗就变成了武斗。于是，十三个州联合起来把英国打败了。这就是著名的美国独立战争。

听起来这么简单，其实背后绝非如此纯粹。要知道，幸运自此一直伴随着美国，在独立战争初期，华盛顿的军队非常艰难，如果没有欧洲国家的金钱支持（荷兰与法国的借贷）以及法国军队直接对英军开战并获得胜利（法国海军击败英国海军），独立战争最终胜利的日期可能大大延后甚至改写。

1776 年美国刚建立时，十三个州还是分散治理的。1777 年召开“大陆会议”，通过了《邦联条款》，宣布结成“永久性的同盟”，名称叫“美利坚联邦”，但各邦仍保有自己的议会和法律，只是派代表组成“联邦议会”，统一外交和国防，并协调各邦之间的事务和纠纷。

但是，随着时间的推移，问题越来越复杂，有各邦之间的矛盾，甚至有的邦之间还有边界问题，在各邦冲突严重时还有打内战的危险。于是在当时历史最悠久、人口最多、土地面积最大的弗吉尼亚邦发起之下，于 1787 年各邦代表举行了一次有名的会议，史称“联邦制宪会议”。经过十分艰难的谈判，各派终于达成了一系列的伟大妥协。最重大的妥协成果是：经由美国 1787 年制宪会议制定和通过，1789 年 3 月 4 日生效的美国联邦宪法，成为世界上最早的成文宪法，这部宪法成为美国的立国之本。

从 1776 年打赢独立战争，到 1787 年，经过 11 年才决定讨论要不要一个统一的国家以及建立一个什么样的政府，说明独立战争并不等于建国。所以可以说美国这个国家本身是谈出来的，不是打出来的。

还有一件必须要提及的事是：就在各方激烈辩论争执不下之际，为了劝导纽约州民众批准宪法法案而进行拉票，亚历山大·汉密尔顿想出了公开发表书信的方式来阐述道理，并成功寻求到了詹姆斯·麦迪逊和约翰·杰伊的合作。而这些于 1787 年和 1788 年公开发表于纽约的报纸上的 85 封写给公众的信“署的是普布利乌斯（Publius）这个笔名”，被收录在《联邦党人文集》这本书中，并于 1788 年出版。

经过独立战争之后在这块古老而崭新的大陆上建立起来的这个国家，起初只有十三个州（邦）。国土面积还很小，各州还有很大自治权，而且南方与北方差异很大，充满矛盾，此时期的美国联邦实际上并不拥有很大权威。

另外，刚刚独立的美国与英国还存在冲突，英国虽然被迫承认美国独立，但心有不甘。于是，英美之间又于 1812 年爆发了第二次独立战争，直到 1815 年结束。这也是美国独立后第一次对外战争，最终以双方停战而告终。1859 年，美国与英国在北美东海岸边境处为了争夺一个名叫“圣胡安”的小岛再起战火，之后双方协议停战。自此，双方再无战事。

1803 年从法国购买路易斯安那州，美国轻而易举地获得了 260 万平方千米左右的土地。美国领土由此扩大一倍。美国通过美墨战争（1841 年 5 月）及象征性购买（两次，分别花费 1500 美元和 1000 万美元）从墨西哥攫取了得克萨斯、加利福尼亚、内华达、犹他、科罗拉多、亚利桑那、新墨西哥、怀俄明等墨西哥近一半国土。1867 年 3 月，又从俄国手中购得阿拉斯加州（720 万美元）。

之后，美国通过移民实际控制了夏威夷，并于 1959 年正式合并为第五十个州。美国在 100 多年中，只用 5000 多万美元，就夺取了相当于独立初期 3 倍多的领土。领土扩张对美国的资本主义发展和今天“超级大国”地位的确立起了重要的作用。此外，美国领土还有孤悬海外的一些海岛等。

除上述领土扩张之外，独立后的美国还面临南北问题。为了获得一个真正的统一而独立的美国，1861 年 4 月 12 日至 1865 年 4 月 9 日，历经近 4 年的南北战争，最终以北方美利坚合众国战胜南方的美利坚联盟国获得胜利告终。这也是美国建国史上唯一一次内战。南北战争摧毁了奴隶制，是美国历史上第二次资产阶级革命，较好地解决了农民的土地问题，维护了国家统一，为美国资本主义的加速发展扫清了道路，并为美国跻身于世界强国之列奠定了基础。

由此可见，独立后的美国通过内外战争、购买等大肆快速扩张方式，不仅完成了南北方的统一，且将疆域扩大了三倍以上。为这个“山巅之城”争取了雄厚的国土基础，从而使这个崭新国家成为上帝最眷恋的国家，其幸运如同其国家的名字——美国一样。

两条道路

旋转门计划

中国中央电视台的专题片《华尔街》第 3 集提及：1789 年 4 月 30 日，美国的第一任总统华盛顿在临时首都纽约宣誓就职。而这个崭新的国家从成立的那一天开始就已经破产了。因为在战争中，华盛顿的军队需要自筹资金，当时从法国和荷兰借了大量金钱，窘迫时甚至还抢夺农民的食物。在独立战争中，联邦政府和各州政府总共留下了高达 7900 万美元之巨（其中联邦政府的债务为 5400 万美元，各州债务为 2500 万美元）的债务。

如何处理，是偿还还是赖掉？这些债务挑战着新国家的品格和尊严。如果偿还，问题是钱从哪里来？如果赖掉，联邦政府刚成立就面临信任破产。对于刚刚成立不久的美国而言，这是一个艰难无比的选择。

这个艰难的问题落在了华盛顿的部下、开国元勋、首任财政部部长亚历山大・汉密尔顿身上。他认为，如果用严重贬值的货币（因为战争，货币已经出现严重贬值）来偿还债务（华盛顿等这些农场主出身的开国元勋只能想到通过多印纸币来解决问题），那么这个已经一无所有的国家还将永远失去国家信用，不能再借到钱了。面对巨额债务，汉密尔顿首先想到的是通过税收来填补亏空。但是，当时联邦征税权极为有限，不少税种已下放到各州。汉密尔顿立即想到关税，他上任第二天，就向所有海关征税员下发通知，要求上报每个州累计关税的准确数字。但令他失望的是，关税数额非常低，他只能另寻他法。

于是，他开始筹谋一个计划。既然没有钱来还债，那么就把债务留下来，但是不能失掉信用，要体体面面地留下来。这个方法就是国债。其实发行国债的方法并非汉密尔顿首创，其起源于法国，成熟于英国。他这个计划的灵感就来自他所推崇的英国模式：英国颁布法律对酒类征收消费税，然后以税收收入作为抵押，发行公共债券进行融资。以税收发债，以债券扩张公共财政，从而建立国家信用，这也成为汉密尔顿构建金融财政体系的核心思想。

计划是这样的：面对一文不值的货币和五花八门的独立战争债券和借条，首先，由财政部发行新货币，手持旧货币的人可以按照票面价格进行 1:1 兑换，这样旧的货币退出了市场，取而代之的是信誉良好的新货币；其次，政府开始发行新债券，而新债券只能用新币来购买，这样新币又回流到财政部；最后，财政部再用这笔钱回购在战争期间的所有债券和借条。至此，旧账全部还清，政府用新债代替旧债，保住了国家的信用。这个计划被后人形象地称为“旋转门计划”。但这个计划能否实施的关键在于：是否愿意以旧换新？是否愿意用兑换后的新币购买国债？这其实取决于对刚成立的联邦政府是否信任，如果任何一环出了问题，“旋转门”就无法旋转起来，计划就泡汤了。

华尔街成为这个计划中重要的力量，他们正等待着与政府的第一次合作。在“旋转门计划”被国会批准前，经纪人们已经开始了行动：他们不动声色地从各州以票面价格的1/10购买旧货币，并将全力以赴地配合计划。只有这样才能将囤积的旧货币真正转变为未来巨大的财富。华尔街也只能选择信任联邦政府，继续助力计划实施。

但“旋转门计划”在国会却遇到了阻力，反对的力量主要来自另一位开国元勋托马斯·杰斐逊。因为他担心国家的信用与命运会被华尔街的疯狂所操纵。更让他警惕的是汉密尔顿计划中的一个细节，就是各州将不必自己偿还债务，而由联邦政府统一承担。这就意味着会出现一个强大的中央联邦政府。而美国的建国者们一直以来都小心地防范着自己亲手建立起来的这个崭新国家，对于中央政府的权力不是信赖而是制约。为了控制好它，建国者们甚至在战争结束后留下了一个松散的联邦就散了，大家跑回自己的家乡继续种田过日子。所以，汉密尔顿的“旋转门计划”挑战了以杰斐逊为首的一大批开国元勋最初的共识，反对者们跳过了现实的困境，来直接声讨汉密尔顿的计划是一个危险的黄金圈套。

因此，这个计划在国会上爆发了“亘古未有的最激烈、最愤怒的国会辩论”。整个形势对汉密尔顿极其不利，计划危在旦夕。就在即将绝望的时刻，汉密尔顿选择了政治妥协，以利益交换的方式获取支持。

计划因遭遇激烈反对被搁置数个月后，1790年6月20日，汉密尔顿与杰斐逊完成了一笔富有争议的“交易”。杰斐逊答应不会“过分执着”地反对汉密尔顿的国债法案，条件是汉密尔顿说服纽约州支持弗吉尼亚州成为合众国永久首都，汉密尔顿欣然接受。汉密尔顿放弃了反对者口中的“汉密尔顿城邦”（纽约），换取了杰斐逊对计划的支持。

同年7月26日，众议院勉强通过了汉密尔顿的计划。这是汉密尔顿和杰斐逊的最后一次政治合作，此后二人形同水火，成为一生的宿敌，也改变了美国的政党历史。

关于这个计划的议案——《关于公共信用的报告》开启了美国金融史，汉密尔顿发行的国债拯救了濒临破产的政府公共信用，成为国家整体信用的最佳指示器，并在此后支撑美国建立了庞大的金融体系，为后来的发展打下了坚实的地基。

200多年来，这个国家的经济跟随着巨大的债务数字一路走到了世界的最前端（可见货币、信贷与债务老三样对美国经济的推动多么重要）。在这本200多年前的账册里，记录着汉密尔顿上任的四年内财政部的账目。到1793年，这个国家共发行了6420万美元的新国债，足以还清全部旧账。从债务到恩赐的故事，是被汉密尔顿这样完成的：他把债务变成了一种新的金融产品投向了华尔街，经纪人们使国债的价格不断攀升。1794年，美国的债券在欧洲获得了最高的信用等级，从此欧洲的资本开始漂洋过海流入这个年轻的国家。汉密尔顿发行的国债启动了美国，也启动了华尔街。

汉密尔顿与杰斐逊之争

如前所述，在对待“旋转门计划”的态度上，汉密尔顿与杰斐逊存在很大分歧，表面上涉及债务偿还方案问题，背后的实质却是：未来的美国联邦与州之间的关系问题——是大中央政府（加强联邦政府的权力）还是小中央政府（限制联邦政府的权力）？以及美国经济发展模式问题——以发展城市的工商业为主还是以发展农业为主？

其实，独立战争胜利后，在美国道路选择上，最初也是有争论和迷茫的。究竟是走法国大革命后的道路还是走英国工业革命后的道路，尚未定论。但很快法国大革命后的暴乱局面让开国元勋们忧虑，转而选择英国的道路，但并非简单地照搬英国模式，而是在借鉴英国模式的基础上，开辟了崭新的美国道路。

这一幕像极了当年中国古代西汉王朝建立之初：究竟是走中央集权的秦制，还是走封建诸侯分封的周制？一时间举棋不定，甚至在汉高祖刘邦去世多年后，还处于探索及观望之中。对于短命的秦朝与长寿的周朝，究竟哪个制度更适合，当时存在较大的分歧。对于能否在地缘辽阔的华夏大地建立起一个大一统的中央集权王朝，心存疑虑。只有等历史过了数十年之后，西汉的强盛与人们对历史的淡忘，才使得秦制最终成为西汉王朝的选择，并加以完善。

很显然，汉密尔顿的意见是前者。1787年，汉密尔顿作为主要的召集人之一参加了制宪会议，这部宪法使脆弱的联邦政府拥有了力量。“如果人类都是天使，就不需要任何政府了，如果是天使进行统治，就不需要对政府有任何外来的或内在的控制了。”[①]《联邦党人文集》从人性的弱点出发，论证了政府存在的合理性以及权力的边界。汉密尔顿就是这本书的作者之一。

制宪会议召开的时候，托马斯·杰斐逊正在法国出任公使，他目睹了法国大革命，认为欧洲的革命和流血都是由工业化带来的利益冲突造成的。他为自己的国家感到庆幸，因为这个国家拥有广袤的土地。他希望这片足够丰饶的土地能够安抚人性中不安的欲望，使美国人停留在自己的土地上，而不是在追逐工业化的利益中失去平静而优美的生活。因此，“杰斐逊展望的国家由年轻的农场主组成，他们在自己的土地上工作”，而“汉密尔顿则认为，美国要强大，就要变成制造国，需要一场工业革命”。“所以，要建立起金融体系，为企业家、工厂提供资金”。（参见央视专题片《华尔街》第3集）

二人之争也被后人称为“汉密尔顿主义和杰斐逊主义之争”。

罗荣渠在《美国历史通论》中说：“汉密尔顿是一个‘性恶论’者，崇拜制度和秩序。他出任财政部部长后，有四大举措：由新政府出面承担并偿还大陆会议和各州在战争时期发行的证券、债券及其他有价契约；设立具有贸易保护主义色彩的关税；模仿英格兰银行，建立一个合众国银行，以20年为期，并有权在全国开设分行；发展制造业。他所奉行的经济路线代表了美国东北部新兴商人、投机者和债权人的利益。杰斐逊是一位民主主义者，崇尚人权、自由和心智发展以及地方分权的民主理想。他是美国广大农场主和下层群众利益的代言人，而不信任城市阶级。他认为社会的经济基础就是农业，主张重农抑商，用抑制资本主义发展的方法来维持一种小资产阶级的农业社会主义。”从保护人民民主权利和纯粹民主的角度来看，汉密尔顿被划为保守派，但如果从资本主义的必然进程来看，汉密尔顿主义实质上是激进的，而杰斐逊主义实质上却是保守的。从政治上来看，汉密尔顿主张大政府主义，强化中央政府的国家机器，针对美国草创之初的混乱和无政府状态，建立必要的资本主义秩序，这可能是当时美国政治生活中最激进的改革。从经济上来看，围绕建立健

① 选自《联邦党人文集》。

全的币制而采取的一系列措施，对巩固共和国的统一是必不可少的；而扶持制造业的真知灼见更是远远走在同时代人的前面，是美国从农业国转变为工业国的必由之路，因此也应视为是经济领域中的激进改革。汉密尔顿主义与杰斐逊主义的斗争实质上反映了美国建国初期的两种对立的、相互矛盾的力量，它们表现为工业利益与农业利益之争、北部与南部之争、联邦权与州权之争、大政府主义与小政府主义之争、政府组织力量与个人自由之争。汉密尔顿与杰斐逊围绕美国发展的两条路线的斗争，相辅相成，对美国历史的发展起了促进作用。

尽管二者引发道路之争，但在杰斐逊当选总统后还是采用了汉密尔顿的经济政策，促进了美国的资本主义发展。“杰斐逊使美国变成民主政治的故乡，汉密尔顿使美国变成百万富翁的故乡。政治上的胜利属于杰斐逊，经济上的胜利属于汉密尔顿。”①

在两条道路、两个主义相争时，支持汉密尔顿和联邦政府的人就是联邦党人。汉密尔顿领导的联邦党虽然最早控制政府，却一直是一个比较松散的组织，并于1812 年美国第二次独立战争之后垮台，走向消亡。杰斐逊领导的民主共和党是反联邦党的大联合。1825 年，民主共和党分裂。其中一派由当时的总统约翰·昆西·亚当斯和当时的国务卿亨利·克莱领导，自称国家共和党，后改称辉格党；另一派由安德鲁·杰克逊领导，并于 1828 年创建民主党，就是当今美国的两大政党之一。

如上所述，随着历史的发展，联邦党日渐衰微，民主共和党一党独大（分裂后民主党一党独大），在一个时期内，美国事实上处于一党统治之下，史称“和谐时期”。人们把早期美国两党的存在称为“第一政党制度时期”。

1854 年 7 月，辉格党与北部民主党和其他反对奴隶制的派别联合组建共和党。1860 年林肯就任总统，共和党首次执政。

之后，民主党与共和党成为美国两大政党，二者通过竞选执政，被称为“驴象之争”（“驴子”是民主党的党徽，“大象”是共和党的党徽。因此，四年一次的美国总统选举又称为“驴象之争”）。

---

① 见罗荣渠所著《美国历史通论》。

华尔街

那道木头墙

自约翰·温斯罗普于1630年在阿贝拉号布道，要建立一个“山巅之城”，146年后，这个“山巅之城”建立了。经历了一个多世纪的奋斗，到1894年，建国刚118年的美国国民生产总值首次超过英国，成为世界上经济总量最大的国家。1944年，美元替代英镑成为国际储备货币。二战后，美国主导的国际秩序成为世界治理的规则。到2019年，即美国建国243年，美国GDP遥遥领先世界，是欧盟经济体之和（几十个国家），是英国的近8倍。这个“山巅之城”自从1894年经济总量超越英国之后，已经领先世界100多年，且在可预见的未来将继续领跑。

是什么造就这个“山巅之城”呢？核心就是科技创新与金融中心。硅谷成为科技创新的源泉与动力，而华尔街则是美国引领世界金融秩序的中心。应该说，代表美国教育最高水准的哈佛大学早于美国，华尔街同样如此，其诞生于美国之前，且在美国成长的每一个阶段都扮演着极其重要的角色。可以这么说，先有哈佛，后有美国。更可以这么说，没有华尔街，就没有今日之繁荣美国。

在1492年哥伦布欲去东方而“东辕西辙”意外发现新大陆的117年之后，强大起来的荷兰商人继续寻找富庶中国的航海道路，但却犯了哥伦布同样的错误。他们的商船几经辗转，在1609年最终闯进了现在的纽约港。荷兰商人发现这是一个天然的良港，便定居下来，并于1652年给这个地方起了一个名字——新阿姆斯特丹，以此来区别荷兰的阿姆斯特丹，并立志建立一个新的“阿姆斯特丹”。

荷兰殖民者从踏上这块土地的第一天起，就明确了他们的目标——赚钱。作为一个港口城市，这里充满了无数的商机，面粉、奴隶、木材和无数商品，都可以在北欧以及地中海、西印度甚至印度洋更大的范围内寻找低买高卖的机会。这种无处不在的商业精神以及只对金钱感兴趣的传统，为华为街的出现奠定了基础。华尔街注定是一个为金钱而生的地方，一个金融家的天堂。华尔街所在的城市——新阿姆斯特丹被称为“人性堕落的大阴沟”。

1650年，在新阿姆斯特丹建立后不到30年，这个港口就变得非常繁荣，成为世界上最大也是最优良的天然海港之一，同时也是荷兰人对外贸易的前站，它的繁荣使得在新英格兰地区的英国殖民者对它垂涎三尺。1652 年爆发的首次英荷大战更是威胁着新阿姆斯特丹的未来。①

这块殖民地的荷兰统治者由于担心新英格兰会从陆路进攻，便决定在城市的北部建立一道防御城墙。城墙用圆木建成，东起珍珠街（那时的海岸线），西至今天的三一教堂，全长约 713 米。教堂的西侧邻近哈德逊河畔陡峭的悬崖，这是一道天然的屏障。城墙设有两个大门，一个建在东河口，是船只卸货的地方；另一个建在与百老汇街的交汇口，是向北的主要陆地通道。

但英国人在 1664 年攻打该城时，并没有从北部的陆地进攻。相反，一支英国舰队从南边海上驶向这个港口，将全城置于炮火之下，从火力上完全压倒了新阿姆斯特丹城堡的守军。英军成功占领了这个地方，并将其改了一个新的名字——纽约。

那道毫无意义的木城墙于 1698 年被拆除。但是墙后的一块 30 米长的空地被保留下来用于军队调动，不允许建造任何建筑。因为交通逐步成为曼哈顿的一个难题，所以这块空地很快不可避免地被改建成一个十字街口，而紧挨着木头城墙的这条街也不可避免地被命名为“墙街”（Wall Street），也就是华尔街。

16 世纪是荷兰的世纪，荷兰人为了突破西班牙人的海上封锁，用思想为现代金融贡献了三大制度：股份公司制度、证券交易所及汇兑银行，并打造了世界第一个储备货币——荷兰盾。

荷兰商人将这些金融创新基因成功带到了新阿姆斯特丹，以务实的赚钱之目的为华尔街注入了金融的基因与灵魂。当该城市被英国人接管改名为纽约时，纽约的市民们仍旧保持着他们那种一贯只对金钱有兴趣的传统，因此也就很快适应了英国的统治和法律。而荷兰商人的赚钱欲望与目标、荷兰阿姆斯特丹的股票与证券交易等金融创新、英国进一步的金融创新等都给这个崭新的城市，这条小小的街道注入了金融创新的活力。金融创新自古至今都伴随着人的贪婪与恐惧、丑恶与光辉，使得这个主宰世界金融秩序的华尔街成为人们心目中的那个爱恨交织的地方。

荷兰人将世界上第一个金融中心阿姆斯特丹的商业文化、金融制度带进了纽约，

① 见约翰·S.戈登所著《伟大的博弈》一书的第一章。

而英国人将世界上第二个金融中心伦敦的金融制度与法律融入纽约，从而造就了超越阿姆斯特丹及伦敦的世界上第三个金融中心纽约。而华尔街则成为纽约的灵魂。

之后，这个被英国占领的地方，又回到了1776年建国的这个崭新的国家——美国手上。纽约成为临时首都，而华盛顿就在华尔街附近宣誓就任第一任总统。之后，由于汉密尔顿与杰斐逊之争，作为妥协与交换，汉密尔顿放弃了首都纽约，但迎来了华尔街的辉煌。华尔街作为政治中心只是短暂的一瞬，而作为金融中心却一直辉煌夺目，经久不衰。

此后数百年里，纽约华尔街与首都华盛顿白宫一直处于爱恨交织的关系。合作与不信任一直延续至今，并将继续。

梧桐树下

18世纪后期，华尔街靠近今天的百老汇的街口有一棵高大的梧桐树，它能遮阳避雨，是做生意的好场所。在独立战争之前，在荷兰人与英国人的金融基因植入下，华尔街就已经具有了之前世界金融中心荷兰阿姆斯特丹、英国伦敦的部分气质与氛围。

1776年美国独立后，第一任财政部部长汉密尔顿开始定期发行国债，市场上增加了很多可交易的品种。可以这么说，汉密尔顿打造了后来的华尔街，而华尔街也成就了汉密尔顿的“旋转门计划”。发行的大规模债券直接导致了证券市场的活跃，而美国历史上的第一只大盘蓝筹股则启动了这个国家第一轮股市投机狂热。

纽约出现了第一批专业经纪人，他们需要一个交易场所，于是就有了美国第一个股票交易所；曼哈顿的证券经纪人选择华尔街的梧桐树作为交易地点。每天从上午10点到下午4点，他们以固定的价格收购国债，再以另一个略高的价格卖出国债。

金融的背后是合约或契约，而契约的基础是信任。但金融创新的杠杆放大了人性弱点中的欲望与贪婪、焦虑与恐慌。在利好驱使下，贪婪被杠杆无限放大，而一旦风吹草动，则恐惧又被杠杆无限放大，极度容易陷入暴涨暴跌的螺旋之中。投机与泡沫也是必然，正是利用了人性的自私与贪婪，实现了金融伟大的、理性的、光辉的一面。没有法律法规的监督，人类的贪婪本性就会暴露出来，人们得挖空心思，竭尽手段去获得巨额的暴利。

欧洲早期的三大金融泡沫事件（荷兰郁金香泡沫、法国密西西比泡沫、英国南海泡沫）同样出现在华尔街上。1666 年，也就是英国人占领纽约后的第二年，弗雷德里克·菲利普斯通过囤积贝壳串珠（北美印第安人用作货币和装饰品）策划了北美洲历史上第一个金融操纵案（弗雷德里克·菲利普斯通过操纵贝壳串珠的价格来控制货币供应，实际上起到了中央银行的作用）。

操纵股市交易是早期华尔街的常态，没有约束的市场充满金钱的陷阱与贪婪。而这起发生在美国建国不久的股票欺诈操纵，甚至与美国的第一次经济危机联系在了一起。主角就是汉密尔顿的助理威廉·杜尔。这次欺诈案差点将汉密尔顿的计划毁于一旦，加大了杰斐逊等对华尔街的质疑。

当华尔街还是一条年轻而粗糙的街道时，其就被指责充斥着股票骗子和投机分子。每隔大约 20 年就会有类似的贪婪和绝望在这里反复出现。

“1792 年华尔街的危机让杰斐逊更加质疑汉密尔顿的政策。但是汉密尔顿认为，虽然我们不渴求金融危机，但如果经济要现代化，这就是不可避免的。汉密尔顿向人们解释，在华尔街值得尊重的股民、券商与无耻的赌徒之间存在着界限。而杰斐逊说，华尔街根本就是人类本性的大阴沟。[①]

1792 年的这场危机结束两个月后，为了防止同行间的恶意竞争，以及场外交易的发生，有 21 个经纪人和 3 家经纪公司在华尔街 63 号的一棵梧桐树下签订了一个协议，经纪人们庄严宣誓并承诺对外交易将收取佣金，彼此交易拥有优先权。具体约定：在为客户提供证券交易服务的时候，收取不低于 0.25% 的佣金。这就是著名的《梧桐树协定》或《梧桐树协议》，他们还建立了纽约证券交易委员会——这一切就是后来华尔街的雏形，也是华尔街作为美国金融中心正式起步的标志。

1792 年 5 月签订《梧桐树协定》被认为是华尔街最早的自我管理，华尔街基本的交易规则开始逐渐形成，华尔街的经纪人们建立起自我约束的证券行业协会，以自律的方式防止危机的发生，从而避免政府的干涉。自此以后，在华盛顿的视野之外，华尔街开始了一个世纪的自我生长。

① 见约翰·S.戈登所著《伟大的博弈》一书的第一章。

伊利运河

刚建国的美国，其经济主要集中于美国东北部的新英格兰地区，而内陆地区与纽约等沿海地区交通十分不便，严重制约了纽约与各州之间的商业与贸易，尤其是与农业资源丰裕的西部地区往来严重受阻。

因为当时没有火车，所以运输货物的成本非常高。为了把美国西部丰富的物产运往东部的纽约，一位有远见的政治家德威特·克林顿（时任纽约市市长）在考察了各方面情况之后计划在伊利湖（北美五大湖之一）与哈德逊河之间修建一条运河。当时联邦政府一年的财政支出还不到 2200 万美元，而要修建该运河需要授权的借款就高达 700 万美元，因此联邦政府认为“近乎疯狂”而拒绝提供任何帮助。老百姓更嘲笑其为“德威特的蠢计”“德威特的小水沟”。德威特·克林顿只得求助于自己。而在纽约，运河的修建计划也遭到了强烈的反对，只有运河规划区内的人支持修建计划，而这只占纽约民众的很小一部分。这个工程被视为疯狂和愚蠢的。德威特·克林顿不愧为一位老练的政治家，他排除万难，使立法机构通过了该计划。1817 年，在他当选纽约州州长之际，伊利运河破土动工。

工程实施困难程度超乎想象。更困难的是，由于得不到联邦政府任何支持，德威特·克林顿只好找到刚开张的纽约证券交易所向社会大众融资。纽约人就在这些诸多不利和十分窘迫的情况下冒冒失失地开始了他们梦想中的伊利运河工程。正是华尔街向伊利运河提供了宝贵的融资支持，伊利运河才有了动工的最重要保障。

耗时 8 年的伊利运河终于在 1825 年完工。这条在伊利湖和哈德逊河之间修筑的运河，长 584 千米，有 83 个水闸，两地落差 183 米，顶部 12 米，底部宽 8.5 米、深 1.2 米。完工之后，伊利运河把美国五大湖以西的货物运送到东部的运费降低了 90%，时间缩短了 1/3。

如果在一片嘲笑声中不予启动或者启动之后又不得不下马，那么就没有后来的纽约证券交易所，因为纽约证券交易所的第一次发行债券就是成功地帮助纽约州政府发行了伊利运河债券。纽约州政府发行的伊利运河债券，就是一张纸，其信用担保就是实体的伊利运河，其价值背书就是伊利运河航运费。伊利运河实际上是纽约证券交易所发行的第一只股票，华尔街的崛起就来源于这只股票。因此，没有伊利运河就没有纽约证券交易所的成功和华尔街的崛起，就没有纽约的股市和纽约的繁荣，也就没有今天美国雄踞全球的金融地位。

伊利运河带来的一个直接影响就是纽约市的人口开始爆炸式地增长。1820 年的纽约人口为 123 700，费城的人口是 112 000；到了 1860 年，这两个数字就变成了 1 080 330 和 565 529。同样令人吃惊的是，纽约作为一个港口城市得到迅猛的发展：1800 年，美国的外来商品大约只有 9% 通过纽约港进入美国；到了 1860 年，这个比例已经跃升到了 62%。这使得纽约一举成为美国的经济中心。纽约地位的确立，间接地导致华尔街地位的逐渐确立。伊利运河功不可没。

伊利运河的巨大成功，刺激美国各州纷纷发行债券修建运河，到 1840 年，美国总共投资了大约 1.25 亿美元修建了长约 5000 千米的运河，而在华尔街运河概念受到追捧，一些还没有图纸，甚至没有河流的地方都开始发行运河债券，逐渐形成了一个巨大的泡沫。在这个对运河概念股狂热投机的牛市中，出现了著名的莫里斯运河股投机案。引发美国股市的首次大熊市。在 1836 年实施《铸币流通令》后，大量实力弱的银行倒闭破产。国内外资本的减少，导致了美国的经济大萧条，这就是著名的 1837 年美国大恐慌。但也是这个时期，“华尔街”作为美国金融市场的代名词进入美国人的字典。

在华尔街早期很长一段时间里，由于证券市场缺少监管，市场上的股票交易，更多的是投机商以及联邦政府有意为之的一种投机活动。

铁轮滚滚

铁路起源于英国，而真正把其发扬光大的却是美国。对美国铁路修建资金贡献最大的有两个：一个是华尔街，另一个则是欧洲，尤其是英国的铁路投资。

美国在进行领土扩张的同时，还做了两件事来开展西部大开发战略：第一是聚集人气，第二是修建基础设施。在基础设施方面，主要大力发展铁路。1828 年，美国开始修筑铁路。当时建造铁路需要的资金是一个天文数字，造价约为每英里[①] 36 000 美元。修铁路的钱从哪儿来？与伊利运河遇到的困难如出一辙，当时美

① 1 英里＝1609.344米。

国政府可是穷得叮当响，不可能拿出一分钱来，只能提供修建铁路所需要的土地。

纽约证券交易所的历史中，第一个牛市出现在19世纪30年代，到1835年，纽约证券交易所的日交易量达到了8500股，短短7年时间增长了50倍（1828—1835年），引领这场大牛市的就是铁路的诞生。这也是运河概念股之后第二个更大的概念股。

1835年，华尔街只有3家铁路公司的股票，到了1850年，数量增加到了38家，铁路的股票和债券占到全美国可流通证券的一半以上。

华尔街的铁路股票和债券吸引了世界各地的人涌入美国，为美国铺设遍布全国的铁路网线。当时一半的铁路工人来自中国的广东和福建，他们在这里一个月能挣26美元。在10 000多名华工中，有超过1000人就埋葬在铁轨旁。

美国第一条铁路为巴尔的摩——俄亥俄铁路，于1830年5月建成通车，全长21千米。1862年，美国总统林肯批准通过了《太平洋铁路法案》，该法案规定由联合太平洋铁路公司和中央太平洋铁路公司共同承建横贯大陆的太平洋铁路。

1830年，美国只有23英里（约合37千米）铁轨，1850年增加到了9012英里（约合14 503千米），1860年已经扩展到了30 626英里（约合49 288千米），并且超过英国。“随着铁路运输网络的不断延伸，使得商品市场跨越美国不同的州、不同的地区，美国金融市场对整个美国经济的影响，在19世纪后半期发生了一个根本的突变。”①

纵横交错的铁路网让美国成为一个真正的统一市场，商品的流通又促进了金融的繁荣。可是，对于修路的速度美国还是不太满意。南北战争后，联邦政府采取了再次下猛药来吸引私人公司投资铁路。联邦政府规定：平原地区每修筑1英里铁路补助1.6万美元，丘陵地区每修筑1英里铁路补助3.2万美元，高山地区每修筑1英里铁路补助4.8万美元。此外，铁路公司还可得到沿线两侧各宽10千米的土地所有权。州政府也不甘落后：在本州范围内修筑铁路，免征铁路公司的税项；对铁路建筑权有特许，提供贷款，铁路公司发行的股票或债券，由政府组织购买；铁路公司所发行的债券，由政府提供责任担保。

美国19世纪后半段的经济史几乎是一部铁路的历史，铁路证券交易让还在蹒跚学步的纽约证券交易所迅猛发展。南北战争爆发时，铁路股票和债券相当于美国证

① 见专题片《华尔街》第4集。

券的 1/3，铁路债券催生了华尔街的第一个牛市。

美国铁路的疯狂修建使欧洲资本家对美国铁路的投资达到了 15.35 亿美元，占欧洲对美国投资的 76% 以上。1900 年，美国营业的铁路线已从 19 世纪 60 年代末的 8.48 万千米暴增至 30 万千米以上，超过了欧洲铁路线的总里程，相当于全世界铁路里程的一半。

南北战争

1861 年 4 月 12 日，南北战争打响，这也是美国建国史上的第一次也是唯一一次内战。战争的残酷远远超出了联邦政府的预想，每天战场上要死伤数千人，每天的军费开支超过 100 万美元。战争初期，财力雄厚的南方在战场上连连得胜。在武器装备与兵力相当的情况下，打仗就是打钱，拥有雄厚财力的一方往往取得胜利。

战争逐渐将联邦政府拖入了财政困境。战争之初，联邦政府的债务就超过 6000 万美元，如果没有更多的资金投入，北方将输掉这场战争。筹集资金成了北方联邦政府能否赢得胜利的关键。于是，北方联邦政府自然而然地想到了借鉴当年汉密尔顿发行国债以及运河与铁路债券的融资办法，发行战争特别债券。

联邦政府找到华尔街的银行家杰伊·库克，希望他能承销 5000 万美元的战争债券。由于金额巨大，所以库克必须创造一种新的销售模式。他发展了创新的市场营销方法来销售美国国债，将大面值的国债变成小面值，再利用爱国主义进行呼吁，那些不太富有的人因为爱国的原因也能够买些小面值的国债，购买国债就是爱国，战争债券成了爱国债券。他以这种方式卖了 5 亿多美元的国债，所以有些历史书里把杰伊·库克称为内战金融家。当战争接近尾声之时，有 5% 的民众都购买了战争债券。

内战开始的时候，美国的国债是 6500 万美元，但是内战结束后，也就是 4 年后，国债达到了 27 亿美元。

在 4 年的战争中，华尔街源源不断地为北方军提供资金保障，而南方种植园内的农场主的资金一点点耗尽，他们还没来得及建立一个战争融资渠道，就已经被战争拖到了破产的边缘。

1865 年，美国内战结束。在这场战争中，南北双方共耗资 150 亿美元，伤亡人数超过 100 万。南方的一位将军在他的回忆录中写道："我们不是被北方的士兵打败的，是被北方的金融打败的。"一场战争改变了一个国家的命运，也改变了世界的金融格局。"所有那些钱都是流经华尔街，所以华尔街从一个世界上不太重要的市场成了世界上第二大金融市场，仅次于伦敦。""华尔街上的金融家们，在南北战争中攫取了第一桶金，其中最瞩目的一个银行家就是摩根。"①

美国内战刚结束，美国历史上最伟大的总统之一，亚伯拉罕·林肯便遇刺身亡。美国内战的结束和林肯的离世，都没有阻挡"废除黑奴制度"的步伐。1865 年 12 月 18 日，美国正式宣布废除黑奴制，极大地解放了美国的生产力，之后的"西进运动"将美国西部开发成为世界最主要的粮仓之一。

1865 年，曾国藩、李鸿章设立江南机器制造总局，开始了"师夷长技以制夷"的"洋务运动"。1894 年，中日甲午战争，大北洋水师全军覆没，历时 30 余年的洋务运动破产。中国人开始探索新的"救亡图存"之路。1894 年，美国的 GDP 超过英国，成为世界上 GDP 最高的国家，一年后，美国的人均 GDP 超过英国，15 年后，美国综合国力超过英国，步步登顶，成为世界上最强大的国家。以电气化为主要标志，从内燃机的使用为代表的第二次工业革命，已经在欧洲开始酝酿。

镀金时代

《镀金时代》是美国作家马克·吐温与查尔斯·沃纳合写的长篇小说，出版于 1873 年，主要揭露了美国南北战争以后流行全国的投机流行病，贪污受贿。该书出版后，很快就被人们广泛用以形容美国当时政治腐败，以及崇尚粗鄙的实利主义的社会状况。后来，人们也将从南北战争结束到 20 世纪初叶的美国这段历史时期定名为"镀金时代"。

两次游历美国的著名英国作家狄更斯在其名著《双城记》中写下了这样一段流传后世的话："这是一个最好的时代，也是一个最坏的时代；这是一个智慧的年代，这是一个愚蠢的年代；这是一个信任的时期，这是一个怀疑的时期。"

① 见专题片《华尔街》第4集。

1776年建国，1787年制定宪法，之后，新秀美国走上快车道。之所以这个崭新的国家发展如此迅猛，原因有很多，可总结归纳如下：其一，清教徒的信念与文化基因；其二，1620年《五月花号公约》及1630年温斯罗普的“山巅之城”布道；其三，荷兰人与英国人的金融与商业基因；其四，洛克与孟德斯鸠的法治政府理念，《国富论》的市场经济思想，以及英国工业革命影响。而最重要的一点是，建立这个国家的功勋们将其理想根植在了这片崭新的土地上，吸收与继承了欧洲的经验与遗产，但却没有欧洲大陆沉重的历史包袱与传统观念的羁绊。

19世纪是英国的白银时代，是美国的镀金时代。伴随着美国一起疯狂成长的有运河、铁路、电报、内战、西部淘金，但每一个重大事件或变革的背后，都有华尔街的影子。华尔街不断地为成长中的美国筹集银弹，同时又在美国的发展中不断成长，为这个崭新的国家带来繁荣与辉煌，也为这个国家一次又一次制造危机与恐慌。

铁路引领的大牛市时代早已远去，华尔街人在此后的岁月中，又经历了电气时代、互联网时代、生物时代，在这里似乎永远都不缺乏题材，资金总是随时准备投入新的时代当中，就像是随时准备冲上战场的炮弹。华尔街的金钱永不眠！

美国铁路的迅猛发展带动了其他行业悄然发展，使美国完成了大国崛起所需要的一切积累。就在这短短的100年里，新秀美国不断走向历史舞台的中央，且在向欧洲各国学艺的过程中，迅速抓住了第二次工业革命。在经济等综合国力事实上超越头号大国英国近50年之后，美国才慢慢接过老大手中的枪。

电气革命

人类经济自第一次工业革命之后获得了空前的高速发展，呈现出指数级的、爆发式的增长，增长曲线斜率越来越陡峭。而金融与科技成为经济飞速发展的两只翅膀、两个车轮。在每一次经济大周期中，令世界经济真正走出泥潭，迎来新的爆发点，上升到一个更高增长台阶的，非重大科技发展莫属。

世界至今经历了三次重大的技术革命，分别是以蒸汽机为代表的第一次工业革命、以电气为代表的第二次工业革命、以计算机信息技术为代表的第三次工业革命。

每一次技术进步都将世界经济推向一个更高层次的发展，创造了更大的财富，且速度更快、周期更短。

19 世纪中期，随着资本主义经济的发展，自然科学研究取得重大进展，1870 年以后，由此产生的各种新技术、新发明层出不穷，并被应用于各种工业生产领域，促进经济的进一步发展，第二次工业革命蓬勃兴起，人类由此从机械时代进入电气时代。第二次工业革命极大地推动了社会生产力的发展，对人类社会的经济、政治、文化、军事、科技和生产力产生了深远的影响。资本主义生产的社会化大大加强，垄断组织应运而生。

创造了第一次工业革命辉煌的英国没能再接再厉发动第二次工业革命，并就此衰落。第二次工业革命的领头羊与代表是欧洲大陆的德国与北美大陆的美国。

19 世纪六七十年代，出现了一系列的重大发明。1866 年，德国人西门子制成了发电机；到 19 世纪 70 年代，实际可用的发电机问世。电器开始用于代替机器，电成为补充和取代以蒸汽为动力的新能源。随后，电灯、电车、电影放映机相继问世，人类进入了电气时代。科学技术应用于工业生产的另一项重大成就，是内燃机的创新和使用。

19 世纪七八十年代，以煤气和汽油为燃料的内燃机相继诞生，19 世纪 90 年代，柴油机创制成功。内燃机的发明解决了交通工具的发动机问题。19 世纪 80 年代，德国人卡尔·弗里特立奇·本茨等人成功地制造出由内燃机驱动的汽车，内燃汽车、远洋轮船、飞机等也得到了迅速发展。内燃机的发明，推动了石油开采业的发展和石油化工工业的生产。19 世纪 70 年代，美国人贝尔发明了电话；19 世纪 90 年代，意大利人马可尼试验无线电报取得了成功，都为迅速传递信息提供了方便。

而美国发明家爱迪生发明了电灯，并与大金融家摩根合伙于 1892 年创立了伟大的公司——通用电气公司。特斯拉则在 1882 年发现了交流电。

在第一次工业革命时期，许多技术发明都来源于工匠的实践经验，科学和技术尚未真正结合：而到了第二次工业革命时期，自然科学的新发展，开始同工业生产紧密地结合起来，科学在推动生产力发展方面发挥了更为重要的作用，它与技术的结合使第二次工业革命取得了巨大成果。

第六章

成长中的烦恼

十年一危机

美国自1783年取得了对英国殖民者的独立战争胜利后，通过以新币换旧币及发行国债的“旋转门计划”，妥善地解决了独立战争期间所欠的各种债务，树立了良好的国家信用。同时，也为华尔街带来了第一批国债生意。之后，联邦政府及州政府通过与华尔街的合作，以股票或债券方式筹集建设资金及战争军费，先后为美国修了运河、铁路，两次打败心有不甘的英军，并赢得了内战。19世纪的美国，是一个大搞基础设施建设的美国，也是一个不断拓展疆域的美国。而华尔街用金融创新为成长中的美国提供了源源不断的资金与动力。

但这一时期是危机频发的时期。在经济危机一次次降临在工业革命发源地英国数十年之后，美国也逐渐卷入其中。美国从以英国为中心的经济危机边缘慢慢地走向了危机的震中。这可能也印证了一句话：能力越大，责任也就越大。经济越繁荣，危机也就可能越频繁。

19世纪，美国是世界上最大的新兴市场，经济增长飞快。然而，这种增长不是内生式的，而是由来自欧洲和拉丁美洲的大量投资推动的，这些投资涌入了美国的农业及铁路行业。当衰退不可避免地发生时，金钱迅速外流，加重衰退的影响，在美国历史上留下历次金融危机的印记。

据有关统计资料显示：美国在建国后，曾先后于1825年、1837年、1847年、1857年、1867年、1873—1879年、1882—1883年、1890—1893年、1900—1903年、1907—1908年、1920—1921年、1929—1933年、1937—1938年、1948—1949年、1957—1958年、1969—1970年、1974—975年、1980—1982年、1987年、1990—1991年、1997年、2001年、2007—2012年，多次发生过经济危机（累计高达24次）。其中，19世纪发生了8次经济危机，大部分与铁路投资泡沫有关。

如果从统计学角度进行量化分析，你就会发现，美国基本上是十年一危机。相对于美国需求不足下的生产相对过剩危机（生产/供给相对过剩）而言，苏联、东欧等计划经济国家的经济危机则更多表现为短缺危机。

美国的经济危机有生产相对过剩的危机、恶性通胀危机、滞胀危机、通缩危机等多种形态，也出现大量的由股市泡沫、互联网泡沫、债务泡沫、房地产泡沫引发的金融危机，以及货币引发的货币危机、黄金危机等。

美国的金融危机与经济危机相互关联、相互影响与作用。而且自1868年之后，世界经济危机的震中转移到美国，美国走向经济危机的中心。无论危机是否由美国引起，美国都成为世界经济危机影响最大的国家，其自身受危机影响最大，同时对其他国家的危机形成及损害也最大。而在危机震中向美国转移后，美国也逐渐取代英国，成为世界头号经济大国，持续了100多年。

还有一个现象是，美国虽然成为新的世界经济危机的震中，但却是复苏最快的国家，也是近百年来经济平均增长率最高的国家，是典型的长跑冠军。而且每一次危机过后，美国总是通过不断完善，推动新的立法来加强监管。一次次危机过后，美国在创新中崛起，先后抓住和引领了第二次工业革命、第三次工业革命。

19世纪末，随着“最后边疆的消失”，美国经济危机已难以消化。1873年和1882年的世界经济危机均由美国铁路泡沫经济的崩溃而引发，并对美国经济造成严重打击。两次经济危机中美国都属于最严重一类。而前几次危机虽然有些是由美国某种泡沫经济（如1836年的土地热、1857年的铁路热）的崩溃引发，但危机主要是在严重依赖国外利润的英国展开，然后再扩散，而这两次是在美国展开然后扩散到其他国家。1890年，美国的境况已和1866年及之前的英国一样了：经济危机后发，但却最严重。

为了掠夺国外利润弥补国内不足，美国逐步向拉丁美洲和亚洲扩张，其扩张除了商品和资本输出外，还加紧争夺殖民地。除前述侵占近邻墨西哥55%领土（截至1853年）外，还通过资本输出控制了墨西哥的政治和经济；1853年，黑船事件用坚船利炮撬开日本大门；三次侵朝失败后，美国于1882年打开李氏朝鲜国门，签订一系列不平等条约；1873—1874年，多次袭击中国台湾地区但遭失败；1875—1898年，侵吞夏威夷；1898年，发动美西战争，从西班牙手中夺取了古巴、菲律宾、波多黎各和关岛；1899年，提出倡议资本主义国家公平集体掠夺中国的“门户开放”政策；1900年，八国联合组军抢劫中国，美居其一；1904年，与日、俄展开争夺中国东北的战争。

在拉丁美洲方面，1823年美国提出“门罗主义”；19世纪80年代，提出“泛美主义”；20世纪初，提出“大棒政策”和“金元外交”政策加紧对拉丁美洲的扩张。

以英国为中心的经济危机下的美国

1788—1868年的80年间，世界先后总共发生了11次重大的经济危机，而英国则成为了这11次经济危机的震中。在这些以英国为中心的世界经济危机中，其中有6次危机波及并影响到美国这个崭新的国家。下面简要总结一下美国在这6次危机中的具体表现。

1. 第六次经济危机中的美国（1819—1822年）

1819年，英国经济陷入了第六次经济危机。1819年破产事件超过1815—1816年危机的最高点。1819年11月，棉纺织工业三大中心——曼彻斯特、格拉斯哥、培斯利——工人的工资降低了一半以上，全国食品消费量比1818年减少三分之一。由于世界贸易的恢复，1815年和1819年两次危机对美国、法国、德国正在成长的纺织工业和冶金工业造成了沉重打击。这也是刚建国不久的美国遭遇的第一次全球性经济危机的波及。

2. 第七次经济危机中的美国（1825年）

1825年，英国发生了一场经济危机，其后将近半个世纪，英国接连发生此类危机，直到 1866 年，英国的经济才有了喘息的机会，并获得一段稳定期，但经济危机并没有结束。本次危机主要原因是英国依靠销售外国国债以刺激出口，结果导致其黄金大量外流，加重了危机。而英国巨额的外国公债投资导致的债券投机屡屡失败，不仅造成了本次危机，而且为英国衰落埋下了隐患。为了拯救危机，英国开始大量低价向国外倾销产品，而英国货倾销美、法、德各国市场，重创了这些国家的经济，尤其对美国经济造成了一定的冲击。

3. 第八次经济危机中的美国（1837—1843 年）

这场危机又被称作 1837 年美国大恐慌，可见在这场危机中，对美国经济造成的影响有多大。虽然，这场危机的震中在英国，但美国损失也很惨重。1837 年初秋，全美 90% 的工厂关了门，美国历史上首次进入了萧条时期（这仍然是迄今为止美国历时最长的萧条期）。从 1837 年到 1842 年，美国破产事件达 33 000 起，破产总金额达 44 000 万美元，而当时美国最大的企业规模在 1000 万美元左右。同期，工资水平下降了 30%—50%。

1836 年，美国第七任总统安德鲁·杰克逊关闭了联邦银行，将资金转移至州银行，美国联邦银行管理体系由此开始呈现衰势。随即《自由银行法》诞生，各州的银行申办手续大幅简化，但随之而来的欺诈行为也纷纷发生。1837 年，马丁·范布伦升任总统后，情况越来越糟，各家银行纷纷因失去信用而倒闭，成千上万的人失去了自己的土地，美国由此进入了连续 5 年的经济危机。

经济大萧条终于在 1843 年结束了，但经济复苏的进程依然缓慢。直到美墨战争结束之后，由于美国在这场战争中获得了新的领土，经济才快速发展起来。1848 年的加利福尼亚淘金热则真正改变了整个国家和经济的性质。

4. 第九次经济危机中的美国（1847—1850 年）

1847 年秋，铁路投机终告破产，英国第九次经济危机开始了。本次危机原因是英国为了扩大出口对美国铁路建设投机过度，建设成本大幅上升，收益转为亏损；英格兰银行控制黄金外流，美国信贷紧缩，导致需求大幅萎缩，从而引发危机。

英国的危机很快传递到其他国家。美国的冶金业受英国危机影响最严重。1846 年生铁进口量只相当于美国国内产量的十分之一强，1851 年进口量几乎与国内产量持平，本国产量大幅减少。之所以如此，是因为美国追随英国《谷物法》的废除，将金属进口税从 75%—110% 下调至 30%。结果，英国钢铁潮水般涌入美国，在新税则实施三年内美国钢铁产量下降了 33%。其他经济部门的情况却比较缓和。

5. 第十次经济危机中的美国（1857—1858 年）

1857年经济危机在世界经济史上是第一次具有世界性特点的普遍生产过剩危机。

1854年时，危机已经开始冒头。由于连续三年对美国和澳大利亚的出口增长过猛，纺织品价格下跌，铁的出口量也下降了，企业不得不缩减生产。在英国商品的冲击下，美国、法国、德国的工业生产都出现下降。随着需求的萎缩，以英国为中心的第十次经济危机终于更加猛烈地到来了。

1957 年秋，靠空头支票、出口信贷生存的进出口商首先大批破产，继而银行纷纷倒闭。一度同纽约争夺全国金融中心地位的费城，几乎全部银行都停止支付。随后，纽约 63 家银行中的 62 家遭到挤兑而停止支付，贴现率上升到 60%—100%。铁路公司的股票价格下跌了 85%—87%。

危机暴露出的损失充分说明，从 1854 年到 1857 年的繁荣是靠金融投机支撑的。一旦金融系统崩溃，实业必将以更大规模破产。美国的冶金工业和纺织工业减产 20%—30%，铁路建设工程量缩减一半，造船量减少 3/4。每周运煤量减少 15 000 万吨，许多煤矿关闭，煤价大幅度下跌。美国农业损失惨重。

1857 年秋，美国还爆发了金融危机，整个银行系统瘫痪。美国的金融危机在 10 月中旬达到了顶点，当时纽约 63 家银行中有 62 家停止了支付，贴现率竟然超过了 60%，股票市场行市则下跌了 20%—50%，许多铁路公司的股票跌幅达到 80% 以上。美国的经济危机迅速蔓延到英国和欧洲大陆，引发了一阵又一阵的破产浪潮。

1857 年经济危机波及面很广，之后爆发了南北战争。其后，奴隶制的废除、宅地法的实施、重工业的发展，为美国经济的加速发展创造了十分有利的条件。

6. 第十一次经济危机中的美国（1867—1868 年）

英国危机降临后，英制品以更大规模涌入美国，打破了美国的战后繁荣。1865 年上半年，输入美国的英国棉纺织品为 2400 万码，下半年就激增至 9800 万码。受害最深的是美国造船业，从 1864 年到 1869 年，造船业生产下降了 34%。然而，美国造船业的危机不仅仅是周期性的危机。事实上，由于英国造船业的强大竞争力，美国造船业一直到19世纪末才重新达到或超过1864—1865年的水平。

19世纪以美国为中心的经济危机

自第11次危机之后，世界经济危机的中心开始从英国转移至经济逐渐发展壮大的美国，美国成为了世界第12次经济危机的中心。就在美国成为世界经济中心之后不到20年，美国便成为了世界经济排名第一的国家。以下是美国成为世界经济危机中心之后，历次危机中的表现。

1. 以美国为中心的第一次经济危机（第十二次经济危机）（1873—1879年）

这场危机又被称作1873年美国大恐慌。这场危机的震中是美国，危机源头来自铁路投资，引爆点是铁路股票泡沫崩盘。这也是以美国为中心的第一次、全球的第十二次经济危机。19世纪美国的经济危机源头有三个：其一是债务，其二是运河，其三是铁路。英国该时期的经济危机有所不同，其源头主要有三：其一是生产过剩，需求不足，粮食危机加重危机影响；其二是出口信贷、销售外国公债、对外投资等导致的黄金外流引发的货币危机；其三是对美国铁路等过度投资连续失败引发衰退。

由于美国幅员辽阔，铁路建设的潜力很大，南北战争结束又扩大了南部对北部工业品的需求，也加快了西进的步伐，铺设新线仍然有诱人的利润前景，故美国铁路建设率先走出低谷。1865—1875年，全世界铁路线从14.6万千米增加到29.6万千米，其中美国占一半以上。1865—1873年，美国铁路投资约20亿美元，其中在英国筹集的资金约占一半。如此大规模的铁路建设给英国重工业提供了强劲的需求，使英国经济走出危机。

1872年，由于建设成本高涨，预期收益下降，美国的铁路线增长速度开始放慢，机车及铁轨订货开始减少。于是，铁路股票价格开始下跌。从下跌转为暴跌的，是开始于1873年的奥地利首都维也纳的股市暴跌，维也纳证券交易所危机引发了第十二次世界经济危机。

伦敦、巴黎、法兰克福、纽约金融市场一片恐慌，铁路股票纷纷下挫。1873年9月，美国最殷实的银行之一——杰伊·库克金融公司因铁路投机破产，纽约股市狂泻，

5000家商业公司和57家证券交易公司相继倒闭，纽约证券交易所第一次关门10天。此后，美国铁路线增长率连续四年下降，生铁产量由260万吨降至190万吨，船舶产量下降60%，机车产量下降70%。进口额则从1872年开始连续下降四年，降幅达36%，其中铁和纺织品的进口分别减少了82%和50%。

德国遭到重创，特别是重工业，迅猛发展后，生产能力严重过剩。法国经济繁荣程度不高，受打击却不轻。1873年法国的棉织业产量减少40%，煤、铁的产量都大幅减少，而且萧条持续了很长时间。

主要工业国的经济萧条当然直接影响到英国。英国生铁产量，1872年为685万吨，1873年降为667万吨，1874年降至609万吨；生铁出口量的降幅更大，1872年为396万吨，1873年为347万吨，1874年减至296万吨，1876年更降至259万吨。与此同时，铁路和造船业、机器制造业都下降了。然而与美、德经济的下降幅度相比，英国的降幅还比较缓和。

总结：

19世纪是美国大基建的时代，因美国铁路投机而发生的危机最为常见。投资和生产猛烈扩大，市场需求远远跟不上增长，结果便是投机破灭，经济萧条。

2. 以美国为中心的第二次经济危机（第十三次经济危机）（1882—1883年）

1878年到1879年的英国经济危机并没有像以往一样波及美国和德国。这是世界经济史上的一个转折点。此后，英国开始走向衰落，而美国、德国则日益强盛。原因在于美、德两国都抓住了第二次工业革命的大机遇，同时，美、德两国政府都大大提高了贸易保护水平。

美、德两国先后采取的贸易保护主义政策成为世界潮流，除英国外，其他各国都纷纷转向。此后，美、德等各国竞争力不断增强，其国内市场越来越多地为本国工业所占领，英国的国际市场份额明显缩小，甚至英国的国内市场都开始受到美、德商品的入侵。这是一股决定英国走向衰落的历史大潮。从根本上说，这股潮流得以形成，是因为英国的国际统治经验还不够丰富，没有将它的世界经济优势转变成世界政治优势，没有花大力气在各国国内扶植自由贸易派，打击贸易保护派，从而无法决定或至少影响其主要竞争对手的国内政治。100多年以后，美国就比较善于将经济优势转变成政治优势。历史是相信强权的，只有在政治上统治了各国，经济上的优势才能有保障。

贸易保护主义的另一个后果是，世界经济周期的同步性下降了。一个国家陷入危机时，另一个国家可能还在继续高涨。而一个国家已经开始复苏时，另一个国家却可能深陷萧条。在危机程度上也有了新的特点。以往，受危机影响的程度更多地取决于国际竞争力和金融投机。英国竞争力强，可以转嫁危机，受危机影响较浅，其他国家则常常比英国更严重。金融投机强的，受危机影响深。此后，贸易保护程度对危机程度也有了日益重要的影响。然而，由于美国经济活动总量居世界首位，所以美国的经济周期对其他各国的影响更大一些。换句话说，从1873年危机以后，美国危机的起讫通常主导着世界经济的萧条与繁荣。

除采取贸易保护主义政策以外，带动美国走出1873年危机的，是铁路建设的又一个高潮。危机挤破了泡沫，降低了建设费用，提高了技术水平，这样向辽阔的中西部和远西部进军的铁路又可以重新开工了。从1879年到1883年，美国共建成铁路近5.3万千米，约占同期世界铁路建筑量的50%，重工业主要产品产量则增加了一倍，钢铁工业的技术水平开始与英国并驾齐驱。但是，美国钢铁工业仍不能满足铁路建设的需求，仍然需要大量进口英国钢铁，甚至进口一部分德国钢铁。于是，美国再次成为世界经济走向繁荣的龙头。

1882年，美国铁路建设退潮，引发世界经济史上的第十三次经济危机。这期间美国建造了两倍于实际需要的铁路。平行铁路恶性竞争，竞相削减运费，使铁路经营入不敷出，银行及投资者纷纷抛售铁路股票和债券。1883年，伦敦市场上美国的铁路股票价格跌至面值以下。铁路投资骤然萎缩。萧条期间，美国的托拉斯大规模发展，遍及铁路、石油、食糖、肉类加工、煤、酒等产业，市场价格逐渐止跌回稳。

英国经济早在1882年就开始下降，美国铁路退潮后，危机加深了。法国的严重程度仅次于美国。1882年，法国联合总银行、法国里昂银行和法国罗尔银行纷纷倒闭，震惊全国。德国的情况稍好，由于贸易保护和国内工业卡特尔化，德国工业的竞争没有出现大规模投机浪潮，受外国廉价商品的倾销影响小，只有对美国出口的钢铁和机器数量下降幅度较大。

总结：

美国铁路投资过热导致铁路投资泡沫，当泡沫崩盘时，一场由美国铁路引发的第二场全球性经济危机终于来临。这正应了那句话：繁荣即危机，危机孕育在繁荣之中。仅在 19 世纪，因为美国铁路大建设而导致的投资泡沫崩盘引发的经济危机就超过 4 次。由此可见，美国铁路的疯狂。100 多年过去了，美国仍然是世界上铁路总里程最多的国家，远远超过排名第二的中国。

3. 以美国为中心的第三次经济危机（第十四次经济危机）（1873—1896 年）

1886 年以后，铁路建设浪潮再一次高涨。从 1885 年到 1892 年，全世界修筑的铁路线达 19 万千米，是上次高潮的近一倍。其中美国就修筑铁路 7.5 万千米，比上次高潮多一半。在这一时期，第二次工业革命已经爆发，电灯、电话、电车、电动机等不断问世，形成一个又一个新产业。但这一轮工业革命的领导者已经不再是英国，而是美国。

在铁路建设和第二次工业革命的推动下，美国兴建了大批煤井、铸钢厂、炼铁炉，仅新建成的煤矿生产能力即达 6000 万—7000 万吨。1892 年，通用电气公司已经向全国 400 多家电车公司供应设备。工业的迅猛发展，大量移民入境和新土地开拓，使美国的国内市场猛烈扩大。

在欧洲，德国工业建设规模跃居第一位，钢的生产能力扩大了一倍，新增采煤能力 1800 万—2000 万吨。英国也在发展，铸钢工业的生产能力扩大了一半，采煤能力也继续增长。法国仍然是以轻纺织工业发展为主，从 1882 年到 1892 年，纺织工业设备的增长速度仍比采掘、冶金工业快，与美国和德国的情形恰成对照。总的来看，法国的发展远远落在德国后面。

本次危机最先爆发于德国。1890 年 3 月，德国股票市场暴跌，此后股价连续下降两年多。从 1890 年到 1891 年，破产事件约 1.5 万起，铁路建筑规模缩减了 60%。适逢农业歉收，危机更加严重。

美国的危机比较曲折，但却更为严重和漫长。1890 年，美国即发生金融危机。1890 年上半年，生铁、钢、铁轨和机车及轻工业的生产都下降了，但下半年又迅速好转。1891 年再次陷入危机。从 1893 年 1 月到 8 月，工业股票平均市价下跌近一半。一年内有 600 多家银行和信用机构破产，各类破产事件超过 1.5 万起。1894 年，94 条铁路被拍卖，资本总额达 11 亿美元。在危机中，钢产量下降了 18%，铁轨和机车产量分别下降了 47% 和 70%。金属和金属制品价格指数下降了 44%，纺织品价格指数下降了 26%。萧条一直到 1896 年，美国经济才进入复苏阶段。

英国的危机也始于 1890 年，采煤量下降 11%，生铁和钢产量分别下降 19% 和 18%，船舶吨位减少 32%，出口额缩减 18%，进口额减少 8%。

1890 年开始，危机也降临到法国各工业部门。但在采矿冶金部门，直到 1893 年才明显表现出危机。危机期间，法国的铁轨和船舶产量分别下降 34% 和 37%，棉花消费量减少 23%，出口额下降了 18%。

这次危机的一个重要后果是，法国终于加入了贸易保护主义潮流。1892 年法国制定了《梅利奈税则》，大大提高了进口工业品关税率。物极必反，法国在吃尽了自由贸易的苦头后，所实施的保护政策是全欧洲最严厉的。

上述发生在美国的这次经济危机，是一个连续发生的超长周期的大萧条。前后历经 20 多年，被称为“长萧条”（Long Depression）。尽管其影响已被 20 世纪 30 年代的 1929 年大萧条（历史上最大的经济危机）所冲淡，但这次经济衰退从 1873 年 10 月一直持续到 1896 年 3 月，是有纪录以来最长的 GDP 低谷。

由于美国和英国之间的铁路投机泡沫破灭，大量债务远非金融体系所能消化，进而出现典型的债务——通缩循环，引发恐慌。混乱的清算导致大量银行和公司倒闭，同时资产价格下跌，令未倒闭的银行和公司也不堪重负。失业率飙升到前所未有的高度。尽管没有多少详细记录，但有证据表明，宾夕法尼亚州 1/3 的工人长期失业。据另一估计，1873 年冬天，纽约 1/4 的工人失业。物价不断下跌，名义工资随之下降。美国的名义工资在十年间的跌幅超过 1/4。

此后直到1896年，铁路投机导致国际银行危机频发。事后，许多学者将1873—1896年这一时期视为一次长萧条。其萧条的时间超过1929年美国大萧条。

总结：

从这场危机可以明显看到，新的危机已经不同于以往那些简单的生产相对过剩的经济危机，而出现了一种新的情形：铁路投机泡沫破裂，导致铁路股票大幅下跌，引发股市震荡，又进一步传导给相应的金融机构，引发金融机构破产倒闭，出现金融危机，又反过来加深经济危机。

黎明前的黑暗

美国经济总量在1894年超越英国，成为世界上头号经济强国，纽约华尔街也逐步成为世界新的金融中心。在19世纪全球经济危机中，美国有3次成为危机的中心，有4次危机因为美国铁路投资泡沫而引发。从危机发生时各国贸易保护政策出台来看，全球化程度越高，主要经济大国的经济危机传导性越强，越可能引发全球经济危机。

从19世纪英美引领全球经济危机的过程来看，经济越发达，在世界经济中的地位越重要，发生危机的频率越高，危机损害程度也越深。美国的经济危机越来越与金融相关，而股票引发的股市大震荡则成为众多危机的诱因或导火索。

经济已成功上位的美国并不急于谋求取代老大英国的地位（美国也是英国政策的追随者），反而在20世纪初逐渐转向保守的孤立主义，基本不参与欧洲的纷乱事务与爱恨情仇，而是一门心思发展资本主义市场经济，这一点与英国漫长崛起中的战略定力颇有几分相似之处。在此期间，美国紧随德国成为第二次工业革命的领头羊。在之后的两次世界大战中，美国都成为重要的力量，甚至决定了战争结果的走向。而且美国都是最大的获益者。

在两次战争结束后，无论是欧洲的战胜国还是战败国，都已经债台高筑、废墟处处。老牌帝国英国走向没落，一蹶不振。欧洲大陆强国法国几乎国破家亡，世界经济两强（紧随美国其后）德国与日本已经元气大伤，任凭宰割。而所有的古老帝国彻底走向历史深处就此终结（奥匈帝国、俄罗斯帝国、奥斯曼帝国等）。一度高速发展的计划经济“带头大哥”苏联也耗尽了心血。此时，积蓄了多年能量的美国终于抛弃了孤立主义，走上历史舞台。原有的欧洲旧大陆主导的传统秩序被新大陆上的美国构建的新的全球秩序所取代。

但是在迎来自己辉煌明天之前，世纪之交的美国在20世纪初却出现了巨大的危机，该危机使得美国重新思考新的问题。我们将这两场接二连三的危机称为黎明前的黑暗。

世界经济危机1900

这一次危机发生在20世纪的元年，这是美国20世纪的第一次大危机，也是世界的第十五次、以美国为中心的第四次经济危机，发生于1900—1903年。

德国经济于1893年开始复苏，美国是1895年，而英国比美国还晚一些。这一轮经济高涨是钢带动的。钢材价格的不断下降，使一切钢制品，如机器、工具、铁轨、桥梁、机车、轮船等需求都迅速扩张，从而带动了新一轮经济繁荣。

但是，繁荣必然引发投资泡沫，泡沫引发危机，这成了一个铁律。新的危机还是不邀而至，这次危机是从俄国开始的。1892—1893年，俄国出现其资本主义历史上最可观的一次高涨。从1890年到1900年，俄国铺设了22 600千米铁路。顿巴斯的煤、巴库的石油、南方的冶金业都有长足的进展。19世纪90年代末，俄国的生铁和钢产量已超过法国而居世界第四位，铁路线的长度仅次于美国。但是，俄国的发展主要是靠外国资本和进口机器、铁轨进行的。1890年，外国资本在全部股份资本中约占25%，到1900年则占40%以上。主要投资者依次为法国、比利时、德国。外国投资者看中的是俄国辽阔的土地和丰富的矿产资源，当他们在本国找不到有利可图的投资出路时，就把目光投向了俄国。因此，这一轮高涨既是俄国大规模开发的开始，也是俄国经济的进一步殖民地化。迅速而持续的扩张自然引来狂热投机，滥设企业，虚估前景，股票和债券高溢价发行。结果，1899年夏天一场金融危机席卷俄国，随之工业生产陷入危机。

在俄国有大量投资并向俄国大量出口的法国、德国、比利时等国最先跟进，英国尾随其后。美国的危机发生得较晚，比较曲折，但程度却最严重。1900 年生产已经开始下降，市场信心开始失稳，1901 年 5 月，纽约股市暴跌，但很快又上涨。1901 年和 1902 年，美国的固定资本投资还在继续，生铁、钢和煤的产量都有所增长，直到 1903 年，美国才爆发全面危机，并转入萧条。因垄断组织哄抬物价，危机被延长。

这场危机戏剧性地展示了英国和德国的竞争地位的消长。由于德国钢铁工业的技术先进程度、生产集中程度都高于英国，而且采取鼓励输出、限制输入的贸易保护主义政策，所以德国钢铁大量出口英国，并占领英国的海外市场。1900—1902 年，德国黑色金属的净出口增长 3.5 倍，从 1900 年的 71.5 万吨，增长到 1902 年的 320.9 万吨。与此同时，英国黑色金融进口额在 1900—1904 年增加了 62%。这就使德国能够尽早摆脱危机，而英国的危机则被延长了。

面对强大的竞争对手的崛起，以及世界性的贸易保护主义潮流，英国的自由贸易政策开始动摇了。英国内阁以张伯伦为首的集团开始主张恢复保护关税，取消自由贸易，代之以“帝国国内特惠关税”。如果说工业革命后的英国开启了全球化，那么，这一次又是英国开启了逆全球化。百年之后的美国，也重复了这条老路，利则开，不利则逆。

同时，明治维新之后强大起来的日本在 1900 年也爆发了第一次经济危机（看来经济危机是经济强国的成人礼）。

总结：

本次危机起源于俄国的金融危机，导致经济危机，需求萎缩，继而引发依靠向俄国出口的其他国家的经济危机。本次危机已显现世界经济危机的传导作用。

美国银行危机 1907

这是世界的第十六次、以美国为中心的第五次经济危机，发生于 1907—1908 年。这一场危机又被称为 1907 年大恐慌、1907 年银行业危机、1907 年金融危机。这场危机影响大，举世震惊。对于美国而言，本次危机使得美国开始反思汉密尔顿当年建立中央银行的初衷，决定重建新中央银行。对于世界而言，本次危机影响了地缘政治格局，也为德国挑起第一次世界大战埋下了伏笔。

1905年，美国最后一个摆脱危机并迅速转入高涨。这一次高涨不仅时间短，而且强度弱，但投机程度却很高。这一时期，一些新兴工业崛起，如电力、汽车、化学等。从1902年到1907年，美国的发电量从48亿千瓦时增至106亿千瓦时，增长了一倍多。1900—1907年，世界汽车产量由7000辆增至8.4万辆。在德国，化学工业的从业人数从1900年的15.3万人增至20.8万人。法国的汽车工业格外引人注目，1907年，法国已经生产了5.5万辆汽车，超过美国（4.4万辆）。但是，带动这一轮高涨的主要因素仍然是铁路和重工业建设。1905—1907年，美国建成了25 000千米铁路，使用了860万吨钢轨，生产了2万台蒸汽机车和69万节车厢。

由于许多新兴工业崛起，所以这一轮高涨本来可以指望持续时期比较长。但是创业投机猖獗，使这一轮高涨暴起暴落。在美国，这一时期大量个人企业转变为股份公司，发行掺水股票，从中牟取暴利。大量欧洲资本通过提供短期信贷来资助创业投机。美国和德国的投机活动最为强烈，而英法的资金则被卷入其中。在英国和法国，70%—75%的有价证券是外国债券。因此，美国与德国的生产能力迅速扩张。这一轮高涨的新建生产能力大部分都是在1906—1907年建成投产的，由此带动原材料价格的飞涨。

如此高的价格是很难被有限的需求接受的，于是泡沫破灭的时机又成熟了。1907—1908年，美国破产的信贷机构超过300个，负债达3.56亿美元，大多数银行停止支付现金。30多家铁路公司倒闭，他们拥有股票和债券达6.1亿美元，铁路长度达1.3万千米。还有2.74万家工商企业登记破产，共负债4.2亿美元。在美国，本次危机引起的生产下降比以往任何一次都严重。

与美国经济联系密切的英国首当其冲，危机深度仅次于美国。危机在德国也十分严重。1907年，法国的工业生产总值下降了6.5%。其中丝纺工业危机最严重，丝织品出口量减少了24%。本次危机以后，德国工业实力已经明显超过英国。德国的钢铁产量比英法两国的总和还多，机器制造业发展迅速，电气、化学等工业成为德国的骄傲。德国海军实力已经接近英国。虽然如此，英国还拥有重大优势：庞大的殖民地，巨大的商船队，数额巨大的资本输出。德国认为，其实力与海外殖民地规模很不相称，而殖民地的重要性在经济危机时期更显重要。

于是，从经济战争转向军事战争的时机渐渐成熟了。1909 年起，美国、法国经济开始复苏并很快进入高涨阶段，德国到 1912 年才走向高涨，英国则更晚。然而，这一轮经济高涨的主要动力却是军备竞赛。1913 年，新一轮经济危机已初露端倪。

在本次危机前后，欧洲旧大陆上帝国格局发生了变化，德国的快速崛起改变了力量的均衡，一场挑战者与守擂者之间的较量即将在英德之间展开，而这场较量却在各方的不情愿及失控之下逐步升级演变为一场人类的悲剧——第一次世界大战。1914 年夏，第一次世界大战爆发，各国转入战时计划经济，危机遂告消失。

总结：

自由经济下，过度投资引发实体经济泡沫，过度投机引发金融市场泡沫，泡沫破灭，危机发生。本次危机为通过战争手段转嫁危机提供了前因。

拯救者摩根

第一次拯救：美国支柱产业

1893 年，美国经历了一次严重的经济衰退，上万家企业破产，超过 600 家银行倒闭。刚通过合并成立一年的通用电气公司也再度濒临破产，此时 J.P. 摩根出面拯救了它，从此通用电气公司成为摩根银行忠诚的客户。拯救通用电气公司在当时还不算一件大事，J.P. 摩根在铁路行业开展的业务规模影响更加巨大，以至于后人用其名字来命名这类业务——摩根式重组。摩根式重组奠定了摩根银行在美国金融界的地位。

当时铁路股票占美国纽约证券交易所总规模的 60%，而在经济衰退中，1/3 的铁路公司陷入经营困境，最终是 J.P. 摩根用他庞大的资金和权力拯救了美国的铁路行业。与传统银行不同的是，J.P. 摩根会直接介入经他出资拯救的铁路公司的管理。管理才是摩根式重组的核心。虽然听起来简单，但稍有商业知识的人都会明白，重组铁路公司并能完善其管理是一个极度复杂的系统工程，而 J.P. 摩根带领他的合伙人没日没夜地完成了。当时有记者称摩根银行为“合伙人的墓地”，因为有几个合伙人死于工作中。据后人统计，全美接近 1/6 的铁路（伊利铁路、俄亥俄铁路、费城铁路和北太平洋铁路等）经过了摩根式重组，而这些公司的营收总和相当于当时美国政府年收入的一半。

铁路行业以外，J.P. 摩根还重组了美国钢铁行业，其代表作便是出资成立美国钢铁公司，并在此后全资收购钢铁大王卡内基的钢铁公司。另外，J.P. 摩根还组织过一个海运托拉斯，试图垄断当时的海运业务，虽然最后没能成功，但是之前类似的组织只存在于人们的想象中，而 J.P. 摩根用他的资金和权力使其成为现实。

J.P. 摩根利用其权力与资金，以及卓越的整合管理能力，挽救了华尔街，挽救了美国经济。同时也通过美国产业发展历史上、乃至全球企业并购历史上的第一次重大产业并购，获得了空前的成功，以及巨大的收益，建立起庞大的金融与产业融合的帝国，也形成了资本主义历史上最大的托拉斯。

第二次拯救：金本位货币制度

1895 年，老摩根第一次用自己的实力和父亲留下的关系网为美国，也为自己挽救了金本位制。

当时美国联邦向欧洲客户发行了大量的美国债，而这些债券的价值和信用全部基于美国的金本位制。如果欧洲客户发现美国有可能废除金本位制从而导致他们手中所持的债券有所贬值，他们会毫不犹豫地将手头的债券卖掉换成实物黄金。

结果导致了大量挤兑。当时美国政府为了保持金本位的货币体制，需要保证其拥有至少价值 1 亿美元的黄金实物，而在始于 1893 年的经济衰退中，美国的实物黄金曾一度只剩下 900 万美元，但需要立即兑付的实物黄金却高达 1000 万美元。就在美国政府即将违约之时，J.P. 摩根和罗斯柴尔德家族联手为美国政府提供 350 万盎司的黄金实物支持，换来美国国债的承销权。美国政府得以补充流动性并避免了违约，J.P. 摩根带领的财团则通过美国国债为自己大赚了一笔。

第三次拯救：银行与华尔街股市

1903—1907 年，美国经济飞速发展，市场对于资金的需求不断增加，资本的巨大需求促使美国机构与个人投资者过度举债，这其中就诞生了一个金融机构——信托投资公司。缺乏政府监管，导致信托投资公司无限制地过度吸纳社会资金，投资于高风险、高回报的行业和股市。1906 年，纽约一半左右的银行贷款都被信托投资公司作为抵押投在高风险的股市和债券上。没有监管的信托投资公司将金融的泡沫越吹越大。但泡沫终究是脆弱易碎的，注定不会持久。

20 世纪前后在欧洲爆发了第二次布尔战争与日俄战争。为弥补战争造成的巨大损失，欧洲各国中央银行普遍提高利率，这导致大量黄金资本迅速从美国回流欧洲。而在 1906 年 4 月，美国旧金山大地震造成严重破坏，大量资金被投入旧金山的重建工作上，连作为美国金融中心的纽约也一度出现现金告急。由此出现了严重的流动性危机，波及银行与股市。

1907 年 6 月，纽约市市政债券发行失败。

1907 年 7 月，铜交易市场崩溃。

1907 年 8 月，洛克菲勒的美孚石油公司被罚款 2900 万美元。

1907 年 9 月，股市已下跌了近 1/4。

在恐慌下，市场传言尼克伯克信托投资公司即将破产，第二天这家信托公司便遭到挤兑。尼克伯克信托投资公司由此成为第一张倒下的多米诺骨牌。1907 年 10 月，那只掀起飓风的蝴蝶终于出现了，尼克伯克信托投资公司（Knickerbocker Trust）进入破产清算。

各种流言蜚语如病毒一般迅速传染了整个纽约，惊恐万状的市民在各个信托投资公司门口彻夜排队等候取出他们的存款。银行则要求信托投资公司立即还贷，受到两面催款的信托投资公司只好向股票市场借钱，融资利率便一下翻了 1.5 倍。1907 年 10 月 24 日，股市交易几乎陷于停盘状态。

J.P. 摩根此时以救世主的面目出现了。纽约证券交易所主席来到 J.P. 摩根的办公室求救，他声音颤抖地表示如果不能在下午 3 点之前筹集到 2500 万美元，至少 50 家交易商将会破产，他除了关闭股票市场将别无选择。下午 2 点，J.P. 摩根紧急召开银行家会议，在 16 分钟里，银行家们筹足了钱。J.P. 摩根立即派人到交易所宣布借款利息将以 10% 的利率敞开供应，交易所里立即一片欢呼。仅过了一天，紧急救助的资金便告罄，利息再度疯长。8 家银行和信托投资公司已经倒闭。J.P. 摩根赶到纽约清算银行，要求发放票据作为临时货币以应付严重的现金短缺。

1907 年 11 月 2 日，J.P. 摩根“拯救”仍在风雨飘摇之中的摩尔斯莱公司。该公司已陷入 2500 万美元的债务，濒临倒闭。但是它却是田纳西矿业和制铁公司的主要债权人，如果摩尔斯莱公司被迫破产清偿，纽约股市将完全崩溃，后果不堪设想。J.P. 摩根将纽约金融圈子里的大腕悉数请到他的图书馆，商业银行家被安排在东书房，信托投资公司老总被安排在西书房，惶惶不可终日的金融家们焦急地等待着 J.P. 摩根给他们安排的命运。

最后银行家们同意出 2500 万美元去解救这场危机。J.P. 摩根用个人的力量控制住了 1907 年的金融危机，使它没有长时间持续，也没有造成巨大损失，他是自亚历山大・汉密尔顿以来华尔街上另一个有着巨大影响力的强势人物，他在 1907 年应对危机的措施深远地影响了美国今天的金融体系。

美国连续三次陷入严重经济危机与银行危机，都是由于缺乏最后贷款人——中央银行。因为，每当市场极度恐慌而导致银行遭遇挤兑、股票市场遭遇崩盘等危机之时，如果缺少了中央银行这个关键的最后贷款人来注资或买单，那么，市场就将因缺乏巨额资金支持而无法解决市场流动性的危机，导致危机不断加重。而拥有雄厚财力及强大影响力的 J.P. 摩根，三次扮演了美国中央银行的角色，几乎以一己之力拯救了美国。

因此，他不仅是金融史上最有权势的金融家，也是华尔街前无古人后无来者的传奇。

央行美联储

美国第一银行

如前所述，汉密尔顿为了解决独立战争欠下的债务，推出富有想象力的“旋转门计划”。而这个计划核心借鉴了英国已经成功的国债发行制度，为了保障国债能够成为联邦持久的融资工具，就有必要借鉴英国中央银行——英格兰银行的做法设立一家联邦的中央银行，扮演最后贷款人的角色。

1791年2月25日，在美国首任财政部部长汉密尔顿的力推下，华盛顿总统签发了创建国民银行的法令。建立美国第一银行的法令在参众两院都以2/3多数通过。美国第一银行由汉密尔顿以英格兰银行为蓝本进行构建，成立于费城，特许经营期是从1791年至1811年，美国第一银行最初的主要工作是保障国债顺利发行，来逐步偿还独立战争时期累积的债务，并为美国财政部服务。

美国第一银行是美国的第一个中央银行，不能算是监管者，但至少是一个中央机构，可以监视银行。不过，汉密尔顿创建的中央银行立刻受到了杰斐逊及其支持者的严厉指责，比“旋转门计划”更让他们无法容忍的是政府权力开始直接向市场延伸。

美国第一银行其实是一家70%的股权属于外国人的私人性质的银行，于是很多美国人担心欧洲金融家族会通过他来控制美国，加之市场担心其会相对其他私人银行具有政策优势，所以美国国会只批准美国第一银行经营20年，1811年到期后就只能被迫关闭。在此后漫长的时间里，华盛顿和华尔街渐行渐远，政府不再以任何形式管理市场，而在权力真空之下，华尔街的私人金融机构却趁机独揽了美国的金融大权。

美国第二银行

美国第二银行成立于1816年，命运与美国第一银行类似，国会也只批准了20年的经营期限（1816—1836年）。由于其他银行对其地位的强烈反对，所以美国第二银行1836年到期后也没有能够得到国会的续期审批，被迫关闭。第一银行和第二银行虽然还不是现代意义上的中央银行，但在当时却是全国性的银行，其他商业银行都是州内银行，而且它们都是当时唯一一个为美国财政部提供服务的银行，拥有财政部的所有存款。

美国第二银行的有关背景信息如下：1812年，美国因为英国在拿破仑战争

（1803—1815 年）中强征美国海员、破坏美国与欧洲大陆的中立贸易、鼓动和联合美国西部印第安人部落反美等原因与英国交恶，爆发了第二次独立战争（1812—1815 年）。虽然美国勉强打赢了这场战争，但国内经济却因为战争期间的封锁和破坏而困难重重，军费的增加和战争债券的发行使本来就很脆弱的联邦财政更加混乱不堪。当时，美国市场上合法的货币只有金银两种，金银货币又重又大，携带不便，民众纳税还债时只好选择地方银行发行的纸币。而地方银行鱼龙混杂，管理不善，造成纸币泛滥，信用全无，面值大跌，形同废纸。这也是美国建国以来面临的最大货币危机——滥印货币。为了整顿这一混乱的局面，更为了支付政府欠下的战债，国会的民主共和党人不得不再走联邦党人的老路，在 1812 年通过了建立第二合众国银行（the second bank of the United States）的法案，授予它为期 20 年的经营特许状。当年最激烈反对建立第一合众国银行的詹姆斯·麦迪逊此时已是美国总统，为形势所迫，他也不得不签署了该法案。

1832 年，美国第七任总统安德鲁·杰克逊认为，美国第二银行是一个精英机构，挟国际财阀集团之势，垄断金融业，牺牲普通社会民众的利益，偏袒东部制造业的发展。于是，杰克逊总统的否决得以实施。到了 1836 年，在特许经营期到期后，美国第二银行只能以州银行的身份继续经营。

美国联邦储备委员会

美国联邦储备系统，简称“美联储”，是根据美国《联邦储备法》于 1913 年 12 月 23 日成立的。美联储的核心管理机构是美国联邦储备委员会。与其他国家中央银行不同的是，美联储是一家私人银行。在 2008 年美国次贷危机中，美联储发挥了重要作用。在 2020 年新型冠状病毒肺炎（以下简称“新冠肺炎”）疫情肆虐世界、冲击美国实体经济及华尔街的危急时刻，美联储果断出手抛出无底限量化宽松（QE），助力美国股市企稳。美联储的每一个举动都牵动华尔街的心脏、美国的神经，乃至全世界各国的高度关注力。其已经在事实上成为世界各国的中央银行，其发行的美元成为世界第一大储备货币。

在美国第二银行被关闭之后的 70 多年里，美国政府再也没有试图建立一个类似中央银行的机构。但随着金融市场的发展，没有中央银行的弊端也不断暴露出来。1873 年、1884 年、1890 年、1893 年、1907 年美国都发生过由于挤兑造成银行大规模倒闭的金融危机。1893 年的金融危机，美国有超过 500 家银行破产倒闭。而到 1907 年，美国又爆发了金融史上最严重的危机。

面对 1893 年危机造成的铁路、钢铁股票债券引发的大恐慌，J.P. 摩根果断出手拯救，开启了美国经济史、企业史上第一次最大的产业并购。J.P. 摩根又于 1895 年出手拯救了美国金本位制。在 1907 年更大的银行危机中，J.P. 摩根再次果断出手，组织银行家共同出资 2500 万美元拯救了华尔街与美国银行业。

连续不断的周期性经济危机，尤其是金融危机，让美国联邦政府与华尔街越来越认识到汉密尔顿当年力推中央银行的重要性。缺少中央银行的 70 年恰恰是美国经济飞速增长期，也恰恰是美国金融危机频发期。金融危机一次比一次大，每一次都差点造成毁灭性打击。美国经济在高速增长的同时，也在一次又一次危机中大起大落，险象环生，跌宕起伏。

如果没有 J.P. 摩根个人起到了中央银行的作用，恐怕这三次危机中的任何一次都会将美国拖入深渊，令其万劫不复。

1907 年大恐慌之后，纽约的银行家对中央银行的态度开始转变。大恐慌之前，他们一直抵触中央银行，认为有清算所就够了，不需要中央银行，但金融危机改变了他们的立场。而公众也被 J.P. 摩根等纽约私人银行家挽救金融危机的传奇故事所吸引。

金融危机的不断发生让美国人意识到，需要有一个中央银行监管金融市场。不久，美国参议员尼尔森 · 奥尔德里奇组织了一个委员会，专门负责调查金融危机的成因以及教训。

奥尔德里奇对欧美金融市场进行了系统的比较分析，起草了《奥尔德里奇计划》提案，主张美国应该效仿欧洲国家成立一个统一的中央银行。在发生金融危机时，中央银行可以向被挤兑的银行提供紧急贷款，以稳定金融市场信心。

在《奥尔德里奇计划》的基础上，参议员欧文和众议员格拉斯在 1913 年起草了《联邦储备法》并获得国会通过。

美联储采用联邦政府机构加非营利性机构的双重组织结构，避免了货币政策完全集中在联邦政府手里。虽然位于华盛顿的美联储是美国联邦政府的一部分，但组成美联储的这 12 家联储银行却是非营利性私营组织。联储银行并不以营利为目的，而是与美联储一起承担美国中央银行的公共职能。

1913 年美联储成立以后，开始在美国履行中央银行职能，对银行业进行统一监管。美联储机构设置、运行模式、监管立法等方面也在实践中不断完善，逐渐使得美国成为世界上金融市场最发达、监管体系最完善的国家。美联储的成功也使得美元的地位不断得到巩固，逐步成为世界货币。

游走在独立与迷失之间

美国开国元勋汉密尔顿与杰斐逊为美国指引与规划了两条发展道路。事实上，200 多年的美国成长史也基本上沿着这两条道路前行，两条道路交织在一起共同助推了美国的成长。在美国金融与经济发展道路上，汉密尔顿的指引发挥了重要作用，造就了新的世界金融中心华尔街。尤其是借鉴英国中央银行模式构建的美国中央银行在建国之初发挥了很大的作用。但这个模式之后被抛弃了，在没有中央银行的岁月里，美国经济大起大落，经济增长迅猛，但经济危机也频发，而且在危机中损失巨大。因为缺少了最后贷款人，一旦发生危机，后果的严重程度犹如滔天洪水直冲没有任何防洪大堤的街区。

在惨痛的教训中，美联储终于成立。在美联储成立至今的百年岁月里，美联储的作用越来越大，从最后贷款人到今日根据现代货币理论直接成为最后买单人。但是，美联储基于其模式及美国政治考量，并非真正的独立者，而是游走在独立、理性与附庸及迷失之间。

美联储的机构设置采取的是“一体两翼”的格局。其中“一体”是指位于首都华盛顿特区的联储理事会（Board of Goverors），负责领导、监控美联储的货币政策操作与联储银行的日常经营。美联储全部 7 名理事（包括主席、副主席）的任命，先由美国总统提名，参议院银行委员会咨询并审议，最后送入参议院投票通过。因此，美联储的领导层是美国总统个人思想与参议院多数派议员集体意志结合的产物。

联储银行是美联储“两翼”中的一翼，负责美联储与各地商业银行的沟通交流和业务往来，其职能包括贴现、监管、清算及担当国库。商业银行是联储银行的股东，但来自商业银行的董事既无法担任董事长，也无法提名银行行长，董事权力被大大削弱。

联邦公开市场委员会是美联储“两翼”中的另一翼。其负责公开市场操作、制定联邦基金利率、调整美联储银行资产负债表，并协调统一这 12 家联储银行贴现价格。这 12 名委员中，既有来自政府提名的理事，也有代表各地区利益的联储行长，不过政府意志占相对多数地位。

总统个人对美国联邦储备委员会主席、理事的提名权，极大地干扰着美联储的政策方向。历史上许多任美国联邦储备委员会主席，都与当时美国总统的个人风格脱不了干系。比如，美联储在 20 世纪六七十年代受制于当时的总统风格，沦为傀儡。又如，特朗普时代的美联储总是在总统的指责与压力下改变政策方向。

除了受到来自总统的人事影响以外，美联储还有一条不成文的规定，就是尽量不干扰美国的选举政治。这就造成了大选年，美联储倾向于保持货币政策稳定，创造低利率的货币环境，以免受总统候选人所诟病。①

福特汽车

从经济发展简史角度考察，人类经历了农业经济、工业经济及数字经济三个大时代。在漫长的人类历史中，农业经济长达数千年。直到 1500 年前后的大航海及地理大发现才开启了全球化时代，之后海上大通道将孤零零的世界大陆连在了一起，贸易与采矿业催生了制造业的发展，英国纺织业的发展及蒸汽机的发明标志着人类进入到工业经济时代。人类社会如何从农业经济时代跨入工业经济时代，亚当·斯密的《国富论》、马克思的《资本论》都从不同的角度进行了分析与研究，给出了不同的解决之道。

除了亚当·斯密与马克思在经济思想层面给出的解释与答案之外，在工业经济

① 参见国海证券《迷失的美联储》一文。

的实践中，美国福特汽车将工业生产流水线化，带来了工业生产的标准化、规模化，为社会大分工、公司治理模式、现代企业管理方式带来了变革，真正奠定了工业经济的基础，使得工业经济真正区别于农业经济。农业经济的核心在于：劳动力、土地及农业生产工具。而福特流水线开拓的工业经济核心在于资本、技术、管理、工艺流程、技术工人。还可以毫不夸张地说，福特开创的流水线作业模式是工业经济时代的标志，为工业生产开创了全新的时代。

亨利·福特于1903年创立了福特汽车公司，1908年生产出世界上第一辆T型车。

1913年，亨利·福特和他的团队在美国高地公园整车厂推出了全球第一条流水生产线，这是福特对于全球制造业最伟大的贡献。流水生产线的问世简化了福特T型车的组装流程，将原来涉及3000个组装部件的工序简化为84道工序。

新的生产工序为汽车的批量生产带来了革命性的进步，将每辆车的生产时间从原来的12小时缩短为仅仅90分钟。

由于采用了高效的流水生产作业，所以汽车生产所需的时间、成本和人力资源大幅下降，随之而来的好处是将福特T型车的售价从850美元降低到300美元以下，从而让高品质的汽车成为广大消费者能负担得起的交通工具。随着工艺的不断改进，福特的工厂每24秒就能生产一辆T型车。到1927年，全球售出超过1500万辆福特汽车，占当时全球汽车销售总量的50%。

“福特的新工艺立刻传播开来。不仅是在其他的汽车制造商之间，也影响了诸如照相设备、吸尘器、冰箱等其他制造领域，”前亨利·福特博物馆运输馆馆长、《T型车：百年风云》一书作者Bob Casey表示，“生产线成为了美式制造业的象征。”

1914年，亨利·福特实行了“5美元日薪制度”。对亨利·福特来说，订立这一在当时具有里程碑意义的薪酬方案，主要目的是让自己的员工有能力购买自己公司生产的产品。此举不仅增加了员工的士气与忠诚度，也为美国中产阶级消费阶层的形成做出了重大贡献。从此，一个不受地域限制、可以自由出行、无论在哪里都能自由追求美国梦的阶层开始形成。

小 结

“五月花号”与“阿贝拉号”为后来的美国注入了思想与灵魂。“五月花号”彰显的契约精神、“阿贝拉号”立意构建的“山巅之城”，为后来的美国立意高远。虽然美国在崛起过程中，尤其成为超级大国之后，与先辈们的理想渐行渐远。但是，不能不说，先辈们的梦想之伟大。

建国之初的美国，建立的是一个理想的“山巅之城”，而不是照搬欧洲旧大陆的陈规陋习，那新的道路如何走呢？“光荣革命”后的英国与大革命后的法国为崭新的美国提供了不同的参照物，而汉密尔顿与杰斐逊之争为美国指明了不同的方向。崛起后的美国实际上将两条道路完美地融合成一个多元的航标。

华尔街的故事告诉我们，强大的资本市场对于一个国家的崛起与富强是多么重要，虽然华尔街的贪婪、欺诈、泡沫与动荡，与从美国为中心的一个个世界经济危机有关，但也为美国的强大提供了更多的支持与保障。美联储则告诉我们，独立的中央银行对经济与金融危机的拯救是多么重要。

附 注

1901—1913年的东西方世界

1901年 清廷全权代表奕劻和李鸿章，与德国、奥地利、比利时、英国、美国、法国、意大利、日本、俄国、荷兰、西班牙等11国代表在北京签订《辛丑条约》。

1902年 英日同盟成立。

1903年 巴拿马脱离哥伦比亚独立建国，并与美国签约开凿巴拿马运河。

莱特兄弟完成人类首次飞行。

1904年 日俄战争爆发。

圣路易斯举办奥运会。

1905年 瑞典和挪威分离。

第一次摩洛哥危机发生。

爱因斯坦创立狭义相对论。

1906年 旧金山大地震。

全印穆斯林联盟成立。

1907年 第二次海牙和平会议召开，英、法、俄组成协约国。

1908年 清朝末代皇帝溥仪即位，年号宣统。

伦敦举办奥运会。

奥匈帝国吞并波斯尼亚和黑塞哥维那，引发波斯尼亚危机。

福特汽车公司推出T型车。

1908—1909年 土耳其革命。

1911年 摩纳哥独立，并颁布宪法，实行君主立宪制。

第二次摩洛哥危机发生。

1911—1912年 意土战争。

1912年 中华民国正式成立；清帝溥仪退位。

斯德哥尔摩举办奥运会。

第一次巴尔干战争爆发。

日本大正政变。

泰坦尼克号沉没。

1913年 第二次巴尔干战争爆发。

福特汽车第一条流水线生产线建成投产。

第四部分

天灾与人祸

战争、瘟疫与大萧条
（1914—1945）

导 读

1914年—1945年是世界大动荡、大战乱、大灾难、大危机、大洗牌、大重构的时代。这也是由欧洲旧大陆主导的旧秩序向北美新大陆的美国重建的新秩序过渡的时代，更是一个殖民时代结束、民族独立、帝国分崩离析与终结的时代。

直到现在，人们还在反思：为何在这33年间，发生了第一次世界大战、第二次世界大战这样惨绝人寰的战争悲剧？是什么原因导致德国挑起两次世界大战？假如在斐迪南大公命丧萨拉热窝这样个人悲剧发生后，各方能够冷静处理，1914年8月的炮火还会轰隆隆地响吗？假如英、法等国能够遵从美国总统的建议，宽容而理性地处理战败国德国的赔款问题，德国还会挑起第二次世界大战吗？两次世界大战对世界经济格局、世界秩序起到了什么样的改变与重构？

除了两场世界大战，这33年间还发生了两场天灾人祸。1918年西班牙的大流感席卷全球，伴随着战争全球传播，给世界带来致命的威胁。这场大瘟疫又给世界带来了哪些改变？我们应从中得到什么样的启示？ 1929年由美国华尔街股市崩盘引起的大萧条，波及世界，带来一场史无前例的经济危机。大萧条何以发生？如果政策得当，这场危机还会发生吗？或者说还会这么严重吗？

第七章
一战、瘟疫与大萧条

八月炮火

德法恩仇录

德国是一个矛盾的国家，其思想与理性的光辉将人类带向一个又一个高度，而其疯狂与罪恶一次又一次将人类推入灾难与毁灭的深渊。

作为罗马帝国北方门口的“野蛮人”，日耳曼人的入侵加速了罗马帝国的灭亡。而他们却又臣服于罗马的文明与基督信仰。之后，他们的宗教改革又再一次带来西方文明的曙光。

这个充满矛盾的民族国家，从神圣罗马帝国到铁血首相俾斯麦打造的德国，一旦启动，就彰显出巨大的能量、迅速崛起。而强大后一旦疯狂，则带给世界巨大的冲击与震荡。

1913 年，当德国全面超越英国，成为仅次于美国的世界第二大经济强国时，德国战车启动了。1914 年，第一次世界大战爆发；1939 年，第二次世界大战爆发。德国成为人类历史上两次世界大战的策源地。

为何是德国？第一次世界大战缘何爆发？第二次世界大战为何又与第一次世界大战后的德国巨额战争赔款有关？在解释清楚这些问题之前，我们必须回望这个国家的历史，梳理一下德国与法国的历史恩仇录。

843 年，查理曼帝国皇帝路易一世去世 3 年后，洛泰尔、日耳曼人路易及查理等三方签订《凡尔登条约》，查理曼帝国分裂为东、西、中三个法兰克王国。洛泰尔仍承袭帝号，并分得意大利中部和北部以及莱茵河和阿尔卑斯山以西，埃斯科（斯海尔德）河、默兹河、索恩河和罗讷河以东地区，称中法兰克王国；日耳曼人路易分得莱茵河以东地区，称东法兰克王国；查理分得洛泰尔领地以西地区，称西法兰克王国。该条约所划分的疆界经过 870 年《墨尔森条约》的调整，大体上确定了近代意大利、德意志和法兰西三国领土的雏形。

870 年，查理和日耳曼人路易签署《墨尔森条约》，商定双方共同瓜分洛泰尔占据的中法兰克王国。然而，查理则试图独自占领整个中法兰克王国，但在日耳曼人路易阻挠下没有成功，于是查理（之后的法兰西）与日耳曼人路易（之后的德国）双方由此结下仇怨。

9 世纪末，西法兰克王国的波索公爵自立为王。为换取东法兰克王国中立好腾出手对付波索，东、西法兰克王国于 880 年年初签订《利贝蒙条约》，割让洛林给东法兰克王国。从此两国（后来的德国与法国前身）为了洛林展开了长期争夺。

911 年，加洛林王朝的最后一位君主驾崩，东法兰克王国的公爵推选康拉德为国王，此举被德国历史学家视为法兰克帝国的彻底崩溃和德意志史的开端。

962 年，德意志（即东法兰克王国，1871 年后称为德国）国王奥托一世在罗马加冕为罗马皇帝，后腓特烈一世改国名为神圣罗马帝国。

987 年，法兰西岛公爵雨果 · 卡佩建立起卡佩王朝，西法兰克王国终由法兰西王国所取代。国王被取代，恩怨却流传了下来。德、法两国从此登上历史舞台，为了争夺欧洲霸权开始了长达千年的恩怨情仇。

1453 年，法国获得第一次英法百年战争的胜利，民族获得统一，成为当时欧洲强国。

1494 年，法国入侵意大利，与神圣罗马帝国为争夺欧洲霸权爆发大规模战争，持续 65 年，双方在意大利本土大打出手，最终法国霸权梦想落空。

1618 年，三十年战争爆发，神圣罗马帝国几乎遭到了以法国为首的整个欧洲的反对。战争结束后，日耳曼各邦国大约被消灭了 25%—40% 的人口。帝国 1300 万人口只剩下不到2/3，有400万以上的德意志人在战争中丧生，德意志失去了将近一半的男人，12 000个城镇村庄遭到破坏。神圣罗马帝国被再次削弱，所有战争带来的痛苦都由德意志人所承担，这极大地刺激了德意志民族建立统一强大国家的渴求。法国借此获得欧洲霸主地位，并且得到了阿尔萨斯和洛林。

1733年，波兰王位继承战争爆发，神圣罗马帝国与法国、西班牙以及两西西里王国爆发大战，法国重建巅峰时期的欧洲霸权，神圣罗马帝国再度削弱，普鲁士（德意志联邦中最强大的成员国）开始崛起。

1756年，七年战争爆发，法国力图吞并汉诺威，以阻止普鲁士崛起，结果法国大败，声望一落千丈，而普鲁士稳住了自己第五列强的席位。1795年，法国兼并莱茵河以西的普鲁士领土。1800年，神圣罗马帝国再次战败。1806年8月1日，再次被拿破仑打败后，神圣罗马帝国议会宣布自行解散，8月6日，奥地利皇帝弗朗茨二世根据拿破仑的要求，宣布放弃神圣罗马帝国皇帝的称号，始建于962年的神圣罗马帝国灭亡，普鲁士开始直接与法国争霸。

1806年10月，耶拿—奥厄施泰特战役爆发，拿破仑大胜，普鲁士和萨克森几乎全军覆没。10月27日，拿破仑以胜利者的姿态进入柏林，普鲁士投降。1807年7月9日，法普签订《提尔西特和约》。普鲁士只留下了“旧普鲁士”、波美拉尼亚、勃兰登堡和西里西亚四个省，其余领土全部丢失，军队裁减到4万人，赔款1.5亿法郎，在赔款没缴清前，法军驻扎在普鲁士境内。普鲁士失去了一半以上的土地和人口，领土支离破碎，不再是欧洲强国，沦为德意志一个小邦，拿破仑踏着德意志的尸骨登上了欧洲独裁者的宝座。

普鲁士痛定思痛，推行了大规模改革，终于在第六次（1813年）和第七次（1815年）反法联盟交战中打败了法国，普鲁士疆域扩大到自默麦尔河延至莱茵河，由此走上真正的强国之路。为了获得霸权，普鲁士与法国的矛盾也不断激化，向法国复仇的情绪开始不断弥漫。

铁相俾斯麦统一德国

1815年时的德意志是由许多小的国家组成的联邦国家（普鲁士是最强大的成员

国），还是一个农业国家，四周强敌环伺，北有丹麦，南有奥地利，西有法国，东有波兰，一个个虎视眈眈。而由众多小国组成、一盘散沙的德意志其实主要核心还是普鲁士。1815 年，俾斯麦就出生在普鲁士的一个普通的家庭。

1862 年 9 月 22 日，俾斯麦担任普鲁士王国首相，着手策划德意志统一大业。1861 年德意志和丹麦发生战争，为了不让其他列强进行干涉，俾斯麦和南边的奥地利帝国进行了联盟。战争胜利后，丹麦将两个州瓜分给奥地利和德意志。1866 年普奥战争，普鲁士以快而惊人的胜利搅乱了欧洲局势，确定了其在德意志联邦中的领导地位。

德意志南部的一些小邦国，其实是由法国在幕后操控着，但是由于德意志急于统一，这也造成了法国和德意志的矛盾不断升级。1870 年，由于西班牙国王继承问题，普鲁士做出了让步，但是法国却一直得寸进尺。

1870 年，法国对普鲁士宣战，普法战争爆发，最终普鲁士大获全胜，法国被迫签订带有羞辱性质的《法兰克福和约》，割占当时法国最发达的两个工业区阿尔萨斯和洛林给普鲁士，同时向普鲁士赔款 50 亿法郎，并排除法国对普鲁士统一的干扰。这一条约耻辱程度类似于 1895 年中日甲午海战中失败的大清政府被迫签下的《马关条约》。

1870 年 11 月，代表北德意志联邦的俾斯麦与南德意志诸国缔结联合和约，南德意志诸国与北德意志联邦合并，成立“德意志帝国”。

1871 年 1 月 18 日，普鲁士国王威廉一世在法国凡尔赛宫镜厅正式登基为德意志帝国皇帝，德意志完成统一，一跃成为欧洲举足轻重的强国，这改变了自克里米亚战争以来的欧洲格局，使德国在欧洲的霸权地位上升，踩着法国成为强大的“中欧帝国”。

德意志帝国是欧洲第一个在君主立宪制中君主权力最大、君主制约着国会和其他议员的国家。而在其他国家，比如英国的君主立宪制，国王是没有实权的，只是国家的象征和代表，议会是国家的权力机关，这和德意志帝国正好相反。

协约与同盟

正是基于以上的种种原因，使得德、法两国之间矛盾丛生，战争不断，恩怨纠缠千年，相互想着报仇雪耻。

在敌国皇宫内登基称帝，德国这一赤裸裸的羞辱令德、法矛盾愈演愈烈。德国担心法国报复，采取结盟政策围堵法国，1879 年与奥匈帝国结为盟友，1881 年与法国争夺北非突尼斯失败的意大利主动寻求与德国结盟。以德国为核心的三国军事同盟国集团建立。不过，相较于德国和奥匈帝国的传统盟友关系，奥斯曼帝国的入伙比较曲折，此时的奥斯曼帝国已经沦为“西亚病夫”，任人宰割。面对欧洲大国的虎视眈眈，奥斯曼帝国一直希望加入协约国，以求自保，但是俄国正在找机会瓜分奥斯曼帝国，英国和法国也十分轻视奥斯曼帝国，所以协约国前后 6 次都拒绝了奥斯曼帝国的结盟请求。怀着对协约国的悲愤，奥斯曼帝国加入了同盟国。

之后，保加利亚王国又加入同盟国集团，使得同盟国成为一个以德国为核心，由奥匈帝国、奥斯曼帝国、保加利亚王国、意大利等数个国家组成的强大军事同盟。但意大利则在 1915 年 5 月脱离同盟国，加入了另一大军事集团——协约国集团。

法国铆足了劲要报仇雪恨，但是也意识到光靠法国的力量很吃力。1892 年，法国与俄国缔结军事同盟；1904 年，法国又与英国缔结协约；1907 年，英俄又缔结协议。以法国为核心的另一大军事集团——协约国集团成立。之后，塞尔维亚王国、比利时王国、罗马尼亚王国、希腊王国等先后加入协约国。1915 年意大利加入协约国。一战后期，美国加入协约国。俄国则因为 1917 年的十月革命而退出一战。

两大军事集团对抗与争雄时代由此形成，这为之后的第一次世界大战埋下了隐患。这两大军事集团的形成完全系德法的千年恩仇，互相提防。参与双方的各国其实也都有各自的利益考量，各怀鬼胎，同床异梦。

命丧萨拉热窝

萨拉热窝是被奥匈帝国占领的波斯尼亚和黑塞哥维那的首府。1914 年 6 月 28 日，奥匈帝国在邻近塞尔维亚边境进行以塞尔维亚为假想敌的军事演习。这一天是塞尔维亚和波斯尼亚联军 1389 年被奥斯曼帝国军队打败的日子，演习选定在这一天极具挑衅意义，奥匈帝国皇储亲自检阅了这次演习。

当日清晨，斐迪南大公的车队进入萨拉热窝市区时，一个塞尔维亚暗杀者向斐迪南大公夫妇乘坐的敞篷车投出一枚炸弹。炸弹被车篷弹到地上，在第三辆车前爆炸，碎片只击伤了几个随行人员。斐迪南大公夫妇继续前行，并参加了市政厅举行的欢迎仪式。之后斐迪南大公决定前往医院看望受伤的随从，但司机偏偏走错了方向，正好撞上了守候在拉丁桥附近的另一个塞尔维亚暗杀者普林西普。中弹后的斐迪南大公冲着同样中弹的妻子大喊：“索菲娅，亲爱的，别死！活着，为了我们的孩子！”此次事件史称“萨拉热窝事件”，成为第一次世界大战的导火索。

弗朗茨·斐迪南大公是奥匈帝国皇储，弗兰茨·约瑟夫一世皇帝之弟卡尔·路德维希大公之子。在 1889 年皇太子鲁道夫自杀后，他被立为哈布斯堡王朝皇储，1898 年任奥军副总司令。

八月的炮火

巴尔干半岛地区由于复杂的民族矛盾，素有“欧洲的火药桶”之称，在俄国的支持下，塞尔维亚摆脱了奥斯曼帝国的统治，企图兼并属于奥匈帝国的波斯尼亚和黑塞哥维那，建立一个泛斯拉夫国家。这就让塞尔维亚和奥匈帝国的矛盾十分尖锐。萨拉热窝事件发生后，德意志皇帝威廉二世认为这是挑起战争的好机会，马上向奥匈帝国保证，支持其进攻塞尔维亚，在新仇旧恨和盟友的保证下，7 月 28 日，奥匈帝国向塞尔维亚宣战。

俄国其实并不是塞尔维亚的军事盟国。但沙皇尼古拉二世急需一场重大的胜利唤起人民对他的支持，所以俄国根本不打算在小规模的、可控的军事冲突中耗费精力，只想打一场全面战争，把所有的大小盟国和对手全部拖进来，进行“最后的审判”。因此，1914 年 7 月 28 日，俄国宣布全国总动员，以支持塞尔维亚。8 月 1 日，德国以俄国拒绝停止全国总动员为借口向俄国、法国宣战，同时按照“施里芬计划”进攻比利时，朝巴黎进发。8 月 4 日，英国因比利时为其自身安全的关键，因此对德宣战。8 月 6 日，奥匈帝国向俄国宣战。作为同盟国成员的意大利在战争初期保持中立，之后竟然反戈一击转向协约国对其盟国德奥宣战。日本为了夺取德国的亚洲利益向德国宣战，奥斯曼帝国则加入同盟国一方。第一次世界大战由此爆发。

一时间，欧洲各国打成一团，终于印证了俾斯麦的预言：“欧洲大国总有一天会为了几个巴尔干的蠢货打一场欧洲大战。”

根据巴巴拉·W·塔奇曼的著作《八月炮火》，开战之前，欧洲各国都认为这场战争不会造成多大影响，顶多半年内就会结束。但是双方开战后第一个月，就有几百万名士兵伤亡，人类第一次见证现代化战争的恐怖。如果就此收手，也许战争不会像后来那么惨烈，但是没有一个国家愿意悬崖勒马，果断停止战争。

原本各方都不愿意为萨拉热窝事件而打仗，却未料被绑上了军事同盟国的战车，不得不参战。原本各方都不想大打出手，只想将战争冲突限制在小规模冲突、短时间结束的范围之内，却不承想一旦卷入，却很难抽身而退。就这样，一场本不应该的战争演变为长达数年，死伤数千万人的世界大战，成为人类的悲剧与巨大灾难。

英国和法国作为坚持到最后的战胜国，国力被大幅削弱，失去了大量殖民地，美国则趁机掌握了世界主导权；德国、奥匈帝国、奥斯曼帝国作为战败国被肢解为几十个小国；俄国爆发十月革命，布尔什维克上台，沙皇家族被秘密处决……这样的结局，相信是参战双方及各国都不曾料到、也不愿意看到的悲惨。

获益者美国

第一次世界大战爆发后，美国表面上采取了“坐山观虎斗”的“中立”政策，没有立即参战。在“中立”的名义下，美国垄断资产阶级同交战双方做生意，出售军火，牟取巨额利润。1914 年，美国的商品输出额是 23 亿美元，到 1916 年就增至 43 亿美元。对外贸易的增长，不仅使资本家大发战争财，而且刺激了国内的生产，使钢铁、汽车、武器、造船、冶金、化工等工业部门得到迅速发展。因此，在大战期间，各交战国越来越弱，而美国却越来越强。

在大战开始时，美国的陆军只有 25 万人，同其他国家相比，差距很大。因此，在实行“中立”政策期间，美国就积极扩充军队，进行战争准备。1916 年，美国国会根据总统托马斯·威尔逊的意见，通过了总值约 5 亿—6 亿美元的造舰计划。同年 6 月，国会又批准《国防法》，规定增加常备军和国民警卫队。

到 1917 年，美国完成了参战的准备工作，便抛弃“中立”的伪装，直接参加到协约国方面对德、奥作战了。也就是说，在第一次世界大战即将进入尾声之际，美国参战了，加入英法战队中来。之所以直接参与到英法等协约国一方来，主要原因有三：其一，出于对德国、日本潜在威胁的遏制考虑；其二，美国的军火与消费品大量卖给了协约国，美国成为其最大债主，需要考虑债权的安全；其三，德国破坏了美国给协约国提供货物的商船，关系恶化；其四，与英法同盟的俄国因国内爆发十月革命而退出了战争，美国正好参与。

第一次世界大战爆发后，对于英国、德国、法国这些主要依靠海外贸易的大国而言，无暇顾及其海外贸易，在争夺海外贸易上自然就开始落后。而美国则顺利接收这些海外贸易。

美国在第一次世界大战爆发的最初阶段，开始在拉美、远东一带积极地发展贸易，不断地巩固在这些地方的利益，捞取大量的外贸利益。第一次世界大战期间，美国把一些重要资源牢牢地抓在自己手中，不仅趁机占领海外市场，还向参战国中的协约国出售资源，以及大量的军需品与日常消费品。美国由此获得了巨额的黄金储备，并成为最大的债权国。

第一次世界大战使美国拥有了世界上高达 40% 的财富。来自欧洲的钢铁与军火方面的订单，极大地刺激了美国的工业生产。“战争财”极大地充盈了美国国库，美国从战前的“债务国”，变成了欧洲最大的“债权国”——美国一方面将自身的工业品卖给欧洲的交战双方，同时也向他们发放国家借款，而这些借款又通过购买美国工业品，回流到了美国。

一战对世界经济的影响

第一次世界大战给世界经济带来严重的冲击，主要表现如下：

其一，第一次世界大战本身带来直接的经济损失。第一次世界大战使各国人民蒙受了空前的灾难。战争期间，协约国总计动员军队 4218 万人，损失 2210 万人，其中死亡 515 万人。同盟国总计动员军队 2285 万人，损失 1540 万余人，其中死亡 380 万人。交战双方直接战费约为 1863 亿美元。

其二，生产力遭到极大的破坏，世界工业生产全面下跌。

其三，全球贸易严重萎缩，国际金本位制瓦解。

其四，主要资本主义国家在经济实力上发生了显著变化。与美国、日本大发战争财促使经济实力显著增强形成鲜明对照的是，英国、法国、德国的综合经济实力都遭到严重削弱。第一次世界大战的历史作用在于它开启了欧洲霸权的削弱进程。战后战胜国奴役掠夺战败国和宰割弱小国家的《凡尔赛和约》等分赃条约，虽暂时调整了战胜国之间的关系，但没有消除它们之间的根本矛盾，为第二次世界大战的爆发埋下了祸根。

威尔逊主义

1918 年 1 月 4 日，美国总统威尔逊在对国会发表的“十四点计划”的演说中，主要强调下列目标的实现：公开外交、公海航行自由、贸易自由、全面裁军、公正处理殖民地争议、民族自决、恢复比利时、撤出俄国领土以及建立国际联盟。

此后，威尔逊又对“十四点计划”进行了补充，提出了美国外交四项原则（美国无意攫取别国领土；美国外交主要手段是和平谈判而不是武力征服；美国不承认任何通过暴力获得政权的外国政府；美国在国际关系中将恪守信用，遵守道义）等，完善了他关于持久和平的设想。威尔逊显然想用集体安全体系的“快刀”斩断欧洲古老均势体系这堆“乱麻”，他好像要告诉欧洲人：“从今以后，国际秩序不应再建立在均势的基础之上，而应以民族自决为基础；各国的安全不应依靠军事同盟，而应以集体安全为保障；外交活动也不宜由专家秘密进行，而应‘公开地达成公开的协议’。”威尔逊上述的关于国际关系和对外政策的理念被称之为威尔逊主义。

1919 年 1 月 7 日，美国总统威尔逊结束了在欧洲大陆为时三周的巡回演讲，回到巴黎。过去的三周里，他在欧陆各大城市受到了几近顶礼膜拜式的欢迎，无数灼热的目光投向他，期待他宣讲的美国方案能够为这片满目疮痍的大陆带来和平。当威尔逊步入巴黎和会的会场时，毫无疑问，他代表的美国正处于世界舞台的中心，世界正在经历一个“威尔逊时刻”。

威尔逊带来的是一种具有理想主义色彩的世界秩序主张。他批评欧洲列强多年来习惯的势力均衡、秘密外交、贸易壁垒、军备竞赛、否定民族自决等种种实践，认为世界需要转向国际法与国际组织、集体安全、公开外交、自由贸易、海洋自由、裁减军备和民族自决等不同的原则和做法。这些主张中最引人注目的是建设一个国际联盟的计划，它是一个全球范围内的国家联盟，更是一个通过和平手段解决国家间纠纷的集体安全机制。[①]

然而，欧洲列强与日本利用威尔逊急于建立国际联盟的心态，诱使其在其他方面让步。威尔逊在形式上实现了其核心主张——6 月 28 日签字的《凡尔赛和约》中包含了国际联盟盟约。但当他将盟约带回美国寻求国会批准时，却遭遇了滑铁卢。威尔逊是国际联盟最强有力的倡导者，然而他所代表的美国却没有成为国际联盟的成员国，这对于美国的国际威望而言是一个沉重的打击。1919 年，美国在世界舞台的中心大放异彩，但很快又回到阴影地带，转而以各种较为间接的手段，对世界舞台中心的事务施加影响，直至第二次世界大战时期才全面回归，并使威尔逊主义得以实现，成为第二次世界大战之后美国主导国际秩序的核心思想。

在第二次世界大战之后回到国际舞台中央并构建了以联合国为中心的雅尔塔国际体系之前，美国大部分时间实行的是美国式的韬光养晦，史称孤立主义。

与传统欧洲的殖民主义、弱肉强食相比，威尔逊主义带有鲜明的世界主义理想色彩，是当年到达新大陆的清教徒们创建“山巅之城”的理想照进现实。

与传统欧洲列强依靠船坚炮利等武力占领海外殖民地、进行经济掠夺或不平等海外贸易构建帝国霸权相比，威尔逊主义则强调公平的国际关系、公平的国际贸易，有国际组织主导的国际治理秩序。国家之间的竞争不再靠大国欺凌小国、强国逼迫弱国等军事占领、殖民掠夺，而是靠公平的贸易与经济竞争力，这为大航海时代开启的全球化、第一次工业大革命之后出现的第一次全球化全面转型，进入到更高层次的第二次全球化提供了基础。这也是美国第二次世界大战之后成为世界领导者的基础。

其实，威尔逊主义的出现绝非偶然的孤立事件，是有其思想基础的。只不过在美国独立之后 100 多年的时间里，国力还比较弱小，还没有能力与影响力去实现清教徒来美国时构建“山巅之城”“灯塔之国”的梦想，还必须发展国力、搞好国家

① 章永乐.《威尔逊主义的退潮与门罗主义的再解释——区域霸权与全球霸权的空间观念之争》[J]，探索与争鸣，2019（3）。

建设，从一个农业大国完成工业化国家的转型。而到了第一次世界大战之后，美国综合实力成为世界第一已经超过20年，第一次世界大战后期的被迫参战并获得胜利，也极大提高了美国的威望，理想照进现实的条件基本成熟。即便如此，威尔逊主义仍被一战后欧洲列强主导的《凡尔赛和约》无情地抛弃。美国需要再隐忍20多年，直到第二次世界大战胜利之后，才再次走向舞台中央，并将理想落地。

通过持续不断的“西进运动”和工业革命的开展，美国积累了更强的实力，其门罗主义[①]的侧重点，也从自我保护逐渐过渡到弱化欧洲列强在美洲大陆的影响力，日益朝着建构区域霸权的方向迈进。1895年，美国介入英属圭亚那与委内瑞拉的边界纠纷。1898年，美国赢得美西战争，不仅控制了波多黎各、古巴，巩固了其在西半球的主导地位，而且获得了对关岛、威克岛、菲律宾等非美洲土地的控制权。

在此背景下，西奥多·罗斯福在1904年提出所谓“罗斯福推论”，将门罗主义推向新的阶段：“导致文明社会纽带全面松弛的长期为非作歹或懦弱无能，在美洲，如同其他地方一样，会最终需要某一文明国家（civilized nation）进行干涉，而美国在西半球遇到这种为非作歹或懦弱无能的罪恶昭彰的事情，为了恪守门罗主义，也不得不勉强施行国际警察力量。”“罗斯福推论”的内核是19世纪流行的“文明等级论”，认为在文明等级秩序中处于高端的美国，有必要对文明程度较低的其他美洲国家进行指导。这一推论将原本主要是防御性的门罗主义发展为一个真正积极主动的区域霸权原则。[②]

《凡尔赛和约》的祸根

1918年11月11日，德国在一辆停在贡比涅森林内的火车上签署投降书，向协约国投降。当时，由法国陆军统帅福煦作为协约国的代表接受战败国投降。

① 美国总统詹姆斯·门罗（President James Monroe）1823年发表于第七次对国会演说的国情咨文中，表明美利坚合众国当时的观点，即欧洲列强不应再殖民美洲，或涉足美国与墨西哥等美洲国家之主权相关事务。而对于欧洲各国之间的争端，或各国与其美洲殖民地之间的战事，美国保持中立。相关战事若发生于美洲，美国将视为具敌意之行为，被称为“门罗主义”。

② 章永乐.《威尔逊主义的退潮与门罗主义的再解释——区域霸权与全球霸权的空间观念之争》［J］，探索与争鸣，2019（3）。

在停战条约签署过程中，福煦不但拒绝与德国军官握手，还用法语说道："好了，先生们，这结束了，走吧。"

为了向德国复仇，法国特地将巴黎和会的开幕式选在了1919年1月18日，谈判地点在凡尔赛宫镜厅，也就是威廉一世登基为德意志帝国皇帝的地点。同时作为东道主的法国总统普恩加莱在当天的开幕式上说了这样一句话："48年前的今天，德意志帝国就在这个大厅里诞生，由于他生于不义，必将死于耻辱。"

在停战协议中法国便制定了苛刻的条款。在《凡尔赛和约》谈判中，法国不仅提出割地赔款，彻底削弱德国军力，瓜分德国海外殖民地，控制德国的进出口，甚至处死德意志皇帝等更加苛刻的条件，还将德国排除在外，直到签约时才通知。

在德国拒绝签字的时候，法国强势地称如果德国不同意签订和约，那么协议国集团的部队将进入德国本土。苛刻的条件，各种侮辱性的言行，令仇恨的种子深深地埋在每一个德国人的心中，德国成为法西斯主义兴起的温床，欧洲大陆深埋战争危机。

根据《凡尔赛和约》，德国作为战败国将丧失13%的领土，赔偿320亿美元的战争赔款，外加每年5亿美元的利息；出口产品被征收26%的额外费用，丧失所有海外殖民地；陆军只能保留10万人，海军主力战舰不得超过6艘，不得拥有潜艇、飞机、坦克或重炮等攻击性武器。

这些赔款对德国来说是天文数字。第一次世界大战期间，与其他欧洲国家一样，德国退出了金本位制，转而通过信贷和货币贬值来支撑战争。随之而来的通胀对德国是有利的，实际上减轻了其债务负担。1920年，纸马克贬值到战前的1/10，公债占德国GDP的实际比例也下降了。协约国不愿让德国用通胀来冲销赔款债务，于是主张用战前一直稳定的金本位制来规定赔款价值。同时，经济学家和政客们也一致认为，应按战前平价恢复国际金本位制。

综合所有这些因素，德国的战争赔款相当于其战前GDP的260%。加上其公债存量，德国的总债务负担为其战前GDP的300%。这些赔款对缓解英国和法国的经济压力至关重要。但这些触目惊心的数字见诸报端后，德国民众的憎恨和愤怒情绪日益高涨。战争赔款在德国播下了经济灾难的种子，最终将世界引向大萧条。战争赔款对德国1923年的恶性通货膨胀起了推波助澜的作用。

英国首相大卫·劳合·乔治曾宣称“搜遍德国人的口袋也要把钱找出来”，但私下里，他却承认：“我们所起草的文件（和约）将为20年后的战争埋下伏笔。当你们把这样的条件强加在德国人民的身上，这只能导致德国人要么不遵守条约，要么发动战争。”英国外交大臣洛德·柯曾（Lord Curzon）持相同的看法，他说：“这不会带来和平，这只是一份为期20年的休战书。”

美国总统威尔逊看到这份协议后，也皱着眉说：“如果我是德国人，我想我绝不会签署这份协议。”

英国经济学家凯恩斯在《和约的经济后果》一书中说：“《凡尔赛和约》是一个残忍的胜利者在文明史上所干出的最凶暴的行为之一。因为它建立在对战败国割地、赔款、分赃的基础之上”“和约存在的第一个主要问题是超负荷的战败赔款。这让德国战后需要赔偿的金额和物资，既超过实际应赔偿的情况，又远远超过德国的支付能力。德国超负荷的债务额问题，势必要把德国‘逼反’，甚至有可能让欧洲陷入下一次大规模的战争。合约存在的第二个主要问题是涉及了对私人产权的剥夺”。

但凯恩斯当时人微言轻，观点并没有被采纳。第一次世界大战期间，凯恩斯担任英国财政部首席秘书，也参与了援助法国的工作。作为亲历者，凯恩斯能够对战后的经济格局一目了然。他发现，德国欠了法国一屁股的债，而法国欠英国债，英国又欠美国债——整个世界充满了无法兑现的债务。战争已经破坏了整个欧洲的工业产能，大国们却在忙着划分地盘、掠夺资源，破坏了经济一体化的贸易体系。结果战后的国际贸易更加分裂，难以恢复。

根据《凡尔赛和约》的规定，德国人的海外投资可以被战胜国拿走，作为国家债务的冲抵。从这一点也可以看出，当时法国人对德国的仇恨，已经上升到极不理智、打破基本原则的程度，完全没有考虑其后果的严重性。这为德国国内民粹主义及希特勒上台提供了条件。

魏玛共和国的恶性通胀

战争的毁灭，加上《凡尔赛和约》中规定的巨额赔偿款，使德国经济雪上加霜，一时之间导致德国国内有 700 多万人失业。为了挽救经济，偿还战争赔款，德国不停地印钞票，但这样做无疑是饮鸩止渴，于是更严重的通货膨胀发生了。

1923 年德国的马克流通量达到了 4960 万万亿，价格指数由 1922 年 1 月的 100 上升到 1923 年 11 月的 100 万亿。一个鸡蛋的价格从 1921 年的 0.5 马克上升到 1922 年的 8 马克，再到 1923 年 9 月的 2000 马克。自 1923 年下半年开始，价格实际上就像坐了火箭一样迅速攀升：每个鸡蛋价格从 10 月 1 日的 3000 马克、10 月 15 日的 15 万马克、10 月 30 日的 150 万马克、11 月 10 日的 600 万马克直到 11 月 19 日的 10 000 万马克。那时候人们买一个汉堡就要 1 亿马克，买一瓶饮料也要 3 亿多马克，可见当时的经济有多么糟糕。

若以马克与美元之间汇率来做对比：1923 年年初 1 马克等于 2.38 美元，到了 1923 年年末的时候 6.5 亿马克才能兑换 1 美元。通货膨胀率最严重的时候每天都要翻好几番，一个月下来物价能上涨几万倍。早上你的钱可能还能买一套房子，下午就只能买一块面包了。

这次通货膨胀对德国经济造成的巨大破坏力甚至要远远高于一战对其产生的影响，魏玛政府为了维持自己的统治、以免成为当政时间最短的政府，在 1923 年年底通过以下措施结束了这次史无前例的超级通货膨胀：第一，与美英等协约国重新签订赔偿协议，削减一战期间的赔款；第二，增加税收收入，全面削减政府开支；第三，发行新币代替老一代的马克，新马克相当于老马克的 1 万亿倍，同时将新币发行量控制在 32 亿马克。

战争赔款对德国 1923 年的恶性通货膨胀起到了推波助澜的作用。1924 年，协约国推出道威斯计划，希望以此解决赔款问题。由于外国资本流入，德国经济恢复增长，但信贷泡沫也随之而来。1929 年，道威斯计划为杨格计划所取代，德国的信贷泡沫破灭，经济崩溃。同年晚些时候，美国股市大崩溃，这被视为大萧条的起点。

1929 年爆发的全球经济危机，终于成了压垮德国的最后一根稻草，于是，这就给以希特勒为首的纳粹党创造了登上历史舞台的机遇，也为第二次世界大战埋下了祸根！

凡尔赛—华盛顿体系

自大航海及地理大发现开启世界500年历史以来，人类因海上通道网络的打通而连在了一起，由此拉开了全球化时代的序幕。世界秩序也经历了“强者为盗”“能者为匪”的野蛮殖民与掠夺的无主时代；“先占为王、谁占归谁”的瓜分世界时代（1494年6月7日，在罗马教皇的主持下，葡萄牙和西班牙在里斯本郊外的一个小镇上签署条约）；1648年三十年战争之后达成的威斯特伐利亚体系（从1648年到1918年一战终结）；一战与二战之间的凡尔赛—华盛顿体系（1918—1945年）；二战之后的雅尔塔国际体系、《维也纳外交关系公约》与华盛顿政经共识（1945—2017年特朗普时代、2020年新冠肺炎疫情）；以及未来可能的新秩序。

而凡尔赛—华盛顿体系则成为一战与二战之间最重要的国际秩序。一战结束后，1919—1920年，协约国同德国的盟国奥地利、匈牙利、土耳其、保加利亚签订了一系列和约，这些和约同《凡尔赛和约》一起确立了凡尔赛体系，确立了在欧洲、西亚、非洲统治的新秩序，标志着一战结束后列强之间经过激烈的外交斗争，终于在欧洲、西亚和非洲建立了战后资本主义世界的新秩序。

凡尔赛体系对二战前的世界特别是欧洲的影响是巨大的。华盛顿会议是巴黎和约的继续，通过华盛顿会议签订了一系列条约。1921—1922年，美、英、日、法、意、荷、比、葡、中九国在美国华盛顿召开会议，签订《四国条约》《五国条约》《九国公约》，所形成的华盛顿体系，确立了战后帝国主义在东亚、太平洋地区的统治秩序。特别是通过华盛顿会议，美国取得了外交上的极大胜利，这对战后美国在全球势力的迅速膨胀具有重大影响。

经过华盛顿会议，资本主义世界在东亚和太平洋地区的秩序得到了安排。它同凡尔赛体系一起，构成了战后资本主义国际新秩序，即通常所说的“凡尔赛—华盛顿体系”。

从巴黎和会到华盛顿会议，各大国都是带着各自的计划来到谈判桌前的，经过激烈的交锋和妥协让步，它们又不得不部分放弃自己的计划，接受这两次会议对世界新秩序的整体安排。

从《凡尔赛和约》到《四国条约》《九国公约》，都是首先具有这种资本主义世界整体性安排的特点；而国际联盟和限制海军军备的规定，又是20世纪世界政治整体化趋势的一种最初的反映。这种情况说明，战争和相对的联合，都是现代资本主义国家采取的不同政策。而它们采取哪一种政策，取决于世界资本主义体系发展的特定形势。当涉及不同利益的国家或国家集团间的矛盾和冲突变得不可调解时，战争就不可避免了。而当战争危及世界资本主义体系的基础时，不同国家或国家集团间的相对联合就会取代战争。另外，资本主义国家为了稳定各自国内的经济政治秩序，避免革命，也会加强同其他资本主义国家的联合。在世界现代史上，这种资本主义国家之间的联合趋势，将越来越多地表现出来。但在一战后的国际环境下，这种资本主义的联合不过是刚刚开始，因而是不成熟和极不稳定的。

凡尔赛—华盛顿体系从根本上来讲，并没有改变世界的基本格局。最大的问题是，它不但没有消除各大国之间的矛盾，而且还埋下了更大冲突的种子。特别是激起了德国人的复仇心理，20世纪30年代法西斯分子正是利用人们的这种心理取得统治和对外扩张。在战胜国中，对势力范围的再分配也造成了各大国间的深刻矛盾。这使得资本主义的新秩序从一开始就引起了种种的不满，20世纪20年代这个新秩序逐渐瓦解，到30年代又为新的国际危机所替代。正如法军元帅福煦所预言的：“这不会带来和平，这只是一份为期20年的休战书。”

帝国的终结

伴随着一战终结的硝烟，人类历史上那些古老的帝国也终于走到了尽头，一个个倒在历史的尘埃中。

奥匈帝国

由于奥匈帝国所在的同盟国阵营战败，1918年11月3日奥匈帝国与协约国达成停火协议。战争的结束之日，也是奥匈帝国的终止之时。帝国内部的成员对帝国丧失了信心——经济发展已经停止，新的经济发展的希望也消失了，许多战前在奥地利部分引入的开放政策被取消，使民族主义者异常气愤，从而导致帝国解体。

1918 年 10 月 28 日捷克首先宣布独立，匈牙利紧随其后。接着就像多米诺骨牌效应一样，各地纷纷脱离帝国体系。从奥匈帝国分裂出的国家有奥地利、匈牙利、捷克斯洛伐克（后又分成捷克和斯洛伐克两个国家）、南斯拉夫（后来经两次分裂，又分裂为塞尔维亚、黑山、克罗地亚、斯洛文尼亚、马其顿、波斯尼亚和黑塞哥维那等 6 个国家）。

奥斯曼帝国

一战爆发后，奥斯曼帝国加入同盟国阵营，这也是导致帝国最终解体的原因之一。奥斯曼帝国的分裂是发生在一战后的一个政治事件。被奥斯曼帝国统治的大片领土和属地乃至人口被瓜分及分裂为多个新的国家。

尽管协约国阵营内，各国有着不同的战后意图，各自订立了许多双边及三边协议，但协约国在战争早期已经开始计划瓜分奥斯曼帝国。

1919 年 11 月，英国及法国军队占领伊斯坦布尔，奥斯曼帝国随即崩溃，并于 1920 年与协约国签订《色佛尔条约》。但条约被认可之前，土耳其独立战争又迫使协约国重返谈判桌。协约国与大国民议会于 1923 年签订《洛桑条约》，以替代《色佛尔条约》及解决领土纷争。

凯末尔领导起义，击退希腊，建立土耳其共和国，标志着奥斯曼帝国至此灭亡，形成了现今的阿拉伯世界及土耳其共和国。

德意志帝国

一战之前的德意志帝国是当时世界列强之一，经济总量世界位居第二，仅次于美国，超过英国和法国。

1918 年 10 月底至 11 月初，德意志帝国境内许多城市发生叛变（起义）。在各方压力之下，威廉二世被迫逊位流亡海外，帝制终结。11 月 9 日，社会民主党党魁菲利普 · 谢德曼宣布成立共和国。11 月 11 日，停战和约签订，一战结束。虽然战争结束，但德国的革命并没有停止。新成立的魏玛共和国最后在 1919 年 5 月镇压了社会主义分子的起义。

1919年6月，长达6个月的谈判后，战胜国（协约国）对战败国（同盟国）的和约，即《凡尔赛和约》在德意志帝国成立的地方，也就是凡尔赛宫镜厅签订。德国割让土地给法国、比利时以及刚刚复国的波兰等国。德国尚需赔款，并为战争负全责。

俄罗斯帝国

一战之前的俄罗斯帝国人口有12 560万人，至1914年达到16 570万人，是当时的世界列强之一，自称第三罗马。

1914年，一战在欧洲大陆爆发，政局动荡不安的俄罗斯帝国加入英法协约国阵营对德奥宣战。大战后期，1917年3月，爆发“二月革命”，俄罗斯帝国长达300多年的专制统治被推翻。也就是说，加入一战英法阵营的俄罗斯帝国，在一战尚未结束之时，就已被国内革命推翻了，从而退出了一战，接替其参战的是即将登场的美国。

二月革命后，俄国建立了资产阶级临时政府，它与二月革命中建立的工人士兵代表苏维埃同时存在。因此它是一次资产阶级民主革命。资产阶级临时政府掌握着主要政权，不顾人民死活，继续进行世界大战，激起了人民的强烈反对。1917年11月7日，随着停泊在俄国首都彼得格勒附近的军舰“阿芙乐尔号”的几声炮响，起义军向资产阶级临时政府的最后据点——冬宫发起了总攻。最终，武装起义取得胜利。这就是历史上著名的俄国十月革命。俄罗斯帝国被俄罗斯苏维埃联邦社会主义共和国与苏联所取代。

在此，还有必要提及东方的帝国——大清王朝，其在一战前的1912年已经覆灭，这是2000年秦制王朝中第一个以和平方式进行政权更替的王朝。在王朝覆灭的前几年，其原本打算变革为一个君主立宪制的国家，完成现代国家转型。但一切都太迟了，在轰隆隆的炮火声中，兵临城下之际，最终以妥协与交易的方式，清朝最后一位皇帝退位了，中国迎来了三千年未有之大变局。

道威斯计划

一战最终以协约国的胜利和同盟国的失败告终。作为战胜国分赃会议的巴黎和会确定出重新划分世界利益的凡尔赛体系。然而这个体系并不牢固，充满着种种矛盾和不平衡因素，德国的赔款问题就是一个非常集中和突出的体现。

这一问题在战后初期始终没有得到很好的解决，反而引发了一系列纠纷和冲突，并一度使凡尔赛体系面临瓦解的危险。最后，美国的“道威斯计划”的实施才使得这一欧洲政治生活中最棘手的问题得到相对解决。

一战期间直到战后初年，美国给协约国集团的盟友们提供了一大笔贷款和预付款，还供应了谷物、棉花等各种物资，欧洲由此欠下美国战债。英、法、意、比等战胜国力图将这笔战债与德国赔款问题结合起来解决，即让德国在交出赔款前提下再偿还战债。美国虽然始终拒绝战债与赔款挂钩，但心里也明白：如果德国赔款问题得不到真正解决，战债也无法顺利偿还。事关自身利益，它不得不介入。

资本主义在全球扩展以来，世界经济逐渐形成一个整体，各国间的经济联系加强，一国经济的繁荣与否同其他国家的经济状况紧密相关。而一个衰败凋敝的欧洲市场和一群购买力低下的欧洲人民是难以给美国带来商机和活力的。唯有帮助欧洲重新振兴才能同时获得自身的繁荣，德国的赔款问题正是这其中最关键的环节，不打通这一环节，欧洲的经济恢复将十分困难。

此外，1917 在俄国爆发的十月革命给资本主义世界带来巨大冲击，各国纷纷视共产主义为洪水猛兽加以遏制。美国也同样担心赔款问题解决不好有可能使德国倒入苏维埃俄国（苏联）的怀抱从而使整个欧洲面临布尔什维克扩散的危险。为了维护现有的资本主义体系和秩序，更为了保持欧洲的稳定及稳定前提下的经济恢复，美国也急于介入这一问题。

于是，美国给在赔款问题上争吵不休、无所作为的欧洲抛出了道威斯计划。道威斯计划同欧洲的对德处理方式迥然不同，它把原来作为战争罪责的赔款变成了一纸商业合同，把战败国与战胜国之间的关系调整为债权人与债务人的关系。当时美国国务卿休斯对此有一段形象的陈述：“一个令人满意的赔偿计划的首要条件是赔偿摆脱政治的羁绊，当通过强制手段解决赔偿问题产生纠纷时，唯一可行的办法是把它看作经济问题来处理。”

1924 年，协约国批准了道威斯计划，计划遂开始实施，围绕赔款问题发生的各种冲突和危机暂得化解。

道威斯计划期满后，依据同样的思路，美国又抛出杨格计划，但杨格计划尚未实施，世界经济危机便爆发了，各国均面临着困境，赔款与战债只得延缓，而后各国又未能在这一问题上达成一致协议，战债问题不了了之，而德国的赔款也从此一笔勾销。就这样，贯穿于整个 20 世纪 20 年代的德国赔款问题就此结束了。

对欧洲来说，道威斯计划的实施客观上有利于欧洲经济的恢复。在经济学上，资金的流动性对于经济的发展是十分重要的，事实上，美元转了一圈：首先以贷款形式流入德国，然后以赔款形式从德国到了债权国手里，最后又以还债形式流回美国。就在这样的周转中，各国经济被注入了新的血液，得以重新恢复经济生产。同时，由于战后美国的资本源源不断地流向欧洲，所以美元逐渐成为世界性货币，更是成为德国货币稳定和预算平衡以及支付赔款的主要支撑物。美国与欧洲之间的经济联系进一步加强了，如果美元出现信用问题，则欧洲各国都将受牵连。这也是此后以纽约股票市场大崩盘为标志的世界经济危机迅速波及欧洲，同时使德国马上出现严重通货膨胀的原因之一。

对德国来说，它是道威斯计划最大的受益者。1924—1930 年，德国通过道威斯计划从美英获得贷款 200 多亿金马克（其中美国占 70%），但它所支付的赔款仅为 110 亿金马克。来自战胜国的资本为濒临绝境的德国经济注入了一剂强心剂，使其迅速得以恢复和发展，这为它在政治上重新走入西方大国的行列和进一步摆脱《凡尔赛和约》的束缚打下了基础。1929 年，德国重新成为欧洲首屈一指的经济大国，仅次于美国，位列世界第二，改变了欧洲的力量对比。①

大流感 1918

1918 年，在第一次世界大战的末尾，“西班牙大流感”，横扫美洲、欧洲、亚洲，甚至因纽特人聚集区，造成全球超过 5 亿人感染，超过 2500 万人死亡（当时世界人口约 17 亿人），可谓是人类历史上最严重的流行病疫情。此次疫情持续时间从

① 详见2009年8月31日，凤凰网历史综合：《一战后的德国是美国“道威斯计划”最大受益者》一文。

1918 年 3 月至 1920 年 3 月。传播范围达到太平洋群岛及北极地区；其全球平均致死率为 2.5%—5%，和一般流感的 0.1% 比较起来极为致命。

1918 年 3 月 4 日，美国堪萨斯州的一处军营发生流感，接着中国、西班牙、英国都发生了流感。当时的症状只有头痛、高烧、肌肉酸痛和食欲不振而已。但到了 1918 年秋季，流感在全球暴发，至 1920 年春季，在全世界造成超过 5 亿人感染，超过 2500 万人死亡。因为当时西班牙有 800 万人感染了流感，甚至连西班牙国王也感染了此病，所以被称为“西班牙流行性感冒”。这次流感可以分为三波：

第一波发生于 1918 年春季，基本上只是普通的流行性感冒。同年 4 月，正处于第一次世界大战的法国也传出流感，3 月中国、5 月西班牙、6 月英国，都相继发生疫情，但都不严重。

第二波发生于 1918 年秋季，是死亡率最高的一波。第二波流感和过去的流行性感冒不同，在 20—35 岁的青壮年族群中死亡率特别高。其症状除了高热、头痛之外，还有脸色发青和咳血等；流感往往引发并发症而导致死亡，以肺炎最多。许多城市限制市民前往公共场所，电影院、舞厅、运动场所等都被关闭超过一年。西雅图的电车服务员拒绝没戴口罩的乘客搭乘。同年 10 月是美国历史上最黑暗的一个月，20 万美国人在这个月死去，1918 年美国人的平均寿命因此比平常减少了 12 年。

第三波发生于 1919 年冬季至 1920 年春季，死亡率介于第一波和第二波之间。史料表明，这场史上罕见的大流感，之所以全球暴发，是因为当时世界正处于第一次世界大战期间，交战的士兵将流感几乎传遍全球，当时的主要战场及交战国成了流感的主要传播地。历史开了一个玩笑，流感因战争而传播，战争因流感传播而停止。

西班牙大流感在 1920 年完全消失，期间多次反复，据悉全球只有亚马孙河口的一个城市没有传染病例。“西班牙大流感”在 1919 年后半年基本席卷了日本和中国台湾地区等大部分亚洲地区。

这次疫情发生在一战苟延残喘阶段，战争加快了疫情的传播速度及扩大了传播范围，而疫情带来的巨大损害又让战争提前终结。一战与疫情，人类的这两大灾难结合在一起，带给世界几近毁灭性的打击，也为此后世界危机的形成带来了影响。图 7-1 所示为人类历史上的瘟疫大流行对人类的危害示意图。

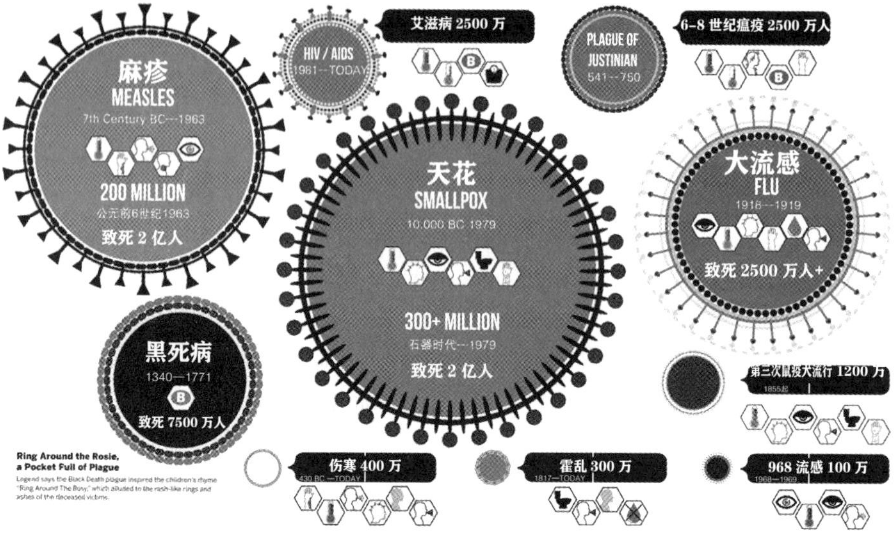

图7-1　人类历史上的瘟疫大流行对人类的危害示意图

1918 年大流感对世界格局、社会发展产生了深远影响。时至今日，人们依然低估了此次流感的深远影响。究其影响，可以做以下简要概括：

其一，致使一战提前结束。一战进行到 1918 年，参战各国均成了强弩之末，几乎用尽了最后的力气。大流感的突如其来，致使交战各方数十万士兵受到影响，均无力再战，同盟国提前投降。

其二，对战后政治格局产生不可估量的影响。一方面，战后巴黎和约期间，多名支持对德国软化处罚政策的谈判代表染病，导致会议期间对德国处以严厉惩处的声音占据了上风；另一方面，战后举足轻重的美国，其总统威尔逊也不幸染病，导致其外交能力发挥失常。种种不利因素，导致严厉惩处德国的《凡尔赛和约》出台。而这也为德国发动二战埋下了伏笔。

其三，短期内对经济存在巨大冲击。大流感期间，剧院、影院等公共娱乐场所关门停业，众多劳动密集型企业也停工停业，导致失业率急剧上升。

其四，加速欧美“福利国家”建立的进程。史无前例的大流感的肆虐，开启了民众对全民医疗卫生系统及社会福利保障系统的持续讨论，并在一些国家和地区逐步尝试，最终在欧美国家确立了“福利国家”的社会福利保障体系。

危机临近

如前所述，一战让远离战场的美国大发横财，也避开了原本 7—10 年就要爆发的周期性经济危机。在战争初期，美国采取孤立主义，除了向英法等协约国提供源源不断的军需品及消费品大发横财之外，还趁机接管了英法等欧洲列强在世界各地的殖民地，大发海外贸易财。在一战末期，战局胜负基本明朗的情况下，美国加入协约国对德国等同盟国开战，成了战胜国的主要成员，并参与和主导了之后的凡尔赛—华盛顿体系。

一战之后的美国成为这场战争的唯一赢家。20 世纪 20 年代被称为美国的“新时代”，财富和机会似乎向刚在一战中获胜的美国人敞开了自己吝啬的大门。整个社会对新技术和新生活方式趋之若鹜，“炫耀性消费”成为时代潮流。胡佛总统也认为，“我们正处在取得对贫困战争决定性的前夜，贫民窟将从美国消失”。

但该来的一定会来。因一战避开了原本 7—10 年就要爆发的周期性经济危机的美国，未能逃避 1920—1921 年经济危机的爆发。于是，美国现代史上第一次经济危机（1920—1921 年）终于在一战之后的两年内爆发了！这也是一战后美国的第一场危机。

这场危机持续了大约两年时间，致使美国的工业生产下降了 25%，机器制造、煤炭、钢铁产量等都下降 70% 左右；农业生产总指数下降 11.4%，其中主要农产品价格最多下降 70%；失业率最高达到 23.1%。

但美国在上一次危机中重新设立的中央银行——美联储在这场危机中发挥了重要作用，使美国很快从这场危机中走出。危机过后，美国迎来史无前例的繁荣和股市大牛市。而这场大繁荣与大牛市，同时也为 8 年之后的更大经济危机——美国 1929 年经济大萧条孕育了种子。

大萧条 1929

史上最大危机如何形成

1929—1933 年的这场经济大萧条破坏力之大、波及范围之广，远远超出了人们的承受范围，仅美国就有700万人非正常死亡。

当大萧条开始之时，德国、日本、苏联和中国已经备受折磨了。德国在第一次世界大战的债务和外国军队占领莱茵兰的负担下挣扎。日本在1927年经历了一场典型的大债务危机，之后是1930—1931年的严重萧条，接着是经典的大规模货币贬值、财政刺激和债务货币化，几乎摧毁了日本的金融财富。苏联经历了1917—1922年的革命和内战，输掉了对德国的战争，代价高昂的对波兰的战争，1921年的饥荒，以及整个20世纪30年代的政治清洗和经济困难。中国在1928—1930年经历了内战、贫困和饥荒。因此，当1930年情况恶化时，这些国家的糟糕状况令人绝望，引发了经济和最终导致军事冲突。①

而这场经济危机也迫使许多资本主义国家放弃盛行一时的自由主义经济思想，加大政府干预经济的力度，纷纷强化贸易壁垒。德、日、意等国甚至走上法西斯集权道路，通过对外战争转移国内矛盾，直接导致了二战策源地的形成。

一战结束后，美国利用欧洲各国的恢复期进行大规模经济扩张，从而带动了国内经济的高速发展。美国政府又极力宣扬自由主义经济思想，大规模减免赋税债务。

同时，随着技术的革新，汽车、有声电影、餐饮服务行业迅速发展，有钱的美国人沉浸于美好的物质享受中无法自拔，分期付款成为主要消费方式。而信贷、股票等投机活动也呈爆炸式增长，美国股市一路走高，美国经济呈现一派繁荣景象。

由于美国时任总统为柯立芝，所以这种繁荣被称为“柯立芝繁荣”。美国资本家信誓旦旦地说，他们找到了破解经济危机的办法，资本主义将“永久稳定”，永远不会再发生之前的那些周期性的危机。

不过在繁荣的背后却潜藏着巨大的危机：农业发展远远跟不上工业发展，1/3的社会财富集中在5%的人口手中。特别是股票市场的泡沫十分巨大，经不起任何风吹草动。

1929年3月，胡佛接替柯立芝成为美国总统。胡佛上台后继续实施柯立芝的政策，并对经济形势一片乐观。

物极必反，否极泰来。危机已经悄悄降临，人们却没有注意到。1926年秋，在

① 参见达利欧所写《美国与美元大周期》一文。

20 世纪 20 年代的投机狂潮中被炒得离谱的佛罗里达房地产泡沫首先破灭了。然而，这丝毫没有给华尔街的疯狂带来多少警醒。从 1928 年开始，股市的上涨进入最后的疯狂。事实上，在 20 年代，美国的许多产业仍然没有从一战后的萧条中恢复过来，股市的过热已经与现实经济的状况完全脱节。

由于大量的资金进入华尔街股市催生了巨大泡沫，1929 年 10 月 24 日，华尔街股市暴跌 40 个百分点，许多美国人眼睁睁地看着自己的财富化为乌有，毫无办法。在之后的两个星期内，美国股市持续下跌，300 亿美元人间蒸发，社会陷入一片恐慌。

10 月 28 日，史称“黑色星期一”。当天，道琼斯指数狂泻 38.33 点，日跌幅达 13%。

10 月 29 日，最黑暗的一天到来了。早晨 10 时，纽约证券交易所刚刚开市，猛烈的抛单就铺天盖地席卷而来，人人都在不计价格地抛售，经纪人被团团围住，交易大厅一片混乱。道琼斯指数一泻千里，至此，股价指数已从最高点 386 点跌至 298 点，跌幅达 22%。当天收市，股市创造了 1641 万股成交的历史最高纪录。一名交易员将这一天形容为纽约证券交易所 112 年历史上“最糟糕的一天”。这就是史上最著名的“黑色星期二”。由此拉开了经济大萧条的序幕。

11 月，股市跌势不止，滑至 198 点。翌年，股市凭借残存的一丝牛气，在 1—3 月大幅反弹，并于 4 月重新登上 297 点。此后又急转直下，从 1930 年 5 月到 1932 年 11 月，股市连续出现了 6 次暴跌，道琼斯指数跌至 41 点。与股灾前相比，美国钢铁公司的股价由每股 262 美元跌至 21 美元。通用汽车公司股价从每股 92 美元跌至 7 美元。

突如其来的股市崩盘让美国人措手不及。分期付款和信贷消费使得许多美国人背上了沉重的债务，不得不抵押住房。另外，银行挤兑成风，银行和企业纷纷破产，失业率陡然升高，失业人口长期维持在 1300 万左右。历史总是惊人的相似，过度负债隐藏了巨大风险，而过度投机催生了巨大的泡沫，一旦泡沫因风吹草动而崩盘，就会引发一系列连锁反应，从股市崩盘传导给居民、家庭以及金融机构，而金融机构破产又进一步加大恐慌，整个市场陷入恶性循环之中，市场已经失灵，难以自拔。

胡佛总统上任时许诺给美国人的美好愿景顷刻间化为泡影。失去住所的人们不得不挤在临时搭建的窝棚中度日，甚至在大街和长凳上露宿。失业人口的增加又导致社会治安的不稳定，美国黑帮盛行一时。愤怒的美国人将临时搭建的窝棚称为“胡佛屋”，将乞讨的麻袋称为“胡佛袋”，将畜力车称为“胡佛车”。

1929—1933 年，美国非正常死亡人数高达 700 多万，绝大多数是因为自杀和营养不良。讽刺的是，美国农场主却把谷物大量焚烧，将大量牛奶倾注于密西西比河，使其成为“银河”。

此刻的美国经济已经雄踞全球榜首 30 多年了，已经取代英国成为世界经济危机的震中。于是美国一咳嗽，全球都感冒，这场突如其来的大萧条很快波及全球。由美国股市崩盘引发的国内经济危机蔓延到全球，成为世界性经济危机。

受影响最大的是德国。一战后的德国百废待兴，为了恢复经济和偿还赔款向美国借了大笔贷款。而大萧条导致美国自顾不暇，严重依赖美国援助的德国生产陷入停顿，近 600 万人失业，社会矛盾十分尖锐。

英国、法国、意大利、日本等国也好不到哪去，股市暴跌，生产锐减，造成大量人口失业，社会动荡不安。

电影大师卓别林的《摩登时代》，就是一部反映大萧条时期美国人生活境况的经典喜剧电影，于 1936 年 2 月 25 日上映。本片故事发生在美国 20 世纪 30 年代经济萧条时期，工人查理（卓别林饰）在工厂干活、发疯、进入精神病院，这一切都与当时的经济危机给人们带来的生存危机有着密切的联系。

当时的苏联模式与英国经济学家凯恩斯宏观经济学理论，给了资本主义国家应对大萧条的办法，那就是加大政府干预经济的力度。特别是美国的“罗斯福新政”“蓝鹰计划”很大程度上扭转了颓势。

不过在具体执行过程中，各国由于国情不同，出现了偏差。英国、法国和美国虽然大大强化了政府权力，但由于经济底子好，没有走上集权道路。而国内市场匮乏的德国、意大利和日本却走上了法西斯集权道路，不得不通过对外战争来转嫁国内矛盾，导致二战策源地的形成。

这场大萧条因何而起？后来是哪些因素促使经济走向复苏？对此，至今经济学界各种解释仍众说纷纭。国内主流的解释是，大萧条是美国早期实行的完全自由放任的市场经济必然产生的一场周期性经济危机，只是这一次危机的深度和广度都超过以往。始于 1933 年的罗斯福新政采用了实际等同于凯恩斯主义的扩大政府投资等财政和货币刺激政策，使美国经济走出了萧条。

货币学派学者的解释更侧重技术层面的原因。弗里德曼和施瓦茨在《美国货币史（1867—1960）》一书中认为，大萧条期间，大量银行破产、储户恐慌挤兑导致通货紧缩，而货币当局没有及时采取宽松货币政策，才使危机越发严重。伯南克的《大萧条》也认为 1931—1932 年银行恐慌是通缩的重要根源，加剧了萧条，还认为当时的金本位制阻碍了美元贬值，具有加重通缩的倾向。

奥地利学派的经济学者罗斯巴德则在《美国大萧条》一书中提出了相反的解释。他认为美国大萧条是 20 世纪 20 年代美国政府和美联储的货币扩张政策所致。美国政府和美联储为追求眼前经济繁荣采取了一系列降低利率、扩张信贷的政策，通过政府干预促进投资扩张，而原来的居民消费倾向没有改变，故上游产业的投资扩张会遇到下游消费品需求不足的限制，出现上游产业生产过剩（投资浪费），进而导致经济危机。他还认为，罗斯福新政继承了对经济的政府干预，因此并不成功。这一点与萨缪尔森的观点一致。他还说，即使没有新政，经济也会自然恢复。

还有一位美国作者什莱斯在《新政 VS 大萧条》一书中强调，胡佛总统的关税保护等保守主义经济政策，以及胡佛、罗斯福都采用的政府干预对经济起了破坏性作用。胡佛 1929 年旨在保护国内产业的高关税政策引发了欧洲各国的关税报复，结果严重打击了美国出口产业。在企业经营困难时阻止降低工资和推动提高工资，也打击了一大批企业。

有的经济学家经过历史数据分析后认为：长期货币宽松是美国大萧条的主要原因。大萧条之前美国确实经历了长期的货币宽松。但并非如罗斯巴德所说主要发生在 20 世纪 20 年代，而是持续了更久。更宽松的时期是在 20 世纪第一个十年。在这十年里，美国 GNP（国民生产总值）的实际年均增长率只有 1.5%，而 M2（广义货币）的年均增长率高达 10.1%。过度宽松的货币供应导致了严重的物价上涨，这期间批发价格年均上涨 8.1%。由此可见，大萧条之前美国经济并非完全自由放任的市场经济，政府和货币当局已有深度参与。罗斯巴德在《美国大萧条》中使用了更宽的口径计算以 1921 年为基期截至 1929 年的货币增长，得出该时期货币年均增长 6.2%，高于美国官方统计的同期年均 4.5% 的 M2 增长率，显示货币宽松的幅度更大。[①]

大萧条的天灾与人祸

在“西班牙大流感”和一战之后，美国等西方国家开始发展经济，经济迅猛发展，一片繁荣景象。殊不知危机已经悄然孕育，在繁荣之中已经埋藏了巨大危机，就等引爆的那一刻。这正是繁荣即危机，危机孕育在繁荣之时。工业革命以来历史上的每一次经济危机不断印证这个危机的规律。

危机需要经济政策刺激，经济政策刺激孕育危机。世界自第一次经济危机之后，由此进入一个周期性循环之中，周而复始，不断轮回。商业有周期，经济有周期，股市有周期，国家兴衰亦有周期。

经济危机自有规律，这是市场发展的必然，亦是人性贪婪与恐惧的使然。经济危机如同天灾一样，你不知道何时会发生，但一定会发生。若从市场这只看不见的手对经济的影响角度去分析，经济危机发生的根源在于市场这只看不见的手对经济影响与约束机制的失灵，在市场失去了理性的极端情况下，市场在极度恐慌下陷入挤兑、踩踏、错杀、流动性枯竭等恶性循环的黑洞之中，无形之手已无法自我修复，难以自拔。因此，如果任凭市场来自我调整而不考虑代价的话，市场经过一段时间的修复与调整，是可以自我修复调整到位并创造新的繁荣周期的。但是，经济危机的毁灭性与巨大的损失带来的或引发的剧烈的社会动荡，是任何国家与政府难以承受的剧痛。这也是美国在中央银行缺位时期频发严重经济危机，且无法有力及时拯救危机，导致危机周期长达数年的主要原因。

所以，在市场失灵的极端情况下，不应寻求市场理性的慢慢恢复，而应通过外力——政府这只看得见的手去调整、去拯救。如果见死不救，或过于迟缓、过于轻柔，则有可能助推危机的发生。但是，政府这只手一旦伸出，就再也回不去了。也就是说，政府的有形之手也有非理性、失灵的时候，而不当的经济政策孕育着更大的、更频繁的危机。这一点在本次大萧条中得以充分展现。美联储在面对 1929 年这次经济危机挑战时，无论是在货币政策方面，还是在金融稳定方面都表现得不尽如人意，

① 见王小鲁发表在《比较》第107辑：《美国大萧条与新政再思考》一文。

甚至犯了严重错误。

胡佛政府奉行自由市场理论，不愿对本国的金融机构进行更多的政府干预。大萧条时期，由于美国政府错误地实行紧缩性货币政策，其对经济的悲观预期使民众信心丧失殆尽，有超过 9000 家金融机构倒闭；银行的大面积倒闭又使得企业难以获得贷款，其间超过 13 万家企业发生倒闭，工业产出下降近 50%，回到危机前的水平已经是 1935 年的事了。

在货币政策方面，美联储没有按照市场所期盼的那样，在严重萧条时期及时放松货币政策刺激经济复苏。美联储不但没有降低利率，反而为了防止资本外逃和维护金本位制，从 1931 年开始把利息从 1.5% 提高到 3.5%。同时，在银行已经发生挤兑风潮时，美联储也没有及时充当最后贷款人的角色，而是听任银行倒闭。美联储不作为，导致 1931 年美国银行和美国联合银行这些大型银行倒闭，引发了更大范围的金融市场恐慌。最终，银行倒闭潮席卷全美。据统计，在 20 世纪 30 年代，美国有近万家银行相继倒闭。直到 1934 年存款保险制度建立，银行持续倒闭现象才得以终止。

1933 年，富兰克林·罗斯福总统上台，一系列措施使得经济在 1933—1934 年出现了强有力的复苏。在金融领域，他采取了两项措施对美联储的错误行为进行修正。

第一项措施是于 1934 年建立了联邦存款保险公司。存款保险制度的建立，确保了储户资金的安全，即使银行倒闭，储户仍然可以拿回自己的钱，这样大大减少了公众去银行挤兑的动机。这项措施出台以后，美国银行倒闭数量由数以千计逐渐减少为零。

第二项措施是废除了金本位制。废除金本位制后，美联储打破了货币投放的束缚，能够相对自由地放松货币政策，扩张货币供给，很快就结束了通货紧缩。货币政策扩张，遏制了经济下滑的势头并且使得在 1933—1934 年，经济形成了一个短期的有力反弹。

如果不是罗斯福的两大举措，美联储还会停滞在不能尽责，甚至反方向的货币政策阶段。在应对首次经济危机挑战时，美联储的教训是深刻的，没能履行好其两方面的职能；既没能积极运用货币政策来防止通货紧缩和经济衰退，也没有很好地行使最后贷款人职能，导致许多银行倒闭并引发信贷及货币供给萎缩。

除了货币政策与财政政策不当之外，同时，美国还犯了一个致命的错误，就是采取贸易保护主义，增加关税，导致各国纷纷采取对等的报复措施。各自为战的做法，使得危机进一步扩大。这再一次充分说明：只有全球主要经济体相向而行，齐心协力，共同应对，才能避免更大的危害与损失。不能为了一己私利，走向贸易保护主义及地缘政治的对抗之中，引发全球性灾难。

罗斯福新政

从1929年美国大萧条发展情况来看，由股市崩盘引发的危机蔓延开来，当时的胡佛政府，并非完全地固守自由市场原则不干预经济，而是采取了不当的作为，一方面不顾上千名经济学家联名反对实施贸易保护主义，使得危机因为对抗不合作而加深，另一方面却对危机无所作为，没有采取积极的挽救措施，使得危机扩大。

为了应对越来越严重的大萧条，罗斯福总统上台后采取一系列经济政策措施，史称罗斯福新政。新政核心是三个R——救济（Relief）、复兴（Recovery）和改革（Reform），因此有时亦称三R新政。救济主要针对穷人与失业者，复兴则是将经济恢复到正常水准，针对金融系统的改革则试图预防再次发生大萧条。罗斯福新政的措施主要有七条。

（1）金融方面：整顿银行与金融体系，下令银行休业整顿，逐步恢复银行的信用，并放弃金本位制，使美元贬值以刺激出口。

（2）工业方面：复兴工业或对工业的调整（中心措施）。通过《全国工业复兴法》与蓝鹰计划，来防止盲目竞争引起的生产过剩；根据《全国工业复兴法》，各工业企业制定本行业的公平经营规章，确定各企业的生产规模、价格水平、市场分配、工资标准和工作日时数等，以防止出现盲目竞争引起的生产过剩，从而加强了政府对资本主义工业生产的控制与调节（缓和阶级矛盾）。

（3）农业方面：调整农业政策。给减耕减产的农户发放经济补贴（农民缩减大片耕地，屠宰大批牲畜，由政府付款补贴），提高并稳定农产品价格。

（4）以工代赈：使由于失业或受灾等原因而造成生活困难的人参加工作，获得一定的收入，以代替政府对他们的救济。这是解决失业问题最为重要的一条措施。

（5）政府投资：大力兴建公共工程，增加就业，刺激消费和生产。

（6）社会保障：政府建立社会保障体系，通过了《社会保障法》，使退休工人可以得到养老金和保险，失业者可以得到保险金，子女年幼的母亲、残疾人可以得到补助。

（7）社会救济：建立急救救济署，为人民发放救济金。

新政以增加政府对经济直接或间接干预的方式大大缓解了大萧条所带来的经济危机与社会矛盾。通过国会制定了《紧急银行法》《农业调节法》《国家工业复兴法》《社会保障法》等法案。第二次世界大战爆发后，新政基本结束，但罗斯福新政时期产生的一些制度或机构如社会安全保障基金、美国证券交易委员会、美国联邦存款保险公司、美国住宅局、田纳西河流域管理局等至今仍产生着影响。

从罗斯福新政的内容来看，罗斯福新政与凯恩斯的经济思想并非完全相同，更侧重于治本，从金融、工业、农业、社会保障及社会救济等多个角度去全方位推动与变革。那种认为罗斯福新政就是凯恩斯理论的实践，是一种误读或误解。

大萧条下的苏联经济

由 1929 年华尔街股市暴跌引发的美国大萧条迅速席卷西方各国，西方国家经济一片哀号。而刚刚建立起来的苏联，正处在社会主义建设的新高潮前期。西方的经济危机，不仅没有波及苏联经济，反而成了苏联大国崛起的良机。

1932 年年底第一个五年计划结束时，苏联的工业产量已从世界的第五位上升到第二位。这一惊人的激增不仅是因为苏联生产率的提高，也是因为大萧条造成的西方各国生产率的下降。1933 年与 1928 年相比，美国工业生产量下降了 44%，德国下降了 45%，法国下降了 25%，英国下降了 20%。

从当时标志国家工业实力的重要指标——钢铁产量来看，苏联的生铁产量从 1928 年的 330 万吨增加到 1932 年的 620 万吨，钢产量从 430 万吨增加到 590 万吨，轧钢生产从 340 万吨增加到 440 万吨。苏联机器制造业的水平也达到世界第二位。

那么，当时的苏联究竟做对了什么，所以才能逆势增长呢？我们就来梳理一下苏联当时的对外经济政策。

第一，引进技术。1929 年，苏联同西方专家签订的技术援助协定已达 70 多个项目，涉及冶金、工业机械、金属加工、燃料动力、石油化工、交通运输、农业机械、农业灌溉工程、汽车、轮船和飞机制造等多个重要经济部门。截至 1931 年，苏联接受技术援助的项目增加到 124 个，总值为 8300 万卢布（当时 1 卢布约合 0.5 美元）。第一个五年计划期间建立的一大批现代化骨干企业，尤其是在钢铁、机械、燃料动力、化工、汽车、拖拉机、飞机、造船等新的工业部门，许多是利用西方先进设备技术，甚至是在外国专家的直接帮助下建立的。

据美国人萨顿所写的《西方技术与苏联经济的发展（1930—1945）》一书介绍，斯大林曾说，“在苏联，约有 2/3 的大型企业是在美国的帮助或技术援助下建成的……其余的，也大多是在德国、英国、法国、意大利等国的技术援助下建立的”。①

第二，进口设备。这个时期，苏联成为世界市场上机器的最大买主。1931 年，美国出口的机器设备中，有 50% 卖给了苏联。1929—1930 年，英国机器出口总量的 70% 销往苏联，到 1932 年这个数字为 90%。1931 年，世界机器出口总量的 30% 销往苏联，1932 年这个数字上升到 50%。在苏联的进口总额中，1929 年机器设备的进口占了 30.1%，1932 年则高达 55.7%。1929—1932 年，苏联进口机器设备的资金总计达 60.1 亿卢布。

第三，引进人才。西方在经济危机中，出现了大量的失业技术人员，他们被招聘到苏联工作。1932 年，在苏联工作的外国专家达 1919 人，技术人员达 10 655 人，分别比 1928 年增加了 4 倍和 20 倍。同时，苏联也通过“技术援助协定”等渠道，派遣人员出国学习。1929—1933 年，仅苏联最高国民经济委员会派往国外学习的管理人员和工程技术人员就达 2000 人。

第四，引进外资。1929 年之前，西方大国都不愿贷款给苏联，即使贷款也附有苛刻的条件。但西方在经济危机中出现了大量的过剩资本，使得苏联在国际金融市场上处于有利地位。1929—1931 年，苏联先后从德国、奥地利、英国、意大利、美国、芬兰、日本、挪威、瑞典、丹麦、比利时、法国等十几个国家的私人银行获得贷款，到 1933 年年底，苏联获得的贷款总计达 14 亿卢布。

第五，合作共赢。1933 年 6 月，苏联在伦敦召开的世界经济会议上，提出一项

① 参见萨顿所写的《西方技术与苏联经济的发展（1930—1945）》一书。

发展对外贸易，加强国际经济合作的计划，建议西方国家向苏联提供长期贷款，以保证苏联正常出口，苏联则准备在短期内向国外提供总值约为 10 亿美元的订单，并可能在近期内购买 1 亿美元的有色金属，2 亿美元的黑色金属，约 1 亿美元的纺织品、皮革原料和橡胶，约 4 亿美元的设备和 5000 万美元的消费品。国际合作，既有利于苏联经济发展，也有利于西方国家缓解危机。

在西方市场经济因大萧条而面临崩溃之际，苏联的计划经济发展模式及取得的成就引起了全世界的关注。当时，西方在反思原有自由放任的市场经济模式的同时，都对苏联的计划经济模式及凯恩斯的政府宏观调控经济理论产生了浓厚的兴趣。事实上，美国事后也在一定程度上借鉴了苏联的发展模式。

除了苏联实行的对外经济政策之外，苏联的国内经济发展也与其经济在大萧条期间取得的辉煌成绩有着密切关系。主要有三点：

其一，对于建国初期的苏联而言，实行的计划经济政策有利于集中力量办大事，最大限度地提升了工业能力，并降低了大萧条对苏联经济的冲击。其二，苏联充分利用了大萧条中西方转移剩余资本和产能的契机。美国帮助苏联建立汽车厂、拖拉机厂等一大批苏联急需的厂矿企业。德国帮助苏联建立了强大的军事工业，两国进行了密切的军事合作，让苏联的国防工业和军事力量突飞猛进。在美国、德国等西方国家的帮助下，苏联取得了一大批西方的技术和装备，完善了自己的工业体系，一跃成为欧洲第一工业强国①。其三，在大萧条中，随着国外资金和技术的涌入，苏联的社会主义制度很快显现出优越性，苏联的潜力被充分激发出来，所以工业出现了飞速发展的局面，让西方世界惊叹不已。②

对外开放、对内集中力量抓工业建设与发展经济，是苏联经济能够在西方国家陷入大萧条时取得迅速成功的核心原因。正是这种此消彼长，让苏联脱颖而出，所以苏联仅仅用了几年时间，其工业实力就超过了英法等欧洲传统工业强国，从传统的农业国一跃成为欧洲第一工业强国。③

① 参见《苏联的工业化》。

② 参见《剑桥欧洲经济史》。

③ 参见《俄国革命：苏联史（第一卷）》。

金本位末日

在皇家造币厂厂长、著名科学家牛顿的力推下，1717 年英国议会通过决议，将英国的黄金价格定为每盎司（纯度 0.9）3 英镑 17 先令 10 便士。这是一个划时代的定价决策，从此黄金价值正式与英镑面值挂钩，而在当时的英国市场，黄金早已取代白银成为主要支付手段，于是，真正意义上的货币金本位制终于建立了。

10 年后，牛顿去世，遗体安葬在伦敦威斯敏斯特教堂，受世代英国人的瞻仰与膜拜。50 年后，英国正式立法，对银币的使用日期进行了限制，银币最终退出历史舞台，金币成为公认的基本货币。又一个 40 年过去，1817 年，罗伯特·詹金逊当选英国首相，英国正式立法，确认货币金本位制。英国学者们纷纷调侃："早在 100 年前的牛顿时期，我们就是一个实行金本位制的国家了！"

而正是在这 100 年的岁月里，东西方历史发生巨变。作为蓝色文明的代表，大英帝国的铁蹄在踏遍全球各个角落的同时，也将自己的文明成果——金本位制推行到世界各地。

金本位制严格限定了货币当局滥发货币造成的恶性通货膨胀以及对民众财富肆无忌惮的掠夺，对于民众财富的保护、货币的稳定、经济的繁荣无疑具有划时代的意义。

然而，随着经济总量的迅猛发展，当黄金生产及储备总量与经济总量发展所需要的货币数量越来越不相应时，金本位制反过来就阻碍了经济的发展。当这一切越来越严重时，金本位制也就走向了货币历史的终点。

创造金本位制的英国，不幸成为第一个亲手毁灭金本位制者。

1931 年 5 月，奥地利最大的商业银行——奥地利信贷银行宣布破产。英国在这家银行至少有 500 万英镑的存款。7 月 13 日，德国最大的银行之一达姆施塔特银行倒闭，大约 7000 万英镑的英国贷款被冻结。7 月 15 日，英镑兑美元和法郎急剧贬值。从 7 月 13 日到 8 月 1 日，在短短两周半时间里，英格兰银行已经失去了价值 3300 万英镑的黄金，价值 2100 万英镑的外汇。

按理来说，英格兰银行本应迅速提高利率，但是，不管是出于政治压力，还是由于寄希望于欧洲大陆的情况能缓解的一厢情愿，英格兰银行始终不愿意提高利率。直到7月23日，英格兰银行才把贴现率提高1%。这时候已经晚了，加息如同石沉海底，到7月30日，英格兰银行不得不把贴现率又提高了1%。

同时，英格兰银行不得不在欧洲、美国等多个市场上，同时干预现期和远期汇率。为了稳定英镑汇率，英格兰银行付出了惨痛的代价。到8月底，英格兰银行砸进去了从法兰西银行和美联储借的5000万英镑，还把压箱底的1500万英镑黄金储备都投了进去。

政治家们也终于感到大事不妙了。议会新成立了经济委员会。8月12日第一次开会的时候，大家都在讨论能否通过财政紧缩，保卫英镑。8月22日，大家已经着慌了：西江之水，救不了涸辙之鲋。人人都在小声议论贬值的可能性。

8月24日，英格兰银行一天就卖掉了价值1200万英镑的外汇，创下单日最高历史纪录。9月10日之后，保护英镑的最后决斗开始了。9月18日和19日，英格兰银行的黄金储备再次大量流失。9月20日，一个星期天，英国被迫正式宣布退出金本位制。

英国退出金本位制之后，通过提高进口关税、实施资本管制，英镑一贬再贬。在20世纪30年代，英国的工业以前所未有的速度增长。1931年英镑贬值之后，金本位再也没有重新建立。①

抛弃金本位制的不仅仅是英国。

在美国1929年经济大萧条波及欧洲之后，德国经济也遭到重创。在经济危机爆发后，各国纷纷采取贸易战（提高关税）、货币战（纷纷采取汇率贬值）、经济战。面对国际收支困难与国外挤兑压力，德国也于1931年被迫放弃金本位制，终止本国货币兑换黄金，任凭货币浮动，以保护现存储备。

1930年年初，美国纽约证券市场刚刚稳定下来，商品价格的跌势有所趋缓，美国开始通过购买外国债券恢复国际贷款。当美联储降低利率的时候，法国资本市场购买外国债券的需求强烈，导致黄金从纽约和伦敦流向法国。

同时，1930年6月，美国方面通过了旨在提高关税实行贸易保护的《斯姆特—霍利关税法》，这个法案激起其他国家报复的浪潮，古巴、墨西哥、法国、澳大利

① 详见凯恩克罗斯和艾肯格林所写的《英镑的衰落：1931年、1949年和1967年货币贬值》一书。

亚和新西兰也通过立法提高关税。

由于关税提高，美国进口初级产品的价格被压低，这些产品的生产国如澳大利亚和阿根廷首先放弃金本位制。关税报复的影响继续蔓延。1931 年 5 月，法国由于不满奥地利与德国的关税同盟，撤出给奥地利的贷款导致奥地利信贷银行破产。

1931 年 9 月，英国宣布英镑贬值，脱离金本位制。继英国之后，有 25 个国家退出金本位制。法国和比利时将美元兑换成黄金，导致美联储黄金储备下降，余下的黄金扣除 35% 的准备金之外，已不能支撑按固定比例计算的美元。美元与黄金的兑换率难以维持。

1932 年 2 月，美国国会通过《格拉斯—斯蒂格尔法案》，允许政府的债券充当美联储的储备金，这样美联储就可以通过公开市场业务买进债券，创造足够的流动性，充当最后贷款人。不过，这个对恢复国内经济有利的法案，进一步降低了美元对金本位制承诺的可信度。

1933 年 3 月，罗斯福上台并宣布，保持国内经济的稳定（增加足够的流动性）要比保持对外关系的稳定（固守金本位制）更重要。结果，美元兑黄金贬值 70%，于是，美国放弃金本位制。

迫于 1929 年的经济大萧条压力，新任总统罗斯福放弃金本位制是为了应对危机带来的货币紧缩、物价下跌、就业率下降等一系列问题；刺激出口当然是美元贬值的一个重要目的，但绝非唯一目的，放弃金本位作为一种更灵活的货币策略，帮助美国无论在应对国内局势还是纷繁的国际竞争中均拥有了广阔的空间。

一个纯粹金本位制的国家主要以黄金作为流通货币，而如果有纸币或其他金属铸币流通的话，中央银行就必须储备足够的黄金，以便在需要时兑换这些货币。也就是说，金本位制的国家必须承诺并保持自己的货币与黄金的固定兑换比率。如果所有金本位制国家都有这样的承诺，就等于是使用同一种货币，即黄金。当一个国家出现贸易顺差时，黄金会流入，国内商品价格上涨；而当出现贸易逆差时，黄金会流出，国内商品价格下降。

然而，各国出于自保纷纷以邻为壑，导致所有贸易国家都不能增加自己的黄金储备。金本位制下，一个国家不能通过货币贬值来增加出口，因此，如果贸易逆差并且黄金储备不足，就必须依赖国外借款。如果不能获得国外借款，便只有降低国内工资和价格水平，增强出口竞争力。

同样，在金本位制下，由于需要保持汇率稳定，当一个国家发生信用危机时，中央银行也不能随意降低利率，因为扩大货币供应需要更多的黄金储备，相对其他国家利率偏低必然引发黄金外流。

总之，在金本位制条件下，不仅贸易受到压制，政府调节经济的手段亦受到限制，因而面对危机时显得软弱无力。

金本位制的存在造成货币当局无法像今天的美联储一样通过数量化手段进行货币扩张，导致国民实际收入出现下滑、需求随之减弱，并导致持续且较为严重的通货紧缩；一旦人们对通货紧缩的预期形成，又会进一步造成需求的萎缩，带来恶性循环。另外，在金本位制下，政府为保持其黄金储备而防止黄金流出，又不得不提高利率。于经济下行的背景下提高利率，无疑是一种顺周期政策，对经济的恶化和通货紧缩起到加剧的作用。

伯南克在《大萧条》一书中分析了数十个国家在放弃金本位制之前和之后经济的表现，可以明显地看到，一战后便没有回到金本位制的西班牙在大萧条中受到的冲击较小，经济恢复很快，而英国在 1931 年 9 月放弃金本位制后也早于美国走出通胀泥潭。美国则直至 1933 年 3 月才放弃金本位制，仅早于意大利。

纳粹德国的经济奇迹

纳粹德国的“复兴奇迹”一直是宏观经济研究的热点话题。希特勒上台之前德国经历的魏玛共和国的恶性通胀、美国大萧条的波及等，使得德国经济雪上加霜。政府内阁走马灯更换，却许愿多兑现少，还搞出通胀、衰退加上还不完的外债。之前的德国经济几乎陷于停顿状态，失业人数高达 600 万，如果加上 400 万名临时工，算上家属，德国 6600 万人口中，几乎一半在饥饿和贫困线上挣扎。

希特勒上台五年时间，失业率从高于 30% 下降到几乎为 0（到 1938 年德国失业率仅为 1.3%，用纳粹党自己的话来说，就是创造了“消灭失业的经济奇迹”），国民生产总值增长超过 100%，同时完成了全国高速公路网的建设，重整了重工业基础体系，还装备了一支武装到牙齿的现代化军队。同时，还大力推行社会保险制度，增加和提高国民的社会福利，扩大了职工的有薪休假制度。国民收入也增加了一倍，纳粹德国创造了经济恢复的奇迹。

纳粹德国何以在短短的五年时间内创造出如此大的经济奇迹呢?

对比希特勒政府和罗斯福政府在 1933 年之后的经济政策，不难发现它们何其相似。同样的国家干涉，兴建公共项目，发行公债，贬值货币，扩大卡特尔组织。甚至连名字都差不多，罗斯福的叫“新政”，希特勒的叫“新计划”。

诚然，在世界范围内，经济危机的问题与逻辑基本相同，比较行之有效的手段也无非是国家垄断主义那一套。然而，就国家资源与基础而言，德国远远劣于美国。何况大萧条时期的德国处于《凡尔赛和约》的压迫之下连年赔款。在如此条件下，德国何以解脱而崛起?

相对于一战最大的获利者、高关税贸易保护政策以及资本对外扩张多年带来惊人收益的美国而言，德国既无美国雄厚的黄金和外汇保障、国际收支盈余，也根本无法玩美国新政那样：“搞货币贬值而不引起通货膨胀，玩赤字游戏而不导致财政破产”的经济刺激。

挟“民粹主义余威”上台的希特勒采取了独裁 / 法西斯主义的方法来建设经济，加上大规模的财政和货币刺激计划。为了给国家创造一个强大的经济，希特勒迅速将国有企业私有化，并鼓励通过借贷来支付企业投资，促进居民消费。例如，他创立了大众汽车，让大多数人买得起汽车，他还指导了高速公路的建设。他迫使银行购买政府债券，从而为大幅增加的政府支出提供资金。公司和中央银行通过将债务货币化来偿还所产生的债务。这些政策总体上很有效。

至于这些政策的经济影响，当希特勒 1933 年上台时，失业率是 30%。到 1938 年，这一数字几乎为 0。在他上台五年后，即 1938 年，人均收入增长了 22%，而在 1934—1938 年，年均实际增长率超过了 8%。德国股市在 1933—1938 年稳步上涨了近 70%，直到热战爆发。[①]

---

① 参见达利欧的文章《美国与美元周期》。

希特勒这些辉煌的经济成绩单与其背后一位大名鼎鼎的经济学家是分不开的。面对经济困境，德国经济学家亚尔马·沙赫特博士走上了纳粹的历史舞台。他曾是德国的银行家、经济学家和经济部长，因1922—1923年遏制了威胁魏玛共和国生存的毁灭性通货膨胀而闻名于世。在希特勒上台后，他出任纳粹党政府的经济部部长（1934—1937年）、军事经济全权总办（1935—1937年）和不管部部长（1937—1943年）。战后他被宣判无罪，并致力于战后重建和为发展中国家的经济发展提供建议。

1933年8月，美国银行家协会同纳粹德国就贷款问题进行谈判。美国银行同意德国延期偿还以前的贷款，并保证今后美国在德国的资本和产业的全部收入只在德国使用，以此来兴建新的军事企业或者改建原来的军工企业。

纳粹德国没有食言，作为一个好胃口的买家，立刻把这些延期支付的贷款派上了用场。

从1933年到1939年，在纳粹德国为第二次世界大战做准备的六年时间里，杜邦公司、洛克菲勒财团和美孚石油公司、摩根财团及其控制的电报电话公司、福特汽车公司等美国公司争先恐后跟纳粹德国签下了巨额的战略原料和军工项目的订单。

仅仅飞机一项，1934年8个月中美国对纳粹德国的出口数量就比1933年增加了不止5倍。1933—1939年，在纳粹德国的军事机构中营业的美国公司超过60家。

在技术输出贸易上，美国也毫不含糊。杜邦公司通过I.G.法本公司把氯丁橡胶和飞机防爆剂的技术卖给纳粹德国；坦克润滑油的技术是从美孚石油公司得到的；希特勒发展空军的重要帮助来自美孚石油公司在纳粹德国设立的一家飞机专用汽油厂；电报电话公司参加了纳粹德国新型飞机的研制。后来在战争中，连美国的海军部长都承认是美国向希特勒提供了最先进的飞机发动机。

一个不可思议的诡异循环出现了，华尔街借出去的钱，被希特勒拿过来，从华尔街金融资本控制下的工业托拉斯购买军火和技术，得到的利润又用于向纳粹德国的军工行业继续扩大投资。

金钱的血液周而复始，不分昼夜地流动着，结果是一端生长出了武装到牙齿的纳粹德国军备，另一端美国的诸多庞大工业帝国，在艰难时世中维持甚至扩大了生产和市场，罗斯福新政能够奏效，也未尝不对此多赖借助。[①]

“德国欠你的钱越多，你就越想和它做生意。”沙赫特用魔术般的手段创造了信用。沙赫特博士利用银行储备，创立和发行梅福票，为德国扩军筹措资金。在他的倡导下，国际清算银行在瑞士巴塞尔成立，在战时各国经济交流与战后经济秩序等方面起到了重要作用。沙赫特起草工业动员以及国防军与战时工业相结合的详细计划，策划和推行储备战略原料和控制外汇的制度，对纳粹德国早期扩军备战和组织战争经济起了重大作用，基本消除了失业现象。

沙赫特所创造的信用奇迹还包括，为了避免外汇流失，他同几十个国家谈判了（对纳粹德国）“惊人有利”的物物交易（夏伊勒语）。到1936年中期，纳粹德国已经建了28个清算协定，在与这些国家的贸易中，纳粹德国用马克支付进口款项，并把款额与该国购入德国制成品的款项保持齐平，这样，这些依赖纳粹德国市场的国家（大多是南欧和美洲的原料输出国）没有办法，为了清算马克欠款，只好允许纳粹德国继续购货。

统治初期，纳粹德国经济在沙赫特的治理下得到快速恢复发展，民众失业问题基本得到解决，纳粹德国的这段经济时期被人们称为“沙赫特时代”。然而在纳粹的军备扩张的主导下，从深层领域来看纳粹德国经济的“复兴奇迹”实际上孕育着一场政治社会的大危机。经济迅速崛起的纳粹德国在希特勒纳粹党的领导下，发动了第二次世界大战，将德国再次推向深渊。

1970年6月，在希特勒和罗斯福死去整整25年后，93岁高龄的沙赫特去世。

大萧条下日本走上歧途

梳理完纳粹德国的经济奇迹及其挑起第二次世界大战的背景与逻辑之后，有必要谈及另一个走上法西斯主义道路的二战元凶——东亚的日本。

和德国一样，日本也在大萧条中遭受了格外沉重的打击，并因此变得更加专制。日本在大萧条中尤其脆弱，因为作为一个没有足够自然资源的岛国，它依靠出口来

① 见孟来的《进击的纳粹与金融巫师沙赫特的谢幕》一文。

获得收入，进口必需品。当它的出口在1929年到1931年下降了大约50%时，它的经济遭到了重创。1931年，日本经济大萧条严重到整个国家都崩溃了。在美国，它被迫减少黄金储备，放弃金本位制，并让其货币自由浮动，这使得日元大幅贬值，导致日本的购买力耗尽。这些糟糕的状况和巨大的贫富差距导致了左翼和右翼之间的斗争。

1932年，日本右翼民族主义和军国主义高涨，加强了对国家的控制。暂时恢复了日本国内秩序和经济的稳定。之后，日本军队控制了政府，并采取军事手段从其他国家夺取日本经济发展所需的资源。在入侵满洲之后，又扩张到整个中国和亚洲，以获取更多的自然资源（如石油、铁、煤、橡胶）和人力资源。就像当时德国走上极端法西斯主义的情况一样，被军人控制的日本认为，依靠传统的贸易和经济手段无法得到恢复经济发展所需要的东西。而这种通过军事侵略获取所需资源的途径是日本的最佳途径，

1934年，日本部分地区发生了严重的饥荒，引发了更大的政治动荡，并加剧了右翼、军国主义、民族主义和扩张主义运动。

在接下来的几年里，这场运动在日本，就像在纳粹德国一样，随着自上而下的法西斯主义指挥经济的发展，逐渐强大起来，建立了军事工业联合体，动用军队来保护其在东亚和中国北部的现有基地并向其他地区扩张。与纳粹德国的情况一样，在这段时间里，虽然大多数日本公司仍不属于政府所有，但它们的生产由政府控制。[①]

大萧条下的日本走上了军国主义的歧途，给亚洲人民带来了巨大的灾难。

危机新解

针对工业革命后英国周期性频发的经济危机，经济学家萨伊、马尔萨斯、西斯蒙第、马克思、朱格拉等都给出了危机成因及解决之道。

面对以美国为震中的新的经济危机，尤其是有史以来最严重的世界经济危机——1929年大萧条，经济学家们给出了不同的解释与答案。他们的危机新解影响

① 参见达利欧的文章《美国与美元周期》。

至今。虽然其中任何一个理论都未能彻底解决或防范经济危机、金融危机的发生，但却仍然对当今世界经济危机、金融危机起着重要的指导意义。

费雪的“债务—通货紧缩理论”

欧文·费雪是天才般的经济学家，堪称有史以来最伟大的三位经济学家之一。其早在《货币的购买力》一书中就提出了著名的交易方程式：$MV=PT$ 或 $P=MV/T$。这个方程式构成货币数量论的核心与基础，又被称为费雪方程式。

费雪发明了可显示卡片指数系统，并取得专利，办了一个获利颇丰的可显示指数公司。后来该公司与竞争对手合并为斯佩里·兰德（Sperry Rand）公司。这项事业使他致富，但 20 世纪 30 年代大危机之前他借款以优惠权购买斯佩里·兰德公司股份，大危机爆发后，他的股票成为废纸。据他儿子估计，损失为 800 万—1000 万美元，连妻子、妹妹和其他亲属的储蓄都赔进去了。他一文不名，耶鲁大学只好把他的房子买下，再租给他住，以免他被债主赶出去。他的名声亦受到打击。

虽然代价惨重，衰退依然在继续，但是费雪依然保持了乐观主义态度。损失了财富和家庭，他居住在耶鲁大学校园里，靠他慷慨的妹妹的资助生活，但是他依然在进行自己的工作。20 世纪 30 年代，作为 1028 名经济学家中的一员，他也加入了徒劳地向胡佛总统请愿要求抵制《斯姆特 – 霍利关税法》的队伍。

1929 年他在大危机中受到沉重打击，但仍在 1930 年出版了代表作《利息理论》，在 1932 年出版了《繁荣与萧条》，在 1933 年出版了《大萧条的债务—通货紧缩理论》，在 1935 年出版了《百分之百的货币》。这些堪称经典的作品是费雪在破产后的艰难日子里写下的，充满着痛苦的领悟。

与凯恩斯类似，费雪的这些著作大多都是以大萧条为研究对象，两人的结论其实是很类似的，都指向市场失灵。其实早在 1912 年，费雪和凯恩斯就在伦敦结识，二人相见恨晚、相谈甚欢。早期的凯恩斯与费雪类似，都从事货币领域的研究。

在大萧条期间，费雪从货币及债务的角度认识经济运行规律，凯恩斯则从财政及政府干预的角度入手。两个人观察研究的角度有所不同。

大萧条期间，费雪债务缠身，深陷旋涡，这让费雪对货币的本质及债务的逻辑体悟得更加深刻，这促使他在《繁荣与萧条》中提出著名的“债务—通货紧缩理论”。

在费雪的萧条解释模型里，债务和通货紧缩是最主要的两个变量。其他变量，如货币流通速度、资产净值、利润、交易、商业信心、利率等都相对次要，只有和过度负债以及通货紧缩这两个变量或其中一个结合起来的时候，才会产生显著的影响。如果过度负债没有引起价格水平的下降，则最终的循环波动将会温和许多。类似地，如果通货紧缩是由非债务因素引起的，那么造成的恶果也会小得多。只有当债务和通货紧缩结合起来，才会产生最大的灾难。

费雪认为经济衰退主要涉及过度债务负担引起通货紧缩的问题。假定债务 / 资产 =A，过度债务就是 A 过大。即由于在繁荣时期，人们的预期过于乐观，加上非理性繁荣下的资产价格高估，举债变得更加容易，社会整体的风险偏好上升，信贷扩张超过了实际潜在增长容量。到了一定时候，经济增长放缓，预期回归中性，资产价格不再持续高估，就会形成过度债务负担，而部分主体就会开始清偿债务。由于市场供给超过需求，因此清偿债务带来资产出售中估值下降，进一步引起 A 过大，引起进一步的资产甩卖。社会价格指数下降，实际利率会快速上升，债务负担会进一步加重，信贷迅速收缩，经济进入衰退。

根据费雪的“债务—通货紧缩理论”，应当避免过度负债与通货紧缩同时出现，因为在过度负债的经济模式下，一旦发生通货紧缩，二者相结合后就会产生巨大的经济危机灾难。因此，避免危机或拯救危机的方式就是避免二者结合。

在当时的金本位制时代，货币政策比较刚性，货币政策干预经济一时不太容易被接受。所以，费雪的观点与建议在当时并未被官方接受。

费雪坚定地认为，要终止通货紧缩，就必须摒弃金本位制，而他也多次向富兰克林·罗斯福提出这个请求（凯恩斯的观点也与之类似）。1933 年，罗斯福成为总统后不久，将美元贬值，而美元的贬值和短暂的银行关停标志着大衰退已经恶化到了顶点，虽然此时距离复苏还有一段时间。费雪在罗斯福总统做出决定的过程中只起到了很小的作用，他的声誉下滑得如此厉害，以致连他的学术伙伴们也将他遗弃了。

费雪同时代的批评家们在他的“债务—通货紧缩理论”的假设中找到了漏洞：不断增加的真实债务有两个后果，债务人的情形恶化，但是借贷人的情形却会变得更好，一反一正，净效应为零。20 世纪 80 年代，伯南克补充了这一说法。“抵押品促进了信贷增长”，2007 年 6 月，伯南克如此说道，此时距离危机真正爆发已经为时不远。“无论如何，在 20 世纪 30 年代的时候，不断减少的产出和不断下跌的价格（增加了真实的债务负担）导致了金融压力在借款人那里的广泛扩散，使得他们赎回抵押品的能力不断降低……借款人手中的现金流转和流动性也被削弱了。而这就会增加出借人的风险。”当时纽约大学的伯南克和格特勒先生将这一现象命名为“金融加速器”。

凯恩斯的有效需求不足理论

1820 年，英国经济学家马尔萨斯发表《政治经济学原理》，提出由于社会有效需求不足，资本主义存在产生经济危机的可能。马克思认为经济危机的原因在于生产相对过剩，而生产相对过剩的原因在于资本家剥削了劳动工人的剩余价值，导致工人购买力 / 消费不足，从而造成生产相对过剩。

1936 年，英国经济学家凯恩斯发表《就业、利息和货币通论》，重提有效需求不足，并建立起比较完整的有效需求不足理论。这一原理是凯恩斯就业理论的出发点，是凯恩斯理论的核心，也被誉为西方经济理论的“凯恩斯革命”。凯恩斯经济学的核心是就业理论，而就业理论的逻辑起点是有效需求。

凯恩斯认为，企业雇用一定的就业量，总要求达到一个最低的预期收益，即收回成本和取得最低利润。这就是企业对这个就业量所生产的全部商品拟索取的价格。从全社会来看，这就是商品的总供给价格。

总就业量决定于总需求；失业是由于总需求不足造成的。由于总需求不足，商品滞销；存货充实，引起生产缩减；解雇工人，造成失业。当就业增加时，收入也增加。社会实际收入增加时，消费也增加。但后者增加不如前者增加那么多，这就使两者之间出现一个差额。因此，要有足够的需求来支持就业的增长，就必须增加真实投资来填补收入与这一收入所决定的消费需求之间的差额。换言之，在消费需求已定的情况下，除非投资增加，人为地增加社会需求，否则就业是无法增加的。

社会总需求包括消费需求和投资需求两大部分。由于边际消费倾向的作用造成消费需求不足，也造成投资需求不足，即社会总需求的不足，必然导致社会总就业量的不足和经济危机的产生。

凯恩斯试图用三大心理规律解释有效需求不足，即边际消费倾向递减规律、资本边际效率递减规律、流动性偏好规律。

根据凯恩斯的上述理论思想，解决危机的方法就是：政府应积极采取赤字财政政策，扩大财政支出来增加投资，以刺激需求。

其实，早在数千年前的中国，管仲就提出了政府增加投资改善经济的思想，之后，秦代商鞅、汉武帝时期的桑弘羊，唐代刘宴、北宋王安石等均提出了该经济思想。

在《管子》一书中就有一篇奇文《侈靡篇》，认为只有不断消费，才能促进生产和商品流通，贫穷之人才有工可做。同时，管仲在《乘马数》中还说每当凶年，国家应建造宫室台榭，以此促进人民就业。这种通过政府固定资产投资来刺激经济复苏、促进就业的做法，直到2000年后西方人才学到手。

在当时，凯恩斯的理论更容易让人接受。苦不堪言的民众、企业家以及部分经济学家都希望政府出手以渡过难关。与费雪相比，凯恩斯非常幸运。费雪在大萧条中破产，一无所有；而凯恩斯则在大萧条后期投资暴富。

从费雪与凯恩斯对于经济衰退或危机的本质解释来看，费雪的“债务—通货紧缩理论”无疑是深刻的，直指本质。而凯恩斯的解释则要表面现象得多。但是，在解决危机的方案上，二者却走向了一致，即避免通货紧缩，需要政府采取一定的、适度的通货膨胀政策。不过在政策手段上，费雪偏向于货币政策，凯恩斯偏向于财政政策。

可以说，大萧条期间，凯恩斯开创的财政理论和费雪开创的货币理论，成为后来将近100年时间里国家财政政策及货币政策的两大理论支撑，也成为宏观经济学的两大核心。

凯恩斯主义为政府干预经济提供了一个很好的理论依据，并给予绝望中的政府希望之光：需求不足，市场失灵，解决的办法就是政府介入市场，增加需求，从而使经济从萧条中走出来。而奥地利学派认为，萧条是市场自身调整的必然过程，有助于释放经济中已经存在的问题，政府干预只能使问题更糟。事实上，如果不是胡佛政府的干预（包括扩大公共投资、限制工资下调、贸易保护主义法律等），那次危机不会持续那么长时间。任何一个有效率的政策都要求政府忍受眼前的痛苦，而政府总是急功近利的，不愿意忍受短期痛苦，所以政府特别喜欢凯恩斯主义。凯恩斯的一句名言是：长远看，我们都会死的。①

每次大型经济危机，本质上都是技术进步导致的需求过剩。通过危机的方式，需求与供给会重新回到一个较低的水平上达致平衡，直到新一轮技术革命创造出新的需求为止。从 18 世纪 60 年代第一次工业革命以来，每轮繁荣期，大概都维持在 60 年的水平，而后会通过 20—25 年的时间去消化。

奥地利学派的商业周期理论

1929—1933 年爆发的世界性的经济大萧条，有人预测到了吗？有，有两个人，而且只有两个人，尽管他们没有指出准确时间。这两个人一个叫路德维希·米塞斯，另一个叫弗里德里希·哈耶克，他们都是奥地利学派的领军人物，哈耶克曾获得 1974 年的诺贝尔经济学奖。

他们之所以能预测到 1929 年的经济危机，是因为有一整套更为科学的商业周期理论。根据他们的理论，20 世纪 20 年代美联储实行持续的扩张性货币政策，利率定得非常低，信贷规模膨胀，最后的结果必然导致大危机、大萧条。

为什么会这样？因为利率过低会扭曲资源配置信号，企业家就开始投资一些原本不该投资的项目，特别是一些重工业、房地产等资金密集型产业，它们对利率的反应非常敏感。流动性过剩导致的股票市场泡沫会进一步助长固定资产投资热潮，导致投资过度扩张。越来越大的投资需求导致原材料价格和工资的相应上涨，投资成本上升，最后证明原来的投资是无利可图的。当没有办法如之前那样继续实行扩张性政策时，股票和地产泡沫破灭，原来的资金沉淀在不可变现的固定资产（如厂房和地产）中，资金突然不足，投资项目纷纷下马，大萧条由此发生。

在米塞斯和哈耶克看来，在任何一个经济中，人为造成的繁荣一定会伴随一场大衰退。大繁荣和大衰退是一枚硬币的两面。他们的理论也告诉我们，判断经济是

① 见张维迎所写《经济危机面前，重温奥地利学派》一文。

否过热，不能只看价格水平是否上涨，而主要应该看利率水平和信贷扩张。因为从信贷扩张到价格水平的上涨有一个时差，当通货膨胀发生时，萧条就已经到来！[①]

与米塞斯和哈耶克不同，凯恩斯认为，大萧条是由有效需求不足导致的，有效需求不足的原因是居民储蓄太多，而企业对未来太悲观，不愿意投资。

奥地利学派的理论主要以主观价值、时间偏好、生产结构、资本利率理论和企业家精神为基础，解释了政府的货币政策如何引起生产结构的延长和缩短：在积极的货币政策误导下，由于企业家逐利行为引发的盲目投资，生产要素会出现两次流动，生产要素的变化量会与生产阶段需要量之间存在较大差异，引起生产结构的延长、收缩及扭曲，整个经济资源出现了错误的配置。由于价格水平上涨引发的通货膨胀的压力，政府扩张的货币政策难以一直维持下去而采取紧缩的货币政策，整个经济资源的错误配置就会暴露而发生清算，引导资源的重新配置，经济危机就产生了。

奥地利学派根据自己的周期理论，给出了对这次经济危机的比较准确的解释，结论是相当令人信服的。该学派主张自由主义，政府不应该实行多变的货币政策对经济的运行造成干扰，因此他们对经济危机的对策就是政府的不作为，而让市场自身完成对错误配置的资源的重新调整。

由于奥地利学派的商业周期理论在两次大的经济危机——1929 年大萧条和 2008 年的次贷危机爆发前都做出过相应的预警和分析，并且对其他经济危机都做出了合理的解释，所以该理论存在较大的正确性和合理性。

格林斯潘对大萧条的解释

格林斯潘在 1966 年写的《黄金与经济自由》一文中对 20 世纪 30 年代爆发的经济危机提出了如下解释："当商业活动发生轻度震荡时，美联储印制了更多的票据储备，以防任何可能出现的银行储备短缺问题。美联储虽然获得了胜利，但在此过程中，它几乎摧毁了整个世界经济，美联储在经济体制中所创造的过量信用被股票市场吸收，从而刺激了投机行为，并产生了一次荒谬的繁荣。美联储曾试图吸收那些多余的储备，希望最终成功地压制投机所带来的繁荣，但太迟了，投机所带来的

① 见张维迎所写《经济危机面前，重温奥地利学派》一文。

不平衡极大地抑制了美联储的紧缩尝试，并最终导致商业信心的丧失。结果，美国经济崩溃了。”

这段话可以形象地描述为“货币猛于虎”。当经济疲软时，将笼中老虎放出来；当经济过热时，将老虎再关进笼子里。但是，由于无法准确把握时机，放出来的老虎往往会伤人，等到发现后，再关进笼子时，往往太迟了。危机已经发生。繁荣也好，萧条也罢，甚至是经济危机，皆与货币有关。真可谓成也萧何，败也萧何。

格林斯潘这一解释与 1929 年大萧条和 2008 年次贷危机走势一致。1929 年股票市场的泡沫与崩盘源于美联储的利率与信贷政策扩张与收缩。2008 年，美联储利率政策的扩张与收缩，导致建立在房地产上的次贷泡沫破裂。

格林斯潘 40 多年前对大萧条的上述解释与哈耶克 80 年前的解释如出一辙。遗憾的是，几十年之后，作为美联储主席的格林斯潘重复了他曾经批评的政策，导致了又一次大萧条。

为何其思想理论与行为不一致呢？原因就在于政府之手出于选举政治或政绩的考量，需要在短期内急功近利地刺激经济发展，在经济危机来临时避免社会危机与动荡无法忍受短期的剧震。所以，采取不作为姿态任凭市场周期性自我调节，是不可能实现的。于是，凯恩斯的政策成为宏观经济学的“圣杯”以及各国政府的法宝。

弗里德曼的货币理论

弗里德曼和施瓦茨合著的《美国货币史（1867—1960）》以详尽历史事实令人信服地证明：在 1867—1960 年之漫长历史时期内，货币供应量之变动与国民收入之间，始终存在内在一致的逻辑联系。《美国货币史（1867—1960）》给 20 世纪 30 年代的大萧条以明确解释：1929—1933 年，货币供应量下降幅度高达 1/3，也就是说，货币供应量严重不足乃是大萧条如此严酷和如此漫长的主要原因。

《美国货币史（1867—1960）》主要贡献有三：其一，发现货币供应量和总体经济活动之间的内在关系；其二，解释 20 世纪 30 年代史无前例的大萧条；其三，成功发动对“凯恩斯革命”之“反革命”，重新确立货币理论在经济学中的重要地位。

美国联邦储备委员会前主席伯南克是当代研究大萧条的大名家。伯南克 1983 年发表成名作《金融危机之非货币效果如何加剧大萧条之蔓延》，正是基于对《美国货币史（1867—1960）》的深入解读，以及对事实的重新考量。伯南克认为："对于20世纪30年代金融部门和总体经济之关系，货币供应量视角并非完整解释。货币视角的第一个困难是：它没有货币效应如何影响真实经济的理论，能够解释30年代货币非中性为何持续如此之久。货币视角的第二个困难是：20世纪30年代货币供应量的减少，数量上不足以解释总产出的持续下降。"伯南克主要的理论贡献正是源于他对弗里德曼"货币供应量视角"的修正、创新和完善。

弗里德曼和施瓦茨解释大萧条的关键变量是"货币供应量的崩溃"（Monetary Collapse），矛头直指美联储。二位大师引用大量事实，证明货币供应量崩溃的直接原因是美联储内部的权力斗争，间接原因则是美联储官员对当时美国经济和货币困境缺乏正确认识。

弗里德曼的"货币供应量视角"、费雪的"债务—通货紧缩理论"和凯恩斯的"非自愿失业学说"，实为西方解释大萧条之最重要学说。这三大学说其实有一个基本共同点：他们皆认为大萧条或金融危机之根源是货币市场出了莫大问题。"货币供应量视角"直指货币供应量下降是大萧条之起因；"债务—通货紧缩机制"发生作用之前提也是货币市场的变动，导致人们的通货膨胀预期发生变化（即出现严重通货紧缩），费雪"债务—通货紧缩机制"之关键环节是真实利率水平之上升，根据费雪效应即使名义利率不断下降，假若预期通胀率下降更快，真实利率即迅速上升。这就是费雪向罗斯福建议抛弃金本位制，以便快速扩张货币供应量的基本理由。

凯恩斯的"非自愿失业学说"乍看起来似乎与货币市场无关，其实关键变量依然是货币市场利率。在凯恩斯的整个理论架构里，货币利率是一个至关重要的变量。假若投资者对未来极度悲观或经济体系完全没有任何新的投资机会或真实利率太高，投资为零，而个人和家庭依然希望大量储蓄，投资和储蓄相差巨大，经济体系无法实现均衡，怎么办呢？原则上，储蓄大于投资，名义利率将持续下降，直至投资和储蓄相等为止。然而，如果名义利率下降到零，储蓄依然大于投资，而在一个货币经济体系里，名义利率又不可能下降到零以下（名义利率不可能为负），此时如何是好呢？凯恩斯的"收入调节机制或失业均衡机制"就登上舞台，大显身手了：此时经济体系必然出现大规模非自愿失业，大幅度降低人们的收入，从而大幅度降低人们的储蓄，直至储蓄最终等于投资为止。此乃凯恩斯大名鼎鼎的“失业均衡理论”。

三大学说的政策建议也有本质上的共同点：“货币供应量视角”主张扩张货币供应量以摆脱经济大萧条。经过经济学家们对货币与经济之间关系长达数十年的跟踪研究，有一个基本结论：率先抛弃金本位制的国家（譬如英国），货币供应量迅速开始扩张，经济复苏紧随其后。该结论当然强烈支持了弗里德曼的基本思想。“债务—通货紧缩理论”也强烈主张迅速扩张货币供应量，以尽快摆脱真实利率不断攀升的困境。费雪劝说罗斯福尽快抛弃金本位制以扩张货币供应量。伯南克、克鲁格曼等经济学者曾经激烈批评日本中央银行货币政策过于保守，致使日本长期无力摆脱“通货紧缩和经济衰退”。伯南克甚至夸张地建议日本央行开着直升机向日本国民狂撒钞票，由此获得“直升机本”（伯南克全名为本·伯南克）的著名绰号。

凯恩斯的基本政策主张其实不是财政开支，而是扩张货币，货币扩张能够降低投资成本、减少储蓄收益，从而扩大投资，增加产出和就业。所谓“财政赤字政策”只适用于凯恩斯所描述的一个极端情形，即货币政策完全失效的“流动性陷阱”。不幸的是：赤字财政后来竟然成为凯恩斯主义最鲜明的招牌。①

不过，在20世纪六七十年代，凯恩斯主义在滞胀危机中跌落神坛，财政政策的过度干预被人们诟病。这时，弗里德曼重拾费雪的思想理论，开创了货币主义。

弗里德曼货币主义的思想基本上来源于费雪，弗里德曼的货币数量论继承了费雪方程式。弗里德曼强调的是货币政策的重要性，这也正是费雪所强调的。他将货币政策推举到凯恩斯的财政政策的高度，认为科学的货币政策，稳定的货币供应以及价格，才能维持经济增长的稳定。

康波周期理论

从瓦特发明蒸汽机引发第一次工业革命开始，技术变革不断引领着经济发展的进程。20世纪20年代，苏联学者康德拉季耶夫提出了以科学技术为驱动的40—60年的长经济周期“康德拉季耶夫周期”，简称“康波理论”或“长波理论”。

① 详见向松祚所写《从弗里德曼的美国货币史到大萧条之解释》一文。

康波理论认为科学技术是生产力发展的动力，因此生产力发展的周期由科学技术的发展决定。在40—60年的长周期尺度上，康波周期分为繁荣、衰退、萧条、回升四个阶段：以创新性技术变革为起点，前20年左右是繁荣期，在此期间新技术不断颠覆，经济快速发展；接着进入5—10年的衰退期，经济增速明显放缓；衰退期之后的10—15年是萧条期，经济缺乏增长动力；最后进入10—15年回升期，孕育下一次重大技术创新的出现。

自第一次工业革命以来，全球已经历过四轮完整的康波周期，每一轮周期的起始或者结束都以一个突破性的技术作为标志，如纺织工业和蒸汽机技术、钢铁和铁路技术、电器和重化工业、汽车和计算机见表7-1。

表7-1　四次康波周期表

长波（技术创新）	时间	繁荣	衰退	萧条	回升
第一波（纺织工业和蒸汽机技术）	63年	1782—1802年	1815—1825年（战争1802—1815年）	1825—1836年	1836—1845年
第二波（钢铁和铁路技术）	47年	1845—1866年	1866—1873年	1873—1883年	1883—1892年
第三波（电气和重化工业）	56年	1892—1913年	1920—1929年（战争1913—1920年）	1929—1937年	1937—1948年
第四波（汽车和计算机）	43年	1948—1966年	1966—1973年	1973—1982年	1982—1991年

现阶段全球经济正处于第五轮康波周期中，以信息技术为标志性技术创新。有研究认为，以美国繁荣的高点2007年为康波周期繁荣的顶点，第五轮康波周期的繁荣期为1991—2007年。2007年至2019年，全球处于第五波康波周期的衰退期。目前，已经进入到萧条期。

熊彼特的经济危机理论

熊彼特在其著作《经济周期：资本主义过程之理论的、历史的和统计的分析》一书中，不仅用创新理论解释了经济发展，而且还用它来说明经济的周期波动。他指出资本主义的生命力在于改革创新，而企业家们是主要的倡导者，企业家比企业更能赋予资本主义体系以活力，并对企业的生产和市场系统构成威胁。

熊彼特在应用“创新”概念来说明商业社会内生的周期现象时，提出了一个只包括上升期和下降期两阶段的单纯模型。在沿着一定轨道循环流动的均衡体系里，企业家为追求利润，引入创新。为了实现创新，首先依靠信用创造从银行借入资金，以此作为资本建立新工厂，订购新设备，进而购买间接劳动资料及生产要素进行生产。这种扰乱均衡的创新，在过程中会遇到很多困难。

由于这些原因，打破这种均衡关系，将经济引入新的世界，最终实现创新的结果并不能常常发生。而创新具有非连续性，因此产生了波动。由于创新的导入，经济活动变得非常活跃，从而带来繁荣。但由于某种原因，出现逆转，带来衰退危机的局面。如果没有创新带来的繁荣状况，也就不会衰退，均衡体系也保持原来的状态。

如此一来，资本主义经济本质上处于繁荣与危机两个阶段的循环交替之中。熊彼特认为改革创新给资本主义带来的不仅是进步还有不稳定性，企业家资本主义是一种极为不稳定的创造性毁灭的体系，其中新技术、新产品和新生产方式使旧的一切变得过时，强迫现存企业要么适应新形势，要么宣告失败，资本主义就这样在以改革摧毁并替代旧技术和旧体系的过程中不断前进。当新一代企业家引入全新的技术、产品和生产理论从而使创新步伐突然加快的时候，严重危机就爆发了。熊彼特认为，创新活动之所以会造成经济危机而不是经济的持续繁荣，是因为创新活动的特征之一是它的不连续性，它是集中在一个时期时断时续地出现的。因此，一次创新造成的下降就不能被下一次创新造成的上升所抵消，于是经济生活就呈现出周期波动。

除了上述两阶段模式之外，熊彼特还建立了关于经济周期的四阶段模式，该模式把经济周期分为“繁荣”“衰退”“萧条”和“复苏”四个阶段。他认为创新引起信贷扩张和对生产资料需求的扩张，促成了新工厂的建立，新设备的增多，也增加了社会对消费品的需求；整个社会出现大量投资机会和投机活动；因此，创新活动引起的上升将越过新均衡，以致形成虚胀或过度繁荣。一旦创新活动促使高涨的推动力消逝，就使经济的下降过程越过单纯因创新停止而造成的衰退阶段，进入萧条阶段。熊彼特列举了萧条发生的三点理由：

其一，具有新购买力的企业家，为获得生产资料而展开一场竞争，生产资料的价格因此提高，旧企业将蒙受损失或被淘汰。

其二，繁荣经过一段时间之后，新产品将大量出现在市场上，物价下跌，繁荣终止。

其三，创新的各种成果的出现，将自动而必然地导致信用紧缩，因为此时企业家既有偿还债务的能力，又乐于偿还其债务，新创造的购买力由此消失，引起经济萧条。

在萧条阶段，不仅投机活动消失，许多正常的活动也受破坏，企业倒闭，或者缩短工作时间，因而产量减少，进而失业增加。但是经验证明，这个过程绝不会永远持续。譬如，某企业破产，失业者增加，需求减少，萧条进一步加剧。

在萧条时的低谷，经营活动萎缩，因而几乎不进行投资，有时甚至连填补投资都会罢手。在这种状况下，如果经过普遍的企业整顿，确信经济出现好转迹象，在极低利率的刺激下，会出现进行新投资的人，这是不难想象的。这样，复苏过程开始，企业重新着手生产，雇用人数也增加，不久将达到新的均衡水平。复苏阶段是病态失衡的水平趋向均衡。

如果要使经济由“复苏”走向“繁荣”，那就需要新的创新活动，以便使经济越出复苏阶段所达到或将要达到的均衡水平，趋向新的高涨。熊彼特指出，虽然复苏和繁荣两个阶段经济都趋于上升，但造成上升的动力在两个阶段是不同的。正是这种不同使上升运动有可能构成两个性质不同的阶段。

同时，熊彼特还提出了经济周期。不同的创新活动，所需要的时间可能是不同的；同时，创新的进行也不是连续平稳的，而是有时密集，有时稀疏，对经济的影响范围和程度也不同。它们有的“带来较短的波动”，有的则“导致较长的潜在高涨”。因此，如果认为只存在一种周期，并以为它会以非常显著的规则表现出来，那是不现实的。为此，他提出了三种周期。

第一种是长达 50 多年的经济长周期（长波）。熊彼特沿袭康德拉季耶夫的观点，认为资本主义的第一个长波大约是从 1783 年到 1842 年，即第一次工业革命。第二个长波大约是从 1842 年到 1897 年，即蒸汽机和钢铁时代，或者可称为世界铁路化时代。第三个长波大约从 1897 年到 20 世纪 20 年代末，被称作电气、化学和汽车的时代。

第二种是平均 9—10 年的中周期（中波），又称“朱格拉周期”。

第三种是平均 40 个月（3—4 年）的短周期（短波），又称“基钦周期”。

除了上述三种周期，熊彼特还提到“其他形式的周期波”，如库兹涅茨周期、存货周期等。

对于经济周期的成因，熊彼特的解释是：经济发展和经济波动的原动力是创新。这种创新有时比妊娠期长，有时却并不那么长。因此，体系吸收创新的效果的时间和其持久性也就不一定。创新是不连续的、不稳定的和不均匀的，同时又具有多样性，因此对经济发展的影响有所不同，从而形成了不同长度的周期。并且某一创新是受它之前的创新或它之后的创新的影响，当然也可能影响其他创新。

以上我们梳理了大萧条前后经济学家们关于经济危机的解读。在此，我们需要说明的是，当“看得见的手”全面接手掌控原先属于“看不见的手”的范畴，原本可以有机地、内生地自行发展的市场经济，被迫纳入和嵌入更为芜杂繁复的权力结构中。而看得见的手或出于急功近利的私利考量，或出于对经济发展趋势的误判，给出了不恰当的解药，就会造成频繁不断的危机发生，且危机越来越大。

如果我们仔细考察美国 1929—1933 年以及之后那段经济大萧条的历史，就可以发现，不是胡佛政府坚守市场经济理念而不作为，恰恰是错误的积极作为将经济萧条进一步推向深渊。为了应对严重的经济危机，1930 年 6 月，胡佛政府不顾 1000 多名经济学家联名反对，签署了旨在保护美国贸易的《斯姆特—霍利关税法》法案，对进口货品大幅度增加关税，最高税率达 59%，结果招致各国贸易报复，导致这场危机进一步加深并向全球各国蔓延，终于酿成了一场史无前例的经济大萧条。

而罗斯福新政将萧条的经济拉向复苏，然而在经济尚未完全企稳之时，减少了政策力度，采取了收缩政策，结果酿成了 1937—1939 年的第二轮大萧条，直到第二次世界大战之后才结束。

第八章
二战、货币与新秩序

至暗时刻

第二次世界大战是人类社会有史以来规模最大、最残酷、损失最惨重的一次战争，从 1939 年 9 月 1 日纳粹德国突袭波兰开始，到 1945 年 9 月 2 日日本政府代表在密苏里号军舰签订无条件投降书结束，整整 6 年的时间，比第一次世界大战整整多了两年时间（第一次世界大战是 1914—1918 年，历时 4 年）。二战的战争范围几乎涵盖欧亚大陆，从大西洋到太平洋都有战事，先后有 61 个国家和地区、20 亿以上的人口被卷入战争，作战面积高达 2200 万平方千米。据统计，二战共计造成伤亡 9000 多万人，5 万亿美元经济损失，数不清的人类历史文化遗产毁于一旦，是人类历史上的规模战争之最。

为何一战之后构建的凡尔赛—华盛顿体系失控？为何一战、二战皆爆发在欧洲？为何一战与二战皆由德国发起？为何距离一战结束仅仅 20 年二战就骤然爆发，且更惨烈？如此残酷的战争到底是由什么原因导致其爆发的？二战对世界经济的冲击究竟有多大？

二战并非孤立地存在，也非人类好了伤疤忘了痛，而是一战的延续与超级余波。其原因是多方面的，其中最重要一个原因莫过于：前面提到的一战之后由法国主导的《凡尔赛和约》，对千年仇敌——战败国德国采取的过度报复措施，由此而埋下祸根。

一战后的巴黎和会上，英法等战胜国，尤其是德国的仇敌法国，强迫德国签订了《凡尔赛和约》。根据该和约，德国海外殖民地被英法两国瓜分，德国军队被拆散，并且需要支付 320 亿美元的战争赔款。这对本已战败、伤痕累累的德国而言，简直是雪上加霜，灭顶之灾。

就连凯恩斯都看不下去了，认为《凡尔赛和约》太苛刻，赔款数额太高最后导致德国无力支付，产生不良影响。法国将领福煦说“这不是和平，这是 20 年的休战”，结果一语成谶，距离一战结束正好 20 年，二战终于爆发了。

事实就是如此，巨大的压榨与压迫，使身负巨债的德国迎来了恶性通胀，最终导致国家经济崩溃，也在德国人心中埋下了深深的仇恨种子。所有这一切都被转嫁为对英法等协约国的仇恨。而面临崩溃的德国，成为民粹主义、民族主义以及法西斯主义的温床，给希特勒这样极具煽动力的野心家上台提供了土壤。

而 1929 年，源自美国的有史以来最为严重的经济危机席卷全球。大萧条在世界各地蔓延，西方国家经济受到严重冲击，德国也未能幸免，且雪上加霜。由于遭到英法等国家的无情压榨和《凡尔赛和约》的严厉约束，德国的经济和政治危机比英法等国家更为严重。

如果德国仅仅有仇恨，而没有能力去改变压榨、压迫与羞辱，那么二战也就不会发生了。问题的关键在于，德国这个国家总存在一种重压之下的神奇力量。1933 年，阿道夫·希特勒和他的纳粹党上台执政。希特勒采取了极权制下的经济发展模式，这种发展简单而言就是集中一切力量，由国家主导来发展工业与经济，能够产生巨大的能量。因此，德国很快便扭转了经济颓势，摆脱了经济危机，经济在欧洲一枝独秀，德国国内呈现出一派欣欣向荣的繁荣景象。

短短 6 年的时间，从 1933 年到 1939 年二战爆发，德国保持了年均 20% 的经济增长率（这在人类经济史上都是极其罕见的，可能只有同期的苏联有过此经济增长率），失业率从上台前的 35% 降到几乎为 0，德国从一个财政赤字和失业率世界最高、经济濒临破产的国家变成名列前茅的世界顶级经济强国，创造了世界经济史上的奇迹。

在当时的世界主要国家中，英美等国奉行的是市场经济，而苏联奉行的是计划经济，德国则采取国家主导的集中力量发展经济，可以称为威权模式经济。政府干预及主导经济发展，通过国家产业政策及统一规划来实施推动。从当时的经济增长表现来看，德国与苏联的经济增长无疑是最快的。实行自由经济的英美等国，出现了大萧条，而凯恩斯给出的药方恰恰是政府加强对经济的干预，通过财政政策来改变有效需求不足的问题，这一点向德国、苏联的政府主导经济模式靠近了一些。

根据《新编剑桥世界近代史》《剑桥德国史》《二战史》等记载，二战前的德国，拥有发达的教育体系，已经普及高中教育，是世界上第一个普及高等教育的国家。依托发达的教育，德国人才济济，学术发达，诺贝尔奖得主一半以上产生自德国，德国拥有海森堡、哈恩、冯·布劳恩、爱因斯坦等一大批世界顶级科学家，德国的诸多学科和科学研究都跻身世界前列。因为工业发展迅速，特别是军事工业发展异常迅猛，所以德国的军火产量已经超过了英国和法国的总和。德国的钢铁、焦炭等各种工业品产量在世界上名列前茅，工业实力仅次于美国。短短数年时间，在一战中战败、被《凡尔赛和约》压榨得喘不过气来的德国，事实上成为仅次于美国的世界第二强。依托强大的工业和发达的经济，德国在二战前储备了两年的物资。

二战前的德国，基础设施发展很快。德国建立了四通八达的高速公路网，高速公路不仅有双向车道，而且采用了立体交叉桥梁。德国的高速公路令当时的美国都自叹不如。此外，德国的铁路、航空和海运也非常发达，交通条件和基础设施绝对属于世界一流。

二战前的德国，军费飞速攀升，军事工业飞速发展，打造了世界第一的军事力量。依托强大的军事力量和铁腕外交手段，德国人在国际上强硬发声，不仅冲破了凡尔赛体系，还吞并了奥地利和捷克斯洛伐克，德国国民的自尊心和自豪感大幅度提升，国家凝聚力大大增强。

迅速崛起为欧洲第一强国的德国，岂能再忍受《凡尔赛和约》的种种限制及英法两国的压榨与凌辱。仇恨埋藏在心底 20 年，当躯体强大到拥有了足够的能量时，复仇的种子加上自信心爆棚，使得德国法西斯势力急剧膨胀、侵略性和野心暴涨，在纳粹的挥舞下开始爆发了。最终让德国走向了战争。

1940 年 6 月 22 日，福煦车厢，法国代表查理·亨茨格和德国代表威廉·凯特尔在《德法停战专约》上签字，标志着法国正式投降。

对此，希特勒兴高采烈地宣称："当初我要求在斐迪南·福煦的车厢上签署投降协议，是告诉法国我们一定会卷土重来，让你们尝尝失败投降的滋味，也就是今天这个伟大的时刻。"可以这么说，此次签字仪式颇具复仇成功的意味。

一战中东亚的日本成为战胜国，由此成为世界军事强国，信心爆棚加上武士道精神，使得日本走上了军国主义道路。日本有了吞并亚洲的野心。而一战后欧洲列强实力大幅度削弱，日本认为这是赶走欧洲殖民者的好时机。日本为了建立所谓"大东亚共荣圈"，独霸亚洲，与纳粹德国一拍即合。拉上一战中反戈一击的意大利，1940 年 9 月 27 日，德国、意大利和日本三国外交代表在柏林签署《德意日三国同盟条约》，以"柏林—罗马—东京"轴心为核心的军事集团成立了。该军事集团成为疯狂侵略的轴心国集团，之后，为了对抗轴心国侵略，美苏英法中等构成了反法西斯同盟集团。

一战之后淡出世界历史舞台的美国仍实行美国式的韬光养晦国策——孤立主义，基本不参与世界纷争，专注于国内经济发展。如同一战一样，美国最初采取了不参与的中立政策，只为战争提供军火、生活品，靠战争做生意，这是典型的卖水者生意。但疯狂的战争狂魔日本忌惮与仇恨美国的能源封锁（美国对日本全面实行石油能源禁运措施），于是孤注一掷，押上日本的国运来赌博，突袭珍珠港，太平洋战争爆发。美国由此对日本宣战，参与到二战中来。美国的参战，加速了德国与日本法西斯侵略者的灭亡。

在中国战场，中国军队与人民同疯狂的日本法西斯军队长期作战，抗日战争持续 14 年之久。中国军民用巨大的牺牲和沉重的经济损失为代价，为世界人民反法西斯战争最终胜利赢得了宝贵的时间，做出了巨大的贡献。

在抗日战争期间，中国军民伤亡合计 3500 万。按照 1937 年的币值计算，直接经济损失 1000 亿美元，间接经济损失 5000 亿美元。①

电影《至暗时刻》讲述的就是二战时面临来自内部的偏见与外部的法西斯战争，温斯顿·丘吉尔抵住压力，带领英国人民奋起反抗，赢得敦刻尔克战役的胜利，度过了黎明前最黑暗的时刻的故事。

---

① 参见国务院新闻办公室官网发布的信息，http://www.scio.gov.cn/xwfbh/xwbfbh/wqfbh/2015/33098/zy33103/Document/1441108/1441108.htm。

二战的爆发，再次让美国成为最大的赢家。战后美国的 GDP 占到了世界经济的一半以上。二战结束后，美国总统杜鲁门宣称：美国已经获得了世界的领导地位。

两次世界大战，一方面重创了新型大国德国和日本的实力，另一方面也使英国、法国等传统强国失去了对于世界格局的支配权。美国利用自身的实力，主导了二战后世界秩序的建立，“美国规则”成为世界的规则。以核能、计算机及空间技术为代表的第三次工业革命，开启了第三次全球供应链向美国的转移，美国成为核心中的核心。

布雷顿森林

第一次世界大战后，各国为刺激经济而采取的货币竞相贬值政策所造成的投机性资本大规模流动，使得国际金融体系充满动荡，最终导致了大萧条，继而各种极端社会思潮粉墨登场，各国间贸易摩擦不断，政治关系紧张，最终让整个世界滑向了第二次世界大战的深渊。

1920—1921 年美国的经济危机、德国的恶性通胀、各国货币战争与贸易保护措施以及 1929 年的经济大萧条都将一战之后确定的凡尔赛—华盛顿体系推向了深渊。1931 年 7 月开始，身负一战巨额债务的德国放弃金本位制。1931 年 9 月，英国在经济大萧条下金本位制难以为继被迫放弃。而美国新任总统罗斯福为了刺激经济发展，必须放弃金本位制搞通货膨胀刺激需求，1933 年放弃金本位。之后，主要经济发达国家纷纷放弃金本位制。到二战之前，金本位制基本已经走到了历史的尽头。而更加残酷的二战又在之前系列的灾难中雪上加霜，伤口撒盐。世界经济几乎进入大崩溃局面。

第一次世界大战结束前，各国货币主要采用金本位制，即以黄金作为标准货币单位，各国在交换时，均以黄金的兑换来确定价值。在这一本位币体系下，确保货币稳定的唯一标的就是进行大量的黄金储备。但两次世界大战，让国际货币体系分裂成了几个互相竞争的货币集团，各国黄金储备难以得到保障，各国货币竞相贬值，国际货币局势动荡不安。

在经历了一战后的动荡不安和二战中规模空前的人类间相互厮杀之后，各国的货币与金融，以及国际货币与金融体系已经处于崩溃而混乱的边缘。于是，西方世界在战后国际货币与金融体系的安排上达成了共识：各国货币的稳定至关重要，而货币的稳定需要“可调整的钉住汇率制度”（实质就是具有一定弹性的固定汇率），需要对资本跨境流动实施必要管制。

因此，在二战尚未结束的时候，当时世界新旧交替的两个大国——英国和美国就开始着手准备战后国际货币体系的重建工作。

1943 年年初，英国著名经济学家凯恩斯提出建议，呼吁建立“国际稳定基金”，简要概括为：根据各国的贸易状况来决定国际货币，以帮助国际经济的恢复，史称“班克方案”。但针对英国的提议，美国当时的财政部副部长哈里·怀特提出相应的方案，简要概括为：建立世界规模的外汇稳定基金，资本总额为 50 亿美元，由各会员国以黄金、本国货币和政府证券认缴，认缴份额取决于各会员国的黄金外汇储备、国民收入和国际收支差额等因素，以渐进的方式推动国际金融合作，史称“怀特方案”。应该说，凯恩斯提出的这个“班克方案”是最佳方案。但是会议并没有接受凯恩斯的最佳方案，而是接受了美国财政部的“怀特方案”，也就是以美元为霸权的不合理方案。

原因何在呢？二战结束时，英国的工业一败涂地，美国的工业世界第一；英国的经济惨不忍睹，美国的经济世界第一；英国的国库都空了，黄金都跑到了美国的国库里；英国成为最大的债务国，美国成为最大的债权国。等到布雷顿森林会议召开时，英国已经没有了话语权。

1943 年 3 月，美国财政部与国务院、经济战争委员会和进出口银行向罗斯福总统提交方案，建议成立一个稳定基金和帮助国家战后恢复的国际复兴开发银行。当年 6 月，白宫举办“技术专家会议”讨论稳定计划，美、英、法等 12 个国家代表与会，这为第二年的布雷顿森林会议打下了基础。到 1944 年春天，关于建立国际货币基金组织的报告向 8 个国家发放并接受质询。

1944 年 7 月 1 日，包括中国在内的 44 个国家代表齐聚美国新罕布什尔州的布雷顿森林小镇，联合国货币金融会议在当地的华盛顿山酒店召开。在为期 20 天的会议上，代表们讨论了国际货币基金组织、国际复兴开发银行的设立以及其他国际金融合作等事宜，他们同意建立一个新的国际货币制度，确立以美元为中心的固定汇率制体系，从而确立了战后国际经济金融新秩序，这被称为“布雷顿森林体系”。今天被世人所熟知的世界银行和国际货币基金组织（IMF），就是这一体系的产物。布雷顿森林体系建立在前述的共识之上，主要达成以下两点安排：

第一，美元与黄金直接挂钩，35 美元兑换 1 盎司黄金。成员国货币与美元挂钩，汇率允许小幅度浮动，短期内保持比较稳定的状态。

第二，成立国际金融机构——国际货币基金组织和世界银行，两者分别用于控制汇率和为出现国际收支困难的国家提供短期融资。

美国在一战、二战后期参战，对扭转战局起到了关键作用。在一战、二战早期，美国为协约国、盟军提供了大量的军需品与战备物资，由此成了最大的债权国。大量的黄金流入美国，美国当时拥有世界绝大多数的黄金储备（70% 以上），其 GDP 占世界 GDP 总量的一半左右（50% 以上）。经过两次世界大战的洗礼，美国终于迎来了自己的高光时刻，从而远离了过去的孤立主义，举起了构建世界新秩序、领导世界的大旗，成为了所谓的“灯塔”国家。

布雷顿森林会议也昭示了英镑的衰落。英国在将工业、经济、教育、科技、金融中心等世界领导权，逐步移交美国，在布雷顿森林会议上，又将大英帝国最后赖以存在的基础——世界货币及世界金融主导权拱手让与美国。

其实，英国原本并不想这么做，而是有一套自己的打算。但是残酷的现实是：英国在二战之后背负了巨额的债务，负债率超过 200%。放弃了金本位制的英镑早已荣光不再，信誉不保。同时，战争的残酷使英国差点投降（首相张伯伦曾由此打算）。虽然在美苏的合作与参与下，赢得了反法西斯战争的最后胜利，但英国早已伤痕累累。英国已经没有了与美国争锋的勇气、信心与能力。布雷顿森林会议的结果是，英国代表黯然神伤，悄然离去，美国则随之主导了国际货币及金融新秩序。

1945 年 12 月，《布雷顿森林协定》生效，它通过建立美元与黄金挂钩、成员国货币和美元挂钩、实行可调整的汇率制度，为当时结束混乱的国际金融秩序、推动国际贸易和世界经济增长创造了有利条件。

受益于稳定的汇率所带来的国际贸易的繁荣，战后西方国家普遍经历了经济高速增长的“黄金三十年”。从这个意义上说，布雷顿森林体系是成功的。

对上述布雷顿森林体系进行简单回顾与总结：1944 年，为了稳定世界货币的汇率，超主权的布雷顿森林体系被提出。在这一体系下，各国货币不需要与黄金挂钩，而仅需与美元挂钩，只要美国经济实力强，美国黄金储备够，那么国际黄金价格则不容易被冲击，而各国汇率则可处于一个平稳变化的态势中。这一体系的建立，促进了当时世界贸易的稳定发展，给世界战后重建带来了益处。就二战之后的世界经济形势和世界储备货币需求，以及美国超强的经济实力与世界 2/3 以上黄金储备，这个体系无疑是最佳方案。

但同时，也注定了随着未来经济的发展和美国经济下降、黄金储备减少，该体系必然走向解体。因此，该体系是一个过渡方案，相对金本位制的漫长历史，也是一个短命的方案。

战后新秩序

1945 年 2 月 4 日至 11 日，当时二战还没有结束，但德国与日本已是强弩之末，苏联红军已兵临德国城下，总攻的号角即将吹响。就在反法西斯战争胜利在望之际，美国、英国和苏联三个大国在苏联的雅尔塔举行了为期 7 天的会议，史称雅尔塔会议。

本次会议在雅尔塔皇宫内举行，主要议题是：制定战后世界新秩序和利益分配问题。主要内容有：战后处置德国问题、波兰问题、远东问题、联合国问题。目的是讨论欧洲战后重组问题。会议形成的雅尔塔体系对战后世界格局产生了深远影响，会后签订了《苏美英三国关于日本的协定》。

据《缔造和平》一书披露，在东线战场，美军已对日军形成歼灭之势，处于绝对的优势。但遭遇日军顽强抵抗，损失惨重。因此，美军想尽快结束太平洋战争，迫切希望苏联早日参加对日作战，以便牵制日本在中国领土上的军队，使之不能增援日本本土诸岛的作战，这样就可以减少美军的伤亡代价。这正是罗斯福急于召开三巨头会议的迫切心情，斯大林则故意拖延会议时间以争取更大利益的算计，而丘吉尔欲与罗斯福协调立场以达成有利结果，但想法并不完全一致。

这次会议最重要的成果是：构建以联合国为中心的国际体系。就在这次会议闭幕的4个半月之后，1945年6月26日，来自50个国家的代表在美国旧金山签署了《联合国宪章》。在雅尔塔会议8个月之后，1945年10月24日，《联合国宪章》正式生效，标志着联合国正式成立。

这个体系成为战后最重要的国际秩序，维持了世界长达数十年的和平。其间虽有众多大大小小的热战和两大阵营的冷战，但是世界再也没有发生像一战、二战那样残酷的战争灾难，甚至出现了加速全球化，合作成为世界的主旋律。

除了雅尔塔会议，为了处理战后国际问题，苏联、美国、英国又于1945年7月17日至8月2日在德国柏林西南的波茨坦举行会议。这是战争期间三国政府首脑举行的第三次会议，史称“波茨坦会议”。参加会议的有斯大林、杜鲁门和丘吉尔以及三国的外交部部长等。1945年7月26日，以美、英、中三国宣言形式发表了《波茨坦公告》，敦促日本立即无条件投降，宣布了盟国占领日本后将实施的基本原则，并重申1943年12月1日《开罗宣言》必须实施。1945年8月2日，《苏英美三国波茨坦会议议定书》签字。

二战之后，人类世界从一战、二战惨绝人寰的教训中惊醒，期盼已久的和平成为时代的主题。美国顺应这一时代潮流，走到了舞台中央，抛弃了欧洲大陆传统的弱肉强食、优胜劣汰等瓜分世界势力范围，依靠战争等武力手段占领他国领土，进行殖民掠夺的发展模式。取而代之的是，以国际组织为平台、以国际规则为核心的和平、平等相处与贸易规则，国家之间的竞争不再依靠赤裸裸的野蛮的战争与领土占领，而是依靠公平的贸易与经济的发展。于是，自大航海开启的全球化启航、工业革命之后开启的第一次全球化模式随着二战的结束退出了历史舞台，以雅尔塔体系为基础的崭新的世界第二次全球化终于来临。第二次世界大战后世界经济的全球化趋势如图8-1所示。

随着布雷顿森林体系、国际货币基金组织、世界银行、联合国、关税和贸易总协定等一系列国际组织的建立，世界进入一个更加开放、更加平等的国际治理体系之中。而经济、贸易一体化加速区域化集团风起云涌。世界更加紧密地连在了一起。

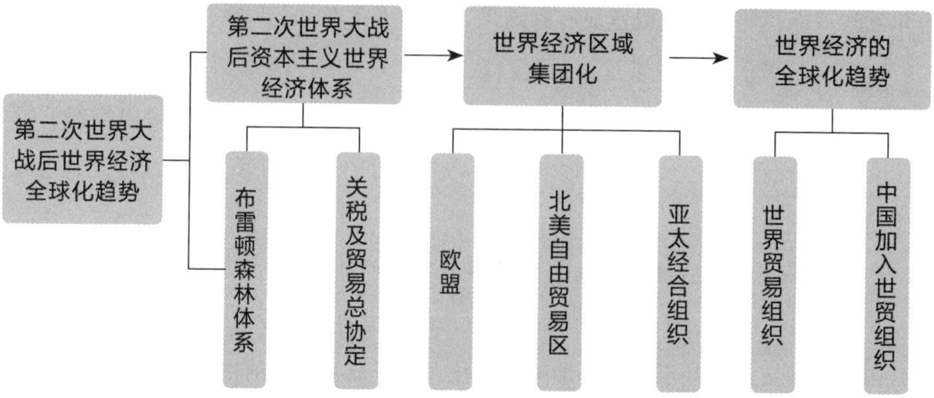

图8-1　第二次世界大战后世界经济的全球化趋势

国民党政府时期的通胀螺旋

美国大萧条为英国经济学家凯恩斯的理论实现了最佳的实践机会。罗斯福新政放弃金本位制，采取温和通胀的方式来刺激经济、改善需求。温和的通胀利于经济的发展及就业，从近百年世界经济的大周期看，温和的通胀是经济的常态。经济的发展、GDP 的增长、工资的上涨、财富与资产的增加等基本与通胀、货币发行总量及速度、信贷、债务总额、M2 总量等均呈正相关关系。

对于反映经济增长状况的三个指标即通胀、通缩、滞胀（通胀 + 通缩）而言，温和的通胀为最佳，而恶性通胀、通缩及滞胀都是经济发展的大敌。从解决之道看，滞胀则集中了通胀与通缩各自的缺点。

人类历史上曾出现过三次恶性通胀。第一次是在第一次世界大战后，德国魏玛共和国时期的恶性通胀。第二次是在第二次世界大战后，中华民国国民政府时期的通胀螺旋。这两次通胀都造成了巨大的影响。第三次当数津巴布韦的通胀。2006 年，津巴布韦以 1:1000 的比例发行新币，废除了之前的旧版货币，导致新货币的疯狂贬值，之后津巴布韦政府为了减少通胀的影响，开始大量发行大额纸币，在 2008 年曾出现了 1 亿元的货币，等到 2008 年年底，津巴布韦再次以 1:100 亿的比例发行新币，次年就出现了 100 万亿面值的纸币，到现在这场通胀都没有结束。

曾在国民党政府先后担任中国银行总经理、铁道部部长及交通部部长、中央银行总裁兼中央信托局理事长等职的张嘉璈先生于1958年在美国出版了著作《通胀螺旋：中国货币经济全面崩溃的十年1939—1949》，对1939年至1949年10年间“困扰并最终葬送国民党政府的通货膨胀现象背后的基本经济状况”进行了详尽细致的梳理、回顾与阐述。他直接指出，国民党政府财政税收和货币金融体系转轨及政策变革的受限、失误与溃败，直接导致了经济体系与政治体制的彻底解体。

张嘉璈指出，“如果不解决……那些（总需求超过了总供给）基本问题，通货膨胀现象就很难遏制”。他认为，发展中经济体的通胀隐患要远远大于发达经济体的通胀隐患。如果价格统制、扩大税收或增纳储蓄等措施无法有效解决通胀缺口，物价的上涨压力就会出现。“一旦通货膨胀形成恶性循环，要阻止这一进程就变得越来越困难”，这就是书名中所说的不断加速、自我实现的“通胀螺旋”。

在抗战期间国民党政府为了弥补财政问题，开始大量发行钞票，到1940年，市面上流通的法币已经是实际需求的400倍之多。等到战争进入白热化阶段之后，更是开始不断发行法币，各种各样超大面额的纸币出现。

1947年起法币进入崩溃阶段。国民党发动了全国内战，因此军费支出浩繁，黄金外汇大量消耗，法币发行如脱缰野马。到1948年8月19日，法币发行额累计为663 694.6亿元，发行指数为470 705.39，而同期上海物价指数为5 714 270.30。法币彻底崩溃，改发金圆券。每300万元法币兑换1元金圆券。

当时的老百姓苦不堪言，最严重的时候100斤粮食就要20多万元金圆券，就连一个烧饼都二三百元金圆券。经济近乎崩溃，工厂停工，失业率飙升，没有经济来源，工薪阶层生活更惨。直到中华人民共和国成立之后，中央人民政府发行了新的货币并采取一系列经济措施，才结束了这场恶性通胀。

张嘉璈精辟地指出，财政预算和银行体系均由行政支配是极不合理的，“在这样的结构中，政府预算控制在政治领导人的手中，而不是经由合格的权威组织仔细审查；中央银行被视为政府的支付代理人，创造货币的能力可能成为一个诅咒而不是经济的福音”。在张嘉璈看来，当政治领导人不理解所要应对的经济力量的本质而选择忽视这些力量时，就可以随意操控财政预算和中央银行。但无论历史还是现实，都注定了国民政府不可能真正杜绝政治力量控制财政金融系统、不可能全面公开财政预算和金融管制措施。

这也给当今那些倡导“财政赤字货币化”把中央银行当成中央财政附庸甚至钱袋子的激进的货币政策敲响了警钟。

张嘉璈坦言，其初衷是“从中国通货膨胀的原因和后果中吸取教训”，因为“中国的恶性通货膨胀现象本身，便是曾经实施的政策和管理严重失当的证明”。他认为，自己的分析不仅仅是一个历史话题，而是具有相当程度的现实重要性——在许多财政和货币体系不完善、政府经验不足且低效的发展中国家，庞大的政府开支和发展支出不断地扩张着货币供应，一系列应付个别通胀现象的应景之策，让通胀危险有可能重演。

两极格局

1945 年 2 月，二战即将结束之际，美、苏、英三国首脑就联合国的建立、处置德国等问题最终达成了一系列协议。这些协议都是以雅尔塔会议为中心确定的，其内容和具体实施构成了战后新的世界格局，即雅尔塔体系。雅尔塔体系结束了欧洲国家作为世界中心的国际格局（之前以欧洲为中心先后形成了两大国际体系：威斯特伐利亚体系、凡尔赛—华盛顿体系），为美苏两极格局的形成奠定了基础。

二战后西欧列强普遍衰败，无论战胜国英法，还是战败后惨遭分割的德国，都已伤痕累累、一片废墟。而美国在两次世界大战中均依靠军事工业及军火贸易迅速壮大了经济与军事实力，野心空前膨胀，成为世界头号强国，放弃孤立主义进而推行称霸全球的战略。战后的苏联军事实力也迅速增长，经济发展在国家主导的计划经济模式下也获得了空前的高速增长，成为唯一可以抗衡美国的国家。美苏由二战时的合作关系走向战后对抗。

1946 年 3 月 5 日，丘吉尔在美国富尔顿城发表演说，“从波罗的海边的什切青到亚得里亚海边的意大利港口城市的里雅斯特，已经拉下了横贯欧洲大陆的铁幕。”这就是著名的铁幕演说。

1946 年 2 月 9 日，斯大林高调地宣称东西方的战争不可避免。这就是斯大林的“第三次世界大战宣言”。

1947 年，美国总统杜鲁门在国会中发表关于援助希腊和土耳其的国情咨文，提出以“遏制共产主义”作为国家政治意识形态和对外政策的指导思想。这一思想被称为“杜鲁门主义”。在该次演讲中，杜鲁门声称希腊和土耳其受到共产主义的威胁，要求国会停止援助希腊和土耳其，世界已经分成两个阵营。宣称美国要对苏联等社会主义国家，采取除军事进攻以外的一切手段的敌对行动，这就是冷战政策。接着美国经济上推出马歇尔计划，军事上成立北大西洋公约组织，冷战由此开始，加剧了两极格局的形成。

1949 年，《北大西洋公约》签订，以美国为首的 12 个西方资本主义国家成立具有军事同盟性质的组织——北大西洋公约组织（以下简称“北约”）。

1955 年，苏联针锋相对，《华沙公约》签订，以苏联为首的 7 个社会主义国家建立了华沙条约组织（简称华约）。旨在对抗北约。

北约和华约两大军事政治集团的出现，标志着战后两极格局的正式形成。同时，世界进入冷战时期。北约与华约的形成，为二战后雅尔塔会议刚刚建立的以联合国为中心的国际秩序带来了巨大挑战与隐忧。

小　结

这是一段悲惨的历史，也是一段新旧交替的历史。正是这段惨痛的历史，使得人类世界走向理性的光明，迎来了长达70多年的世界和平与经济繁荣。一战与二战的教训，使得世界懂得了和平共处的重要性。1918年“西班牙大瘟疫”使得人类明白伴随人类的瘟疫多么危险可怕，加大了防疫与卫生。而1929年大萧条之后，西方世界盛行的市场经济明白了市场的残酷与失灵，以及政府干预市场进行救市的必要性。西方世界有了正确认识与应对危机的经验，货币政策与财政政策成了当今各国的宏观经济调控主流。

回顾这段历史，你会发现很多历史的巧合与偶然。比如，一战与二战，有很多相似之处：德国为何在两次战争中遭遇同样的重大战略失误，英法的绥靖心态和策略对战局的影响，美国两次事后参战改变战局等。同时，你会发现，两次惨绝人寰的世界大战其实本可以避免，一场偶发的冲突或事件，可能因为处理不当，导致升级和演变为一场可怕的战争，使得原本清醒的、理智的、根本不愿打仗的国家或集团被迫不情愿地卷入失控的战争。

总之，这段历史时刻提醒人们，切莫轻言战争。

附 注

1914—1945 年的东西方世界

1914年 巴拿马运河完工。

6月，萨拉热窝事件，第一次世界大战爆发，奥、德、俄、英、法等国加入。

11月，意大利加入协约国。

1915年 袁世凯称帝，史称洪宪帝制，83天后取消帝制。

1917年 芬兰宣布脱离俄国独立。

3月，俄国爆发二月革命，沙皇尼古拉二世宣布退位，建立临时政府。

4月，美国参加协约国。

11月，俄国爆发十月革命，临时政府被推翻，布尔什维克掌权，退出第一次世界大战。

1918年 “西班牙大流感”爆发。

第一次世界大战结束，奥匈帝国瓦解，建立匈牙利苏维埃共和国。

德国爆发十一月革命，威廉二世宣布退位，德意志帝国灭亡。

1919年 协约国战胜，在巴黎签订《凡尔赛和约》，第一次世界大战正式结束。

各国共产党在莫斯科成立共产国际。

中国五四运动开始。

凯末尔领导土耳其革命。

1920年 国际联盟正式成立，总部设于瑞士的日内瓦。

印度国民大会党领袖甘地发动第一次不合作运动，反对英国殖民统治。

安特卫普举办奥运会。

1921年 苏俄实行新经济政策。

1921—1922年 华盛顿会议召开。

1922年 墨索里尼掌权，意大利国家法西斯党开始执政。

1923年 比利时、法国出兵占领德国鲁尔区。

日本关东大地震。

1924年 巴黎举办奥运会。

1925年 洛迦诺公约签订。

贝尔德发明电视机。

1928年 阿姆斯特丹举办奥运会。

《白里安·凯洛格非战公约》的签订。

弗莱明发现青霉素。

1929—1933年 世界经济大衰退。

1931年 九一八事变，日军侵华战争开始。

英国放弃金本位制。

1932年 日本在中国东北扶植满洲国政权成立。

洛杉矶举办奥运会。

1932—1934年 国际裁军会议召开。

1933年 希特勒成为德国元首，纳粹帝国成立。

罗斯福实行新政。

美国放弃金本位制。

1935—1936年　阿比西尼亚（现称埃塞俄比亚）危机。

1936年　日本发生二·二六事件。

西安事变。

柏林举办奥运会。

“柏林—罗马”轴心成立。

斯大林模式形成。

凯恩斯发表《就业、利息和货币通论》。

1936—1939年　西班牙内战。

1937年　爱尔兰独立。

7月，日军发动卢沟桥事变，抗日战争全面爆发。

“柏林—罗马—东京”轴心成立。

1938年　3月，德奥合并。

9月，《慕尼黑协定》签订，德国占领苏台德地区。

1939年　3月，德国吞并捷克斯洛伐克。

9月，德国入侵波兰，第二次世界大战爆发。

1940年　不列颠之战爆发。

日本成立“大东亚共荣圈”。

1941年　12月，日本偷袭珍珠港，爆发太平洋战争。

1942年　斯大林格勒战役。

中途岛战役。

1943年　中、美、英发表《开罗宣言》。

意大利宣布投降。

1944年　6月，诺曼底登陆。

1945年　2月，美、苏、英三国举行雅尔塔会议。

5月，盟军攻入柏林，希特勒自杀，德国投降，在欧洲方面的战事结束。

7月，发表《波茨坦公告》。

8月，美国分别于广岛、长崎投下原子弹。苏联军队进入中国东北。日本宣布无条件投降，盟国获得第二次世界大战最终胜利。

印度尼西亚宣布独立。

10月，联合国成立。

第五部分

战后三十年

冷战、热战与危机
（1946—1980）

导　读

二战之后，新的国际秩序雅尔塔体系替代了凡尔赛—华盛顿体系。全球化也进入了 2.0 时代。欧洲在美国马歇尔计划帮助下开始战后重建，战败国日本也开始在战争废墟上快速发展。印度独立，中华人民共和国成立，殖民地、半殖民地国家纷纷解放、民族独立。一个崭新的世界开始了新的征途。

战后三十多年里，以联合国等国际组织与国际规则为核心的新国际秩序，为世界提供了长期和平发展的机会，全球化程度进一步提高。但是，主导雅尔塔体系的两个主要大国美国与苏联却在新秩序构建一年后，分道扬镳。英国首相丘吉尔的铁幕演说、斯大林的演讲，标志着美苏两极格局的开始，自此后，以美国为首的北约与以苏联为首的华约将世界划分为一个世界、两个阵营、两套体系，战后三十年，世界进入美苏争霸的冷战时代。冷战虽然人为地将世界之间的联系阻隔，但冷战下的国际秩序也具有稳定性，使得人类再也没有发生过世界大战这样的悲剧。

回顾这段历史，我们会经常思考这样几个问题：英镑危机因何发生？布雷顿森林体系何以解体？英美为何陷入长达十年的滞胀？战后三十年全球性经济危机为何相对较少？

第九章
拯救、重建与冷战

欧洲之痛与马歇尔计划

二战后的西欧列强普遍衰败。在战争结束六年后，大半个欧洲依然难以从数百万人的死伤中平复。战火遍及了欧洲大陆的大部分地区，所涉及的地域面积远大于第一次世界大战。持续的轰炸使绝大多数大城市遭到了严重破坏，特别是它们的工业生产。欧洲大陆上的许多著名城市，例如华沙和柏林，已成为一片废墟。而其他城市，如伦敦与鹿特丹，也遭受了严重的破坏。这些地区与经济生产相关的建筑大多化为一片废墟，数百万人无家可归。

德国被分割成东西两个德国，而西欧被拉入战后美国构建的北约军事集团，东欧则被拉入苏联构建的华约军事集团。重建与对抗、希望与失望交织在一起。自大航海及地理大发现时代起以欧洲为中心构建的威斯特伐利亚体系、一战至二战期间构建的凡尔赛—华盛顿体系已经在激烈的炮火中被击碎。而重新构建的雅尔塔体系已经使世界的权力与秩序中心转移，美苏从战前的合作到战后的对抗，事实上已将欧洲撕裂为东西两部分。而丘吉尔的铁幕演说、斯大林的“第三次世界大战宣言”，又为刚刚经历了两次惨绝人寰的炮火洗礼后的欧洲大陆带来了恐慌与危机。夹在两个超级大国之间的欧洲，未来究竟向何处去？

对于二战后的欧洲而言，面临重建，但有两大棘手问题必须解决：一是妥善处理与德国的关系，二是要从美国那里争取到平等相处的地位。

对于美苏两大战胜国而言，究竟如何主导世界秩序？而对于战胜国英法两国而言，如何再次处理战败国德国？是否应当像一战之后《凡尔赛和约》那样惩罚德国？让仇恨冤冤相报继续进行吗？

在关键时刻，美国采取了如同一战之后推出的旨在解决欧洲困局的道威斯计划和杨格计划（未能施行）类似的设想，即马歇尔计划。

马歇尔计划的官方名称为欧洲复兴计划。时任美国国务卿的乔治·马歇尔 1947 年 6 月 5 日在哈佛大学的毕业典礼上发表历史性演讲，号召欧洲人团结起来、共同规划一个他们自己的重建欧洲计划，然后由美国为这一计划提供资金。因为这个计划是由马歇尔推广开来的，于是就被称为“马歇尔计划”。其目的在于对被战争破坏的西欧各国进行经济援助、协助重建。这个计划对欧洲国家的发展和世界政治格局产生了深远的影响。

该计划于 1947 年 7 月正式启动，并整整持续了 4 个财政年度之久。在这个时期内，西欧各国通过参加经济合作与发展组织（OECD），总共接受了美国包括金融、技术、设备等各种形式的援助合计 131.5 亿美元，其中 90% 是赠予、10% 为贷款。这笔资金如果按购买力计算，约合现在的 1 万多亿美元。也就是说，在马歇尔计划实施的 4 年多时间内，美国每年要拿出 GDP 总量的 2% 来提供经济援助。欧洲 16 国也因此计划而受益。

当马歇尔计划临近结束时，西欧国家中除了德国以外的绝大多数参与国的国民经济都已经恢复到了战前水平。在接下来的 20 余年时间里，整个西欧经历了前所未有的高速发展时期，社会经济呈现出一派繁荣景象。这与马歇尔计划不无关系。同时，马歇尔计划长期以来也被认为是促成欧洲一体化的重要因素之一。因为该计划消除，或者说减弱了历史上长期存在于西欧各国之间的关税及贸易壁垒；同时，使西欧各国的经济联系日趋紧密，并最终走向一体化。该计划同时也使西欧各国在经济管理上，系统地学习和适应了美国的经验。仅从这一点来看，二战后的美国还真具有点先辈们理想中那个“山巅之城”的风范。

此外，必须说明的一个事实是，1948 年 8 月至 1949 年 10 月，美国发生了战后第一次经济危机。这次危机是美国经过了战后短暂繁荣后的突然爆发。形成危机的根本原因是：二战时期美国形成的高速生产惯性与战后重建时国际国内市场需求暂时萎缩形成的尖锐矛盾。马歇尔计划的推进，对美国经济发展自身也是有利的。因此，马歇尔计划的实施，同时也成功缓解了美国这次持续15个月的经济危机。

马歇尔计划真正的重点还不在于给钱。当时美国对接受马歇尔计划的欧洲各国提了一个附加条件，就是要打破贸易壁垒。但这种打破壁垒不是单向的，而是双向的，是平等的贸易。美国不仅主动降低关税，而且还牵头签署了著名的“关税及贸易总协定”（世界贸易组织的前身），向欧洲盟友（以及后来的日本）开放自己的市场。

相比单纯的经济援助，“关税及贸易总协定”让日本及欧洲各国在经济重建过程中获得了最大的益处。相比于一战中美国实施的道威斯计划，美国在二战之后所实施的马歇尔计划力度更大，范围更广，意义更大。

相对于一战之后巴黎和会上战胜国逼迫战败国德国签署的《凡尔赛和约》对德国采取的全面压制与报复措施，作为二战中贡献最大的国家之一，美国则对日德两国“以德报怨”，不仅出资帮助两国重建，而且还主动开放了自己强大的国内市场，造就了二战之后日本的奇迹与德国的魔术。

苏伊士时刻

历史学家汤恩比曾有一个说法：“近代西方惊人成就的秘密，在于精神武器与世俗武器的巧妙结合。”此话的含义是，历史上此起彼伏出现的帝国，大多数是依靠武力建立和维持统治的，只有近代以来的西方帝国，懂得使用“精神武器”行使全球霸权。

1956年的“苏伊士时刻”被认为是美国作为“未来的强国”接手全球事务、英国以“过去的帝国”身份退居为二等国家的转折点。但是，美国不是另一个英国，甚至在某种程度上还是作为英国的对立面而崛起为新帝国的。

二战后期，表面上看美国和英国作为盟国并肩作战，但是富兰克林·罗斯福总统却将英国的殖民地称为“地狱之洞”，并坚信“殖民体系就意味着战争”。即使在第一次世界大战中美国第一次大规模介入世界事务时，时任总统威尔逊也提出了具有理想主义色彩的“十四点计划”，令老欧洲那一群习惯了利益妥协、列强博弈甚至秘密外交的旧式政客瞠目结舌。

这就是美国与英国的一大不同。正如美国前国务卿亨利·基辛格所分析的：“美国的领袖总把自身的理想视为理所当然，很少认识到这些价值对旁人而言是多么离经叛道。”“帝国无意在某个国际体系中运作，它期望把自身建成为一个国际体系。”自美国崛起之后，它就长期处于理想主义和现实主义的矛盾之中，并形成了单边主义的外交风格，常常会到地球的另一端定义自己的国家利益，而妥协和均衡很晚才被写入美国人的国际政治字典中。[①]

下面我们就来看看这个历史性的时刻——苏伊士时刻究竟是怎么回事？

二战之后，英国的实力大幅衰弱，“日不落帝国”迎来了“夕阳余晖”。不过“百足之虫，死而不僵”，英国当时拥有的“殖民体系”还足以影响全世界，其中最重要殖民地之一就是埃及的苏伊士运河。因为这条运河紧紧卡在欧亚非三个大陆的咽喉要道上，所以地理位置及经济价值极其重要。为了保住苏伊士运河，英国不惜在第一次中东战争中和美国翻脸，支持阿拉伯国家进攻以色列。

1952 年 7 月 23 日，阿拉伯埃及共和国成立，英国被迫撤走在埃及的全部驻军。1954 年，埃及开始计划从英国手中收回苏伊士运河。1956 年 7 月 26 日，埃及政府宣布将苏伊士运河收归国有。9 月 30 日，英法两国向联合国安理会提交了所谓的“国际管理方案”，试图迫使埃及重新交出苏伊士运河。但这一方案不仅遭到了埃及的坚决反对，也被安理会否决。于是英法两国决定直接使用武力夺回苏伊士运河。

不过由于国力已经衰弱，英国当时没有足够军力对埃及单独开战。英国便邀请以色列参战，一方面可以补充军力上的不足，另一方面还可以争取美国的支持。而以色列则想趁机削弱作为阿拉伯国家领头羊的埃及，从而稳定其在中东的地位。

英法两国和以色列制订了详细的作战计划：首先由以色列进攻埃及的西奈半岛，吸引埃及军队主力增援；然后英法两国再利用巨大的海空优势摧毁埃及的军事基地和机场，趁虚登陆攻占苏伊士运河区，切断埃军的退路；最后英法两国和以色列在

---

① 见文扬所写《美国到了“苏伊士时刻”吗？》一文。

西奈半岛合围歼灭埃军主力。

1956 年 10 月 29 日，以军在法国空军的支援下向西奈半岛的埃军发动进攻，苏伊士运河战争（第二次中东战争）开始。而埃军主力果然像英法以联军所预料的那样向西奈增援，英法便趁机开始空袭埃及在苏伊士运河附近的基地与城市。

就在这个关键时刻，埃及总统纳赛尔做出了正确判断，下令埃军军队放弃西奈半岛，集中主力防守苏伊士运河地区。虽然埃军在退往苏伊士运河地区的途中损失惨重，但基本保住了部队的有生力量。因此，联军攻占苏伊士运河的行动遭到了埃及军民有力而顽强的抵抗，战局陷入僵持。

之后，埃及军队用沉船彻底封闭苏伊士运河，引发欧洲的大规模石油危机。这场战争本就让英国承受着巨大的压力，苏联甚至发话要对英国实施核打击。英国此时唯一的希望就是美国能遵守《北大西洋公约》（简称“北约”）向英国提供支持。

但美国明确告知英国：只有苏联进攻欧洲或埃及进攻英法舰船时，美国才会履行“北约”所规定的条款，并要求英国在 12 个小时内停火。而且美国总统还下令军队进入全面警戒状态，在实际上威慑英法两国。

美国同时开始抛售英镑，导致英镑大幅度贬值。美国还操纵国际货币基金组织否决了英国的贷款请求，并停止了对英国的经济援助。美国的做法不仅让英国本就处在危机中的经济形势进一步恶化，也进一步稳定了美元的霸主地位。

另外，美国还与苏联共同在联合国要求英法两国停火撤军。虽然这一提案在安理会遭到英法两国的否决，但在联合国大会上获得了通过，这也是二战后美国和苏联少有的一次联合行动。最后在强大的压力之下，英法两国于 1956 年 11 月 7 日停火撤军，苏伊士运河战争结束。

英国在这场战争中付出了巨大的代价，但却没能获得想要的结果，在战略上遭遇了彻底的失败。苏伊士运河战争也被认为是西方殖民体系走向瓦解的标志。

而此战过后，英国彻底退出了苏伊士运河殖民区域，美国则成为该区域新的掌控者。这一时刻就是英国彻底衰败、美国彻底崛起的时刻，因此被视为新老世界霸主权力交接的时刻，称为苏伊士时刻。

经济危机 1958

本次危机也是二战以后的第一次全球性经济危机。

二战决定性地改变了世界的秩序及世界经济版图。二战期间，美国工业生产能力有了巨大增长。从 1939 年到 1942 年，美国工业生产增加近一倍，1945 年又比 1940 年增加了 116%。1948 年，美国工业生产占整个资本主义世界工业生产的 54.6%，出口贸易占 23.9%，还集中了世界 3/4 以上的黄金。

不仅如此，美国工业产品的国际竞争力也十分明显。1950 年，美国制造业的劳动生产率为英国的 3 倍、西德的 4 倍，是日本的更多倍。美国制成品的生产为西德的 6 倍，为日本的 30 倍。美国煤矿的生产率比英国、西德高 3—4 倍，是法国的 7 倍。美国在二战后事实上已经成为新的世界工厂，而欧洲和日本将成为美国的原材料及初级产品加工地。此刻，美国迎来了自己的第一个高光时刻。

随着马歇尔计划的实施以及允许日元、英镑、马克等货币贬值，各国开始有能力对美出口。此后，由于朝鲜战争爆发，日本又成为美国军火的前线供应商，使得日本不仅发了一笔战争财，而且获得了数量巨大的外部资金。

美国以盟国的保护伞自居，军费长期居高不下，也增加了美国产品的出口成本。此后，欧洲和日本生产能力得以重建，内需扩大，给美国商品提供了更大的市场；欧洲和日本产品输出美国的数量不断增长，却仍不足以平衡来自美国的进口，美国进出口仍然保持大额顺差，世界经济进入良性循环。

1957—1958 年的世界经济危机是在二战结束至布雷顿森林体系崩溃的国际经济良性循环阶段发生的。问题在于良性循环中各方的收益却并不平衡。日本和西德工资低，货币定值低，随着投资不断扩大，其国际竞争力迅速提高，贸易顺差不断增长。而英国和美国则相对衰落，经济增长率只有西德、日本的一半左右。英国存在经常性的贸易逆差，英镑危机频繁；美国的贸易顺差也不断缩小，至 1958 年时第一次出现 33.5 亿美元的国际收支逆差，导致大量黄金外流。

危机以前，各发达国家都出现投资高涨，其中以日本、西德为最。从 1955 年到 1957 年，美国的投资增长率也超过 10%，这一时期被认为是战后美国经济最繁荣的时期。但由于美国的工资和汇率较高，国际竞争力相对下降，所以美国的投资最容易出现过剩。

1957 年 3 月起至 1958 年 4 月，美国经济陷入危机，商品滞销，库存增长，工业生产下降 13.5%，钢铁和汽车等部门的生产量下降一半以上（这两个部门正是日本和西德发展最迅速的部门），1958 年第三季度固定资本投资同比下降 15.6%，失业率上升到 7.5%，是危机前的一倍。与战前危机不同的是，这次危机并未导致物价下跌；相反，危机期间美国消费者物价指数上涨了 4.2%，生产者价格指数上涨了 2.2%。经济增长表现出明显的滞胀状态（物价上涨、经济下行；生活消费品价格上涨，生产资料价格下降）。

因此，危机并没有增强美国的出口竞争力，相反，出口竞争力被进一步削弱。1958 年，美国出口总值下降了 14.3%。与此同时，美国资本输出和海外军事开支却不断增加，国际收支第一次出现 33.5 亿美元的逆差。这样，美国的危机持续时间延长了。

作为当时世界经济的中心与发动机，美国 GDP 占世界 GDP 的 40% 以上，因此，美国经济对世界经济的影响是巨大的。美国的危机迅速波及加拿大、日本及西欧各国。由于日本对美出口依赖程度高，所以日本的危机深度和持续时间仅次于美国。日本危机持续了 13 个月，工业生产下降了 10.4%，批发物价指数下降了 7.4%。英国紧随其后，危机持续了 13 个月，工业生产下降了 3.7%。而西德的危机持续时间却只有 4 个月，工业生产仅下降了 1.4%。

由此可见，虽然美国仍然是世界经济的龙头，也是世界经济危机的震中和首发地，但是美国的经济地位已经明显下降，不足以迅速向外转嫁危机，因此不能最先摆脱危机。相反，西德经济却具备了向外转嫁危机的能力，成为摆脱危机的领头羊。

美国仍然用财政和货币政策两手对付危机，拯救了大萧条的凯恩斯理论大行其道，成为经济学的“圣杯”，而美联储在此理论下也充分发挥了最后贷款人的核心作用。

财政方面主要是增加公路和住房建筑支出（36.5 亿美元），增加军费（58 亿美元），从而使 1958—1959 年国债总额增加了 142 亿美元。在滞胀的前提下，支出加大了通货膨胀的压力，使货币政策调控的难度加大。提高利率，则通货膨胀可以控制，但危机会加深；反之，则通货膨胀会加剧。滞胀汇聚了通胀及通缩各自的缺点，给货币与财政政策的组合使用带来了两难选择。

无论如何，美国于1959年2月工业生产指数超过危机前最高点，进入周期性高涨阶段。但高涨仅持续一年，又落入1960—1961年的短暂小型危机之中。这次危机一定程度上还算是1957—1958年危机的余震或余波，也是美国国际竞争力进一步下降的体现。危机期间钢铁产量下降48.2%，汽车产量下降43.3%，建筑业产值下降33.6%。失业率最高上升到7.1%，全失业人数达500多万，半失业人数达400多万，就业工人的工资也有较大下降。

危机期间，还爆发了战后第一次美元危机。危机随后即影响了英国、西德、日本等各国，但除英国外，程度都比较轻，因此这次危机没有被认为是同期性世界经济危机。

《维也纳外交关系公约》

二战后，以联合国为中心的雅尔塔体系建立。1961年4月18日，在奥地利首都维也纳召开的联合国关于外交交往与豁免的会议上，各国签署了《维也纳外交关系公约》，并将其作为处理各国外交关系的国际公约。

1964年4月24日，《维也纳外交关系公约》正式生效，最初的签约国有60个。该公约为独立国家之间的外交关系订立了基本的框架，明文规定了国家交往的基本原则，以及外交人员在所驻的国家享有的外交特权，从而为外交人员履行外交职责提供了有力的保障和基础。该公约奠定了外交豁免权的法律基础，公约当中的诸多条文成为了现代国际关系的基石。

1648年10月，欧洲三十年战争的交战双方经过长达5年的艰难谈判，签订了《威斯特伐利亚和约》，从而形成了历史上第一个具有现代意义的国际关系体系——威斯特伐利亚体系。

威斯特伐利亚体系是欧洲在经过三十年战争的洗礼后形成的人类历史上第一个具有现代意义的国际关系体系，具有划时代的意义。这个体系所确立的有关国家主权和国家关系的这些基本原则是现代国际法的基础。但是，这个体系还不具有全球性，它更多地带有欧洲国际关系体系的特点和色彩，所展现的更多的是欧洲的国际秩序。

威斯特伐利亚体系的建立使欧洲各国之间形成了一种相对多极均势的状态。法国、瑞典、奥地利、普鲁士、西班牙、英国、俄国和意大利等国成为国际关系中的行为主体，各国的实力虽有差异，但基本处于势均力敌的状态。

但在之后的一个多世纪里，经过多次局部战争，欧洲各国的实力发生着消长变化，打破了这一平衡。需要对原来由《威斯特伐利亚和约》确立的国际秩序进行重新调整，以适应新力量对比变化。

1814 年 5 月至 1815 年 6 月，几乎所有的欧洲国家都派代表出席了在奥地利维也纳举行的会议，列强通过召开这次和会的方式，恢复欧洲的和平与均势，确立拿破仑战争以后新的国际关系格局。

经过激烈的争吵与博弈及相互妥协，终于在 1815 年 6 月 9 日，也就是滑铁卢战役的前 9 天，签署了维也纳会议的《维也纳会议最后议定书》。它由 121 条条款和 17 条单独附带条款组成，主要内容包括两大方面：调整拿破仑战争后欧洲各国的疆界与讨论并决定了一些带有普遍性的国际问题，如此一来，以英、俄、奥、普为首的战胜国通过维也纳会议在欧洲大陆上建立起了新的均势体系，该体系史称“维也纳体系”。维也纳体系是继威斯特伐利亚体系之后的、历史上第二个具有现代意义的国际关系体系。维也纳体系维持了大约 100 年，最终由于 1914 年爆发的第一次世界大战而彻底破产。取而代之的是凡尔赛—华盛顿体系，但这个体系仅仅维持了 20 年时间，便消失在二战的炮火硝烟里。

二战之后，美、苏、英主导的雅尔塔体系成为新的世界秩序。在联合国成立 16 年之后，各国终于在奥地利的维也纳，签署了新的《维也纳外交关系公约》。其相比于 146 年之前在维也纳签署的《最后议定书》，显然具有了更大的进步，平等外交、依法外交成为二战后国际秩序的新思想、新原则。

从大航海时代开启全球化到二战之后，我们可以清晰地看到，以美国为主导构建的国际新秩序，无论与一战时的《凡尔赛和约》相比，还是与之前数百年的弱肉强食、殖民掠夺强盗逻辑相比，都有了质的飞跃。其中最大的两个变化如下：

其一，通过战争去殖民掠夺的时代已经结束，依靠军事占领他国领土、瓜分领地来获取贸易或经济利益的模式已被新型的经济与贸易模式所替代。这也是工业经济时代成熟的标志，经济发展模式依靠一个国家的工业经济实力，通过国际贸易的比较优势获得他国市场，而非依靠原始的侵略及占领土地等殖民掠夺模式。英国、德国纳粹与日本的军国主义模式已经成为时代的残渣余孽和罪恶的过去。

其二，以联合国等国际组织及国际公约、多边条约、双边条约等来维持世界秩序。各国在和平相处及公平、平等的基础上进行外交与处理贸易关系。丛林法则、弱肉强食的时代一去不返。这是人类与文明的进步，这是时代的召唤。

虽然二战之后的世界成为北约与华约两大军事集团主导的世界，美苏冷战成为时代主题，但是再也未出现过数百年前欧洲连绵不断的战火及多国大战，也再未出现过 20 世纪一战、二战那样惨绝人寰的人间灾难。

而欧洲大陆也出现了新的迹象。德法千年恩仇录，就此相逢一笑泯恩仇。仇恨的冰雪终于融化。随着国际形势的不断转变，千年的恩怨在美苏两国的现实威胁下，在欧洲经济开始复苏、渴望脱离美国掌控、建立经济政治共同体的愿望不断加强下，1963 年 1 月 12 日，时任西德总理阿登纳与法国总统戴高乐在巴黎签订了《爱丽舍条约》，正式宣布了德法两国全面和解，千年恩怨至此终结。由此成就了 60 多年欧洲的安定。

从世仇到和解，不断引发世人对“战争与和平”的深刻思考的同时，也给予我们极大的启发：只要达到一个特定的时机，这个世界上就没有化不开的仇恨。

英镑危机 1964

战时庞大的军费开支使得英国欠下了大量外债需要偿还，而战后的英国经济已处于崩溃边缘，从而导致英国出现货币缺口。为了克服“货币缺口”，英国政府需要贷款，于是寻求美国贷款，用于偿还战时实施《租借法案》时英国所欠美国的债务。美国答应给英国 37.5 亿美元贷款，利率为 2%，以解决英国的货币短缺问题。但是，美国要求英国从 1951 年开始，分 50 次分期付款偿还英国所欠美国的所有债务。美国还要求英国政府在收到美国给英国的贷款后一年内，允许所有英镑区国家的现金交易自由兑换。至于英国所欠的巨大债务，有关各方可达成协议，可先支付小部分，其余逐步偿还。到 1951 年，英镑要实现完全自由兑换美元。这种条件就是为加强美元的地位，要英国取消英镑区，进而真正实现美元的一统天下。英国别无选择，只好接受这种条件。

战后按照布雷顿森林体系，英国通过与其殖民地以及以前的殖民地的英镑区联系，本来可以使英镑成为硬通货，在世界上很多地方作为稳定的储备货币，与美元抗衡。英国要求英联邦成员国在伦敦存放各自国家的黄金和外汇储备，以维持伦敦银行的英镑平衡。英国在国际货币基金组织中的配额仅次于美国。这样，对于维持20 世纪 60 年代的布雷顿森林体系中的美元秩序，英镑的稳定性就显得非常重要了。

但是到 20 世纪 60 年代，英国的工业经济变得越来越混乱，越来越糟糕。经济的糟糕传导到货币上，导致对英镑这一战后布雷顿森林体系中继美元之后的第二根支柱的信心也迅速崩溃。

1964 年，英国爆发了严重的英镑危机。英镑大幅贬值，经济陷入恐慌之中。到1967 年，英国的地位变得令人担忧。尽管几次通过向国际货币基金组织紧急借款稳定了英镑，但是英国的外债还在持续增长，仅这一年又增长了 20 亿美元，增幅约20%。整个 1967 年，英国银行的黄金储备一直在减少，国外债权人一旦得知日益疲软的英镑即将大幅贬值的消息，一定会用纸币换回黄金。

到 1967 年，“紧急情况”已经转向长期化，这里由于华盛顿拒绝控制其战争开销赤字。另外，随着英国经济的崩溃，英镑持续疲软。戴高乐从黄金储备池中撤出，不想再向无底洞中投入更多的法国中央银行的黄金储备，于是宣布退出 1961 年自愿加入的“伦敦黄金池计划”。[①] 其他国家的中央银行纷纷效仿，形势到了近乎恐慌的地步。到 1961 年年底有大约 80 吨黄金在伦敦市场被卖掉，这是五年里从来没有过的，阻止投机的努力无效。越来越多的人开始担心，整个布雷顿大厦行将倒塌在它最脆弱的链条——英镑面前。

1967 年下半年的金融投机者都忙着在所有可能的市场上卖掉英镑，从法兰克福到比勒陀利亚（现更名为茨瓦内）都在购买美元或者其他能购买商业黄金的货币，这引起了黄金价格的急剧上涨，再也不是美国官方 35 美元 / 盎司的价格。英镑危机

---

① 由G8央行组成的联盟1961年在伦敦建立黄金储备仓库，通过限制黄金在市面上的流通量来稳定35美元的金价。

间接地把注意力指向了国际货币体系核心中越来越明显的脆弱点——美元。

哈罗德·威尔逊临危受命，担任英国首相。为了稳定英镑，渡过危机，振兴英国经济，威尔逊上台后立即制定了新的对外经济政策，特别是制定了新的对美经济政策。威尔逊政府对美经济政策的核心，是实行贸易保护主义和国家干预汇市。由于贸易保护主义政策违反了市场规律，致使威尔逊政府的对美经济政策实施后收不到预期的效果：贸易保护主义政策导致了英国出口商品的萎缩，恶化了英国经济，使英镑进一步贬值。威尔逊政府的对美经济政策，对美国经济也造成了损害。美国虽然对英国的经济政策不满，但出于大局考虑，被迫采取扩大向其他国家出口以及帮助英镑稳定的政策。这样，威尔逊政府的对美经济政策，对英国经济的发展和对美国的经济政策都产生了重大影响。

到 1967 年 11 月 18 日，尽管有来自华盛顿的强大压力，但英国政府还是听天由命，宣布英镑贬值 14%，由每英镑兑换 28 美元下降到 24 美元，这是 1949 年以来英镑第一次贬值。英镑危机结束了，但是美元危机才刚刚开始。这为之后美元的黄金兑付危机埋下了伏笔。

美苏冷战

如前所述，美苏自雅尔塔会议之后就逐步走向了对抗。随着丘吉尔铁幕演讲、斯大林“第三次世界大战宣言”以及北约和华约的相继成立，美苏进入长达 40 多年的冷战时期。

在长达 40 多年的冷战期间，双方力量对比及关系处于不断变化之中，其中有险些引发战争的激烈对抗，也有走向缓和的合作。但从整体上来看，双方之间处于斗而不破的争霸之中，始终没有越过战争的红线。一战、二战那样的人类悲剧再也没有重演。

苏联从 20 世纪 50 年代后期赫鲁晓夫当选苏联共产党中央委员会第一书记开始，改变了斯大林时期的对美积极防御方针，开始推行同美国争夺霸权的政策。1956 年召开苏联共产党第二十次代表大会，赫鲁晓夫提出了同美国“和平共处”“和平竞赛”在第三世界进行“和平渗透”的“三和”政策。其目标是缓和冷战开始以来僵硬的美苏关系，希望实现“美苏合作”，共同主宰世界；同时加紧扩大在第三世界的影响，与美国争夺战略空间。

1959 年，赫鲁晓夫应邀访美，在马里兰州的总统疗养地戴维营，与美国总统艾森豪威尔举行会谈。戴维营会谈是苏联推行苏美合作外交战略的重大行动，美国实际上承认了苏美同是超级大国的事实。在美国肯尼迪总统时期，美国对苏政策又有了一些新变化：1961 年肯尼迪政府提出“和平战略”，力图在实力地位基础上，利用战争与和平两手，把对抗与缓和结合起来，确保美国在争霸中的主动地位；用“灵活反应战略”取代“大规模报复战略”，提出同时打“两个半战争”的战略。

1962 年，苏联向古巴运送导弹，企图在古巴建立导弹发射场，被美国 U–2 侦察机发现。美国总统肯尼迪下令对古巴实行军事封锁，并进行战争威胁，苏联被迫撤走导弹，危机才告平息，该次危机险些引发双方之间的直接冲突。但在关键时刻，理智战胜了冲动。一场危机化解了，一场灾难避免了。

1969 年尼克松就任总统时，美国面临国内外的双重困境。朝鲜战争、越南战争削弱了美国的实力，引起国内不满；美国在资本主义世界经济中的地位相对下降；美苏军事力量对比发生不利于美国的变化；美国与西欧、日本矛盾加深；第三世界力图摆脱超级大国的控制，中苏关系恶化。由此可见，20 世纪 60 年代末的美国对外战略已到了非调整不可的地步。

此消彼长，到了 20 世纪 70 年代，苏联的力量上升到已足以同美国争霸，一度占有较大优势，美苏才真正摆开争夺霸权的阵势。整个 70 年代，苏联处于战略攻势，对美国造成很大压力；美国居守势，以稳住战略阵脚，并且守中也有攻。70 年代苏攻美守的战略态势非常明显，这十年的美苏关系经历了表面上的缓和，而后便是最紧张和最激烈的对抗。美国在这十年里经过调整战略，甩掉了越南战争的包袱。但苏联成为第三世界国家反对霸权主义的靶子，背上了侵略者的罪责，陷入了难以解脱的困境。

历史地看待美苏冷战既有其消极的一面（比如，美苏冷战割据阻碍了世界各国之间的合作与联系，延缓了全球化），也有其积极的一面（美苏冷战远比热战要好得多，在冷战大环境下，美苏双方势均力敌，在近半个世纪里避免了新的世界大战爆发）。

最后，在有“冷战之父”之称的乔治·凯南及地缘政治大师布热津斯基布局之下，美国采用遏制战略赢得了最后的胜利，1991 年冷战结束。美国迎来了二战之后第二个高光及辉煌时刻，成为了世界独一无二的超级大国。

夹缝里的中国

1949 年到 1969 年 20 年间，在冷战的阴影下，多数国家都将自己要么定位在美国领导的西方阵营里，在国际舞台上唯美国马首是瞻，要么则投靠苏联，成为苏联的马前卒。

中华人民共和国成立之初，中美因朝鲜战争而长期对立。进入 20 世纪 60 年代后，中苏关系恶化，双方长期交恶，苏联在中苏边境陈兵百万。1969 年，双方在乌苏里江的珍宝岛和新疆的铁列克提发生大规模武装冲突。

在 20 世纪 60 年代，中华人民共和国成立 10 年后，中国同时与当时世界大军事集团的两个领导大国关系恶化，长期交恶。处于冷战的美苏两个超级大国都对中国采取遏制、打压及封堵战略，中国处于两个核大国的核威胁之下。

有关资料表明，苏联曾在珍宝岛自卫反击战后有过对中国实施核打击的计划。在当时两个大国控制下的世界里，中国长期处于孤立状态，国际生存环境极其恶劣。

生活在两个超级大国夹缝之中的中国，在备战备荒的巨大生存压力之下，国民经济处于自力更生的状态，与外界经济少有联系。而此刻世界正处于第一次产业大转移阶段，德国与日本紧紧抓住了这一时代的机遇，经济迅速崛起，成为美国的有力竞争对手。德国的魔术、日本的奇迹成了那个时代的经济高速增长的传奇。

也正是在巨大的国际压力之下，中国独立自主地发展出自己的核工业与航天工业，先后进入核武器及航天俱乐部。在对外关系上，中国实行独立自主的外交政策，站在广大的第三世界一边，成为美苏两大军事集团之外的第三力量。

在艰难的国际环境中，1964 年中国与法国建交，并先后与 7 个西欧国家建立了大使级外交关系。中国通过独立自主的外交政策，争取到这些西欧国家表现出相对独立于美国对华政策的立场。

第十章
热战、奇迹与滞胀

越南战争与美元的黄金危机

如前所述，二战结束前夕的1944年的布雷顿森林体系确立了以美元为中心的国际货币体系，即双挂钩制度：美元和黄金挂钩，1盎司黄金等于35美元；其他国家货币与美元挂钩，实行可调整的固定汇率制度。由此国际货币体系进入美元黄金时代。

上述第一个挂钩规则本质上要求美元的稳定市值：因此，美国必须保证充足的黄金储备，保持贸易顺差，但是这将导致美元供给不足，无法满足各国对美元的需求。

第二个挂钩规则本质上要求美元的高流动性：各国为了发展国际贸易，必须用美元作为结算与储备货币，于是美元大量流出，导致美国的国际收支逆差。但是当各国累积的美元储备资产远超过美国的黄金储备，则不能实现黄金的兑换。

1960年，美国经济学家罗伯特·特里芬在《黄金与美元危机——自由兑换的未来》一书中提出布雷顿森林体系存在着其自身无法克服的内在矛盾："由于美元与黄金挂钩，而其他国家的货币与美元挂钩，美元虽然因此而取得了国际核心货币的地位，但是各国为了发展国际贸易，必须用美元作为结算与储备货币，这样就会导致流出美国的货币在海外不断沉淀，对美国来说就会发生长期贸易逆差；而美元作为国际货币核心的前提是必须保持美元币值稳定与坚挺，这又要求美国必须是一个长期贸易顺差国。这两个要求互相矛盾，因此是一个悖论。"这一内在矛盾在国际经济学界称为“特里芬困境”，正是这个“困境”决定了布雷顿森林体系的不稳定性和垮台的必然性。根据“特里芬困境”所阐述的原因，美国以外的国家持有的美元越多，由于“信心”问题，这些国家就越不愿意持有美元，就会抛售美元。直到今天国际货币体系的改革也没有解决好“特里芬困境”。

果不其然，随着三次美元危机，布雷顿森林体系最终崩溃。自 1944 年布雷顿森林体系建立至 1971 年尼克松总统被迫宣布结束的这 27 年间，美元遭遇过三次重大危机，最终让布雷顿森林体系走上末路。这三次重大的美元危机是：20 世纪 60 年代初美元的黄金危机；20 世纪 60 年代中后期的越南战争大量消耗军费而引发的黄金危机；20 世纪 60 年代末期至 70 年代初期欧洲抛售美元危机。也就是说，20 世纪 60 年代后的 10 年时间，美元连续三次爆发重大危机，终于让布雷顿森林体系解体。

第一次美元危机爆发在 1960 年前后，如前所述，1944 年确立的以美元为中心的布雷顿森林体系有两个挂钩、两大支柱。两个挂钩如上所述，两大支柱是美元与英镑。虽然在布雷顿森林体系建立之后，作为之前世界储备货币的英镑已逐渐让位于美元，但英镑的影响力仍不容小觑。尤其在英联邦区域内，英镑的储备货币功能影响力仍然存在。但在债主美国的压力下，英国不太情愿地逐步配合美元完成一统天下的局面。另外，英国经济危机四伏，持续衰退。经过两次世界大战的英国已经衰败老矣。尚未完全主导世界货币的美元仍需要英镑的支持与配合（英镑属于第二储备货币），但接二连三的英镑危机迫使英国首相哈罗德·威尔逊采取应对措施，进行贬值。这使得英镑渡过了重大危机，但美国出于大局考虑无奈拯救英镑却使得美元自身陷入危机。于是，英镑危机缓解了，美元危机却来了。

再加之，战后的世界生产恢复，商品供给增加，黄金相对供给不足，导致美元暴跌。美元的第一次危机因此爆发。

第二次美元重大危机出现在 20 世纪 60 年代中后期，美国扩大越南战争，黄金储备大量消耗。1968 年爆发信任危机，全球纷纷要把美元兑现黄金。美国政府采取政治手段干预，克制其他国家兑换黄金的要求。

第三次美元重大危机发生在 1971—1973 年，美国遭遇严重贸易逆差，欧洲市场发生抛售美元的浪潮。1971 年 8 月，尼克松政府被迫宣布终止按 35 美元 1 盎司的比价向市场提供黄金兑换。各国相继实行对美元的浮动汇率制，布雷顿森林体系就此彻底瓦解。

下面我们就来谈谈越南战争及欧洲抛售美元换取黄金导致布雷顿森林体系土崩瓦解的一些基本背景信息，寻找二者之间的关联关系。

越南战争

二战之后，美国直接发动了五场规模较大的战争，分别为朝鲜战争、越南战争、海湾战争、伊拉克战争、阿富汗战争。朝鲜战争与越南战争发生在美苏冷战期间，背后无不闪现着冷战大国的魅影。在这五次战争中，美国国内至今仍在反思朝鲜战争及越南战争，尤其是越南战争。越南战争持续时间长，人员及军费开支等资源消耗巨大，国内反战浪潮此起彼伏，且越南战争导致了布雷顿森林体系的解体。同时使得苏联在争霸中实力反超美国，给美国带来了巨大的压力。压力不仅反映在冷战力量对比上，而且还体现在美国国内的社会危机、美元黄金危机上，以及美国经济的衰退。在与德国和日本的经济竞争中，美国一度处于颓势，而且在和苏联的争霸中也逐渐优势尽丧。

越南战争是 1955 年 11 月至 1975 年 3 月间冷战中，东南亚爆发的一场大规模局部战争，对亚洲国际政治产生了深远的影响。

越南战争是二战以后美国参战人数最多、影响最大的战争，最后美国在越南战争中失败。其结果是越南完成了南北越的统一。

1965 年 3 月 2 日，美国总统林登·约翰逊批准了“滚雷行动”，对越南民主共和国进行大规模轰炸。3 月 8 日，3500 名美国海军陆战队员在越南岘港登陆，越南战争正式爆发。6 月，美国军队开始直接同越南人民军作战。

1973 年 1 月 27 日，参加关于越南问题的巴黎会议四方在法国首都巴黎正式签署了《关于在越南结束战争、恢复和平的协定》。随后两个月内，美国国防军全部撤出越南。

在越南战争期间，1969—1970 年，美国国内爆发了大规模的反战游行活动。

美国在这次越南战争中，累计投入兵力 65 万余人，造成 5 万多名美国军人死亡，耗费了至少 2500 亿美元。而越南在本次战争中有 110 多万人死亡，其中越南平民死亡 20 余万人。交战双方都遭受了巨大的损失。

美国经济从 20 世纪 60 年代末开始，直至整个 70 年代，进入一个长期停滞的阶段。部分学者指出，越南战争是导致美国 20 世纪六七十年代经济困境的重要因素，或至少应负部分责任。在越南战争中，美国的国防支出所占的比重急剧上升，在 60 年代末，占到了整个国防开支的 1/3 左右。通货膨胀是在美国加入越南战争时开始发生的，并在 70 年代以后成为困扰美国经济的重要因素。因此，大多数学者指出不断增长的军事开支加剧了国内的通货膨胀；有人认为越南战争导致了美国 20 世纪 60 年代的通货膨胀，而且 1965 年以后的经济增长很大程度上是源自通货膨胀。在越南战争早期，战争推动了经济的繁荣，但到了后期，由于美国经济环境的恶化，战争的不利影响逐渐显现出来。

越南战争期间，美国经济出现大幅度滑坡，美元霸主地位遭到沉重打击，并出现了巨额财政赤字。越南战争彻底改变了美苏两霸争夺的格局：整个 20 世纪 70 年代，美国转为战略守势，而苏联则处于战略攻势地位。于外而言，西欧、日本迅速崛起，经济走强的同时，美国经济实力相对削弱。

美国前国务卿亨利·基辛格说："越南战争也许是一场悲剧，美国本来是根本不应该闯进去的。"资深参议员乔治·麦戈文说："我认为，印度支那战争（此处特指越南战争）是我国历史上最大的军事、政治、经济和道义的错误。"

越南战争之后，卸任了近 30 年的美国前国防部部长麦克纳马拉，在众多越南战争反省者的鼓励下，于 1995 年发表了《回顾：越南的悲剧与教训》一书。麦克纳马拉认为，美国政府决策人没有意识到，"无论是我们的人民，还是我们的领袖，都不是万能的。在不涉及我们自身存亡的事务中，要判断什么是另一个国家和人民的最大利益，应由国际社会进行公开辩论来决定。我们并不拥有天赋的权力，来用我们自己的理想或选择去塑造任何其他国家。可是在世界上许多地方，我们仍然在重复着类似的错误"。

布雷顿森林体系终结

在美国逐步卷入越南事务、战后经济恢复生产扩大对美元黄金需求加大之后，

20世纪60年代初期，美国财政赤字巨大，国际收入情况恶化，美元的信誉受到冲击，爆发了多次美元危机。大量资本出逃，各国纷纷抛售自己手中的美元，抢购黄金，使美国黄金储备急剧减少，伦敦金价上涨。为了抑制金价上涨，保持美元汇率，减少黄金储备流失，美国联合英国、瑞士、法国、西德、意大利、荷兰、比利时共八个国家于1961年10月建立了黄金总库，八国央行共拿出2.7亿美元的黄金，由英格兰银行为黄金总库的代理机关，负责维持伦敦黄金价格，并采取各种手段阻止外国政府持美元外汇向美国兑换黄金。

而进入20世纪60年代后期，美国进一步扩大了对越南的战争，国际收支进一步恶化，美元危机再度爆发。1968年3月的半个月中，美国黄金储备流出约14亿美元，仅3月14日一天，伦敦黄金市场的成交量达到了350—400吨的破纪录数字。到1971年，美国维持了80多年之久的贸易顺差转为贸易逆差，西欧主要金融市场掀起了抛售美元、抢购黄金或德国马克、瑞士法郎、日元等货币的浪潮。

美国没有了维持黄金官价的能力，1971年8月15日，美国总统尼克松宣布停止美元与黄金的兑换，实行黄金与美元比价的自由浮动。至此，布雷顿森林体系基础已崩溃。

为了解决布雷顿森林体系崩溃的遗留问题，1971年12月，十国集团首脑在美国首都华盛顿的史密森学会召开会议，并达成一项妥协方案，即《史密森协议》。协议的主要内容包括：美元对黄金贬值，将黄金官价从每盎司35美元提高到38美元；各国货币对美元升值，其中，德国马克升值13.57%，日元升值1.69%；另外，汇率的波动幅度也由最初规定的上下各1%上升到2.25%。

《史密森协议》签署后，美国面临的严峻形势仍未得到有效改观。1973年，美国再度宣布美元贬值10%，黄金官价由每盎司38美元上涨到42.22美元。1973年3月，针对美元的投机风潮再起，十国集团召开紧急会议，此次会议引入了浮动汇率制，美元针对其他主要货币又贬值了13%。经过这一轮贬值，美国的国际债务问题得以缓解，美国经常项目进一步恶化的趋势也得到了遏制，其经常项目赤字在零水平附近波动。

与此同时，持有大量美元储备的国家遭受了损失。这轮贬值不仅波及欧洲和日本，还波及了通过石油提价而获取大量美元的石油输出国。

布雷顿森林体系解体，对美元而言，并非全是坏事。其并未就此终结美元的世界储备货币地位，反而使得美元从原本挂钩黄金（金本位—美元—各国货币）受严格约束的体系中解脱出来。美元就像脱缰的野马，自由自在地驰骋在世界货币市场上，理论上，只要美元信用不出现毁灭性的丧失与崩塌，美元可以随意印刷或放水，其不利的后果均由世界来分摊，相当于获得了世界中央银行的权力。相对于一国中央银行通过印钞征收的铸币税（一个说法）、通过放水来分摊债务与损失而言，美元具有了向世界来征收铸币税及分摊美国债务、转嫁经济损失的能力。同时，美元的每一次扩张与收缩，都迫使世界各国必须同步，而对外债高企的国家，经济严重依赖外部市场、本国货币存在问题的新兴国家，比如南欧、南美国家等，美元的每一次扩张与收缩都可能带来严重的灾难与危机。

从另外一个角度来说，对于美元而言，不存在所谓的外债危机问题，因为美联储可以发行美元来偿还债务。而这对于其他国家而言，是不可能的，如果外债过载，在经济危机发生后，就容易引发主权债务危机。比如，20 世纪 80 年代的拉美主权债务危机，2008 年美国次贷危机之后的欧债危机。

在布雷顿森林体系瓦解后，美元的世界货币地位不但没有终结，反而获得了类似于黄金的生命。“美国依靠独步全球的经济总量，垄断了国际贸易结算货币的地位，刺杀了黄金，偷取了黄金的生命，建立了全球美元的经济霸权……美国购买全世界的资源仅需要用美国的印钞机印出来的一张纸。这一切均取决于美元的信任。有了信任，美元就拥有了一切。这是美国的秘密，美元的秘密。”（见谭智元的《金融战争与美元霸权》一书）

在布雷顿森林体系瓦解后，世界逐步从固定汇率进入了浮动汇率的全新时代，虽然国际货币基金组织还在，世界银行也在，但已是完全不同的世界。但美元仍是那个美元。

美元仍是具有主导地位的国际货币，许多国家的货币或明或暗，仍是与美元挂钩。虽然经历了 1999 年欧元的挑战、2008 年全球金融危机的冲击，美元仍是最具吸引力的全球货币。这一点从美元纸币的海外流通可见一斑。

根据美联储的数据，在 2017 年，100 美元的现钞流通量有史以来首次超过了使用更为普遍的 1 美元钞票；自 2008 年全球金融危机以来，100 美元纸币的流通量翻了一番足以说明美元存在巨大的海外需求。

总结：

二战之后，越南战争与美元危机是美国遭受的重大挫折与危机，其造成三大不利局面：其一是使苏联在冷战中一度处于优势地位；其二是使得美国经济在与日本、西欧（尤其是德国）的经济竞争中处于劣势，这个被动一直延续了十多年；其三是美国经济进入长期的大滞胀时期。

如果从国家兴衰角度而言，美国在越南战争之后的 20 世纪 70 年代，显现出衰落的迹象，这还是美国成为世界头号强国之后的第一次。当时的美国情况远比之后数十年至今的情况糟糕。

中东战争与石油危机

中东战争

战后，犹太人的复国运动建立了新的国家以色列。因领土疆域之争以及宗教冲突，以色列与埃及、叙利亚等周围阿拉伯国家先后进行了 5 次大规模的、跨越几十年的战争（非连续性的），史称中东战争。

从第四次中东战争后，中东地区开始了漫长曲折的和平发展道路。1991 年，中东和平会议终于在“以土地换和平”的原则基础上举行，以色列和巴勒斯坦第一次共同坐到了谈判桌前。1993 年，巴以双方在华盛顿签署了巴勒斯坦首先在部分地区实现自治的原则宣言，中东地区出现了和平的曙光。但是不断发生的暴力冲突，时断时续的和谈，表明了中东和平的实现还有很长的路要走。截至目前，仍然悬而未解。这需要时间去化解一切冲突与仇恨。

第一次中东战争（又称“巴勒斯坦战争”“以色列独立战争”，1948 年 5 月 15 日—1949 年 7 月 20 日）：由于巴勒斯坦土地极度不公平的分割，导致阿拉伯国家与以色列交战，阿拉伯国家在战争初期占优势，但是停火后以色列接受来自美国的大笔援助，以及阿拉伯军团的英国指挥官指挥部队撤离战场，导致阿拉伯国家战败。

第二次中东战争（又称“苏伊士运河战争”，1956 年 10 月 29 日—11 月 7 日）：埃及国内革命后国有化苏伊士运河引发利益冲突，最终英法以三国撤军。

第三次中东战争（又称“六五战争”，1967 年 6 月 5 日—1970 年 8 月）：戈兰高地的叙军向以色列定居点开火，由此爆发冲突。以色列全面获胜。

第四次中东战争（又称十月战争、斋月战争或赎罪日战争，1973 年 10 月 6 日—26 日）：埃及和叙利亚企图收复失地，对以色列发动进攻，阿拉伯国家先胜后败。

第五次中东战争（又称以色列入侵黎巴嫩战争，1982 年 6 月 6 日—9 月 29 日）：以色列因为其驻英国大使被巴勒斯坦武装暗杀，对黎巴嫩境内巴勒斯坦武装发起进攻。这次战争是巴勒斯坦问题的延续，以色列最终单方面撤军，第五次中东战争告终。

以上就是 5 次中东战争的基本信息。在这里特别要强调的是第四次中东战争，因为本次战争引发了石油危机，同时为美元带来了新的机遇。

石油危机

石油是工业的血液，是工业时代最重要的原料之一。石油影响世界绝大多数国家工业生产、汽车消费、经济繁荣与衰退、通货膨胀等。而石油这一最重要的资源却高度集中在中东周边区域，因此，中东的石油产量、地缘政治及局势直接影响到石油的供应与价格的波动。而石油的供应与价格的波动高度影响世界主要国家及世界经济的走向。

1960 年 9 月石油输出国组织（OPEC）成立，主要成员包括伊朗、伊拉克、科威特、沙特阿拉伯和南美洲的委内瑞拉等国，而 OPEC 也成为世界上控制石油价格的关键组织。

如果 OPEC 主要成员发生重大事件，则会严重影响石油产量，而产量会影响价格；如果石油价格暴涨，价格是原来的 2 倍甚至 3 倍以上，就会对经济造成巨大冲击。当其足以影响到世界经济或各国经济，并导致经济出现问题时，则石油危机爆发。因此，石油危机是世界经济或各国经济受到石油价格的变化的影响所产生的经济危机。迄今为止被公认的三次石油危机，分别发生在 1973 年、1979 年和 1990 年。

第一次危机（1973 年）：1973 年 10 月第四次中东战争爆发，为打击以色列及其支持者，OPEC 的阿拉伯成员国当年 12 月宣布收回石油标价权，并将其原油价格从每桶 3.011 美元提高到 10.651 美元，使油价猛然上涨了两倍多，从而触发了第二次世界大战之后最严重的全球经济危机。持续三年的石油危机对发达国家的经济造成了严重的冲击。在这场危机中，美国的工业生产下降了 14%，日本的工业生产下降了 20% 以上，所有的工业化国家的经济增长都明显放慢。

第一次石油危机重创美国经济，1974 年联邦基金目标利率一度超过 10%。为了刺激经济，第一次石油危机结束后，联邦基金利率迅速回落至危机前的水平。

第二次危机（1979 年）：1978 年年底，世界第二大石油出口国伊朗的政局发生剧烈变化，伊朗亲美的温和派国王巴列维下台，引发第二次石油危机。此时又爆发了两伊战争，全球石油产量受到影响，从每天 580 万桶骤降至 100 万桶以下。随着产量的剧减，油价在 1979 年开始暴涨，从每桶 13 美元猛增至 1980 年的 34 美元。这种状态持续了半年多，此次危机成为 20 世纪 70 年代末西方经济全面衰退的一个主要原因。

1979 年保罗·沃尔克上任美国联邦储备委员会主席。第二次石油危机加剧了西方国家的滞胀问题，而沃尔克以强硬手段抑制通胀水平的上升。1981 年 6 月，沃尔克将联邦基金利率从 1979 年的 11.2% 的平均水平提升至 19% 的历史新高，贷款利率也提升至 21.5%。1982 年，联邦基金利率水平也维持在历史最高水平附近。

第三次危机（1990 年）：1990 年 8 月初伊拉克攻占科威特以后，伊拉克遭受国际经济制裁，使得伊拉克的原油供应中断，国际油价因而急升至每桶 42 美元的高点。美国、英国经济加速陷入衰退，全球 GDP 增长率在 1991 年跌破 2%。国际能源机构启动了紧急计划，每天将 250 万桶储备原油投放市场，以沙特阿拉伯为首的 OPEC 也迅速增加产量，很快稳定了世界石油价格。

此外，2003 年国际油价也曾暴涨过，原因是以色列与巴勒斯坦发生暴力冲突，中东局势紧张，造成油价暴涨。几次石油危机对全球经济造成严重冲击。

由此可见，石油危机实际上是石油价格暴涨引起的世界性经济危机。石油价格降低或波动较小，则利好世界经济。

近年来，由于美国页岩气革命、世界新能源革命，使得 OPEC 主要成员、俄罗斯、美国形成三足鼎立的局面，石油产量及价格波动的影响相比前三次石油危机，有所减少或减轻。但是，石油的重要性仍会维持很长一段时间，如果再次爆发石油危机，则仍会对世界经济造成冲击或影响。

在此，尤其强调一下第一次石油危机，因为这次危机与第四次中东战争之间存在着紧密联系，也使得美元在抛弃黄金后与石油挂钩。这不仅解除了美元危机，而且使得美元变得更强。在此情况下，石油不仅影响美国经济，而且影响美元。因此，也有很多专家、著作将美国在中东的战争（直接或间接的）称为石油战争、美元战争。

下面我们就来看一下第四次中东战争与第一次石油危机之间的关系。

1973 年，第四次中东战争爆发，引发了第一次全球石油危机，使西方经济遭受了沉重打击，特别是对美国等少数依靠廉价石油起家的国家产生极大冲击。美国的工业生产下降了 14%，第二年美国经济甚至出现负增长。

第四次中东战争发生于 1973 年 10 月 6 日至 10 月 26 日，为期 20 天。战争虽短暂，却激烈异常。

1973 年 10 月 6 日，埃及、叙利亚联军利用犹太人因赎罪日全国放假而先发制人，毫无防备的以色列岌岌可危，紧急发出全国动员令，死守前沿阵地，经过 8 天的惨烈激战终于挡住了埃及、叙利亚联军的进攻，并迅速组织军队展开反攻，最终在美国基辛格的穿梭斡旋下双方达成停战协议。

战争爆发后 OPEC 为了打击对手以色列及支持以色列的国家，宣布石油禁运，暂停出口，造成油价暴涨，从而导致第一次全球石油危机。

阿拉伯国家为了以实际行动支持埃及，打击支持以色列的美国和其他西方国家，决定立即逐步压缩产量/出口量，减少对美、欧洲共同体的石油供应量。美国不以为然，1973 年 10 月 19 日，宣布继续对以色列提供 22 亿美元军事援助，此举激怒了阿拉伯国家，第二天，海湾产油国当即宣布对美、欧洲共同体禁运石油。

这对严重依赖进口的美国以及日本等西方经济强国造成严重的打击。工业产值严重下滑，经济出现负增长，国内民众怨声载道，也使西方国家出现分歧。日本以及欧共体国家纷纷选择支持阿拉伯国家，孤立美国，以换取海湾石油。

石油美元

在享受了美元作为世界通用货币27年益处后，1971年美国又亲手废除了自己27年前建立的以美元为中心的布雷顿森林体系。美元将何去何从？尝到了甜头的美元岂能就此终结。第四次中东战争引发的第一次石油危机让美欧日等经济强国吃尽了苦头，同时也让美国意识到了“硬通货”石油资源的重要性。为了让美元重新成为全球中心货币，于是，美元从黄金开始往石油上倾斜。

1974年，美国与沙特阿拉伯签订协议，宣布向沙特阿拉伯出售军事武器，并且保障其国土安全。作为回报，沙特阿拉伯则必须接受美元作为石油出口唯一的计价和结算货币。同年12月，美国与OPEC其他成员也逐一达成协定，“石油美元霸权”体系正式诞生。

毫无疑问，石油是这个世界上除了黄金之外的“硬通货”。这是因为不管是发达国家还是发展中国家，石油是任何一个国家现代经济发展必不可少的能源和基础化工资源。如果说黄金是因为其稀缺性、贵重性及举世公认度而成为金本位制时代的最重要金属货币以及美元之锚，那么石油则因为其重要性而成为美元之锚。

在“石油美元霸权”体系下，石油进口国为了获取石油，必须先兑换美元，持有美元储备，于是美国就以控制石油交易的方式巩固了美元在国际货币体系中的地位，继续享受美元作为世界通用货币的益处。

战败国的经济魔法

西德的魔术

根据国际货币基金组织的《国际金融统计年鉴》，1950—1970年的20年间，日本经济增长率为9.60%，西德经济增长率为6.70%，为这个时期世界上经济增长最快的两个国家，分列世界第一位和第二位（见图10-1）。西德在20年内使其国民生产总值增长了5倍多，在主要资本主义国家中仅次于日本，被誉为“经济奇迹”。在西德学者看来，在现有的条件下，国家必须有计划和有调节地为经济确定目标并且提出方向性的经济政策原则。

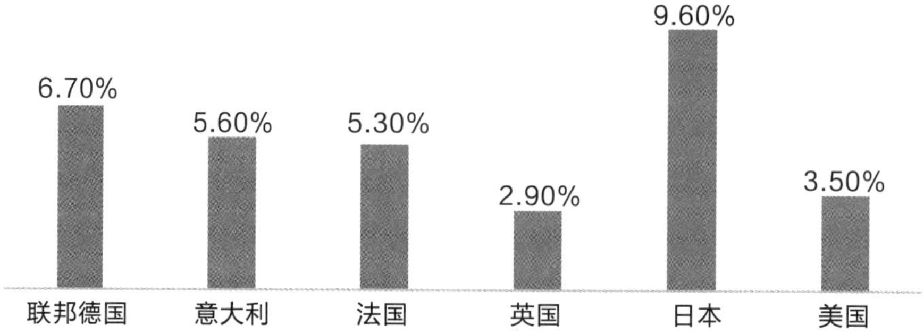

图10-1　1950—1970年世界主要经济大国经济增长率对比

二战后，西德经济奇迹般地迅速恢复和发展，仅用十多年时间就成为欧洲第一经济大国，这主要得益于当时的阿登纳政府采用的一种适合本国特点的经济发展模式。该模式通常被称为社会市场经济。这种经济制度意味着其既背离了过去曼彻斯特自由主义原则，又摒弃了国家在经营与投资决定方面说了算的经济统制。保证个人首创性的自由发挥及私有财产的基本法使这些基本权利服从于社会责任，使得国家在市场经济中主要负有调节的任务。

西德的社会市场经济模式有浓厚的德国传统经济思想。这一点可以从铁相俾斯麦时代、一战前德国崛起为仅次于美国的欧洲第一强、一战之后纳粹德国时代的快速崛起等采取的经济政策中或多或少找到一些影子。德国这个国家，只要能够静下心来认认真真搞建设，区区几十年时间就可以成为世界举足轻重的经济大国。

德国的两位经济学家瓦尔特·欧根、路德维希·艾哈德先后都对二战后德国的社会市场经济发展模式给出了重要的理论支持。

一战前，德国经济学界流行李斯特开创的历史学派。这个学派否定亚当·斯密建立的古典主义，漠视经济学的普适性以及经济的一般规律，强调“德国特殊论”，推崇德国道路，反对经济自由主义，主张用国家手段干预经济。该理论沦为德意志帝国的统治工具，最终走上了支持国家主义扩张的庸俗之路。

1939 年，欧根发表《国民经济学基础》，正式提出竞争秩序理论。该理论成为德国社会市场经济政策的理论基础。他认为，竞争秩序是一种“有运作能力的、合乎人的尊严的秩序”。

他强调，要维持竞争秩序，就必须制定一部经济宪法，通过经济宪法来约束公权和私权的滥用。概括起来，竞争秩序的首要前提是制定一部经济宪法，其次是维护市场自由竞争。

二战后的德国满目疮痍，百废待兴。纯粹的市场经济给资本主义带来过恶性通货膨胀、大萧条和经济危机，在此背景下，西德总体上倾向于社会主义和市场经济结合的经济模式。1948 年，路德维希·艾哈德被任命为西德经济管理署主任，他提出了“社会市场经济”的构想，并开始对当时的经济体制进行改革。改革成效卓著，使得社会市场经济被联盟党确认为其经济政策准则。1959 年 11 月 15 日，社会民主党在“哥德斯堡纲领”中宣布接受这一理念。社会市场经济已成为德国社会普遍认可的经济模式，也成为德国经济模式的专有名词(社会市场经济模式也常常被称为“莱茵模式”)。

社会市场经济是经济体制和社会体制的集合。社会市场经济的特点是：“在竞争经济的基础上，将自由、主动与社会经济进步相结合。”同为发达资本主义国家，德国所实行的社会市场经济，既不像英国典型市场经济那样强调市场的作用，也不像日本那样强调政府对市场经济的主导作用，而是一种强调“平衡”的、将市场经济与政府干预结合起来的经济体制。所谓“平衡”，主要包括两种社会财富分配方式之间的平衡，以及自由市场和政府干预之间的平衡。可以将社会市场经济概括为“处于有限的国家监管下的自由的市场经济”。

社会市场经济具有两个突出特征：第一是市场经济。西德的社会市场经济本质上也是一种市场经济，它明显有别于苏联、东德等曾经实施的计划经济。尽管社会市场经济也十分强调政府的作用，但不是政府指导一切的机制。第二是不完全自由的市场经济。完全自由的市场经济带来的灾难曾经席卷过资本主义国家，“纯粹自由的市场经济”是一个抽象、极端的概念，其实在各国经济运行中或多或少都存在一些国家对市场的控制和规范。社会市场经济的理论来源于自由主义与社会主义：前者崇尚个人自由、法律面前人人平等并且主张经济上的成功应来源于竞争；后者则把公平视为核心价值，主张最大限度地实现社会公平公正。社会市场经济的两个特点正对应着它最重要的两个思想来源。值得注意的是，当前德国的社会市场经济不是将“自由的市场”与“国家的控制”简单混合，而是一种经过几十年发展的、成熟的、充满灵活性的经济体制。

德国社会市场经济主要体现在国家政策、银行体系、劳资协议、社会福利等诸多方面。国家经济政策通过秩序政策和进程政策发挥作用。秩序政策，或称监管政策，目标是为市场流程建立法律和制度框架，纠正市场不完善之处。进程政策的目标则是纠正德国社会在收入分配、财富分配、机会分配等方面的问题，属于一种稳定政策的措施。

在社会市场经济政策的指引下，西德在战后30年曾创造了经济高速增长的传奇，这也被称作“黄金时代”。具有完整工业体系的德国是当今世界第四大经济体、欧洲第一大经济体，这表明了德国经济拥有持久不衰的活力。

日本的奇迹

如果说战后德国经济的迅速崛起凭借的是其实施的社会市场经济制度，那么，比德国经济增长速度更快、持续时间更长的日本又是凭什么呢？

战后的日本究竟有多惨？美国总统特使小埃德温·卓克在1945年10月中旬交给杜鲁门的一份报告中这样描述：“日本大城市的整个经济结构已经被摧毁。”战后的日本虽然没有惨遭另一个战败国德国被肢解的命运，但是因为遭到战机轰炸并被扔下两颗原子弹，所以已经四处都是断壁残垣，凄凄惨惨戚戚。

“东京有500万人离开了这座拥有700万人口且已经毁坏了的城市……包括长崎、广岛在内，日本66个主要城市已经被炸毁，这些城市总计40%的地区被破坏，至少30%的人口无家可归。在最大的城市东京，65%的住宅被摧毁。在全国第二和第三大城市大阪、名古屋，这一数据分别为57%和89%。”与二战之后的德国境遇大致相同。[①]

---

① 参见沈奇、张玉香、李汶玲文章《二战后，日本经济如何“奇迹般”复苏并崛起？》，https://www.sohu.com/a/200676166_482521。

根据国际货币基金组织的《国际金融统计年鉴》，1950—1970 年的 20 年间，日本经济增长率为 9.6%，远远快于增长率排名第二的德国（6.70%）。

尤其是美国经济陷入大滞胀的 20 世纪 70 年代，据统计，1960—1970 年，日本的工业生产年均增长 16%，国民生产总值年平均增长 11.3%。1968 年，日本的国民生产总值超过西德，成为仅次于美国的资本主义世界第二号经济大国。

1986 年，日本的黄金储备达到 421 亿美元，位居世界第二；1987 年，日本的外汇储备超过西德，居世界首位；1988 年，日本的人均收入达 1.9 万美元，超过同期美国（1.8 万美元）。1988 年，根据权威的美国《商业周刊》统计，世界排名前 30 名的大公司中，日本占了 22 家。在电子、精密仪器、光学设备等近 20 个领域，日本超越美国，排名世界第一。

日本企业的精细化管理成为美国企业的学习参观对象，日本的发展已经令美国汗颜，感到恐惧。

日本经济增长的奇迹得益于二战后美国等西方发达国家的产业转移，日本紧紧抓住了这一历史性大机遇。在第二次工业革命中期，日本在工业经济中牢牢抓住了制造业的核心领域，并取得了反超与领先。日本成为工业经济时代的赢家，获得了空前的发展与成功。在这一点上，德国也同样做到了完美。

在日本经济学家野口悠纪雄的著作《战后日本经济史》中，作者认为影响日本崛起和衰落的最主要原因，是从战时总动员一直沿用至今的日本“1940 年体制”（或理解为政府主导的举国体制），举国体制拼的是官僚体系的洞察力和国民体系的执行力。这种体制使得日本在重工业为王的时代，能够迅速模仿并赶上发达国家的脚步。但是在世界的发展潮流从重工业转向 IT 高科技行业时，举国体制又面临创新不足的尴尬。

在日本繁荣期，全社会乃至世界的潮流，大肆宣扬日本经济体系的优越性，却忽略了潜在的危机，不断增加的财富投入房地产和金融空转套利之中而错过了以 IT 信息技术为核心的第三次工业革命，使得整个社会陷入对“炒房致富”的迷思之中。整个社会对于“勤劳致富”的理念崩塌。

日本经济学家野口悠纪雄认为，日本应该向新兴产业与价值链高处升级，而这种升级，靠的不是日本政府指挥棒的英明神武，而是更好地发挥市场机制的作用与活力。这一点更值得中国借鉴与学习。

日德经济模式评析

德国的魔术与日本的奇迹，成功的背后既有其共通之处，同时也有其独特之处。

我们先来看看二者之不同。德国的经济奇迹与日本不同之处在于：其一，战后美国对德国实施马歇尔计划，为德国重建提供了经济援助与支持；其二，德国采取的社会市场经济发展模式。

日本经济奇迹不同于德国之处在于：其一，战后美国在朝鲜战争中对日本的经济援助与支持，力度超越马歇尔计划对欧洲的支持；其二，日本在经济重建与发展模式上，采取了从战时总动员一直沿用至今的日本“1940 年体制”（或理解为政府主导的举国体制），依靠其官僚体系的洞察力和国民体系的执行力，针对特定产业进行重点培育和科技攻关，从而创造了经济长期高速增长的奇迹。

德国与日本两国经济在二战之后长达数十年的增长奇迹，其背后也有许多共同之处与相同的逻辑。

其一，双方在战前都拥有雄厚的技术、人才及工业基础。其二，双方都受益于战后全球产业大转移，尤其是美国的产业转移，被两国所承接。其三，美国开放市场，为两国经济增长提供了巨大的消费与用户群。其四，都得益于美国在两国重建时的经济支持与援助。其五，两国都极其重视科技与教育。

以上五点是德日两国战后经济迅速恢复重建，并快速增长几十年的共同奥秘。

美国大滞胀

大滞胀时代

查阅战后美国经济史，可以看出一个明显的事实：在 20 世纪 60 年代末期，美国经济进入危机频发期。自 1969 年至 1982 年，13 年的时间内连续发生过三次经济危机及一次货币危机、两次石油危机等，分别是：1969—1970 年、1974—1975 年、

1980—1982年等三次经济危机，1971年的布雷顿森林体系瓦解，1973年因第四次中东战争而引发的石油危机、1979年伊朗危机导致的第二次石油危机。这在美国建国后的经济发展史上都是罕见的，这段时间也正好是美国发动越南战争的时期，再加之美苏冷战，使得美国在20世纪70年代进入漫长的经济滞胀期，菲利普斯曲线已经失效，凯恩斯主义的理论已经失灵。

从1973年开始直到1983年结束，美国经济陷入长达十年的滞胀期。不同于通胀也不同于通缩的滞胀，这在以往经济史上从未出现过。可能源于经济发展模式的转换，也可能源于政府基于凯恩斯主义而频繁调控市场，使得逆周期调控孕育了经济的复杂与混合怪胎。这是美国在二战后经历了二十多年的持续高增长之后陷入的经济困局。美国滞胀的十年，是人类历史发展的大转折时代，也是全球经济发展的拐点。一场新的经济发展范式革命即将来临。

1979年7月15日，超过2/3的美国民众聚集在电视机前观看杰米·卡特总统这场演讲——《一蹶不振》。卡特在演讲中如此陈述民众意见："总统先生，我们日子难熬。我们只想谈血汗和泪水。"卡特说："我们对（石油进口）的过度依赖，已经极大地损害了我们的国家和国民。""这就是我们现在面对的通货膨胀和失业状况加剧的原因。这种对国外石油的过分依赖，威胁着我们在经济上的独立性以及国家的重大安全。"由此可见，20世纪70年代中东的两次石油危机对美国经济造成了多么大的冲击。

当时，美国进入至暗时刻，经济遭遇大萧条以来最严重的一次危机，深陷滞胀泥潭，负增长、高失业与高通胀并存，美元三次贬值，金融市场几近崩溃……

"这是一场信任危机。它拷问着美国民众的意愿、灵魂和精神核心。我们可以看到这场危机正让我们越来越质疑自身生活的意义，我们正在丧失自己对祖国同一感和目标感。"（《美联储》，威廉·格雷德）

20世纪60年代，美国先后经历了两任极具雄心的总统。一位是年富力强的肯尼迪，另一位是他遇刺身亡后的接任者林登·约翰逊。

1961年，肯尼迪任期内的第一个年度预算就导致美国历史上第一次非战争、非经济衰退引起的财政赤字，之后几年，美国财政赤字连年增加，而黄金储备却降到了 1939 年以来的最低点。

接替遇刺身亡的肯尼迪总统的是林登・约翰逊，他推出了雄心勃勃的“伟大社会”计划，联邦财政赤字便大规模扩张。从 1965 年到 1969 年，联邦支出总共增加 55%，每年增加 11%，联邦财政赤字迅速上升，而在此之前三年每年开支增加只有 2%。除了“伟大社会”外，还有一项开支也在大幅度扩张，那就是越南战争的军费支出。越南战争远远超出了美国最初的预计，时间越拉越长，战争越来越残酷。美国深陷战争泥潭不能自拔，一打就是 8 年。战争让美国财政赤字更是不断攀升，将美国经济拖入深渊。美国政府不得不大量使用财政政策和货币政策对经济实施逆周期调节，以弥补巨额的财政赤字，支持其“伟大社会”计划与越南战争。

到了 1969 年，菲利普斯曲线失灵了（由新西兰经济学家威廉・菲利普斯发明，后经萨缪尔森和汉森改良，命名为“菲利普斯曲线”，其反映了通胀率与失业率负相关关系，它可以直接明了地告诉政府官僚、货币当局以及整个经济学界，要想降低失业率，扩张货币增加通胀即可）！大萧条后被各国政府奉为“圣杯”的凯恩斯主义失效了。这一年，美国 GDP 掉头向下，跌到 3.1%。通胀率快速上升的同时，失业率并没有下降反而直接飙升至 6%。美国经济由此出现了一种不同以往的特殊经济现象，即高通胀、高失业与低增长（增速快速下滑）并存。美国经济史上第一次滞胀危机发生了。

滞胀汇聚了通货膨胀与通货紧缩双重缺陷，传统的凯恩斯宏观经济理论的神话破产了。美国经济陷入两难选择的泥潭之中！

经济学家弗里德曼对凯恩斯主义进行了批判：菲利普斯曲线所宣扬的通货膨胀和失业之间的替换关系只在短期才存在。他用货币中性理论解释，货币扩张给市场带来“货币幻觉”，人们会扩大产能及就业；当幻觉消失，就业和增长就会恢复到之前的水平，而物价却上涨了。结论是，长期来看刺激性的经济政策除了带来通胀，其他什么也没有。

美国经济已告别了二战以来的景气周期，陷入前所未有的困境。更要命的是，日德经济快速崛起，美国制造业日渐式微，黄金储备越来越少，美元摇摇欲坠，终于在欧洲疯狂的挤兑潮之后，尼克松政府被迫于 1971 年 8 月瓦解了布雷顿森林体系。

尼克松之后的福特、卡特两届政府继续沿用凯恩斯政策，其结果使得美国经济越来越糟糕。

弗里德曼当时批评卡特政府，用通货膨胀换取就业增加的凯恩斯式需求政策，犹如扬汤止沸，无疑是饮鸩止渴，将经济推向滞胀的深渊。这其实是“医治一种疾病成为加重另一种疾病的手段”。

福特政府和卡特政府，政策不定，时紧时松，在控制通胀率和挽救增长率（失业）之间，疲于应付；美国的 M2 增长率超过 12%，失业率和 CPI 依然高于 GDP 增长率。

沃尔克的滞胀解决之道

沃尔克在担任财政部副部长时，在美元因美国陷入巨额财政赤字及黄金储备大幅减少时，推动尼克松总统宣布美元与黄金脱钩，使布雷顿森林体系瓦解。如今，美元遭遇全球围剿，美国陷入滞胀泥潭，沃尔克作为解决问题的不二人选被推上历史舞台。

1975 年 8 月 1 日，沃尔克就任纽约联储银行行长，并成为联邦公开市场管理委员会的常任委员，负责管理美国的信贷供应和利率水平。4 年后，卡特任命沃尔克出任美国联邦储备委员会主席。

沃尔克上任之时，美国正经历前所未有的持续高通胀。20 世纪 70 年代两次石油危机带来的油价飙升放大了其他通胀因素，再加上旨在刺激经济增长的宽松货币政策，美国价格水平不断走高。美联储也一度收紧货币政策以应对通胀上升，但由于失业率高居不下，紧缩的货币政策不得不半途而废，到 1980 年 3 月时，美国的通胀水平已升至 14.8%。与此同时，失业率也大幅增加，美国经济陷入滞胀危机。

沃尔克不受任何理论约束，不属于凯恩斯主义，也不属于货币主义，他坚持实用主义，且以手腕强硬著称。沃尔克遇到的挑战是前所未有的。上任第一个月，在美联储内部，沃尔克提高利息率的方案以 4:3 获得通过。这是沃尔克实施高度紧缩政策的开始。

沃尔克认为，要让经济恢复繁荣，必须先控制住通货膨胀。“说到未来的经济稳定性，（通胀）可能是最大的问题，并带来最严重的经济萧条。”当时，美国通胀率创下历史纪录，且依然凶猛上窜，沃尔克第一次“小试牛刀”发现市场没有反应。

1980 年年初，通胀率疯狂飙升。1 月 21 日，黄金价格达到历史新高每盎司 850 美元。无奈之下，孤注一掷的沃尔克只有持续加码，他先将联邦基金利率提高到 12.5%，4 月进一步拉升到历史前所未有的 21%。进入 5 月，通胀率高达 15%。这一年，美国 GDP 增长率跌至 -0.26%。美国经济进入至暗时刻，滑入第三次滞胀危机的深渊。

高利率的副作用开始显现，1981—1982 年美国经济陷入衰退，失业率一度高达 10.8%，成为自 20 世纪 30 年代“大萧条”以来最严重的一场经济衰退。

作为美国货币当局的头脑，沃尔克遭到了来自四面八方的诘难，经历了前所未有的压力。要求其辞职的声音不绝于耳。沃尔克选择了与世界为敌的方式抗击通胀，就只能无奈地接受这一切：“有时候，你不得不与魔鬼做交易。”沃尔克以暴力去杠杆的方式，扼杀了市场的流通性，相当于完全牺牲经济增长和就业，以抗击通胀。甚至卡特总统都迫于竞选的压力公开炮轰沃尔克“僵化的货币主义方法”。但沃尔克顶住压力公开回应称，“美联储没有扩大货币供给的计划，现在增加货币供应量只会让情势雪上加霜。”

沃尔克的坚持获得了成效。1982 年年初，美国通胀率降至 6.1%，到 1983 年沃尔克第一个任期结束时，通胀率已经回落至 3% 上下。此后，美国经济迎来了持续增长和低通胀的新时期。

“如果没有沃尔克大胆的货币政策改革，以及在极度痛苦的年月中坚定抗击通胀的决心，美国经济将继续螺旋式下跌。”圣路易斯联储银行前行长威廉·普尔在 2005 年时指出，“通过扭转其前任错误的政策，沃尔克为美国 20 世纪 80 年代和 90 年代的长期经济扩张奠定了基础。”

美国 20 世纪 70 年代大滞胀再次告诫我们，沿用凯恩斯主义的方法只能使得通货膨胀和失业率越来越严重，经济增长越来越差。如果用传统思维方式、传统的政策惯性去解决新问题，就相当于开错方子、吃错药。面对一方面产品价格上涨，另一方面失业率不断攀升、经济增长不断下滑的滞胀，首要问题是先解决通胀问题，敢于坚持下去，牺牲短期利益以换取长期的发展。

沃尔克于 2018 年 10 月出版了回忆录《坚定不移：稳健的货币与好的政府》，当时他已 91 岁。

中国1978

近百年来的世界，由发展中国家 / 经济体进入发达国家 / 发达经济体俱乐部的，共同的规律是紧紧抓住了世界产业大转移的时代大机遇。战后日本的奇迹与德国的魔术就是受益于欧美，尤其是美国的产业大转移。而“亚洲四小龙”则抓住了日本的产业大转移机会。

但中国却错失了这样的时代大机遇。当欧美经济在20世纪70年代纷纷陷入滞胀泥潭中，进入滞胀十年之时，中国经济也面临困境。据统计，1978年，中国的GDP为3645亿元，大约是1495.14亿美元（当时美国的GDP为2.35万亿美元，约为中国的16倍）；人均GDP为381元，外汇储备仅有1.67亿美元。中国人均生活水平处于世界末端。

1978年5月11日，《光明日报》头版发表特约评论员文章《实践是检验真理的唯一标准》，在全国范围内引发了一场关于真理标准问题的大讨论。这场讨论终于冲破“两个凡是”的束缚。

1978年12月18—22日，中国召开了十一届三中全会，由此开启了具有深远意义的伟大历史转折：做出了实行改革开放的重大决策，决定把工作的重点转移到社会主义现代化建设上来，把中国建设成为社会主义现代化强国，由此揭开了中国改革开放的序幕，开始走上改革开放的道路。

中国国家统计局于2019年7月1日发布的《新中国成立70周年经济社会发展成就系列报告》显示，中华人民共和国成立以来，中国国民经济持续快速增长，经济总量连上新台阶。其中，1979—2018年中国经济年均增长率达到9.4%。

数据显示，1952年中国GDP仅为679亿元，人均GDP为119元。经过长期努力，1978年中国GDP增加到3645亿元，占世界经济的比重为1.8%，居全球第11位。1978年改革开放以来，中国经济快速发展，1986年经济总量突破1万亿元，2000年突破10万亿元大关，超过意大利成为世界第六大经济体，2010年达到41.21万亿元，超过日本并连年稳居世界第二位。党的十八大以来，中国综合国力持续提升。近三年，中国经济总量连续跨越70万亿元、80万亿元和90万亿元大关，2018年达到

900 309 亿元，占世界经济的比重接近 16%。按不变价计算，2018 年 GDP 比 1952 年增长 175 倍，年均增长 8.1%；其中，1979—2018 年年均增长 9.4%，远高于同期世界经济 2.9% 左右的年均增速，对世界经济增长的年均贡献率为 18% 左右，仅次于美国，居世界第二位。2018 年中国人均国民总收入达到 9732 美元，高于中等收入国家平均水平。1952 年年末外汇储备只有 1.08 亿美元，1978 年年末也仅为 1.67 亿美元，居世界第 38 位。改革开放以来，中国外汇储备稳步增加，2006 年年末突破 1 万亿美元，超过日本居世界第一位。2018 年年末，外汇储备余额为 30 727 亿美元，连续 13 年稳居世界第一。①

根据以上统计数字，中国经济自 1978 年改革开放至 2018 年这 40 年里，创造了世界经济发展史绝无仅有的增长奇迹，增长速度之快，持续时间之长，都是举世少有的。无论是战后的日本与德国，还是当年的亚洲四小龙，都逊色于中国改革开放之后这段伟大的经济发展奇迹。

战后经济危机复盘

二战后的近 40 年间，美国经历了 1948—1949 年、1957—1958 年、1969—1970 年、1974—1975 年、1980—1982 年等五次重大经济危机（还发生了两次小危机，即 1953—1954 年与 1960—1961 年，该两次危机均属于前一次大危机的余波或余震）。尤其是 20 世纪 70 年代，美国就经历了三次密集的经济危机、一次货币危机、两次石油危机。

自 1957—1959 年经济危机开始，经济周期就呈现出若干新特点。其一是危机期间物价上涨，即所谓“滞胀”。从宏观上看，二战后至 20 世纪 70 年代末期，各发达国家都不同程度地实行凯恩斯主义政策，用财政和货币手段扩大需求，需求拉动型的涨价成为通货膨胀中的重要组成部分。

其二是随着国际竞争的加剧和浮动汇率制取代固定汇率制，汇率贬值成为国际

① 参见北青网2019年7月1日文章《国家统计局：1979—2018年我国经济年均增长9.4%》，http://news.ynet.com/2019/07/01/1917160t70.html。

竞争的战略工具，从而使通货膨胀带有主动的战略意义。因此，二战后至 20 世纪 70 年代末期，通货膨胀是发达资本主义各国的长期现象，只是程度有别而已。但是，与二战前相同的是，国内国际的竞争依然十分激烈，尤其是国际竞争日益加剧，过多投资追逐过小市场的矛盾并未解决，因此世界经济危机还是会不断降临，只是危机更多地表现为企业破产、开工率下降、投资下降、库存增加，而较少地表现为价格下降。

其三是危机的同步性下降，即使是同步性危机，其严重程度也相差较大。其原因在于，各国经济竞争力差距较大，各国干预经济的程度增强，因此各国经济的独立性也有所增强。

例如，从 1950 年到 1966 年，美国发生过 1953—1954 年危机、1957—1958 年危机、1960—1961 年危机，而此期间西德经济却一直没有发生实质性危机，只是每次美国危机时西德的经济增长率都有所下降。1966—1967 年，西德发生经济危机，但美国此时却正经历着二战后的一次长期繁荣。

但是，以布雷顿森林体系崩溃为标志，各国竞争力差距再度接近，各国间经济竞争越来越激烈，危机的同步性又显著增强。继 1973—1975 年的严重世界经济危机后，西方各国都经历了一段低增长高通胀的滞胀期，接着就是 1979—1982 年的世界经济危机，各国失业率都上升到空前水平，然后是 1990—1991 年的世界经济危机，各国无一例外深陷其中。20 世纪 90 年代后，美国经济表现异常，在欧洲和日本经济长期不景气的前提下，走出了一波低通胀高增长的所谓“新经济”，其实是巨大的泡沫经济，似乎各国危机的同步性又被打破了。但紧接着就是自 2000 年 3 月开始的更加严重的世界经济危机，美国经济泡沫破灭，带动欧洲、日本经济进一步衰落。

从有关数据统计分析情况来看，1929 年大萧条源于之前 10 年的货币与信贷扩张催生的泡沫。对于 20 世纪 70 年代的大滞胀而言，这一结论同样适用。

小 结

二战后30年，是一个大重构的时代。国际秩序重构，雅尔塔体系取代了巴黎—凡尔赛体系；国际货币秩序重构，布雷顿森林体系建立，与黄金挂钩的美元取代英镑，又因美元的黄金挤兑危机导致布雷顿森林体系解体，之后，美元与石油挂钩，石油美元建立；美苏冷战取代了一战、二战等惨绝人寰的热战，美苏争霸下形成了一个世界、两个阵营、两套体系；世界经济格局重构，美国、苏联、日本与西德成为世界经济的四极。

二战后30年，两个战败国德国与日本，经济高速增长的历史给我们的经验启迪是：不仅借助了外力及和平发展的国际秩序，更重要的是依靠雄厚的教育基础与科技创新，依靠城市化、工业化在二战的废墟上重新快速崛起。

二战后的美国在20世纪60年代展现出好战的一面，陷入长达十多年的越南战争，再加之经济衰退，美联储的宽松货币、信贷与巨额的财政赤字，导致美元信用破产，出现黄金挤兑危机，尼克松不得不在1971年宣布布雷顿森林体系解体。之后，两次石油危机使美国经济雪上加霜，陷入可怕的大滞胀十年。奉为宏观经济调控神灵的凯恩斯主义遭遇破产，沃尔克力排众议，以先解决通胀化解滞胀之方法，以大力度提高利率遏制通胀的方式终于成功化解十年的滞胀。

附　注

1946—1980年的东西方世界

1946年　叙利亚正式脱离法国独立，获得国际承认。
菲律宾脱离美国独立。
国民大会通过《中华民国宪法》。
丘吉尔发表铁幕演说。
联合国人口委员会成立。
电子计算机ENIAC诞生。
中国人民解放战争爆发。

1947年　中国台湾地区发生二二八事件。
英国公布《蒙巴顿方案》，确立印巴分治。印度和巴基斯坦独立。
第一次印巴战争爆发。

1948年　以色列独立，第一次中东战争爆发。美国实施马歇尔计划。
柏林危机，东西德分裂。
欧洲经济合作组织成立。
伦敦举办奥运会。

1949年　第一次中东战争结束。
中华人民共和国正式成立。
北大西洋公约组织成立。
苏联试爆原子弹成功。
苏联实行莫洛托夫计划。

1950年　麦卡锡主义崛起。

1950—1953年　朝鲜军队突袭韩国，朝鲜战争爆发。

1951年　第一颗氢弹试爆成功。
《旧金山对日和平条约》签订。

1952年　赫尔辛基举办奥运会。

1953年　中国、朝鲜与联合国军签署《朝鲜停战协定》。

1954年　法越奠边府战役。

1955年　华沙公约组织成立。

1956年　第二次中东战争爆发。
匈牙利十月事件。
墨尔本举办奥运会。

1957年　苏联发射人类第一颗人造卫星。
《罗马条约》签订，成立欧洲经济共同体。

1958年　法兰西第五共和国成立。
欧洲经济共同体正式确立。
比荷卢经济联盟成立。

1960年　越南战争爆发。
罗马举办奥运会。

1961年　卡斯特罗领导古巴革命，并宣布成为社会主义国家。
人类首次进入太空。

1962年　古巴导弹危机。

1963年　马来西亚联邦正式成立。
美国总统肯尼迪遇刺。
肯尼亚脱离英国独立。
马丁·路德·金发表《我有一个梦想》。

1964年　东京举办奥运会。

1965年　新加坡脱离马来西亚联邦独立，

成立新加坡共和国。

第二次印巴战争爆发。

1966—1976年 文化大革命。

1967年 第三次中东战争爆发，以色列并吞东部耶路撒冷、占领约旦河西岸与加沙地带。

1968年 布拉格之春。

墨西哥城举办奥运会。

1969年 人类登陆月球。

珍宝岛自卫反击战。

互联网诞生。

1970年 中国发射首枚人造卫星。

1971年 中华民国退出联合国，其席位依据联合国大会第2758号决议由中华人民共和国取代。

第三次印巴战争爆发。

布雷顿森林体系解体。

1972年 慕尼黑举办奥运会。

印巴双方停火，签订《西拉姆协定》。

尼克松访问苏联。

1973年 第四次中东战争爆发，引发了全球第一次石油危机。

1974年 美国尼克松总统因水门事件下台。

国际能源机构设立。

1976年 蒙特利尔举办奥运会。

唐山大地震。

1978年 中国十一届三中全会召开。

1979年 中国与美国建交。

中越自卫反击战。

伊朗革命。

苏联入侵阿富汗，美苏关系再度恶化。

1980年 两伊战争爆发。

莫斯科举办奥运会。

第六部分

繁华与衰退

债务、新政和衰退
（1981—2000）

导 读

1981—2000 年的 20 年时间里，世界大格局发生了重大变化。

这 20 年是世界危机频发的 20 年，先后发生了拉美主权债务危机、日本经济泡沫破裂、1987 年黑色星期一、墨西哥金融危机、亚洲金融危机、俄罗斯债务危机、韩国外汇危机等。

这 20 年也是地缘政治格局急剧动荡的 20 年，柏林墙倒掉，东欧剧变、苏联解体，欧盟成立。

这 20 年也是经济全球化加速、互联网改变世界的 20 年。1990 年后，随着欧盟成立、欧元启用，世界贸易组织（WTO）成立，经济全球化加速。随着互联网商业化应用、互联网科技公司登陆纳斯达克，互联网开始改变世界，影响人们的工作与生活方式。

20 世纪 80 年代，是一个火热的年代，一个希望的年代。改革开放的中国走向世界，迎来了一个崭新时代。美国的里根新政、英国的撒切尔主义，各自带领自己的国家走出滞胀泥潭，即将迎来经济发展的黄金时代。

20 世纪 90 年代，是一个危机的时代，从北美南段的墨西哥，到亚洲的日本、亚洲四小龙、亚洲四小虎，再到北极熊俄罗斯，危机频发。但这也是一个充满希望与活力的时代，柏林墙倒掉，欧盟成立，WTO 设立，互联网公司上市了，经济全球化加速，世界经济即将进入高速发展期。

第十一章
债务、新政与广场协议

拉美主权债务危机

那些被世界各国广泛接受的钱（即货币）被称为储备货币。截至 2020 年 8 月，世界上占主导地位的储备货币是美元，它是由美国中央银行，也就是美联储创造的；它约占所有国际交易（贸易结算和投融资结算）的 55% 左右。

其次是欧元，它是由欧元区国家的央行——欧洲中央银行创造的；它占所有国际交易（贸易结算和投融资结算）的 25% 左右。日元、人民币、英镑现在都是相对较小的储备货币，不过人民币的重要性正在快速增长。

拥有储备货币的国家更容易大量借款（即创造信贷和债务）和创造大量货币，因为世界上其他国家会愿意持有这些债务和货币，它们可以用于世界各地的消费。

正是由于这个原因，生产储备货币的国家可以生产大量货币和以其计价的信贷 / 债务，特别是在像当前这样缺乏储备货币的情况下。

相比之下，没有储备货币的国家就没有这种选择。在以下情况下，它们经常会发现自己需要这些储备货币（如美元）：①它们有大量的以这些储备货币计价的债务，而这些货币它们是无法印制的（如美元）；②它们在这些储备货币上没有多少储蓄；③它们赚取所需货币的能力下降。

对于没有储备货币的国家来说，当它们迫切需要储备货币来偿还以储备货币计价的债务，以及它们在购买东西时卖方希望它们以储备货币支付时，无法获得足够的储备货币来满足这些需求，就会导致它们破产。这就是一些国家现在的情况。[①]

达利欧的这几段话说出了主权债务危机的本质：世界的主权国家分为两大类，一类是可以创造世界储备货币的国家，另一类是仅可以创造本国法定货币的国家。对于第一类国家来说，创造世界储备货币的能力越强（指该国央行发行的货币占世界储备货币的比例大小，越大意味着越强，以及在国际贸易结算中的使用比例大小），则其发生主权债务危机的可能性越小、几乎为0。因为其本身就可以创造世界储备货币，而无须依赖于其他方式或途径获得。比如美国，理论上只要美元国际地位不变，其永远不会发生主权债务危机。而对于第二类国家而言，当其外债负担过重或超额举借外债（指的是欠外国的债务），就不能及时履行对外债务偿付义务，因其不能通过自我创造世界储备货币来还债，就可能引发严重的主权债务危机。

以上就是主权债务危机发生的原因。而发生在1982年的拉美国家主权债务危机正是如此。这场危机让拉美国家陷入长期的经济下滑，跌入中等收入陷阱。部分国家甚至从富国跌入中等收入国家行列。下面我们就来看看发生在1982年前后的这场主权债务危机。

1982年8月，墨西哥政府宣布了一个震惊金融界的声明："该国无法按期履行偿债义务。"此前，诸如牙买加、秘鲁、波兰和土耳其等国也都曾先后陷入还债困难的危机，但是墨西哥政府的声明被视作20世纪80年代发展中国家债务问题的开端。

1982年墨西哥财政部部长埃尔佐格致电美国总统里根、美国联邦储备委员会主席沃尔克等人求援，声称墨西哥外汇储备已经用光，无力继续偿还债务，这标志着20世纪80年代拉美主权债务危机的爆发。危机爆发后，拉美国家经济受到剧烈冲击，通货膨胀率继续攀高，1982年的通胀率为47.5%，1984年上升为163.4%，1985年更是恶化为610%，同期拉美国家失业率平均高达15%，部分国家超过20%，而实际工资水平也普遍下降，哥斯达黎加下降50%，巴西、阿根廷下降20%。同时，这次债务危机还引发了严重的货币危机，拉美国家货币普遍贬值，银行业也损失惨重。总之，20世纪80年代的债务危机冲击了拉美国家，使拉美经济严重下滑。

① 见达利欧文章《达利欧20 000字解析：货币、信贷和债务是如何运作的？》。

债务危机爆发后，国际社会和拉美国家尝试了多种方式以消除危机的消极影响。一是进行债务展期和重组，将大量的短期债务调整为中长期债务，如墨西哥政府通过谈判将 1983 年到期的 200 亿美元外债全部转换成 1990 年到期的中长期债务，又将 1984 年到期的 489 亿美元外债展期到 1998 年。这样，墨西哥每年可以少付利息 3.5 亿美元。这种方式只能缓解债务到期的短期压力，并不能彻底解决债务危机。二是按照国际货币基金组织（IMF）专家开出的药方，拉美国家实行了严厉的紧缩政策，通过牺牲国内经济来恢复外部平衡。IMF 的紧缩政策包括货币贬值、停止补贴、提高公共产品价格、控制工资增长、减小公共部门债务规模、提高利率、降低信贷增长率、放松对贸易和投资的控制、采取市场导向政策等。这些措施确实有利于改善拉美国家的资产负债状况，这些国家也因此获得了一些新贷款。但所付出的代价也是巨大的，拉美国家在此期间经济发展停滞、社会矛盾激化、政局动荡，形势危急。这又导致 IMF 救助计划流产。

由于 IMF 救助计划的失败，这次债务危机逐渐影响到欧美国家商业银行。这些商业银行认为国家是永远不会破产的，因此向拉美国家政府大量发放贷款。以花旗银行为首的九家美国银行 20 世纪 70 年代在拉美赚取了巨额利润，截至 1982 年年底，这些对拉美国家的贷款就占其总资本的 176.5%。拉美债务危机的久拖不决使得美国商业银行也开始向危机方向滑落。所以，美国政府先后提出了贝克计划和布雷迪计划来化解拉美债务危机，从而挽救本国的商业银行。

1985 年美国财政部部长贝克宣布美国将向这些国家提供新的贷款，但前提还是拉美国家必须进行必要的宏观经济政策调整，这些调整包括削减政府开支、出售国营企业等。尽管这些要求比 IMF 的紧缩政策要宽一些，但由于资金不到位和金额严重不足，贝克计划并没有获得成功。尽管如此，贝克计划的核心是以经济发展来缓解债务危机，标志着债务危机的严重程度使得紧缩必须让位于增长，也标志着美国政策转向，从而逐步营造了化解债务危机的外部环境。

1989 年，美国又提出了布雷迪计划用于解决债务危机。布雷迪计划的核心是通过有序的债务减免计划来最终解决拉美债务危机，该计划在一定程度上接受了拉美国家以债务资本化为主要形式的减债要求，具体内容包括：将拉美国家总额为 3400 亿美元的外债减免700亿美元，由IMF和世界银行建立一个金额为300亿美元的特别基金为拉美国家的剩余外债提供担保。布雷迪计划虽然比贝克计划更进一步，但也未能彻底解决拉美债务危机，主要是由于减债幅度不足，资金来源依然未能落实。该计划还是以紧缩国内经济为前提等，这些条件依然未能摆脱以内部经济停滞换取外部平衡的传统思路。

美国的贝克计划和布雷迪计划尽管在短期内缓解了拉美债务危机的消极影响，但未能消除拉美地区债务危机的根源，为日后1994年墨西哥危机和2002年阿根廷危机的爆发埋下了伏笔。

拉美债务滥觞于20世纪70年代欧美国家经济陷入“滞胀”后，一方面，欧美地区的低利率使得国际资本出于追求高额利润的本性从该地区流向其他地区，特别是布雷顿森林体系的崩溃、金融自由化水平的提高和浮动汇率制度的建立加剧了国际资本流动的规模和频繁程度，这是拉美地区在这一时期资金大量流入的外部因素。总的来看，布雷顿森林体系解体后，全球金融一体化进程开启，20世纪70年代欧美商业银行加大了对拉美地区的放贷规模。

另一方面，拉美国家在经济起步阶段国内储蓄水平较低，本国资金比较匮乏，为了加速本国经济的发展，扩大投资规模，加快资本积累，这些国家普遍选择了以举借外债的方式发展本国经济。因此，外债的积累是这一地区国家的普遍现象。根据联合国的统计，1982年年底拉美地区外债总额为3287亿美元。

从外部因素方面来看，1973—1974年的全球石油价格大涨，使得欧洲各国储备的美元迅速散播到全球各地。石油输出国将巨额的石油收入存入欧洲的国际银行，而这些银行再将钱贷给发展中国家，石油冲击使得发展中国家可以得到的国际贷款大为增加。且由于贷款利率低，实际利率甚至为负，债务国如巴西及墨西哥等国都认为低利率和出口创汇的增长使得偿还贷款不成问题。

美联储的紧缩货币政策从1979年一直持续到1982年，紧缩力度、持续时间远远超过第一次石油危机，大量资金流出拉美地区。而拉美国家这一时期债务结构也发生较大变化，短期债务比例上升，加重其短期偿债压力。再者，美国收紧货币政策、美元走强意味着大宗商品价格的下跌。CRB期货价格指数自1980年12月起一路下滑至 1982 年 9 月末危机前夕，指数由 334.7 跌至 227.9。大宗商品价格下跌意味着拉美国家出口收入的减少和国际收支的恶化。为了维持国际收支的平衡，拉美国家不得不以资本项目盈余来弥补经常项目的赤字。

直到 20 世纪 70 年代末期，发展中国家还是长期依赖低利率的债务来推动高出口增长，但当时还没有人重视发展中国家的债务违约问题。但 20 世纪 80 年代早期，经济形势发生了变化。由于债务国大多数的借款利率为浮动利率，所以利率的上升使他们变得不堪一击。当 80 年代初期的利率陡然上升时，拉美国家的债务大幅上升，光是偿还利息的部分便占了年出口值的 30%。拉丁美洲的发展中国家大多依靠贩售国内蕴藏的自然资源以赚取外汇，自然资源的国际价格滑落对其有不利的影响。债务利率攀升，而还债的主要来源——资源的价格却大幅下跌，一涨一跌之间，导致债务国必须面临双重威胁，即攀升的利率和走低的出口货物价格，一方面偿债负担加重，另一方面偿债能力也在下降。

总之，拉美主权债务危机的爆发有其深刻的国内原因：一方面，外债杠杆率过高，而且短期债务规模在危机前快速上升；另一方面，进口替代战略的失败导致拉美国家无法完成出口导向型经济的转型，仍然高度依赖出口。一旦美联储货币政策由宽松转为紧缩，国际资本流动方向逆转和大宗商品价格下跌会导致拉美国家国际收支入不敷出，债务违约便不可避免。因此，美联储紧缩货币政策成为压垮骆驼的最后一根稻草，是引爆拉美主权债务危机的导火索。

美元的世界储备货币地位、美国经济的地位，使得美联储货币政策、信贷政策的每一次宽松与紧缩周期（根据经济衰退与繁荣周期调整货币的宽松与紧缩周期）都会对世界经济造成影响与冲击。尤其是对自身经济存在问题的经济体，影响巨大。犹如一个吹泡泡机一样，每一次吹气与放气都会对承载气泡的塑料袋构成冲击，而那些承受力差的塑料袋就会轰然炸裂。而对于受冲击的国家而言，如果外债杠杆率过高，超出其承受能力；再加之其经济严重依赖于出口，则每一个经济周期都会导致其收入减少。在此模式下，这些经济体就会频繁出现经济危机乃至主权债务危机。比如，依靠自然资源出口的拉美国家、俄罗斯，依靠产品出口的南欧国家、东南亚等新兴市场，都会遭受一次又一次的冲击。

里根新政

我们熟知美国1929年那场举世罕见的经济大萧条中，在胡佛总统之后上任的罗斯福果断采取全方位的经济政策与改革措施，遏制住了美国经济进一步恶化的趋势，并最终使得美国经济走出萧条。罗斯福挽救大萧条的经济政策与措施被称为罗斯福新政。

二战后西方资本主义国家盛行凯恩斯主义，大力发展国家垄断式的资本主义，通过实行国家对经济的干预，促进了经济在一定时期的快速发展。但20世纪70年代经济危机爆发及随后出现的滞胀状态，表明国家干预经济的办法无法保障资本主义经济的持续发展，为应对滞胀状态，各国减少了国家对经济的干预。

事实上，如果放在一个大的宏观经济周期中看，1929年大萧条前的美国实行自由资本主义经济，遭遇历史上最严重的经济危机之后，罗斯福新政的实行实质上进行了转轨，经济发展方式由自由市场转变为国家对经济干预下的市场经济模式，也就是从完全的自由市场转变为“市场+政府”的国家对经济干预模式下的市场经济模式。

我们来回顾和总结一下二战之后主要经济体的经济模式：美国、英国等西方主要发达经济体盛行凯恩斯主义，采用国家对经济干预下的市场经济模式；苏联实行公有制下的计划经济模式；西德采用社会市场经济模式；日本则沿用了“1940年体制”，即国家对经济实行指导和管理。应该说，二战之后的美国迎来了数十年的中速发展，虽不及德日，但在西方经济体中走在前列。但是随着冷战、越南战争及美元危机、两次石油危机，经济出现了严重的问题，尤其是滞胀的问题。

在1980年前后，美国经济进入可怕的滞胀时期，这也是二战以来美国经济遭遇的最大危机，且经济危机的密度之大、周期之短、影响之深、解决难度之大等都是少见的。而且正是在这一时期，美国在冷战中遭苏联的反超压力，经济与科技上又遭受西德、日本两个经济大国的挑战，陷入困境之中。正是在此时，演员出身的罗纳德·里根登上了历史的舞台。里根在经济上采取了一系列新的政策措施，改变了美国经济的颓势，并使得美国此后迎来了长达数十年的经济繁荣，不仅在冷战中完胜苏联，而且一举摆脱德日两国的竞争压力，在以互联网科技为代表的新经济中异军突起，成为第三次工业革命的引领者与弄潮儿。事实证明，演员里根在美国经济舞台上的“表演”比其在电影舞台中的表演更加精彩，因此被称为美国历史上最伟大的总统之一。里根总统针对美国经济所采取的新的经济政策与改革措施，被称为“里根新政”，其与“罗斯福新政”一样，被载入美国经济史册。

1981 年里根上台后，美国经济已经陷入衰退。里根政府强调“国家已做好准备，把经济政策更加彻底地向右转”。这里“右转”就是指减少国家对经济的干预。

在美国里根政府和英国撒切尔政府上台前，虽然经济学界已经对凯恩斯主义展开反思，但货币主义还尚未完全主导西方国家宏观经济政策。但是，在各国纷纷反思凯恩斯主义及质疑国家对经济过度干预后果的情况下，各国逐步减少了国家对经济的干预，进而回归到自由资本主义经济模式上来。从某种程度上说，也算做一种矫正和回归。

亚瑟·拉弗在《一张餐巾纸改变了世界》一书中说，导致 20 世纪 30 年代和 70 年代出现严重经济衰退的“杀手”主要有 4 个，即增税和政府支出无度、政府对经济的不当干预、贸易保护主义和货币政策失误等。他认为，美国经济之所以能在 80 年代起死回生、重新找回繁荣，靠的是以他本人描绘的那条著名的曲线（拉弗曲线）为基础形成的供给经济学。里根总统依据这一理论阐述他的经济哲学思想，将其应用于治国实践并毫无争议地取得了成功。

被质疑的凯恩斯主义与失灵的菲利普斯曲线

凯恩斯主义认为，低物价水平与高就业率可以兼得；扩张性的财政和货币政策在相当的程度上不会影响物价水平，而首先会对社会总需求产生重大的影响，并进而影响社会供给。

菲利普斯曲线（见图 11-1）是由新西兰经济学家威廉·菲利普斯于 1958 年在《1861—1957 年英国失业和货币工资变动率之间的关系》一文中最先提出。这是一条表明失业率（u）与通货膨胀率（π）存在一种交替关系的曲线，通货膨胀率高时，失业率低；通货膨胀率低时，失业率高。也就是说，通货膨胀率与失业率之间呈负相关关系。适当的通货膨胀有利于增加就业。

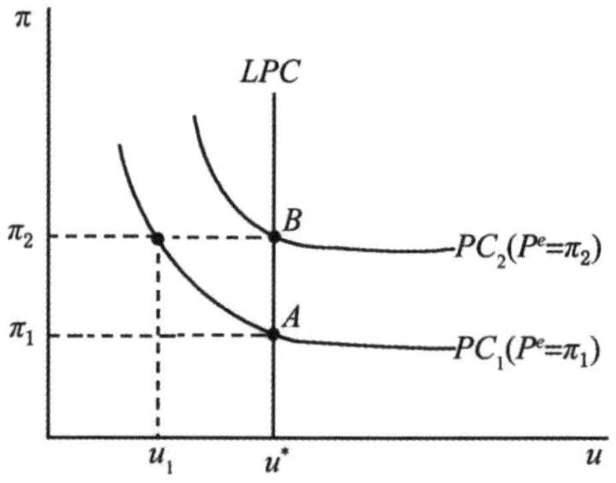

图11-1　菲利普斯曲线

20 世纪 60 年代，凯恩斯主义的代表人物萨缪尔森和索洛根据菲利普斯的这篇论文，以物价上涨率代替了原菲利普斯曲线中的货币工资变化率，对美国数据进行了实证分析，也印证了菲利普斯曲线的存在。他们得出的替代率大概是 0.5%，并发表了《反通货膨胀政策的分析》。在论文中，“菲利普斯曲线”被他们用来命名物价和失业率之间此消彼长的关系。

20 世纪 70 年代的两次石油危机严重打击了美国经济。经济萧条的阴云再次笼罩美国，价格飙涨，失业率攀升，二者之间的负相关关系已经不复存在。凯恩斯主义者们无法对“滞胀”现象做出解释，凯恩斯主义的菲利普斯曲线突然失灵了。

伴随各国逐步出现失业率与通胀同时高涨、菲律普斯曲线失灵，美国经济学家萨缪尔森首次提出“滞胀”这个概念，认为其表现为经济停滞同时伴随物价上涨。滞胀是与传统的凯恩斯理论相背离的一种经济现象，其主要表现为经济增长乏力甚至停滞；与此同时，还伴随物价水平的持续上升。滞胀一旦发生，将对传统宏观政策提出挑战：一方面，扩张性经济政策可改善经济，但会加剧通货膨胀；另一方面，紧缩的经济政策可降低通胀，但会进一步冲击经济。

20 世纪 70 年代的“大滞胀”是宏观经济思想的一次分野，传统凯恩斯主义无力解释菲利普斯曲线的失灵，各经济学派纷纷兴起并对滞胀成因进行分析，其中主要包括货币主义、供给学派、新凯恩斯主义以及新古典主义。

货币主义（代表人物是弗里德曼和埃德蒙・费尔普斯）认为政府过度干预市场

的行为加剧了各类市场的不确定性，而公众对通胀攀升的预期将反映在提高薪酬的期望当中，致使厂商成本上升，进一步提升物价，短期菲利普斯曲线失效。凯恩斯主义忽略了“预期”。

新凯恩斯主义则将通胀区分为需求拉动型通胀和成本推动型通胀，认为外部冲击、政策变动将对供给曲线产生负面影响，而效率工资与失业滞后的存在将致使失业上升与物价持续攀升同时存在。

供给学派认为在供给和需求的关系上，供给居于首要的、决定的地位。政府对经济的过度干预导致了政府支出和税收的增多，妨碍了自由竞争的市场制度，导致需求过度而供给萎缩。

新古典主义认为长期来看货币中性，对实体经济无促进作用。滞胀主要由政府过度干预市场、高福利以及宽松货币所引起。

总结来看，滞胀的产生一方面是由于外部冲击、价格黏性、通胀预期抬升等一系列供给侧冲击而导致的成本推动型通胀和经济下行，另一方面也与后期美联储使用过度宽松的货币政策对抗经济衰退及造成物价恶性上涨有关。

新自由主义与拉弗曲线

第一次石油危机爆发导致美国及西方国家物价大幅度上涨，从而引发剧烈的通货膨胀；同时经济大幅度衰退，失业大增。从 1973 年开始，美国出现了低增长、高失业与高通胀并存的局面。

1972 年通胀率还维持在 3.27%，1973 年受石油危机影响上涨到 6.16%，1974 年高达 9.2%。1973 年，美国失业率整体维持在 5% 以下，到 1974 年年底上涨了两个点，到 1975 年则维持在 8% 以上。1973 年 GDP 增速 5.64%，第二年断崖式下跌到 -0.52%，第三年为 -0.2%。

滞胀刚发生时，美国政治家及主流经济学家都认为这是短期现象。普遍的观点是，国际油价快速上涨制造了通货膨胀，打击了国内投资，导致经济短期衰退。但石油危机过后，国际油价逐渐回落，美国通胀却愈演愈烈，失业率和经济增速大幅度下滑。这时，美国意识到，滞胀危机并非简单的外部因素所致，而是美国经济体内长期累积的沉疴顽疾集中爆发。

货币主义创立者米尔顿·弗里德曼说："通货膨胀无处不在，并且总是一种货币现象。"这句话道破了天机，直指美国政府长久以来执行的凯恩斯式经济刺激政策，货币大量超发，市场活力衰退，为经济停滞和通货膨胀埋下隐患。

看来，诞生于大萧条之后并在二战后长期占据绝对统治地位的凯恩斯主义已经出现了问题。在经济大萧条期间替代古典自由主义的凯恩斯主义，出于流动性陷阱的考虑不太信任货币政策，主张通过财政政策，向社会借钱的方式刺激投资需求增加。后来，新古典综合学派创始人汉森和萨缪尔森主张相机选择，共同使用货币政策和财政政策，但他们依然更侧重财政政策。

原本独立的货币政策在此期间沦为财政政策的附庸，当时的美国联邦储备委员会主席小威廉·马丁掌控下的美联储成了国会的代理人："美联储必须想办法补贴预算赤字。国会和行政部门设定预算。"总统林登·约翰逊的"伟大社会"计划和越南战争，大大拖累了政府财政预算，税收逐渐增加，边际报酬递减，经济活力下降，通货膨胀隐患重重，逐渐酝酿了20世纪70年代的滞胀危机。

这场滞胀危机，在当时是一种新型的经济灾难。其成因主要是政府对经济的人为干预，表现为财政、货币政策的过度扩张以及经济管制。滞胀危机爆发后，尼克松政府依然采用过去的思维，试图再用凯恩斯式政策来调节经济：货币扩张政策和人为控制物价。这无疑是火上浇油，其结果使得滞胀愈演愈烈，越陷越深。

1978年，芝加哥学派领袖罗伯特·E·卢卡斯在一次著名的演讲中指出，当前商界学者面临的任务是整理经济灾难留下的残骸，然后判断在"凯恩斯革命"这一著名的学术事件中，哪些是可以保留和派上用场的，哪些又是必须抛弃的。即使无从知晓结果，但是可以确定的是，必须重新审视自20世纪30年代以来从未仔细反思过的货币经济学基本问题，同时还需要重新评估发达国家制定货币政策和财政政策的制度框架。

这场大辩论、大反思、大创新，推动经济学进入百花齐放、百家争鸣的群星璀璨时代。在新一代挑战者中，包括弗里德曼代表的货币主义、布坎南代表的公共选择学派、卢卡斯代表的理性预期学派、科斯代表的新制度经济学、波斯纳代表的法律经济学、阿罗代表的社会选择学派、哈耶克代表的新奥地利学派以及蒙代尔、拉弗代表的供给学派等。

他们有一个共同的称号，即新自由主义，大本营是芝加哥大学（学派）。新自由主义成功将凯恩斯主义推下王座，打击了新古典综合学派，但也促进了新凯恩斯主义的发展，诞生了如斯蒂格利茨、克鲁格曼等一批新凯恩斯主义者。

在众多的新自由主义流派及理论中，对里根总统根治滞胀推出的新经济政策影响最大的是拉弗代表的供给学派及弗里德曼代表的货币主义（其实质是对经济学家费雪的“债务—通货紧缩理论”的继承与发展），尤其是供给学派对里根新政影响最大。至今仍有很多经济学家对里根新政有这样或那样的评论与质疑。比如：里根新政就是披着供给学派外衣的凯恩斯主义；里根的新自由经济主义导致美国进入大金融、大科技结合的时代，加大了美国社会的贫富差距和不公平，加大了美国政府的债务与财政赤字，埋下了经济、金融危机的隐患等。但毋庸置疑的是，困扰美国20世纪70年代的滞胀难题终于得以解决，并为美国带来了此后长达几十年的新一轮增长。

下面我们就来看看供给学派的代表人物拉弗的拉弗曲线揭示的经济规律。

拉弗曲线（见图11-2）描绘了政府的税收收入与税率之间的关系，当税率在一定的限度以下时，提高税率能增加政府税收收入，但超过这一限度，再提高税率反而导致政府税收收入减少。因为较高的税率将使得企业盈利减少或出现亏损，从而打击了企业投资的积极性，客观上抑制了经济的增长，导致税基减少，税收收入下降。反之，减税则可以刺激经济增长，扩大税基，使得税收收入增加。这个限度就是征税的临界点，即图中所示的E点。拉弗提出的命题是：“总是存在产生同样收益的两种税率。”主张政府必须保持适当的税率，才能保证较好的财政收入。

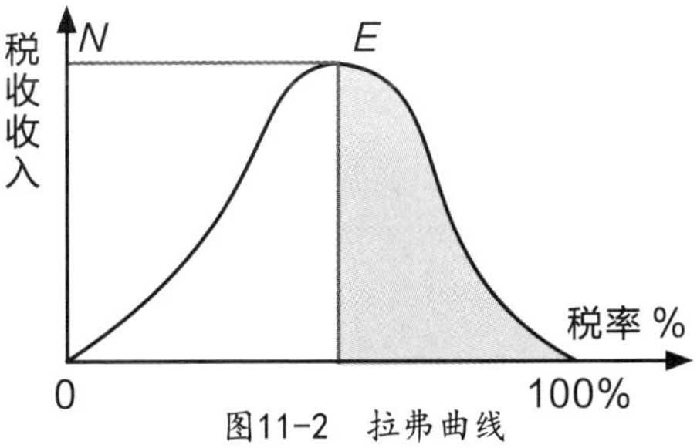

图11-2 拉弗曲线

经济政策向右转与根治滞胀

面对美国国内经济的持续衰退，里根政府必须处理高通货膨胀、经济的不景气和高失业率的问题，而这又是一个两难选择问题。若采用扩张性经济政策来促使经济增长、走出衰退，则会加剧通胀；若采用紧缩的经济政策来降低通胀，则会进一步加剧经济衰退。如何做出正确的政策抉择与权衡？

里根政府采纳了供给学派的建议，采取了一系列措施以重振经济。里根政府的经济政策主要有四个方面，被学界称为里根供给侧改革的“四板斧”。

第一板斧是税制改革。里根政府主要通过推行 1981 年的《经济复苏和税收法案》和 1986 年的《税制改革法案》进行了两次大的税收改革。《经济复苏和税收法案》主要是降低了个人所得税、资本利得税、企业所得税的税率，并增加了企业所得税的抵扣。1981 年把个人所得税的边际税率降低了 25%，由原来的最低税率 14% 和最高 70%，分别降为 11% 和 50% 的 14 级超额累进税率；资本所得税的税率由 28% 降为 2%。1986 年的《税制改革法案》在 1981 年的《经济复苏和税收法案》的基础上进一步扩大了改革范围。首先，进一步简化了个人所得税，把最低 11% 和最高 50% 的 14 级超额累进税率改为 15%、25%、34% 等三档税率；同时还降低和简化了企业所得税，由最高 46%、最低 15% 的 5 级超额累进税率，逐步改为 15%、18%、25%、34% 等 4 级超额累进税率；并且还降低了资本利得税，将其从 20% 降为 17% 等。

结合 1981 年和 1986 年两个税改方案来看，里根税改的思想主要有三个方面：一是个人所得税方面的重心是降低税率、鼓励储蓄；二是减轻资本利得税，给资本松绑；三是企业所得税方面通过简化企业所得税制鼓励企业增加投资，以实现刺激经济的效果。

里根税改带来了新的经济发展预期，同时减税与增税政策的交替制造了当时社会资本的波动，刺激了市场流动性、激活了企业的积极性，这比实质的减税额度作用更大。但是其拉大了贫富差距，增加了不平等。

第二板斧是紧缩公共成本支出。自里根执政以来，有一项政策是减缓社会福利成本费用增长的速度。非国防的社会福利计划所使用的费用，从 1981 年至 1985 年只增加了 1%。从 1982 年至 1984 年，社会福利计划经费裁减共约 199 亿美元，但不到 200 亿美元的经费裁减并未达到里根政府的预期，只是在一定程度上抑制了美国在福利经费方面的过快增长。

第三板斧是增加国防开支。里根上任之时，正直美苏争霸的白热化时期，自1982年起，里根便大幅增加国防预算。从当时美国的国防报告看，1981年的国防支出为1783亿美元，1982年则为2137亿美元，之后逐年增加，至1986年已高达2893亿美元；同时，国防预算占国民生产总值比率也自1983会计年度起均超出6%，至1986年达到最高峰。虽然美国最终在美苏争霸的军备竞赛中胜出，但也导致美国政府预算赤字大增，利息负担沉重影响未来的经济发展。与传统的凯恩斯政策相比，里根新政其实将政府加大投资基础设施建设调整为增加国防预算、军费开支。

第四板斧是简化法律及政府规章制度，即放松管制的简政政策。里根政府从1981年1月至1983年年底完成了对当时116项法律条令中的76项的重新审核、修改和删除。到1988年，联邦政府的法律规章较里根上任之前减少了46%。主要涉及航空、陆路运输的自由化，例如解除了州际公共汽车营运的管制等。

但放松管制同时也出现了一些负面的情况，1980年美国国会取消了利率上限且放宽了储贷机构对外放款及投资的限制，推动了大量机构在股票市场上的投机行为和美国房地产泡沫，造成了储贷机构的危机，至1991年已损失高达1000亿美元以上。里根任总统时期，正是美国由以制造业为主体向以信息及服务产业为主体的转变的孵化期。也有观点认为是里根的放松政府管制、精简过时法律制度催化了美国后来的信息经济发展。里根新政与罗斯福执政以来盛行的凯恩斯主义有着截然不同的思路，有三个鲜明的特点：约束政府行为、释放社会经济活力、推动知识型和创新型经济发展。这三点刚好契合了20世纪90年代以后信息经济发展的需求，为美国社会的新动能孕育提供了制度性的保障。①

可以将里根新政归结为两点，即“去管制化”和“减税”。而综合20世纪80年代美国的经济发展基础情况，“去管制化”要比“减税”额度大小重要得多。通过放松管制，里根政府扭转了二战后弥漫在美国上空的凯恩斯主义，回归到了以市场为主体的自由经济发展中来。里根执政8年，促进了美国社会的资本自由化、释放了社会生产潜力，打破了菲利普斯曲线的“魔咒”，在维持低通胀的同时也维持了较低的失业率，因为“去管制化”极大地增加了美国就业需求基数，促成了非政

① 详见刘玉书的《里根的拉弗曲线是幸存者偏差吗？》一文。

府计划能实现的经济繁荣。

马岛战争与英伦危机

与美国相似，英国在20世纪70年代也因为两次石油危机及经济自身问题，陷入经济大滞胀，进入经济困境的特殊时期。

英国经济的滞胀表现为两个矛盾的层面：一是整个20世纪70年代英国通货膨胀率极度严重，1980年英国的通货膨胀率一度高达20%；二是经济增长停滞甚至倒退，失业率高达两位数。该现象与美国经济何其相似，简直就是师父与徒弟在欧洲与北美出现了同频共振。

英国的滞胀问题称为绝症，因为这两个层面是高度矛盾的，按照当时流行的凯恩斯理论，如果压低通货膨胀率，采取紧缩措施，一个后果是经济增长更加倒退，失业率更高。如果为了挽救失业率和经济增长，那么通货膨胀率就会更高。这种矛盾造就了“绝症”，英国人甚至对经济状况都绝望了。这个类似于跷跷板式的、“按下葫芦起个瓢”式的两难选择，或曰投鼠忌器，经济政策实在是难以权衡与选择，但仅凭市场之手自我调整，也看似无解。

以后来的经济学理论来看，当时的这种英国经济问题其实就是一种“滞胀”，超出了传统宏观经济学理论的通胀或通缩范畴，而是集成了通胀与通缩各自的缺点（物价上涨，经济下行）。当时的资本主义国家从来没有遇到过这样的经济情况。特殊的历史时期造就了特殊的经济主义，当时的这种滞胀起源于70年代的油价大涨，上游大宗商品的上涨马上传导到下游的生活用品，通胀马上起来，而制造工厂等则因为油价原材料大涨而缩减开工，造成经济增长停滞，失业率升高。对于这种独特的经济状况，凯恩斯主义以政府干预为主的财政紧缩或者扩张措施等根本起不到作用，甚至是反作用。比如，当时美国三任总统约翰逊、尼克松、卡特都是采用凯恩斯的理论去解决，结果适得其反、火上浇油。因为药用反了，所以病更重了。

这种状况在当时的资本主义国家普遍存在，只是英国因为国内本身的其他原因，导致其表现得更加严重。

凯恩斯主义与供给学派

如果从经济的供给侧与需求侧两端维度来分析，凯恩斯主义主要是从需求端来考虑和解决问题；而供给学派则是从供给端来考虑和解决问题，比如减税就是典型的增加供给的手段，供给创造需求是其基本理论。

凯恩斯主义对经济进行短期分析和静态分析；供给学派进行长远分析和动态分析，它从根本上解决了经济运行中的诸多问题，如20世纪80年代的里根主义，同时期撒切尔夫人的经济政策等。供给学派不再仅仅着眼于发行货币，而是通过增加供给创造新的社会需求，从而推动经济可持续发展。供给学派主张放松垄断和管制，鼓励经济自由化、民营化，通过增加供给既保增长，又控物价，解决了凯恩斯主义无法解决的难题。此外，供给学派主张促进劳动力不断从农村转移到城市，促进就业，放开户籍制度；提高人口质量，促进人口流动，从控制人口数量转移到提高劳动者素质和劳动效率的道路上来；在垄断部门更多地引进民营资本，形成竞争，提高效率。

简单来说，供给学派具有四个特征：一是供给创造新需求；二是着眼于解决经济运行中的中长期问题，而不是短期问题；三是政策上主张反垄断、放松管制，经济自由化、产权民营化、减税和改革；四是认为经济增长深层次的动力在于改革，让一切创造财富的源泉充分涌流。

到20世纪70年代，由于英美出现经济绝症——滞胀，菲利普斯曲线严重失灵，屡试不爽的凯恩斯主义却适得其反，反而加重了经济的滞胀。于是，对滞胀的解释及对凯恩斯的反思引起了新自由主义的崛起。二战之后被各国政府奉为宏观经济圣杯及政府合理合法干预经济运行的凯恩斯主义，实际上在西方就已逐步走入穷途末路。

而在新自由主义众多流派中，尤以拉弗的供给学派与弗里德曼的货币主义影响最为深远。对当时美国里根政府影响较大的是拉弗的供给学派，而对英国撒切尔政府影响较大的则是弗里德曼的货币主义。

撒切尔主义

针对陷入滞胀难题的英国经济，在里根入住美国白宫的同时期，英国伦敦唐宁街10号迎来了新的首相撒切尔夫人，撒切尔夫人上台的首要问题就是解决滞胀问题，而撒切尔夫人的经济政策起到了妙手回春的作用。

撒切尔夫人上台后不久，为扭转英国经济“滞胀”局面，改变了战后历届政府奉行的凯恩斯主义经济政策，实行货币主义经济政策，即根据弗里德曼的货币主义学说，控制货币发行量来压低通货膨胀率；削减政府开支，减少财政赤字；提高银行利率，紧缩信贷；鼓励企业自由竞争，加速国有企业私有化进程，并通过税收改革等手段来刺激经济复苏。①

撒切尔夫人所采取的经济政策被称为撒切尔主义，是指撒切尔夫人上台后（20世纪80年代）的一股意识形态，它反对建立在凯恩斯经济学和对福利国家的支持之上的“共识政治”。从某种程度上来说撒切尔主义是国际性的反对平等主义和集体主义倾向的一部分。除了弗里德曼的现代货币主义，奥地利学派，尤其是哈耶克的经济学思想对撒切尔夫人也产生了很大影响。

撒切尔夫人首先实行货币主义政策抑制通货膨胀。压缩公共开支，削减税收，以此抑制通货膨胀。其次，大规模地实行国有企业私营化。她又促使议会通过了几项法案，限制工会权力，使工会人数锐减，势力削弱，于是罢工次数明显减少，社会得到了一定的稳定。同时，发挥自由市场机制的活力，控制社会保障制度规模，逐步改革实施福利国家制度的弊端。政府削减了社会福利在公共开支中的比重，1986—1987年度比1979—1980年度下降了10个百分点。在撒切尔夫人执政期间，国内生产总值明显增加。②

撒切尔夫人还改革了工资制度，力图以此改善劳资关系。撒切尔夫人为坚定地推行其政策，加强对内阁的控制，几次改组内阁，1981年一年内就改组了两次。对妨碍其政策的人，不论地位多高、资格多老，一律更换。她说：“不能让内部争论浪费时间。”撒切尔夫人的经济政策意义在于，执政11年间她一反传统的经济政策，率先在西方国家中摒弃凯恩斯主义转而推行以现代货币主义为中心的新经济政策，也借助于现代供给学派的减税及削减社会福利开支的主要观点与政策主张，在撒切尔夫人和美国总统里根的共同改革推进之下，西方资本主义阵营经济地位得到了巨

① 详见王觉非主编的《欧洲五百年史》一书。

② 详见黄安年所著《当代世界五十年》。

大的巩固和发展。

应该说撒切尔夫人的改革是立竿见影的，步入 20 世纪 80 年代，英国通胀出现了非常明显的改善，1985 年之后，英国通胀率已经能够平稳控制在 5% 之下了。撒切尔夫人的经济政策成功的秘诀，是她绕开了凯恩斯主义下通胀和经济增长的内部矛盾。

马岛战争

1982 年，英国和阿根廷为争夺马岛（阿根廷称“马尔维纳斯群岛”）的主权爆发了一场局部战争。

这场战争从 1982 年 4 月 2 日开打，到 6 月 14 日结束，一共历时 74 天，以阿根廷失败而告终。

我们在此不关注战争的具体细节，而是关注这场本该避免的战争，因何而打？战争的结局为英阿两国带来了什么影响？

1982 年 2 月，也就是开战前两个月，英阿两国还在纽约进行着谈判，但此刻的阿根廷总统加尔铁里已经准备了“罗萨里奥”军事计划，打算武力夺岛。原因何在呢？其一，加尔铁里军政府处于外债重压和国内动荡局面；其二，英国的示弱态度，给阿根廷以错误信号。

于是，阿根廷迈出了战争这一步。但令阿根廷没意识到的是，撒切尔夫人比他更需要这场战争。撒切尔夫人 1979 年以“劳工无须工作”为竞选口号赢得大选，但 3 年过后，英国失业人数却增加一倍，通货膨胀亦是惊人。撒切尔夫人的支持率跌至不到 25%，她成为有民调以来支持率最低的首相。她所在的保守党的支持率更是跌到 18%。这无疑是一个至暗时刻！

因此，撒切尔夫人急需一个时机，助她扭转民意，继续第二个任期。而马岛问题恰逢其时，是一个难得的转嫁国内矛盾的绝佳机会。所以，对于撒切尔夫人而言，她可能更需要这场战争。表面的示弱，只是一种策略而已。

阿根廷在 20 世纪 80 年代初发生严重的经济危机和大规模的反对以总统加尔铁里为首的军政府的运动。阿根廷政府试图通过对马岛采取军事行动，来缓解国内危机。而英国撒切尔夫人需要转嫁国内矛盾，重新获得选民的支持。于是，一场双方不谋而合的战争终于爆发了。

1982年3月19日，阿根廷人登陆南乔治亚岛并升起国旗。4月2日，总统加尔铁里下令对马岛发动进攻。随后，英国派出海空军对马岛和周边海域的阿根廷军队发动进攻，登陆并攻占马岛。阿根廷在遭受一系列军事上的失败后，于同年6月14日与英国签订停战协议。英国通过本次战争重新控制了马岛，但是阿根廷至今仍未放弃对该群岛的主权要求。

战争带来的结果是，阿根廷在本次局部战争中的战败引发了大规模反政府运动，导致加尔铁里政府下台。但在英国，伴随着战争而来的强烈的爱国主义情绪，加强了以撒切尔夫人为首的政府的权威，并帮助英国保守党赢得1983年大选。这场战争也成功使得撒切尔政府转嫁了英国国内的重重矛盾。

日美经济竞争

> 西欧和日本都是美国非常有力的竞争对手。朋友，是的。盟国，是的。但是他们正在与我们竞争。在经济领域的问题上，他们在全世界同我们竞争得非常激烈……同我们在第二次世界大战结束的时候相比，美国遇到了我们甚至连做梦也没想到过的那种挑战。
>
> ——1971年美国总统尼克松的讲话

20世纪70年代，日本和西德的崛起，对美国的经济霸主地位形成了挑战。战后日本与西德长达30多年的高速增长，使得德日经济迅速崛起。而战后的美国忙于和苏联冷战、打了长达8年的劳民伤财的越南战争，使得美国财政赤字越来越严重，不得不于1971年亲手将其构建的布雷顿森林体系瓦解。相对于忙于打仗的美国，德日安心搞国内建设发展经济。西德采用了社会市场经济发展模式，而日本则沿用了政府主导经济的“1940年体制”，二者的共同点都是政府通过产业规划及推动来发展经济，通过加大教育及科研投入来进行经济转型。瞄准美国最前沿的技术和最先进的行业，德日在政府的主导及力推下，与美国迅速缩短差距，在众多领域对美国构成严峻挑战。“德国的魔术”与“日本的奇迹”成为世界经济史上的传奇与佳话。

虽然，在20世纪70年代也曾因两次石油危机遭遇经济危机，但是德日良好的经济发展势头使得二者迅速走出困境，且德日两国都没有出现英美那样的经济增长滞胀绝症。尤其是日本，在20世纪70年代末超越苏联，成为世界第二大经济体之后，发展势头极其迅猛，简直是锐不可当。

20世纪50—70年代，日本大量引进世界先进技术，主要手段是购买技术专利和图纸，在短期内集中了其他国家长期以来开发的成就，然后结合本国特点进行改造提高。日本政府长期坚持“教育先行”战略，重视人才培养。教育经费1950年为1599亿日元，1972年增至40 244亿日元，占当年政府预算的20%。

经过20世纪60年代经济的高速增长，到70年代，日本产业结构由60年代的纤维、石化等资本密集型产业开始转向机床、汽车等技术密集型产业。日美贸易摩擦主要集中在以彩色电视机、汽车、机床为代表的加工组装业。以电视机为例，1966年，日本电视机迅速占领美国市场。其中，黑白电视机的市场占有率由1965年的10%增加到1970年的28%，彩色电视机由1965年的1%增加到1970年的16%，由此引发日美彩色电视机摩擦。1968年3月，美国电子工业协会向商务部起诉日本11家电视机生产企业，要求对日本生产的黑白和彩色电视机征收反倾销税。经过美国财政部和关税委员会调查，1971年3月，美国财政部决定征收反倾销税。1980年4月，两国达成和解，最终以美国放弃征收反倾销税、日本支付一定和解金的方式解决。

从20世纪50年代中期到90年代初的30多年里，日美经济争霸从六大行业的贸易战逐步升级为汇率金融战、经济战，从产业冲突升级到宏观协调和经济制度冲突。

六大行业贸易战先后涉及纺织品（1957—1974年）、钢铁（1968—1992年）、家电（1970—1980年）、汽车（1981—1995年）、电信（1981—1995年）和半导体行业（1978—1996年），涉及行业的演进与日本从轻工业、重化工业、高科技产业的不断升级同步。贸易战的方式，从早期的日本“自愿限制出口”和贸易数值管理（纺织、钢铁、家电）到不得不接受扩大进口、取消国内关税（如汽车）、开放国内市场（如电信）、对出口美国的产品进行价格管制、设定美国产品在日本市占率指标（如半导体产品）等条件。为规避关税和汇率风险，日本汽车、家电厂家选择直接赴美投资，继而引发投资摩擦。但是日美贸易战并未根本解决贸易失衡问题。

因此，贸易战之外，美国还对日本挑起了汇率金融战和经济战，强行使日元升值，降低日本产品竞争力，改变日本经济结构和政策。

广场协议

二战之后，在美国的扶持下，两大战败国——德国与日本的工业迎来了飞速增长。美国对两国的帮扶与救助模式既有相同点，也有不同点。不同点在于：美国对德国（指西德）的帮助是马歇尔计划，在马歇尔计划中，西德成为最大受益国。其实，在一战德国战败之后，对德国复兴帮助最大的国家也是美国。当然，二战之前，经济发展受益于美国的还有当时的苏联。而日本不在美国战后援助欧洲的马歇尔计划之列，其受益主要在于美国战后两次发动的战争中获取了美国军方的巨额订单。相同点在于：美国为德日经济发展都打开了市场，为德日经济提供了巨大的海外消费市场，成为德日经济高速发展的发动机。

在朝鲜战争期间，美军每年给日本的订单就高达几十亿美元，而 1950 年日本的总 GDP 也才 109 亿美元。1951 年，日本制造业产量增长了 40%。

1965 年，美国直接派兵进入越南作战，又带来了一波日本工业大发展。这次日本除了提供常规的战斗物资外，还掌握了为美军修飞机、修军舰的技能，驻日美军的消费几乎全靠日本产品。

朝鲜战争和越南战争，使日本在 20 世纪 60 年代后期实现了经济的腾飞，超越西德成为世界第三大经济体。再之后，又在 20 世纪 70 年代末超越苏联，成为世界第二大经济体。

在 20 世纪 70 年代，德国的魔术与日本的奇迹对陷入滞胀的美国经济构成全方位的严峻挑战。尤其是日本，势头更猛。在进入 80 年代后越来越对美国经济构成冲击和挑战。美国市场充斥着日本的各类产品，“买下整个美国”成为当时日本的口号。面对日本企业、日本产品，美国节节败退。美国财政赤字不断增加，贸易逆差大幅增长，一个即将衰落的美国景象出现在世人面前。

面对西欧与日本的经济竞争与严峻挑战，美国不得不采取措施，进行反制，以尽快遏制这一趋势。

1985年春，美国参议院将日本列为“不公正贸易国”，之后的两个月里，美国媒体开始对日本口诛笔伐，参众两院不断提出上百个报复日本的方案。美国希望通过美元贬值来增加产品的出口竞争力，以改善美国国际收支不平衡状况。

基于来自美国的巨大压力及自身币值升值后的好处，日本同意美国提出的日元升值、美元贬值方案。也就是说，日本、西德、英国、法国等四国对于本币升值后的好处也是清楚的，并非完全系美国单方强压所致，是各求所需的。

1985年9月22日，在位于美国纽约第五十九街的广场饭店中，美国、日本、西德、英国、法国这五个国家的财政部部长和央行行长，达成五国政府联合干预外汇市场，引导美元相对世界几大主要货币（日元、马克、英镑、法郎）有序贬值，以解决美国巨额贸易赤字问题的协议，史称“广场协议”。广场协议的核心内容就是：要求这些国家减少对美国的出口，货币相对美元升值（即美元贬值），实行宽松的货币政策，下调利率来扩大内需。其目的在于：减少对美国的顺差，以扩大美国在这些国家的市场份额。

也就是说，其他货币相对于美元都进行相应的升值。虽然，美国当时对日本打压最为严重，但在此次广场协议中，升值的不单单是日元。

广场协议签订后，上述五国开始联合干预外汇市场，在国际外汇市场大量抛售美元，继而形成市场投资者的抛售狂潮，导致美元持续大幅度贬值。1985年9月，美元兑日元在1美元兑250日元上下波动，协议签订后不到3个月的时间里，美元迅速下跌到1美元兑200日元左右，跌幅20%。

在此之后，美国不断地对美元进行口头干预，最低曾跌到1美元兑120日元。在不到3年的时间里，美元对日元贬值了50%，也就是说，日元对美元升值了一倍。

广场协议签署两年后，日元已经升值了100%，这个时候1美元只能兑120日元。为了延缓日元升值速度与压力，日本采取了降息措施予以应对。银行利率从1986年1月30日的5%降低到1987年2月的2.5%。

但日元的升值让日本制造业感受到了巨大的压力。投入制造业难以获利，于是，日本央行降低利息投放市场的钱就大量涌入日本股市及房地产等虚拟经济，推高了日本资产的价格，催生了严重的经济泡沫，为日本经济衰退危机埋下了巨大的隐患。

相比于另一个二战后经济高速发展的国家——西德，由于日本经济严重依赖于美国市场，且开放性明显不如其他各国，再加之日本长期沿用“1940年体制”，因此，在广场协议之后，随着日元的大幅升值，以及日本为了延缓升值及发展制造业所采取的宽松货币、信贷政策，日本经济走向了严重的虚拟化与泡沫化。

而同样在广场协议中被迫升值的另外两个国家——法国与英国，则因为外贸结构多元，对美国市场依赖程度不大，加之其经济开放程度高，实行市场经济模式，其在广场协议之后，仅受到了短暂的、一定程度的冲击，所以并未像日本那样陷入长期衰退，经济失去了20年。

黑色星期一

在1980—1982年的危机中，面对经济停滞和通货膨胀的双重困境，里根和撒切尔夫人分别在美英两国发动了一场反凯恩斯主义革命，把控制通货膨胀作为首要目标，将失业和经济增长暂时放置一旁。

里根政府的对策是借失业削减福利，削减工人工资，强硬打击罢工，同时削减税收，给企业以各种税收优惠，刺激企业投资；更为重要的是，里根政府在理论上批判凯恩斯主义的同时，在实践上大规模增加军费，增加国内需求（从某种程度上讲，只不过是将凯恩斯的政府投资基础设施改变为政府加大军费开支，通过军备竞赛增加需求）。这两手相配合，终于使美国经济于1982年年底摆脱危机，进入自20世纪70年代以来少有的持续高涨阶段。1983年到1989年，工业生产增长速度年均达3.2%。失业率和通货膨胀率都得到一定程度的控制，失业率降到5.3%，通货膨胀率降到3.5%—4.0%。

这在20世纪70年代末期的美国经济学界看来似乎是不可思议的成就。其所以如此，根本原因在于，在里根新政作用下，美国工人的实际工资下降，降至低于西欧主要工业国的水平，使得美国在一定程度上恢复了国际竞争力。1985年以后，日元大幅度升值，又严重地削弱了日本的国际竞争力。另外，里根赶上了石油和初级产品降价的好时代。石油价格在 1986 年 3 月一度降到 12 美元 1 桶。考虑到 20 世纪 70 年代以来持续的高通货膨胀率，这一价格已经接近第一次石油危机前的水平。与涨价相反，降价扩大了市场需求，并且有助于降低通货膨胀率。但是，仅有这两条还不足以维持长达 8 年的繁荣。里根 8 年任期内，累计财政赤字达 13 382 亿美元，平均每年达 1672 亿美元，是 70 年代财政赤字水平的近 4 倍。在此期间，不仅政府债台高筑，个人通过分期付款和信用卡贷款方式积累的债务也急剧增长，而且股票价格在 1980 年到 1989 年间上涨了 181%，推动了个人需求的增长。

20 世纪 80 年代的繁荣极不平衡而且酝酿着更大的危机。以跨国公司为后盾的保守主义的经济势力主宰各国，制造业纷纷转移到发展中国家，发达国家工人的福利和工资削减，失业率居高不下；相应地，发展中国家债务沉重，相互竞争，初级产品价格越来越低，国际市场需求进一步萎缩。发达国家政府、企业、个人债务越来越沉重，国际间竞争更加激烈。唯一从中获益的是发达国家的各垄断财团和跨国公司。到 20 世纪 80 年代末期，跨国公司的海外生产能力投资过度，新一轮世界经济危机就要来了。

1986 年，美国经济已经从高速发展变为缓慢发展，但似乎经济衰退的恐惧并没有马上爆发。就在股票市场于 1987 年 8 月到达顶峰之后，突然掉头直转而下，市场连续数日大幅度下跌。

从美国经济走出大萧条到 20 世纪 80 年代，美国股市已经历了 50 年的牛市，股票市值已上升到 1986 年的 59 950 亿美元。自 1982 年起，股价走势更是持续上扬，交易量也迅速增加，1987 年日交易量达到 18 060 万股。股市异常繁荣，其发展速度远远超过了实际经济的增长速度，金融交易的发展速度大大超过了世界贸易的发展速度。因为股市的高收益性，所以大量的游资及私人资本源源不断地流向股市，这些资金为追求短期利润而在股市上从事投机交易，造成股市的虚假繁荣。在这段长达 50 年的股市繁荣下，留下了许多阴影。

同时，随着美国政府在 20 世纪 80 年代之后对金融市场管制的放松和对股票投资的减税刺激，巨额的国际游资涌入美国股票市场，促进了股价持续高涨。在 1987

年前9个月中，仅日本购买美国股票的新增投资就约达150亿美元，股票价格泡沫化极其严重。这些都意味着美国股市将经历一场大的调整。事实确实如此。从1987年8月以来，纽约股市即开始出现较大的波动，尤其是10月的头两周股票价格不断下降，在10月5日至9日，道琼斯工业平均指数就下跌了158.78点，接着第二周又下跌了235.48点，其中10月16日一天就下跌100多点。人们已开始担心：1929年的灾难又要来临了吗?

这一天终于来了。1987年10月19日（星期一），在纽约证券交易所挂牌的1600种股票中，只有52种股票上升，其余全部下跌。其中1192种股票跌到52个星期以来的最低水平，而且许多具有代表性的蓝筹股也在劫难逃。几乎所有大公司的股票均狂跌30%左右，这一天纽约证券交易所内阴云密布，气氛极度紧张。

“一切都失去了控制。”《纽约时报》这样报道。这一天损失惨重的投资者不计其数，许多百万富翁一夜之间沦为贫民，最苦的是那些靠自己多年积存的血汗钱投资于股票的投资者。受股价暴跌震动，股民的心理变得极为脆弱。因股市暴跌而不堪于债务重压的许多人，精神彻底崩溃，自杀的消息不绝于耳。银行破产，工厂关门，企业大量裁员，人心惶惶。

1987年10月19日这一天，道琼斯指数一天之内重挫了508.32点，当日跌幅高达22.3%，6.5小时之内，5000亿美元蒸发，其价值相当于美国全年国民生产总值的1/8。创下自1941年以来单日跌幅最高纪录。在里根经济学，即金融放松管制政策背景下，此次华尔街股市崩盘可被视为第二次全球化浪潮下的第一次金融危机。

这次股市暴跌震惊了整个金融世界，并在全世界股票市场产生多米诺骨牌效应。信息技术的发展使全世界的金融交易联系在一起。然而金融一体化的步伐加快也造成了一些负面影响。由于全球金融一体化的发展，当某个股市发生暴跌时，其他股票市场也难以幸免。伦敦、法兰克福、东京、悉尼、中国香港地区、新加坡等地股市均受到强烈冲击，股票跌幅多达10%以上。这一天被金融界称为“黑色星期一”，《纽约时报》称其为“华尔街历史上最坏的日子”。

大崩盘的当天，美国各界反应极为强烈。白宫发表声明说：“国家经济运行状态良好，就业率处于最高水平上，生产也不断增加，贸易收支也在不断改善。”联邦储备委员会发表讲话说，没有迹象表明通货膨胀会进一步发生。

10 月 19 日晚，美国总统里根立即召回在西德访问的财政部部长和在外地的美国联邦储备委员会主席，密切关注事态的发展，一起商讨对策；纽约证券交易所主席约翰·费兰声称，但愿这种情况不要继续下去，其他有关的人员也纷纷发表讲话以稳定市场情绪。在这个关键的时刻，美联储发表了具有历史意义的讲话，“为履行作为中央银行的职责，联邦储备系统为支持经济和金融体系正常运作，今天重申将保证金融体系的流动性”。这句话实际上是支持银行为股票交易商继续发放贷款：美国联邦储备委员会立即向银行系统注入资金以备之需。两家主要商业银行马上宣布降低优惠利率，信托投资公司也表示在任何情况下都会保证客户的资金需要。

随后，美国的各大商业银行纷纷降低利率。采取这些措施之后，10 月 20 日，股票指数上升了 102.27 点，10 月 21 日比 20 日又回升了 186.94 点。大崩盘发生后的一周内，约有 650 家公司公开宣布要在公开市场上回购本公司的股票。上市公司的这种大规模回购行为对股市产生了相当积极的作用。10 月 23 日中午 12:30 到 13:00，道琼斯指数从 1717 点回升到 1825 点，到 15:30，已上升到 1915 点。这一天共上升了 176 点。

这场股市危机的背后其实是美国经济深层次危机的映射。实际上，美国经济走向危机的历程应该从 1987 年 10 月的“黑色星期一”算起（1987 年美国股市大崩盘），美国整个国民生产总值的增长率以 1987 年第四季度为最高点，接近 7%，从 1988 年第一季度开始即逐季直线下滑，到 1989 年第二季度降到 1.7%，第四季度降到接近 0，到 1990 年变为负增长。这次危机从表现上看似乎比较温和，实际上其严重程度比上一次更甚。这次危机经历了历时约两年半的始发阶段，即 1987 年 10 月至 1990 年年初，经历了为时三个季度的恶化阶段，又经历了约两年半的危机后期阶段，共历时五年又三个季度，呈现“W+W”形。直至 1993 年 9 月 23 日，美国财政部部长小劳埃德·本特森在华盛顿就即将举行的七国集团财政部部长会议一事向新闻界吹风时，仍将包括美国在内的七国集团的“经济衰退”比作一架等待起飞的飞机，说“我们至今还没有滑出跑道”，并呼吁日本和西欧做出努力，“以避免发生连续第五年的全球经济萧条”。

在危机的恶化阶段，工矿业生产指数下降 5.2%，1990 年企业破产数达 6 万家，1990 年 8 月以后每周宣布破产公司达 1500 家。值得注意的是，第三产业也严重衰退。1991 年上半年企业破产 430 033 家，其中商业、服务业、运输和公用事业占 56.6%。失业率于 1992 年 6 月达最高值 7.8%，但直到 1993 年 8—9 月，仍达 6.7%，高于危机始发时的 5.5%。

由于国际金融体系的高度流动性，日本和西欧以及第三世界各国的经济萧条，反而促成了资本源源不断流入美国，使美国经济获得了意外的营养。到 1993 年年底，美国经济摆脱危机，进入新的高涨期。

这场股灾后，专家们对这场股灾原因做出了多种解释，主要包括程式交易、投资组合保险、股价过高、市场上流动资金不足和羊群心理等主要观点。其中，程式交易观点与投资组合保险观点备受推崇。

但是，无论何种解释，都未逃出一个基本的规律：就是过度的操作，必然催生泡沫，过大的泡沫必然破灭。而泡沫在于人性欲望的贪婪，泡沫的破灭又在于人性的恐惧。除此之外，也在于经济的繁荣与萧条周期性循环，政府之手逆周期调控伴随的货币、信贷的宽松与紧缩。危机一次又一次重演和再现，原因在于人们的侥幸心理，以及对危机的短期记忆。金德尔伯格的著作《疯狂、惊恐和崩溃——金融危机史》关注到了危机记忆这一现象。大众关于金融危机的记忆都是短期记忆——当新的商机出现后，金融危机很快就会被忘记。

法国学者洛尔·克努埃勒·科尔（Laure Quennoulle-Corre）明确了两组概念：第一个是 20 世纪 20 年代由法国学者莫里斯·哈布瓦赫提出的“集体记忆”及其传递机制；第二个是与记忆相对应的“遗忘”机制。这两组概念可以用于金融危机发生后大众对金融危机的理解和投资行为。

其实，这些西方理论听起来都比较学术化，有些复杂。如果用一句中国通俗易懂的俗语说，即好了伤疤忘了痛。

第十二章
剧变、危机与大国衰落

欧盟形成与欧元诞生

欧盟形成

历史上，曾有数个帝国用武力统一了欧洲大陆的广袤地区。像罗马帝国、法兰克帝国、神圣罗马帝国、法兰西第一帝国和纳粹德国等，最为辉煌的当数罗马帝国。王朝联盟是统一欧洲领土的和平手段，另外也有少数的国家联盟，如地处中东欧的波兰立陶宛联邦、地处中欧的奥匈帝国和地处亚洲西部、欧洲东南部和非洲北部的帝国——奥斯曼帝国。

罗马城不是一天修成的，而辉煌也不是永恒的。作为欧洲大陆上曾经最辉煌的帝国，罗马帝国在辉煌了近500年之后，就被来自北方门口的“野蛮人”彻底摧毁，就此消亡。当时代表先进文明的罗马帝国虽被北方民族横扫，在强敌入侵中灰飞烟灭，但是“野蛮人”却最终臣服于罗马人的文明，接受了罗马城基督教文明的洗礼。

同样的历史也曾多次在距离罗马城万里之外的遥远东方古国上演，中原大地也曾被少数民族所征服（五胡十六国及南北朝时期、金侵占北宋、元朝及清朝等），但征服者一次次被中原文明所征服。

自从罗马帝国消亡之后，欧洲大陆上就四分五裂，连年战争，或者为领地，或者为王权，或者为宗教冲突。虽然之后也曾出现过短暂的统一和宁静，但战火纷飞始终是这个大陆的主旋律。20 世纪人类最惨烈的两次世界大战均在这块大陆上发生。

欧洲统一的思想，在 20 世纪以前就曾多次出现。1453 年，拜占庭帝国首都君士坦丁堡被奥斯曼帝国攻破；波西米亚国王乔治（Jiř íz Poděbrady）于 1646 年建议，欧洲基督教国家应该组成联盟，对抗奥斯曼帝国的扩张。1775 年，美国独立战争爆发，当时就有欧洲人设想欧洲效仿美利坚合众国，建立欧洲合众国，支持此提议者包括拉法耶特侯爵、泰狄士·高斯士高等。19 世纪初，拿破仑曾在大陆封锁期间在欧洲大陆实行关税同盟。1948 年，荷兰、比利时、卢森堡三国组成关税联盟。

欧洲土地上的战争带来的破坏，让许多人开始向往统一带来的和平，尤其是相隔 20 年不到的一战与二战的残酷教训。

二战之后，美国主导的雅尔塔体系，为世界构建了新的秩序，也为欧洲和平共处，形式上的大一统提供了有利的条件。美国为了对抗苏联成立北约，而苏联以华约针锋相对。西欧与东欧事实上各自完成了形式上的统一。但是在美苏冷战乌云的笼罩之下，欧洲被划分为东西两大阵营，甚至二战后的德国被肢解为东、西两个德国，一道矮矮的柏林墙将德国分为两半，西德加入以美国为首的北约阵营，东德则加入了以苏联为首的华约阵营。美苏冷战，使得欧洲东西长期对峙，形式上大一统的欧洲貌似只是一个美好的、遥远的梦！

但两次世界大战的残酷记忆，让欧洲人民为了欧洲大陆的和平一直在努力着、推进着。1951 年，法国、德国、意大利、荷兰、比利时、卢森堡六国签订了《欧洲煤钢共同体条约》；1957 年又签订了《欧洲经济共同体条约》和《欧洲原子能共同体条约》；1965 年，欧洲煤钢共同体、欧洲经济共同体、欧洲原子能共同体三个机构合并，统称“欧洲共同体”。

而欧洲大陆历史纠葛最深的两个大国——法国与德国，也终于在二战结束近 20 年后握手言和，不计前嫌，相逢一笑泯恩仇。两次挑起世界大战的德国，也在深刻反思自己的历史。1970 年 12 月，时任西德总理的维利·勃兰特，在寒风中来到华沙的波兰犹太人死难者纪念碑前，用惊世一跪来表达忏悔（称为“华沙之跪”），获得了欧洲及世界的谅解。

而欧洲大陆剧变已经悄然发生。曾分割东、西德的柏林墙也在 1989 年 11 月 9 日成为历史（见图 12–1），一年后的 1990 年 10 月 3 日，两德正式统一。东欧剧变、苏联解体。1991 年 12 月 21 日，《阿拉木图宣言》签署，苏联解体，苏联国旗和党旗从克里姆林宫降下，取而代之的是俄罗斯的三色旗。对于苏联的解体，目前主流的看法是，苏联以举国之力陷入与美国争霸的泥潭之中，对盟国的庞大军事与经济援助、1979 年阿富汗战争的泥潭、华约成员国问题频发以及自身国内经济结构的缺陷与问题爆发等，最终导致苏联国民经济出现系统性崩溃，在与美国漫长的一轮又一轮军备竞赛中终于因“体力难支”而倒下。

图12–1　柏林墙的倒塌

欧洲东西两个阵营的对峙就此结束。欧洲人翘首期盼的和平与大一统就要来了！1992 年欧洲共同体 12 国正式签订《欧洲联盟条约》，1993 年 11 月，《欧洲联盟条约》正式生效，欧洲联盟（简称“欧盟”）正式成立。

对于欧盟的形成，学者们给出了很多解释与种种理由。共性的理由是：其一，欧洲有着共同的文化遗产和心理同感，各国冲突和战争，给欧洲人民带来无穷灾难和痛苦；其二，二站后欧洲实力大为下降；其三，美苏以欧洲为主战场的“冷战”，使欧洲人民意识到不能发生欧洲人打欧洲人的战争；其四，在经济发展过程中，西欧国家感到，要在美苏之间保证自己的安全，提高国际地位，加快经济发展步伐，必须密切联系，加强合作；其五，社会生产力水平的不断提高。不过，理由不再重要，事实已经形成。

二战后，美国主导的雅尔塔体系以及欧盟的形成都为世界和平及贸易全球化提供了历史机遇，这是人类社会一次伟大的实验。

欧盟的形成与全球化的加速有关，反过来也促进了全球化的进一步加速。这种在区域内的经济共同体，是和平发展的趋势所向。

欧元诞生

实行统一的货币设想与形成统一的欧洲梦想是相伴相生的。在欧洲有识之士构建形式上统一的欧洲之时，就已经设想未来统一的欧洲实行统一货币的可行性。这个设想伴随着欧盟的成立就开始付诸实践了。

欧盟成立后，实行统一的货币设想开始论证，重要的是大量的沟通。如何让使用不同货币的国家来统一使用新的统一的货币，可想而知，这是一个人类历史从未有过的难题。这不同于秦始皇统一六国，依靠强大的中央集权来统一货币与文字。毕竟，欧盟是建立在纷争了上千年的欧洲各国达成的共识基础之上的，成立时间还很短，并无完全凌驾于各国主权之上的强权和力量。

经过坚持不懈的努力与卓越的工作，在欧盟成立近十年后，欧盟内实行的统一货币——欧元终于诞生了。欧元的诞生是世界货币史上一个伟大的实验和创举。

1999 年 1 月 1 日，在欧盟国家中实行统一货币政策，欧元在欧盟各成员国范围内正式发行。2002 年 7 月欧元成为欧元区唯一合法货币，欧元由欧洲中央银行（European Central Bank，ECB）和各欧元区国家的中央银行组成的欧洲中央银行系统（European System of Central Banks，ESCB）负责管理。二者的分工是：欧洲中央银行有独立制定货币政策的权力，欧元区国家的中央银行参与欧元纸币和欧元硬币的印刷、铸造与发行，并负责欧元区支付系统的运作。

欧元经过十多年的发展，已经成为仅次于美元的世界第二大储备货币。截至2020年1月，欧元已在全球外汇储备资产中占比20%以上。其国际货币地位举足轻重。

与美元直接成为世界上几个国家的法定货币一样，欧元也是非欧盟中6个国家（地区）的货币。这 6 个国家分别是摩纳哥、圣马力诺、梵蒂冈、安道尔、黑山和科索沃地区。其中，前 4 个袖珍国根据与欧盟的协议使用欧元，而后 2 个国家（地区）则是单方面使用欧元。

欧元是自罗马帝国以来欧洲货币改革最为重大的结果。欧元使欧洲单一市场得以完善，欧元区国家间自由贸易更加方便，而且欧元是欧盟一体化进程的重要组成部分。

货币一直就是为谋求国家利益而对他国实施货币强权的战略工具。经济全球化的发展使得国际体系发生了三个根本性变化——冷战的结束、货币权力的分散化以及金融市场的发展，这为货币权力实施创造了极大的机会。欧元的诞生对国际货币体系产生了深远影响。从长远来看，欧元的诞生也为国际经济一体化绘出了新的蓝图。

欧元诞生的背后，与现代货币经济学的思想——“最优货币区理论”是分不开的，这一理论的创建者为有“欧元之父”之称的经济学家罗伯特·蒙代尔。

蒙代尔于 1961 年提出了最优货币区理论，其后麦金农、哈伯勒和弗莱明等经济学家对其理论从不同侧面进行修正补充和完善。

蒙代尔 1961 年在其论文中提出“最优货币区”问题看起来似乎有些激进：几个国家或地区放弃各自的货币主权而认同共同的货币，在什么时候会更有利？蒙代尔的论文简要地提到了共同的货币的好处，比如贸易中更低的交易费用等。这些好处后来得到了更多的描述。而共同的货币最大的缺点是，当需求变动或其他“非对称冲击”要求某特定地区削减实际工资的时候，维持就业就很困难。蒙代尔强调，为抵消这些干扰，劳动力需要具有较高的流动性，这一点非常重要。蒙代尔刻画了这样一个最优货币区域，该区域的国家和地区之间移民倾向足够高，高到可以保证某一个地区面临非对称冲击时仍可以通过劳动力流动来实现充分就业。其他研究者扩展了这一理论并确定了附加标准，如资本流动、地区专业化、共同的税收和贸易体制等。

简要概括一下蒙代尔的最优货币区理论，就是：单一货币的地理区域创造最大的经济效益。每个国家在传统上一直保持自己独立的货币可能不是最有效的经济安排。国家拥有强大的经济关系可能会受益于一个共同的货币。

欧元区的建立就是最优货币区理论的最佳实践。欧元区的建立促进了国家间的贸易往来，降低了交易成本，对要素流动、产品和服务流通、建立开放型经济体都具有重大意义。但是，欧元区的实践也表明，建立在非最优货币基础上的最优货币区，也在区内爆发的债务危机和金融危机面前表现出其脆弱性。随着英国的脱欧，欧元区内各国间的矛盾日益凸显。

简要回顾一下世界历史上曾经出现的那些储备货币。除了金本位制时代下世界各国共同信仰的黄金、白银等硬通货货币之外，真正具有世界储备货币作用的，截至目前一共有四个，分别是荷兰的荷兰盾、英国的英镑、美国的美元以及欧盟的欧元。

荷兰盾、英镑都是伴随着荷兰与英国的强大以及阿姆斯特丹、伦敦的世界金融中心地位而成为储备货币的，美元取代英镑成为世界货币亦不例外。不过，美国不同于荷兰与英国的方式是不再依靠殖民占领，而是依靠全球化贸易与国际规则。相比于前三者，欧元影响力最小，没能成为头号储备货币，也非基于一个称霸世界的帝国，而是基于一个共同体。

海湾战争

石油是工业的血液，而石油产量决定在中东国家手里。中东地区每一次重大危机都或多或少引发全球石油危机。20 世纪 70 年代第四次中东战争及伊朗革命与两伊战争导致第一次、第二次石油危机的爆发，对欧美经济造成了巨大的冲击。

此后，美国父子总统老布什和小布什相隔十余年，两次打击中东地区大国伊拉克，都不同程度地引发了石油危机。老布什发动的海湾战争引发了第三次石油危机，2001 年“9・11 事件”后，小布什发动伊拉克战争，也引发了石油价格的飙升。

下面就来回顾一下 20 世纪 90 年代的这场海湾战争。

海湾战争起因于萨达姆吞并科威特。1990 年 8 月 2 日晚 7 点，萨达姆军队占领科威特城，晚 8 点老布什政府即做出反应。联合国安理会决议 1991 年 1 月 15 日前萨达姆须无条件撤出科威特，但萨达姆无视该决议。

1991 年 1 月 17 日沙特阿拉伯当地时间凌晨 2:38，美军与多国联军发起代号为“沙漠风暴”的军事行动，展开对伊拉克的空中攻击行动，揭开海湾战争的序幕。1991 年 2 月 24 日，盟军发动地面攻势。1991 年 2 月 26 日，盟军将伊拉克逐出科威特。1991 年 2 月 28 日，沙特阿拉伯时间上午 8 点双方同意停火。1991 年 3 月 3 日，伊拉克接受停火协议。海湾战争落幕。

据统计，海湾战争中，美军的阵亡数据为 148 人。而伊拉克军死亡、受伤及被俘超过 10 万人，双方战损比例几乎是 1:1000。

海湾战争是一场真正的现代化战争，美国超强的军事技术优势及领先的军事思想理论决定了这是一场实力极其悬殊的战争。

这场战争被称作一场石油战争。时任美国总统老布什表示，如果世界上最大石油储备落入萨达姆的控制中，那么美国人的就业机会、生活方式都将蒙受灾难。海湾石油是美国的“国家利益”。

当时 3 个月内原油从每桶 14 美元，涨到突破 40 美元，但高油价持续时间并不长。由于国际能源署（IEA）采取了充分的应急预案，以沙特阿拉伯为首的 OPEC 国家也迅速增产以稳定市场，国际油价很快随之下降。因此，与前两次石油危机相比，这次危机对世界经济的影响要小得多。

美国虽然在战场上大获全胜，但当时美国国内的经济却一蹶不振。美国有经济学家曾对此分析指出，在多元化的现代经济体系中，军事工业已经不可能直接拉动美国经济整体增长。美国当地的一些经济研究机构预测，这次如果对伊拉克展开军事行动，只能推动美国经济增长 0.1 个百分点，战争结果很可能使美国经济得不偿失。

华盛顿共识

1990 年由美国国际经济研究所出面，在华盛顿召开了一个讨论 20 世纪 80 年代中后期以来拉美经济调整和改革的研讨会。会上，曾任美国国际经济研究所所长的著名新自由主义经济学家约翰·威廉姆逊说，经过讨论，与会者在拉美国家已经采用和将要采用的十个政策方面，在一定程度上达成了共识（即十个共识），史称“华盛顿共识”。

这十个共识分别为：加强财政纪律，压缩财政赤字，降低通货膨胀率，稳定宏观经济形势；把政府开支的重点转向经济效益高的领域和有利于改善收入分配的领域（如文教卫生和基础设施）；开展税制改革，降低边际税率，扩大税基；实施利率市场化；采用一种具有竞争力的汇率制度；实施贸易自由化，开放市场；放松对外资的限制；对国有企业实施私有化；放松政府的管制；保护私人财产权。

从字面上看，华盛顿共识的主要内容并没有明显的谬误之处，其追求的目标也确实是经济获得繁荣的基石，例如进一步开放市场、实行贸易自由化、实行利率市场化、保护私人财产权、放松政府对经济的过度干预等。20 世纪 80 年代，早期的华盛顿共识实际上针对的是已建立市场经济体系但存在扭曲的发展中国家，而不是针对市场经济体系完全缺失的转轨经济国家。因此，华盛顿共识应当针对的是已实行市场经济但尚需完善的拉美国家，而不应被无限夸大与解释。然而，其恰恰被用于剧变之后的东欧与独联体等国家，以及用于解释东亚经济神话。当时的国际经济组织如国际货币基金组织等对这些信条的尊奉却发展到了另一个极端。人们将原本讨论以拉美经济为主的华盛顿共识过分夸大，套用到世界上所有的地方。

美国著名学者诺姆·乔姆斯基在他的《新自由主义和全球秩序》一书中明确指出："新自由主义的华盛顿共识指的是以市场经济为导向的一系列理论，它们由美国政府及其控制的国际经济组织所制定，并由它们通过各种方式进行实施。"

20世纪90年代，以新自由主义学说为依据的"华盛顿共识"作为市场经济过渡的重要政策组合，却在俄罗斯与中东欧国家得到了广泛的推行。90年代初，在俄罗斯等转型国家中，尽管人们都承认，建立运行良好的市场经济是转型的总体目标，但是对于用什么方式是实现这一目标的最佳方法，却存在着激烈的争议和截然不同的观点。向市场经济过渡的讨论，集中在是否实行"市场原教旨主义"方面，因为独联体和中东欧国家当时大都采取了类似的转轨战略。这一转轨战略反映的是这些国家多数执政者当时的主导思想，它得到国际上一些著名学者和国际货币基金组织以及世界银行等国际金融机构的支持。

在苏联和中东欧等转型国家中，俄罗斯、捷克和爱沙尼亚是"休克转轨的典型"，俄罗斯前总理盖达尔、波兰前副总理巴尔采罗维奇、捷克前总理克劳斯等人都是新自由主义学说的追随者和推行者。曾被称为捷克转型设计师和新自由主义代言人的克劳斯，在1990年上半年首先提出并在捷克实施以华盛顿共识为指导的经济转轨政策。这一政策之所以在捷克得以实现，其中一个主导论点是，为了实现私有制企业促进经济社会转型所带来的繁荣，一旦给企业和公司以真实的价格信号，就能够创造稳定的经济环境、最大化的效率和快速经济增长的轨道，实现杰弗里·萨克斯所言的"能够建立在本国比较优势基础上的增长"。捷克前总理克劳斯制定的转型政策以及被实施，在当时被认为是新自由主义计划的轰动性的胜利。随后，在其他一些转型国家，也纷纷倡导以新自由主义为理论支柱的"休克疗法"式的转型，采取被称为“市场原教旨主义”的转轨战略与政策。

这样，美国芝加哥学派的新自由主义学说在一些转型国家得到广泛传播。“休克疗法”作为激进转轨的重要政策工具组合，新自由主义又作为“休克疗法”的理论支柱，成为转型国家的主流观点，而被一些国家的政府用于经济转型的实践。波兰前副总理兼财政部长科勒德克谈到波兰的转轨时就指出，在20世纪80年代末波兰改革的早期，深受华盛顿共识等自由主义思想的影响，普遍认为市场化首要的是企业的自由化与私有化，自由化和私有化越快越好，越多越好，并且要紧缩银根，保持财政收支平衡，对税率及汇率加以合理管理调节，这样市场经济就可以获得成功。所以，新自由主义学说及在其基础上产生的经济政策，被广泛运用于俄罗斯等前社会主义国家向市场经济的转型，并且曾对转型过程产生过深刻的影响。

后来的实践证明，对于尚未建立市场经济的国家而言，直接照搬华盛顿共识的做法，结果却造成经济出现严重的衰退。原因就在于，缺乏过渡，操之过急。直接从计划经济转型为完全自由的市场经济体系，中间不经任何双轨制过渡，既对原有的经济模式造成休克式的冲击，又造成严重水土不服，落下个邯郸学步的啼笑皆非结局。事实证明，东欧国家及俄罗斯的休克疗法造成了巨大的问题。同时，原本解决拉美经济问题的华盛顿共识，也已在证明其流产了。

日本经济泡沫崩盘

自广场协议之后，日元呈现大幅度的加速升值趋势，伴随着本币升值，日本央行也开启了货币宽松之路。1986年1月开始不断下调利率，到了当年的4月贷款利率水平从5%下调到了3.5%，存款利率从1.5%下调到了0.26%。

这些都逐步改变了日本经济增长的逻辑与趋势。1989年，东京证券交易所日均交易额达到8.8兆日元，总市值突破了611兆日元，占到了全球证券市场28%的市值比例。日本股市的成交量比纽约证券交易所高出1.8倍。这一年大量美国企业被日本公司吞并。包括9月27日索尼以4800亿日元买下哥伦比亚影业，10月31日三菱地产以2200亿日元买下了纽约地标建筑洛克菲勒中心。在宽松货币政策及经济一片大好的乐观情绪下，1989 年 12 月 29 日，日经指数触达历史最高点 38 957.44 点。

1991 年日本的实际 GDP 才 462 兆日元。但银行的钱大量流入房地产，企业的钱大量流入股市。实体经济的景气度和资产价格高度绑定。一旦资产价格出现崩盘，那就是连锁反应。

房地产泡沫与股市疯狂，伴随着通胀，日本央行开始注意到危机来临，于是开始收紧货币信贷政策。从 1989 年 5 月 31 日到 1990 年 8 月底，日本商业银行的贴现率从 1% 上调到了 6%。一顿猛药之后，高高在上的资产价格泡沫开始了崩塌。也就是说，楼市与股市两大泡沫兴于低利率的宽松货币，破裂于高利率的货币紧缩。这等于是日本央行亲手刺破了两大泡沫。很显然，刺破泡沫是日本央行的主动行为，不得不为之。原因就在于，不主动刺破泡沫，越来越大的泡沫自行崩盘后造成的损失更大，后果更严重。

于是，日本股市与楼市趋势扭转，开始疯狂地下跌，两大泡沫共振下跌，势不可当。上涨也疯狂，下跌也疯狂。伴随着人性的贪婪更贪婪，恐惧更恐惧。

从 1990 年到 1992 年 8 月，日经指数下跌了 62%。1992 年日本股票市值与土地市值共损失 406.9 万亿日元，相当于该年国内生产总值 465.4 万亿日元的 87%。在泡沫高涨的年代里，日本金融机构持有大量股票和房地产，并且还大量贷款给股票和房地产的投机者，形成丰厚的账面资产和利润。泡沫破灭后，资产转眼间成为负债，银行的不良债权大幅度上升，多家信用社和银行倒闭。其中日本最大的信贷联盟宇宙信用社的不良债权占全部贷款总额的 72%，有消息传出，该信用社即发生挤兑风潮而倒闭。日本大藏省[①]1995 年 6 月公布，日本金融机构的不良债权为 40 万亿日元，相当于全部放款额的 6%。后来的情况表明，这仅仅是冰山一角。泡沫破灭对实体经济也产生了深远影响。首先是国内的投资和消费需求萎缩，其次是营业外亏损增多，最后是流动资金缺乏。因此，工业生产连续 3 年下降（降幅为 11.8%），企业设备投资连续 3 年下降，企业经常利润连续 4 年下降。

为摆脱危机，日本央行开始扭转政策，连续 8 次降低利率，1995 年 8 月竟降至 0.5%，仍然不能奏效。从 1993 年起，财政出现赤字并且逐年加大，至 1995 年赤字

① 大藏省是日本明治维新后至2000年期间存在的中央政府财政机关，主管日本财政、金融、税收。2001年，大藏省改制为财务省和金融厅。

占 GDP 的 3.9%，经济情况也不见好转。

在日元升值一倍、日本工资增长率远高于美国的情况下，日本产业仍然展示出强大的国际竞争力。然而，在如此巨大的贸易盈余和利润回流下，日本经济仍不能摆脱萧条，说明日本此次萧条之严重。20 世纪 90 年代后半期，日本经济稍有回升即又跌落，东南亚金融风暴后，日本经济更加萎靡不振。日本的 20 世纪 90 年代被称为“失去的十年”（1990—2000 年整整十年时间，日本经济陷入长期萧条）。此后，日本央行长期实行 0 利率甚至负利率，但仍不能改变日本经济长期陷入大萧条的局面。这场发生在日本的长期经济萧条期限长达 20 年，已不是失去十年的问题，而是失去二三十年的问题。可见，这场泡沫破灭对日本经济损害之大，影响之深。

泡沫经济破灭给日本经济带来了重大破坏，对国民心理的打击更加致命且深远。“泡沫经济让日本人丧失了信心和乐观的心态。社会需要一个对未来的展望和目标，这样所有人才能朝着那个目标奋斗和前进，但是在眼下的日本，这样的展望是一个奢侈，它被泡沫经济遗留下的“溃烂之绳”紧紧勒住了脖子，所以，自信才无从重拾。[①]

日本经济几十年的衰退教训是深重的，并非完全归罪于广场协议，其原因是多方面的：

其一，广场协议。根据广场协议，日元大幅升值，同时日本央行实行宽松货币政策，降低利率以扩大内需，导致宽货币、宽信贷过程中巨量资金脱实向虚，涌入股市及楼市等虚拟经济，推高了日本资产的泡沫。

其二，不当的经济政策。在日元大幅升值之后，为了应对出口下滑而进行经济转型，日本央行实行了激进的宽松货币政策，导致大量资金涌入股市及楼市，推高了资产泡沫。在化解危机，应对泡沫上，又用力过于猛烈，采取激进的收缩政策，直接击穿了泡沫，导致股市下跌，楼市暴跌。而资产价格的大暴跌，又直接带来居民财富的巨大损失，以及银行的坏账率飙升，从而使日本经济长期陷入泥潭，难以自拔。

其三，严重依赖出口的经济模式。日本经济长期依赖出口，在因日元升值而导

---

① 参见搜狐新闻2010年3月18日转自东方早报文章《日本泡沫经济破灭20年祭：失去的一代》，http://news.sohu.com/20100318/n270905702.shtml。

致出口受阻之后，经济难以形成国内循环，导致经济陷入泥潭。

其四，长期实行“1940年体制”。这种模式对于日本经济重建及快速恢复起着关键的作用。但是，当日本经济步入一个很高的发展水平之后，尤其是在很多行业方面处于世界领先地位之时，再采用该模式就严重阻碍了日本的技术创新与产业发展，使得日本失去了第三次工业革命中最广泛的互联网等新经济发展，错过了利用新技术、新经济模式推动日本经济转型与走出衰退的机遇。

其五，日本人口的老龄化。人口老龄化，低欲望社会出现，需求长期严重不足，这也是导致日本经济陷入长期衰退、低迷的原因。

日本泡沫破灭对经济损害是巨大的，这应当引起世界各国的足够重视，尤其是新型经济体需要认真总结和借鉴。

不过，我们也应当看到，在楼市与股市两大泡沫双双破裂后，日本经济虽然陷入长期衰退，但是因为低廉的房价，换来了日本居民幸福的生活（住房问题、世界第一的人均寿命）、强大的中小企业和专精的核心技术创新、庞大的海外资产（排名世界第一），避免了因为热衷于炒房、炒股导致的经济空心化而对实体经济带来的长期损害。

墨西哥金融危机

在总结梳理完日本这场泡沫危机之后，我们还有必要提一下发生在大洋彼岸的墨西哥。1994年12月至1995年3月，墨西哥发生了一场墨西哥比索汇率狂跌、股票价格暴泻的金融危机。这场金融危机震撼全球，危害极大，影响深远。

1994年12月19日深夜，墨西哥政府突然对外宣布，本国货币墨西哥比索贬值15%。这一决定在市场上引起极大恐慌。外国投资者疯狂抛售墨西哥比索，抢购美元，墨西哥比索汇率急剧下跌。12月20日汇率从最初的3.47墨西哥比索兑换1美元跌至3.925墨西哥比索兑换1美元，狂跌12%。21日再跌15.3%。伴随墨西哥比索贬值，外国投资者大量撤走资金，墨西哥外汇储备在20日和21日两天锐减近40亿美元。墨西哥整个金融市场一片混乱。从20日至22日短短的三天时间，墨西哥比索兑换美元的汇率就暴跌了42.17%，这在现代金融史上是极其罕见的。

墨西哥吸收的外资，有70%左右是投机性的短期证券投资。资本外流对于墨西哥股市如同釜底抽薪，墨西哥股市应声下跌。12月30日，墨西哥股市IPC指数下跌6.26%。1995年1月10日更是狂跌11%。到3月3日，墨西哥股市IPC指数已跌至1500点，比1994年金融危机前最高点2881.17点已累计跌去了47.94%，股市下跌幅度超过了墨西哥比索贬值的幅度。

为了稳定墨西哥金融市场，墨西哥政府经过多方协商，推出了紧急经济拯救计划：尽快将经常项目赤字压缩到可以正常支付的水平，迅速恢复正常的经济活动和就业，将通货膨胀减少到尽可能小的程度，向国际金融机构申请紧急贷款援助等。为帮助墨西哥政府渡过难关，减少外国投资者的损失，美国政府和国际货币基金组织等国际金融机构决定提供巨额贷款，支持墨西哥经济拯救计划，以稳定汇率、股市和投资者的信心。直到以美国为主的500亿美元的国际资本援助逐步到位，墨西哥的金融动荡才于1995年上半年趋于平息。

显而易见，墨西哥金融危机的“导火线”是墨西哥比索贬值。进一步分析可知，外汇储备的减少、墨西哥比索的贬值是墨西哥金融危机的直接原因，而用投机性强、流动性大的短期外国资本弥补巨大的经常项目赤字，则是金融危机的深层次根源。

墨西哥金融危机对世界经济也产生冲击作用。由于阿根廷、巴西、智利等其他拉美国家经济结构与墨西哥相似，都不同程度地存在债务沉重、贸易逆差、币值高估等经济问题，所以墨西哥金融危机爆发首先受到影响的是这些国家。由于外国投资者害怕墨西哥金融危机扩展到全拉美国家，所以纷纷抛售这些国家的股票，引发拉美股市猛跌。在墨西哥货币金融危机发生的当天，拉美国家的股票指数同墨西哥股票指数一起下滑。其中巴西股票指数下降11.8%，阿根廷股票指数下降5.0%，智利股票指数下降3.4%。1995年1月10日股票指数与1月初相比，巴西圣保罗证券交易所和里约热内卢证券交易所分别下跌9.8%和9.1%，阿根廷布宜诺斯艾利斯证券交易所下跌15%，秘鲁利马证券交易所下跌8.42%，智利圣地亚哥证券交易所下跌3.8%。同时拉美国家发行的各种债券价格也出现暴跌。在股市暴跌中，投资者从阿根廷抽走资金16亿美元，从巴西抽走资金12.26亿美元（相当于外资在巴西投资总额的 10%），整个拉美证券市场损失 89 亿美元。

受墨西哥金融危机影响，1995 年 1 月欧洲股市指数下跌 1%，远东指数下跌 6.5%，世界股市指数下降 1.7%。作为墨西哥邻国的美国受到巨大冲击，美国在墨西哥的 200 亿美元股票就损失了 70 亿美元，加上墨西哥比索贬值，损失近 100 亿美元。

墨西哥金融危机给我们最直接的启示有以下三条：

其一，在货币国际化、金融自由化的进程中不可操之过急，应当循序渐进，以避免国际游资、短期投机套利外资的大进大出而造成的巨大经济冲击。

其二，足额的、合理的外汇储备对于稳定汇率、稳定经济具有十分重大的意义，切不可随意耗费外汇储备。世界上发生的众多国家主权债务危机均与此有关。

其三，注意外汇汇率、股市、金融资产及房地产之间的紧密联系。如果实行自由兑换的外汇政策，一旦采取汇率贬值，则导致大量资金外逃，瞬间导致股市、楼市暴跌，金融机构出现挤兑，引发巨大的货币危机、银行危机、股市崩盘和房地产泡沫破裂。货币汇率事关经济安全与稳定，避免大起大落的货币汇率，保持汇率的相对稳定性。

无论经济危机，还是金融危机，事后看来，这些危机的发生，表面看是偶然，实则为必然。任何一个危机的发生需具备两大条件：其一，经济或金融存在严重的隐患或缺陷，已经形成了危机的根源，形成了危机发生的火药桶或炸弹；其二，需要导火索引燃。当危机形成之后，何时发生且等导火索引燃的那一天。这个导火索，可能是股市泡沫崩盘，也可能是房地产泡沫破灭，还可能是瘟疫、自然灾害或战争，抑或是政府的财政政策、货币政策，甚至市场一个“黑天鹅事件”，重大不利信息引发的恐慌。导火索一旦引燃，趋势立刻改变。

根据美国量子基金创始人索罗斯的反身性理论：行为人之间，行为人与事件之间互相影响、互相强化，推动危机加速前行，任何的风吹草动，在大恐慌下就会引发多米诺骨牌式的连锁反应，进入恶性循环。引发挤兑、出逃、抛售、踩踏，羊群效应立即呈现。极度恐慌下，为了偿还债务或补充流动资金，行为人会选择抛售资产，而大量资产抛售则加剧了市场流动性的枯竭。于是，大量优质资产被无情错杀，相互踩踏，任何利好消息都会在惊魂未定的市场上转化为不利信息予以放大，逆向而行。

而且，恐慌具有非常强的感染性，悲观消极的情绪迅速感染到其他资产或领域。同时，基于经济全球化加深，危机还具有联动性，在联动模式下，危机的传染与波及越来越快，范围越来越广。躺枪的、中枪的、装死的，在大趋势面前，均无能为力。

墨西哥金融危机再一次印证了上述危机演变的逻辑。实体经济不能存在明显的缺陷，不能单一及过于依赖出口。适当的金融管制是必要的，不可冒进。对危机的信息管控及干预是避免危机进一步扩大的必要手段。这就是墨西哥金融危机留给我们的教训与启示。

亚洲金融危机 1997

“亚洲四小龙”崛起

二战之后至今，进入发达俱乐部的经济体基本都来自东亚，包括创造经济奇迹的日本，被誉为“亚洲四小龙”的韩国、中国香港地区、中国台湾地区及新加坡。这些经济体之所以先后进入发达俱乐部，皆因抓住了两次关键的世界产业大转移。日本首先抓住了欧美产业大转移的机遇，迎来了长达 30 多年的高速增长，在 20 世纪 70 年代末成为世界第二大经济体。“亚洲四小龙”先后抓住了美国的产业大转移及日本与德国等再一次的产业大转移，经过 20 年的高速发展，进入发达俱乐部。因此，这些先后进入发达俱乐部的经济体受益于全球产业转移的雁阵模式及梯次转移。

从 20 世纪 60 年代开始，亚洲的韩国、新加坡、中国台湾地区和中国香港地区先后三次承接以美国、日本为主的发达国家的产业转移。它们利用这个机会，吸引外国大量资金和技术，利用本地廉价而良好的劳动力优势，适时调整经济发展策略，成功使其自身产业结构递次向劳动密集型、资本密集型、资本与技术密集型产业过渡，从而步入或接近了发达经济的行列。其经济增长的速度之高、持续时间之长，在世界范围内绝无仅有。“亚洲四小龙”成功的经济发展过程和经验是发展经济学研究的典型例子。

而中国大陆经济的发展，同样也受益于“亚洲四小龙”的又一次产业转移，全球产业大转移的雁阵模式与梯次转移规律再次得到验证。

虽然，“亚洲四小龙”在同期都紧紧抓住了产业再次转移的重大机遇，取得了飞速发展，但是究其发展模式，除了共性之外，却有着各自不同的模式与特点。我们来看一看，“亚洲四小龙”各有什么样的独特性。

首先，我们来看看新加坡模式。从产业发展历程看，新加坡从 20 世纪 60 年代的劳动密集型产业、70 年代的经济密集型产业、80 年代的资本密集型产业、90 年代的科技密集型产业，一直到 21 世纪初发展为知识密集型产业。回顾新加坡经济近 50 年的发展史，不难看出，差不多每十年新加坡就要进行一次经济转型。由此可见，不断与时俱进，跟随世界经济发展的大趋势，顺势而为，搭上时代发展的每一班列车，成功地进行经济转型是新加坡经济成功的奥秘。

新加坡之所以能够成功转型升级，有两个至关重要的因素，即政府主导和引进利用外资。

其次，我们来看看韩国模式。韩国从 20 世纪 70 年代开始用了 20 多年时间走过了西方发达国家 100 多年工业化历程，从一个落后的农业国家一跃崛起为新兴工业化国家，创造了举世瞩目的“汉江奇迹”。

韩国成功的奥秘又在哪里呢？与德国三次经济崛起（一战之前、一战之后、二战之后）、日本三次经济崛起（明治维新后、二战之前、二战之后）、苏联的两次经济大发展（苏联建国之初的 20 年、二战之后美苏争霸之后的 20 年）相类似，韩国作为一个落后的后发型国家，如果奋起追赶，就必须依靠国家的力量来主导经济发展，集中力量办大事。韩国采用了以国家强力支持和推动（产业政策、资金）与私营企业积极实施落地的方式（之后形成财阀集团）推动韩国在汽车、电子等行业快速发展，奋力一搏，从而取得了经济奇迹。在经济发展到一定规模之后，转而实施市场经济，避免了苏联后期的覆辙。

韩国经济转型升级的主要经验可概括为三点：其一，大力推行企业集团化和品牌价值战略。其二，优先发展“战略产业”。韩国政府在特定阶段采取的都是有选择、有重点的产业政策。其三，技术创新为韩国经济发展提供了不竭的动力，以技术进步为重点的创新驱动型发展模式推动了韩国核心竞争力和产业结构的提升。

再次，来看看中国台湾模式有何特点。中国台湾地区经济成功的奥秘在于成功的经济转型。这一点与新加坡有相似之处。

中国台湾地区在几十年的经济发展历程中，经历了三次重大的经济转型。第一次转型在 1952 年至 1960 年，由殖民经济转型为进口替代。第二次转型在 1961 年至 1985 年，由进口替代转型为外向型经济体系。第三次转型是从 1986 年开始的，将劳动密集型产业转到资本技术密集型，建立更加开放的自由经济体系。

中国台湾地区何以转型成功呢？中国台湾地区经济转型的成功靠的是技术。工业技术研究院、科技园、引进硅谷人才、风险投资及其税收优惠政策被称为中国台湾地区经济转型的“五驾马车”。

最后，我们来研究一下中国香港模式。从 20 世纪 80 年代后期开始，香港进入发展的黄金期，一时间造就了中国经济增长的奇迹。中国香港地区成为世界金融中心、航运中心，以及中国经济对外的窗口与国际桥梁。

中国香港地区的成功在于：高度开放的自由市场、完善的金融机制、最小政府的角色定位以及在法制、廉政、公共服务等方面的杰出表现。

中国香港地区奉行的灵活有效的自由经济政策创造了极其优良的经济环境。中国香港地区与其他四小龙成员最大的区别就是奉行政府积极不干预的经济政策。

我们看到，韩国与新加坡的共同点在于政府主导经济，产业政策指导经济转型发展。中国台湾地区的成功在于“五驾马车”综合发力下技术创新。而中国香港地区的成功在于其自由的市场经济体系、优良的政府及司法环境，超一流的金融及其他服务。

但是，我们也必须看到，如同日本经济奇迹背后的隐患一样，“亚洲四小龙”经济奇迹的背后，同样存在巨大的结构性经济问题。

新加坡经济“奇迹”的背后，是新加坡劳动力比率和投资比率的大幅增长。据统计，新加坡的就业人口从 20 世纪 60 年代末的 27% 增加到 1990 年的 51%，投资占整个经济的比重也从 11% 提高到 40% 以上。换言之，新加坡的成功很大程度上是因为劳动力在短期内的骤然增多和投资量的增大，而在其独立后的二三十年里，单位生产率并没有大幅增加。

新加坡尚且如此，整个东亚和东南亚地区的情况也就可想而知。劳动密集型的产业和大幅增加的投资额构筑了亚洲经济的“奇迹”。然而当时间来到20世纪90年代，这个“奇迹”虽说在人们的眼里依然璀璨夺目，但实际上已开始显露疲态、难以为继。

从数据上看，在1997年以前，亚洲各国的经济发展确实在降速，繁荣背后的泡沫成分比较大。这种泡沫式繁荣的具体表现之一就是企业与银行的负债率不断增高。

自古以来，亚洲地区的文化本身就有一种崇尚权威的倾向，加上其发展模式大多依靠政府的资本力量加上密集的劳动力共同推动，因此亚洲国家的资本一开始就带有家族化和财阀化的倾向，少数家族掌控了市场上的大多数公司与财富。

据统计，亚洲各国股市的流通股当中，大部分掌控在权贵家族手中。中国香港地区、印度尼西亚、马来西亚、新加坡、泰国等国家和地区的上市公司股份至少60%以上都掌握在少数几个权贵家族手中。

“自由经济”与“特权经济”这两个原本相反的词汇，在亚洲的家族经济中融合在一起。当权力与资本走得很近的时候，信贷就随即开始了无度的扩张，这造成亚洲企业与金融机构的负债额度普遍偏高，同时对借贷与杠杆缺乏必要的约束。

根据世界银行的数据，1996年，泰国和韩国的中型企业负债率分别达到340%和620%，而同期的英国和美国企业的负债率只有80%和100%，差距非常明显。而在银行方面，亚洲地区的银行债务规模也非常高。在1996年，泰国的银行外币债务与外币资产的比例接近700%，马来西亚超过200%，其他的国家如印度尼西亚、菲律宾、新加坡等都在100%以上。

信贷风险不断累积的同时，主要依靠出口贸易导向的亚洲经济增长却在急速放缓。亚洲各国的出口额在1995年第一季度达到峰值，泰国、韩国和马来西亚的出口额增长率超过20%。但此后却急速下降，1996年，以上三国的出口增长率仅为4%、10%和6%。金融账面的持续繁荣与实体经济的低迷走向形成了鲜明的对比。

一连串的数据告诉我们：维系“亚洲奇迹”这个神话的力量其实是很脆弱的。一方面，包括日本在内的这些亚洲新兴经济体都是借助全球产业大转移而快速发展起来的，这就决定了其经济的核心模式是：出口导向型经济，严重依赖国外市场，严重依赖出口。而进入20世纪90年代后，出口量不断下滑，经济结构面临巨大危机，继续调整与转型。另一方面，这些经济体在货币宽松政策下，债务杠杆不断加码，负债率高企，尤其是外债率攀升，孕育着巨大的经济风险。然而，在实体经济模式遭遇困境萎靡不振时，大量的国内热钱及国际游资却疯狂进入这些经济体的股票市场与楼市，推高资产价格。

20 世纪 90 年代，维系“亚洲奇迹”的力量正在悄无声息地坍缩。而讽刺的是，资本市场却沉溺在一片乐观的论调之中继续吹着投资的泡沫，却不知风险将至。

“亚洲四小虎”崛起

亚洲经济奇迹，不仅有日本的奇迹、“亚洲四小龙”的崛起，还有“亚洲四小虎”的经济腾飞。20世纪60年代以来，以中国香港和台湾地区、新加坡和韩国为代表的“亚洲四小龙”经济发展迅速，在极短的时间里由较为贫穷的地区跃升为中等发达的经济体。此后，泰国、马来西亚、菲律宾和印度尼西亚等四国又接过了“亚洲四小龙”经济高速发展的接力棒，在 20 世纪八九十年代掀起新一轮的亚洲经济高速发展高潮。这四国经济实力仅次于“亚洲四小龙”，因而得名“亚洲四小虎”。

“亚洲四小虎”的经济发展模式基本与“亚洲四小龙”相同，都是依靠劳动密集型企业发展模式，对外开放资本市场而获得了显著的经济增长。

前有日本，中有“亚洲四小龙”，后有“亚洲四小虎”，尤其在 20 世纪八九十年代西欧和美国的传统市场经济增速普遍放缓的时候，亚洲国家保持了较高的经济增长。据统计，1990—1996 年，世界经济年平均增长仅为 2.8%，工业发达国家的年平均增长只有 1.8%，但是亚洲地区的年平均增长却达到 8%。国际舆论将亚洲国家的经济高速增长称为“奇迹”。

亚洲经济奇迹背后同样都存在一个致命的问题，即经济的脆弱性和发展的不可持续性。如果不能将严重依赖境外出口的外向型经济模式成功转型为内需经济，不能将劳动密集型企业模式升级为具有品牌、技术含量的企业发展模式，那么，经济发展难以为继。高度增长之后就会陷入长久的衰退泥潭。

可惜的是，随着 1997 年亚洲金融危机的打击，“亚洲四小虎”未能像“亚洲四小龙”一样打稳经济基础，经济发展速度减缓，陷入中等收入陷阱。泰国、印度尼西亚和菲律宾欠下国际货币基金组织一大笔债务，马来西亚实施多项硬性保护国家金融体系的货币管制条例，并在种族问题方面有不平等政策，遂开始故步自封。而在印度尼西亚，亚洲金融危机的打击也间接引发了社会危机。

经济学家保罗·克鲁格曼在《亚洲奇迹的神话》一文中说："环太平洋圈的新兴工业化国家和地区在超常的资源动员中获得了回报，这是最乏味的经济理论就能使我们了解的东西。如果说亚洲的增长真有什么秘密的话，那只不过是一种推迟的报酬，只不过是愿意为了将来的收获而牺牲眼前的满足罢了。"

根据克鲁格曼的考察，亚洲国家发展经济主要是依靠政府强大的行政动员力量、庞大的劳动力市场以及与之相应的强大的劳动力和资本投入。这种发展路径与"自由经济"的理念其实不存在直接的关系，并且也不是一种可以永恒持续的发展模式。

也就是说，克鲁格曼对人们鼓吹的"亚洲奇迹"做了解构。他认为，亚洲的所谓"奇迹"恐怕并不像人们想象的那么神奇，甚至不见得都是市场彻底开放的结果。

亚洲金融危机

日本、"亚洲四小龙"先后抓住了全球产业的大转移，完成了进军发达经济体的华丽转身，成为二战以来世界 200 余个经济体中的佼佼者。

但神话不可永远持续。日本的奇迹终结于广场协议之后，货币宽松与极其乐观的情绪催生了巨大的股市泡沫及楼市泡沫，泡沫的崩盘又将日本经济拉下神坛，而 1997 年亚洲金融危机使得日本经济雪上加霜，陷入了持续 20 多年的大萧条。1997 年亚洲金融危机也终结了"亚洲四小龙"的经济奇迹。亚洲金融危机过后，亚洲经济神话几近破灭！

回头看 1997 年亚洲金融危机，有人说缘于美国"金融大鳄"乔治·索罗斯的货币做空袭击。但更多客观的数据表明，如果不是这些经济体自身存在严重的问题，索罗斯为何选择攻击它们？又如何能够轻易得手？即使索罗斯得手，一个机构又怎能终结一个经济体的发展势头呢？

我们从本书前几章中了解到太多太多的危机，并从这些危机中看到大致相同的爆发原因。但是这次金融危机却有所不同，既不是生产相对过剩的经济危机，也非股市崩盘点燃了金融与经济地雷的导火索，更非货币危机，也非债务或财政危机。其导火索是国际游资对主权货币的做空攻击，由此引发了一场巨大的金融风暴，对亚洲经济造成了巨大的冲击，而且这场风暴冲击到了亚洲之外的很多经济体。因为全球化后的世界关联度越来越强，一个重要的经济区域的危机会波及或连累其他经济区的经济。

下面我们就来看看 1997 年的这场金融危机是如何发生的？背后原因何在？是如何终止亚洲经济神话的？

20 世纪 90 年代的亚洲，日本经济尚处于最后的疯狂与繁荣，泡沫尚未破灭，人们沉浸在幻象之中。而经过 20 年的飞速发展，“亚洲四小龙”的经济蒸蒸日上，创造了日本之后另一个高速增长的经济奇迹。中国改革开放十几年之后，刚刚承接过来“亚洲四小龙”及日本的产业转移，来料加工、代工是中国乡镇企业、私营企业的主要赢利模式。

经济的发展及货币的宽松带动股市繁荣，新股上市不断，投资者数量也在持续增加。而亚洲这些新兴的发达的经济体采取了货币自由兑换政策，使得国际资本大肆进入其国内市场投机套利，尤其是东亚和东南亚，促成了亚洲国家普遍的“纸面繁荣”。当时的国际游资对这些发达经济体的国内市场趋之若鹜。尤其是 1990—1996 年，净流入亚洲的私人资金占当地生产总值的比例急剧上升，造成亚洲地区货币政策不断宽松和资产价格的不断上浮。而这些国际游资的资金来源主要依靠短期借债，主要投入股市和楼市当中，以进行资本的逐利。这注定了其是短期的、投机的、快进快出的。这样的特性，就容易导致快速推高价格，又快速撤离，从而导致经济与金融大起大落。借用《桃花扇》一句戏词：“眼看他起朱楼，眼看他宴宾客，眼看他楼塌了。”

根据国际货币基金组织的统计，1996 年亚洲的新兴和发展中经济体的股票融资高达 110 亿美元。也就是说，20 世纪 90 年代的整个亚洲成为资本逐利的新战场，而重心就在东亚和东南亚。

国际游资之所以疯狂进入东亚与东南亚的“亚洲四小龙”“亚洲四小虎”，绝非看好其长期的经济繁荣，而是因为此刻欧美经济的持续低迷，投资收益率极低。而这些亚洲经济体内货币宽松，经济表面一片繁荣，实则危机四伏。在脆弱的经济及泡沫的繁荣之时，蕴藏着巨大的短期投机套利机会。

此前，我们已看过太多危机，比如投资泡沫危机，有著名的荷兰郁金香泡沫、法国的密西西比泡沫及英国南海泡沫；财政危机，有西班牙国王腓力二世的财政危机、法国国王路易十六的财政危机、美国独立战争胜利后的财政危机等；货币危机，有英美的金本位制危机、美国的黄金危机等；债务危机，有拉美主权债务危机等；金融危机，有美国 1900—1903 年、1907—1908 年经济危机等；通货膨胀危机，有德国魏玛共和国时期的恶性通胀、中华民国国民政府的通胀螺旋等；更多的是经济危机，二战前后至 1997 年亚洲金融危机之前，已经发生的全球性经济危机高达 30 次之多。

从这些危机中我们都能找到规律。过度负债迟早是要出问题的。过大的泡沫迟早是要破灭的。同时，我们也深知，火药桶或地雷的爆破需要一个导火索。

没想到这次导火索的制造者竟然是一个人，他就是颇具争议的国际“金融大鳄”索罗斯。索罗斯在他的著作《金融炼金术》中提到反身性原理：参与者的思维认知（信念）影响了事件的进程，而事件的进程又反过来影响参与者的思维认知（信念）。“参与者之间还要相互影响。参与者的决策并非基于客观的条件本身，而是基于对条件的解释。”这一理论引申自物理学中的“测不准理论”。环境的发展趋势，取决于两个层面：基本趋势和主流偏向。基本趋势就是事物发展的基本规律，主流偏向就是主流预期。主流偏向的特点是：先是自我强化，趋势继续，但是之后缺陷暴露，主流偏向反转，最后继续自我强化。而凡事总是盛极而衰，重要的是认清趋势转变，要点在于找出转折点。

索罗斯认为，金融市场与投资者的关系是：投资者根据掌握的资讯和对市场的了解，来预期市场走势，并据此行动。而行动事实上也反过来影响、改变了市场原来可能出现的走势，两者之间不断地相互影响。所以，根本不可能有人掌握到完整资讯，再加上投资者同时会因个别问题影响到其认知，令其对市场产生“偏见”。投资大众的“偏见”正是金融市场动力的关键所在，因为投资者持“偏见”进入市场，而这种错误的行为又会影响市场的走势以及看法，此谓“流行偏见”。当“流行偏见”只属于小众的时候，其影响力非常小，但不同投资者的“偏见”在互动中产生群体影响力，则将会演变成具有主导地位的观念，这就是“羊群效应”。当真实和认知的差距很大时，形势往往会失去控制。“这种过程刚开始自我强化却无法持久，因此最后必然反转。”盛极必衰、否极泰来，狂涨带来狂跌，狂跌酝酿着狂升。

外强中干的亚洲市场在索罗斯的眼里是一个理想的资本博弈战场，他当然不会放过这次“资本猎杀”的机会。在 1997 年 2 月，索罗斯在《大西洋月刊》发表了战斗檄文一样的文章。核心内容是：“今天，我们的社会当中有一种主流观念，那就是笃信市场的魔法。放任式资本主义的教条告诉人们，当每个人不受拘束地追逐私利的时候，公众利益就获得了最大的保障。除非我们认识到公众利益优先于个人利益，否则我们现行的系统，将很可能崩溃。”

而不受限制、缺乏监管的所谓自由市场，这正是当时亚洲经济的写照。索罗斯对于亚洲市场的“猎杀”计划，就如同他当时写的文章一样，犀利而直击要害。在文章发表后不久，索罗斯的基金开始行动了。

索罗斯的第一个目标是泰国。他“攻击”泰国经济的办法是做空泰国的流通货币——泰铢。在索罗斯的供给下，泰国不得不废除固定汇率制，改为实行浮动汇率。泰铢在实行了浮动汇率之后一路下跌，到 10 月 24 日已经贬值了 60%。而这正是推倒多米诺骨牌的第一块，随之产生了一系列连锁反应，整个亚洲的金融市场受此牵连也不得不改固定汇率为浮动汇率，货币价格纷纷下跌。

据统计，实行浮动汇率后，印度尼西亚卢比、马来西亚林吉特、菲律宾比索在同一时期分别贬值 47%、35% 和 34%。金融危机的连锁反应，并没有就此停下，而是如传染病一样继续扩散：从金融层面蔓延到实体经济层面，从一国扩散至多国……此时的亚洲各国，均已是人人自危。投资市场的空气中弥漫着令人紧张的气氛。

外国的投资机构和银行见状，自然会对市场风险产生警惕，迅速将资金从东南亚抽走。如此，雪球越滚越大，对冲基金用并不大的资金量带动了市场的连锁反应，击溃了原本就金融隐患丛生的亚洲诸国。《经济学人》杂志曾评论说，全球对冲基金拥有的资金量只是其成功的一方面，更重要的在于，“这些基金花费大量的时间去研究经济和政治的基本面，寻找那些经济失衡的地区，从中获得利润——例如那些实行固定汇率，汇率政策与国内经济相矛盾的国家”。

1997 年 8 月，一部分国际游资已开始“攻击”港元，不过资金量并不大，虽然造成港元远期汇率下跌，但并未对港元的固定汇率造成实质的冲击。这时，东南亚的金融危机已开始从金融领域向实体经济蔓延。泰国、马来西亚、印度尼西亚的不少公司负债倒闭，投资市场一片哀号。

国际货币基金组织已经开始计划对亚洲进行全面的资金救助。到 1997 年 10 月中旬，东亚地区的主要货币当中只有人民币和港元没有贬值。对于外汇投机者来说，做空人民币是不可能的，因为当时的中国外汇市场基本上是一个封闭的市场，资金进出受到严格管控。唯一存在做空机会的，就只剩下港元。在游资攻击下，中国香港地区股市急速下跌。如任其发展下去，中国香港地区的股市和楼市都将陷入十分危险的境地。随后在香港特别行政区政府的强力救市干预之下，短短半个月之内投入了千亿港币，彻底击败了游资。

1997 年亚洲金融危机对亚洲国家经济的影响是巨大的，基本终结了“亚洲四小龙”“亚洲四小虎”的经济奇迹神话，也使得日本在泡沫崩盘后又因遭遇金融风暴而雪上加霜。同时，也对亚洲经济发展模式、自由的金融政策提出了严峻的挑战。

亚洲金融危机下的中国担当

1997 年，亚洲金融危机始于美国金融机构做空泰国货币泰铢，并迅速席卷了韩国、越南、马来西亚、印度尼西亚、菲律宾等亚洲国家。东亚、东南亚新兴经济体、发达经济体全部被卷入危机，处于风雨飘摇之中。中国香港、澳门和台湾地区及新加坡等发达国家和地区，犹如秋风中的树叶，瑟瑟发抖。

1995 年，身为亚洲第一经济体的日本，楼市与股市两大泡沫双双破裂，日本经济进入长期的萧条。这场席卷亚洲的金融危机令日本经济雪上加霜、自身难保。日本于是采用贬值日元的方法寻求自保。“亚洲四小龙”最强经济体韩国陷入外汇危机，走在国家破产的边缘，不得不寻求国际货币基金组织的帮助，当然救助的条件是十分苛刻的。

一时间，泰国、韩国、越南、马来西亚、印度尼西亚、菲律宾、新加坡等亚洲国家，中国香港、澳门、台湾等发达地区，纷纷通过货币贬值以扩大出口贸易来增加外汇储备来逃生。此刻的中国内地经济，刚刚经历了 20 世纪 90 年代初期经济的困难期（高通胀、低增长，长达三年的经济困难期；1994 年，中国通胀率高达 20% 以上）、国企改革带来的阵痛，又遭受来自东南亚邻居的这场史无前例的金融风暴的巨大冲击，经济陷入困境之中。

中国该如何应对？是和各国、各地区一样采取货币贬值、扩大出口，寻求自保、死里逃生？还是见死不救？抑或是大国担当？

危难时刻，中国向世界给出了自己的答案。此时，深受亚洲金融危机危害的最大发展中国家——中国发出了震撼世界的庄重承诺，时任国家总理朱镕基宣布：第一，人民币不贬值；第二，全力支持中国香港地区，击退国际热钱的恶意炒作；第三，加强亚洲经济体之间的沟通和经贸合作。

仅仅一年半时间，亚洲金融危机“从韩国普通市民纷纷卖结婚项链替国分忧的困境，到亚洲各国经济重新以 8% 速度高速增长”而宣告结束。

据统计，在本次亚洲金融危机中，因中国承诺人民币不贬值，为东亚、东南亚走出金融危机赢得了机遇。而中国在为世界经济做出巨大牺牲之时，结果使自己遭受了高达 158 亿美元的巨额损失。

经济全球化

国际货币基金组织认为：“经济全球化是指跨国商品与服务贸易及资本流动规模和形式的增加，以及技术的广泛迅速传播使世界各国经济的相互依赖性增强。”而经济合作与发展组织认为：“经济全球化可以被看作一种过程，在这个过程中，经济、市场、技术与通信形式都越来越具有全球特征，而民族性和地方性在减少。”

二战之后，世界进入第二个全球化阶段。这与第一次工业革命之后开启的全球化第一个阶段有着本质的不同。其一是全球化程度更高，从经济、贸易、技术到人才交流，全球化程度显著提高；其二是以国际组织与国际规则为核心构建国际治理体系；其三是更加开放、公平与平等。

自 20 世纪 90 年代以来，随着冷战的结束、欧盟的建立、互联网科技的发展，全球化第二个阶段进入一个更高的层次，经济全球化、科技全球化、贸易全球化进程在以前所未有的速度加快步伐。尤其是经济全球化成为世界经济发展的重要趋势。

在新科技革命和经济高水平发展的推动下，社会在生产的各个环节（生产、分配、交换、消费）和各种资本形态（货币资本、生产资本、商品资本）的流动超出了国界，融入全球范围之内。产业链、供应链及价值链超出国界，行业分工协作加深。

20 世纪 90 年代以来，经济全球化得到了迅速的发展，现已发展成为以科技革命和信息技术发展为先导，涵盖了生产、贸易、金融和投资各个领域，囊括了世界经济和与世界经济相联系的各个方面及全部过程。其主要表现为：国际分工从过去以垂直分工为主发展到以水平分工为主的一个新阶段；世界贸易增长迅猛和多边贸易体制开始形成；国际资本流动达到空前规模，金融国际化的进程加快；跨国公司对世界经济的影响日增；国际经济协调的作用日益加强；国际组织、区域组织对经济发展的干预作用日益增强。

1995 年 1 月 1 日，世界贸易组织（WTO）正式开始运作。1996 年 1 月 1 日，世界贸易组织正式取代关税及贸易总协定临时机构。自此，1947 年 10 月 30 日签订的关税及贸易总协定经过再次升级，达到了一个很高的合作水准。随着 WTO 的建立，以及主要经济体的加入，经济全球化更上了一个台阶。

美国学者托马斯·弗里德曼的著作《世界是平的》描述了当代世界发生的重大变化，尤其是全球化对世界的影响。他摘要地叙述全球化的历史：由 1492 年至 1800 年是“全球化 1.0”，力量来自国家；由 1800 年至 2000 年是“全球化 2.0”，力量来自跨国公司，并且分为两阶段，前半段来自“运输成本下降”，后半段来自“通信成本下降”；从 2000 年起，进入“全球化 3.0”，力量来自个人。并且给出了抹平世界的十大推动力量：1989 年 11 月柏林墙倒塌、1995 年 8 月网景通信公司上市、工作流软件、开放源代码（资源开放共享）、外包、岸外生产、供应链、承包、信息搜索、轻科技“类固醇”（是指放大的技术像增加的计算机计算速度、文件共享、多用途设备和无线传输等）等。在这十大推动力量中，其中 5 项均与互联网信息技术有关，分别是：1995 年 8 月网景通信公司上市、工作流软件、开放源代码（资源开放共享）、信息搜索、轻科技“类固醇”。①

经济全球化对推动世界经济合作、技术进步无疑有着积极的意义。其直接带来三个变化与趋势：一是世界各国经济联系的加强和相互依赖程度日益提高；二是各

① 详见美国学者托马斯·弗里德曼的著作《世界是平的》。

国国内经济规则不断趋于一致；三是国际经济协调机制强化，即各种多边或区域组织对世界经济的协调和约束作用越来越强。总的来讲，经济全球化是指以市场经济为基础，以先进科技和生产力为手段，以发达国家为主导，以最大利润和经济效益为目标，通过分工、贸易、投资、跨国公司和要素流动等，实现各国市场分工与协作，相互融合的过程。

经济全球化有利于资源和生产要素在全球的合理配置，有利于资本和产品在全球性流动，有利于科技在全球性的扩张，有利于促进不发达地区经济的发展，是人类发展进步的表现，是世界经济发展的必然结果。但它对每个国家来说，都是一把双刃剑，既是机遇，也是挑战。特别是经济实力薄弱和科学技术比较落后的发展中国家，面对全球性的激烈竞争，所遇到的风险、挑战将更加严峻。

对于危机而言，全球化使得世界各国关联性大大加强，从而使得各国经济的联动性加深。爆发全球性经济危机的概率加大，蝴蝶效应十分明显。因此，“经济全球化”的代价之一就是全球经济的不稳定将成为一种常态。全球化成为全球经济危机、金融危机的助推剂。

此外，由于人员跨国流动频繁，人数增多、范围加大，这也带来传染病快速传播的风险，以及跨国犯罪的增加。

互联网经济兴起

在计算机（1946 年）与互联网（1969 年）诞生很长一段时间后，计算机与互联网的商业化应用还没有出现。首先突破的是计算机，1981 年 8 月 12 日，国际商用机器公司（IBM）推出了型号为 IBM5150 的新款计算机，“个人计算机”这个新生市场从此诞生。但是，互联网的商业化应用仍需要等上十几年时间。20 世纪 80 年代，美国已经基本普及了个人计算机，并且已开始形成局部连接的局域网络。这种局面就为 90 年代掀起的信息产业热潮，特别是互联网热潮奠定了坚实的物质基础和先决条件。

1989 年 3 月，蒂姆·伯纳斯·李撰写了《关于信息化管理的建议》一文，文中描述了一个更加精巧的管理模型。1990 年 11 月 13 日，他在一台 NeXT 工作站上写了第一个网页的代码，以实现他文中的想法。在那年的圣诞节假期，蒂姆·伯纳斯·李制作了必需的工具——第一个万维网浏览器（同时也是编辑器）和第一个网页服务器。1991 年 8 月 6 日，他在 alt.hypertext 新闻组上贴了万维网项目简介的文章，这一天也标志着“互联网”上万维网公共服务的首次亮相。

万维网是人类历史上最深远、最广泛的传播媒介。它使其用户可以和分散于这个行星上不同时空的其他人群相互联系，其人数远远超过通过具体接触或其他所有已经存在的通信媒介的总和所能达到的数目。而浏览器就好比是进入万维网世界的窗口，它能使用户查看网页，并与其中的应用程序进行互动。缺少了浏览器这个窗口，万维网就失去了价值。

互联网连接进一步扩大使得信息更加海量，如何在浩瀚的海量信息中找到最需要的信息呢？如何为人类与信息建立起准确连接呢？1990 年，加拿大麦吉尔大学计算机学院的师生开发出 Archie。Archie 能定期搜集并分析 FTP 服务器上的文件名信息，提供查找服务。不过，用户必须输入精确的文件名进行搜索，Archie 才会告诉用户哪个 FTP 服务器能下载该文件。虽然 Archie 搜集的信息资源不是网页（HTML 文件），但和搜索引擎的基本工作方式是一样的：自动搜集信息资源、建立索引、提供检索服务。所以，Archie 被公认为现代搜索引擎的鼻祖。

1992 年，当时的参议员、后任克林顿的副总统的艾伯特·阿诺·戈尔第一个提出了美国信息高速公路法案，建议美国建立一个连接全国乃至全球的高速信息通道。1993 年 1 月克林顿正式上台以后，在美国传统产业普遍不景气的情况下，为振兴美国经济，遂决定大举投资信息产业，通过这一高新技术部门的发展来带动整个美国经济的发展。1993 年 9 月，在克林顿的推动之下，美国参众两院通过了关于建设美国信息高速公路的法案，于是，一项雄心勃勃的高科技建设计划——“国家信息基础设施”宣告拉开序幕。

所谓“信息高速公路计划”，或称“国家信息基础设施”，是以强大的通信网为基础，由各种信息服务设备构成，有丰富的软件和方便的工具支持，并包含了全社会所需的所有信息的集成系统。从其技术基础来看，主要由四大部分组成：由功能强大的光纤电缆组成的通信网络；由作为服务器的超大型计算机和作为数据传输终端的个人计算机组成的信息服务设备；由各种计算机软件提供的各种数据处理系统；由服务器向终端提供的丰富的信息资源。这样一个完整的系统，就构成了所谓“互联网”。

按照克林顿政府的设想，这一宏大的建设计划实现以后，到 2000 年，美国的生产率将因此提高 20%—40%，增加经济效益 3.5 万亿美元。此外，克林顿政府还企图通过全球连接的互联网网络，向全球传播美国的所谓“民主自由”的意识形态，以使美国进一步巩固在全球意识形态领域和话语权方面的优势地位。随着信息高速公路计划的大幕拉开，美国也掀起了投资互联网产业的热潮。

搜索引擎技术的出现，为互联网基于万维网出现的网站进一步商业化提供了助燃剂。1995 年 3 月，雅虎公司成立，随着访问量和收录链接数的增长，雅虎目录开始支持简单的数据库搜索。雅虎商业化应用的巨大成功使其成为 20 世纪 90 年代“互联网”的代名词，以后陆续有 Altavista、Inktomi、Google 提供搜索引擎服务。

因此，互联网的商业化始于 1994 年，这与互联网技术的发展和进步是分不开的。正是因为计算机的办公化、家庭化使得个人计算机进入寻常百姓家，随着计算机的普及与用户的增加，互联网的连接能力在进一步扩大，没有用户基础的互联网将无法商业化。由此可见，互联网的商业化与互联网科技的发展是分不开的。

1995 年 8 月 9 日，这一天成为公认的美国 20 世纪 90 年代互联网繁荣期的开端之日。就在这一天，生产互联网浏览器的网景通信公司的股票在纳斯达克成功上市，从而使其成为美国第一家实现股票上市的从事互联网产业的公司。事实上，这家投资仅 1700 万美元、成立于 1994 年 4 月的公司，开业 16 个月以来从未有过任何盈利。但是，在纳斯达克上市之后，这家公司却借着当时热炒的“信息高速公路”概念，以其“互联网企业”的光环，一夜之间就变成了市值 20 亿美元的信息产业巨人，开创了美国 20 世纪 90 年代互联网行业的第一个神话。

网景通信公司这家位于加利福尼亚州的小公司，创造了第一个重要的网页浏览器，以及一般大众的上网文化。网景通信公司公开上市后，世界从此抹平，全然改观。

成立于 1995 年 3 月的雅虎公司，在成立一年后，于 1996 年 4 月上市，首日收盘价为 33 美元，创造了美国乃至世界互联网行业的奇迹与神话，彻底点燃了互联网商业探索及创业的激情。一大批伟大的互联网科技公司在此之后开始成立。

互联网产业的兴起，使得陷入困境中的美国经济迎来了又一个黄金时代，全面带动美国经济进入崭新的新时代，将欧洲、日本等发达经济体远远抛在了身后。自此美国经济遥遥领先世界。

互联网商业化，带动整个世界信息革命，其影响是深远的，超过历史上任何一个时代。其影响不仅表现在经济层面，更重要的是引起知识、信息与观念的变革，其极大地推动了全球化的变革。如果问近几十年影响世界最重要的力量是什么，回答毫无争议，是全球化与互联网。而互联网对全球化的推动是巨大的。

韩国外汇危机

韩国经济在 20 世纪 70 年代开始腾飞，用短短几十年的时间，从一个贫穷落后、资源稀缺、市场狭小的国家，成功跨越高收入之墙，跻身发达经济体。1997 年，韩国人均收入已达 1 万美元，人民对于刚刚步入发达国家的韩国充满信心。但“韩国模式”的背后，是政府、银行和财阀之间打造的“铁三角”关系，这也成为韩国经济的致命弱点。

1996 年，韩国正享受着经济快速增长，进出口贸易逐步提高，成功加入 OECD（经济合作与发展组织），调查显示有 85% 的韩国人认为自己是中产阶级，而飞速发展的经济以及盲目的借债扩张，已经埋下了危机的隐患。但沉浸在成功喜悦之中的韩国上下，对即将来临的危机却全然不知。

1997 年，亚洲金融危机爆发，很快波及韩国，此前持续高增长的韩国经济遭受重创。华尔街巨头发出了对韩国撤资的警告，从此时开始，外资不断流出，外资机构纷纷撤离，韩元开始大幅贬值。

韩国当时的情况是外汇储备低于 90 亿美元就会影响到进出口。而韩国此时非常依赖进出口，如果政府不能保证正常的进出口贸易，可能撑不到一周，基本就会破产。

从 1997 年开始，韩国的大型工业企业接二连三地破产。先是韩国第十四大工业集团韩宝钢铁宣布破产，随后韩国第二十六大工业集团三美集团破产，接着是韩太集团、韩国新核心集团破产，连韩国民族工业的象征——起亚集团也宣布破产。工业巨商的破产使韩国金融业备受打击，韩国各大银行背负着巨大的呆账、坏账艰难地运行。

1997 年 11 月 17 日，韩元汇率已经连续两天跌停（超过韩国政府规定的 2.25% 的浮动幅度），韩国中央银行被迫放弃对韩元汇率的干预。11 月 18 日，汇率从 989 韩元兑换 1 美元跌至 1012 韩元兑换 1 美元，跌幅为 2.32%。11 月 19 日，韩国总统金泳三接受韩国财经院长姜庆植及其高级助理的辞职，韩国金融市场顿然失控。当天韩国金融外汇市场开盘后，再度下挫 23 韩元，跌幅达 2.27%，跌破韩元每天浮动幅度不超过 2.25% 的限制。与此同时，汉城综合股价指数大幅下跌 11.65 点，跌幅达 2.36%，报收 483.01 点。

外汇储备告急，不少大公司倒闭。到 12 月 28 日，韩国的外汇储备降到不足 100 亿美元，韩国经济离破产大约还有 10 天，整个国家命悬生死一线。至此，韩国不得不接受国际货币基金组织的苛刻条件，以获得贷款。

国际货币基金组织给出的苛刻条件包括：要求政府立即关闭那些与财阀有着千丝万缕联系的商业银行；要求韩国将利率提高到 30%；立即进行金融改革等。这些措施将对财阀企业造成冲击，将把很多财阀和公司送进破产之渊。

在国际货币基金组织的救助下，韩国终于渡过了艰难的外汇危机，避免了理论上的国家破产。韩国的外汇危机给了我们以下两点启示：第一，注意外汇储备，保持一定数量的外汇储备是十分必要的。一旦外汇储备不足，而外债过高，就会引发严重的外汇风险，即外债危机。第二，健康的经济结构事关经济安危。韩国高度集中与垄断的财阀经济模式，以及严重依赖出口的外向型经济，存在着严重的经济结构问题，容易遭受外部经济风险的冲击。

在国际货币基金组织的要求及现实压力下，韩国进行了金融改革等一系列改革，韩国政府大刀阔斧地改革，为经济发展破除了阻碍。而资本市场和金融市场开放后，外商直接投资的流入则为韩国增添了新动力。

韩国在亚洲金融危机后的涅槃重生不失为一个奇迹。韩国是遭遇严重的金融危机后，第一个提前还清国际货币基金组织负债，走上持续经济发展道路的国家。回顾韩国的发展历史，我们不难发现，韩国得以持续地发展，快速走出危机，和其及时根据时势进行政策的动态调整有关。韩国借助金融危机成功地推行了金融体系改革，淘汰了部分阻碍市场发展的企业，实现了经济从量到质的蜕变。但韩国目前的经济模式仍有诸多弊端，财阀经济仍然是其弊端。[①]

俄罗斯债务危机 1998

苏联解体后，俄罗斯继承了其遗留下来的 900 亿美元左右外债以及大量内债，自独立之日起就背上了沉重的债务包袱。随着休克疗法的失败，经济雪上加霜，再由于各种因素的影响，1997 年发生在亚洲的金融风暴也波及和影响了俄罗斯，其从 1997 年 10 月到 1998 年 8 月先后经历了三次金融风波。这三次风波最终衍化成为 1998 年俄罗斯债务危机。危机发生后，出现外资抽逃、俄罗斯卢布急剧贬值、国债收益率飙升、银行挤兑和居民抢购等。

我们有必要来反思和总结俄罗斯这段债务危机的历史，以期从中得到教训与启示。

休克疗法

苏联解体后，俄罗斯在经济上采用了华盛顿共识下的一种所谓“休克疗法”。休克疗法本质是基于新自由经济理论，以华盛顿共识为导向的经济发展模式的转型方法。休克疗法是美国经济学家杰弗里·萨克斯提出的一种激进的向市场经济转型的过渡方式，核心内容可用“三自一化”概括，即自由价格、自由贸易、自由兑换和私有化。休克疗法曾成功帮助拉美国家玻利维亚摆脱拉美主权债务危机的影响，其大刀阔斧的改革措施也满足当时俄罗斯领导人的偏好，因而俄罗斯从 1992 年开始了以休克疗法为核心的经济改革。其采用了三步走的改革：第一步，放开物价以改变计划经济时代的定价方式；第二步，采取紧缩的财政政策和货币政策以弥补赤字，控制通货膨胀；第三步，推动国有企业的私有化进程使企业真正成为市场主体以完全建立市场经济体制。

休克疗法看似美好，但事实上是加速俄罗斯经济恶化和崩溃的罪魁祸首。在商品短缺的情况下放开物价必定会导致通胀的恶性发展，在经济增长乏力的情况下使

① 参见李奇霖、张德礼的《反思韩国模式：亚洲金融危机、对外开放与财阀》一文。

用紧缩政策以遏制通胀和压缩开支弥补赤字将会导致社会生产的进一步下滑，进而进一步推动通胀的恶化，而不切实际的私有化方案导致大量国有资产流失到权贵阶层的手中，恶化了收入分配问题。休克疗法的结果是俄罗斯出现恶性通胀，物价失去控制，俄罗斯卢布不断贬值，投资大幅度下降，居民实际收入下降，消费市场萎缩，最终造成经济的长期衰退。

据统计，从1992年至1997年，俄罗斯采用休克疗法6年，导致GDP累计下降达40%，工业生产下降50%。因此，有学者将俄罗斯的休克疗法戏称为“只有休克没有治疗”。总之，休克疗法导致俄罗斯经济全面衰退，从而形成了高额的债务问题，再加之从苏联继承来的900多亿美元外债，俄罗斯的债务危机是必然发生的！

债务危机

如上所述，继承自苏联的900亿美元外债，休克疗法的失败，入不敷出的财政赤字，严重依赖外资、能源出口及重工业的畸形的经济结构、资本市场的泡沫与虚假繁荣、1997年动荡的政局以及亚洲金融危机在全球蔓延与波及，外资撤离、俄罗斯卢布贬值，终于点燃了经济存在严重问题、外债高企的俄罗斯债务危机爆发的地雷。

随着亚洲金融危机的发展，大量外资逐步撤离俄罗斯市场。1997年10月28日到11月10日，俄罗斯股票市场大跌30%，继而殃及债券市场和外汇市场。俄罗斯央行的救市措施未能挽回投资者信心，尽管国债收益率在这一期间上升至45%，但依然有100多亿美元的外资流出俄罗斯。这是俄罗斯债务危机中的第一次金融风波。

1998年5—6月，俄罗斯爆发了第二次金融风波，这主要是由于俄罗斯严重的财政问题终于被暴露，进一步引起投资者的恐慌，加快了资金流出俄罗斯的速度。受此影响，俄罗斯国债收益率上升到80%，俄罗斯卢布大幅贬值，俄罗斯金融资产无人问津。基里延科政府推出了一系列金融稳定措施以挽救危机。但在人心浮动、投资者预期悲观的情况下，救市措施非但未能挽回局面，反而导致投资者信心的完全丧失，国际资本继续逃离市场，股市大跌。资本市场的动荡引发了银行挤兑风潮和居民抢购风潮，最终对实体经济产生了严重冲击。第三次金融风波最终导致俄罗斯债务危机的爆发。

俄罗斯卢布崩盘

由于外资撤离，股市大跌，俄罗斯卢布大跌，继而引发了更大的恐慌与踩踏，外资加速撤离，内资则抢购资产与银行挤兑，形成恶性循环，导致局面进一步恶化，俄罗斯卢布兑美元汇率的浮动上限由1:6.295扩大到1:9.5，即贬值50%，但这并没有阻止俄罗斯卢布继续下跌反而加强了市场预期，导致汇率在10天内跌至1:21的水平。大量资金逃离俄罗斯，导致外汇储备不断减少。

1998年9月，俄罗斯政府收入只有区区50亿俄罗斯卢布，且俄罗斯卢布已大幅贬值。俄罗斯外债超过了1550亿美元，还不包括俄罗斯各银行和公司所欠500亿美元的债务。普通居民的财产缩水严重，银行储蓄损失一半。舆论形容，1998年夏，俄罗斯政府等于宣布“破产”，政府违约在所难免。

金融危机爆发后，俄罗斯经济受到严重冲击。1997年GDP下降了2.5%，工业生产下降3%，粮食产量下降2400万吨，物价急剧上涨，人民生活水平下降。俄罗斯外汇储备损失惨重，俄罗斯卢布失守蛇形浮动汇率制度，其大幅度贬值导致俄罗斯外债偿本付息压力更大，再考虑到国债利率的疯狂上升，俄罗斯政府的借贷成本之高令人难以想象。据报道，俄罗斯政府从国债市场筹集1俄罗斯卢布的成本竟然高达12俄罗斯卢布，如此高的利息迫使政府只能从国外筹集资金，从而陷入恶性循环。俄罗斯银行系统陷入崩溃，大量银行倒闭，流动性紧缺，套期交易全线违约，支付功能丧失殆尽。俄罗斯债务危机对国家金融、财政和经济运行的破坏作用很难在短期内恢复。

俄罗斯债务危机还对全球经济产生影响。俄罗斯卢布贬值和危机恶化导致美国股市和债市的下跌。作为俄罗斯最大的债权国，德国的商业银行产生了大量坏账。独联体国家更是深受其害，乌克兰货币贬值35%，白俄罗斯货币贬值70%。独联体国家与俄罗斯经济联系紧密，俄罗斯危机导致这些国家经济也陷入困境，而危机带来的恐慌心理更是导致资金从发展中国家不断撤离，这使得在其他地区发生金融危机的可能性不断上升。

国际货币基金组织前驻俄罗斯高级代表马丁·吉尔曼在其著作《空前绝后：俄罗斯1998年主权债务违约内幕》指出：1998年俄罗斯爆发金融危机，俄罗斯卢布急剧贬值，银行业崩溃，最终导致主权债务违约，俄罗斯政府宣布停止支付400亿美元短期国家债券。

俄罗斯债务危机最终的解决是比较成功的。俄罗斯并没有像韩国一样接受国际货币基金组织的救助，而是抓住了国际能源价格上涨的大好机遇。除了凭借强大的政治军事实力作为谈判的筹码外，俄罗斯丰富的石油、天然气资源和国际大宗商品价格上涨为俄罗斯偿还外债提供了必要的条件。正是抓住了这个关键的机遇期，俄罗斯终于化解了巨额的外债危机。进入21世纪后，俄罗斯经济发展进入正轨，成为“金砖国家”重要成员，外汇储备也有了巨大盈余。这大大增强了其抵御外债风险的能力。

小　结

近30年来对世界影响最大的两大动力是全球化与互联网科技，而这两大力量就诞生于20世纪90年代。世界贸易组织（WTO）成立，经济全球化加速，将全球经济带入一个新的高度。而互联网的商业化应用催生的新经济，则带来了纳斯达克的繁荣昌盛，诞生了一大批伟大的互联网科技公司。

这20年世界发生了重大变化，二战以来经济发展最快的两个国家——日本与德国在美国主导的广场协议之后，势头不再。而美国经济则在里根新政后，迎来了互联网科技商业化带来的互联网新经济红利，“互联网＋全球化”两大世界红利，使得美国经济在西方世界中大踏步前行，遥遥领先。环顾四周，已经没有了对手。苏联解体与东欧剧变后，美国成为唯一的超级大国，拥有了超级大国的红利。

这期间的四类大危机，留下了四大类教训。日本的经济泡沫虽然有美国主导广场协议的原因，但更大原因在于日本错误的政策。拉美主权债务危机、俄罗斯债务危机及韩国外汇危机则告诫我们，保持合理充裕的外汇储备是十分必要的，是避免主权债务危机的核心。苏联的解体留给我们的启示是：发展经济是立国之本，切莫卷入军备竞赛之中拖垮经济，保持合理均衡的经济结构是十分必要的。而亚洲金融危机的启示则是：金融自由化需要过程，不可盲目激进。

附 注

1981—2000年的东西方世界

1981年 IBM推出首台个人计算机。

1982年 马岛战争。

美国与中华人民共和国共同发表“八一七公报”。

1983年 中、日、英、美的石油公司在中国南海合作勘探开发石油的合同在北京签署。

1984年 洛杉矶举办奥运会。

1986年 美国航天飞机挑战者号于升空后73秒爆炸解体坠毁。

切尔诺贝利核电厂爆炸。

1988年 汉城（现已更名为首尔）举办奥运会。

1989年 开始拆除柏林墙。

1990年 立陶宛脱离苏联，恢复独立。

两德统一。

1991年 拉脱维亚与爱沙尼亚脱离苏联，恢复独立。

海湾战争，伊拉克占领科威特，联合国决定对伊拉克动武，伊拉克战败。

苏联解体，冷战结束。

南非种族隔离政策结束。

1992年 巴塞罗那举办奥运会。

斯洛文尼亚独立得到欧洲共同体的认可。

1992—1995年 波黑战争。

1993年 欧盟正式成立。

1994年 南非首位黑人总统曼德拉就职。

卢旺达大屠杀开始。

1995年 世界贸易组织（WTO）正式成立。

1996年 亚特兰大举办奥运会。

1997年 英国将地区的香港主权交回中国。

由泰国开始引发亚洲金融危机。

《京都协定书》的签订。

1999年 中国台湾地区发生集集大地震。

葡萄牙将澳门地区主权交予中国。

美国将巴拿马运河区主权交予巴拿马。

土耳其大地震。

科索沃战争爆发。

2000年 美国纳斯达克互联网泡沫破裂。

悉尼举办奥运会。

第七部分

新时代新危机

信贷、债务与全球化

（2001—2021）

导　读

自 20 世纪 90 年代初以来，经历了三个经济周期，使我们走到了现在。第一个周期在 2000 年的互联网泡沫达到顶峰后陷入衰退，第二个周期在 2007 年的泡沫中达到顶峰，导致了 2008 年全球经济衰退。而我们当下正在经历的，其实已在 2020 年新型冠状病毒引发的经济下滑之前就已达到顶峰，新冠肺炎疫情只不过是加剧了危机的提前来临。

同时我们也看到，进入 21 世纪之后，世界经济在加速，但同时，“黑天鹅”“灰犀牛”各种风险事件频发，全球性危机事件爆发的周期越来越短，如 2000 年互联网泡沫、2008 年次贷危机、2010 年欧债危机等。各种瘟疫也在世界频繁大流行，如 2003 年“非典”、2010 年禽流感、2014 年非洲埃博拉病毒、2016 年寨卡病毒肆虐南美、2020 年新冠肺炎疫情。大的自然灾难也增多，如 2004 年印度尼西亚海啸、2008 年中国汶川大地震。

毫无疑问，“9・11 事件”、2008 年次贷危机（国际金融危机）、2020 年新冠肺炎疫情是 21 世纪以来世界面临的三大战略性危机。这三大世界战略性危机，已非传统意义上的安全威胁或经济危机，无一能靠传统大国竞争工具箱解决。这需要全球合作，共同应对。但我们看到的却是：地缘政治与战争的危机、大国博弈的危机、世界脱钩的危机、新冷战的危机等。

二战后建立的世界政治秩序至今已经 70 余年，而自 20 世纪四五十年代开始的第三次工业革命至今也已近 70 多年。当下的世界正处于政治经济的大周期末尾的过渡期之中，而过渡期是一个剧烈调整、动荡的时期。如果从历史周期中寻找，当下的世界与 1910—1945 年的世界何其相似。此期间正处于第四次康博周期的衰退与萧条期，世界处于剧烈动荡、冲突期，发生了 1 次经济大萧条、1 次大瘟疫及 2 次世界大战。

原本经济已走向衰退、逆全球化加速、国际秩序已经走向变革的世界，在 2020 年席卷全球的新冠肺炎疫情之后，未来会出现一个无领导的世界秩序，一个无霸主的世界经济秩序吗？面临二战以来最大的一次重构，不确定的风险加大，未来的世界究竟向何处去？

第十三章
泡沫、科技与金融危机

席勒的CAPE指数

英国工业革命之后，世界经济呈现指数级增长趋势，短短几百年的发展，财富创造已经远远超越人类历史数千年的积累。而市场经济发展模式、现代金融制度以及科技发展成为现代经济发展的三大推动力量。在这三大力量之中，科技为生产力，而市场经济与金融制度为生产关系。

在市场经济发展模式中，金融与经济的关联性越来越强。现代经济基本可以划分为金融经济与实体经济两大类。如果论述二者之间的关系，其紧密关联性有三：其一，金融成为现代经济的核心，而资本市场是金融的核心；其二，金融助推与影响经济发展，货币、信贷与债务成为经济周期的“老三样”，与经济周期兴衰紧密相关，金融政策成为经济周期的重要调控工具；其三，金融危机与经济危机密切相关，相互影响，相互传导。还有一个现象是：在西方发达市场经济体，金融对经济的影响更大，尤其以美国为最。在美国，社会财富主要分布在股市里，金融资产主要以资本市场体现的直接融资为主。因此，股市的兴衰关系到美国经济的安危。

梳理500年以来的世界性经济危机，截至目前，大的危机将近40次。危机的中心基本都在英国与美国，或由两国发起，或由两国引领。随着资本市场的发展，尤其是华尔街的崛起，股市与经济危机、金融危机的联系越来越密切。正因为如此，股市成为美国经济的晴雨表，同时，股市也成为经济危机、金融危机的导火索与火药桶。近百年来，大部分的危机都因为股市大幅下跌引发，或者危机引发了股市的大幅震荡，进一步加剧了危机。由此可见，股市的危机预警也有助于判断经济、金融危机。因此，研判股市变动的规律，对防范股市风险引发的经济危机有着重要的意义。

那么，如何来判断股市的安危呢？对于个股估值或上市公司整体的估值，市盈率是最简单、常用的估值指标，其计算公式为市盈率 = 股价 / 每股收益。通常来讲，市盈率估值方法适用于盈利比较稳定的市场、行业、公司。

但是，通常来讲，大部分市场、行业、公司的盈利表现都不是很稳定，有时波动会比较大，表现出一定的周期性，因而在应用市盈率对市场、行业、公司进行估值时通常要对盈利做出一定的调整。

在格雷厄姆于 1934 年所写的《证券分析》一书中，他认为，为了检验估值比率（市盈率），应该用“不少于 5 年，最好 7 年或 10 年的平均盈利”，强调企业的长期盈利能力，应该使用平均盈利。[①] 他指出，对于股市整体估值及盈利的判断最好应当考虑以 10 年为一个周期。

虽然用市盈率可以评价股票短期盈利及价值水平，但对于未来盈利的预测存在缺陷与不足。因此，需要有一种新的指标体系来评价。这就是诺贝尔经济学家、耶鲁大学的教授罗伯特·席勒发明的周期调整市盈率（Cyclically Adjusted Price Earnings Ratio，CAPE）。他在 1998 年发表了著名的论文《估值比率和股票市场长期前景》（*Valuation Ratios and the Long-Run Stock Market Outlook*）。在论文中，席勒在计算市盈率时，使用了格雷厄姆建议的周期调整的方法，对盈利采用了 10 年的移动平均，由此提出了“席勒市盈率”，即周期调整市盈率（CAPE），剔除通胀因素，用 10 年的平均盈利取代普通市盈率过去一年的盈利来计算，以平滑经济周期对估值的影响。席勒的数据显示，美股的 CAPE 在 5—6 倍就是大底部了，美股的 CAPE 超过 25 倍就进入“非理性繁荣”的疯狂期。

基于上述的 CAPE 指标，席勒看到美国股市 2000 年的市盈率水平已经到了

① 参见中国人民大学出版社于2017年8月出版的格雷厄姆著作《证券分析》一书。

和 1929 年股灾相同的高位，他研究发现，美国股市的波动性远远大于盈利的波动性，而且这样的差异有时往往是系统性的、长期的。在 1982—2000 年，特别是 1992—2000 年，股票价格近乎直线上升，实在令人惊叹；而本次最大的价格增长与收益增长并不一致，这期间收益曲线并不像价格曲线那样陡峭。于是他认为美国股市已经整体高估，处于“非理性繁荣”。

随后的 2000 年 3 月，他出版了著名的《非理性繁荣》一书。在这本书出版之后的一个月，美国互联网泡沫崩溃，纳斯达克崩盘。

根据 CAPE 指数，1929 年股市崩盘时的峰值为 33 倍，2000 年股市暴跌 50% 前的数值为 44 倍。而 2007 年 5 月，美股的 CAPE 为 27.6 倍，这个数字后来成了这一周期的峰值。

大萧条时期的标准普尔指数自 1929 年暴跌后，经历了长达 7 年的熊市，到 1932 年市值跌去了 3/4。虽然 1936 年股市有所回升，但直到 20 年后，1949 年美股才回到 1929 年的水平。

席勒运用其发明的 CAPE 指数，曾两次预测过美国经济衰退：第一次，他预测美国互联网泡沫将破灭，他将其称为“非理性繁荣”；第二次，他预测美国房地产市场崩盘将导致 2008 年金融危机。

而另一位研究者梅班 · T · 费伯利用希勒 1881—2011 年的 CAPE 数据做了回测，发现在 CAPE 小于 10 倍的时候买入美股，未来 10 年的年化收益率有望超过 10%；但是若在超过 20 倍买入，则未来 10 年年化收益将低于 3%。尤其是市盈率高于 30 倍时，则将变成负回报。

巴菲特的“价值投资”与美国经济百年

有着“股神”之称的沃伦 · 巴菲特的投资理念不同于索罗斯（基于哲学及金融投资得出的反身性原理），也不同于大卫 · 斯文森的组合投资理念，更不同于 3G 资本的并购整合模式，而是将价值投资进行到底。

这个基本理念就是：找到成长性好的公司，以好的价格买下来，长期持有，静待花开。

什么是成长性好的公司呢？就是那些滚雪球式的公司，找到一个长长的坡道，将雪球一直滚下去，越滚越大，而且有护城河。这样的公司，要么是那些可以穿越牛熊的公司，如可口可乐，中国的茅台、云南白药；要么是始终走在行业趋势之前，与时俱进的、不断创新的公司，这类公司不断通过创新或并购投资，走在时代趋势前，如IBM、微软。

什么是好的价格？公司股票价格低于其真实价值，若低于其真实价值则买进，若远远高于其价值则抛掉。而这样的价格偏离，只会发生在“黑天鹅事件”等极端情况下，大概率发生在金融危机、经济危机或股市暴跌之际，越暴跌时，好股票才可能被错杀、被踩踏，这就是守株待兔买进的机会。

而作为近百年世界经济的长跑冠军，美国百年股市正好为巴菲特的价值投资提供了最佳的实验场。美国在近百年经济史中，与德国并驾齐驱，成功抓住了第二次工业革命的机会，诞生了一大批优秀的汽车、电子、航空、石油、银行等行业的伟大公司，又通过创新抓住了第三次工业革命的机会，诞生了微软、苹果、Google、亚马逊、Facebook 等这样的互联网科技公司。好公司不断，同时在可以穿越牛熊的大消费与医药领域，诞生了世界品牌公司：可口可乐、星巴克、雀巢咖啡、麦当劳、迪斯尼等。

同时，美国在一战、二战中成为最大受益者，到二战结束后，美国经济总量已达世界 3/4 以上，黄金储备高达 75% 以上，遥遥领先于世界其他国家，使得美国成为近百年来世界经济增长的长跑冠军。与其他发达经济体相比，美国经济具有：经济成长的持久性（近百年平均增长率世界第一，经济基本面最佳）、超强的纠错与调整能力（危机应对与恢复能力强）。

此外，美国经济危机频发，造成股市震荡，而每一次危机都是以好的价格买进好股票的最佳时机。

以上三个原因是巴菲特价值投资得以实现的基本条件和基础。价值投资与国家的发展和经济的持续增长密切相关。从这个角度看，价值投资在某种程度上就是“投资国运”（特指国家经济发展的内外部环境及经济增长情况）。

互联网泡沫

网络科技股泡沫破裂

进入20世纪90年代中后期，随着在世界格局变化中成为唯一超级大国带来的信心爆棚、里根新政带来的长期利好以及广场协议后美国重新获得竞争优势，美国紧紧抓住了经济全球化及互联网科技两大时代脉搏，经济出现了黄金增长期。

美国这一轮经济高涨可谓声势夺人，同时实现了“高增长、低通胀和低失业”三大目标，被称为“新经济”。从1994年到2000年，美国经济年均增长率高达4.3%，失业率降至5%以下，通货膨胀率被控制在3%以下，财政赤字也逐年减少，1992—1997年财政赤字分别为2903亿美元、2594亿美元、2030亿美元、1638亿美元、1073亿美元、226亿美元，至克林顿任期末甚至出现结余。这种良好的局面出现在国际经济萧条的大背景下，的确是一种“奇迹”。

但“奇迹”的背后另外一组数字却暗藏隐忧。一是各类债务增长，截至2001年第一季度，美国政府、企业和居民负债总额已高达近30万亿美元，是国民生产总值的3倍，其中政府债务约7.08万亿美元，企业债务约15.18万亿美元，居民债务约7.23万亿美元。这说明，美国经济债务杠杆率过高，负债严重。二是贸易逆差大幅度增长，1999年高达3389亿美元，2001年更高达约4500亿美元。三是股票市值高速膨胀，吸引大量境外游资、国内居民存款和各类基金进入股市，造成收入虚增，消费支出猛涨。这说明其泡沫严重。

特别要强调的是，美国的创新体系与里根新政使得美国在此阶段抓住了第三次工业革命——信息技术革命，尤其是该科技的商业应用大机会。而这个机会的重中之重在于互联网科技带动的产业变革。如今世界上市值最高的十大公司绝大部分都是互联网科技公司，而这些公司大都是美国公司。纵观工业革命或技术发展史，英国发起了第一次工业革命，而正是基于第一次工业革命，英国独霸世界近200年。美国与德国成为第二次工业革命的引领者，先后成为世界第一、第二工业大国与经济强国。连续发起两次世界大战并战败的德国在二战后国力衰落，而美国一枝独秀成长为西方世界的头号大国，世界超级大国。而在第三次工业革命中，美国再次抓住了时代机遇，从此将西方国家远远地甩在了身后。可以预见的是，第四次工业革命的引领者仍会是美国。也就是说，美国引领了已经发生的三次工业革命中的两次，并有可能继续引领未来发生的第四次工业革命，这也反映在其经济、科技与综合国力上。而中国在第三次工业革命后期成为美国有力的竞争者，并将与美国、日本、德国等一起分享第四次工业革命的机会。

凡事都有正反两个方面，自 20 世纪 90 年代兴起的互联网科技公司，带动了美国互联网科技的创新浪潮，网景通信公司与雅虎先后上市，将以美国硅谷为中心的互联网科技创业热情推向高峰。一大批互联网公司如雨后春笋般纷纷成立，其中不乏大量的 to VC 模式（为了融资而融资的创业模式）的靠 PPT 套取投资人资金的骗子公司。

互联网创业泡沫之疯狂，从 IPO 数量的迅速飙升可见一斑。IPO 疯狂的体现之一是开盘涨幅。1999 年，拿到 IPO 的“家人朋友”股（特指优惠价格拿到即将 IPO 的公司股份）对于某些人来说似乎是保证赚钱之道。就像大部分泡沫现象一样，开盘见涨几成定式，直到有一天戛然而止。

“据汤普森金融数据公司，1999 年，IPO 筹集的资金超过了 690 亿美元，比 1996 年增长了 39%，这是有史以来融资额第二大的年份。该年创纪录的首日涨幅也许更令人瞠目。VA Linux 在 12 月初的首个交易日涨幅达到创纪录的 733%。据 WorldFinanceNet.com，当年共有 117 起 IPO，或者说当年 IPO 总量的 23% 首个交易日涨幅超过了 100%。据 IPO.com，有史以来 IPO 开盘日涨幅前 10 大的交易中有 9 桩是发生在这一年。”①

如同所有的泡沫一样，无论是当年的郁金香泡沫、密西西比泡沫、南海泡沫，还是最新的互联网科技，当疯狂与贪婪交织在一起，投机就会将泡沫吹大，但凡是泡沫，都有破裂的那一天。泡沫刺破就只等那根针了。

1999 年至 2000 年早期，利率被美联储提高了 6 倍，失控的经济开始失去了速度。于是，网络经济泡沫于 2000 年 3 月 10 日开始破裂，该日纳斯达克综合指数到达了

① 参见36氪2017年12月29日文章《1999—2001，网络泡沫时代的记忆》，https://25iq.com/2017/05/12/the-dot-com-boom-and-bust/。

5048.62（当天曾达到过5132.52），比1999年的指数翻了一番还多。由此可见，美联储连续提高利率收缩流动性成为那根刺破泡沫的针。纳斯达克综合指数此后开始小幅下跌，市场分析师们却说这仅仅是股市做一下修正而已。股指反转及随后的熊市来临有可能是因联邦政府诉微软案的审理触发的。审理宣布微软为垄断的结果，在正式公布的4月3日的几星期前就开始为外界所广泛猜测。①

纳斯达克综合指数3月13日一开盘就从5038跌到4879，整整跌了3%。大规模的初始批量卖单的处理引发了抛售的连锁反应：投资者、基金和机构纷纷开始清盘。仅仅6天时间，纳斯达克综合指数就损失了将近900个点。

泡沫破裂也有可能与1999年圣诞节期间互联网零售商的不佳业绩有关。零售商的业绩在3月份上市公司进行年报和季报时被公诸于众。当时，大量的互联网公司尚未找到盈利的方式。

到了2001年，泡沫全速消退。大多数互联网公司在把风投资金烧光后停止了交易，许多甚至还没有赢利过。投资者经常戏称这些失败的互联网公司为“炸弹”（Boombs）或“堆肥”（Compost）。

网络上市公司股票泡沫的破灭与崩盘直接传导到整个互联网创业公司上。互联网公司一家接着一家耗尽资金后，或被收购或清盘，域名则被原旧经济的竞争对手或域名投资者购入。部分公司则被控不诚实误用股东的资金，美国证券交易委员会对大型投资机构包括花旗集团及美林罚款数百万美元，以惩罚它们误导投资者。支援性行业如广告及运输业亦需缩减其营运规模，以面对下跌的需求。只有少部分互联网公司，如Amazon及eBay最后勉强生存下来。中国概念股股票在此次泡沫中跌得每股只剩几分钱，苟且偷生。

网络经济泡沫的崩溃在2000年3月到2002年10月间抹去了科技公司约5万亿美元的市值。大约有50%的互联网公司活过了2004年。

互联网泡沫引发的股市泡沫崩盘后，资金撤出股市，开始进入另外一个资金蓄水池中。

网络经济泡沫的破裂促成了美国房地产泡沫的产生。耶鲁大学的经济学家罗伯

---

① 文彦：《巴菲特全书》[M].北京：中国华侨出版社，2013。

特·希勒2005年说："一旦股市下跌，房地产就成为股市释放的投机热潮的主要出口。这也引发了新一轮房地产的繁荣，继而为数年之后的2008年美国次贷危机埋下了隐患。"

梳理对比分析美国百年股市，由美国股市崩盘引发的重大经济危机有四次。其中有两次是全球有史以来最大危机。一次是1929年大萧条，另一次是美国2008年次贷危机。这两次危机的导火索都是股市大幅度下跌引发的恐慌与传导。另外两次是1987年的"黑色星期一"与2000—2002年的互联网泡沫。

从这四次危机前后的美国经济政策角度分析，不难发现，这四次股票崩盘的终极原因在于泡沫过大，但形成泡沫的原因在于宽松的货币、信贷政策导致的债务杠杆率过高，热钱流入股市，吹大泡沫。而刺穿泡沫的又恰恰是货币、信贷政策的收缩导致。我们从1929年大萧条前几年看到的情形是货币、信贷宽松，热钱流入股市，推高股市泡沫。当危机临近时，政府紧急扭转政策，连续收缩货币与信贷，其目的在于降温，但是不承想却引发市场忧虑，刺破了股市的泡沫，引发股市崩盘。2000年互联网泡沫如此，2008年次贷危机亦如此。在债务高企，泡沫巨大之时，任何风吹草动都会引发市场恐慌，继而导致踩踏与错杀的惨案发生。

因此，原哈佛大学校长萨默斯及众多经济学家都认为：不当的宏观调控政策是导致经济危机的主要原因。那么，有没有一种可能，促进政府的调控科学性或者捆住政府调控的手？从近百年来的实践经验看，政府这只有形的手对于经济的宏观调控是十分有效的，尤其对于拯救陷入危机中的经济更是必要的。那么，问题就剩下一个：政府调控能否更精准、科学、实时与恰当呢？那么，我们就选取市场经济比较成熟且历经过几轮完整周期的美国为例，从美国的"故事"中去探寻上述问题的可能性。

按照"故事"的通常讲法，20世纪90年代的后半段，美国股市陷入了疯狂之中。在"非理性繁荣"之下，投资者将大量财富投入价值被高估的高科技公司中，但这些投机性企业却赚不到一点利润，白白浪费了大量投资。因此，政府对泡沫的强硬管制是必要的。

故事的确是这个说法，但现实却有所不同。美国的确发生了互联网泡沫，泡沫的确导致了投资的浪费和扭曲。但泡沫规模通常并没有想象的那么大，持续时间也没那么久。事实上，泡沫从 1998 年年末开始，只持续了一年半时间而已。由此可见，宏观泡沫的持续时间比通常所认为的要短得多。政府急于干预可能适得其反。

那些赞同政府采取措施降低资产价格的人们相信，泡沫开始于 1996 年——这比实际时间早了三年。如果下这样的诊断，“治疗”将会比“疾病”本身的祸害更大。事实上，当经济前景看好时，政府是难以区分非理性繁荣和理性乐观的，因此，不该让政府承担挤破泡沫、打压投资的任务。

由此看来，政府调控经济不得不做，但市场不可捉摸，没有任何人可以改变市场规律，赢得市场。所以，这种要求政府能够精准调控经济的设想，其实是很难实现的。基于事后的经济数据分析而做出的评判，属于典型的事后诸葛亮。

安然事件

在此次互联网泡沫引发的股市大跌中，除了互联网等科技公司，一些传统公司也受到了波及。其中必须要提及的是 2001 年发生在美国的安然公司破产案以及相关丑闻，这就是著名的安然事件。2001 年 12 月 2 日，安然公司突然向纽约破产法院申请破产保护，该案成为美国历史上企业第二大破产案。

在宣告破产之前，安然公司拥有约 21 000 名雇员，是世界上最大的电力、天然气以及电信公司之一，2000 年披露的营业额达 1010 亿美元。公司连续六年被《财富》杂志评选为“美国最具创新精神公司”。从 2001 年 8 月公众对安然公司质疑，到 12 月 2 日，不到 4 个月时间，财务造假的安然公司轰然倒下。安然事件爆发后，原本因互联网泡沫崩盘的股市进一步加速下跌，严重挫伤了美国经济恢复的元气，重创了投资者和社会公众的信心，引起美国政府和国会的高度重视。在安然事件中，损失最惨重的无疑是那些投资者，尤其是仍然持有大量安然公司股票的普通投资者。

在安然事件中，位列世界第五位的会计师事务所安达信作为安然公司财务报告的审计者，既没审计出安然公司虚报利润，也没发现其巨额债务。因此，在调查安然公司的同时，美国监管部门的司法利剑也指向了安达信。安达信自安然公司 1985 年成立伊始就为它做审计，安然公司一半的董事与安达信有着直接或间接的联系，甚至首席会计师和财务总监都来自安达信。在安然案爆发后的半个月时间，安达信竟销毁了数千页安然公司的文件，直到2001年11月8日收到美国证券交易委员会的传票后才停止销毁文件。2002年3月，美国司法部以妨碍司法公正对安达信提起刑事诉讼，理由是该公司在安然丑闻事发后毁掉了相关文件和计算机记录，从而开创了美国历史上第一起大型会计行受到刑事调查的案例。同年6月，安达信被美国法院认定犯有阻碍政府调查安然破产案的罪行。安达信就此宣告倒闭，正式遁迹于其从事了近90年的会计审计执业。

安然事件发生7个月后，美国国会通过了萨班斯法案，并设立了美国公众公司会计监督委员会（PCAOB），加强对上市公司的监管。

“9·11事件”与伊拉克战争

伴随着纳斯达克互联网泡沫、安然事件、世通事件的还有“9·11事件”。2000—2002年，作为世界金融中心的纽约可谓极不太平。股灾与恐怖袭击接连而至，严重打击了美国公众的信心，对美国经济造成了巨大的冲击。而在经济全球化时代下，世界各国经济关联性越来越强，尤其在主要的发达经济体表现得更为明显。头号经济大国美国的经济状况对全球经济影响更甚，美国感冒、全球吃药的现象越来越明显！而拥有世界储备货币——美元发行权的美联储，每一次调控美国经济的货币、信贷政策效应则对全球经济产生联动影响，使得各国央行不得不与美联储同步，逆向而行者则要么被美联储货币放水的滔天巨浪淹死，要么被美联储的紧缩渴死。

“9·11事件”

美国东部时间2001年9月11日上午，两架被恐怖分子劫持的民航客机分别撞向美国纽约世界贸易中心一号楼和世界贸易中心二号楼，两座建筑在遭到攻击后相继倒塌，世界贸易中心其余5座建筑物也受震而坍塌损毁；9时许，另一架被劫持的客机撞向位于美国华盛顿的美国国防部五角大楼，五角大楼局部结构损坏并坍塌。这起事件被定性为恐怖袭击，命名为“9·11事件”。

"9·11事件"发生后，全美各地的军队均进入最高戒备状态。虽然塔利班发表声明称恐怖事件与本·拉登无关，但美国政府仍然认定本·拉登是恐怖袭击事件的头号嫌犯。作为对这次袭击的回应，美国发动了"反恐战争"，入侵阿富汗以消灭藏匿基地组织恐怖分子的塔利班，并通过了《美国爱国者法案》。2001年10月7日美国总统小布什宣布开始对阿富汗发动军事进攻。

"9·11事件"是发生在美国本土的最为严重的恐怖攻击行动，遇难者总数高达2996人（含19名恐怖分子）。对于此次事件的财产损失各方统计不一。此次事件对美国民众造成的心理影响极为深远，美国民众对经济及政治上的安全感均被严重削弱。

反恐阿富汗

"9·11事件"发生后，举世震惊。因为上百年来，自美国南北战争（内战）以来，美国本土从未出现过战争及如此惨重的恐怖袭击。而这起恐怖袭击就发生在美国最繁华的世界金融中心纽约，发生在光天化日之下，发生在纽约人的头顶与身边，其给美国人的恐慌与震惊可见一斑。生活在提心吊胆之下，没有信心，经济肯定就没有了生气。因此，面对"9·11事件"，美国认为必须要通过战争报复来提振国民的信心，树立超级大国的威望，给国民以安全感，这样才能挽救处于互联网泡沫破裂之后的经济困境。

于是，小布什总统发动的两场反恐战争——阿富汗战争与伊拉克战争开战了。两场战争结束多年之后，美国在反思这两场战争时，大多数的观点认为，这两场战争将美国拖入了战争的泥潭，加大了美国的财政赤字，得不偿失。更重要的是，因为美国重心转移，忽略了东亚，在这将近十年时间里，中国获得了前所未有的发展机会，一举超越英、法、德、日，成为二号经济大国。

我们先看看美国于"9·11事件"之后率先开打的阿富汗战争。阿富汗是一个贫穷的、动乱的国家。这里地形复杂，历史上所有入侵阿富汗的世界强国都葬身于此，被誉为"帝国的坟墓"。阿富汗在近现代历史上，先后遭受过英国、苏联和美国军队的入侵。令人费解的是，这三个大国都在阿富汗陷入战争的泥潭，被迫撤离。

日不落的大英帝国，从19世纪到20世纪初先后三次入侵，付出了近4万人伤亡和数亿英镑军费，最后主动选择与阿富汗当局签订和约。号称"战斗民族"的苏联，二战一直打到柏林，1979 年 12 月悍然入侵阿富汗。结果十年战争伤亡近 5 万人，耗资 200 多亿美元。阿富汗战场成为苏联不停流血的伤口。1988 年，苏联被迫撤军，不久后解体。而 2001 年“9・11 事件”后，世界上最强大的美军同样深陷阿富汗战争深渊，不能自拔。《帝国的坟场：阿富汗战争全史》一书就讲述了入侵阿富汗的帝国全部深陷战争泥潭的历史事实。

2001 年阿富汗战争是以美国为首的联军在 2001 年 10 月 7 日起对基地组织和塔利班的一场战争，该战争是美国对“9・11 事件”的报复，同时也标志着反恐战争的开始。联军官方指这场战争的目的是逮捕本・拉登等基地组织成员并惩罚塔利班对恐怖分子支援。2014 年 12 月 29 日，美国总统奥巴马正式宣布阿富汗战争结束。阿富汗战争历时 13 年之久。这可能是美军耗时最长、感觉最难缠的战争。战争虽然结束了，但美军还不得不在当地保留大量驻军。又迫于无底洞式的庞大军费开支，美军不得不考虑撤军问题。但撤军将遗留下很多问题。

在消耗了大量的军费开支之后，2016 年 7 月 6 日，美国总统奥巴马宣布放缓美军在阿富汗的撤军计划，将在 2017 年 1 月其总统任期结束前在阿富汗保留大约 8400 名美军士兵。2020 年 2 月 29 日，美国与塔利班在卡塔尔多哈签署和平协议，以结束 18 年之久的阿富汗战争。

这场令美国头疼的、进退两难的战争，远远超出美国最初的设想与意料。法新社评价，阿富汗局势 17 年来没有重大改变，塔利班势力依旧强劲，和平进程没有取得突破。① 多次民调显示，大多数美国人反对和厌倦阿富汗战争。除数千名美军官兵在阿富汗丧生外，美国为这一战争还承受着沉重的财政负担。美国官方从未详尽透露阿富汗战争的真正财政支出情况。据英国《金融时报》和独立研究人士计算，美国为此支付了 1 万亿美元，其中 80% 是在奥巴马总统任期上花出的。②

再打萨达姆

在时任美国总统老布什的发动下，1991 年，以美国为首的多国部队对伊拉克开战，

① 参见《人民日报》（海外版）2020年01月10日《阿战争十七年　美国何时收手？》一文。

② 参见新华网2020年01月10日《阿富汗战争，美国难以自拔的泥淖》一文。

史称“海湾战争”。海湾战争向世界展示了美军新的军事技术、军事设备及新的军事理念（超限战），这是20世纪第一次高技术军事战争，美军以绝对优势的高精尖军事技术装备，以高维打低维方式对远远落后于美军的中东军事强国伊拉克展开外科手术般的军事打击。这场战争是在联合国授权下进行的，美军轻松击败入侵科威特的伊拉克。

在“9·11事件”后，为了打击和威慑恐怖分子，美国于2001年发动阿富汗战争，在阿富汗战争开打后不久，尚处于胶着状态时，时任美国总统小布什于2003年又发动了第二场战争——伊拉克战争，子承父业，两打伊拉克，再打萨达姆。

同时发动两场大规模的战争，这也是美军的新时代战略目标。根据美国国防部公布的《四年防务评估报告》，“具备在不同地点同时打赢两场大规模战争的能力”，是美军遵循了25年的传统军事战略。但从美军同时开打的伊拉克和阿富汗两场战争发展过程看，让美军不得不面对现实：胜利如此遥远，从泥潭中抽身而出才是正道。

下面就来看看美国针对伊拉克发动的第二次战争情况。这场战争与美国海湾战争不同的是，未经联合国授权。美国以伊拉克藏有大规模杀伤性武器并暗中支持恐怖分子为由，绕开联合国安理会，单方面对伊拉克实施军事打击。

这场战争是以英美军队为主的联合部队在2003年3月20日对伊拉克发动的军事行动，对于美国来说，因为是海湾战争的延续，所以这场战争又称为第二次海湾战争。到2010年8月美国战斗部队撤出伊拉克为止，历时7年多，美方最终没有找到所谓的大规模杀伤性武器，反而以萨达姆政权早已销毁的文件和人证为由，结束了战争。2011年12月18日，美军全部撤出。

在持续8年多的伊拉克战争中，有超过9000名美军官兵丧生，5.6万人受伤，7630亿美元战争开支，500亿美元重建。战争对该地区及世界经济的打击正日益显现。鉴于经济全球化的纽带令世界经济日益相互依赖，此次的伊拉克战争与20世纪90年代初的海湾战争相比，其对世界经济造成的负面影响更加严重！

战争对经济的影响主要体现在国际石油价格居高不下，旅游业和航空业遭受重创，投资者和消费者信心受到打击，美国经济复苏将步履艰难。

美军在伊拉克战争中使用了大量现代化新式武器，费用高昂，这场战争也被称为最浪费钱的战争。另外，也有观点认为，1991年美国发动海湾战争是为了石油而战，而这一次攻打伊拉克则为美元而战。美国铲除萨达姆政权，实质就是维护美元的霸权地位。这种观点被质疑为系“石油战争、美元战争”式的阴谋论。但这次战争再次诠释了科技是现代军队发展和军事实力的重要支柱。

中国入世

自1986年起，改革开放后的中国就开始了申请加入关税与贸易总协定（后改为世界贸易组织）的历程，经过13年的分歧与合作，谈判在一轮轮的讨价还价中艰难行进，终于在1999年11月10日到15日取得了突破性进展，中美达成了中国加入世界贸易组织的协议。这是中国入世最重要的一道关，如果不能与美国达成协议，就无法通关成功。中美双方代表都称这是一个“双赢”的结局。中国加入世界贸易组织，不仅有利于中国的对外开放，而且对整个世界经济的发展都具有十分重要的意义。

2001年9月13日，中国和墨西哥就中国加入世界贸易组织达成双边协议。至此，中国完成了与世界贸易组织成员的所有双边市场准入谈判。

2001年9月17日，世界贸易组织中国工作组第十八次会议在日内瓦通过了《中国入世议定书》及附件和中国工作组报告书。这意味着中国工作组正式完成了历史使命，中国加入世界贸易组织的谈判全部结束。

在美国“9·11事件”发生后，美国发动阿富汗战争这一年，即2001年12月11日，中国成为世界贸易组织的第143个正式成员。这是中国改革开放史上浓墨重彩的一笔，是中国深度参与经济全球化的里程碑。该事件是中国自1978年改革开放以来第二个重大的事件，标志着中国经济融入世界经济的发展之中。之后十年，中国进入了经济高速增长的黄金十年，一举成为世界第二大经济体，改变了世界经济格局，使得中美成为世界经济发动机的双擎。

中国正式加入世界贸易组织，GDP增长进入快车道，来自日本、韩国、美国、欧洲等一些资本主义国家的制造业转移，又一代“世界工厂”正在诞生。

美林“投资时钟”

从人类数百年的经济史中可以看到，影响经济发展的因素众多。经济有两个周期，即宏观大周期或长周期、短期周期。周期背后是否有一般的基本规律可循呢？从生产关系角度看，市场经济制度、金融制度、法律制度、国际政治经济关系、政府的宏观经济调控政策等（包括货币政策与财政政策），从生产力角度看，科技发展周期，对经济周期影响深远。而在这一切背后有一个不容忽视的因素是：货币与预期对经济、金融及资本市场有重大影响作用。

货币、信贷与债务这“老三样”对短期经济周期或波动影响十分明显，资金供给的流动性十分充裕对短期资本市场及实体经济影响较大。通胀与通缩现象，其实就是货币现象。货币泛滥就表现为通胀，必然推高资产价格，进入金融等虚拟经济中。货币紧缩，则必然导致资产价格下跌。经济的繁荣和衰退与货币的宽松和萧条密切相关。

从美国百年经济史及百年股市中，可以明显看到这一动态变化趋势。在经济波动的周期中，现金、债券、大宗商品、股票、黄金等呈现出不同的变化。可以从中找到一些有迹可循的规律，最为有名的是美林证券提出的“投资时钟”。

华尔街著名投资银行美林证券，运用从 1973 年 4 月至 2004 年 7 月美国完整的超过 30 年的资产和行业回报率数据来验证了“投资时钟”的合理性，并于 2004 年 11 月 10 日的研究报告《投资时钟》（*The Investment Clock*）中提出了著名的投资时钟理论。

根据经济增长和通胀状况，美林“投资时钟”（见图 13-1）将经济周期划分为过热、滞胀、衰退及复苏等四个不同的阶段。

具体分析如下：

1.“经济上行，通胀下行”构成复苏阶段。此阶段由于股票对经济的弹性更大，其相对债券和现金具备明显超额收益。

2.“经济上行，通胀上行”构成过热阶段。在此阶段，通胀上升增加了持有现金的机会成本，可能出台的加息政策降低了债券的吸引力，股票的配置价值相对较强，而商品则将明显走牛。

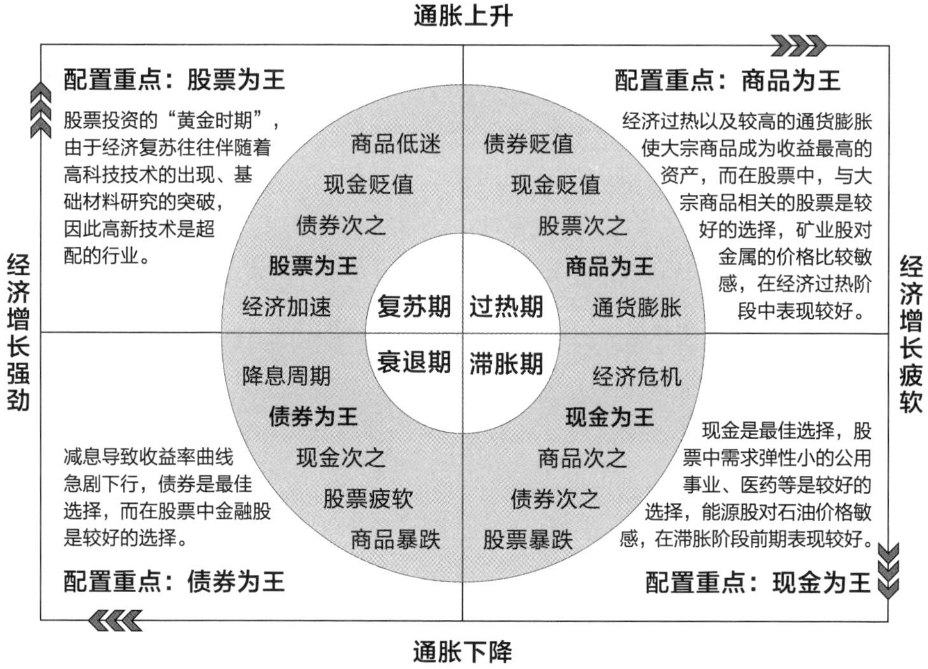

图13-1 美林"投资时钟"

3."经济下行，通胀上行"构成滞胀阶段。在滞胀阶段，现金收益率提高，持有现金最明智，经济下行对企业盈利的冲击将对股票构成负面影响，债券相对股票的收益率提高。

4."经济下行，通胀下行"构成衰退阶段。在衰退阶段，通胀压力下降，货币政策趋松，债券表现最突出，随着经济即将见底的预期逐步形成，股票的吸引力逐步增强。

据此，可以制定不同的投资策略，即Ⅰ衰退：债券＞现金＞股票＞大宗商品；Ⅱ复苏：股票＞大宗商品＞债券＞现金；Ⅲ过热：大宗商品＞股票＞现金／债券；Ⅳ滞胀：现金＞大宗商品／债券＞股票。

次贷危机 2008

祸起房地产泡沫

本次危机是二战后第七次世界性的经济危机。这也是美国华尔街金融创新引发的次贷危机，导致大量金融机构破产，美国股市持续暴跌，继而又传导给实体经济，这是有史以来全球性经济危机中仅次于1929年经济大萧条的第二大危机。

“9·11事件”后，美国接连发动阿富汗战争与伊拉克战争。伊拉克战争虽然暂时化解了美国国内的危机，但却没有从根本上改变美国资金流失、双赤字暴增、经济下滑的趋势。打伊拉克时，美国的战争预算大约是500亿—600亿美元，当时以为能速战速决。结果从2003年到2009年，美国在伊拉克整整待了6年，花费近8000亿美元。而在阿富汗战争中，美军遇到了更大的麻烦，深陷“帝国的坟墓”不能自拔。两场战争使美国国债、财政赤字和贸易赤字放大。美国经济在经历互联网泡沫、“9·11事件”、安然事件与世通事件、阿富汗战争与伊拉克战争等接二连三的打击之后，急需一个新的经济增长点来走出泥潭。

于是，美国转向房地产以发展经济，同时也为了解决低收入人口的住房问题。为此，美联储采取了宽松的货币政策，不断降息，贷款利率极低，鼓励美国低收入国民去买房，制造房地产繁荣，以便用房地产拉动美国经济，让美国经济继续保持繁荣，从而制造一个更大的泡沫去堵另外一个泡沫留下的黑洞。

当时美国拥有3.5亿人，还有很多人没买上房。先把有房的富人搜罗一遍，让他们最好再买别墅，让住小房的中产阶级换大房。如果再进一步动员无房住的蓝领们买房，就会创造更大的房地产需求。但很显然，低收入居民购买住房存在巨大的违约风险。不过，这没有关系，美联储通过宽松货币政策，一次又一次降低利率传导到商业银行及各类住房贷款公司，然后，这些金融机构放低住房贷款门槛，贷款给这些原本不具备购房能力的人群。政府的推波助澜、商业银行的利益追逐，华尔街投资银行的金融创新、金融机构的贪婪，共同导演了这场巨大的次贷泡沫危机。

如此这般，政客们兑现了自己的竞选承诺（解决低收入人群的住房问题），政府拉动了经济，银行获得了住房抵押贷款的收益。巨大的房地产抵押贷款市场由此形成。

旺盛的需求刺激着整个房地产市场，于是，围绕这类住房抵押贷款的证券衍生产品——次级债证券化系列产品创新，如抵押贷款支持证券（MBS）、担保债务凭证（CDO）、信用违约互换（CDS）等也由此产生，而且创新越来越复杂，链条越来越长，环节越来越多，将商业银行、投资银行及保险公司全部拉进利益链条之中。

华尔街大量金融机构、投资银行已经忘记了最初的产品模型，参与到创新产品的交易中，并获得了巨大的收益，如图 13-2 所示。

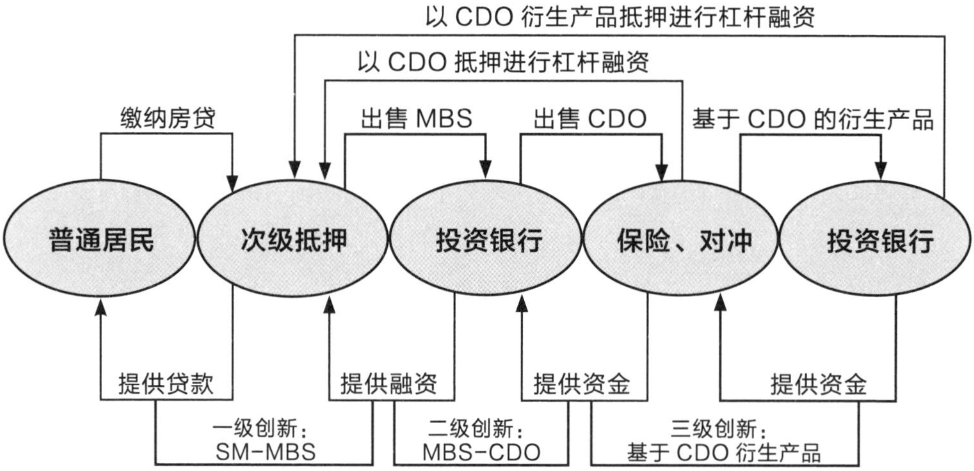

图13-2　美国次级房屋信贷衍生品三级创新结构图

但是，任何金融创新都不能脱离了底层资产这个根本。即使再复杂的金融产品创新，也必须以其底层资产（基础资产或初始资产）为基础，而这个底层资产的质量与安全决定了金融衍生品的风险大小。如果这个基础资产本身是有问题的，那么，一旦其风险爆发，整个创新链条上的产品就会如同多米诺骨牌一样瞬间倒塌。而这个最基础的资产就回归到最基本的金融资产关系，即银行及各类住房贷款公司对低收入购房群体的抵押贷款，如果这个贷款一直能够正常偿还，违约则不会发生，各个环节与链条上的创新产品及利益相关者均能够获益。即便低收入购房者不能偿还贷款，这笔贷款还有一个增信担保，也就是住房抵押。但前提是，抵押的住房被银行收回后，可以变卖出去，足以覆盖贷款本息及相关费用。

但问题是，为了刺激需求，让更多人的低收入群体购买房屋，银行及各类住房贷款公司采取了几乎零首付的方式，这就加大了风险敞口。在这个链条正向运作时，旺盛的购房需求不断刺激房价上涨，在此情况下，即便违约，处置房屋足以覆盖贷款本息。但是，出于对房地产过热的担忧及金融市场风险的恐惧，美联储开始收紧货币政策，不断增加利率。

如同1929年大萧条前夕一样，货币政策转向成为刺破次贷巨大泡沫的那根针。货币政策收紧，这无疑等于增加了购房贷款利息，于是，大面积的违约开始出现。银行不断回收房产进行处置以回笼资金，其结果导致房地产价格不断走低，最后到了大幅打折也无法出售的地步，房地产市场开始反向逆转，走向负循环。大面积违约，引发大面积收房；大面积收房变卖不断打压价格，弃房违约现象越来越突出。这又传导给次贷创新产品，证券化产品是放大了数十倍金融杠杆的市场，涉及众多的金融机构与投资者，金融机构在恐慌与挤兑中破产，而金融机构破产进一步引发市场恐慌，一场如同海啸般的巨大金融危机来了。

2007年4月4日，新世纪金融公司申请破产保护。

2007年7月16日，华尔街第五大投资银行贝尔斯登关闭了手下的两家对冲基金，爆出了公司成立83年以来的首次亏损。2008年3月美国联邦储备委员会促使摩根大通银行收购了贝尔斯登。

2007年8月6日，美国第十大抵押贷款服务提供商美国住宅抵押贷款投资公司申请破产保护。

2008年9月7日，美国财政部不得不宣布接管房利美和房地美公司。①

2008年9月15日，美国第四大投资银行雷曼兄弟控股公司（以下简称“雷曼”）申请破产保护。百年投行雷曼破产是整场危机的关键时点。雷曼的倒闭立刻引发了一系列连锁反应，股市由此开启暴跌模式，危机如同印度尼西亚海啸一般席卷而来。

2008年9月15日晚些时候，美国银行发表声明，声称愿意收购美国第三大投资银行美林证券。

2008年9月16日，美国国际集团（AIG）提供850亿美元短期紧急贷款。这意味着美国政府出面接管了AIG。

2008年9月17日，摩根士丹的股票重挫24%。到2008年10月，道琼斯指数已经跌了40%。

2008年9月21日，在华尔街的投资银行接二连三地倒下后，美联储宣布：把现

① 房利美是指美国联邦国民抵押贷款协会；房地美是指美国联邦住房贷款抵押公司。

在最后两家投资银行，即高盛集团和摩根士丹利两家投资银行全部改为商业银行，这样可以靠吸收存款来渡过难关了。

至此，历史在2008年9月21日这一天为曾经风光无限的华尔街上的投资银行画上了一个惊人的句号，“华尔街投资银行”作为一个历史名词消失了。

2008年10月3日，布什政府签署了总额高达7000亿美元的金融救市方案。

美国金融危机的爆发，使美国包括通用汽车公司、福特汽车公司、克莱斯勒汽车公司这三大汽车公司等实体经济受到很大的冲击，实体产业危在旦夕。在此期间，短短几个月，美国股市暴跌，标准普尔指数从高点下跌超过50%。美国金融海啸也涉及全球，影响到了全世界。

多年之后，全世界都在反思这场有史以来仅次于1929年大萧条的金融危机。很多专家指出，如果当时美国及时拯救了雷曼，那么，这场巨大的危机就不会发生。错就错在美国对于雷曼见死不救，导致了危机的加深。

对于这场危机，当时出台拯救方案的美国三巨头——美国财政部部长保尔森、美国联邦储备委员会主席伯南克及纽约联储银行行长盖特纳分别出版了著作：《峭壁边缘：拯救世界金融之路》（保尔森著）、《行动的勇气：金融危机及其余波回忆录》（伯南克著）、《压力测试：对金融危机的反思》（盖特纳著）。同时，三人又合著了《灭火：美国金融危机及其教训》。

在这些作品中，他们均透露出一个秘密：当时三人不是不想拯救雷曼，在雷曼申请破产前夕，三人及美国政府尽到了最大努力，一直联系有实力的金融机构来收购雷曼，以拯救雷曼。遗憾的是没能谈成，而当时三人可以动用的政府资金有限，无能为力，只好等雷曼宣布破产。对于雷曼破产引发的后果，其实也早有预料，但没有想到后果如此严重。之后，美国政府认识到问题的严重性，说服国会及民众，加大了救助力度，才避免这场危机进一步扩大，也使得美国率先走出危机。

教训与启示：这次危机是因为美国对华尔街金融创新的放纵，而美国政府的住房政策也客观上乐见其成，缺乏对金融创新的监管。结果，过度的金融创新引发严重的金融危机。而在危机爆发之初，美国政府对雷曼救助不力，导致雷曼破产，引发金融市场更大的恐慌，使得大量金融机构破产，导致金融危机爆发。因此，如何防范金融风险，加强监管，处理好金融创新与金融监管二者之间的平衡是十分关键的。同时，在金融危机发生时，应当加大救助力度，及早遏制金融市场恐慌与下行趋势，补充市场流动性，避免引发更大的危机。

通俗地讲，就是要在金融风险这颗炸弹或火药桶爆炸之前，及时拆除引线及爆破装置，避免爆炸。在导火索已经点燃，即将爆炸之时，要及时掐断引线。若无法掐断引线，要将其扔在无人区，避免造成更大损失。

次贷危机下的中国时刻

面对 2008 年美国次贷危机引发的全球性经济危机，欧美日韩等主要发达经济体均受到了严重冲击，而中国经济受到的冲击与影响十分之大。经济增长率直接只有几个百分点，跌去约 1/3，大量外贸出口企业面临倒闭。

2008 年 5 月特大的四川汶川地震，使中国遭受了巨大的人员伤亡及财产损失。2008 年次贷危机对中国可谓雪上加霜。

但面对如此严峻的局面，中国继 1997 年亚洲金融危机之后，再次重担在肩，几乎以一己之力挽救了世界经济。

首先，面对次贷危机冲击下的美国华尔街，中国保持美国债券的持有，没有减持美债，更没有抛售美元。同时，中国的国家投资基金——中投公司持有数千亿美元的美国两房债券及相关产品，在华尔街极其恐慌与危难之际，中国没有抛售与减持，客观上使得美国政府对华尔街的拯救得以顺利进行。

其次，在各国货币贬值、扩大出口寻求自保之时，中国保持了人民币汇率的稳定，用自己的肩膀扛起了世界经济复苏的重担。

再次，中国及时采取了“四万亿经济刺激计划”，以中央财政四万亿元带动地方政府十几万亿元的巨额投资，为世界各国的经济复苏提供了强有力的支持。

最后，中国政府还在多个重要国际场合郑重承诺，继续参与维护国际金融稳定、促进世界经济发展的国际合作，支持国际金融组织根据国际金融市场变化增加融资能力，与国际社会一道通力合作、共克时艰。

面对 2008 年次贷危机，中国做出了巨大的努力和牺牲，因为 2008 年四万亿元（占当年 GDP 的 10% 以上），使得中国自 2008 年后陷入了通胀十年，进入了债务型经济的发展模式。

1929 年与 2008 年两次大危机的比较

大萧条与次贷危机背后的数据

查阅美国经济百年史及美股百年曲线图，可以看出，1929 年、1987 年、2000 年、2008 年、2020 年等 5 个年份，美国经历过 5 次大的股灾。金融市场的动荡均由股市暴跌开始，虽然原因有所不同，尤其是引发 2008 年股市大幅动荡的原因在于房地产泡沫导致的次贷金融衍生品出现问题、引发 2020 年股市暴跌的原因在于新冠肺炎疫情。但是，其危机本质从未改变。

我们可以将 1929 年、1987 年、2000 年及 2008 年等四次股灾及其对经济的影响从几个维度进行对比，以期发现其背后的数据规律。尤其重点比对一下 1929 年与 2008 年这两次史无前例的大股灾。

我们先看看 1929 年大股灾前后的美联储货币、信贷政策与股市震荡及经济危机之间的关系。

美联储成立之初，《联邦储备法》规定，美联储要“提供富有弹性的通货，提供商业票据再贴现，建立有效的银行监管以及其他目标”。从这一点可以看出，最早美联储货币政策主要以调节贴现率来实现。在贴现过程中，美联储对抵押品有着严格的限定，要求商业银行必须提供真实有效的商业票据，以此避免货币的超发而引起通货膨胀。

可以说，美联储成立之初货币政策的操作和目标是很单一的，《联邦储备法》没有赋予美联储调整银行存款准备金的权力，公开市场操作虽然存在，但是重要性并不高。一战期间美国政府大量融资，战后美国货币供应大幅上升，通货膨胀压力不断上升，从战前的 2% 大幅飙升至 20.7%，但是当时单一的货币政策工具没能有效控制货币增长和通货膨胀。

一战结束后，美联储独立性得到增强，公开市场操作对市场的影响开始受到美联储的重视，促进国内稳定发展、保持国际收支平衡等目标不断出现，这些也成为美联储货币政策调控的主要目标。但是这一阶段美联储依旧较为保守，优柔寡断的货币政策和错误的决定没能有效抵御 1929—1933 年的大萧条。

面对史无前例的股灾与经济萧条，美联储不但没有降低利率刺激经济，反而为了防止资本外逃在 1931 年将利率从 1.5% 提高至 3.5%；此外，美联储也未能及时发挥最后贷款人的作用，而是听任银行倒闭，最终使得美国银行倒闭潮席卷全国。

大萧条结束后，罗斯福上台，对美联储系统进行了大量改革，不仅赋予了美联储改变法定存款准备金的权力，对会员银行的存款利率实行上限管理，还建立了联邦存款保险公司。此外，罗斯福还废除了金本位制，使得美联储打破了货币投放的束缚，货币供给开始大量增加，经济下滑的势头得到遏制。

从 1929 年美国的货币政策来看，在一战结束后到 1929 年危机爆发之前，货币极其宽松，导致恶性通货膨胀，大量资金涌入股市，推高资产泡沫。从 1928 年开始，股市的上涨进入最后的疯狂。股市的过热已经与现实经济的状况完全脱节。

由于大量的资金进入华尔街股市催生了巨大泡沫，1929 年 10 月 24 日，华尔街股市崩盘模式开启，进入持续下跌通道之中。

再来回顾一下 1987 年美股闪崩前后的货币政策与财政政策。

宽松的货币政策和刺激的财政政策共同推升了 1982—1987 年的美股牛市。1982 年 8 月开始，美股进入了长达 5 年的牛市，道琼斯指数从当月的 102 点上涨至 1987 年 8 月的 333 点，累积涨幅 226%。货币政策方面，1984 年 8 月到 1986 年 8 月处在降息的区间，联邦基金目标利率由 1984 年 8 月的 11.50% 下调至 1986 年 8 月的 5.875%，下降了 562.5 基点。财政政策方面，里根政府出台鼓励融资的税收政策，减税计划中允许并购融资的利息支出可以抵扣所得税。与此同时，里根政府放松金融监管，金融机构更有条件和动力为企业提供融资，20 世纪 80 年代的股市由此掀起一轮并购浪潮。融资进行杠杆收购，并购类股票价格上涨，而股价的进一步上涨引发资金的不断流入，叠加融资利息可以抵扣所得税，并购浪潮开始滋生泡沫。

从 1986 年开始，美联储加大了对于并购交易中不法行为的审查力度。1987 年美国通胀一改此前多年下降趋势，转而上升，货币政策出现转向。核心 PCE 当月同比由 1981 年 1 月的高点 9.74% 一路下滑至 1987 年 2 月的 2.76%，3 月开始企稳，4 月从低位回升至 3.01%。面对通货膨胀，货币政策自 1987 年年初开始转调，美联储着手提高政策利率以应对逐步抬升的通胀预期。1987 年 1 月，美联储上调联邦基金目标利率 12.5 个基点至 6.0%，此后连续 6 次上调，1987 年 9 月联邦基金目标利率上调至 7.31%。再者，叠加原油价格回升到 19 美元左右，通胀预期再升温，美债收益率出现快速上行，引发股债双杀。

由于货币政策和投资者预期变化，以及股市的上涨趋势扭转，在 10 月之后，联邦基金目标利率急转掉头向下，引发美股发生闪崩。虽然在 4 月之前，美联储已经收紧货币，市场趋势已经十分明显，但处于上涨中的股市带动的是大家积极乐观的情绪与侥幸心理，从而忽略了即将到来的巨大危机。经过 3 个月之后，更不利的传言及消息传出，成了股市闪崩的导火索。

由此可见，趋势扭转之前，往往有一个情绪的乐观或悲观的过渡期，这个期间很可能上演最后的疯狂，要么疯狂地下跌、要么疯狂地上涨，迫使货币政策与信贷政策加码，当均衡点到达之后，索罗斯所述的反身性原理立刻显现，任何的风吹草动都可引发股市血案。

显然有了 1929 年大萧条中的经验与教训，为美联储在应对 1987 年的股灾积累了很多经验。因此，当股灾来临，美联储毫不犹豫地及时出手救市。10 月 19 日崩盘当日，白宫也迅速发表声明："国家经济运行状态良好，就业率处于最高水平上，生产也不断增加，贸易收支也在不断改善。"美国联邦储备委员会主席也发表讲话说："没有迹象表明通货膨胀会进一步发生。"里根总统和财政部部长贝克分别表示，这次股市崩盘与美国健康的经济是不相称的，美国经济非常稳定。尽管如此，美股的闪崩依然给市场造成了极大的恐慌，美联储立即出手救市。由此可见，美联储应对股市极端下跌采取的是信心预期宣传（稳定军心的心理战），同时果断采取货币与财政组合措施救市。软硬结合，软硬一体。

美联储通过量和价两方面向市场注入流动性并稳定市场情绪。一是释放短期流动性，提前进行扩张性公开市场操作。10 月 20 日，崩盘第二日，向银行系统注入 170 亿美元。二是表态会提供充裕的流动性，临时放松国债拆借规则。美联储 10 月

20 日早晨发布公告声称，“美联储承担起作为国家中央银行的责任，今天明确表示已做好准备，将充当流动资金的来源，以支持经济和金融体系”。三是鼓励商业银行为金融市场参与者延展流动性。四是 1987 年 11 月、1988 年 1 月和 2 月共降息 3 次，分别下调 50、18.75 和 12.5 个基点。美联储的救市措施稳定了市场，股市较快企稳，1987 年四个季度美国经济同比增速分别为 2.71%、3.39%、3.28% 和 4.45%，未明显受到股灾的剧烈冲击。①

那么，2000 年互联网泡沫前后的货币政策及救市方案有何相同与不同之处呢？

1997 年亚洲金融危机爆发，新兴市场投资风险凸显，大量资本回流入美国。亚洲金融危机使得美元持续升值，加上墨西哥汇率暴跌、俄罗斯政府债务违约等，引发了美联储对于外部冲击可能影响本国经济发展的担忧，于是，美联储开始连续降息，从 1995 年到 1998 年，联邦基金利率从 5.75% 下调到 4.75%。在互联网经济的热潮和不断的炒作下，大量资金流入科技股股市，互联网 IPO 项目爆发，科技股股价飙升，导致互联网泡沫在炒作下不断滋长壮大。

热钱流入互联网催生泡沫，泡沫带动经济。随着互联网热潮推动投资增长，GDP 强劲，失业率降至 4%，经济出现过热迹象，美联储开始了 1999 年至 2000 年的加息周期，将利率从 4.75% 经过 6 次上调 175 个基点至 6.5%。再加之，互联网公司盈利低于预期，梦想跌回现实。

在不利的现实下，又遭遇不利的信息。《巴伦周刊》报道是压死骆驼的最后一根稻草。该报道揭露了互联网公司财务状况恶化、财务造假、高管套现等情况，叠加市场资金锐减、再融资市场冷却等多重效应，使得市场开始抛售科技股股票。市场出现踩踏行情，加之杠杆功能，并且美股没有跌停及止损机制，更是加速了互联网泡沫的破裂。纳斯达克指数在 2002 年跌至 1100 点，市值在两年多的时间内缩水 77%。

互联网泡沫破裂拖累经济发展，美联储 2001 年 1 月开始降息救灾。互联网泡沫以前，出于对经济过热、通胀上升的担忧，美联储展开了为时约一年、总计 6 次的加息周期。2000 年 5 月，就在加息周期结束三个月后，经济增速开始大幅下滑。2000 年第三季度美国 GDP 增速为 4.08%，第四季度 GDP 下滑至 2.89%。2001 年美国遭遇

① 参见华泰宏观李超的《千帆过尽，美股已过万重山》一文。

"9·11 事件"，使美国经济陷入衰退。美联储为刺激经济，连续 13 次降息，将联邦基金利率从 6.5% 下调至 1.0%。美联储的降息政策刺激了房地产业和信贷消费的发展。

然而，降息过多，随后的加息步伐又较慢，低利率刺激了抵押贷款和过度消费，造成了房地产泡沫的膨胀。此外，美联储降低了抵押贷款的标准，以致信用状况不佳的贷款人以极低的成本通过贷款得以购买房屋，为 2008 年次贷危机埋下了隐患。

从 2000 年互联网泡沫到 2008 年次贷危机，货币流向哪里，哪里就有巨大的泡沫。一旦美联储关闭闸门，泡沫便瞬间破裂。

究竟是货币制造了泡沫又亲手刺破了泡沫，还是贪婪与投机导致的经济过热与过冷招引了货币洪水进与退？这是一个互相影响，却又难以左右彼此的问题。在双双扭曲下，终究要回归现实。

最后，再来看看 2008 年如同印尼度尼西亚海啸般的金融危机何以形成？

如前所述，美联储过分宽松的货币政策催生了美国房地产市场的繁荣。2000 年美国互联网泡沫破灭后，为缓解资产价格泡沫破灭对实体经济造成的冲击，美联储在 2001 年 1 月至 2003 年 6 月期间 13 次下调联邦基金利率，利率从 6.5% 下调至 1%（历史最低水平）。随着美国经济开始走强，美联储并没有及时上调基准利率。长期的低利率刺激造就了美国房地产市场空前的繁荣。

在经济全球化加速的情况下，世界经济联系得越来越紧密，现在考虑货币政策对经济的影响或冲击，不能仅仅局限于国内央行的政策，还要考虑其他经济体的资金流动问题。一旦有价值洼地，游荡在全世界的资金就会滚滚而来（假如采取金融自由化政策），内外夹击。尤其是美元、欧元等世界储备货币的流动力量。这就是为何每一次美联储的放与收都会对新兴经济体造成巨大的冲击。投机的热钱嗅觉灵敏，大进大出，随时望风而逃，这就会对一个经济体造成巨大的冲击。

当年的美国也是如此。全球国际收支失衡为美国金融市场提供了充沛的外生流动性。来自世界各地的热钱涌入美国，进入美国股市与楼市，催生了巨大的泡沫。

而金融监管缺位也使得过分发展的金融衍生品创新为次贷危机埋下了隐患。次贷危机爆发前，美国金融衍生品的规模大幅超过实体经济的规模。这次显然是大量的资金从原来的网络科技公司及股票流入了房地产、房地产的金融衍生品。当虚拟产品规模远大于实体经济，且泡沫累积到一定程度，火药桶迟早会爆炸！

在危机爆发前夕，美联储开始收紧货币政策，连续加息。美联储在 2004 年 6 月至 2006 年 6 月期间，连续 17 次调高联邦基金利率，将该利率从 1% 上调至 5.25%，导致贷款利率相应上调，借款者的还款压力显著上升。同时，导致房地产价格开始下降。

随着房价迅速下跌，次级抵押贷款市场危机四伏，银行选择提高贷款利率和减少贷款数量，致使金融市场流动性不足，信贷危机逐渐演变成金融市场系统性危机，美联储使用非常规货币政策操作出手救市。2007 年 8 月 17 日，美联储首次针对危机调降贴现利率。2007 年 9 月 18 日，美联储开始降息，从 5.25% 下降为 4.75%。此后一年多时间内，联邦基金目标利率多次下调，2009 年后维持在 0—0.25%。与此同时，美联储在 2007—2008 年还创新了多种货币政策工具释放短期流动性，均于 2010 年结束，包括向金融机构注资的工具定期贷款拍卖、向实体经济注资的商业票据融资工具和定期资产支持证券贷款工具。在次贷危机的影响下，美国股市从 2007 年 10 月开始一路下跌，截至 2008 年 11 月，一年多间，道琼斯指数由最高 14 279 点，最低跌至 7800 点附近，跌幅达到 45%。

从 2008 年 11 月起，美联储先后开展三轮量化宽松（QE），大量购买国债和机构抵押贷款支持证券，压低长期利率，以促进企业投资和居民消费，刺激美国经济复苏。首轮 QE 政策侧重于维护整个金融体系的稳定，资产购买以房地美、房利美、吉利美①发行的 MBS 为主，以国债和上述三个机构自身发行的债券（联邦机构债）为辅。后几轮 QE 侧重于压低长端利率，支持经济和就业复苏，资产购买以长端国债为主，MBS 为辅。经过三轮 QE 政策，美联储资产负债表的规模也从 2008 年 8 月的 9500 亿美元增长至目前的约 4.5 万亿美元。②

华尔街股市导火索

在 1929 年大萧条、1987 年“黑色星期一”、2000 年互联网泡沫、2008 年次贷危机等多次重大经济或金融危机中，无论根源是互联网泡沫还是房地产泡沫，都是

① 吉利美是指美国政府国民抵押贷款协会。

② 参见华泰宏观李超的《千帆过尽，美股已过万重山》一文。

以股市崩盘为导火索，引爆危机。为何华尔街股市大跌屡屡成为每一次危机的导火索呢?

美国股市作为经济的晴雨表，长期内反映实体经济基本面，而股市下跌很多时候会映射出金融市场发展和经济发展的不对称。当经济增速无法为金融市场“高速”发展承托，将会演化为股市下跌，而股市的进一步下跌也将从消费、投资、出口三个层面作用于经济。

其一，美国居民财富与股市密切相关。美股若进一步下跌将导致个人财富缩水，降低消费需求，直接影响经济。1987 年美国居民和非营利部门金融资产构成中，股票和投资基金的比例为 38.1%。近年来，随着美国居民和非营利部门持股比例的不断上升，2017 年美国居民股票和投资基金的比例已经达到 49%。另外，美国居民和非营利部门通过养老金、养老保险、医疗保险等间接持有一定数量的股票。民众较高的持股比例导致美国存在较为明显的财富效应，即股票涨跌会显著改变居民收入水平。

美股持续下跌会直接影响资本市场流动性，居民财富缩水导致居民较难通过“借贷消费”的方式消费，消费需求减少。

若美股市场震荡继续扩散成局部金融危机，将冲击国家金融体系，商业银行很可能出现资本金不足，账面亏损情况，进而出现“惜贷”现象，使得居民消费借贷难度加大，消费水平下降。美国是消费主导的国家，美国个人消费贡献 GDP 比例近 70%，居民财富缩水直接导致消费水平下降。消费水平下降，首当其冲的是消费行业中的耐用品消费。而整体消费水平的下降又进一步导致经济下行。

其二，美股持续下跌会导致企业资产负债表大幅缩水，减少企业投资，股权价值收缩导致银行要求实体企业追加贷款保证金，实体企业因资金链问题出现破产潮，银行因大面积坏账而倒闭，致使经济增速下行。

第三，美股下行将影响全球股市风险偏好，若下跌严重将致使全球经济增速放缓，影响出口对经济的正向拉动。作为经济全球化时代的头号经济大国，美国对全球经济的冲击是巨大的，各国互相影响，使得经济加速放缓。

第四，美股下降将严重打击预期与信心。股市下行，预期悲观，居民会减少投资与消费。而投资与消费减少，又会冲击到实体经济，造成经济持续下行。悲观的预期导致经济衰退，衰退的经济反过来强化悲观的预期。

欧债危机

国家债务有两大类，一类是主权债务，另一类是内债。主权债务又称为外债，简单来讲，就是一个国家欠其他国家的债务，如政府贷款、国债等，以外币、主要是以世界储备货币为债务往来（借贷与偿还）形式。内债主要是政府对内发行的各类债券，以本币为表现形式。

内债以本币偿还，国家完全可以用发行新债券的借新还旧模式来解决，或者干脆通过印钞来解决。而外债则不然，国家没有印制外币的权力，外债需要用世界储备货币，基本以美元来偿还。这也就需要一个国家有足够的外汇储备或外汇收入来源。如果在外债到期后没有足够的外汇储备或外汇收入予以偿还，也无法延期或举债偿还，则意味着国家出现了严重的主权债务违约事件。如果无法达成还款和解协议，则一个国家只能陷入国家破产的局面，国家信用丧失殆尽。

我们历数近 50 年的全球经济衰退与危机，来看看这些危机或衰退中有哪些与外债有关。

20 世纪 70 年代以来，美国历次经济衰退情况及诱因：1971 年至今美国共经历过 6 轮衰退，分别发生于 1974 年第二季度至 1975 年第二季度、1980 年第二至第四季度、1982 年、1991 年第一至第二季度、2001 年以及 2008 年第四季度至 2009 年第三季度。衰退诱因主要包括滞胀风险、储贷危机、金融泡沫及地产泡沫等。其中，在 2000 年互联网泡沫和 2008 年次贷危机中美股跌幅超过 50%。

20 世纪 90 年代日本经济泡沫破灭。广场协议签订后日元大幅升值令其外需萎缩，传统产业不断向外迁移。为了缓解汇率上升及输入型通缩压力，日本中央银行不得不持续降息。汇率上升、无风险利率下降叠加传统制造业产业转出，地产和金融资产价格被快速推高。1989 年日本央行开始控制风险抬升基准利率，但却导致资产价格泡沫破灭。

2010—2012 年欧债危机引发了欧元区经济危机。欧债危机涉及希腊、葡萄牙、爱尔兰、意大利、西班牙五国。这五国均有过于依赖房地产和旅游业、经济结构单一、实体空心化严重等特征。2008 年次贷危机令上述各国经济增速大幅下滑，财政扩张又导致主权债务利息支出负担过重。债务违约风险暴露后，国债收益率上升又进一步加剧债务风险，并最终拖累欧元区，引发经济危机。

20 世纪 80 年代初拉美主权债务危机与 90 年代的亚洲金融危机。拉美主权债务危机与亚洲金融危机的爆发本质上是新兴国家在产业承接过程中未能有效利用后发优势提高在高附加值领域的国际竞争力的结果。一旦全球范围内涌现出人力成本和人力结构更优的经济体，国际资本撤离就导致此类地区就业环境受到冲击、内需长期不足。

衰退与危机的本质差异：居民部门资产负债表是否恶化。如果未恶化，则为周期性的经济衰退；如果恶化，则为经济危机，需要通过无风险利率中枢长期下移来不断修复。20 世纪 80 年代初的拉美主权债务危机、90 年代初的日本经济泡沫、90 年代中期的亚洲金融危机、2008 年美国次贷危机以及 2010—2012 年欧债危机可被归为经济危机一类，其余则应被视为经济衰退。[①]

通过上述梳理归纳可以看出，在最近 50 年来发生的全球性经济危机中，主权债务危机引发的经济危机就有两个，即 20 世纪 80 年代的拉美主权债务危机与 2010—2012 年的欧债危机。由此可见，主权债务危机对经济的影响是巨大的。

除上述危机之外，发生在 1997 年的差点引发国家破产的韩国外汇危机（实质也是外债危机）、1998 年的俄罗斯债务危机、2001 年的阿根廷主权债务危机等也都是典型的主权债务危机，都对该国经济造成了巨大的冲击。不过该三场危机没有波及更大的范围，没有引发全球性的经济危机。

下面我们就来看看欧债危机的基本情况。

2008 年始于美国的次贷危机成为全球经济增长的终结者。次贷危机犹如巨大的海啸席卷全球金融市场，迅速从美国波及全球。

德国、希腊、爱尔兰、西班牙、葡萄牙及意大利等欧洲各国的经济增速也在此

① 参见广发证券宏观分析师张静静的《衰退还是危机：实质差异及历史比较》一文。

事件中掉头向下。随后，全球各国失业率均现攀升，但希腊、爱尔兰、西班牙、葡萄牙等国更为明显。经济衰退推动财政扩张，而财政扩张令财政支出、财政赤字以及债务占 GDP 比重同步攀升，成为欧债危机的重要诱因。此外，2008 年之前意大利国债占 GDP 比重就已经超过 100%，2008 年次贷危机对其财政形势可谓雪上加霜。原本过度负债、财政赤字率居高不下的欧洲国家，又迎来美国金融海啸的巨大冲击，不得不再次进入财政扩张、货币宽松期。放水的货币、宽松的信贷、高企的杠杆进一步抬高了债务率，使得欧洲国家债台高筑。一方面债台高筑，而另一方面经济持续下行，一正一反之间，债务负担越来越重，危机迟早要爆发。

为了遏制金融危机带来的经济衰退，欧洲国家不得不采用财政赤字化政策来解决。但问题的关键是，人口结构加速恶化叠加地产泡沫、制造业空心化、就业市场缺乏缓冲垫等，导致希腊、西班牙、葡萄牙等南欧国家无法尽快恢复实体经济发展，以改善紧张的财政状况。而且，由于欧盟区实行欧元货币，所以单一国家不具有自行印制欧元的权力。面对需要用欧元偿还的巨额外债，如果没有足够的欧元储备，是无法按约偿还的，结局只能是理论上的国家破产或失信违约。

危机爆发的火药桶已经安装完毕，就等引爆的那一天。2009 年 12 月 8 日，全球三大评级公司下调希腊主权评级，使其陷入财政危机，导致欧元兑美元大幅下跌。希腊债务危机愈演愈烈，并成为欧债危机的导火线。2010 年 2 月 4 日，葡萄牙政府称可能削弱缩减赤字的努力及西班牙披露未来三年预算赤字将高于预测，导致市场焦虑急剧上升，欧元遭到大肆抛售，欧洲股市暴跌。2010 年 3 月 24 日，葡萄牙评级亦遭惠誉下调。整个欧元区正面临成立 11 年以来最严峻的考验。

2010 年起，欧洲其他国家也开始陷入危机。希腊已非危机主角，危机很快蔓延至西班牙、葡萄牙、意大利等国，整个欧盟都受到债务危机困扰。伴随德国等欧元区的龙头国都开始感受到危机的影响，更有外界推测欧元区最终会以解体收场。希腊财政部部长称，希腊在 2010 年 5 月 19 日之前需要约 90 亿欧元资金以渡过危机。但是欧洲各国在援助希腊问题上迟迟达不成一致意见，4 月 27 日标准普尔将希腊主权评级降至“垃圾级”，危机进一步升级。形势危急，欧盟各成员国的财政部部长终于于 5 月 10 日凌晨达成了一项总额高达 7500 亿欧元的稳定机制，同时，国际货币基金组织可能提供2500亿欧元资金救助希腊，避免危机蔓延。

从时间顺序上看，欧洲主权债务风险的爆发具有相当明显的传导性。若欧洲中央银行未能及时推行财政货币化及其他救助方案，主权债务风险也很有可能向其他成员国继续蔓延。

在欧盟的救助下，希腊债务危机得以化解，从而阻止了危机的蔓延与扩大，欧债危机最终得以化解。

从这场欧债危机爆发的过程来看，危机形成、拯救及损失给了我们以下启示：

第一，本轮经济危机充分暴露出欧元区体系深层次的制度性缺陷，即在欧元区内部货币政策由欧洲中央银行统一行使，而财政政策却由主权国家分而治之，这种分散的财政政策和统一货币政策之间的失衡导致成员国失去了熨平危机的宏观经济调控手段——货币政策。财政政策与货币政策是一个主权国家调节经济运行的两个最基本、最核心的工具，只有二者松紧搭配才能有效地对经济运行实施调节。由于欧元区实施统一货币政策，各国缺少了利率和汇率两大工具的支持，为了走出由美国次贷危机所带来的经济衰退，各成员国只能借助扩张性财政政策来刺激经济复苏。

第二，欧元区各国经济结构存在很大差别，尽管都是欧元区国家，但各国的预算状况千差万别。各国经济发展所处的不同阶段也使财政政策难以有效协调，但为了建立更为庞大的组织，欧盟极力拉拢那些希望加入进来但经济状况却不容乐观的国家。加入欧元区后，各国自身的优势与劣势逐步明显地表现出来，强势国家与弱势国家之间的矛盾越来越突出。经济发展不同，利益诉求不同，贡献也不同，导致在危机发生时，很难及时达成救助方案，从而错失最佳拯救时机。

第三，单一性经济、制造业空心化严重、出口依赖性强的经济体，容易在危机中受到更大冲击，缺乏有效的对冲措施，抵御风险的能力较低。

第四，过度负债、债务杠杆高、财政赤字严重、外债过多，财政赤字化的经济体，容易引发债务危机，在经济危机中遭受损失更大，容易受到世界性经济危机的波及与影响。

第五，危机发生时，越早解决越好，尽快拯救危机，避免损失进一步扩大是解决危机之道。

金融危机理论

金融危机理论概述

根据汪大海等著的《世界14次重大金融危机透视》一书，自1500年后，有史记载的重大金融危机共有14次。分别为荷兰“黑色郁金香”(1637年)、南海泡沫(1720年)、美国经济大恐慌(1837年)、美国银行危机(1907年)、大萧条(1929年)、美国战后的“滞胀”危机(1973—1975年)、“黑色星期一”(1987年)、日本经济危机(20世纪90年代)、墨西哥金融危机(1994年)、东南亚金融危机(1997年)、俄罗斯金融危机(1997年10月—1998年8月)、互联网泡沫和安然破产引发的危机(2001年年底)、阿根廷金融危机(2001年12月)、美国金融海啸(2008年)。

在上述14次金融危机中，美国经济大恐慌(1837年)、大萧条(1929年)、美国战后的“滞胀”危机(1973—1975年)、日本经济危机(20世纪90年代)4个危机并非金融危机，而是经济危机。

总而言之，金融危机、经济危机、货币危机、债务危机、财政危机、股市危机等都是广义上的经济危机。金融危机、货币危机、债务危机、财政危机、股市危机则是广泛意义上的金融危机。但狭义而言，经济危机与金融危机有其各自的定义与内涵。

20世纪多次金融危机使社会经济蒙受了巨大损失，相应的研究催生了金融危机理论。金融危机理论呈现为“经济金融视角—货币金融视角—技术金融视角”的研究进程，折射出研究者从理论解释到防范危机的愿望。

《新帕尔格雷夫经济学大辞典》将金融危机定义为“全部或部分金融指标——短期利率、资产(证券、房地产、土地)价格、商业破产数和金融机构倒闭数的急剧、短暂的和超周期的恶化”。根据国际货币基金组织在《世界经济展望1998》中的分类，金融危机大致可以分为以下四大类。

1. 货币危机(currency crises)

货币危机是指当某种货币的汇率受到投机性袭击时，该货币出现持续性贬值，或迫使当局扩大外汇储备，大幅度地提高利率。该危机也应包括使用贵金属货币体系下因为供应短缺造成的危机，如英国的黄金流失危机、美国的黄金兑换危机、大明王朝的白银危机等。关于货币危机的成因先后有以下四种理论模型。

第一代货币危机模型：由保罗·克鲁格曼于1979年提出。该理论核心观点为：扩张性的宏观经济政策导致了巨额财政赤字，为了弥补财政赤字，政府只好增加货币供给量，同时为了维持汇率稳定而不断抛出外汇储备，一旦外汇储备减少到某一临界点时，投机者会对该国货币发起冲击，在短期内将该国外汇储备消耗殆尽，政府要么让汇率浮动，要么让本币贬值，最后，固定汇率制度崩溃，货币危机发生。

该理论从一国经济的基本面解释了货币危机的根源在于经济内部均衡和外部均衡的冲突。如果一国外汇储备不够充足，财政赤字的持续货币化会导致固定汇率制度的崩溃并最终引发货币危机。当宏观经济状况不断恶化时，危机的发生是合理的而且是不可避免的。该理论比较成功地解释了20世纪七八十年代的拉美货币危机。

第二代货币危机模型：由莫里斯·奥伯斯法尔德于1994年提出。该理论核心观点为：一国政府在制定经济政策时存在多重目标，经济政策的多重目标导致多重均衡。因而政府既有捍卫汇率稳定的动机，也有放弃汇率稳定的动机。在外汇市场上有中央银行和广大的市场投资者，双方根据对方的行为和掌握的对方的信息，不断修正自己的行为选择，这种修正又影响着对方的下一次修正，形成了一种自我促成（self-fulfilling）。当公众的预期和信心的偏差不断累积使得维持稳定汇率的成本大于放弃稳定汇率的成本时，中央银行就会选择放弃，从而导致货币危机的发生。该理论较好地解释了1992年英镑危机。

第三代货币危机模型：由罗纳德·麦金农和保罗·克鲁格曼首先提出。该理论核心观点为：在发展中国家，普遍存在着道德风险问题。普遍的道德风险归因于政府对企业和金融机构的隐性担保，以及政府同这些企业和机构的裙带关系。从而导致了在经济发展过程中的投资膨胀和不谨慎，大量资金流向股票和房地产市场，形成了金融过度（financial excess），导致了经济泡沫。当泡沫破裂或行将破裂所致的资金外逃，将引发货币危机。

第四代货币危机模型：基于上述第三代货币危机模型而建立。该理论核心观点为：如果本国企业部门的外债水平越高，“资产负债表效应”越大，经济出现危机的可能性就越大。其理论逻辑是：企业持有大量外债导致国外的债权人会悲观地看待这个国家的经济，减少对该国企业的贷款，使其本币贬值，企业的财富下降，从而能申请到的贷款下降，全社会投资规模下降，经济陷入萧条。

2. 银行业危机（banking crises）

银行业危机是指现实的或潜在的银行破产、挤兑导致银行不能如期偿付债务，或迫使政府出面，提供大规模援助，以避免违约现象的发生，一家银行的危机发展到一定程度，可能波及其他银行，从而引起整个银行系统的危机。关于银行业危机的成因先后有以下五种理论模型。

理论模型之一：米尔顿·弗里德曼的货币政策失误论。该理论核心观点为：因为货币需求函数的相对稳定性，货币供求失衡的根本原因在于货币政策的失误。并且，这种失误（如突然的通货紧缩）可以使一些轻微的、局部的金融问题，通过加剧银行恐慌演变为剧烈的、全面的金融动荡。

理论模型之二：海曼·明斯基的金融不稳定假说。该理论核心观点为：市场上的借款者分为三类，第一类是“套期保值”型借款者。第二类是“投机”型借款者。第三类是“蓬齐”（指借新还旧，拆东墙补西墙，也称“旁氏”）型借款者。当一个经济周期开始时，大多数借款者属于“套期保值”型借款者；当经济从扩张转向收缩时，借款者的盈利能力缩小，逐渐转变成“投机”型借款者和“蓬齐”型借款者，金融风险增大。因而金融体系具有内在的不稳定性，经济发展周期和经济危机不是由外来冲击或是失败性宏观经济政策导致的，而是经济自身发展的必经之路。

理论模型之三：詹姆斯·托宾的银行体系关键论。该理论核心观点为：银行体系在金融危机中起着关键作用。在企业过度负债的经济状态下，经济、金融扩张中积累起来的风险增大并显露出来，银行可能遭受损失，所以银行为了控制风险，必然提高利率、减少贷款。银行的这种行为会使企业投资减少，或引起企业破产，从而直接影响经济发展，或者使企业被迫出售资产以清偿债务，造成资产价格急剧下降。这种状况会引起极大的连锁反应，震动也极为强烈，使本来已经脆弱的金融体系崩溃更快。

理论模型之四：戴尔蒙德和荻伯威格的“金融恐慌”理论。该理论核心观点为：银行体系脆弱性主要源于存款者对流动性要求的不确定性以及银行的资产较之负债缺乏流动性之间的矛盾。银行的重要功能是将存款人的非流动性的资产转化为流动性资产，以短贷长，实现资产增值。在正常情况下，依据大数定理，所有存款者不会在同一时间取款。但当经济中发生某些突发事件（如银行破产或经济丑闻），就会发生银行挤兑。一些原本不打算取款的人一旦发现取款队伍变长，也会加入挤兑的队伍，发生金融恐慌。

理论模型之五：罗纳德·麦金农的“道德风险”理论。该理论核心观点为：存款保险制度的存在，以及政府和金融监管部门在关键时候扮演“最后贷款人”的角色，一方面，会使银行产生道德风险，从事具有更高风险的投资，增加了存款人受损害的可能性；另一方面，存款者也不会对银行实施监督。

3. 外债危机（foreign debt crises）

外债危机是指一国国内的支付系统严重混乱，不能按期偿付所欠外债，又称为主权债务危机。关于外债危机的成因先后有以下三种理论模型。

理论模型之一：欧文·费雪的“债务—通货紧缩理论”。该理论核心观点为：企业在经济上升时期为追逐利润“过度负债”，当经济陷入衰退时，企业盈利能力减弱，逐渐丧失清偿能力，引起连锁反应，导致货币紧缩，形成恶性循环，金融危机就此爆发。其传导机制是：企业为清偿债务廉价销售商品—企业存款减少、货币流通速度降低—总体物价水平下降—企业净值减少、债务负担加重、盈利能力下降—企业破产、工人失业—人们丧失信心、悲观情绪弥漫—人们追求更多的货币储藏、积蓄—名义利率下降、实际利率上升—资金盈余者不愿贷出、资金短缺者不愿借入—通货紧缩。

理论模型之二：詹姆斯·戴维·沃尔芬森（James David Wolfensohn）的资产价格下降论。该理论核心观点为：由于债务人过度负债，在银行不愿提供贷款或减少贷款的情况下，被迫降价出售资产，就会造成资产价格的急剧下降。由此产生两方面的效应：一是资产负债率提高，二是使债务人拥有的财富减少，两者都削弱了债务人的负债承受力，增加了其债务负担。债务欠得越多，资产降价变卖就越多；资产降价变卖越多，资产就越贬值，债务负担就越重。

理论模型之三：苏特的综合性国际债务理论。该理论核心观点为：随着经济的繁荣，国际借贷规模扩张，中心国家（通常是资本充裕的发达国家）的资本为追求更高回报，所以流向资本不足的边缘国家（通常是发展中国家），边缘国家的投资外债增多；债务的大量积累导致债务国偿债负担的加重，当经济周期进入低谷时，边缘国家赖以还债的初级产品出口的收入下降，导致其逐渐丧失偿债能力，最终爆发债务危机。

4. 系统性金融危机（systematic financial crises）

系统性金融危机也可以称为“全面金融危机”，是指主要的金融领域都出现严重混乱，如货币危机、银行业危机、外债危机的同时或相继发生。

金融危机的解决之道

1. 美国联邦储备委员会前主席格林斯潘对2008年次贷危机的认识及其解决之道

如果从近百年的美国经济史分析美国经济，1929年大萧条是一个起点，历经胡佛总统、罗斯福总统新政及二战之后，美国终于走出长达十多年的经济大萧条泥潭。自此后，历届美国政府都奉行凯恩斯主义来调控宏观经济，而保就业成为第一要务。而保持一定的通胀、提高就业率，成为政府抓经济、保就业的良方。到尼克松上台之后，由于美国深陷越南战争，财政赤字剧增，债台高筑。连年宽松的货币政策导致物价高涨，而失业率上升。于是，尼克松政府采取既控制通胀以降低通胀率同时又降低失业率以提高就业的宏观经济政策，但是这一做法显然难以两全，其结果形成滞胀。面对物价上涨、失业率高的滞胀，美国政府的宏观调控陷入两难境地，原有的凯恩斯药方已经失效，菲利普斯曲线失灵。如果收缩货币信贷政策降低通胀，则原本衰退的经济将进一步衰退；如果为了刺激经济，进一步宽松，则物价将进一步上涨，引起社会动荡。

里根上台后，信任美国联邦储备委员会主席沃尔克的政策，放出衰退大招，消除了滞胀。自此后，大家认识到，高通胀不好，高失业也是不好的，但是二者是可以相互制约影响的，美联储的使命就是利用货币政策让二者保持在一个可以接受的稳定范围之内。沃尔克之后，格林斯潘成了新一届的美国联邦储备委员会主席。

艾伦·格林斯潘是最具影响力的美国联邦储备委员会前主席，从1987年到2006年，他担任美国联邦储备委员会主席长达18年，任期横跨6届美国总统，他带领美国实现了历史上最长的繁荣期。然而，2008年金融危机爆发，格林斯潘所奉行的宽松货币政策被一些人视为“罪魁祸首”，一时间舆论批评十分激烈。

我们看看格林斯潘的宏观经济政策及其金融危机的解决之道。从格林斯潘处置美国历次危机期间的货币政策来看一看他的逻辑与思维。

格林斯潘从数据研究中得出一个重要结论，即金融市场在商业周期的发源中起着至关重要的作用。他在文章中提出，股价“并不是对经济状况的预报，而是经济活动的一个关键决定因素”；当时的经济学家们也渐渐开始明白，货币才是导致通货膨胀的根本原因，而不是政府支出或生产中遇到的瓶颈。通过上述机制，高股价会导致经济繁荣，而低股价会导致经济放缓。

1987年刚就任美国联邦储备委员会主席的格林斯潘就遭遇了著名的“黑色星期一”。1987年10月19日，道琼斯指数在开盘后3个小时内狂跌508.32点，美国金融市场一时间风声鹤唳，美国全年国民生产总值的1/8、当时股市市值5000多亿美元一下子灰飞烟灭。经过一整夜的思考，格林斯潘做了也许是他一生中最难忘的决定——命令美联储在星期二交易开始前50分钟发表如下的简要声明：“作为这个国家的中央银行，美联储遵从自己的责任，今天重申它时刻准备着发挥其清偿来源的作用和功能，以支撑美国经济和金融系统。”美联储暂时放弃信贷紧缩政策，倾其所能向银行系统“紧急输血”，以确保银行信誉，防止金融崩溃。在10月20日和21日短短两天内，市场恢复了在10月19日亏损中的57%。正如《福布斯》所描绘的那样，“这是格林斯潘最辉煌的一刻，他高举起喇叭，告诉银行把钱借给华尔街，然后降低短期利率，而长期利率也随之下降”。[①]

1989—1992年，美国经济遭遇信用危机，格林斯潘果断地向市场注入流动性，支持了美国的经济复苏。

1990—1991年，海湾战争造成石油价格猛涨，为维护国家金融稳定，格林斯潘不顾老布什总统的反对，毅然实行收紧银根政策。

1992—1995年，面对正值增长状态良好的美国经济，格林斯潘7次提高储蓄利率，从1992年7月的3%的最低点调至1995年2月1日5.25%的最高点，以图扼制美国的通货膨胀，增强经济后劲。

① 参见巴曙松的文章《“青史凭谁定是非”格林斯潘的美联储生涯》。

1997 年，亚洲陷入经济危机，1998 年危机扩散到拉美，深化为全球性的金融危机，格林斯潘果断地在 10 周内连续三次减息，创造了美国历史上最快的减息速度，及时的行动稳定了世界经济和全球股市。

2001 年，互联网泡沫破裂，恐怖分子袭击美国本土；格林斯潘又开始急速减息——短短一年间由 6.5% 减至 1.75%，帮助危机之中的小布什总统刺激经济。2003 年 6 月 25 日，美联储将联邦基金利率降至 1% 这一 45 年来最低水平。美联储希望以此刺激经济增长，并抵御潜在的通货紧缩威胁。

2004 年 6 月 30 日，美联储开始采取每次 25 个基点的系列升息步骤，逐渐淡化其经济刺激政策。

综观格林斯潘就任时期的美国和全球经济运行，在格林斯潘上任的 18 年间，美国只出现过两次轻微的经济衰退，却出现了历史上最长的增长期，还在克林顿时代一度创造出所谓“零通胀型”经济的奇迹。美国经济平均每年增长 3% 左右，平均失业率仅徘徊在 5.5%。创造除了中速增长、低失业率、低通胀的最佳经济增长模式。

在市场看来，格林斯潘似乎总是独具慧眼，在阻击通货膨胀和刺激经济增长两者之间优雅地走着钢丝。格林斯潘总是对美国经济过热保持着一种警觉，只要一出现过热的迹象，他就会采取措施把温度降下来。他在任期间，民众一度将其视为成功指挥着美国经济巨轮驶过了暗礁丛生的 20 世纪 80 年代，使美国在 20 世纪 90 年代经历了前所未有的经济繁荣的人物。

2008 年次贷危机过后，虽然曾一度遭到指责，但他仍然坚持这是百年一遇的金融危机，具有不可避免性。

在格林斯潘的著作《地图与疆域》（*The Map and the Territory*）一书中指出：传统的预测方法之所以失败，是因为它们几乎不关注行为经济学家的工作。他说，如果人们能够将特殊行为环境和趋势，如愉快、恐惧、惊慌、乐观和扎堆等，与预测模型（其中包括人们在压力时期的非理性行为方式）结合在一起，那么预测是可以改进的。有效的经济模型不应当假定绝大多数人的行为都是完全理性的，也不应当假定所有的结果都包含在可预测的钟形（“正常”）分布曲线中。

经过这种调整之后，经济模型所展示的金融市场的结果必然比正常概率分布曲线所展示的结果更加极端。此外，分布曲线的极端往往是不对称的，尤其可能出现极端负面的结果：恐惧比愉快更加强大。格林斯潘认为，政府决策者和企业界人士忽视了这些关联性影响，因此他们没有完全认识到2008年金融崩溃以及随之而来的经济危机所揭示的风险。

格林斯潘对2008年金融崩溃的解释有别于一些在政界受到欢迎的观点。他说，这不是"放松监管"的问题，而是现有监管体系的失灵导致了这场危机。特别是，监管者未能意识到金融机构证券资本不足的程度。出问题的不仅仅是私营住房抵押贷款机构和投资银行家。对抵押贷款证券化的最大需求来自房利美和房地美，这两家由政府出资支持的企业这么做是希望实现政府的"房价可承受目标"。

在格林斯潘的分析中，与众不同的一点在于，他强调杠杆化（过度借贷）和资本不足是导致2008年次贷危机如此具有破坏性的关键因素。个人和金融机构的资本都非常不足。由于没有足够的资本可以起到缓冲作用，在雷曼破产后浮出水面的损失引发了雪崩式的违约。泡沫和崩溃一直是自由市场体系的特征，然而，它们不一定会引发经济危机。

从格林斯潘的上述观点可以看出，其越来越重视经济人的行为分析。这与索罗斯的反身性原理及行为金融学的分析角度越来越趋同。

2. 美国联邦储备委员会前主席伯南克的危机解决之道

接替格林斯潘就任第八任美国联邦储备委员会主席的是本·伯南克，任期为2006—2014年。伯南克是宏观经济学家，主要研究方向是货币政策和宏观经济史。他是美国艺术与科学院院士和世界计量经济学会会士，曾编著了《宏观经济学原理》《微观经济学原理》等教材。2009年，因为在带领美国渡过大萧条以来最恶劣的经济危机中的突出表现，伯南克被《时代》杂志评选为年度风云人物。

伯南克在担任第八任美国联邦储备委员会主席期间，正逢2008年房地产泡沫破裂引发的次贷危机，酿成仅次于1929年大萧条的金融危机。当时，其与美国财政部部长保尔森、时任纽约联储银行行长盖特纳（保尔森之后的财政部部长）组成的危机拯救三人小组，联手拯救了这次罕见的危机，使美国仅仅用一年半的时间率先走出了危机。伯南克出版了反思2008年次贷危机的著作《行动的勇气：金融危机及其余波回忆录》，同时，三人又合著了《灭火：美国金融危机及其教训》。

关于他对金融危机的认识及解决之道，除了从上述著作中可见端倪之外，还可通过伯南克在亚特兰大莫尔豪斯学院发表的演讲中解读出一些东西。在该次演讲中，他阐述了 2008 年次贷危机的成因、美联储的对策、美国未来的通货膨胀政策走向以及救助政策与金融体系改革等四大重要问题。[①]

关于次贷危机的成因分析。伯南克认为，若从全球视角审视此次次贷危机的成因，必须全面分析过去几十年来世界储蓄与投资的基本格局的演变，以及这种演变如何深刻地影响了美国及其他国家的信贷市场。最近 10—15 年以来，大量外国资本涌入美国和其他工业国家。这些资本大多来自亚洲等新兴市场国家和一些主要的石油产出国，这些国家自身的经济发展不足以消化迅速增长的巨大财富。这些财富如果运用得当，本可以创造良好的经济社会效益，但不幸的是，在美国和其他国家的情形并非如此。在美国国内低利率的条件下，投机主义大行其道，资金大量流向股市和房地产，资产价格泡沫日益累积。在投资刺激经济快速增长的同时，金融机构之间也为争夺信贷客户而开展激烈竞争，取得贷款变得轻而易举且价格低廉。在这个过程中，金融机构的过度杠杆化的经营模式进一步加剧了泡沫化的趋势。然而到 2007 年，次级抵押债券开始出现问题，市场逆转，房价回落，抵押物价格随之下跌，借款人大量抛售资产，导致资产价格进一步下跌，抵押物的缩水加剧，投资者信心崩溃，最终加速了危机的形成。

关于美联储应对 2008 年次贷危机的策略。在应对次贷危机时，为了有效刺激信贷市场复苏、抗击经济衰退，美联储实施了一系列政策工具，其成效反映在美联储资产负债表上，最突出的一点，就是资产负债表中的资产项从危机前的大约 8700 亿美元，上升到目前的将近 2 万亿美元，翻了不止一倍。美联储采取的主要举措有四项。

第一，短期信贷。这主要是指提供给金融机构的流动性支持。2007 年 8 月，银行短期融资市场状况急速恶化，流动性缺口越来越大，为缓解流动性紧张，美联储宣布将贴现窗口（discount window）的优惠贴现利率调低 50 个基点。同时，美联储

① 详见中国银行业监督管理委员会官网发布的《美联储主席伯南克阐述关于金融危机的四个重要问题》一文。

于2007年年底推出了定期标售工具（term auction facility，TAF），需要资金周转的银行，可在美联储设定的拍卖期内，以暗标形式竞投贷款利率。中标银行需根据其获批贷款的额度，向美联储提交金融抵押品。截至2009年4月1日，美联储已通过定期标售工具向银行机构发放了大约4700亿美元短期信贷。

第二，临时性互惠货币协议。在2008年次贷危机中，许多在海外经营的美国银行也遭遇了严重的流动性压力。为解决这一问题，美联储与其他国家的中央银行合作签署了临时性互惠货币协议（reciprocal currency arrangement），或称为流动性互换协议（liquidity swap lines）。通过这些协议，美联储向其他国家的中央银行出借了数千亿美元，这些资金随后被提供给需要美元的外国金融机构，而这次的新安排正式允许了在需要的时候实现资金反向流动。

第三，家庭及小企业信贷救助计划。信贷市场的停滞使许多家庭和小企业面临困境，美联储推出了家庭和小企业信贷救助计划。根据这项计划，美联储从7870亿美元经济刺激方案中划出7.3亿美元，用于降低家庭及小企业借贷成本，并将受美国小企业管理局贷款项目覆盖的所有贷款的担保比例提高至90%。同时，还要求接受政府救助的21家美国大银行，每月报告给予小企业的信贷金额，以此促进金融企业向小企业提供更多信贷，确保小企业在美国经济复苏中发挥重大推动作用。

第四，购买抵押贷款支持证券。作为刺激金融市场和经济复苏的重大举措，美联储启动了规模为5000亿美元的抵押贷款支持证券购买计划，从2009年年初开始陆续买入由房地美、房利美和吉利美三家住房抵押贷款融资机构出售的未清偿抵押贷款支持证券，以降低抵押贷款成本，鼓励购买者重回房地产市场或削减现有房贷的月支付额。

关于美国未来的通货膨胀政策走向。人们通常把通货膨胀率视为衡量经济需求状态的指标，如果通货膨胀率过低，说明经济活动下降和失业率上升。现在人们普遍担心，美国通货膨胀压力减弱的速度过快以致通货膨胀率大有变为负值的可能。对此，美联储认为，未来通货膨胀率仍会在今后一段时期内维持相当低的数值，甚至不排除年通货膨胀率低于2%的可能性。尽管如此，美联储坚信经济重振的一天必将到来，一旦刺激措施开始引发通货膨胀，人们就知道政府已经尽其所能地采取了刺激需求的政策。如果通货膨胀率突破某一水平，就是预示美联储将很快开始解除当前零利率政策的最佳信号，但这一过程需要时间。

关于救助政策与金融体系改革。当时美国不少民众对于美联储拿出巨额资金救助一些超大型金融机构的政策感到不理解甚至不满。对此，伯南克从系统重要性角度解释了美联储对这些大型金融机构施以援手的原因和宗旨，并以救助美国国际集团为例，说明像AIG这样庞大而复杂的金融机构，一旦任其倒闭，社会经济生活的各个重要领域都会受到牵连，因此，为避免这种系统性风险放大到更多的经济领域，美联储不得不加以救援。但是，这种“保大弃小”的救助政策存在着道德风险，有违市场平等原则，有损纳税人的利益。鉴于此，必须改变金融市场上的这种游戏规则，对金融体系监管加以改革。

首先，要对所有类型的金融机构，尤其是规模庞大、与社会经济牵连至深的类似AIG的金融机构，实施更加严厉和有效的监管。其次，AIG现象表明，针对这一类结构复杂、具有系统重要性的大型金融机构，当其临近市场失败的边缘时，联邦监管者亟须一套新的监管规则加以应对和处置。对于非银行类的大型金融机构，一个良好有效的监管体系应当包含三个方面的变革：一是允许监管者根据形势做出判断，在市场危害最小的前提下对面临失败的金融机构给予必要支持；二是赋予监管者更多权力，以便与债权人谈判、协商，对相关企业合同进行必要干涉，尤其是那些包含高级管理层红利分配及其他福利补贴等内容的合同；三是改革现有的金融监管理念、原则与方法，改变金融机构经营模式，防止类似危机的再次出现。

从伯南克以上演讲中我们可以清晰地看出，其对金融危机成因的认识：为了刺激经济增长的低利率宽松货币，大部分会流入房地产及股市，从而催生泡沫。一旦市场趋势扭转，货币收紧，市场就会抛售资产，引发楼市及股票价格大幅下跌，在恐慌下引发危机。解决之道是：美联储必须通过“组合拳”拯救市场：降低利率、救助金融机构、为商业银行提供贷款、必要时直接购买金融资产等方式来提供流动性，并稳定市场信心；快速遏制恶性循环的链条，阻却危机恶化的下滑趋势，以重新恢复市场信心，扭转市场趋势。

第十四章
货币、债务与秩序危机

对债务型经济的忧虑

由于20世纪90年代的经济全球化加速使各国经济更加紧密地连在一起，联动性越来越强，再加之美国金融与经济的中心地位，所以2008年美国次贷危机最终演变为一场席卷全球的经济危机。而这场危机又引发了欧债危机，使得欧洲经济陷入更大的衰退之中。

为了应对这场1929年以来最大的危机，各国采取了宽松的货币政策与积极的财政政策。美国、中国、欧洲、日本纷纷出台了力度空前的救市政策。美联储采取了几轮量化宽松（QE）政策，运用了多种货币政策救市工具。而中国则以4万亿元带动数十万亿元的投资拉动经济。欧洲、日本则长期实施零利率乃至负利率政策。在各国政府力度空前的救市政策作用下，中国、美国率先走出危机，经济实现V形反转，而欧洲则因为希腊债务危机陷入欧债危机，日本经济恢复缓慢。

各国出台的大规模经济刺激救援计划及天量的货币发放，并非全部进入实体经济之中，而且也难以收回。随着时间的推移，货币超量发放的严重性与隐患慢慢显现，债务问题、通胀问题、货币贬值问题等接连爆发。单纯依靠货币政策来调控经济，犹如饮鸩止渴，抗药性越来越强。投资拉动经济模式的效能越来越低，货币投放对实体经济增长的助力越来越小。

各国政府频繁使用力度空前的货币救市政策与种类繁多的金融工具进行逆周期调控，使得经济在宽松货币、信贷推动下，债务杠杆率越来越高，债务越来越沉重。从财政赤字（政府加杠杆）、企业杠杆再到居民杠杆，债务负担越来越沉重，过度负债问题越发突出。而严酷的事实是，还需要不断地加杠杆，以保持微弱增长的经济。一旦货币政策收紧，那么稍微去下杠杆，经济立刻掉头向下。这迫使各国政府不敢轻易改变政策。

2008 年之后的十年，是二战以来遭遇的第二个经济难题。二战之后到 20 世纪 70 年代，是凯恩斯的世界，财政政策主导的宏观调控和菲利普斯曲线与宏观经济基本面基本一致，各国政府可以熟练地运用凯恩斯主义调控经济，得到自己想要的政绩结果。但频繁地使用或使用不当，导致英美等主要发达经济体陷入十多年的可怕经济大滞胀期，即美国经济的滞胀十年。撒切尔主义与里根新政成功化解了滞胀难题，以减少管制与降低税率带动经济进入新的发展期。

20 世纪 90 年代，广场协议之后，日本金融短期化、投机化严重，催生了日本楼市与股市两大资产泡沫，泡沫于 1995 年破裂，引发日本经济进入长期的萧条。

但 2008 年之后的十多年，世界经济又发生了新的改变，原有的通胀机理发生了改变，由于经济全球化，各国经济关联性越来越强，债务杠杆越来越高，世界经济陷入了不断吃药、不断加重药量维持经济发展的难题。大家明知药吃得多了就会严重依赖药品，而人体也对药慢慢产生抗药性，但一旦停药就会立刻出现问题。目前的世界经济，犹如一辆载满货物的重卡，在崎岖艰难的山路上爬行，司机始终想找到一个平缓的地方停下来、休息片刻，避免刹车片过热出现危险，但是难以找到这样的时机与地方，而且边走还边装货，其艰难与危险可想而知。世界经济进入通胀的十年。

这种模式就是典型的依靠债务驱动经济发展的模式，被称为债务型经济。在实体经济没有得到大的改观之前，这辆重卡只能依赖司机的高超技艺与耐力以及幸运，艰难地前行，实施平安到达的软着陆。而实体经济的重大改观，从人类历史长河来看，必须依靠足以改变或推动经济发展的重大科技革命，比如发生在英国的第一次工业革命（又称科技革命）推进了全球化的进程；第二次工业革命改变北美新大陆与欧洲旧大陆的经济格局与秩序；第三次工业革命加速了经济全球化等。

但是，与前三次工业革命（科技革命）可以比肩的第四次工业革命（科技革命）目前还尚未到来，就当下数字经济抑或是AI（人工智能）发展状况看，只能算作是互联网科技信息革命的延伸，尚不具备前三次科技革命那样的划时代影响力。

目前的问题是，这样的科技革命何时能够出现？世界经济能否撑到科技革命出现的那一天？

但同时，我们也看到，2008年之后的十年，全球经济中心明显向东方转移、向亚洲转移。日本在安倍经济学下开始缓慢复苏，印度在莫迪改革与经济学下经济增速超越中国，越南以超大力度的改革开放迎来了新的产业转移机遇。紧邻美国南部的墨西哥受益于美国贸易政策及产业转移，经济发展迅猛。中国经济则经历了以房价暴涨为标志的通胀（自2008年至今，房价平均上涨10倍以上），通过供给侧改革，经济进入中高速增长期的新常态。

此外，我们也看到，世界经济下行趋势明显，不确定的风险还很大。中东盛产石油的国家深陷地缘政治危机，叙利亚成为大国博弈的主战场。拉美国家面临第二次主权债务危机的风险，盛产石油的委内瑞拉陷入内乱，走在国家破产的边缘。欧洲国家由于人口老龄化及难民问题，长期实行负利率，但经济依然陷入低迷。而金砖国家，除了中国与印度之外，俄罗斯、巴西、南非早已失去了成色，经济持续不振。在美联储货币政策周期下，新兴经济体和老牌的经济体，尤其是拉美、南欧等一次又一次遭受冲击。而津巴布韦、俄罗斯、委内瑞拉及土耳其屡屡爆发货币贬值危机。

新兴经济体既有印度、墨西哥、埃塞俄比亚、越南及其他东南亚国家经济高速发展令人深感喜悦的一面，同时，也有南非、俄罗斯、土耳其及委内瑞拉令人深感忧虑的一面。

领导经济学

安倍经济学

对于日本经济失去的十年、二十年，甚至三十年，有经济学家认为，金融资本主义道路对日本经济摧残严重，金融短期化、投机化对日本实体经济造成了巨大危害。

金融的市场化、自由化摧毁了长期支撑日本实体经济发展的“主办银行制度”。当年，主办银行对企业的贷款动辄 5 年、10 年，甚至 30 年，企业依据这样的资本期限安排的实业发展规划，在金融市场化、自由化过程中泡汤了。因为金融投机盛行、金融短期化趋势使得主办银行的资金周转出现了严重的问题，尤其在亚洲金融危机期间，发生了严重的流动性危机。

企业已经把长期贷款使用出去了，不可能归还银行；银行的存贷款期限错配越来越严重，结果是资金链断裂。再加上企业间交叉持股，所以危机蔓延和传导得十分剧烈，最终拖垮了日本经济，而且一蹶不振。

因此，摧毁日本经济的关键问题是金融。日本经济衰退是金融市场化、自由化过程中，至高无上的金融资本脱离了为实体经济服务的重心的必然结果。

2012 年年底上台的日本首相安倍晋三推出了三项经济政策，被称为“安倍经济学”。也有学者将其形象地称为“三支箭”。可以概括为积极的金融政策、灵活的财政政策、促进并发展民间投资。具体措施为货币增发、增加政府支出和进行结构性改革。具体内容如下：

“第一支箭”——大胆的金融政策，无限制的量化宽松措施。促使金融机关向企业贷款，使得企业有足够的成本进行设备投资和扩大生产。

“第二支箭”——宽松的财政政策，大规模的公共投资，以公共投资带动 GDP 和雇用，做到刺激经济，加大 GDP。

“第三支箭”——唤起民间投资的成长策略，通过结构性改革，包括各种战略协定、放松管制和促进创新等在内的一揽子增长战略。推动日本产业与社会经济结构的改革，增加产业的预期收益性。以此，唤起民间投资的增加。

安倍希望通过这三支箭做到：第一支利箭将市面上的纸币量增加至现有的两倍；通过第二支利箭增加大城市及其他地方城市的雇佣；通过第三支利箭激活民营企业的发展。在三支箭的政策下，日本经济得到良性循环和大力发展。

中国著名经济学家吴敬琏认为，安倍经济学的核心是治理通缩。核心是压低日本实体经济的融资成本，向市场输送长期流动性，让金融市场更加有利于资本的形成，并借以培育日本新的实体经济快速发育。

楼市与股市两大泡沫破裂后，日本经济陷入长期的衰退，其实质是经济陷入严重的通货紧缩。安倍经济学采用了经济学上的扩张性货币政策，通过向市场大量注入资金，造成通货膨胀率，使得日元贬值，出口增加，物价上涨，企业收益增长，员工收入也随之增加，最终摆脱通货紧缩，实现日本经济增长。从公布的数据看，安倍经济学对日本经济的提振效果可谓立竿见影。

2020 年 8 月 28 日，安倍正式辞去了首相职务，8 年的漫长任期就此画上句号。安倍成为日本近几十年来在任时间最长的首相。

莫迪经济学

2014 年，出身普通家庭的纳伦德拉・莫迪戴着“莫迪经济学”在古吉拉特邦成功的耀眼光环，领导印度人民党胜选，以高达 78% 的支持率当选印度总理，创造了 30 年来成功组建单一政党多数政府的政治奇迹。

莫迪经济学源于莫迪执政古吉拉特邦 12 年的成功经验，其目标是打造“新印度”，核心是加速发展，手段是优化劳动力、资本、资源、技术和制度等增长要素，打破常规，强力改革，释放潜能。莫迪执政该邦期间，古吉拉特从一个经济表现平庸、能见度不高的邦，一跃成为全印度经济增速最快、外贸出口最多、基础设施发展最好、行政效率最高的邦。

莫迪大刀阔斧地推出了“印度制造”“数字印度”“智慧城市”“清洁印度”“季风计划”“环印工业走廊”“废钞令”、统一商品服务税等一系列经济社会发展举措。虽然各界对多项措施褒贬不一，尤其“废钞令”和统一商品服务税实施初期引发社会和经济不小的混乱，“废钞令”甚至引发了通货紧缩，但从数字指标看，莫迪经济学成绩亮眼，实实在在提升了印度在世界经济格局中的可见度，可以成为其成绩单上的一个高分。

2014—2018 年，印度 GDP 增速分别为 7.4%、8.0%、7.1%、6.7% 和 7.4%，年均增速达到 7.3%，成为全球主要经济体中发展最快的国家，并于 2017 年超过法国，跃居世界第六经济大国，与排名第五的英国也相距不远。5 年间，随着印度对外开放力度加大，行政审批手续的明显简化，外国直接投资快速增长。2015 年和 2016 年印度连续成为获得外国直接投资最多的国家。在世界银行的营商环境调查中，印度名次上升了 53 位，达到历史最好的全球第 77 位。印度孟买指数由莫迪就职之初的 24 374 点攀升至 2019 年 3 月初的 38 024 点，上涨 56%。这些数字似乎都表明，莫迪经济学已带领印度走出了国大党辛格政府后期数年的停滞，再度重返梦寐以求的快车道，实现了一直想但却始终未有的“经济增速超越中国”之梦。

客观评价，莫迪经济学的不俗成绩单离不开以居民消费为主体的消费驱动、印度对外贸易和对外资依存度较低、原油等国际大宗商品价格连年下降等内外因素，但一些改革举措确实瞄准了长期制约印度经济发展的弊端，做了好些多届政府想做但没有做、做不了的事，具有很强的针对性和前瞻性。

但正如印度前总理英迪拉·甘地描绘的那样，“印度就像一枚硬币的两面。无论从哪一面看都是真实的”。在莫迪经济学光鲜亮眼一面的背后，掩盖不住就业岗位不足、贫富悬殊巨大、农业农村凋敝、行政效率低下、发展征地困难、财政赤字庞大等另一面。印度并非莫迪当年治下古吉拉特邦的简单“放大版”。在联邦体制、多党政治、地区差异、官僚习气、宗教特性和民族文化等因素的交织影响下，即便是莫迪这样的强人，也难解决许多长久存在的经济社会难题，甚至有时会在巨大的坚墙前被迫止步。①

特朗普时代

2017 年，房地产商出身的非典型政客特朗普就任美国总统，就此开启了特朗普时代。美国主流学者和专家认为特朗普上台之后的美国已颠覆美国传统政策与外交，据此可以将二战之后的美国划分为两个阶段：1945 年—2017 年的美国、2017 年至今的特朗普时代，足见特朗普对建制派的美国冲击有多么大。特朗普上台后，废除奥巴马的医改方案及 TPP 战略，不断从国际组织中“退群”，通过逐个施压，与主要贸易伙伴逐个重新谈判并签订双边贸易协议。那么，其背后的核心思想是什么？特朗普又做了哪些经济政策改革呢？

特朗普认为，美国经济失衡是因为不公平的贸易政策，美国吃了大亏，其他国

① 参见清华大学国家战略研究院研究部主任钱峰的文章《莫迪经济学这五年，改变印度多少？》。

家占了美国太多的便宜。于是，他推出了纠正美国经济失衡的“美国优先”政策，大致分为两个阶段。

第一个阶段是进口替代战略。再造美国制造业，扩大国内居民就业，重塑“美国制造”的未来出口潜力。为此，他积极推出减税法案，试图放松金融业管制，“威胁”国际经济组织和贸易伙伴等，意图释放一个确切信号：将提高外国产品输美的贸易壁垒，吸引国际产业资本投资美国，实现直接投资替代贸易出口；同时，拟放松金融管制及限制货币政策趋紧，并保持美国金融市场高度开放，推动资本市场繁荣。资产价格攀升的企业投资拉动和居民财富效应，有助于抵销国内贸易保护导致产品价格上涨的消费者剩余损失。这个政策被认为是里根新政的再现。

第二个阶段是出口促进战略。即采取出口促进的经济战略，帮助美国产品打开国际市场。在此时期，美国经济政策手段可能有隐性的出口补贴、降低贸易关税，避免美元高企及化解金融业累积的系统性风险等。

从全球经济发展情况看，特朗普的经济重振计划可能出现以下情况：囿于美国处处掣肘，国际贸易的游戏规则将陷于尴尬被动局面；基于减税政策和贸易壁垒提高，将导致全球产业资本长期流入美国；得益于实体经济“返阳”且金融管制松绑，美国资本市场持续繁荣；由于外围对特朗普政策的不确定性隐忧，美元汇率逐渐走弱且长期处于低位。

在新冠肺炎疫情之前，特朗普的经济政策，尤其是其国内的经济政策——减税法案，试图放松金融业管制、加大制造业等，为近几年的美国经济交出了一份漂亮的成绩单——失业率下降，美国经济复苏，股市迎来持续增长。但是，其美国优先的外交与贸易政策，也使得美国影响力下降，信誉严重受损，被称为“因小失大”。

全球化危机

1500 年前后的大航海与地理大发现开启全球化 1.0 时代，第一次工业革命则开启了全球化 2.0 时代，这个时代不仅仅有坚船利炮下的殖民掠夺，还有各国之间的原材料、农产品及工业品的国际贸易。这个时代经历了 100 多年，终结于二战。二战之后，新的国际秩序建立，人类进入全球化3.0时代，依靠战争建立海外殖民地模式彻底退出历史舞台，民族国家纷纷独立。世界秩序以国际组织、国际规则、国际条约为核心构建，国家之间经济往来越来越密切，尤其是进入20世纪90年代后，经济全球化步伐加快，世界已是平的了。

全球化与互联网是近30年改变世界最主要的两大推动力，互联网将全球资讯与人们在网上连接在一起，而经济全球化将人类在线下的真实世界里紧密联系在一起。各国之间的货物、人员、资金、技术、资源等在全球流动，范围越来越大，速度越来越快。

全球化与互联网极大地促进了世界发展，但同时也带来了很多问题。比如，经济发展不平衡越来越突出的问题，跨国犯罪问题，难民与移民问题，数据、机密与隐私安全问题，病毒传播问题，经济危机联动性加强等问题。

自特朗普2017年就任美国总统以来，美国优先成为其国策，作为国际秩序最重要的构建者及引领者，特朗普的美国优先政策，颠覆了原有的由美国构建的国际秩序。全球化出现了速度放缓、加速回潮的趋势，一场逆全球化思潮及行动正在展开。

美国“退群”与脱钩

二战之后，美国作为战胜国及综合实力最强大的国家，登上历史舞台的中央，先后主导和构建了新的国际货币（布雷顿森林体系）、国际金融（世界银行、国际货币基金组织）、国际组织（联合国及其下属组织）、国际贸易与经济（关税及贸易总协定，之后成为世界贸易组织）及国际外交（1961年的《维也纳外交关系公约》）等国际秩序，替代了二战之前欧洲大陆那种传统基于森林法则而构建的国际秩序，开启了人类崭新的全球化时代。

在这个工业时代下的全球化，各国之间的竞争主要靠国家自身的经济竞争力，主要表现为资本、技术、人力、资源等要素禀赋的比较优势。只要拥有足够的竞争力，一个国家可以完全依靠比较优势，在全世界各地获取经济发展资源，占领世界各地市场，以获得收益。而二战前以大英帝国为代表的那种海权时代下，依靠军事武力侵略他国领土，进行军事占领，然后掠夺资源及市场的做法，已经退出了历史舞台，人类由此进入更加文明的时代。在这个时代，比拼的是头脑智慧与软实力，而不再是四肢发达的暴力。

在全球化下，欧、美、日等发达国家具有资本、技术等比较优势，发展中国家具有人力资源的优势，即人口红利。因此，在20世纪经济全球化加速下，各国发挥各自的比较优势取得了各自的经济发展，都从全球化中受益。以美国为例，华尔街的金融与硅谷的高科技，在全球化过程中，凭借其资本与技术的比较优势，获取了巨大受益。而中国、越南与印度则充分发挥了人口红利等人力资源方面的比较优势，从全球化产业转移中获益。理论上来说，全球化有利于在全球市场、全球人力、全球资本、全球技术、全球资源之间进行资源的优化配置，有利于世界化大分工协作的形成。但其不利之处在于：不具有任何比较优势的国家、地区则陷入被动境地，差距越拉越大。同时，也使得一部分行业、一部分群体在全球化中利益受损。比如，美国的东北部铁锈地带的传统制造业，在全球化中因失去比较优势而逐渐没落，使得该行业产业工人利益受损。

也正因为如此，在美国民粹主义崛起及选举政治下，强化了其全球化利益受损的一面，开始反思全球化，从奥巴马的“亚太优先”到特朗普的“美国优先”，进而并开启逆全球化之路。

随着美国自2017年进入特朗普时代，美国逆全球化进程越来越快，越走越远。以“退群”表示抗议及改革国际组织为由等，美国对现有国际秩序及治理模式构成了严峻的挑战。下面我们梳理一下美国2017年至今退出的那些群：

2017年，因所谓“节省资金、敦促改革、抗议反以色列偏见”，美国宣布退出联合国教科文组织。这不是美国第一次退出该组织。1984年美国曾宣布退出，直到2003年小布什时期才重返联合国教科文组织。

2017年，因认为多边贸易协定不符合美国最佳利益，有碍于美政府“美国优先”政策，美国宣布正式退出《跨太平洋伙伴关系协定》（TPP）。

2017年，美国政府认为《巴黎协定》阻碍美国经济的发展，且全球气候变化为“伪命题”，宣布退出《巴黎协定》。

2017年，因所谓“美国的移民政策必须始终由且仅由美国人决定”，美国宣布退出联合国《全球性难民和移民协议》。

2018 年，在国际原子能机构（IAEA）证实伊朗履行了在核协议中做出的承诺且美国没有明确证据表明伊朗违背协议开展核试验的情况下，美国坚持宣布退出经联合国安理会核实认可的《关于伊朗核计划的全面协议》，并对伊朗实施经济制裁。

2018 年，因所谓联合国人权理事会“无法有效保护人权”等，美国宣布退出联合国人权理事会。

2018 年，作为对巴勒斯坦因美国搬迁驻以色列大使馆至耶路撒冷一事将美国告上国际法院的回应，美国宣布退出涉及国际法院管辖问题的《维也纳外交关系公约关于强制解决争端之任择议定书》。

2019 年，为不受束缚地发展中短程导弹力量，美国宣布退出《苏联和美国消除两国中程和中短程导弹条约》。

2020 年，美国以所谓俄罗斯违反条约为借口，宣布从 2020 年 5 月 22 日启动退出《开放天空条约》的步骤，退约步骤将在 6 个月后完成。

2020 年，美国政府为本国抗疫不利寻找“替罪羊”，宣布退出世界卫生组织。需要指出的是，美国目前仍拖欠巨额会费，须在退出正式生效之前缴清。

此外，美国政府一段时间以来还曾多次威胁考虑退出包括《美韩自贸协定》、世界贸易组织、北约甚至是联合国等在内的一系列国际组织和条约。

应该说，美国退出的这些多边国际组织、协议，在很大程度上正是美国二战后一手建立的国际秩序的重要组成部分。如同 1971 年美国时任总统尼克松亲手终结美国于 1944 年建立的布雷顿森林体系一样，美国不断亲手撕毁其于二战以后构建的国际秩序、国际规则，在“退群”时丝毫没有回望自己最初创立、加入这些条约、组织的初心和承诺。美国构建的世界秩序大厦正在一点点被拆毁。

除了“退群”之外，作为世界头号经济大国的美国进入特朗普时代后，在美国优先的战略及思维模式下，不断对传统盟国进行打压。在 2020 年新冠肺炎疫情之下，美国国务卿蓬佩奥甚至选择在尼克松的家乡发表“新冷战”的“铁幕演说”。

根据黄奇帆先生的说法：中国正面临头号大国的“十面埋伏”（十个方面的脱钩）：贸易脱钩；投资脱钩；资本市场脱钩；金融保险脱钩；技术脱钩；留学生方面脱钩；网络脱钩，互联网脱钩；SWIFT脱钩；谈判脱钩；外汇、人民币之间挂钩的关系脱钩。[①] 按照中国科学院院士邬贺铨的说法：美国针对中国的逆全球化措施做得越来越厉害了，其表现形式有断供、禁用、封堵、关门、强夺、切断、截流等7种。[②]

美国的“退群”、脱钩与逆全球化也意味着美国逐渐放弃了全球领导者的角色，逐渐退出其在二战之后主导和构建的国际秩序。这一点表面上看与特朗普的“美国优先”相悖。因为，根据特朗普的“美国优先”，美国应当更积极地推进全球化，加强其在全球的控制力与影响力，那为何又不断地“退群”、脱钩及放弃全球领导力呢？这不是战略矛盾与决策混乱吗？

这恰恰反映了美国当下的困境，大致表现在五个方面。其一，美国社会出现严重分裂，民粹主义泛起。其二，美国民主政治出现了问题，两党在竞选政治下出现越来越大的撕裂和分歧。其三，在经济全球化下，最大受益者华尔街金融大佬和硅谷科技巨头与受损者中部铁锈地带工人之间的贫富差距越来越大，利益越来越不一致。其四，美国财政赤字越来越大，经济下行，财力越来越难支撑起主导全球秩序的野心。其五，近40年来，美国危机频发，美联储不断推出QE，损害全球经济，通过印钞向全球转嫁危机损失，导致美元信誉不断降低，长此以往，抛弃美债、抛弃美元将成为未来的趋势。失去了美元地位的美国，难以通过发行“美元+美债”模式来举债，以支撑其庞大的财政费用与支出。

另外，从美国“退群”之后又提出国际组织改革方案，以及在其退出多边贸易协定之后又重新签订多个双边贸易协定的举措看，美国“退群”的真实目的是：以退为进，退出原有的已不利于美国利益的国际政治、经贸秩序，重新构建新的有利于美国的国际政治、经贸秩序。

---

① 参见黄奇帆于2020年8月8日的演讲《中国面临十面埋伏》，https://baijiahao.baidu.com/s?id=1676269801630241448&wfr=spider&for=pc。

② 参见邬贺铨于2020年8月7日接受《中国经营报》记者访谈发言，http://www.cb.com.cn/index/show/zj/cv/cv13494471267。

英国脱欧

1973 年，英国首相爱德华·希斯重启加入欧洲共同体谈判，终成为其成员国。但不久之后因中东战争引发的第一次石油危机导致欧洲经济衰退，英国就萌生退意，1975 年就开始脱欧公投，但未能通过。

在 20 世纪 90 年代欧盟成立并随后启动欧元时，英国因国内分歧没有加入欧元体系，继续使用英镑。因此，英国并非欧元区国家，可以发行自己独立的货币，有利于其保持出口竞争力，拥有自主的财政政策。但这也使得英国很难真正地融入欧洲大陆的事务处理之中来。尤其是欧债危机的关键时期，由于各种利益分歧明显，脱欧的声音也甚嚣尘上。由此可见，英国与欧盟貌合神离，脱离是早晚的事情。

由于历史与地理原因，19 世纪晚期以来，英国一直奉行对欧洲大陆事务不干预政策，被称为“光荣的孤立”。“疑欧”的历史传统以及和欧洲大陆经济发展相异的模式使英国长期和欧洲大陆若即若离。英国始终标榜自己与美国同属盎格鲁撒克逊文化圈，与欧洲大陆文化不同，英语系的五眼联盟（英、美、加、澳、新等五个国家）走得更近。

在英国“疑欧”人士看来，欧盟未来的一些政策趋势可能损害到英国的利益。而欧债危机的蔓延，不仅使英国的疑欧之心快速发酵，也加快了脱欧脚步。与此同时，欧盟其他国家的民众也对英国渐生不满，认为英国不仅否决欧元，不参加欧盟的危机救助方案，还反对一切金融监管政策，因此英国脱欧对欧盟的发展来说反而是好事。双方的相互信任已经降到历史低点。[①] 以下是英国脱欧的关键时间点：

2013 年 1 月 23 日，英国前首相戴维·卡梅伦首次提及脱欧公投。

2016 年 6 月，英国全民公投决定“脱欧”。

2017 年 3 月 16 日，英国女王伊丽莎白二世批准脱欧法案，授权特雷莎·梅正式启动脱欧程序。

3 月 29 日，脱欧程序正式启动。根据英国与欧盟的协议，英国应在 2019 年 3 月 29 日正式脱欧。

① 参见新浪网2015年5月20日《促英脱欧卡梅伦等不及了》一文。

2018 年 6 月 26 日，英国女王批准英国脱欧法案，允许英国退出欧盟。7 月 12 日，英国发布脱欧白皮书。11 月 25 日，欧盟除英国外的 27 国领导人一致通过了英国脱欧协议草案。12 月 10 日，欧洲法院裁定，英国可单方面撤销脱欧决定。

2019 年 3 月 12 日，英国议会就修改后的脱欧协议进行了再次投票表决，但该协议仍然没有通过。4 月 10 日，欧盟各国达成一致，同意将脱欧日期延迟至 10 月 31 日。4 月 12 日，英国前独立党党魁法拉奇宣布成立脱欧党。10 月 17 日，欧盟委员会主席容克与英国首相鲍里斯·约翰逊宣布欧盟与英国达成新的脱欧协议。10 月 19 日，英国议会要求首相寻求再度推迟脱欧。10 月 22 日，英国将暂停脱欧协议法案后续的审议、三读等立法程序，直到欧盟对英国延期脱欧的申请给出回复。同日，英国议会下议院投票否决了首相约翰逊为推动脱欧协议尽快在英国议会通过而制定的立法时间表。

2020 年 1 月，英国国会投票通过脱欧协议，欧洲议会将于 1 月 29 日对脱欧协议进行最后的审议和表决。1 月 30 日，欧盟正式批准了英国脱欧。为 1 月 31 日英国脱离欧盟铺平了道路。之后，英国和欧盟将进入为期 11 个月的过渡期（这个过渡期将在 2020 年 12 月 31 日 23 点结束），继续展开贸易协议谈判。若过渡期内，双方未能达成协议，双方贸易将自 2021 年 1 月 1 日起回到世贸组织框架下，重新实施双边之间的边检和关税政策。

从 1975 年公投脱欧到 2020 年正式脱欧，经历了近 46 年。而英国脱欧对于欧盟而言，使得欧盟面临有史以来最严峻的危机。美国“退群”，英国脱欧，都为全球化的未来蒙上了一层阴影。

民粹主义泛起的忧虑

美国著名政治学者亨廷顿有本名作《文明的冲突》，阐释了文明冲突的历史、现在与未来。尤其是西方基督教文明与伊斯兰教文明的冲突，东西方文化、观念及制度的冲突等。

自从进入特朗普时代之后，其“美国优先”国策对原有秩序构成巨大的冲击，而世界各国各种主义，尤其是民粹主义泛起，将加剧地缘政治危机与逆全球化。

环顾当前世界，以下几种社会思潮正沉渣泛起，甚至已经形成局部气候，撕裂国际社会与国内社会：民粹主义、极权主义、保守主义、民族主义、国家主义、复仇主义、军国主义及纳粹主义等。

这些思潮席卷哪个国家，哪个国家就麻烦、就出乱子。美国实际上已陷入撕裂的、混乱的、胡闹的状态，甚至下注剑走偏锋、铤而走险的“豪赌”“灯塔国”不再，为了选战需要转移国内矛盾，很可能引发严重的地缘政治危机。

这个世界未来充满了不确定性，新冠肺炎疫情仍在肆虐，但世界却已无法回到过去。面对这一个个主义，带给世界一个个问题，世界究竟向何处去？

如果让这些主义一个个走向偏执、走向狭隘、走向极端，那么，全球化将退去，对抗将替代合作，贸易保护主义重启，文明的冲突、意识形态的激战再起，仇恨与不信任将泛起。世界是否会重新回到“对抗与封闭”？

如果没有合作，如何应对人类共同的灾难，人类共同的问题？如何应对难民问题？这个世界缺少了规则与秩序还好吗？

这个世界正是因为有了合作精神，有了国际主义，形成人类命运共同体，才使世界充满爱，充满温情。如果从为了私利，采取对抗与仇恨，则矛盾与冲突则会上演，人类自我酿造的悲剧就会来临。绝不能忽略的一个现象是，这些主义在2020年新冠肺炎疫情肆虐下大行其道，不信任与隔阂的鸿沟进一步加大。“新冷战”“脱钩”与“一个世界、两个体系、两个市场”[①]等言论喧嚣尘上。世界秩序变革正山雨欲来风满楼。

而随着美国退出自己于二战后构建的一个个国家组织，导致原有国际秩序因缺乏领导而出现失序甚至混乱。未来一段时间，不排除世界处于无领导者的局面，这使得未来国际秩序面临的不确定性和风险大增。

新冠肺炎危机

近20年来，瘟疫如同19世纪英国与美国频发的经济危机一样，频繁爆发。比如，

---

① 参见2020年6月2日郑永年在《联合早报》的文章《世界正朝着“一个世界、两个体系、两个市场”转型》，http://dunjiaodu.com/daguo/2020-06-02/6000.html。

2003 年“非典”、2010 年禽流感、2014 年非洲埃博拉病毒、2016 年寨卡病毒肆虐南美等，几乎每隔四年就有一次瘟疫全球大流行。2020 年，自 1918 年“西班牙大流感”以来最大的一场瘟疫又来了！

北京时间 2020 年 8 月 1 日，世界卫生组织召开突发事件委员会，评估新冠肺炎疫情形势并提供建议。世界卫生组织总干事谭德塞表示，新冠肺炎大流行是百年一遇的健康危机，其影响将持续几十年。

谭德塞指出，还有很多问题尚待解答，血清学研究显示，全球大部分人仍易感，即使是经历过严重疫情的地区也是如此，很多国家出现新的疫情，一些最初受影响较小的国家现在也开始出现确诊和死亡病例上升，一些国家已控制住大规模疫情。谭德塞强调，尽管疫苗研发正在以创纪录的速度进行，但仍需学习与病毒共存，用现有工具抗击疫情。①

当地时间 2020 年 4 月 3 日，美国前国务卿基辛格在《华尔街日报》刊登评论称：新冠肺炎大流行将永远改变世界秩序。基辛格表示，“我们生活在一个新的时代。各国领导人面临的历史性挑战在于，要应对危机的同时建设未来。而失败可能会让世界万劫不复。”②

《人类简史》作者尤瓦尔·赫拉利说：我们面临的一个重要选择是在民族主义孤立与全球团结之间做选择。

桥水基金创始人瑞·达利欧说：疫情的二阶后果将非常严重。债务的大规模货币化叠加债券收益率被推至 0（虽然这是必要的），这将降低持有美元债及其他储备货币计价债券的吸引力。贫富差距和政治差距以及由此产生的冲突将影响财富和权力的分配。

欧洲中央银行前行长让·克洛德·特里谢说：此次危机的教训是，要提高全球所有经济体和公共、私人实体的韧性，并为我们现在所看到的——世界上许多经济体部分生产和需求突然停止的情况做好准备。

国际货币基金组织前高官安妮·克鲁格说：为了解决危机并将危机造成的破坏

① 参见央视网2020年8月1日文章《谭德塞：新冠是百年一遇健康危机 影响将持续几十年》。

② 参见2020年4月5日央视新闻客户端文章《基辛格：新冠肺炎大流行将永远改变世界秩序》。

降至最低限度，现在有充分理由进行国际合作和协调。如果这种协调得以实现并取得成功，它将为下一阶段的国际合作、一体化和经济增长奠定基础。然而，如果许多国家选择与世界其他地方隔绝，不与他们一起行动，危机将持续更长时间，民族主义加剧和一体化减弱的机会将大大增加，从而对整个世界造成损害。

世界银行行长戴维·马尔帕斯表示，由于新冠肺炎大流行，多达6000万人将会陷入“极端贫困”的生活状态。

当地时间2020年2月19日，国际货币基金组织总裁克里斯塔利娜·格奥尔基耶娃发表博文《寻找全球经济的坚实基础》（*Finding Solid Footing for the Global Economy*）。她在文中指出，新冠肺炎疫情是当前全球经济面临的最大不确定性。

美国“退群”、英国脱欧，逆全球化正在加速。2008年次贷危机之后，美欧日等发达经济体进入债务型经济模式，世界经济风险加大，2019年已进入衰退期。同时，地缘政治、大国博弈、中东乱局，令世界陷入地缘政治危机之中。美国针对主要经济体的贸易打压升级，重回贸易保护主义。而西方国家、拉美国家民族主义与民粹主义交织在一起，国内矛盾冲突持续升级。2020年新冠肺炎疫情又进一步加大了危机，导致的全球产业链、供应链断裂，脱钩、新冷战、一个世界两套体系喧嚣尘上。

2020年，世界各国股市震荡甚于2008年次贷危机，实体经济的下行与衰退幅度接近1929年大萧条，且在经济全球化下对世界各国影响与波及面更大。从新冠肺炎疫情的蔓延趋势上看，为百年之最，接近1918年“西班牙大流感”的危害。新冠肺炎疫情成为当今世界经济最大的风险因素与不确定因素。

一场世界百年未有之大变局已经来临。而且，如果疫情蔓延时间过长，对经济造成的影响更大，那么，世界未来的不确定风险就会更大。

新冠肺炎疫情2020

根据Worldometer网站实时统计数据，截至北京时间2020年9月5日19：30，全球累计确诊新冠肺炎病例26 741 570例，累计死亡病例874 931例，90多个国家和地区确诊病例超过万例。美国累计确诊新冠肺炎病例6 389 413例，累计死亡192 132例。美国、巴西与印度每日新增确诊病例均在5万例以上，成为世界三大疫情重灾区。而且，非洲已出现疫情蔓延趋势。

美国在 2020 年第二季度与英国、德国等国家疫情发展几乎同步，但由于弗洛伊德事件引发国内大规模游行示威，加之急于重启经济，造成美国疫情在 6 月份进入第二波大暴发。

而最为可怕的是，疫情在有着近 14 亿人口且人口居住密集、流动性大、防疫及卫生条件差、贫困人口多的印度有大面积暴发的趋势，这将使得疫情带给世界更大的不确定性风险。

我们再来看看新冠肺炎疫情之下，2020 年前半年的世界经济状况，以世界两个经济大国——美国与中国前半年经济增长数据为例。之所以选取这两个国家的经济数据，主要有两个考虑维度。其一，二者是当今世界第一、第二号经济大国，美国是西方发达经济体中经济增长最快的，中国是发展中国家中经济增长最快的之一。其二，两个国家疫情发展的阶段不同，防疫措施不同，目前疫情实际情况不同。因而，这两个国家的经济数据具有代表性和参考价值。

先看美国经济。美国东部时间 4 月 29 日，美国经济分析局（BEA）公布 2020 年第一季度美国经济数据，实际 GDP 环比年化增速初值为 –4.8%（若按 GDP 同比计算则为 0.5%），降幅超出市场预期（–4.0%）。这也是 2009 年以来美国最大的季度跌幅。

美国东部时间 7 月 30 日，美国经济分析局公布了 2020 年第二季度经济数据，实际 GDP 环比折年率初值为 –32.9%（若按 GDP 同比计算则为 –9.6%），略好于市场预期（–34.5%）。

再来看中国经济。根据中国国家统计局公布的数据，2020 年第一季度中国实际 GDP 同比下降 –6.8%。原因在于中国第一季度在疫情暴发后迅速采取了封闭隔离等有效防疫措施，使得经济陷入停摆状态，经济增长下滑趋势严重。

有力的防疫措施使得中国最早控制住疫情，在第二季度得以恢复经济，因而第二季度中国经济增长出现 V 形反弹，取得了 3.2% 的增长率，上半年平均增长率达到 –1.6%。不过，这也创下了中国自改革开放以来经济增长最差的纪录。

世界银行于 6 月 8 日公布的 2020 年第 6 期《全球经济展望》里对 2020 年和

2021 年全球经济和主要经济体经济增长做了最新预测。世界银行预计，受新冠肺炎疫情全球蔓延影响，2020 年全球经济将下降 5.2%，2021 年将增长 4.2%。其中，发达经济体经济将下降 7.0%，美国、欧元区、日本分别下降 6.1%、9.1% 和 6.1%。新兴市场及发展中经济体经济将下降 2.5%，中国经济将增长 1.0%，巴西、南非、俄罗斯、印度经济将分别下降 8.0%、7.1%、6.0% 和 3.2%。世界银行预计，全球货物和非要素服务贸易总额将下降 13.4%，2021 年将增长 5.3%。

2020 年第一季度新冠肺炎疫情在全球暴发之后，世界各国股市整齐划一地进入大幅下跌通道，美股触发四次熔断，创下美股有史以来的熔断纪录。原油期货竟下跌至有史以来的 –40 美元 / 桶，而黄金等避险资产全部下跌，市场极度恐慌，抛售资产再现，市场流动性极度缺乏。

美国式救市

北京时间 2020 年 3 月 16 日，美股开盘大幅低开，道琼斯指数跌 9.71%，纳斯达克指数跌 6.12%，标准普尔 500 指数跌 8.14%。标准普尔 500 指数跌超 7%，触发近期第 3 次熔断（美股历史上第 4 次熔断），美股暂停交易 15 分钟。恢复交易后，美股跌幅继续扩大，道琼斯指数一度跌逾 12%，创 1987 年以来最大单日跌幅。本次崩跌速度之快，甚至超过了 1929 年大萧条时期。

3 月 18 日，美股因标普 500 指数盘中跌超 7%，再次触发熔断机制，暂停交易 15 分钟，为美股史上第 5 次熔断，10 天内的第 4 次熔断。

从美股历史上看，一共发生过 5 次熔断行情，而在 2020 年的 3 月份就发生了其中的 4 次。

综观历史上的美国经济与金融危机，最直接的导火索均系由华尔街股市短时间大幅下挫。1929 年大萧条前夕，股市暴跌引发恐慌。1987 年“黑色星期一”，股市短期大暴跌，引发市场恐慌。2000 年互联网泡沫是由纳斯达克互联网科技股票深度达 80% 以上的瀑布式暴跌造成的。2008 年次贷危机同样是由华尔街股市的巨大震荡引发的。2020 年新冠肺炎疫情对经济造成巨大冲击，华尔街股市应声下跌，创下 4 次熔断的纪录。由此可见，美国股市暴跌是经济、金融危机的前奏与导火索。

在上述危机中，1929 年美联储影响力和调控能力有限，没能发挥其救市作用。在 1987 年“黑色星期一”时，美联储已经有了足够的影响力与能力，果断采取救市措施，对避免股市引发更大的经济危机发挥了积极的作用。有了 1929 年的教训与 1987 年的成功经验，美联储在 2000 年互联网泡沫中、2008 年次贷危机救市中手段更为丰富。

经历了 2000 年、2008 年两次股市崩盘及救市，当 2020 年华尔街股市短期内出现如此大幅度下跌并触发 4 次熔断之时，美联储与白宫立刻果断采取史无前例的救市措施，在天量的资金托底下，美股三大股指不仅成功收复失地，而且创下新高。

下面就来看一看美联储与白宫的救市政策组合。简单概括就是：白宫增发国债 3 万多亿美元，美联储又发行货币（资产负债表扩张）3 万多亿美元，二者互相支持，一个卖、一个买，通过财政赤字货币化来组合使用。一个是无底限量化宽松（QE）政策打开美元洪水闸门，形成滔天巨浪；一个是“驾着直升机空中撒钱”。[①] 美国国会预算办公室已预计，截至 2020 年 9 月 30 日的财年，全年赤字总额可能达到 3.7 万亿美元。美国政府本财年的预算缺口可能创下二战以来最大。

首先，美联储一次性把利率降至 0—0.25%，同时实施无底限 QE 政策。所谓 QE，是指中央银行在实行零利率或近似零利率政策后，通过购买国债等中长期债券，增加基础货币供给，向市场注入大量流动性资金的干预方式，以鼓励开支和借贷，也被简化地形容为间接增印钞票。QE 政策所涉及的政府债券，不仅金额庞大，而且周期也较长。一般来说，只有在利率等常规工具不再有效的情况下，货币当局才会采取这种极端做法。QE 调控目标即锁定为长期的低利率，各国央行持续向银行系统注入流动性，向市场投放大量货币。即在 QE 下，中央银行对经济体实施的货币政策并非微调，而是开了一剂猛药。其是货币宽松政策中力度最大的一种，远超一般的宽货币、宽信贷政策。所谓无底限 QE，就是指根据需要实施 QE，不设上限。

也就是说，美联储既采用货币价格工具，也采用货币的数量工具，更采用力度更大的 QE 政策。打破中央银行只做最后贷款人的角色，直接成为金融资产的买单人。

---

① 直升机撒钱是指国家中央银行以税收返还或者其他名义直接发货币给家庭或消费者，以刺激消费，降低失业率，克服通货紧缩的一种极端货币政策。

美联储通过扩张资产负债表来印钞（2020 年从近 4 万亿美元扩张到 7 万亿美元，增加了 3 万多亿美元），不仅向商业银行注入流动性，同时直接从金融市场购买金融资产，以改善市场的流动性。在股市接连发生四次熔断的极端情况下，美联储采取了前所有未有的救市措施。这次救市，无论决策速度、措施的力度还是落地效率上，均超出以往。下面是华尔街股灾发生后，美联储在 3 月、4 月出台的系列救市措施。

3 月 23 日，开启无底线 QE，美联储最初宣布的资产购买行动的一次扩大，原定的资产购买上限为 7000 亿美元，但现在根据支持市场和经济的需要，无底线购买资产。

3 月 23 日，除了进一步的 QE 政策外，美联储还宣布了一项 3000 亿美元的企业和消费者信贷计划。这些举措包括针对大型雇主的两项信贷计划，通过美国小企业管理局为企业和消费者提供的扩大的定期资产银行贷款机制，以及扩大的货币市场机制，其中包括市债和存款证明。

4 月 6 日，宣布将向美国财政部的“薪资保障计划”提供支持，该计划旨在激励企业在新冠肺炎疫情导致的停工期间不裁员。

4 月 9 日，宣布一项规模为 2.3 万亿美元的贷款计划，将向发放中小企业借贷计划（PPP，小企业偿付项目，金融机构可通过美联储的这一项目平台为小企业提供贷款，帮助它们给员工发放薪资）贷款的银行提供信贷，购买通过“主街计划”向中型企业发放的高达 6000 亿美元的贷款。通过一级和二级市场公司信贷工具以及定期资产支持证券贷款工具提供 8500 亿美元信贷支持，帮助企业和家庭从资本市场获取信贷；设立市政流动性工具为州和市政当局提供高达 5000 亿美元贷款。

总体而言，这些计划加起来可以为美国金融和商业体系提供超过 6 万亿美元的流动性。

其次，在新冠肺炎疫情冲击之下，美国政府在 3 月底推出了第三阶段的财政刺激方案——《冠状病毒援助、救济和经济安全法》（CARES 法案），规模达到 2.3 万亿美元，相当于 2019 年美国 GDP 近 10%。7 月底，为了提振经济，共和党 27 日公布了新一轮规模 1 万亿美元的经济刺激计划。这批资金主要通过直升机撒钱模式来实施。

那么，美国政府直升机撒的钱来自哪里呢？是由发行国债筹集的，而这部分国债则直接由美联储印钞购买。这就是财政赤字货币化政策。所谓财政赤字货币化，是指以增发国债为核心的积极财政政策导致经济体系中货币供量的增加。财政赤字货币化下中央银行通过发行货币的方式为财政融资，导致货币供给量增加。

现代货币理论（MMT）

新冠肺炎疫情之下，面对实体经济的严重萎缩以及资本市场的巨幅震荡，美联储采取有史以来最大力度的救市政策，资产负债表扩张近一倍，一次性将利率降至0，实施无底线QE政策，采用财政赤字货币化政策以购买财政部发行的国债，并且直接购买金融资产，以稳定股市注入流动性。

在美联储力度空前的货币政策之下，世界各国央行纷纷采取跟随政策，欧洲与日本采用负利率政策，尤其是日本中央银行采用比美联储更极端的货币政策，其购买金融资产的范围可以扩大到资本市场，甚至可通过直接购买ETF的方式来提振股市。[①] 图14-1是日本中央银行20年（1998—2018年）来购买ETF的情况。

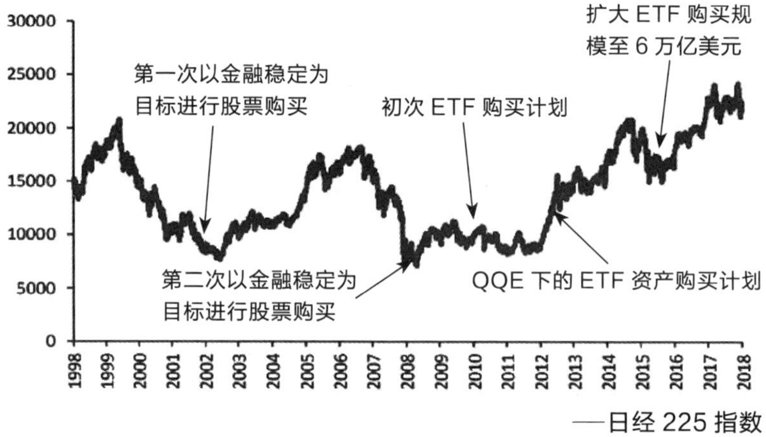

资料来源：Datastream，中信证券研究部

图14-1 日经225指数走势与日本央行的股票购买计划

① 2016年3月，日本央行给出了ETF的细节，这些ETF应当包含一揽子股票。1）固定资本或R&D资本开支必须呈现上行趋势；2）人力资本开支必须呈现上行趋势（指标包括雇员增长、工资增长、职业发展方面的开支）；3）针对固定资本、R&D、人力资本的投入增长必须有合理的理由证明能够提高公司未来的销售、盈利能力、生产率、企业价值等。该项ETF购买计划自2016年4月开始正式实施。https://www.sohu.com/a/287681084_313170。

美联储及日本中央银行采取的货币政策力度空前，远大于 2008 年次贷危机中采用的货币政策。其理论根据就来自近年来流行于西方发达国家的现代货币理论。

下面简要梳理一下这个“现代货币理论”的核心内容与思想。

现代货币理论（modern monetary theory，MMT）是后凯恩斯主义经济学的发展，建立在凯恩斯主义、国家货币理论、内生货币理论等基础上（见图 14-2），重点在于讨论财政政策与中央银行的货币政策如何协调运作。

资料来源：《现代货币理论》，兰德尔，海通证券研究所整理

图14-2　现代货币理论的理论基础

从出发点上来看，MMT 采纳了国家货币理论的观点，认为货币起源于债权债务关系，其诞生与承担记账的职能有关。出于对货币的不同理解，MMT 对货币和财政政策得出了一些有别于主流货币理论的观点，主要包括：政府用创造货币的方式进行支出，财政支出先于收入。因此，主权政府在主权货币制度下不会破产，发行债券与货币政策操作类似。MMT 进一步认为，政府债券的发行不是为了借入资金，而是与货币政策操作类似，可以帮助中央银行维持市场利率。而政府部门的财政赤字等于非政府部门的盈余。所以，财政政策的目标不是平衡。MMT 的支持者主张“功能财政”，财政政策的目标是实现充分就业。

MMT 与主流货币理论存在的主要差异是：MMT 认为主权政府不需要为了支出而借债，财政政策目标是保证充分就业而非维持财政平衡；而主流货币理论则认为，政府发行债券是为弥补财政收入的不足，中央银行应独立于财政。

对于 MMT，支持者和反对者争论的焦点主要集中在财政赤字和通胀两方面。MMT 支持者认为财政赤字对应的是非政府部门的盈余，所以不足为虑，当通胀过高时，增加税收就可以抽走多余货币。而反对者认为，MMT 的通胀理论过于简单，赤字可能将利率推升至不可持续的水平，长期赤字削弱对美元的信心。MMT 的一个最主要推论是将“财政赤字货币化”做了最大程度的拓展，只要不出现恶性通胀，政府支出就有空间扩大，而不必担心政府赤字和本币债务的问题。

2008 年次贷危机过后，多个发达国家在实施 QE 的过程中实际上也可以看作某种程度的赤字货币化。以美国为例，次贷危机后，在大幅降息的同时也采取了积极的财政政策，2009 年美国的联邦财政赤字一度达到 1.4 万亿美元，是 2007 年的近 9 倍。财政赤字的扩大导致美国国债发行规模上升，而美联储在实施 QE 计划的过程中实际上也为这些新增国债变相买单。为应对 20 世纪 90 年代的危机，日本也表现出财政赤字货币化倾向。次贷危机过后，日本用于财政支出的国债发行也出现了进一步的扩大，目前日本中央银行对日本国债的持有规模占总规模的比重已经超过 40%。

经济衰退时期，财政赤字货币化起到了稳定经济的作用。从历史来看，财政赤字货币化往往出现在经济危机之后，主要是因为政府需要加大财政支出力度来托底经济，而经济衰退时期财政收入难以负担，支出扩大就会导致债务上升。同时，经济衰退时期需要中央银行持续释放流动性，主要方式就是购买国债，这就会产生财政赤字货币化的效果。而从各个国家的表现来看，经济危机时期财政赤字货币化确实能够有效地托底经济，例如 2008 年次贷危机过后主要发达国家经济都出现了好转。

经济衰退时期，往往也面临着有效需求不足的问题，此时扩大财政支出能够创造需求托底经济。而当经济开始复苏的时候，如果不能及时退出财政赤字货币化的状态，就有可能导致需求过剩，并且中央银行被迫释放了大量流动性，也容易引发高通胀。①

① 参见金融界2019年5月28日文章《姜超：一文看懂现代货币理论的基本内容》。

第十五章
变局、重构与复兴

在新冠肺炎疫情持续冲击甚至常态化的背景下，全球化走势更加扑朔迷离，“新冷战”铁幕降下，世界陷入乱局，在“逆全球化”思潮、“新冷战”思维、“脱钩”的逆行等极端言行下，一场世界大变局正在来临。从 1500 年西方开辟新航路及地理大发现算起，至今已 500 年了。随着 21 世纪以来，以中国、日本、韩国、印度和东盟等为代表的东方国家的快速发展，“西方长达数十年的对世界事务的绝对主宰正在接近尾声”，[①]“东方文明在 500 年后重新回到全球舞台的中心位置，而中国正在扮演领头羊的角色”。[②]

美国历史学教授尼尔·弗格森在 2010 年发表的题为《全球力量格局向东倾斜的 10 年》一文中说，就在这个 10 年接近尾声的时候才真正领悟：“我们正在经历 500 年西方统治的最后阶段。西方世界体系的源头在欧洲，在过去几个世纪内凭借工业革命和资本主义，欧洲将其市场经济和文化开枝散叶，成功地以较少的人口统治了世界几百年。然而我们已经看到，未来的世纪将是一个美国霸权逐渐削弱、世界重心重新向东方倾斜的进程。”

经过过去 500 多年间的漫长岁月，今日东西方文明在力量对比上所展现出的、“即

---

① 参见《金融时报》专栏作家吉迪恩·拉赫曼的《东方化：亚洲崛起与从奥巴马到特朗普及其之后的美国衰落》一书。

② 参见王文、刘英《金砖国家：新全球化的发动机》一书。

将”或是“正在”发生的巨大历史性变迁，其所载负的最重要的思想内涵便是从昔日坚船利炮下的“西强东弱”到而今“东升西降”背景下的中华民族伟大复兴。

“百年未有之大变局”的核心在于世界格局中的力量对比及其转移，本质在于当前国际秩序的大发展与大调整，动力在于新一轮科技革命和产业变革的突破性进展以及思想和制度的创新，其主要特征则着重表现为世界战略格局、世界经济格局、国际秩序、全球治理体系及治理规则、人类文明及交往模式等领域所发生的富有历史意义的大变化。

美国学者伊恩·莫里斯在其著作《西方将主宰多久》中认为，东西方文明存在四次大分流。第一次大分流是从 2 万年前到 5 世纪，西方文明主宰世界。第二次大分流从 5 世纪到 18 世纪，东方文明成为世界文明的中心。中华文明也在这个时期走向顶峰，在北宋进入平台期并持续了一段时间。第三次大分流是从 18 世纪到现在，发源于西欧工业文明时代的西方文明占据了上风。第四次大分流将要发生，即：如果东西方分别保持 20 世纪的增长速度，那么东方的社会发展指数将在 2103 年超越西方。东方有自己的优势，现在文明的核心地带还在西方及其衍生国，东方相对处于文明的边缘地带，因此具有“赶超优势”。然而，未来也许出现的不是东方主宰的世界，而是融合的世界。①

变局：500 年未有

如果将 1520—2020 年这 500 年作为一个完整的超长历史大周期，那么，在这个超长历史大周期中，发生过若干个历史长周期、数十个中周期、数百个历史小周期（长中短周期嵌套）。在这浩瀚的 500 年超长历史周期中，出现过诸多经济周期、世界秩序周期、全球化周期、科技周期、世界货币周期及大国兴衰周期。这个周期是由西方大航海及地理大发现而开始的全球化推动的，推动世界这 500 年变化的三大力量，即全球化、科技与货币均是由西方文明所主导的。而这三大力量到现在已经进入一个转折期，一场大变局即将开始。

① 董振瑞《近年来国内学术界关于“百年未有之大变局”研究述评》[J]. 党的文献，2020（3）。

2008 年美国次贷危机之后，世界主要经济体因救市政策被拖入债务型经济发展模式之中，陷入经济增长的困局：全球经济体的“高负债 + 低利率”，将会极大地限制全球各大中央银行刺激经济增长的能力。

经济全球化与各国中央银行的宽松货币、信贷导致各国国内贫富差距越拉越大，造成内部冲突。而内部巨大的贫富差距与相应的政治分歧，带来了不断恶化的内部社会与政治冲突。

新兴经济体的飞速发展改变了既有的旧的世界经济格局，导致外部冲突升级，这个过程中产生了很多地缘冲突与贸易冲突。①

回看历史，我们现在所经历的时期，相似度最高的是 1930—1945 年时期。在宏大的历史周期内，经常看到大变局时代伴随着一长一短两种典型周期的吻合与交叉，分别是 10—25 年左右的“过渡性”周期，与随之而来的 60—100 年的经济政治大周期。

经济周期

对于宏观经济学而言，周期理论与增长理论是其两大构成。周期与增长是密不可分的，不能孤立地、割裂地将周期与增长分开来考虑宏观经济问题。但周期更具有直观的参考价值。

在市场经济发展模式下，市场之手成为经济的主要调整手段，而价格围绕价值上下波动。供需关系影响着价格，而价格反过来又影响着供需等生产关系。这种变动与波动就必然使得经济产生周期性波动。对经济周期性规律的观察，根据经济周期波动时间的长短，分别形成了基钦周期、朱格拉周期、康波周期等三大经济周期理论。

基钦周期是 1923 年英国经济学家基钦提出的一种为期 3—4 年的经济周期，也称为库存周期。基钦是根据美国和英国 1890—1922 年期间的利率、物价、生产和就业等统计资料，发现了“厂商生产过多时就会形成存货，存货多了就会减少生产的这种现象”，并把这种 3—4 年的短期调整称为“基钦周期”，又称为存货周期。

朱格拉周期是 1860 年法国经济学家朱格拉提出的一种为期 10 年左右的经济周

① 参见达利欧的文章《过去500年的大周期》。

期。该周期是以国民收入、失业率和大多数经济部门的生产、利润和价格的波动为标志加以划分的。该理论认为，社会经济运动存在繁荣、危机与萧条等三个阶段，反复出现就形成了周期。危机像瘟疫一样，是已发达的工商业中的一种社会现象，在某种程度内，这种周期波动是可以被预见或采取某种措施缓和的，但并非可以完全抑制的。政治、战争、农业歉收以及气候恶化等因素并非周期波动的主要根源，它们只能加重经济恶化的趋势。周期波动是经济自动发生的现象，与人民的行为、储蓄习惯以及他们对可利用的资本与信用的运用方式有直接联系。其背后的本质是人性、人心及其行为。

康波周期是 1926 年俄国经济学家康德拉季耶夫提出的一种为期 50—60 年的经济周期。核心观点是：全世界的资源商品和金融市场会按照 50—60 年为周期进行波动，一个大波里面有四个小波：繁荣、衰退、萧条、回升，也就是美林“投资时钟”的理论基础。还有一种分法，可以将一个大波再细分为九个小小波：复苏、扩张、过热、爆炸、见顶回落、反弹、回落、崩溃、打底。每一个康波是指一个相当长时期的总的价格的上升或总的价格的下降。价格的长期波动不是自己产生的，而是市场经济本质的结果。多数长波理论者认为，自工业革命以来，已经发生了四个长波，而第五个长波即将展开。当前，世界正处于第五个长波的转折点。

但是，我们在发现经济周期的同时，也会发现经济危机的周期，以及经济与政治关联大周期。若将 1520—2020 看作一个完整超长周期，结合这个超长周期的经济发展与经济危机，可以看出几个明显的转折点或大周期。

第一个转折点：1520 年，大航海及地理大发展，海权帝国殖民全球及贸易开始。这个时期世界海权大国的财富积累模式主要是殖民掠夺、海外贸易。1520—1771 年第一次工业革命这个时期，各国经济缺乏关联性，因此，没有发生过跨出国界的世界性经济危机。再加之，市场经济制度尚未出现，金融创新尚处于初级阶段，所以各国国内经济危机也很少发生。

第二个转折点：1771 年英国第一次工业革命之后，工业逐步取代农业，市场经济制度建立，海外贸易扩大，工业品出口增加，海权国家掠夺殖民地资源逐步转变为占领海外市场。自此后，因为发达国家工业品出口增加，各国贸易联系加强，全球化进一步深入，由此进入全球化 1.0 时代。由于工业化、全球化、市场经济以及金融创新，全球经济进入飞速发展的时期，人类进入创富时代。但经济危机也随之频发。

第三个转折点：第二次工业革命、第一次世界大战及第二次世界大战的爆发。第二次工业革命后，军事重装备（军舰、飞机、坦克、军用汽车与列车、大炮等涌现）出现，导致第一次世界大战、第二次世界大战这样毁灭性的战争灾难出现。1910—1945 年的 35 年间，世界发生剧烈的震荡和变局，世界经济格局发生巨变。这段时期发生了 500 年危机史中最大的动荡、剧变与重构。古老帝国全部消亡，殖民地解放、民族纷纷独立，世界进入民主或共和国时代。在此期间，1918 年的“西班牙大流感”、第一次世界大战、第二次世界大战、1929 年大萧条都对全球经济造成了重创。

经过几十年剧烈的动荡、冲突与洗牌，第二次世界大战之后，世界进入长期的和平发展时期，全球经济进入飞速发展期。1970 年，英美经济进入长达 10 年的滞胀期，由此双双进入大滞胀时代。

第四个转折点：1990 年之后，苏联解体、东欧剧变、欧盟建立，日本泡沫破裂，互联网科技商业化、经济全球化加剧，美国引领新经济。

在此期间两个显著变化是：第二大经济体日本在广场协议之后，经济虚拟化加速，导致经济过热，造成楼市与股市出现泡沫，在 1995 年日本经济达到最高峰时，泡沫轰然崩盘，使得日本经济进入长期的大萧条。第三大经济体苏联则在美国实施星球大战计划后陷入军备竞赛的泥潭不能自拔，最终导致经济崩溃，在内忧外患下解体。

第五个转折点：2008 年美国次贷危机以及欧债危机，使得世界主要经济体美国、欧盟、日本及中国先后陷入债务型经济发展模式，进入通胀的十年。

2008 年之后的 10 年，全球主要经济体经济增速下滑，在 2019 年已经陷入衰退。而 2020 年新冠肺炎疫情，则加速了世界经济的衰退，从大趋势看，世界经济正在进入第五个康波周期，第二个类似于 1910—1945 年这样的巨大动荡、变革与重构期。

另外，从宏观经济变化来看，世界经济也经历了以下几个周期。

第一个周期：第一次工业革命后至 1929 年大萧条。此期间在西方市场经济体，主要采取市场经济模式。政府很少对宏观经济进行调控，主要依靠市场之手调整。

第二个周期：1929 年大萧条之后，政府之手介入经济发展，主要以财政手段进行宏观经济调控，凯恩斯主义被奉为“圣杯”。

第三个周期：英美进入长达 10 年的滞胀期，凯恩斯主义失灵，里根新政与撒切尔主义拯救经济走出滞胀，减少政府管制，重启自由经济，充分发挥货币政策与财政政策组合拳，对宏观经济进行调控。

第四个周期：2008 年次贷危机之后，现代货币理论盛行。

各国政府对宏观经济逆周期调控密度、力度加大，过多的逆周期调控，在一定程度与范围内改变了经济运行的周期，也就是说，过多的逆周期调控，使得经济运行无周期，无周期的经济意味着正在孕育更大的危机。

对于当前及未来的世界经济，无论是世界银行、国际货币基金组织均普遍持悲观预期，认为经济日本化趋势明显。斯蒂格利茨教授认为，长期停滞是世界经济的一个新常态。格林斯潘也认为全球经济会长期停滞。

世界格局处在加快演变的历史进程中。“百年未有之大变局”的核心是世界格局中出现的权力转移，其首先表现为经济力量的转移。目前的一个基本共识是：新兴市场国家和发展中国家的群体性崛起，正在深刻改变全球政治经济版图。从世界范围来看，西方发达国家与广大新兴市场国家和发展中国家间的差距正不断缩小。目前，新兴市场国家和发展中国家的经济总量在全世界所占比重接近 40%，对世界经济增长的贡献率已达 80%；如果继续保持这一发展势头，10 年后它们的经济总量将接近世界总量的一半，这将使全球政治经济版图变得更为全面均衡。“这是近代以来国际力量对比中最具革命性的、历史性的甚至是难以逆转的变化。”①

自第一次工业革命以来，世界权力便集中在少数西方国家手中，国际秩序也长期为欧美列强所掌控，非西方国家是没有发言权的。进入 21 世纪以后，随着一大批新兴市场国家和发展中国家的群体性崛起，近代以来一直由欧美国家所主导的世界政治正在发生“东升西降”的历史性巨变，并由此带来了整个国际体系和国际规则的深刻调整。而在世界格局力量对比的重大变化中，中美关系尤为重要和关键。②

① 参见2019年1月21日《学习时报》的文章《如何理解世界百年未有之大变局？》。

② 2020年11月10日中国社会科学网刊载的董振瑞文章《近年来国内学术界关于“百年未有之大变局”研究述评》，http://ex.cssn.cn/ddzg/2013xsdt/202008/t20200805_5165972.shtml。

世界秩序周期

近 500 年以来，因为有了全球化，就有了各国之间的外交关系与贸易关系，于是也就有了世界秩序。

从世界秩序角度来看，主要经历了以下四个阶段。

第一个阶段：欧洲三十年战争后，在欧洲旧大陆形成的威斯特伐利亚体系。

第二个阶段：19 世纪初拿破仑帝国崩溃后，1815 年以英、俄、奥、普为首的战胜国通过维也纳会议在欧洲大陆上建立的新均势体系，被称为维也纳体系。

第三个阶段：第一次世界大战后，由英法主导的凡尔赛—华盛顿体系。

第四个阶段：第二次世界大战结束后，由美国、苏联及英国主导的雅尔塔体系。

雅尔塔体系构建了以联合国等国际组织及国际条约为主体的和平发展、平等相处的世界新秩序。在这个体系下，经济全球化加速，欧盟建立。第二次世界大战后，是近 500 年以来世界最为和平、全球化程度最高的一段时期，和平与发展成为时代的主题。这也是全球经济发展最快的一个历史时期。

国际多边体系进入瓦解与重构过程。世界处于百年变局还表现为现行国际秩序开始进入一个瓦解与重建期。随着特朗普时代来临，第二次世界大战以来，作为世界秩序的构建者及领导者的美国确立了“美国优先”的短期利益为导向的战略目标，开始逐步退出其领导的国际秩序，以打压与对抗来代替谈判与协商，以脱钩来替代全球化。此外，欧盟也迎来有史以来最大挑战——英国脱离欧盟。

从特朗普政府退出《巴黎协定》《跨太平洋伙伴关系协定》（TPP）和联合国人权理事会，到退出《关于伊朗核计划的全面协议》与《苏联和美国消除两国中程和中短程导弹条约》，再到扬言退出世界贸易组织和猛烈抨击北约甚至联合国，美国似乎在抛弃自己苦心孤诣建立起来的战后国际秩序。尽管有人认为美国民主政治体制长期失败所导致的实力衰落、中国的迅速崛起以及俄罗斯的复兴乃现存国际秩序垮塌的主因，但占主流地位的国际自由主义者仍以为，现代美国成功故事的关键支柱便是国际同盟体系的建立，今天特朗普正在以单边主义和保护主义将其摧毁。

国家规模在国际博弈中具有独特的重要意义。大国追求的不仅是经济利益，还有政治权利。政治和经济的一个根本性区别在于，经济是大家寻求互利共赢，政治则是力争与对手差距最大。

随着2020年新冠肺炎疫情全球肆虐，全球经济进入衰退期，全球产业链、供应链陷入中断，民粹主义兴起、民族主义高涨，世界正在迎来第五次世界秩序的大重构。

全球化周期

近500年以来，全球化、科技与货币是影响世界经济最大的三个主要力量。就全球化而言，主要经历了以下三个阶段。

第一个阶段：1500年前后的大航海及地理大发现，从而通过海上航道将世界各大陆连在了一起，使得葡萄牙与西班牙具备了瓜分世界的基础与前提，为之后西方列强殖民世界、掠夺世界财富完成工业革命之前的原始财富积累奠定了地理基础。

第二个阶段：英国第一次工业革命之后，出口工业产品的需求加强了世界各国贸易的往来，西方列强从赤裸裸的殖民掠夺资源向依靠工业产品占领世界市场转变。全球化深入，由此开启了全球化1.0时代。

第三个阶段：二战以后，随着新的国际秩序——雅尔塔体系的建立，全球化进入崭新的阶段，由此开启全球化的2.0时代。

这个时代在1990年之后，随着欧盟的建立、世界贸易组织的成立，以及互联网科技浪潮，经济全球化进一步加速。全球化与互联网成了近30年最重要的推动力量。

随着美国“退群”、英国脱欧，新冠肺炎疫情造成的全球产业链、供应链停摆，以及世界第一大经济体对第二大经济体实施的脱钩与制裁，逆全球化趋势明显，全球化面临重构的趋势，不确定风险越来越大。

从国际政治的角度来看，“百年未有之大变局”的一个重要表现，就是随着世界多极化的加速发展，国际格局日趋均衡，国际潮流大势不可逆转。在此背景下，各种战略力量分化组合，国际多边体系开始进入一种“瓦解”与“重构”的历史过程。

其一，“大变局”便是这一旧的全球治理体系和游戏规则的重组与变革。核心是世界秩序的重塑和全球治理机制的完善。

其二，国际关系史上的威斯特伐利亚体系、雅尔塔体系以及冷战结束后所谓“美国霸权”体系等，都是以强权政治为基础的，既缺乏公正合理性，又难以有效解决和平与发展问题，而构建人类命运共同体则为世界体系的良性演进指明了方向。这必将给世界和平、安全、稳定与发展带来更多机遇，从而使“百年未有之大变局”按理想方式完成旧貌变新颜的历史使命。

科技周期

现代科学诞生后，将科学理论与实践相结合，应用于劳动生产，于是产生了科技，科技推动了经济的发展。现代科技的三次革命也相应地推动了三次工业革命，具体如下。

第一次工业革命：机械化（18 世纪 60 年代至 19 世纪 40 年代），始于英国，以瓦特的蒸汽机为代表。

第二次工业革命：电气化（19 世纪 70 年代至 20 世纪初），德国与美国领衔，以西门子发电机为代表。世界由“蒸汽时代”进入“电气时代”。在这一时期里，一些发达资本主义国家的工业总产值超过了农业总产值。

第三次工业革命：信息化（20 世纪四五十年代以来），美国领衔，以计算机与互联网为代表。20 世纪四五十年代以来，在原子能、电子计算机、微电子技术、航天技术、分子生物学和遗传工程等领域取得重大突破，标志着新的科技革命的到来。这次科技革命被称为第三次科技革命。

近几年来，世界科技界普遍看法是：第四次工业革命 / 应当是以人工智能（AI）为核心的智能时代 / 智慧时代。即碳基（生物技术）和硅基（AI 等系列技术）。但很显然，与前三次工业革命 / 科技革命相比，AI 等系列技术（互联网、物联网、大数据、云计算、区块链、人工智能、VR 等）只不过是互联网信息技术的延伸而已，谈不上新的划时代的技术。因此，未来的第四次工业革命 / 科技革命究竟是什么？目前仍不能确定。

世界经济出现长期衰退、环境恶化、人口老龄化等种种问题，都需要新的重大科技变革来改变与解决。在第四次工业革命 / 科技革命尚未出现之前，这些问题短期内难以有效改观。

每次大型经济危机，本质上都是技术进步导致的需求过剩。通过危机的方式，需求与供给会重新在一个较低的水平上达致平衡，直到新一轮技术革命创造出新的需求为止。也就是说，科技的进步创造出新的需求，解决了原有产业需求过剩的问题，从而带来新的经济增长，化解了原有的危机。但是经过一定的周期之后，当科技红利消耗殆尽之后，反而导致新的需求过剩问题，产生新的危机，这就需要新的科技进步来解决。

从18世纪60年代第一次工业革命以来，每轮繁荣期，大概都维持在60年的水平，而后会通过20—25年的时间去消化。

我们这轮繁荣，源自20世纪60年代开始的芯片革命。周期已至，疫情只是加速周期的到来而已。

截至目前，尚未看到革命性的技术会出现。这意味着，全球经济的未来还会在一个区间内休憩、整理，基本不会存在单极走向的可能。①

虽然，目前尚未看到像第一次、第二次及第三次工业革命/科技革命那样的革命性科技出现，但是，未来新一轮科技革命和产业变革必将加快重塑世界。科技创新是提高社会生产力、提升国际竞争力、增强综合国力、保障国家安全的战略支撑。历史证明，谁在科技创新上先行一步，谁就能拥有引领发展的主动权。因此，新一轮科技革命和产业变革将孕育一场大变局。

目前，以人工智能、大数据、量子信息、生物技术等为代表的新一轮科技革命和产业变革正在积聚力量，这必将导致世界经济新旧动能的转换，不仅会给全球发展和人类生产生活带来巨大变化，还会给国际格局重塑带来不可估量的影响。

世界货币周期

17世纪的世界是荷兰的黄金时代，从1625年左右到1780年（大约150年），荷兰成为世界上最富有、最强大的帝国。荷兰发明了现代金融的三大制度，并创建了第一个世界金融中心——阿姆斯特丹，创造了世界上第一种世界储备货币——荷兰盾。荷兰是第一个扩张到世界大部分地区并使其货币被广泛接受的帝国。在这些特质和优势的推动下，荷兰帝国相对地位持续上升。

18世纪初，完成了国内制度建设（君主立宪制）的英国，开始强势崛起。在

① 参见格隆2020年4月21日的文章《十一张图，谈谈对一季度宏观数据与形势的一些看法》。

1780 年第四次英荷战争中彻底打败荷兰，成为世界最强大、最富有的国家。英镑取代荷兰盾，成为世界上第二种储备货币，伦敦取代阿姆斯特丹成为世界上第二个金融中心。在 1815 年对拿破仑战争胜利后，英国达到顶峰。

1894 年，美国 GDP 居世界第一位。美国综合国力逐渐强大，一跃成为世界上第一大工业国。美国在两次世界大战前期出售军火大发其财，后期均参与战争成为战胜国之一。1944 年，在布雷顿森林会议召开时，美国经济总量几乎占世界 1/2 以上，黄金储备在世界占比达 2/3 以上。于是，布雷顿森林会议上确立了美元挂钩黄金、其他各国货币挂钩美元的新的世界货币体系，史称布雷顿森林体系。自此，美元取代英镑，成为第三种世界储备货币。1971 年因发生黄金挤兑危机，美国宣布布雷顿森林体系解体，美元与黄金脱钩，但其他各国货币迫于各种因素却无法与美元脱钩，在此情况下，反而强化了美元的国际地位，也就使美元成了不与任何东西锚定或挂钩的货币。之后，美元又寻找了国际上最重要的大宗商品——被称为工业血液的石油，以美元作为石油的结算货币，由此形成了石油美元体系。这使得美元不仅成为世界储备货币，而且成为最重要的国际结算（清算）货币。之后，美国又通过打造重要的国际汇兑系统 SWIFT，进一步强化了美元在国际支付体系中的占比。不仅如此，美国还通过世界银行、国际货币基金组织及世界贸易组织等三大国际金融与贸易机构，打造了美元强大的防御体系。

但是，二战后美元主导的国际货币体系正在接近十字路口。国际货币体系多元化或“去美元化”获得新动力，是过去几年最值得关注的现象。美国产出按汇率计算仅占世界 22%，按购买力平价计算则仅为 15%，但美元在全球计价、结算、储备、流动性和融资中所占比率均超过 50%。在题为《特朗普的政策将颠覆美元地位》的文章中，杰弗里·萨克斯教授指出，美国从美元霸权中获得了巨大好处，包括随美元作为储备货币而来的巨额铸币税、汇率风险规避、低货币金融交易成本、大宗商品定价权、对其他国家尤其是美元化程度高的国家的政策影响力以及可方便地向世界各国出售银行服务等。

如果说欧元的创立和伴随 2008 年次贷危机而来的人民币国际化提速开启了国际货币体系多元化的漫长进程，那么特朗普政府频繁举起贸易制裁大棒、美国财政赤字加大、美国利用以美元为核心的SWIFT结算系统对全球经济金融活动进行监控并且滥施制裁，则增强了许多重要经济体摆脱对美元持续依赖的决心。2018年土耳其开始抛售美元资产。伊朗已经宣布其石油交易的计价预结算不再使用美元并且代之以欧元。俄罗斯在意识到美元已经成为一种有风险的结算工具后，也开始逐步在能源资源贸易中加大使用本币或欧元甚至人民币。上海国际能源交易中心以人民币计价的石油期货交易额稳步增长，人民币跨境支付系统（CIPS）二期全面运行。金砖国家领导人会晤几乎常被提及的一个话题便是国际货币体系改革，结果世人看到了金砖国家应急储备安排和新发展银行的创立，以及将来可能出现的金砖加密货币。英、法、德联合建立与伊朗维持贸易往来的“变通”支付机制或欧洲版结算体系，即“贸易交换支持工具”（INSTEX），以规避美国对欧洲公司的制裁，更是意味深长。对此，2018年年底高盛集团前董事长、英国前财政大臣吉姆·奥尼尔在《特朗普有选择的经济战》一文中警告说：在某个时刻，美元作为全球支付手段和储备货币的地位可能会受到挑战。国际货币体系事关重大，其何去何从，不仅影响作为美国霸权根基之一的美元地位，也将影响全球经济的稳定性和长期增长，还会影响诸如加密数字货币（Libra）等由巨型科技公司发行的数字货币的未来命运。①

虽然，欧盟的建立与欧元的使用对美元构成了一定的冲击，使得美元占比一定程度的下降，但美元的世界货币地位是依靠储备货币地位、石油等大宗商品计价与结算、国际贸易汇兑支付体系、世界银行与国际货币基金组织及世界贸易组织、美国占世界近25%的GDP、美国的贸易结构（最大的贸易逆差国）、华尔街、美国的能源储备、强大的军事能力、美元的流动性、美元的信用（美元债券）等多种要素支撑的。即便其经济实力下降，与其美元地位不成正比，但是，目前情况下美元地位还难以被撼动。

但是，毁灭美元的可能恰恰是美元自己。自2008年次贷危机以来，美联储为了拯救危机，不断采用现代货币理论，实施无底线的QE及零利率，打开印钞机。美联储的每一次宽松与紧缩周期，都对世界经济造成巨大冲击，诱发新的债务危机。且其无底线地滥印货币，等于向全世界转移危机损失，向全世界征收铸币税。美国通

① 参见中国社会科学院学部委员、中国社会科学院、世界经济与政治研究所所长张宇燕的文章《理解百年未有之大变局》。

过向全球发行美元债券，发行美元稀释，采用财政货币赤字化政策，在贸易上则采用逆差大量进口消费品模式，形成了进口消费品（支出美元）—发行美债（吸收美元）—大肆印钞（稀释美债），而获得了在美元地位下独一无二的打劫模式。

如果美元不断滥印，美国财政赤字不断增加，美国经济实力不断下滑，则美元走向衰败便不久了。第四种世界储备货币将呼之欲出。

大国兴衰周期

在 1500 年之前，中国曾长期领先于世界。尽管阿拉伯帝国、法国、西班牙和奥斯曼帝国也曾崛起。但是，中国在世界上的地位却在 19 世纪后急剧下降。

荷兰作为一个相对较小的国家，在 17 世纪成为世界上最伟大的帝国；英国循荷兰模式，在 19 世纪达到国力巅峰；最终，美国超越数者，并保持世界强权长达 150 年，其地位在二战和战后尤为明显。如今，中国正迎头赶上。①

1500—1600 年，西班牙帝国是西方世界中最杰出的经济帝国（大约 100 年），而大明王朝是东方世界中最强大的帝国，甚至比西班牙帝国更强大。但大明王朝的强大，仅是表面上的、形式上的，经济总量反映的。从经济结构、GDP 构成、科技含量、外贸收入、科技、军事、教育等方面看，大明王朝只在经济总量数字上表现强大，仅此而已，其他指标早已没落。

西班牙人通过在世界各地夺取船只和军事力量来获得财富，他们夺取了大片地区的控制权（占地球陆地面积的 13%），并夺取了贵重的东西，其中，最重要的就是金银，金银是当时的货币。

当荷兰人在 1581 年变得足够强大时，他们推翻了西班牙人，然后从 1625 年左右到 1780 年（大约 150 年），他们超过西班牙和中国成为世界上最富有的帝国。

荷兰帝国在 1650 年左右达到巅峰，当时被称为荷兰黄金时代。这一时期是伟大的全球化时期之一，因为可以乘船去世界上繁荣的各地获取财富。荷兰拥有强大的造船业和经济体制，在使用船只、金钱奖赏和军事力量方面领先他人，这让他们建立了帝国。荷兰的崛起和强大与西班牙的殖民掠夺模式不同，其主要依靠创新：其一，

① 参见达利欧所写《过去500年的大周期》一文。

独一无二的优良船只，可以把他们带到世界各地，他们凭借从欧洲所有战斗中获得的军事技能，在世界各地收集大量财富；其二，推动了这些努力的资本主义；其三，金融创新。

英国人通过损害荷兰与其他国家的航运业务来损害荷兰的经济并攻击荷兰人。而其他竞争国家，尤其是法国，以此为契机从荷兰抢到航运业务。第四次英荷战争，从 1780 年持续到 1784 年。英国人在财政上和军事上都轻而易举地胜利了。这使荷兰人破产，导致荷兰债务和股票、荷兰盾和荷兰帝国崩溃。

英国于 1600 年之前开始崛起（在 1780 至 1930 年左右，大约 150 年）。在 18 世纪末期，英国的军事力量愈加卓越，在第四次英荷战争中打败当时主导世界经济和拥有储备货币的竞争对手，并且成功地战胜了其他的欧洲竞争对手，如在与法国的数次冲突中取得胜利，并于 19 世纪早期的拿破仑战争的胜利中站上巅峰。自此，英国逐步成为世界经济的主导力量并在此过程中变得极其富有。英国在 19 世纪巅峰时期，其仅占世界人口比重 2.5% 的人民创造出了占全球 20% 的收入和控制超过全球 40% 的出口贸易。

19 世纪初期拿破仑帝国崩溃后，1815 年以英、俄、奥、普为首的战胜国通过维也纳会议在欧洲大陆上建立了新均势体系——维也纳体系。这为英国长达 100 年的“帝国世纪”奠定了基础。

像之前的荷兰人一样，英国人遵循资本主义制度来激励和资助人们进行集体工作，并将这些商业活动与军事力量结合起来以开拓全球，从而变得极其富有和强大。英国的强大是借鉴了荷兰人的上述三项创新，而且在此基础上进行再创新，尤其在法律制度方面。

英国人还凭借其出色的教育、新发明和技术、更强的竞争力、更高的产出和贸易、更强大的军事和金融中心以及更广泛使用的储备货币，建立了强大的日不落帝国，称霸世界近两个世纪。

美国在 1894 年经济总量就已经超过英国，居世界第一位。但是，英国在此阶段仍在世界拥有广阔的殖民地，综合实力与影响力仍然保持世界第一。在此之后，英国虽然打赢了第一次世界大战和第二次世界大战，两次击败挑战者德国，但欠下巨额的外债，经济下滑，英镑陷入危机。在二战后，美国接管了英国领导权。

美国在二战后主导了新的国际秩序（美国从1930年至今，近90年），在与德国、日本的经济竞争中获得最终胜利（广场协议之后），在美苏冷战中取得了最终胜利，在1990年之后，成为世界上唯一的超级大国。

从1500年至今，世界上先后崛起过葡萄牙、西班牙、荷兰、法国、英国、德国、美国、俄国、日本等9个世界性大国，但真正具有世界领导力的大国唯有荷兰、英国与美国三个国家。而从这三个领导型世界大国崛起看，存在三大共同之处。其一，科技创新。荷兰依靠造船技术创新，成为海上马车夫；英国依靠现代科学与科技创新，引领了第一次工业革命；美国依靠创新，引领了第二次工业革命、第三次工业革命。其二，依靠资本主义的市场经济制度，而市场经济制度核心在于充分发挥市场调节之手，在于法律制度。其三，依靠强大的金融创新与金融市场。荷兰为现代金融贡献了股份制公司发行股票、证券交易所、外汇汇兑银行（国际清算银行）等三大金融创新制度，建立了第一个国际金融中心——阿姆斯特丹，荷兰盾成为第一个世界储备货币；英国则在吸收了荷兰金融制度的基础上，又为现代金融贡献了中央银行（英格兰银行）、国债（虽起源于法国，但成熟于英国）、跨国银行，拥有了第二个世界金融中心——伦敦，英镑接替荷兰盾成为世界储备货币；美国则吸收了荷兰人的商业和金融精神与思想，吸收了英国的市场经济思想与法律制度，构建了更加完善和强大的资本市场，依靠发达的风险投资基金、华尔街的证券市场，推动科技创新与商业进化。

此外，从三个国家的兴衰来看，其崛起过程是厚积薄发的、缓慢的，其衰落也是一个漫长的过程。当年英国在1588年就击败当时世界头号强国西班牙的无敌舰队，但直到1780年赢得第四次英荷战争后才走上世界头号强国的历史舞台。美国在1894年GDP就已超越英国，但直到1944年之后才接过英国手中的权杖。他们在各自依靠实力成为名义上的第一之后，仍然韬光养晦了近50多年，足见英美两国的战略定力。

百年变局中最为关键的变量在于世界上主要国家之间的力量对比。在过去的二三十年间，主要国家间的力量对比经过不断变化，逐步累积起的量变转化成某种程度上的质变。国家力量大小可以通过很多指标来衡量，其中最综合也是最常用的指标可能还是经济实力。就经济实力而言，中国在过去的40年里发展非常迅速。1978年中国人均GDP只有200美元，2018年则接近1万美元。特别是最近十几年间，中国发展之迅速在某种意义上大大超出了中国人自己的预期。2005年中国的GDP按照市场汇率计算不到日本的1/2，2010年中国的GDP开始超过日本，2014年为日本的两倍，按照目前的增长速度，2022年可能是三个日本的量。40年前中国GDP约为美国的1/15，到了2018年则变为2/3。中国与世界霸主美国在经济总量上快速接近，同时中美两国与排位第三及以后的各国日益拉开距离，恐怕这是理解中美关系最近几年进入质变期的基础。

在学术界，有一种大国博弈的2/3理论，即如果世界上最大的两个经济体按市场汇率计算的GDP之比达到了3:2，那么这两个国家之间的关系往往随之发生深刻且朝向冲突对抗的变化。在二战以来的七十多年间，中国不是第一个达到世界超强国美国GDP的2/3的国家。在中国之前，日本和苏联的GDP都曾经达到过美国的2/3。然而，不管是日本还是苏联，当其经济规模达到美国的2/3的时候，美国对其政策都迅速做出了重大调整。尽管手段各不相同、实施强度各异，但结果便是我们看到的，2018年日本和俄罗斯与美国的经济规模之差今非昔比，日本只占美国的不到1/4，俄罗斯为美国的1/14。这或许就是“修昔底德陷阱”受到全球普遍关注的重要原因。[①]

人口结构老龄化

之所以国际金融组织及众多的诺贝尔经济学奖获得者、经济学家认为，长期停滞是未来世界经济的新常态，主要原因在于人口老龄化问题。

老龄化最严重的是发达国家，符合一般规律，即随着人均收入水平的提高，老龄化程度通常会提高，因此发达国家老龄化速度非常快。但是，发展中国家和新兴经济体，这些国家老龄化速度同样非常快，尤其是近些年有加剧的趋势，未来还会进一步加速。如果再进一步展望，甚至最不发达国家，长期看也同样会重复这种老龄化的趋势。全球老龄化是一个趋势，这也是全球的一般规律，因此是不可避免的。

① 参见中国社会科学院学部委员、中国社会科学院、世界经济与政治研究所所长张宇燕的文章《理解百年未有之大变局》。

图 15-1① 所示已显现了这一趋势。

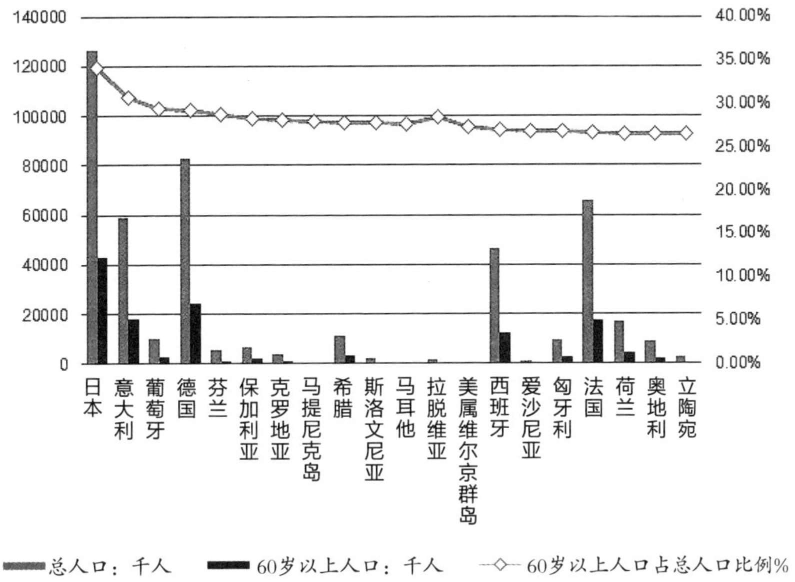

图15-1　2020年预计60岁以上人口占总人口比例排名靠前的国家

由于老龄化问题，经济增长（供给侧）驱动力和（需求侧）拉动力都会减弱。在经济增长减速的情况下，加上收入分配的恶化，富人虽然有钱，但是消费不了那么多；穷人想消费，但是没有钱。因此，储蓄便持续地大于投资意愿，相应就导致了“三低”。

一是低通胀率。自 2008 年次贷危机以来，世界经济整体上进入了长期的低通胀时期。

二是低利率。从世界银行显示的主要发达国家的真实贷款利率数据来看，世界主要发达经济体长期处于低利率状态。

三是低经济增长率。2008 年次贷危机之前发达国家就是这个趋势，随后又有加强。

以“三低”为代表的这种长期的趋势，是从美国发起的，波及所有的发达国家，

① 参见《2019年及未来全球老龄化国家排行情况及发达国家各年龄段人口占比情况分析》，http://www.chyxx.com/industry/201911/802670.html。

因而也就成为世界经济的新常态。这就是我们说的长期停滞。[①]

与“三低”对应的是高债务、高收入差距、高资产价格（金融资产）。主要经济体债务率越来越高，贫富差距越来越大，金融资产价格越来越高。

除了人口老龄化问题，还有人口结构的变化问题。人口结构可细分为年龄结构和族群结构。人口的族群或种族结构变化可能对一国社会融合、政治稳定与对外政策具有更直接的影响。美国皮尤研究中心 2017 年 11 月发布欧洲穆斯林人口调查数据显示，2016 年欧洲穆斯林人口从 2010 年的 1950 万上升至 2580 万，占欧洲总人口的 4.9%，到 2050 年在中等移民增长情境下占比将达到 11.2%，在高移民增长情境下德国的穆斯林人口占德国总人口的比重将达到 19.7%。今天美国的新生婴儿一半以上已不再是欧洲裔美国人，2024 年 20 岁以下人口中一半以上将为非白人。特朗普总统上任不久即颁布“限穆令”并坚持在美墨边界“修墙”以阻挡墨西哥人进入美国，也就不难理解了。人口族群结构变化的一个自然结果在于族群认同的强化。族群认同或族群对立在一国内部和国家之间的极端情形，便是萨缪尔·亨廷顿在《文明的冲突与世界秩序的重建》一书所关注的议题。[②]

贫富差距极端化

除了老龄化对世界经济的重大影响之外，贫富差距拉大是影响世界经济增长的第二个重要因素。随着全球化的发展和以美联储为首的中央银行不断货币放水，国家之间与国家内部各阶层之间贫富差距越来越大。

在全球化背景下，在资本、技术与人力资源等三大要素禀赋方面存在比较优势的国家，就能获得全球范围内的巨大收益。而缺乏比较优势的国家，则在全球化竞争中处于劣势。因而造成国家之间的贫富差距越来越大。同时，因为需要全球配置资源而造成的资源争夺，也可能造成守成大国与新兴大国之间的巨大利益冲突。

同样，在全球化竞争下，一个国家具有比较优势的行业或产业可能获得更大的

① 参见中国社会科学院副院长蔡昉在2020年8月22—23日第六届“中国财富论坛”上做的题为《中国经济如何实现自身的潜在增长率》的主旨演讲。

② 参见中国社会科学院学部委员、中国社会科学院、世界经济与政治研究所所长张宇燕的文章《理解百年未有之大变局》。

收益，因为，其收益不再局限于国内市场，而是全球的市场。但是，在全球化竞争中处于劣势的行业则会遭受巨大的损失，由此造成国内各行各业各阶层之间贫富差距的拉大。图15-2显示的是最富有的0.1%的美国人获得9%的收入，接近历史高点。

图15-2　美国贫富差距示意图

除了全球化造成的贫富差距之外，各国中央银行不断地逆周期调控经济。或者为了刺激经济发展，或者为了应对频发的经济或金融危机，各国中央银行不断货币放水，这就造成货币贬值、通货膨胀。由此造成拥有更多资产的富人更富有，而缺乏资产的中产或穷人更穷。而且，富人的消费是有限的，穷人没有钱消费，这不仅会造成社会各阶层之间的冲突，同时会导致经济的长期停滞，从而造成激进的民粹主义泛起。

国家间贫富差距的拉大所形成的利益冲突将造成地缘政治危机，同时导致世界经济整体陷入长期停滞之中。而守成大国与新兴大国之间则因利益冲突而陷入“修昔底德陷阱”之中。

重构：无领导者的世界

当今的世界经济正陷入困境，大衰退的阴影挥之不去，逆全球化潮流来势汹汹，尤以主要的发达经济体为甚，似乎正在重演大萧条后的危局。麻省理工学院经济学教授彼得·特明、牛津大学经济学教授戴维·瓦因斯合著了《无霸主的世界经济》一书，运用凯恩斯在大萧条时期提出的宏观经济学分析框架，即内部平衡与外部平衡必须相协调，回顾了1929年大萧条和2008年次贷危机爆发的根源，得出了两个重要的教训。

教训之一：在一个全球化的世界中，国内问题与国外问题，国内经济形势与国外经济形势相互交织，各国的经济政策必须致力于协调内部经济平衡和外部经济平衡。忽视其中的任何一个，都有可能导致经济灾难。

教训之二：一个霸主国家的存在有助于促进国际合作，甚至维护世界经济繁荣。大英帝国霸权的瓦解以及美国未能及时接手导致了1929年大萧条；美国世界影响力的流失及其在世界舞台的接班人缺失导致了当前的世界经济濒于失序。

客观地讲，麻省理工学院与牛津大学这两位经济学教授合著的这本书，难免存在为大英帝国、美国世界霸权的合理性进行辩护或美化的嫌疑。但是，不容忽视的事实是：在全球化程度越来越高、经济联系越来越密切、产业链与供应链分工配合如此紧密的大时代下，世界越来越息息相关，荣辱与共。各国经济的关联性越来越强，美国感冒，全球吃药；美国打喷嚏，全球浑身颤的现象越发明显。因此，作者阐述的教训之一是真实客观存在的。必须重视经济双循环体系，不能闭门造车，孤立于世界发展经济。

至于世界霸主的问题，这个其实也很容易理解。如果回到远古时代，以农业经济为主，每个国家基本都过着自给自足的农业经济、自然经济。国家之间很少有贸易，也少有联系。即便有，也是邻国之间的少量贸易与边界纷争。对于远隔万里的他国而言，很难有贸易往来。那时候也不需要国际秩序。但是，当大航海与地理大发现之后，世界连成一体，就存在境外利益之争，为了解决这种利益冲突，就需要国际秩序。那么，谁来主导这样的国际秩序呢？就必须有一个实力超强的霸主或领导型大国，来主导推动。因此，在一个全球化越来越紧密的世界，缺乏主导的、一盘散沙的世界将陷入混乱之中，效率是低的。从这个角度来看，两位作者提出的教训之二也是值得思考的。

而如前所述，2020年新冠肺炎疫情下的世界，使原本已进入衰退的世界经济加速衰退，长期萧条的风险越来越大；原本逆全球化的世界在疫情之下加速割裂、冲突、脱钩；原本紧张的大国关系越发紧张；地缘政治冲突风险变大。世界正在面临一场二战以来的最大变局。

尤其令世界忧虑的是，二战之后，主导了雅尔塔体系的三个大国中，英国已经衰落，苏联已经解体，俄罗斯经济长期衰退，而唯一的超级大国进入特朗普时代，美国国内因为全球化后所获利益不同、贫富差距越拉越大，两党政治冲突，民粹主义与民族主义兴起，导致美国政策出现巨大调整，“美国优先”成为优先选择，美国战略退守，重回保守主义。前任总统特朗普甚至公开宣称，脱离全球化，拥抱美国爱国主义。美国退出现有的世界秩序，以及重构有利于美国的世界新秩序，意图十分明确。

美国的战略选择，导致世界已经陷入无霸主的世界经济，无领导者的世界秩序之中。下面就以历史大周期来分析一下未来世界重构的可能方向与趋势。

全球化重构：走向多极

全球化是世界大趋势，不可阻挡。但在西方主要大国退出由其主导的全球化过程中，逆全球化加速，短期内全球化很可能重构为：一个世界，两个体系，两个市场。但长期看，多极化的全球化是大趋势。

如前所述，二战以来的全球化 2.0 时代在最近几年严重受挫，英国脱欧，美国“退群”，大国博弈，地缘政治危机四伏，逆全球化浪潮波涛汹涌。1990 年之后，加速的经济全球化正在招致贸易保护主义，互联网正在被扎起一个个栅栏，砌上一堵堵墙。近 20 年的全球化主要来自中美两个经济大国的推动，美国的华尔街金融与硅谷的高科技凭借其比较优势在全球化中获得巨大利益，中国则凭借其庞大的人口红利获得了产业转移比较优势。而美国受损的是传统产业，尤其是铁锈地带的工人与农民。美国选举政治模式、美国人口结构的变化与贫富差距的扩大，在新媒体卷入选举政治之后，使得反传统的特朗普入主白宫，民粹主义与民族主义裹挟了白宫政治，导致美国战略转向，亲手毁灭一个个由其建立并领导的国际组织，使得原有的世界秩序因为领导者不辞而别而陷入失序之中。

“美国优先”下的贸易政策，“美国第一”下的遏制政策，使得原有秩序领导者、原有全球化积极推进者美国大踏步走在逆全球化、大国博弈与对抗的历史回头路上。在新冠肺炎疫情全球肆虐的当今世界，急需全球通力合作，需要世界卫生组织以及重要大国的领导，但是美国不仅自身陷入疫情重灾区，也毫无领导意愿，不仅如此，还加大了“甩锅”与对抗。

疫情之下，全球产业链与供应链已受到严重冲击，造成了事实上的部分物理脱钩。更可怕的是思想脱钩，美国在大国博弈思维下，抛出“脱钩论”“新冷战论”。加之美国之前所提出的重组世界贸易组织方案，疫情之后的全球化面临重大变局。

大国崛起的威胁再次闪现，一个个如德国、英国、苏联、日本一般似曾相识的危机涌动，美国坚决挥动手中的大棒。以美国为首的资本主义世界，对中国的制造业进行禁运、限制和绞杀，并试图利用保护主义来实施逆全球化，为“平坦的世界”修筑起森严的“柏林墙”。

2018 年以违规销售打击中兴的“中兴事件”和 2019 年以“国家紧急状态”打压华为的“华为事件”，其实质是美国霸权思想的体现，通过对中国高科技企业实施的“技术封锁”或“卡脖子”，以遏制或延缓中国崛起的进程，从而达到美国继续称霸世界之目的。

从短期来看，全球化重构可能有以下两个方向：

一是全球化向区域化转变，区域性合作成为趋势。美国主导的局部战略伙伴国或盟友之间的区域合作成为主要方向。在这一思维模式下，基于当下大国博弈的有关情形，很可能形成类似于美苏冷战时期的一个世界、两个体系、两个市场。也就是说，全球化将从超级全球化走向有限的全球化。

在这个趋势下，关键是其他第三国如何抉择，是选边进行站队，还是不加入任何一方、保持中立，或者与双方均保持贸易合作关系。

但这个体系不是短期能够达成的，因为当下的世界经济联系紧密，国际分工合作程度深，不像当年美苏之间原本就是各自独立的体系，没有进行过合作。在全球化程度已经很高的今天，进行脱钩与割裂，需要付出巨大的代价，需要很长的时间，而这个过程是漫长的，变动是剧烈的。

如果这一局面出现，则将导致逆全球化加速，全球化严重倒退，这是违背了历史的大趋势的，对世界经济的冲击是巨大的，造成的损失也是不可估量的。

二是重组世界贸易组织。世界主要经济体通过协商谈判的方式，对原有的世界贸易组织规则进行重新谈判，达成新的贸易规则，以适应新的世界经济格局，以调整与平衡世界各国之间的利益。

这一个方案相对是最优的。通过和谈解决分歧，以化解冲突，有利于全球化持续推进。

从长期来看，全球化重构将由个别大国主导的全球化走向多元的、多极的全球化。全球化趋势不可逆转，不可阻挡。

随着世界格局的进一步转移，世界必将形成经济、政治、贸易的多极世界，二战后的两极世界与苏联解体后的美国独霸世界将走向北美、欧洲、亚洲三大区域，美国、中国、欧盟、俄罗斯、日本、印度等多极的世界。全球化也会随之朝多元、多极全球化的方向发展。

经济重构：三足鼎立

在过去四五十年，世界经济出现了东移亚洲的趋势。40 年前，亚洲各国经济总量占全球 20%，到了今天亚洲达到了全球的 37% 左右，再过三十年，如果每十年增加 4—5 个百分点，再过 30 年亚洲经济总量比重将占全球经济总量的 50%，这是一个必然的趋势，美国、欧洲和其他国家加起来就是 50% 左右。在 40 年前亚洲经济总量占世界的 20% 的时候，中国只占世界的 1%，也就是说这 20% 里面中国占 1%，其他国家占 19%。现在亚洲占了 37%，中国在其中占了 17%，再过 30 年，中国经济规模大概率会增长到 26%—27%，甚至占世界的 30%。这时，中国经济才算完成复兴，恢复到 19 世纪初的水准。

2019 年，美国名义 GDP 为 21.43 万亿美元，稳居全球第一。同期，中国大陆地区名义 GDP 为近 100 万亿元，折合 14.36 万亿美元，约为美国经济总量的 67%。

2020 年新冠肺炎疫情对主要经济体冲击巨大，全球陷入负增长泥潭。疫情很可能在短期内难以结束，对经济的影响还会持续下去。美联储天量的救市资金，使得资产负债表扩张了一倍，目前已经稳定了大幅下跌的股市，暂时化解了金融危机爆发的风险。但是，如果疫情持续蔓延，实体经济迟迟难以恢复，则很可能导致资本市场重新进入震荡下跌趋势，加大爆发金融危机的风险。如果金融危机爆发，则进一步加速经济衰退，全球经济将陷入长期萧条的泥潭。

就当前及未来世界经济格局而言，亚洲已经超越北美、欧洲，成为当今及未来世界最具活力的经济中心。东亚的中国、日本、韩国，东南亚的越南、泰国与印度尼西亚，南亚的印度等经济增长潜力巨大。而中国是亚洲经济中心的中心，处于亚洲经济产业链与供应链的枢纽地位。

因而，未来世界将形成三足鼎立的世界经济新格局：北美、欧洲与亚洲。北美以美国为中心；欧洲以欧盟为中心，欧盟的发动机是德国；亚洲经济区以东亚为中心，东亚以中国为中心。在亚洲，人口过亿、经济发展迅速的中国、印度、日本、印度尼西亚、越南等将成为未来世界名列前茅的经济体。而中国、美国与印度则会形成世界三个超大规模经济体。

国际秩序重构：多元与多极

二战之后美、苏、英三大国构建了新的国际秩序——雅尔塔体系。英国逐渐衰落，苏联解体，美国成为主导世界秩序的唯一超级大国。

在 1990 年之后，美国以其超强的军事力量、超强的经济实力、先进的科技创新、雄厚的金融力量（核心是华尔街与美元）成为世界近 30 年来无可争辩的领导者。近 30 年来世界前进的两大动力——全球化与互联网，均是由美国主导和推动的。

同时，美国为所欲为地发动两次海湾战争、阿富汗战争，在全球各地建立军事基地，领导北约，重回亚洲等。这种充当世界宪兵、世界警察的领导秩序，消耗了美国庞大的财力。随着美国国内贫富差距进一步加大，社会矛盾激化，美国经济进一步下滑，这种一极独大、维护世界秩序的模式不可持续。

在美国因力不从心而转回国内、重返亚洲、逐步退出国际组织等之后，美国将逐步聚焦于其核心利益，就会在国际秩序上形成一个无领导者的世界。在新的秩序尚未建立之时，世界将处于动荡期。

未来的世界将是多极的世界，中国必将崛起，并成为多极世界中维护世界和平的重要力量。

此外，以联合国等国际组织为主导的国际秩序将会重构改组，体现当下世界力量的平衡，以更多地发挥联合国等国际组织的作用。

世界货币重构：美元衰落，多货币兴起

未来世界货币的重构主要问题就是美元的衰落问题。与 1944 年布雷顿森林体系

建立时相比，美国经济总量在世界 GDP 总量占比已下滑到 20% 多，黄金储备更是远远低于当年高达 75% 的占比。美元在世界储备货币中占比达 60% 以上，美元地位已严重脱离其经济地位。

由于美联储不断印钞，推出力度空前的 QE，使得世界各国不断分摊其经济损失，导致美元信誉不断降低。尤其是 2020 年应对新冠肺炎疫情，美联储更是一次性将资产负债表扩张了近一倍之多，推出了无底限 QE，发行天量美元资金，美元放水将导致美元大幅度贬值，对未来世界经济造成巨大冲击。

美元一而再再而三地无约束、无节制发行，导致世界各国中央银行被动跟随，引发货币贬值下的通货膨胀，一次又一次地冲击世界经济，使美元信誉不断降低。这种局面是不可持续的，当美国经济在全球经济占比逐渐下降，美元不断贬值，美国财政赤字越来越高，美国资产缺乏投资价值时，世界各国对美元的信心及预期就会逐渐降低，那么，美元就将面临 1971 年布雷顿森林体系解体之后的另一个重大危机。

2020 年 7 月 28 日，高盛集团发布了一项报告，提出了一个大胆的预测：美元正面临着失去作为世界储备货币地位的风险，于是"美国何时出现通货膨胀"这一议题又被推上了风口浪尖。

高盛集团在报告中称，美国国会即将采取下一轮财政刺激措施，以挽救遭受疫情打击的经济，而美联储 2020 年的资产负债额已经扩大了约 2.8 万亿美元。高盛集团分析师称，美国的经济刺激政策正在引发人们对于美元贬值的担忧，也有可能终结美国在全球外汇市场的主导地位。

高盛分析师杰弗里·柯里写道："黄金是万不得已的货币，差不多算是最后的选择，尤其是在当前这样的环境下。为了拯救一时的经济，美国政府目前所做的事正在使美元贬值，现在美元的实际利率推至历史最低点，人们对于美元未来是否还能作为储备货币充满了担忧。"黄金价格创纪录地上涨，凸显出人们对世界经济的担忧日益增加。高盛将黄金在未来 12 个月的股价从此前的每盎司 2000 美元上调至 2300 美元，而目前的金价约为 1930 美元，接下来美国实际利率将继续走低，金价将进一步被推高。

当然，美国的美元霸权短期内难以被撼动，根据国际清算银行最新的调查结果显示，在所有的大宗货币交易中，有 88% 使用的是美元。国际货币基金组织的数据显示，美元储备仍占世界外汇储备的大约 62%，不过这一数字要低于 20 世纪 70 年代 85% 的峰值水平。

值得一提的是，目前美国的债务已经超过其 GDP 的 80%，美国联邦储备委员会主席杰罗姆·鲍威尔曾说："美债很麻烦，但现在不是考虑这个的时候。"他这句话也可以理解为：明天会很惨，但管不了那么多了。

桥水基金创始人达利欧在 2018 年 12 月就提出：美元正处于重大货币危机的边缘或很快下跌 30%。达利欧警告称，美国经济正处于一场重大货币危机的边缘，原因是无法承受债务的增加。

美国目前的债务水平是空前的，由于美联储在过去十年中通过零利率环境人为地支撑经济，债务水平进一步恶化。自 2008 年次贷危机以来，消费者可以轻易获得信贷，从而吹起了资产泡沫。

达利欧关于美元的观点来源于他的《理解大型债务危机的模板》一书。在这本书中，达利欧分析了历史上 48 个债务危机，以说明它们是如何发生的。

达利欧说，"当它以外币计价时，比如这些国家，他们有很多美元计价的债务，那么他们偿还这些债务可能会有问题。当美元升值时，他们没有足够的现金，就会陷入印钞的恶性循环，导致他们的货币贬值，使他们更难偿还债务"。

美国一直在推行一项不计后果的财政政策，导致美国联邦政府的债务总额很可能在 2020 年年底高达 30 万亿美元，截至 2020 年 8 月，美国联邦政府的债务已达 26.5 亿美元之巨。

与此同时，政府的税收削减将保证在未来十年再削减 1.5 万亿美元税收。美国目前没有经济衰退或放缓的缓冲。达利欧 2020 年 5 月 22 日在其文章《过去 500 年的大周期》中再次提及美元的衰退问题。他认为，一国及其储备货币上升和下降是一个大周期，始于战后的新世界秩序（见图 15-3）。

达利欧指出，统计数据似乎表明，在这一周期中，美国大约处于 75%（上下浮动 10%）的位置。扭转一个衰落的力量是非常困难的，因为这需要撤销很多已经做过的事情。

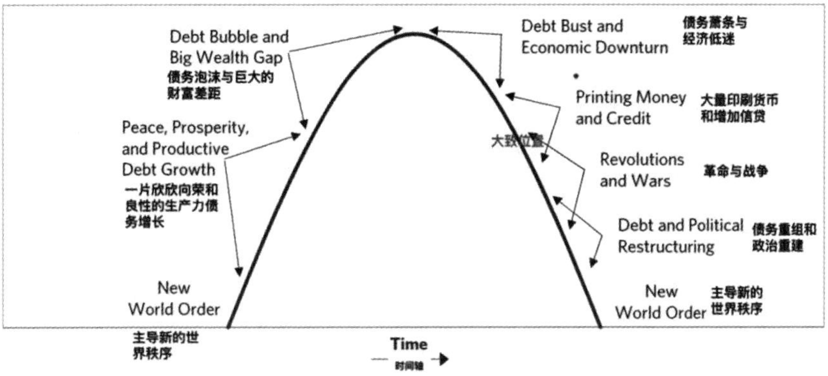

资料来源：达利欧所写《过去500年的大周期》一文

图15-3 典型的大国繁荣衰退大周期

美银美林在 2020 年 7 月的报告中指出，美国为抗击新冠肺炎疫情采取了一连串财政和货币刺激措施，加上本就超低的利率，这些因素将推动美元在未来几年大幅贬值。美银美林引用了史上著名的“都铎王朝货币大贬值”（Tudor Great Debasement）来形容美元当下的处境。

美银美林首席策略师迈克尔·哈特奈特认为，考虑到美国经济面临债务过高、增长不足以及货币和财政刺激已达极限等问题，美元贬值将是必然。美元的贬值，又将会增强大宗商品和新兴市场的投资吸引力，投资者需要寻求可靠的风险对冲工具，并利用美元走软机会获利。

摩根士丹利亚洲区前主席、耶鲁大学高级研究员斯蒂芬·罗奇说：美元在未来几年将出现重大调整，可能会下跌 35%。自二战结束以来，美国一直是世界经济的领导者，人们一直坚信美元值得拥有世界储备货币的地位。但遗憾的是，目前在美国发生的诸多事情与此恰好相反，事实上非常令人不安。如果美国继续走破坏全球化、鼓吹脱钩和贸易保护主义的老路，“美国例外论”将成为历史。但是在未来很长一段时间，美元依然是重要的世界储备货币。不过，随着美元的衰落，欧元将崛起，其他货币也将在世界货币中增加份额。

未来，随着世界秩序、世界经济格局、全球化的多极化、多元化的出现，世界货币也将随之发生结构性重构。也就是说，美元独霸将变成美元、欧元、人民币、日元、英镑的多元化的世界货币体系。而货币的形态则会出现“数字货币 + 纸币”的组合模式。黄金仍具有部分世界货币的功能。

复兴：东方崛起

相对于西方文明，东方文明是一个早熟的文明。在 1500 年大航海及地理大发现前后，这里是世界最重要的经济圈，当时的中国处在大明王朝的鼎盛时期，印度的莫卧儿帝国刚刚建立，日本处在幕府时期。但东方国家因为封闭而失去了大航海时代与海洋文明，逐渐孤立于西方世界的现代化进程，对时代的变化浑然不觉。自此后，东方国家虽然依然拥有规模庞大的农业经济，但是已经被欧洲的工业文明远远抛在了身后。19 世纪初期，东方开始全面落伍，印度等国先后成为殖民地，自此后，经济开始全面衰落。

二战之后，日本经过 40 年的连续高速增长，迅速崛起成为世界第二大经济体。紧接着，“亚洲四小龙”“亚洲四小虎”先后实现了经济腾飞。1978 年改革开放之后的中国实现了 40 多年的高速增长，在 2010 年成为世界第二大经济体。越南、印度自 2016 年之后，经济迅速发展，成为世界上经济增长速度最快的两个国家。

二战之后成功进入高收入俱乐部的经济体几乎全部来自亚洲，日本、韩国、新加坡、中国台湾、中国香港、中国澳门等先后进入发达俱乐部。中国进入中高等收入国家行列，越南、印度成为发展最快的新兴经济体。

亚洲，尤其是亚洲东部，成为二战之后经济发展最快的地区，拥有世界第二大经济体、第三大经济体。世界经济增长最快的三个国家均位于此。因此，美国著名预言家约翰·奈斯比特预言 21 世纪是“亚洲的世纪”，是“中国的世纪”。

如果按经济发展规模来划分世界经济圈，基本上可以划分为北美经济圈、欧盟经济圈与东亚经济圈，而东亚经济圈呈现出持续上升趋势。

因为亚洲经济地位越来越重要，2009 年 7 月，美国国务卿希拉里·克林顿在东盟会议上首次提出“重返亚太”。随后，美国加入《东南亚友好合作条约》，表明了奥巴马政府对东南亚地区的高度重视。

自 20 世纪初以来，美国一直奉行“亚太平衡战略”。这一战略的理论基础大致有两个：一是古希腊历史学家修昔底德“新兴大国与守成大国之间大多会爆发战争”的所谓“修昔底德陷阱”论；二是英国地缘政治学大师哈尔福德·麦金德爵士的“地缘战略冲突”论。另一个举足轻重的传统大国俄罗斯，在 2014 年乌克兰危机之后，出于对自身利益的考虑，逐渐将其经济开发、国际合作及市场从传统欧洲转向新兴的东亚，向东看成为其核心战略。印度则进一步加强与中国、日本及东南亚的联系与贸易合作，也将东方作为其重点。而中国成为东亚经济圈中的经济中心，成为世界经济双循环的中心枢纽，成为世界 120 多个国家和地区的第一大贸易伙伴。

自 1520 年西方主导世界 500 年以来，世界经济中心开始了由西向东转移。随着经济转移的加速，科技创新及对世界秩序的影响都随之加速移向东方。一场 500 年未有之大变局正在悄然发生之中，虽然这一过程将是长期的、缓慢的、曲折的，但大趋势不可逆转。东方的亚洲，正行走在复兴的大道上。表 15-1 所示是世界三大经济圈 21 世纪（2000—2017 年）18 年来 GDP 变动对比。

根据 IMF 2019 年 1 月的数据，我们再来看看全球及部分地区 2018 年 GDP 的对比（见表 15-2），其中，东亚、北美和欧洲为世界三大经济圈，GDP 合计总量已占世界的 75% 以上，而东亚的占比在持续上升，增速超过北美与欧洲。在东亚经济圈中，中

表15-1 世界三大经济圈2000—2017年GDP变动对比（单位：美元）

年份	北美(万亿)	欧盟(万亿)	中日韩(万亿)	欧盟/北美	中日韩/北美
2000年	11.0269	8.9249	7.1702	80.94%	65.02%
2001年	11.3581	9.0059	6.6524	79.29%	58.57%
2002年	11.7354	9.8550	6.6672	83.98%	56.81%
2003年	12.4029	11.9686	7.2743	96.50%	58.65%
2004年	13.2981	13.8168	8.0632	103.90%	60.63%
2005年	14.2632	14.4345	8.5117	101.20%	59.68%
2006年	15.1712	15.4049	8.8908	101.54%	58.60%
2007年	15.9425	17.8131	9.8281	111.73%	61.65%
2008年	16.2676	19.2260	11.2954	118.19%	69.43%
2009年	15.7898	17.1780	11.8705	108.79%	75.18%
2010年	16.5777	17.0060	13.5978	102.58%	82.02%
2011年	17.3065	18.3757	15.7031	106.18%	90.74%
2012年	17.9794	17.2977	16.7879	96.21%	93.37%
2013年	18.5341	18.0319	16.9076	97.29%	91.22%
2014年	19.2268	18.6582	17.6207	97.04%	91.65%
2015年	19.6803	16.4184	17.7724	83.43%	90.31%
2016年	20.1601	16.5025	18.4507	81.86%	91.52%
2017年	21.0436	17.3115	19.6036	82.26%	93.16%

表15-2 2018年全球及部分地区的GDP占比对比表（单位：美元）

全球及各地区	GDP（万亿）	全球占比
亚太地区	30.12	35.54%
北美	23.53	27.77%
东亚	20.96	24.73%
西欧	18.29	21.58%
南美	3.6	4.25%
东欧	3.56	4.20%
南亚	3.44	4.06%
东南亚	2.93	3.46%
中东	2.84	3.35%
非洲	2.32	2.74%
全球	84.74	100.00%

（由南生今世说整理自IMF）

国占比最大，增速最快。

500年兴衰沉浮下的东方

图15-4　500年世界经济增长图

由图15-4可以看出，1800年左右（正处在第一次工业革命期间）增长曲线斜率骤然变陡，生产效率快速提升。这是由于全民教育水平提升，以及将教育成果转化为生产力。而西方在经历了文艺复兴、思想启蒙、大航海及地理大发现、宗教改革、教育、金融创新、公司制度、法律制度、市场经济制度等之后，出现了现代科学、科技与工业革命，引领了世界几百年至今。在此期间，东方文明保守封闭，在原有的农业经济模式、原有的制度中沿着惯性前行，没有现代意义上的教育，也缺乏现代科学、科技的创新研究。因此，西方文明的崛起与东方文明的衰败是一定的，这也直接导致了西方在19世纪打败东方主宰世界的结果。

过去500年间，美国、英国、荷兰、西班牙、法国、日本、俄罗斯等世界大国几乎都经历了崛起和衰弱期。其中三个最重要的大国——荷兰、英国和美国，他们分别掌握历史上最近的三种储备货币：荷兰盾、英镑与美元。美国是现在时，英国是过去式，而荷兰则更早一些。中国已成为第二强大的国家，并且在1850年前大部分时间一直如此强大。

若追溯到600年，600—1500年，中国几乎总是最强大的。为何在过去500年，西方主导了这个世界？先后崛起的9个大国，除了东方的日本之外，全部来自西方？东方的日本为何能够从衰落的东方文明中脱颖而出？

回答这些问题，我们可继续参考达利欧的一张图（见图15-5）。[①] 结合这张图，我们对比一下过去500年的东西方世界，答案就不言自明了。西方表面强大在于军事力量与经济实力，背后实质在于教育和科技两大最重要的支柱。当西方人早已进

① 参见达利欧所写《世界秩序变迁》一文。

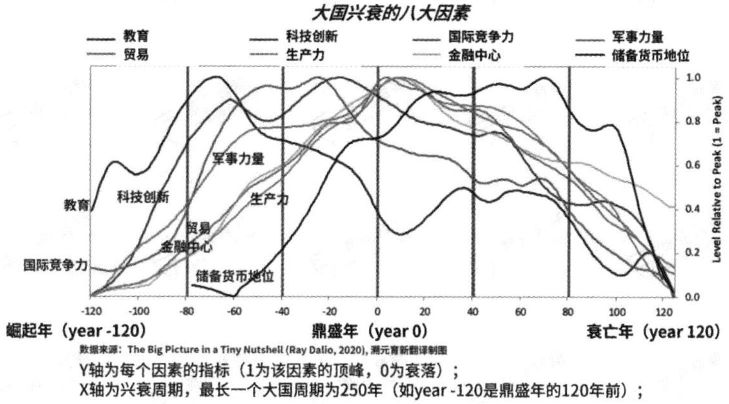

图15-5　大国兴衰的八大因素

入现代教育，进行科技创新之时，东方却关上了通往外部世界的大门，自我沉醉在昔日的荣光里，对身边的世界全然不知，浑然不觉。如果东方世界能够融入世界，即便衰落，也能够及时地了解外面世界的变化，不至于因为沉睡而落后几百年。

当东方世界在 19 世纪被西方列强的船坚炮利敲开了大门之后，猛然从梦中惊醒，于是开始了长期的学习之路，这个过程持续至今已经接近 200 年。随着全球化的推进，东方已经融入了世界。日本是学习最彻底、变革最快的东方国家，其现代教育开展最早、最成功，工业化最早，科技创新走在前列，所以，日本在短短几十年就能够快速崛起。二战后，日本又能从一片废墟中重新崛起，经济高速增长 30 年之久，创造了经济奇迹。紧随其后，亚洲四小龙、亚洲五小虎，创造了一个又一个经济神话。而自 1978 年改革开放的中国，创造了 40 年经济高速增长的奇迹，一跃成为世界第二大经济体。这与图 15-5 所示的教育、科技创新、贸易、生产力、国际竞争力的提升密不可分。

东方的未来——中国

亚洲国家，尤其是亚洲东方，由于二战后地缘政治、历史、领土等问题，没有形成像欧盟那样的共同体，且由于外来力量的介入，尤其是美国的亚太战略，使得东亚地缘政治更为复杂，长期处于经济联系紧密而政治分歧较大的“政冷经热”局面，不利于形成更高层次的利益共同体。

但是，中国的“一带一路”及中、日、韩与东盟的“10+3”机制将推动亚洲合作，虽然进程缓慢，但趋势一直向前。关于“一带一路”，东京大学学者河合先生称，21世纪能否成为“亚洲的世纪”，关键取决于中国。无论是亚洲基础设施投资银行，还是“一带一路”，中国都取得了超出预想的成功，改革的成败将直接影响到中国乃至亚洲今后的走向。中国作为东亚/东亚经济圈的中心，作为世界经济双循环的枢纽，其经济飞速发展，给亚洲带来了机遇，带动整个东亚、东南亚及南亚、中西亚经济发展。凭借其综合实力和战略定力，也给亚洲带来了和平。稳定、和平的亚洲才是保持经济繁荣的基础。中国是稳定与和平的最大力量，是压舱石。作为世界举足轻重的大国，中国也为亚洲的发展代言，打造世界影响力。关于中、日、韩与东盟“10+3”机制。20世纪90年代后期，在经济全球化浪潮的冲击下，东盟国家逐步认识到启动新的合作层次、构筑全方位合作关系的重要性，并决定开展“外向型”经济合作。“10+3”合作机制应运而生。“10+3”是指东盟十国与中、日、韩三国。每年定期举行外交部部长会议、财政部部长会议、领导人会议等。“10+3”机制在某种程度上是一种危机意识的产物。在1997年东亚金融危机中，东亚国家深刻认识到在金融全球化的时代，遇到困难难以独善其身，只有协调与合作，才能抵御金融风暴和经济动荡。

“10+3”机制诞生于1997年亚洲金融危机之际，其意在共同合作应对危机。但在经贸合作中应当更具有广阔的合作前景。东亚经济体为二战以来成长最快的地区，有战后日本的奇迹、“亚洲四小龙”、“亚洲四小虎”，还有中国的崛起、印度与越南的后来者居上，接力棒式地交替与轮动。而且亚洲具有世界上最多的人口，发展潜力巨大。中、日、韩及东盟十国相邻，经济与贸易具有互补性，可以形成互利合作。虽然地缘政治分歧与矛盾不断，但是中、日、韩及东盟十国经济始终保持着紧密的合作，这也是“政冷经热”的逻辑之所以成立的核心原因。

如果在“10+3”的基础上，各国都能够不计前嫌，不受外来势力的干扰，出于长期发展之考虑，能够达成紧密合作的经济与贸易共同体，那么亚洲的前景将会更光明，各国均会从中受益。亚洲的世纪，东方复兴，在不远的将来就会成为现实。

印度崛起

根据国际战略研究机构或智库的结论，成为一个具有世界影响力的大国需要具备几个条件：过亿的人口、辽阔的疆域、重要的战略位置等。从这三个指标来看，印度具备了成长为一个世界性大国的要素。据官方数据统计，印度在2019年的GDP总量达到2.85万亿美元，仅次于美国、中国、日本和德国，是当今世界的第五大经济体。

我们来看一下印度经济增长的一些情况。根据国际货币基金组织的数据，2010—2016年，印度经济的增长率分别为10.26%、6.638%、5.484%、6.64%、7.179%、7.934%和6.7%。增长率一直保持在5%以上的高速度，尤其是从2012年开始，印度经济开始不断加速，从5.484%跃升到了7%以上，2015年甚至达到7.934%，接近8%的水平，2016年因为废钞运动等的影响，经济增速有所放缓，但依然达到6.7%。在2017—2019年三个年度内，印度经济仍然保持了高速增长，分别为7.5%、6.8%和5.3%。

从2015年开始，印度就像2000年的中国一样，开启经济总量赶超模式。2011—2014年，印度经济总量一直排在世界第十位，由于其持续稳定的增长，经济实力开始逐渐接近西方主要国家，2015年印度经济总量一举超越俄罗斯、巴西、意大利，跃居世界第七位。2019年，又跃居世界第五位。

印度在1991年改革以前搞的是“印度特色”的计划经济（因为是由印度第一任总理尼赫鲁一手推动的，所以也被称为“尼赫鲁式”的“社会主义民主经济”），又被称为“印度教徒式”的经济增长。这种经济增长模式，再加之长期实施封闭的经济形态，使得印度经济长期处于缓慢增长状态，商品短缺。“印度特色”的计划经济形成了强有力的既得利益集团，维持封闭并拖延印度经济的开放。

印度在1991年实施改革政策以后，经济得到了大力发展，尤其是在莫迪当选总理之后，进入到经济高速发展期。印度有着庞大的人口，不久将超过中国，成为世界上人口最多的国家。而且印度人口结构合理，平均年龄不到30岁，距离老龄化社会还很遥远。印度战略位置重要，为印度洋上最重要的国家。作为英国曾经的殖民地，印度在众多方面与西方具有一定的亲近感。但是复杂的宗教、多元的民族、种姓制度观念、巨大的贫富差距等影响了印度经济的发展。但是，从长期趋势来看，巨大的人口红利、不断改进的基础设施、科技创新与教育普及、大力度的改革开放政策等，都使得印度正大踏步行走在复兴的大道上。未来的印度可成长为像美国、中国那样的具有世界影响力的大国，成为多极世界格局中的重要一极。

第十六章
不确定的世界

美国大选战争

2020年，是美国大选之年。在四年前，自特朗普出人意料地当选美国总统之后，这位美国历史上最具个性的总统就以其彪悍的风格为美国打上了新的烙印，以至于笔者2017年访学哈佛及2019年访学耶鲁时，所听到的有关特朗普的讲座，基本的意思都是："从2017年1月特朗普就任总统之后，自1945年二战后所构建的美国形象已经远去，美国已经进入特朗普时代。无论特朗普是否连任，他都将改变或影响美国未来几十年格局。"

但是，一场突如其来的新冠肺炎疫情，改变了这一原本铁定的大选结果。也使得2020年美国大选演变成一场举世瞩目的世界舞台剧，跌宕起伏，充满惊险。以至于世界各地观众因此而划分为针锋相对的两个阵营：支持特朗普VS支持拜登。这场新冠之下的大选颇有选举大战的味道。

美国当地时间2020年11月3日，美国总统大选开始投票。以邮寄投票与现场投票相结合的方式在美国各州全面展开。经过激烈的角逐，拜登在决定双方胜负的关键摇摆州取得了胜利。特朗普显然未能意料到如此结果，继续利用社交媒体持续发声，质疑选举结果合法性，并在多个摇摆州发起法律诉讼，试图改变不利的结果。

在随后的一段时间内，拜登一方谋求接收总统权杖，提前谋划防疫及经济发展大局，特朗普一方则坚持不认输，新老总统过渡期出现了前所未有的危机与困局。

2021年1月6日，是美国国会对选举人团投票结果进行确认的日子。而在此之前，特朗普通过社交媒体推特号召各地支持者到华盛顿进行大规模抗议集会，由此引发部分骚乱者冲击国会的严重冲突事件。

选战背后的危机

2020年美国选战引发的宪政危机影响深远，如果说2016年特朗普与希拉里那场选战是一场表演拙劣的丑剧的话，那么四年之后愈演愈烈的这场选战已经演化成战争大片。这场选战，突显美国存在如下深层次的问题：

第一，共和党与民主党的协商机制越来越弱，冲突越来越大。两党为选举及各自政治诉求而战，私利化趋势愈发明显。这种脱离国家利益、公众利益的对抗将使得美国运行了200多年的秩序走向混乱与失序。执政后的拜登政府未来将不得不面临两党愈演愈烈的纷争，使得众多政策受阻或进展缓慢。

第二，这次选战突显美国社会撕裂，暴露出不同阶层、不同种族、不同文化、不同信仰者之间的严重分歧与冲突。特朗普虽然败选，但仍然获得超过7000万张选票，这是一个可怕的数字。这表明美国仍有较大一部分人力挺特朗普。这也为拜登上台后的政策制定带来了潜在的麻烦。

第三，这次选战突显美国社会民粹主义问题严重，极端主义盛行。新冠肺炎疫情之下的一次又一次集会游行，以至于听从特朗普推特的一句号令，不顾新冠感染的危险涌向华盛顿进行大规模集会游行，支持败选总统，甚至直接冲击美国国会，引发严重的流血事件冲突。这已充分表明，美国社会深陷极端民粹主义之中，社会撕裂严重，矛盾冲突聚集。

第四，为了抵触选战结果，意图翻盘。特朗普借助推特持续发声，发动法律诉讼，引发巨大的宪政危机。且通过信仰工具或激发信仰热情来获得选民的支持，似乎正在挑起一场信仰冲突。特朗普在任的四年，保守主义者与“外邦人”的隔阂和分裂从未如此严重。或许可以悲观地预见到，未来的美国很可能因此陷入文明的冲突。

拜登当选对世界的影响

尚未上任的拜登，于美国当地时间 2021 年 1 月 14 日抛出了一份总额高达 1.9 万亿美元的经济救助计划，该计划将实现在其就任 100 天内接种 1 亿剂疫苗的目标，并推进在 2021 年春季之前重新开放大多数学校。同时它还将提供另一轮援助，以稳定经济，控制疫情。拜登提议为大多数美国人提供 1400 美元的支票。从中可以一窥拜登新经济政策的一些端倪。

拜登作为美国原总统奥巴马的副手与政治搭档，会在某种程度上受奥巴马当年政策的影响，也会秉承民主党的执政理念。基于美国强大的经济实力及其对全球经济发展的影响，拜登当选后的政策选择，将对美国乃至世界均可能会产生重大影响。

下面来看看拜登的一些主要政策立场。

首先，鉴于美国愈发严重的新冠肺炎疫情冲击及大选中的社会撕裂，拜登上台后首要任务是解决疫情防控、失业人群的经济救济问题，随后则会将工作重点放在：加强种族团结，弥合社会分歧，使社会更加公平、包容等长远目标方面。

拜登的国内政策立场主要有：加强疫情控制；提高富人和大企业税收，增收资本利得税，为工作家庭提供税收减免；扩大短期补偿规模，挽救工作岗位、扩大就业；重新启动现代化基础设施建设；支持公平贸易和自由贸易，但也承诺修改现有贸易政策；持清洁能源革命；实施“平价医疗法案”；支持加强金融监管，并且支持对科技公司加强反垄断调查、加强社交媒体平台内容审查等。

从目前拜登的执政理念及宣布的经济刺激计划等方面看，拜登当选后的美国经济有望加快恢复，但深层次社会问题难以解决。

短期看，拜登上任后会加大防疫政策力度和支持大规模财政刺激计划，美国经济有望恢复。但美国政府体系的系统性缺陷、联邦政府与各州工作脱节、过度追求“民主自由”的价值观等，均使政府防疫工作效果打折。行业方面，拜登当选或意味着基建、科技、新能源等领域将更好发展。

长期看，民主党更注重民生改善而非经济增长，有望一定程度上改善收入和财富分配问题。然而，冰冻三尺非一日之寒，美国贫富分化与社会撕裂问题亦不是一朝一夕就能解决的。

其次，作为民主党中从政经验极其丰富的拜登，基于美国传统建制派的诉求，会弥补特朗普搞坏了的各种国际关系，对外会改善传统盟国的关系，尤其是欧洲、日本等盟国关系。同时，也会积极参加 WHO、WTO、《巴黎气候协定》，甚至 TPP 等国际组织。

拜登当选后的世界局势或更稳定，但美国的霸权主义思维不会变。拜登的对外政策将更加温和，预计在贸易规则、气候协定等方面的国际合作可能更注重“团结”与“政治正确”。此外，拜登支持自由贸易，支持 WTO 多边贸易体系，未来有望推动全球和区域贸易关系修复。同时，其更加开放的贸易政策可能总体上缓解美国和全球贸易阻力，提振全球经济。

最后，从未来拜登政府的对内对外政策及关系看，虽然其对内加大疫情防控、重启基础设施投资、加大经济救助力度以及对外积极缓和盟国关系与国际组织合作等，有助于世界经济重启及美国经济复苏，但是，拜登的系列“加税政策”将很可能对美国经济增长造成不利影响，而美联储有史以来的最大规模的“印钞”行为将可能产生严重的经济“后遗症”，从而拖累世界经济。

新冠第二波来袭

2020 年的 12 月份，英国宣布在其境内出现了新冠病毒的变异。这种变异新冠病毒是此前新冠病毒的进化版本，虽然致死性没有什么太大的变化，但是传染性却大大增强。英国政府官方证实，此次警报是由于英国新冠病毒发生变异，新变种的病毒来势汹汹，并且其变种病毒的传染性最高是普通病毒的 1.7 倍。

英国伦敦及周边地区，防控级别立马提高至四级，伦敦市市长萨迪克·汗表示，这是英国自从第二次世界大战以来度过最艰难的节日，显而易见，该病毒的破坏性不容忽视。与此同时，对英国的这种恐慌正以迅雷不及掩耳之势蔓延至世界其他国家，在惶恐之下，众多国家宣布暂时与英国“断航”，恢复通航时间另行通知。

但人员的全球流动，还是将英国的变异新冠病毒带到了世界各地。日本厚生劳动省 2020 年 12 月 25 日称，日本国内首次确诊感染变异新冠病毒的患者。日本广播协会（NHK）电视台称，日本在机场检疫所对感染新冠病毒的5名患者的标本采样检测后发现，他们感染了英国发现的变异新冠病毒。

当地时间2020年12月31日晚，世卫组织正式通报了新冠病毒自出现以来的主要变异情况，包括四种变体。其中有两种变异病毒为2020年冬季来临后所发现。

变异病毒之一：2020年12月14日，英国报告一种被命名为“VOC 202012/01”的新冠病毒变体，最初出现在英格兰东南部。初步研究表明，该变体具有更强传播力，但其导致的疾病严重程度及再感染情况并没有变化，大多数诊断工具不受影响。截至2020年12月30日，已有31个其他国家和地区发现了此种变体。[①]

变异病毒之二：2020年12月18日，南非检测到一种新冠病毒变体，出现了N501Y突变，南非将其命名为“501Y.V2”变体，该变体正在南非三个省中迅速传播。初步研究表明，该变体与更高的病毒载量有关，可能会增加传染性，但尚无证据表明其会引起更严重的疾病，仍需展开进一步调查，以了解该变体对病毒传播、诊断、疫苗等方面的影响。截至2020年12月30日，南非以外已有4个国家发现了该变体。

新冠第二波的影响

从封锁、重启，到第二波新冠肺炎疫情来袭，全球经济至今未能走出深渊。美国智库布鲁金斯学会用三个关键词形容经济复苏现状：疲软、不平衡、脆弱。并在最新发布的报告中指出，汹涌而至的第二波疫情破坏了许多国家此前为重启经济所作的努力，动摇企业和公众信心，复苏前景并不乐观。世界银行首席经济学家莱因哈特（Carmen Reinhart）预计，实现全面复苏可能需要长达5年时间。[②]

新冠肺炎疫情第一波直接将世界经济打入低谷，主要经济体经济增长大幅下滑，基本都达到近几十年来最差的水平。在2020年三季度，各国先后重启经济，经济在三、四季出现了反弹。但是，新冠第二波来势凶猛，将给这一经济恢复增长趋势带来巨大的不确定性。

---

① 详见东方网·纵相新闻2021年1月1日报道，网址为https://baijiahao.baidu.com/s?id=1687657572579728881&wfr=spider&for=pc。

② 详见界面新闻于2020年10月12日的网络报道《第二波疫情如期而至，全球经济反弹后劲不足》。网址为https://baijiahao.baidu.com/s?id=1680342542149560973&wfr=spider&for=pc。

为了应对新冠肺炎疫情给经济造成的巨大影响与破坏，多国央行推出一系列非常规措施来拉动增长。在美国美联储开启的天量货币放水引领下，世界主要经济体的中央银行纷纷开启了史无前例的货币放水及经济刺激计划。这些力度空前的经济刺激与救助计划，挽救了摇摇欲坠的金融市场，遏制住了不断下跌的股市，也为三季度的经济重启创造了有利的条件。

在前一阶段强势介入后，高度宽松的货币政策对经济的驱动余地有限，政府只能以巨额公共债务为代价，继续出台经济刺激措施。

随着经济重启后恢复增长，各国原本实施的力度空前的经济救助计划等系列货币与财政政策理应逐步减弱或退出，但面对新冠肺炎疫情第二波来袭，这些经济救助计划难以退出，甚至还需要加强。也就是说，甚至需要更大力度的刺激与救助。

但是，由于新冠肺炎疫情存在诸多的不确定性，这就给各国上述经济政策带来巨大的难题，风险和问题主要在以下两个方面。

第一，各国是否还有能力和勇气继续推出经济救助计划。因为世界主要经济体的央行在2020年已经实施了规模与力度空前的货币、财政等经济救助一揽子计划，这是应对危机的无奈之举。这样力度的经济救助计划必将为未来埋下巨大的地雷和潜在的隐患，如果未来几年不能有效合理地降低杠杆，削减债务与赤字，一场巨大的危机可能就在前方的不远处。因此，为了应对新冠肺炎疫情冲击已经拼尽了全力的各国还有无能力再次继续推出经济救助计划，是否还敢于再次放水？如果不再放水，如何应对新冠肺炎疫情再次冲击，经济重启是否就此中止。如果继续放水，未来经济虽然有所恢复，但还处在长时间的调整期内，不足以为过量的经济救助计划遗留的严重债务问题提供过多的支撑及过长的时间窗口，万一债务危机爆发或金融危机，又该如何处理？这都是新冠肺炎疫情第二波为各国带来的巨大考验与难题。

第二，新冠肺炎疫情第二波如果持续进行，是否会导致拉美国家、欧盟部分成员国引发严重的债务危机？我们都知道，欧盟各国有一个统一的中央银行（货币政策归欧洲中央银行管），各国拥有独立的财政，这样的金融体系不同于美国、日本这样的经济体（央行与财政部可以紧密合作，效率高），不利于各国财政与欧洲央行的紧密合作，面对严重的危机，应对力度与效率就会存在一定的滞后问题。同时，欧盟部分成员国常年债务沉重，财政赤字常年累计。2008 年美国次贷危机引发的欧洲债务危机尚未彻底走出，接二连三的新冠肺炎疫情必将再次重创欧洲及拉美，根据目前世卫组织的统计，欧洲主要国家深陷新冠肺炎疫情之中，经济受到极大的影响。在此情况下，欧盟部分成员国及拉美国家是否会重演曾经的债务危机？如果发生债务危机，将对世界经济造成巨大的冲击，引发连锁不良反应。

在第二波新冠肺炎疫情之中，美国成为重灾区。由于失业率居高不下，服务业依旧处于半停滞状态，加上对第二波疫情的担忧日益加剧，疫情对美国经济产生长期“伤疤效应”的风险不断提高。私营部门对复苏前景的信心受损，又会影响商业投资和就业机会，不利于生产力提升，形成恶性循环。

危机会不会重演？

2020 年新冠肺炎疫情之前，世界银行及国际货币基金组织等权威国际组织均认为，2019 年世界经济已进入衰退期。而新冠肺炎疫情又进一步加速了世界经济的衰退。

在新冠肺炎疫情第一个阶段，对金融市场冲击巨大。2020 年 3 月、4 月期间，全球股市出现大幅下跌，作为全球金融中心的华尔街股市急速下跌，引发历史上极其罕见的 4 次熔断，全球股市在华尔街带领下，全面下挫。华尔街股票市场之于美国金融业，美国金融业之于美国经济，美国金融业之于世界金融与世界经济而言，属于触一发而动全身的神经中枢地位。所以，美国化解危机的方法就是直接由美联储和财政部采用 MMT（现代货币政策理论：由美联储直接发行货币购买财政部发行的债券，美联储可直接购买证券市场的 ETF 等）推出天量货币与经济救助计划，直接给华尔街市场以信心，在美联储滔天货币洪水下，华尔街股市应声而起，连续收复失地，且在短短几个月之后，美股三大指数创下新冠肺炎疫情之前的新高。

对于美国经济而言，其金融业的影响巨大。而美国金融业核心是直接融资的资本市场，因此，一旦资本市场崩盘，就立即波及到整个金融业，造成金融机构大量破产，引发严重的金融危机，而金融危机一旦爆发，将直接影响到美国经济的增长。所以，面对新冠肺炎疫情诱发的股灾，已经有了拯救世界两次大危机经验与教训的美国，迅速采取力度空前的措施，迅速解决了重大危机，继而在 2020 年三季度重启了经济，避免了一场由华尔街股灾引发的巨大的金融危机。

正如上文所述，在采取力度空前的救市措施之后（美联储印钱、财政部直升机撒钱），在拯救了一场潜在的巨大金融危机的同时，也将问题留给了未来。2019 年美国股市已经出现明显的泡沫化，而在 2020 年天量货币的刺激下，泡沫被越吹越大。原本应当有的调整却变成了泡沫加速化。

同样的还有欧洲、日本，纷纷采取史无前例的经济救助措施。作为当今世界最主要的经济体：美国、欧盟及日本，其金融与经济的表现直接影响全球经济。如果新冠肺炎疫情没有出现第二波，或许三大经济体所采取的救市措施在经济恢复后择时退出，这样经过数年的消化，待累计的债务问题得以消化，泡沫得以逐渐缩小，未来爆发严重危机的可能性将大大变小。但是问题在于，新冠肺炎疫情的不确定性、地缘政治以及全球合作的态度等都存在巨大的变数，而这些变数如向相反的方向发展，则很有可能引发一场严重的危机。

对整个世界而言，新冠肺炎疫情依然是当下最大的不确定因素。假如新冠肺炎疫情第二波依然未能在 2021 年夏季结束，那么，也就意味着 2021 年新冠肺炎疫情的第三波很可能在 2021 年的冬季卷土重来。如果是这种情况，我们又该如何在防疫与发展经济之间寻求平衡。世界主要经济体能否像 2020 年推出的救助计划一样持续推出救市政策，这些都将对世界经济产生重要影响。

危机背后的逻辑

自 1520 年以来，世界上发生了大大小小近 50 多次经济危机。绝大部分发生于第一次工业大革命之后，这些经济危机存在如下基本特征和逻辑规律。

第一，周期性发生，一以贯之。

经济危机已存在了数个世纪，并以惊人的频率反复上演。据估计，仅在西欧的过去 400 年间，平均每十年就发生一次。历次泡沫与危机的呈现形式各不相同，但《金融危机简史》一书作者鲍勃·斯瓦卢普（Bob Swarup）所言：“空气或者金钱，那并不重要，它们只是同一部原始戏剧在不同层面上演时的不同舞台背景。”从古希腊和古罗马的金融救助，到17世纪郁金香狂热时期的蠢行，再到21世纪人们的现代经历，同样的模式在经济危机中反复上演。泡沫背后的规律是一以贯之的。①

本·伯南克（Ben Shalom Bernanke）说，因为没有可以确保避免过度自信或困惑的方法，所以没有确定的方法可以避免恐慌。人就是人，这就是为什么我们认为用佛教徒看待死亡的方式来看待危机是有意义的：时间和环境具有不确定性，但可以肯定的是，危机最终会发生。

第二，危机源于人性的贪婪与恐惧。

经济周期是人性所导致的必然结果。当经济好的时候，人们对未来过于乐观，盲目扩张，于是，坏年景很快就来了，人们又变得过于悲观，这样周而复始，循环往复。当市场崩溃时，每个人都想要现金或黄金，导致市场流动性出现严重问题。

过去、现在和未来所有危机的根源在于人性。我们都痴迷于积累财富。数千年来驱动着我们的心理机制从未改变，人类的从众心理自然而然地催生出投机性繁荣。我们所谓的理性为经验、情感和环境所左右。我们信他人，随大流，目光短浅，盲目乐观。我们的集体情绪与行为随着时间起伏涨落，造成周期性的繁荣与萧条。归根结底，经济萧条是诸多小决策叠加所导致的悲剧，泡沫诞生于个人的心智中，受环境的刺激而膨胀，于经济的复杂性中趋于成熟，泡沫的后果也由这些因素决定。

人类易变的情绪加上充裕的金钱，似乎能在任何情况下制造出繁荣、泡沫以及随后的危机。

保罗·克鲁格曼（Paul Krugman）说：经济衰退与萧条，其实是一个人性问题，经济学家应该抛弃“人都是理性的，市场是完善的”这个美好而错误的假设。

本·伯南克（Ben Shalom Bernanke）说：正如只要人类还具有人性，世界就将面临金融危机的威胁。非常不幸的是，灾难总还是有可能发生的。但是反应不足比反应过度的代价更大，其危害性也会更大。不幸的是，金融危机永远无法完全避免，因为它是人类情感和认知的产物，也是人类作为监管者和政策制定者不可避免失误的产物。金融依赖信心，而信心总是脆弱的。尽管试图控制华尔街的过度杠杆和冒险至关重要，但这种杠杆和冒险通常反映出整个社会的过度乐观。监管机构和政策

① 详见鲍勃·斯瓦卢普（Bob Swarup）所著《金融危机简史》（机械工业出版社2015年11月出版）一书。

制定者也无法幸免于这些狂热，人类天生容易受到非理性繁荣的影响以及对于非理性的恐惧，市场在上涨时会过度上涨，在下跌时会过度下跌。狂热和恐慌似乎都具有传染性。

第三，危机形成于市场失灵与经济政策失当。

从长期来看，一个完全自由的市场是一定会崩溃的。胡佛曾说过，资本主义的最大问题是资本家本身——他们太贪婪，他们总是牺牲市场整体利益来服务于他们自己的利益。任何一个市场都需要警察和裁判，你可以想象，在一个没有警察的社会人们甚至可能在停车场里相互杀戮，一场没有裁判的橄榄球赛将会是一场灾难。一个自由的市场并不是一个没有监管的市场，市场需要有人仲裁，也需要有人来制定规则。但我们必须要保证裁判的公正性，要特别小心是谁在制定规则，规则是服务于谁的利益。

同时，在任何一场金融危机中，我们也都能看到大量错误决策。比如，日本当年的那一轮经济繁荣源于强盛的科技实力，由家喻户晓的索尼和松下等企业驱动。但在指数背后，却是各种难以理解的决策。作为一个传统上力行节俭的民族，日本的消费者和企业却纷纷大肆举债，进行房地产和股市投机活动，导致了 20 世纪 80 年代末日本资产价格的巨大泡沫，最终在“失去的 90 年代”慢慢回归节俭的传统。再比如，2008 年美国那场次贷危机，其形成原因在于美国政府的鼓励住房政策、美联储的货币政策不当调整以及对雷曼破产后果重视不足。

第四，世界性经济危机中心多发生于当时最强大的经济体。

自第一次工业大革命之后，开始频繁出现跨越国界的经济危机。英国成为最初几十年全球性经济危机的震中，无论是否由英国引发，英国均成为了当时经济危机的中心地。随着美国经济的崛起与超越，美国取代英国成为全球经济危机的中心地，一直到今天。

第五，每一次经济危机都带来了新的发展与变革机遇。

我们会看到，越是强大的经济体发生经济的危机几率越大，且成为经济危机的中心可能性越大。每一次危机造成的损失也会很大，但是，我们同时会看到，每一次经济危机之后，这些国家经济复苏一般也最快，且危机过后，其经济都会出现更好的增长。可以这么说，经济强国是在经济危机中一步步成长起来的。

每一次经济危机过后，都促进各国政府做两件事，第一件事是加强了金融监管，补上漏洞；第二件事，经济危机促进了技术的创新与商业化应用。

第六，面对严重的经济危机，政府必须拯救。

经济危机是市场周期性失灵，背后深层次原因是人性的贪婪与恐惧。面对经济危机，有两种解决方案，第一种是依靠市场之手的力量自我进行调整，市场之手会通过改变供求关系来重新调整经济的平衡，可以称之为“自然疗法”；第二种方法是通过政府的有形之手出面挽救危机，这其实是哈耶克与凯恩斯辩论的主要内容。

但现实中，如果采用第一种方法，危机的蔓延与巨大冲击使得任何一个政府都难以承受，经济崩溃、公司倒闭、工人失业等一系列问题会引发严重的社会危机。代价是巨大的，因此，必须在危机关头果断采取第二种方案，进行干预和调控是必须的。虽然第二种方法干预了市场，为下一次危机爆发埋下了隐患。但这却是不得不为之。

本・伯南克（Ben Shalom Bernanke）说：一旦明确下一场危机是真正的系统性危机，反应不足会比反应过度危险得多，太晚出手比太早介入造成的问题更多，而半途而废的措施只会火上浇油。在一场载入史册的危机中，当务之急始终是结束危机，尽管这可能会造成一些道德风险，存在鼓励未来无原则冒险的缺陷。事实的确如此，但与眼下允许系统性崩溃的负面影响相比就相形见绌了。当恐慌袭来时，政策制定者需要尽其所能去平息恐慌，而不是在意政治后果，无须顾忌意识形态如何，也不管他们过去说过什么或承诺过什么。在金融救助中玩弄政治是可怕的，但放任经济萧条只会更加糟糕。

第七，应对经济危机必须有一个强大的中央银行。

经济危机发生时，都会引发市场流动性不足或枯竭的问题。这就必须在危机的关键时刻，需要一个最后贷款人的角色，甚至最后买单人的角色来为市场提供流动性，注入活力，以稳定市场信心。这个角色毫无疑问就是中央银行。

在美国第二银行（事实上的中央银行）到期未能续期经营后，美国缺少了中央银行。因为没有作为最后贷款人的中央银行，人们就会失去信心，所以，历史上的美国经常面临恐慌，也经常经历比其他国家更为迅猛的繁荣和更为深重的崩溃，美国经济周期的振幅也远远大于欧洲。

第八，危机直接原因表现为有效需求不足（供给相对过剩），而技术进步是原因之一。

人类每次大型经济危机，本质是都是技术进步导致的供给过剩。通过危机的方式，需求与供给会重新回到一个较低的水平上达致平衡，直到新一轮技术革命创造出新的需求为止。从19世纪60年代蒸汽机革命以来，每轮这种繁荣期，大概都维持在60年的水平，而后会通过20—25年的时间去消化。世界经济本轮繁荣，源自20世纪60年代开始的芯片革命。周期已至，疫情只是加速周期的到来而已。

第九，凯恩斯的财政政策与费雪的货币政策成为现代宏观经济调整两大支柱。

20世纪30年代美国经济大萧条期间，凯恩斯开创的财政理论和费雪开创的货币理论，成为了之后将近一百年时间国家财政政策及货币政策的两大理论支撑，也成为宏观经济学的两大核心。

大萧条期间，费雪债务缠身，深陷旋涡，让费雪对货币的本质及债务的逻辑体悟更加深刻，这促使他在《繁荣与萧条》中提出著名的“债务—通货紧缩理论”。在该理论中，费雪从货币及债务的角度认识经济运行规律，而凯恩斯则从财政及政府干预的角度入手。在当时，凯恩斯的理论更容易让人接受。苦不堪言的民众、企业家以及部分经济学家都希望政府出手以渡过难关。所以，与费雪相比，凯恩斯非常幸运。但凯恩斯的理论显然是针对经济处于危机等极端情况下所采取的救市措施，属于市场配置资源等无形之手的补充，而非常态。但是出于各种政绩或及经济增长的考虑，凯恩斯理论却被用于经济常态，显然被严重误解与滥用了。

第十，经济危机与货币、信贷与债务。

货币和信贷在发放时是一针强心剂，但偿还时却变成了当头一盆冷水。这就是货币、信贷和经济增长颇具周期性的原因。为了控制市场和经济，掌握货币和信贷的主体（即央行）经常会通过不断调整和改变二者的成本与获取难易度，来保证经济不会失控。当经济增长过快需要放缓时，人们获得的货币和信贷就会减少，从而使它们变得更难获取。这鼓励人们放贷而不是借贷。当增长太少而央行想刺激经济时，他们就会使货币和信贷更易获得，鼓励人们借贷、投资和/或消费。当货币充裕时，信贷容易获取。资金充裕的经济环境会为未来的危机播下种子。

货币、信贷的成本和获取难易度的变化也导致商品、服务、投资资产的价格和数量上升或下降。这些举措导致货币、信贷、商品、服务、金融资产数量和价格的周期性涨跌，并通常以短期和长期两个债务周期的形式出现。在周期性涨跌过程中，如果泡沫破裂，就会爆发严重的经济危机。

第十一，人们从每一次危机中学习总结，但却不能避免下一次危机来临。

每次危机过后，人们为解释危机抛出诸多观点，众说纷纭。可是千百年来，泡沫与危机依然循环往复，无论什么理论或模型，即使能完美地解释上一次危机，也无法阻止下一次危机的发生。直到今天，人类仍在一轮轮繁荣与萧条的周期中挣扎，下一个泡沫及其破灭后的危机仍在所难免。

第十二，信心与情绪变化影响了危机的演化过程。

自由市场下，人性的贪婪与恐惧，周期性遗忘（好了伤疤忘了痛），会引发市场沿着“繁荣—萧条—复苏—繁荣—萧条”循环。

经济危机源于泡沫与人性贪婪。人性的贪婪忽略并催生了泡沫，当临界点到达时，信心翻转，情绪变化，从贪婪变为恐惧。当市场恐惧时，造成大量的挤兑，导致传染，从而引发流动性危机，继而发生金融机构破产，使得危机爆发。

第十三，危机孕育在繁荣之中，疫情、股市暴跌、债务危机等因素只是危机爆发的导火索。

危机孕育在繁荣之中，经济的繁荣强化人的预期，使得经济越来越热，进而达到临界点。当临界点到达后，一旦出现股市崩盘、疫情、重大自然灾害、政策失当，甚至战争等情形时，危机便会爆发。这些事件或因素并非危机本身产生的原因，但却是危机爆发的导火索与诱因。

第十四，人类社会的大周期源于秩序与活力之间的变动与平衡。

古今中外，无论是整个世界，还是具体的某一个国家，从历史角度看其经济大周期，无非是活力与秩序之间的变动与平衡。如果经济活力过度，则会出现失序的现象。如果秩序过于紧和稳，则活力不足。最好的状态是秩序与活力之间的均衡状态，而这又是一个不断变动的状态。

用这个模型非常容易理解经济周期性繁荣与衰退、经济危机周期性爆发的逻辑。

同时，用这个模型也很容易解释全球化的过程与国际秩序的周期性变动与调整。

第十五，贫富差距、人口老龄化将可能成为未来危机的主要原因。

经济全球化与各国央行货币放水是造成贫富差距拉大的两大主要原因。贫富差距拉大会严重影响需求问题。同时，主要经济体的人口老龄化，如欧洲、日本、俄罗斯、中国等，也将带来有效需求严重不足的问题。

因此，贫富差距与人口老龄化将可能影响未来经济的重要一侧——需求侧，而有效需求不足则是导致危机发生的主要原因，因此，贫富差距与人口老龄化将很可能成为未来危机的主要原因。

第十六，一个长经济周期中包含若干个中短期经济周期，长经济周期可能会爆发严重的经济危机，中短期周期则可能会爆发中小规模的经济危机。换言之，一个严重的经济危机发生之前，总会伴随着若干个中小规模经济危机。

根据熊彼特的基于创新周期嵌套理论，一个康德拉季耶夫周期（又称康波周期，为长周期）大约包括 6 个朱格拉中周期（10 年左右的中周期）和 18 个基钦短周期（平均 40 个月的短周期）；1 个中周期中包含约 3 个短周期。长周期是对中周期起制约作用的因素，并影响着中周期借以发生的背景。中周期的繁荣和萧条的程度受到长周期的特定阶段的影响。中周期与短周期之间也有类似的关系。

一个长周期中可能会爆发一次严重的经济危机，一个中周期可能会爆发一次经济危机。在严重经济危机爆发之前，很可能会爆发若干次中小规模的经济危机。

第十七，在每一次经济危机救市过程中，各国央行都会发行天量货币、提高财政赤字、抬升债务杠杆，其结果都会助推贫富差距的扩大，并为下一个危机爆发打下了基础。

为应对经济危机，各国央行都会采取一定程度、一定规模的救市措施。常用的方法就是：央行实施宽松的货币政策，向市场注入流动性。危机越大，投入的流动性就越大。同时，财政部门会采用财政政策（发行债券等方式提高债务杠杆、扩大财政赤字）来加大政府投资、经济救助等增加需求、增加就业。

但基于金融市场的运行机制，央行发行的货币一般不会直接流向实体经济之中，大部分会首先流向金融机构、资本市场等，这样就会推高金融资产价格，使得拥有资产的富裕群体财富不断增加。而危机则造成中低收入群体失业或收入减少，如此一来就会使得贫富差距越拉越大。

同时，货币增发、信贷宽松、债务抬升将带来资产泡沫，引发潜在的通货膨胀，这又为下一次危机埋下了伏笔。如果泡沫累计，未来实体经济不足以消化泡沫，就可能引发泡沫自动破裂或被主动刺破，从而引发经济危机。

第十八，在长经济周期中，若爆发严重的经济危机，将造成债务、财富的重新分配，也很可能由此重新建立新的秩序。

如上所述，如果在长周期中爆发严重的经济危机，而这种严重的经济危机往往是由各种因素长期累积形成的，比如，在该次严重危机爆发之前，很可能已经爆发了若干次中小规模的经济危机，每一次危机的处理与救市都可能为下一次危机打下了伏笔、留下了隐患，如果这些隐患不断累积，达到一定的限度，在某种诱因下爆发了严重经济危机，则该危机将使得原来经济中存在的债务问题、资产泡沫问题、财富不均衡问题出现大洗牌或重新分配、组合，并由此影响到原有的秩序，带来秩序的重构。

这样严重的经济危机在带来严重冲击或损失的同时，我们也应注意到，危机带来的秩序重构将使得原有经济发展中出现的问题一次性出清，为经济新一轮长周期增长提供了新的机遇。

小　结

这 20 年是经济 / 金融危机频发的 20 年，如 2000 年互联网泡沫、2008 年次贷危机、2010 年欧债危机；也是瘟疫频繁肆虐的 20 年，其间先后爆发了 2003 年非典、2010 年禽流感、2014 年非洲埃博拉病毒、2016 年寨卡病毒肆虐南美、2020 年新冠肺炎疫情。

这 20 年中美两国成为世界经济的火车头，互联网新经济的领头羊。2008 年后，世界主要经济体进入债务型发展模式，世界经济陷入衰退之中。逆全球化开始，英国脱欧、美国退群。

2020 年新冠肺炎疫情加剧了危机，这一年，世界迎来百年未有之大变局，全球化重构、世界秩序重组。

附 注

2001—2021年的东西方世界

2001年 “9·11事件”引发阿富汗战争。

2002年 东帝汶民主共和国成立。
非洲联盟正式成立。

2003年 伊拉克战争爆发，美英联军在联合国反对之下，坚持对伊拉克动武。
东欧十个新国家加入欧盟。
非典爆发。

2004年 雅典举办奥运会。
南亚海啸。
俄罗斯别斯兰人质事件。

2005年 恐怖袭击引发伦敦七七爆炸案。

2006年 伊拉克前总统萨达姆·侯赛因于巴格达被处绞刑。

2007年 曼谷发生连环爆炸案。
日本防卫厅升格为“防卫省”。

2008年 四川汶川大地震。
俄罗斯格鲁吉亚战争。
北京举办奥运会。
美国次级贷款引发金融危机。

2010年 中国GDP超日本，排名世界第二。
欧债危机爆发。
美国大流感。

2011年 美军击毙本·拉登。
法、英、美等攻打利比亚，卡扎菲身亡。

2012年 巴以冲突升级，中东战火再起。
叙利亚局势恶化。
美战略重点重心转向亚太地区。
伦敦举办奥运会。

2013年 斯诺登事件引曝美国情报系统监听世界丑闻。

2014年 非洲埃博拉病毒传播。
印度大选，莫迪获胜。
乌克兰危机。

2015年 亚洲基础设施投资银行成立。

2016年 英国启动脱欧。
寨卡病毒肆虐南美。
里约热内卢举办奥运会。

2017年 美国退出联合国教科文组织。
韩国总统朴槿惠遭遇弹劾下台。
第一届“一带一路”国际合作高峰论坛北京举行。

2018年 中美贸易摩擦。
Facebook公司用户数据泄密。
朝韩领导人会晤。

2019年 美朝领导人越南会晤。
第二届“一带一路”国际合作高峰论坛在北京举行。

2020年 新冠肺炎疫情全球大流行。
美国股市触发四次熔断，创历史纪录。
美联储开启无底限QE，美国财政部“直升机撒钱”。

尾　声

据有关统计，在过去的500年间，世界平均每10年就爆发一次大的危机。历次泡沫与危机的呈现形式虽然各不相同，但它们犹如同一部原始戏剧在不同舞台背景下重复上演。

危机周期上演，不可避免。朱格拉周期理论认为，社会经济运动存在繁荣、危机与萧条等三个阶段，反复出现就形成了周期。危机像瘟疫一样，是已发达的工商业中的一种社会现象，周期波动是经济自动发生的现象，与人民的行为、储蓄习惯以及他们对可利用的资本与信用的运用方式有直接联系。其背后的本质是人性、人心及其行为。

在看不见的市场之手调整之下，经济冷热随着产品价格波动，价格的波动又对供需关系形成影响，而人们的认知对这种影响往往会形成偏差，即所谓“买涨不买跌”。而这种认知偏差与行为，就会最终导致理性经济人不再理性，而产生了羊群效应。在羊群效应理论下，会出现两个极端，要么一窝蜂的鸡犬升天式的普遍性疯狂上涨，要么就是一窝蜂式的惊恐未定式的自相残杀与踩踏。物极必反，否极泰来。繁荣之时就是衰退的开始，当衰落到一定的极限，又开始出现反转，周而复始。

表面上是市场的价格、供求关系波动，其背后的实质是流行偏颇的影响（市场参与者观点总是存在千差万别，假设其中部分差异可以相互抵消，而留下所谓主流观点，即流行偏颇。而流行偏颇存在与事实的不一致性或扭曲），当流行偏颇得到强化时，就会产生惊人的结果：想什么就有什么，说曹操，曹操就到。这种情形又进一步强化人们的认知，但是这个认知大多数是与事实不一致的，存在着偏差。但这个偏差并非没有上限与边界，当这个认知偏差与结果互相影响，互相促进，互相强化到一定的地步，人们的信心就开始动摇，任何的风吹草动都会酿成大祸，所谓的“恐高症”（追涨杀跌，但价格上涨到一定程度之后，又会对过高的价格产生恐惧）莫过如此。一旦趋势反转，在羊群效应理论下，任何不利的信息都会被无限放大，局面就会立刻失控，加速向相反方向推进。

而一切一切的背后都是市场参与者（经济学所谓的理性经济人假设，其实根本不存在完全理性的经济人）的人心所向，所谓的人心乃人性使然，而人性不过是佛家精致细微解释：“贪嗔痴慢疑”五字而已，在这五字之下，无非是人性的贪婪与恐惧。贪婪时更贪婪，恐惧时更恐惧，且具有非常强的感染与传导作用。人类易变的情绪加上充裕的金钱，似乎能在任何情况下制造出繁荣、泡沫以及随后的危机。“在一个脆弱的金融体系中，繁荣和萧条此消彼长，乐观、自大、贪婪、恐惧、屈服等市场情绪永不停歇地围着信心之火跳舞，而金钱只是这支舞蹈的别名。”泡沫产生自个人的心理，由环境中的激励机制滋养，在复杂的经济体中逐渐膨胀。即使泡沫破灭了，这些因素也依然存在。因为人性从未改变。

面对几乎任何事物，人类的认知偏差都会与金钱强烈地相互作用，催生大规模的投机。有些会不可避免地强化现有的泡沫，有些会创造出新的泡沫。然而，如任何相变那样，这些泡沫会达到某一临界点，此时情绪突变，信心崩溃。随着我们接近并越过这些临界点，整个体系演变的时间会与我们审视并作出决定的时间脱节。

所谓经济危机，不过印证了一句古语：人心不足蛇吞象。繁荣与萧条都是周期，贪婪与恐惧皆为市场。

出于对周期性危机的忧虑，于是，政府之手开始伸出来。政府自信能够准确预测，提前预防，精准调控。但盲目的自信，导致错误的政策频出。人们希望通过货币、信贷与债务这“老三样”来调控繁荣与衰退周期，达到永远繁荣、永无衰退、永无危机的理想效果。但是，人为地进行逆周期调控，用力越猛，积累的爆炸当量会越来越大，当频繁的逆周期干预和调控，使得经济原本的周期性自我调整被改变时，也就没有了周期。没有了周期才是更可怕的，就犹如人类肆无忌惮地破坏大自然一样，结局可想而知。想象一下，假设中央银行有一瓶兴奋剂，可以根据需要注入经济中，而兴奋剂数量是有限的。当市场和经济衰退时，中央银行会注射货币和信贷刺激剂来提振经济，而过热时，中央银行会相应地减少刺激。这些举措导致货币、信贷、商品、服务、金融资产数量和价格的周期性涨跌，并通常以短期和长期两个债务周期的形式出现。但是，中央银行能准确地把握时机与剂量吗？

关于危机，还有一个最根本的问题是：危机是根源于市场的失败，还是政府政策的失灵？是“看不见的手”出了问题，还是“看得见的手”出了问题？这可能是一个需要不断争论的问题。人不断在反思，不断在拯救危机中繁荣，但仍无力阻止危机历史性上演。每次危机过后，人们就会不断地解释危机。可是千百年来，泡沫与危机依然循环往复，无论是什么理论或模型，即使能完美地解释上一次危机，也无法阻止下一次危机的发生。直到今天，见多识广的人类仍在一轮轮繁荣与萧条的周期中挣扎，下一个泡沫及其破灭后的危机仍在所难免。

只有了解人性、抑制狂热，才能避免系统性的投机风险，进而避免危机。百年危机，层层解构之后，不过是人性的故事与历史叙事而已。

抛开人性这个过于微观的个体分析，从近500年世界的经济发展周期与危机史看，货币、全球化与科技充当了“光荣而卑鄙”的角色。所谓光荣，就是货币、全球化与科技推动了人类世界在这500年中的飞速发展，在物质与财富积累上，超越了人类数万年的进化与变迁。所谓卑鄙，也就是说，也正是因为它们使得人类欲望无止境，贪婪无上限，加剧了危机，带来了每一次世界的大变局。